刑 事 侦 查 实 用 百 科 丛 书
XINGSHI ZHENCHA SHIYONG BAIKE CONGSHU

刑事侦查与植物

XINGSHI ZHENCHA YU ZHIWU

总 主 编　杨玉章
本册主编　朱世新　朱长山

群 众 出 版 社
河南科学技术出版社

图书在版编目（CIP）数据

刑事侦查与植物/朱世新，朱长山主编．—郑州：河南科学技术出版社，2019.6
（刑事侦查实用百科丛书/杨玉章总主编）
ISBN 978-7-5349-8206-4

Ⅰ．①刑…　Ⅱ．①朱…　②朱…　Ⅲ．①植物-刑事侦查-分析　Ⅳ．①D918 ②Q94

中国版本图书馆 CIP 数据核字（2016）第 145949 号

出版发行：群众出版社　　地址：北京市丰台区方庄芳星园三区 15 号楼
邮编：100078　　电话：（010）83903254
河南科学技术出版社　　地址：郑州市郑东新区祥盛街 27 号
邮编：450016　　电话：（0371）65737028
策划编辑：李肖胜　曲　先
责任编辑：李义坤
责任校对：王晓红
封面设计：张　伟
版式设计：栾亚平
责任印制：张艳芳
印　　刷：河南日报报业集团有限公司彩印厂
经　　销：政法系统内部发行
开　　本：889 mm×1194 mm　1/16　　印张：20.75　　字数：768 千字
版　　次：2019 年 6 月第 1 版　　2019 年 6 月第 1 次印刷
定　　价：198.00 元

《刑事侦查与植物》编写人员

主　　编　朱世新　朱长山

副 主 编　张云霞　李家美

编　　者　岳彩鹏　刘兆云　储嘉琳　刘　雪

　　　　　刘　璐　许雪敏　黄　明

总序言

目前，全国政法系统正在深入学习贯彻习近平新时代中国特色社会主义思想，扎实推进新时代平安中国建设、法治中国建设、政法队伍建设，为决胜全面建成小康社会、夺取新时代中国特色社会主义伟大胜利创造安全稳定的社会环境、公正规范的法治环境、优质高效的服务环境。新时代需要新担当、新作为，培养一支“信念过硬、政治过硬、责任过硬、能力过硬和作风过硬”的政法队伍，造就一支“对党忠诚、服务人民、执法公正、纪律严明”的公安队伍成为当务之急。

近些年来，以审判为中心的诉讼制度改革不断深入，错案终身追究制度及与之相关的配套制度逐步确立，特别是《中华人民共和国刑事诉讼法》（2012年修正）确立的一系列诉讼原则和证据制度，进一步强化了对犯罪嫌疑人人权的保障，扩大了律师在侦查阶段的诉讼职能，规范和约束了侦查权的行使，提高了审判证明的标准，尤其是明确规定了证据确实、充分必须符合的具体条件。这一切都体现出我国法治的进步，同时也对侦查办案质量提出了新的、更高的要求，侦查过程中侦查人员必须坚持以证据为中心，全面取证，规范取证，以确实、充分和具有排他性的证据体系有效支持诉讼的顺利推进。

在实际案件侦破工作中，随着信息技术的不断发展及其在侦查工作中的全面运用，一些侦查员过分依赖视频侦查、技术侦查、网安侦查这三种新的侦查手段，此所谓新“三板斧”。这种现象导致侦查员对现场物证的全面发现提取和对犯罪行为人主观行为动机的系统分析趋于弱化，对微量物证的提取和检验的重视程度弱化，对运用多学科、多专业专门知识综合分析、研究、鉴定现场物证的意识弱化，一些行之有效的传统侦查方式方法被日益边缘化。

毋庸置疑，在信息化社会、大数据时代，信息技术日益成为侦查的主导技术，电子证据成为侦查的重要证据类型，但犯罪证据多样化的现实情况以及侦查取证需要各个门类科学技术支撑的总体状况并未发生根本性的改变。侦查取证的过程中，面对各种各样的证据，侦查员必须具备各方面的专业知识或者有查询这些知识的能力，而这些知识内容庞杂，可参考的书籍和资料也相当分散。在一些案件的侦查过程中，侦查员经常会因为对一些微量物证的利用价值分析不到位或检验鉴定不到位而丧失很多破案机会。为了有效打击犯罪、保护人民生命及财产安全，为一线刑侦人员办案提供充分的智力支持，2012年，我国知名刑侦专家、河南省公安厅副巡视员杨玉章先生发起并组织了这套“刑事侦查实用百科丛书”（以下简称“丛书”）的编撰工作。

“丛书”共26卷，首批出版的12卷基本涵盖了刑事侦查工作日常涉及的专业领域，包括《刑事侦查与行为证据》《刑事侦查与痕迹》《刑事侦查与有毒物品》《刑事侦查与植物》《刑事侦查与动物》《刑事侦查与昆虫》《刑事侦查与地理》《刑事侦查与土壤》《刑事侦查与水文》《刑事侦查与塑料制品》《刑事侦查与岩石矿物》《刑事侦查与纺织品》。为了高质量地完成该丛书的编撰工作，本书成立了编委会，杨玉章同志任丛书总主编，各卷设立了主编。自 2012 年编撰伊始至成书，编委会多次召开不同形式的论证会和研讨会，对编撰工作进行了有效的组织领导和质量审核。“丛书”在编撰过程中得到了中国科学院、北京自然博物馆、河南省公安厅、郑州市公安局、河南大学、郑州大学等 20 多家合作单位近 300 名专家和学者的鼎力支持，“丛书”是相关专业领域专家学者集体智慧的结晶，更是我国当代刑事侦查交叉学科研究水平的集中展示。

在“丛书”编撰过程中，各卷作者始终围绕三条主线进行编撰：一是注重侦查导向，即各卷所述知识始终围绕服务刑侦破案这一核心，注重对认定案件性质、划定案件范围、刻画犯罪行为人脸谱等工作提供专业知识支撑；二是注重与人关联，即各卷所写知识内容必须与人相关，经常出现、运用在五行八作、三教九流的正常人类生产活动之中；三是注重时空维度，即各卷内容注重揭示、阐明相关事实、现象与特定时间节点、空间分布（经纬度）之间本质的、必然的、普遍的、稳定的固有联系。这三条主线贯穿各卷始终。“丛书”涉及 20 余门学科，共计 600 余万字、2000 余张图片，图文并茂，理论联系实战，是对与刑事侦查工作关联紧密的多种学科资源的系统整合，学科门类齐全，知识架构完整。“丛书”的编撰是一项具有鲜明侦查专业特色的重大跨学科工程，在一定程度上填补了国内侦查应用研究的空白，具有独特的学术价值和实用价值。“丛书”既可作为广大刑事侦查人员的业务工具书，也可作为公安院校广大师生的教学参考用书。

“丛书”在编写过程中引用了很多经典的实战案例，作为相关学科和专业知识在实战中应用的范例，力图使读者在使用该丛书时能获得鲜明、生动、直观的阅读体验。

该“丛书”内容浩繁，编写队伍庞大，因编者水平有限，其中知识、文字、图片的疏漏和不足之处在所难免，期望读者不吝指正，待再版时予以完善。

郝宏奎

2018 年 8 月

前言

在自然界中，我们随时随地可以看到植物，目前人们已知的植物有50余万种，它们遍布于地球的各个角落，以极其丰富的多样性展示着自己，并满足人类各式各样的需求。因此，人们的衣、食、住、行、用等生活的方方面面都离不开植物，当然也包括案件当事人（犯罪嫌疑人和案件中的受害人）。本书共收录了在全国分布较为广泛的最常见植物或伴人植物 126 科 600 余属 1 300 余种（变种），介绍这些最常见伴人植物的形态特征、生长环境和地理分布以及生长期，以期为刑侦过程提供基础的植物物证鉴定资料。

植物物证鉴定是帮助侦查案件的手段之一，与其他物证的鉴定相比，比如指纹、毛发、体液等显得较为冷僻。正因为如此，植物物证常常被人们（包括犯罪嫌疑人）所忽略，并在不经意间留下了证据。

刑侦人员不仅常常在被害人身体上、衣物上甚至肠胃中发现他们生活环境、案发现场、行走路线中留下的植物及植物碎片，而且在行为人衣物、作案工具、交通工具上发现黏附的植物及植物碎片，若能准确鉴定出这种植物，则可查出这种植物的形态特征、生长期、分布范围及生长环境等相关资料。这些看似无关紧要的植物学特征和信息可以帮助刑侦人员判断侦查方向、缩小时间和空间上的侦查范围，判断案件当事人的职业、身份、案发现场是否为第一现场，在认定行为人时，有时甚至起到至关重要的作用。

比如2004 年 6 月 16 日，山东省枣庄市山亭区某村村民在村西北耕地的一个机井打水时发现 1 具无名男尸。尸体头部被化肥编织袋包裹（袋内有多个楝豆、烟蒂、红瓦片和碎石等物），在脖子处用铁丝捆扎，四肢及躯干用毛毡包裹，并被铁丝捆扎在一块大青石上。经勘验人员初步判断为抛尸，是案发的第二现场，如何查找第一案发现场就成为侦破此案的关键。勘验人员从捆扎尸体的化肥袋内找到了突破口，化肥袋内有数颗楝豆，而且都十分新鲜。根据这一点划定了尸体应该来自有楝豆树的地方，现场访问得知该村种植的楝豆树并不多。通过排查，很快就在一个种有楝豆树的家中找到了尸源，案件得以快速侦破。

植物体的任何部位包括根、茎、叶、花、果实和种子都有可能成为物证，即使它们成了碎片，依然显示各自明显的特征，因而有可能鉴定出其所属的植物种类，有助于分析和侦查案件。案件现场的遗留植物对现场重建、侦破案件能够发挥十分重要的作用。因此必须高度重视现场遗留植物的搜索和提取，注意查找分析现场遗留植物与案件的内在联系，通过最微小细节的分析带动全案的侦破。同时我们也要注意植物状态都是按照一定的季节时令生长的，如植物的发芽、长叶、开花、结果和凋谢等，都与气候变化息息相关。人们把这些现象称作物候，又根据物候把一年分为二十四节气。它们分别是：立春、雨水、惊蛰、春分、清明、谷雨、立夏、小满、芒种、夏至、小暑、大暑、立秋、处暑、白露、秋分、寒露、霜降、立冬、小雪、大雪、冬至、小寒、大寒。每一种植物体在不同的节气中所表现出来的状态是不同的，所以在案件的侦查过程中侦查员不仅要注意植物物证的提取，还要了解不同气候下植物的状态，分析案件与气候环境之间的内在联系，让二十四节气为我们侦查破案服务，发挥意想不到的作用。

本书第一章介绍了鉴定识别植物常用的主要形态学术语。植物的形态特征具有丰富的多样性，各人对于这些形态特征的认知也略有差异，掌握了这些形态学术语，有助于刑侦技术人员快速准确地鉴定植物物证。第二章介绍了植物的分类等级及植物名称。植物的种类很多，而且各地对于同一种植物的叫法也各不相同，普遍存在同名异物或同物异名的现象，通过掌握植物俗名、学名和异名的概念，准确把握植物的名称。第三章为种子植物的分科检索表。侦查过程中在对植物物证及其特征把握的基础上，可以通过植物分科检索表快速鉴定植物物证所属的科，缩小植物的范围，快速鉴定植物。第四章为各科常见植物介绍，在这一章中重点介绍了全国最常见的植物或伴人植物 126 科 600 余属 1 300 余种（变种）的形态特征、生长期、生态环境和地理分布区，为在刑侦过程中植物物证鉴定提供基础资料。

编者

2018 年 6 月

目 录

第一章　鉴定识别植物常用的主要形态学术语

自然界植物多种多样，据文献资料记载，地球上已发现的植物约有 50 万种。根据它们的形态、结构、繁殖方式、生活习性及对环境适应性的不同，可分为藻类、菌类、地衣、苔藓、蕨类和种子植物几大类群。其中种子植物，尤其是被子植物在进化上是最高级的类群，对环境的适应能力最强，因此，在植物界占据绝对的统治地位。当然，种子植物也是人们最为常见的，与人类的生存活动最为密切。自然界植物种类不仅异常多样，而且植物的形态特征也具有丰富的多样性。观察和鉴定识别植物，首先是要学会使用科学的形态术语来观察和描述植物，因此掌握这些形态术语，对刑侦技术人员快速准确鉴定案件当事人或案件现场遗留的植物物证至关重要。

一、综合性术语

1. 种子植物的概念及类别

种子植物　即产生种子，以种子进行有性生殖的植物，包括裸子植物和被子植物。

A. 裸子植物　其雄性生殖器官小孢子叶聚集为小孢子叶穗（球），有时特称为雄球花；雌性生殖器官大孢子叶聚集为大孢子叶穗（球），有时称为雌球花，但它们均不是真正的花。胚珠着生于大孢子叶（有时特称珠鳞）近基部表面或下部近边缘，胚珠受精后发育成的种子当然也暴露于大孢子叶表面，故得裸子植物之名。

B. 被子植物　有真正的花产生。其雄蕊实为小孢子叶进化而成；构成雌蕊的心皮实为特化的大孢子叶，单心皮的两边缘内卷并相互结合，或几枚心皮以边缘相互结合形成闭合的雌蕊；胚珠着生于雌蕊下部膨大而封闭的子房内胎座上；胚珠受精后，子房发育为果实，胚珠发育成的种子自然包被于果实内，故称被子植物。

2. 根据种子中子叶的数目，被子植物可分为两大类

单子叶植物　种子中仅存留 1 枚子叶，另 1 枚子叶退化或缺失。

双子叶植物　种子的胚含有 2 枚子叶，相对生于子叶节上。

3. 根据植物的生长场所，可分为四大类

陆生植物　生于陆地。

水生植物　生长在水中，如莲、青萍、眼子菜等。

附生植物　附着在别种植物体上生长，但并不依赖别种植物供给养料。

寄生植物　寄生或半寄生在别种生物体（寄主）上，以其特殊的变态器官吸取寄主植物的养料而生存，如菟丝子、桑寄生等。

4. 根据植物的生长习性，可分为木本植物和草本植物两大类

木本植物　植物茎内木质部发达，木质化程度高，一般较坚硬。其又可分为三大类。

乔木　茎直立，有一明显的主干（树干），各级分枝的粗细、长短均区分明显。

灌木　植物无明显的主干，在主茎近基部发出若干个与主茎高低、粗细相当的分枝，状如多个茎丛生。如月季、石楠、牡丹等。

半灌木（亚灌木） 是介于木本和草本植物之间过渡状态的植物。其茎仅基部或下部为木质，冬季仍存活；茎的中上部为草质，开花结果后于冬季枯死。

草本植物 植物体木质部不发达，木质化程度也低，茎柔弱。开花结果后于生长季节末地上部分全部死亡或全株死亡。依其寿命长短可分为一年生、二年生或多年生草本三大类。

A. 一年生草本 种子当年萌发，植株开花结果后在当年整株枯死。如大豆、玉米等。

B. 二年生草本 种子当年萌发，植株于次年开花结果后即整株枯死。如萝卜、胡萝卜等。

C. 多年生草本 植株连续存活三年或三年以上，每年开花结实后，地上部分枯死，地下部分仍继续存活。如狗牙根、莎草、芦苇等。

5. 根据叶的脱落性，可分为三大类

常绿植物 虽然老叶在逐渐脱落，但又有新的绿叶不断长出，一年四季总有绿叶存在。如松、柏、桂花、枇杷等。

落叶植物 植株在生长季节末的秋末或冬初，其叶全部脱落或枯死。如洋槐、榆树、毛白杨、臭椿等。

半常绿植物 植物在入冬时，叶虽大部分脱落，但仍有部分绿叶存留越冬。如小蜡树、光蜡树等。

6. 植物的器官可分为两大类

营养器官 指以营养生长为主的器官，包括根、茎和叶。

生殖器官 与生殖生长有直接关系的器官，包括花、果实和种子（裸子植物中，孢子叶、孢子囊和孢子也属生殖器官）。

7. 根据植株的性别可分为四大类

雌雄同株 在同株上，雄性花和雌性花并存。如南瓜、蓖麻、玉蜀黍等。

雌雄异株 植株上仅有雄花，或仅生雌花。如菠菜、毛白杨、垂柳等。

杂性同株 在同一植株上，雄花、雌花和两性花并存。如杧果、臭椿等。

杂性异株 指两性花仅与雄花同株，或两性花仅与雌花同株，即两性花和雄花同生一株，两性花和雌花同生另一株。如枸骨、南酸枣等。

二、根的形态学术语

根通常是植物体向土中延伸的部分，无节和节间之分，无定芽（即无顶芽和侧芽），有时生不定芽，绝不生叶和花。

1. 根的类型

主根 种子萌发后，由胚根直接发育而成的根。

侧根 主根上的各级分枝均称侧根，排列为较规则的纵向行列。

不定根 茎、叶或老根上长出的根。其发生位置不定、无规律。

2. 根系的类型

直根系 主根发达粗壮，各级侧根大小区分明显。如陆地棉、大豆。

须根系 主根很不发达，早期即停止生长或生长极其缓慢，甚至死亡；而在茎基部的节上生出许多较长而粗细相似的不定根，呈须状。如水稻，小麦等。

3. 根的变态

肉质直根 为肉质膨大的贮藏根，如萝卜、胡萝卜等。其下部生有侧根的部分称为根体，由主根发育而成；上部不生侧根的部分称为根颈，来源于下胚轴；顶端具叶痕、幼叶及嫩芽的部分称为根头，由上胚轴和胚芽发育而来。

块根　由侧根或不定根肉质膨大而成的块状贮藏根。如甘薯、大丽花等。

气生根　为生于地面以上，暴露在空气中的根。依其生理功能的不同，可分为三种类型：支柱根，如玉米、高粱、甘蔗等，其茎秆在近地面的节上轮生的粗壮不定根，向下生长伸入土壤，起支撑作用；攀缘根，如常春藤、爬山虎等，其茎藤的节上生出许多很短的不定根，不定根先端或扁平化并分泌黏液贴附于支持物表面，或不定根先端伸入支持物体内，攀缘他物使茎藤向上生长；呼吸根，一些生长在沼泽或热带海滩地的植物，如红树、水龙等，由于泥土中空气贫乏，就产生一些垂直向上生长的根，伸出水面或地面吸收空气。

寄生根　伸入寄主植物组织中的根，从寄主组织中吸收营养。如菟丝子、桑寄生等。

三、茎的形态学术语

茎　是植物最重要的营养器官。其形态多种多样，但共同的特征是：茎有明显的节和节间；节上生叶，叶脱落后留有叶痕；顶端有顶芽，侧面叶腋内生腋芽；较老的茎上有皮孔，皮孔常表现为灰白色或淡棕褐色的海绵质凸起颗粒。

1. 根据茎的生长习性分类

根据茎的生长习性可分为六大类：

直立茎　茎近垂直于地面，如玉米、杨树、芝麻等。

斜升茎　茎初始偏斜，后变直立，如酢浆草等。

平卧茎　茎平卧地面，如地锦草、蒺藜等。

匍匐茎　茎平卧地面，但节上生不定根，如红薯、蛇莓等。

攀缘茎　茎细长柔软不能直立，借助某种变态器官（如卷须、钩刺）、不定根或倒生皮刺等攀缘他物向上生长，如黄瓜、葡萄、凌霄、茜草等。

缠绕茎　茎细长柔软不能直立，螺旋缠绕于他物向上生长，如牵牛、旋花、菜豆、紫藤等。

2. 根据茎的分枝方式分类

茎的分枝方式可分为四大类：

单轴分枝　主茎顶芽的活动始终占优势，使茎不断伸长，形成一明显的主干，其各级分枝相互区分也明显。如松、杉木、圆柏、银杏等。

合轴分枝　主茎的顶芽优势活动一段时间后，即停止活动而终止茎的伸长；近顶芽下方的一个腋芽即开始优势地活动而产生一侧枝；该侧枝的顶芽停止活动，其下方的一个腋芽又开始优势地活动而产生一次级侧枝……如此下去，主茎和所产生的各级侧枝就连接为一个纵轴，合轴分枝故此得名。如棉花、番茄、苹果等。

假二叉分枝　主茎的顶芽优势活动一段时间后，终止茎的伸长活动，近顶芽下方对生的两个腋芽分别开始优势地活动，结果产生两个相对而生的侧枝呈二叉状；每个侧枝后来又可产生二叉状的次级分枝。如石竹科、龙胆科植物。

分蘖　常见于禾本科植物，如小麦、玉米、水稻、甘蔗等。其分枝特点是：幼苗期主茎节间极短，节十分密集，基部一至数节的腋芽活动形成的分枝与主茎近等速地生长，结果这些分枝（特称分蘖）与主茎高低粗细相当；同时，产生分蘖的节上生出许多须状不定根，形成须根系；在分枝的基部节上还可产生次级分蘖。

3. 芽的类别

定芽　有固定的发生位置。有顶芽和腋芽两种。

A. 顶芽　位居茎（枝）顶端，其活动使茎或枝伸长。

B. 腋芽　生于叶腋内，与叶同生一节上，其活动发育为侧枝。由于其位于茎的侧面，又称为侧芽。

不定芽　发生位置不定，无规律性，老茎、根或叶产生的芽均为不定芽。

A. 鳞芽　芽外包被以一至数层高度栓化或角化的鳞片状变态叶（芽鳞）。如毛白杨、榆树等植物的冬芽。

B. 裸芽　芽无鳞片，其包围芽生长锥的幼叶裸露。草本植物和生长在热带潮湿气候的木本植物常具裸芽，如黄瓜、油菜、枫杨等。

C. 花芽　芽发育为花或花序。如小麦、玉米的顶芽，花生的腋芽，桃的副芽等。

D. 叶芽　发育为营养枝的芽，也称为营养芽。

E. 混合芽　发育为具叶和花混生的短枝。如梨、苹果的混合芽等。

F. 副芽　有些植物（如桃、枫杨、桂花等）的叶腋内有两个或多个芽，其中一个为主芽，其余的均称副芽；主芽通常居中或较大。

G. 并生芽　又称并列芽，指叶腋内两至数枚芽以侧面靠近、围茎（切向）并列，如桃。

H. 叠生芽　又称重叠芽，指叶腋内两至数枚芽背腹相贴径向重叠。如桂花的芽。

4. 茎的变态

地下变态茎常见的有根状茎、块茎、球茎和鳞茎。

A. 根状茎　生于地下貌似根的茎，有节和节间的区分，节上或有退化残存的叶和腋芽，顶端有顶芽。如莲藕、竹鞭、芦苇、狗牙根等。

B. 块茎　地下茎肉质膨大为不规则块状，如马铃薯、菊芋、甘露子等。

C. 球茎　地下茎肉质膨大为球形，如荸荠、芋头、慈姑等。

D. 鳞茎　如洋葱、百合、大蒜等，其最外层的膜质鳞片叶和内部多层肥厚肉质鳞片叶均着生于扁平或圆盘状的鳞茎盘上，肉质鳞片叶腋部有鳞芽，鳞茎盘中央或顶端有顶芽。

地上茎的变态常见的有肉质茎、叶状茎（枝）、茎（枝）卷须、茎（棘）刺等。

A. 肉质茎　茎肉质肥大多汁，如仙人掌、仙人球等。

B. 叶状茎（枝）　茎扁化如叶状，长期绿色，叶退化或早落，如竹节蓼、文竹、昙花等。

C. 茎（枝）卷须　顶芽或腋芽并不正常发育为营养枝，而发育出卷须。腋芽发育出的卷须位于叶腋，即卷须下方有叶，如葫芦科植物南瓜、黄瓜等。顶芽发育的卷须与其下方节上的叶相对而生（假对生），如葡萄科植物葡萄、乌蔹莓等。

D. 茎（棘）刺　芽发育为刺，如皂荚、山楂、枳等。

E. 纤匐枝　是从叶丛的叶腋中发出的无叶细长的伏地枝，其顶端触地生根并形成莲座状叶丛而成新的植株，该新的植株成为独立个体时，其前方的节间即行死去。如草莓、虎耳草等。

四、叶的形态学术语

1. 叶的组成

完全叶　一个完全叶由托叶、叶柄和叶片三部分组成。托叶是叶柄基部两侧的附属物，形状多样；叶片着生于叶柄顶端，常呈薄片状。叶片的基部称叶基，先端称叶尖，叶片的边缘称叶缘，叶片内分布有叶脉。

不完全叶　无叶柄、托叶或叶片的叶。

2. 叶序的类型

互生叶　茎每节上仅生 1 枚叶。

对生叶　茎每节上相对而生 2 枚叶。

轮生叶　茎节上有 3 枚或 3 枚以上的叶，均匀排为 1 轮。

叶簇生　严格地说，叶簇生不是一种叶序类型。实为多叶密集着生在节间极短、节极密的短枝上成为叶簇。互生、对生或轮生的叶都有可能形成叶簇生。

3. 叶脉及脉序

叶脉　位于叶片中央的较为粗壮的一条叫主脉，有时也称中脉或中肋；主脉的各级分支均称侧脉，其末级细微的脉叫细脉或小脉。

脉序　指叶脉在叶片内走向及分布的式样，常见有以下几种。

羽状脉　侧脉由中脉分出，呈羽毛状排列。

掌状脉　几条近等粗的强壮大脉由叶柄顶端掌状伸出。其居中的一条常叫中脉，边缘的两条叫边脉，中脉与边脉之间的脉称为间脉；根据掌状脉发出的脉数，又有掌状三出脉、掌状五出脉等名称。

射出脉　在盾形叶中，由于叶柄连接于叶片内，自叶柄顶端发出的诸脉向四周辐射状伸展，故称为射出脉，实为掌状脉之特例。如莲、旱金莲、千金藤等。

平行脉　指自叶柄或叶鞘的顶端，或自主脉基部发出的明显的粗脉，均与主脉近平行地伸向叶尖，此称为直出平行脉，如小麦、玉米的叶脉；若主脉的各侧脉相互平行且垂直于主脉，则称为横出平行脉，如印度橡皮树、美人蕉、香蕉的叶。

网状脉　经数回分枝的小脉相互连接呈明显的脉网。

叉状脉　各脉均作二叉状分支。如银杏和多数蕨类植物的叶。

4. 叶缘与叶裂

全缘　叶的边缘为一连续平滑的线，无齿，缺刻，如洋槐、大豆等。

波状　叶缘波状起伏，如茄、槲栎等。

锯齿　齿尖锐并向前倾，如桃等。

牙齿　齿尖外展，齿两边近等，呈三角形，如桑、糯米椴等。

圆齿　齿尖呈圆弧形，如连线草等。

钝齿　齿尖凸、呈钝角，如冬青、卫矛。

浅裂　分裂深度不到半个叶片的一半，如油菜。

深裂　分裂深度超过半个叶片的中部，如葎草、风花菜。

全裂　分裂达中脉或叶基部，如大麻。

羽状分裂　裂片在叶两边呈羽状排列，如茑萝等。

掌状分裂　裂片呈掌状排列，如枫香等。

5. 叶或叶性器官的平面形状

关于叶形的术语概念，古今中外十分混乱，对某种形状概念的理解常因人而异，很不统一。这直接影响着学术交流，也是准确鉴定识别植物的一大障碍。因为植物鉴定人员未必与文献作者对术语概念的理解一致。因此，关于形状的概念必须力求统一。这里介绍的是英国分类学协会描述性植物学术语委员会1962年制定的平面图形的概念（作者有所删减），它使平面形状的描述有一个量度的标准，较为确切，后被植物分类学界普遍采用。这种关于平面形状的概念，不仅适用于叶，也适用于萼片、花瓣、苞片等其他器官。植物分类的初学者必须建立这种较为统一的形态概念。现将这套概念简单示意如下：

12∶1	6∶1~3∶1	2∶1~3∶2	6∶5	1∶1
	披针形…………	卵形		
		椭圆形…………	……………	圆形
线形…………	…………	长圆形（矩圆形）…………	…………	方形
		菱形…………	…………	正方菱形
钻形…………	…………	三角形…………	…………	正三角形

上面示意表中，长宽比为（2∶1）~（3∶2）的为典型的卵形、椭圆形、长圆形（矩圆形）、菱形或三角形；长宽比若为（6∶1）~（3∶1），在这些典型的形状术语前加一个形容词（或副词）“狭”或“窄”，如狭卵形、狭椭圆形等；长宽比约为6∶5时，前面加一“阔”或“宽”字。

平时常用的几种形状术语解释如下：

卵形　中部以下最宽；两侧边缘的间距向两端渐狭缩，两边呈弧形。

椭圆形　最宽处约在中部；两侧边缘的间距向两端渐狭缩，两边呈弧形。

长圆形　最宽处约在中部，两侧边缘近平行。

披针形　从示意表中可以看出，披针形实为长宽比为（6∶1）~（3∶1）的狭卵形。需要指出，长宽比为（4∶1）~（3∶1）者最好描述为狭卵形；长宽比为（6∶1）~（5∶1）者最好叫披针形；长宽比在［7~8（9）］∶1者叫披针形亦可，但描述为狭披针形较为适宜。

线形　指长宽比为12∶1以上或接近12∶1的长圆形。宽度在3（~4）mm以下者，多称线形；宽在5 mm以上，常称为条形，如小麦叶；宽在（30~）40 mm以上者，习惯上称为带形，如玉米叶。

钻形　也称锥形，指长宽比为12∶1左右的三角形。

针形　指长为宽的数十倍，细而较硬的圆柱体，且顶端收缩为刺尖，状如针。

自然界中平面形状多种多样，很难找到上述典型形状的叶片，常常是既像此又像彼。如果形状最接近卵形，又近似椭圆形，可描述为椭圆状卵形；如果最像长圆形，又有些近似卵形，可描述为卵状长圆形；……再参考其长宽比，描述就较为确切了。

6. 复叶及其类型

复叶　具两枚或两枚以上叶片的叶称复叶。

羽状复叶　有叶轴，小叶在叶轴或末回叶轴两侧呈羽状排列，叶轴下方无小叶着生的柄状部分称叶柄（或总叶柄）。

奇数羽状复叶　有顶生小叶，小叶总数为奇数。如槐树、洋槐等。

偶数羽状复叶　顶生小叶退化或完全缺失，小叶总数为偶数，如皂荚、花生等。

一回羽状复叶　叶轴单一不分枝，如洋槐、花生等。

二回羽状复叶　叶轴仅有一级分枝，如合欢、云实等。

三回羽状复叶　叶轴有二级分枝，如南天竹。

多回羽状复叶　叶轴有多级分枝。

间断羽状复叶　在羽状复叶上下小叶（对）之间的叶轴上还生有很小的翅状或小叶状羽片，这样的羽状复叶称间断羽状复叶。如中国委陵菜。

掌状复叶　无叶轴，小叶都直接生于叶柄顶端呈掌状排列，如七叶树、糙叶五加等。

三出复叶　仅具3枚小叶的复叶。具叶轴的称羽状三出复叶，如大豆；无叶轴的称掌状三出复叶，如车轴草、酢浆草等。

单身复叶　两侧生小叶退化或完全消失，仅有顶生小叶以关节着生于不明显的叶轴顶端。其貌似单叶，实为高度退化的羽状三出复叶，如柑橘。

7. 叶的变态

叶卷须　叶的一部分变态为卷须，以适应植株的攀缘生长。如菝葜属植物的托叶变为卷须（托叶卷须），铁线莲属植物的叶柄常变为卷须状，野豌豆属羽状复叶的先端小叶也常变为卷须（小叶卷须）。

叶刺　指叶或叶的一部分变态为刺。如洋槐的托叶变为托叶刺，锦鸡儿属一些种的叶轴先端硬化为刺，小檗属植物的叶刺在短枝下方尤其明显。

捕虫叶　有些植物叶特化出囊状捕虫器以捕食昆虫，如猪笼草、狸藻。

鳞叶　为行使特殊的生理功能，变态为鳞片状的叶称鳞叶。如鳞芽的芽鳞，鳞茎的肉质鳞片叶和膜质鳞片叶。

苞叶　指花序上的变态叶，包括总苞片、苞片和小苞片。

花叶　指构成花的变态叶，包括萼片、花瓣、雄蕊和组成雌蕊的心皮，有些植物花中的副萼亦属花叶。

2017年左右，台北有一名女子最初被认为死于一场车祸，直到警方在她的头发中发现树叶，专家们断定，这些树叶来自街边建筑某个楼层中的一株盆栽，死者跳窗而出，下落途中撞到了这盆植物，这样对案件进行了准确定性。

五、花和花序的形态学术语

1. 花的概念和构造

花　是被子植物适应于生殖的变态短枝。该变态短枝实为花托；萼片、花瓣、雄蕊和构成雌蕊的心皮均为叶的变态，称为花叶，它们常分别轮生于花托不明显的节上，花叶腋部无腋芽，花托顶端无顶芽。花中的雄蕊和雌蕊是真正的生殖器官，其外包被的所有萼片合称为花萼，所有花瓣合称为花冠，花萼和花冠又合称为花被。花萼、花冠、雄蕊和雌蕊均具备的花称完全花，缺失其中之一者是不完全花。

禾本科植物的花俗称小花，由雌蕊、雄蕊、浆片、内稃和外稃组成。其中浆片微小或不存在，由花被片退化而来；内稃常具2脊，实为花的2小苞片愈合而成；外稃实为花基部的苞片；外稃和内稃在开花前相扣以保护其内的雄蕊及雌蕊。

2. 与花被相关的术语

两被花　又称重被花，花萼和花冠均存在。

同被花　两轮花被片大小相近、色泽相同，二者区别很不明显。如黄花菜、葱、韭、百合。

异被花　两轮花被或花被片形态、大小及色泽明显差异，外轮分化为花萼，常呈绿色，内轮分化为花冠，常色泽鲜艳。如桃、槐、泡桐、白菜等。

单被花　仅有一轮花被（通常认为是花萼），如紫茉莉、桑、藜等。

无被花　无花被，故又称裸花。如毛白杨、柳等。

离萼　指萼片相互分离。如油菜、桑、荠菜等。

合萼　萼片相互多少合生，其合生部分称萼筒，上部分离部分称萼裂片。如芝麻、大豆、荆芥、薄荷等。

副萼　有些植物的花具两轮花萼（或萼片），外轮称为副萼。副萼片与萼片同数且相间排列。如草莓、委陵菜、蛇莓等。

离瓣花　花瓣相互离生，如油菜、桃、杏等。

合瓣花　花瓣相互多少合生为一体，下部合生部分为花冠筒，上部分离部分称花冠裂片。如泡桐、芝麻、茄、牵牛、丁香等。

辐射对称花　通过花的中心轴有2个以上的对称面，每轮花被片的形状及大小一致。如苹果、桃、草莓、南瓜、棉花等。

两侧对称花　通过花的中心仅有1个对称面，每轮花被片的大小，甚至形状都不相同。如大豆、豌豆、芝麻、泡桐等。

镊合状排列：指花蕾中同轮的各花被片边缘彼此接触但不覆盖，如茄、番茄等。

旋转状排列：花蕾中同轮各花被片的一边缘覆盖相邻花被片的边缘，另一边缘又被其相邻花被片的边缘所覆盖。如旋花科、龙胆科一些植物的花冠（裂片）。

覆瓦状排列：花蕾中同轮花被片中，至少有 1 朵花被片的两边缘都不被覆盖而位居外面，或至少有 1 朵花被片两边缘均被覆盖而位居内面。如大豆、豌豆、芝麻、宝盖草的花冠。

3. 花的性别

两性花　花中雄蕊和雌蕊皆具备，如油菜、大豆、棉花、桃、杏等。

单性花　花中雄蕊存在，雌蕊缺失；或雌蕊存在而无雄蕊。前者是雄花，后者称雌花。如南瓜、黄瓜、玉米、葎草等。

中性花　又称无性花，花中雄蕊和雌蕊均不存在或退化。如绣球花、向日葵头状花序的边花。

4. 雄蕊群

雄蕊群　指一花中所有雄蕊的统称。其相关术语如下：

雄蕊常由细长柄状的花丝和顶端膨大的花药组成。花药成熟后开裂的方式常见有纵裂（纵向出现裂缝）、孔裂（顶端打开一小孔）和瓣裂（花药先端掀开一活板状盖）。

离生雄蕊　花中雄蕊相互分离。

二强雄蕊　花中雄蕊 4 枚，2 长 2 短。如唇形科植物的花。

四强雄蕊　雄蕊 6 枚，4 枚较长。如十字花科植物的花。

单体雄蕊　花中全部雄蕊合生为一体。如苦楝、棉花等。

二体雄蕊　雄蕊合生为 2 束。如大豆、洋槐等豆科植物。

多体雄蕊　雄蕊合生为 3 束或 3 束以上。如金丝桃科植物的雄蕊常合生为 3 束或 5 束。

聚药雄蕊　全部雄蕊的花药聚集黏合在一起。如菊科植物。

5. 雌蕊群

雌蕊群　一花中所有雌蕊统称为雌蕊群。

雌蕊位于花的中央，由子房、花柱和柱头组成。子房是雌蕊下部膨大的部分，由子房壁、胎座、子房室和胚珠构成；花柱是子房顶端延伸出的柱状体；花柱顶端扩展或膨大为柱头。

单心皮雌蕊（群）　花中仅有 1 个心皮，形成单个雌蕊。如大豆、杏、李、桃等。

离生心皮雌蕊群　花中有 2 个至多数分离的心皮，每个心皮构成 1 枚雌蕊，所以一花中有 2 个至多数分离的雌蕊。如毛茛、草莓、八角茴香、白玉兰等。

合生心皮雌蕊（群）　花中的 2 个或 2 个以上的心皮合生形成 1 枚雌蕊。如苹果、柑橘、小麦、棉花、黄瓜等。

6. 合蕊冠与合蕊柱

合蕊冠　见于萝藦科植物，指雄蕊仅花药与雌蕊的柱头合生为一体，其花丝与子房和花柱分离，似雌蕊之冠。

合蕊柱　兰科植物花中，1 枚或 2 枚雄蕊与花柱（包括柱头）完全合生成的肉质柱状体。

7. 子房的类型

子房上位　子房仅以基部着生于花托上，几乎全部游离。若雄蕊和花被均着于子房基部下方，则称为上位子房下位花；若萼片合生为筒状，花瓣及雄蕊生于萼筒（确切地称为花筒）上缘内侧，则称为上位子房周位花，如水苋菜、樱桃、月季等。

子房中位　子房下半部深入花托（花筒）内并与花托（花筒）相合生，上半部游离，故也称子房半下位。由于雄蕊及花被均生于花筒上缘、居子房周围，则为中位子房周位花。如马齿苋、菱及虎耳草科一些种。

子房下位　子房完全陷入花托（花筒）内并与花托（花筒）合生。由于雄蕊和花被生于花筒上缘，位居子房之上方，故称下位子房下位花。如南瓜、苹果、梨等。

8. 胎座及其类型

胎座　子房内胚珠着生之处。

边缘胎座　单心皮子房内，常 2 颗至多数胚珠生于心皮的边缘（腹缝线上）。如豆科植物、八角茴香、牡丹等。

侧膜胎座　合生心皮的 1 室子房内，胚珠沿每心皮的边缘着生。如黄瓜、南瓜、白菜、油菜、番木瓜等。

中轴胎座　合生心皮的多室子房内，胚珠着生于各心皮的内缝合轴（中轴）上。如橙、苹果、芝麻、棉花等。

特立中央胎座　在合生心皮的 1 室子房内，自子房室基底向子房室中央伸出一游离的柱状轴，但不伸达子房顶，胚珠即沿此轴着生。如石竹科及报春花科的一些植物。

基生胎座　胚珠着生于 1 室子房的基部，如菊科植物。

顶生胎座　胚珠着生于 1 室子房的顶部，如瑞香科植物。

9. 花序的概念及其类型

花序　是无正常营养叶的花枝。花着生于花序轴上或花序轴的分枝上；花序轴下方或花序轴第一个分枝以下无花着生的部分称花序柄；若无花序轴，则花聚集在花序柄的顶端。花序上的变态称苞叶，包括总苞片、苞片和小苞片。总苞片是指着生于花序轴或花簇基部的变态叶，所有总苞片统称为总苞；苞片生于花或花柄的基部下方，与花同生于一节（即花为苞片腋生）；小苞片生于花柄上或花萼基部。

有限花序　指花序最顶端的花先开放，由上而下渐次开花；或花序最中心的花先开放，后由内向外渐次开花。有限花序又称聚伞花序，根据花序分枝的排列情况，分为单歧、二歧和多歧聚伞花序。

A. 单歧聚伞花序　花序每次仅产生一个分枝（常顶生 1 朵花）。若相继发出的各级侧枝都由同方位产生，并向同一方向伸展，致使花序呈螺旋状，故称螺旋状聚伞花序或卷拳花序，如附地菜、田紫草、聚合草等；若相继发出的各级侧枝由左、右两个方位产生，并交替向相反方向伸展，则称为蝎尾状聚伞花序，如唐菖蒲。单歧聚伞花序实为合轴分枝的花序。

B. 二歧聚伞花序　花序每次产生 2 个对生的分枝，实为假二叉分枝的花序，如石竹科、龙胆科的一些植物。

多歧聚伞花序　花序每次产生 3 个或 3 个以上轮生或近轮生的分枝。如泽漆、大戟等。

轮伞花序　对生叶叶腋中的聚伞花序由于花序梗极短或几无，其花序分枝亦很短，这样对生于同节上的两聚伞花序的众多花似乎在节上轮生，故特称为轮伞花序。如薄荷、夏至草等。

无限花序　指花序轴最下部的花先开放，由下而上渐次开花；或花序边缘的花先开放，向心渐次开花。无限花序常见有如下几种：

A. 总状花序　有花序轴，成熟花的花柄近等长。如油菜、荠菜、白菜等。

B. 伞房花序　花序轴下部的花柄较长，向上渐短，所有花近似排列在一平面上，整个花序呈倒圆锥形。如苹果、梨、山楂等。

C. 伞形花序　无花序轴或花序轴极度短缩，许多有柄花密集在花序梗顶端。如胡萝卜、五加、报春花、韭、洋葱等。

D. 穗状花序　有花序轴、花无柄。如车前、鹅观草、马鞭草等。

E. 肉穗花序　花序轴肉质肥厚的穗状花序，基部具一佛焰苞。如半夏、天南星、芋头等。

F. 柔荑花序　花序轴柔软，常下垂，其上着生单性花、单被花或无被花，成熟后花序整体脱落。如杨、柳、胡桃、板栗、枫杨等。

G. 头状花序　无花序轴，花无柄或近无柄，多花集生于花序梗顶端膨大而成的总花托（花序托）上。如菊花、川续断、含羞草、车轴草、向日葵等。

H. 隐头花序　花序梗顶端肉质膨大为中空的囊状体（花序托），其内壁上着生小花。如无花果、榕树、异叶榕等。

I. 圆锥花序　典型的圆锥花序是复总状花序，即总状花序轴发生分枝，每个分枝形成一总状花序。植物分类学上常采用广义的概念，凡花序轴有分枝、整个花序为圆锥状者均被称为圆锥花序。如花序分枝下部较长，向上渐短，排列为倒圆锥状，可称为伞房状圆锥花序；如构成圆锥花序的基本单位是聚伞花序，则称为聚伞圆锥花序；如构成花序的基本单位是头状花序，则可描述为头状花序排列为圆锥状。

六、果实与种子的形态学术语

1. 果实的结构

果实由果皮和种子组成。果皮由外向内可区分为外果皮、中果皮和内果皮三部分；种子着生于果皮内。

2. 果实的类型

真果　指完全由子房发育而成的果实，即由上位子房发育而来的果实。如桃、杏、番茄等。

假果　除子房外，花的其他部分（如花托、花被筒等）也参与果实的形成，成为果皮的一部分。下位子房或半下位子房必定产生假果。如苹果、南瓜、香蕉、山楂等。

聚花果　也称为复果，由整个花序发育而成。如桑葚、无花果、菠萝等。

聚合果　指一花的花托上能产生 2 个或 2 个以上的果实，即分离心皮雌蕊群必产生聚合果。如草莓、委陵菜、八角茴香、牡丹、望春花等。

单果　指一朵花中仅能产生一个果实。单心皮雌蕊和合生心皮雌蕊只能产生单果，如苹果、杏、黄瓜、大豆、油菜等。根据单果果皮的质地和结构，可分为肉质果和干果两大类。

肉质果　果实成熟时，果皮肉质甚至多汁。肉质果又可分为浆果、瓠果、梨果、核果和柑果。

A. 浆果　外果皮膜质，中果皮和内果皮均肉质多汁。如葡萄、番茄、茄、柿等。

B. 瓠果　由 3 个心皮合生的下位子房发育成的假果，侧膜胎座极其发达，种子常多数。如黄瓜、西瓜、甜瓜、南瓜等。

C. 梨果　由 2~5 个心皮合生的下位子房发育而成的假果，其外果皮和中果皮肉质，内果皮骨质或革质，中轴胎座。如苹果、梨、山楂、火棘、石楠等。

D. 核果　中果皮肉质，内果皮坚硬石质形成果核，种子常 1 粒包于果核内。如桃、杏、梅、李、核桃、枣、鼠李等。

E. 柑果　由多心皮合生的上位子房发育而成。其外果皮革质，内含油囊；中果皮常肉质、内含发达的维管束网络系统；内果皮坚韧膜质且分离成瓣，每瓣的内表面密生膨大为棍棒状的表皮毛，表皮毛内含大量营养汁液；种子多数，生于中轴胎座上。如柑橘、枳、橙等。

干果　果实成熟时，果皮干燥。依果皮开裂与否分为裂果和闭果两类。

A. 裂果　成熟后果皮自然裂开，散出种子。裂果包括蓇葖果、荚果、角果和蒴果，它们均有 2 颗或 2 颗以上的种子。

蓇葖果　单心皮，边缘胎座；果皮自上而下沿一条缝线开裂。如八角茴香、乌头、牡丹等。

荚果　单心皮，边缘胎座；果皮沿腹缝线和背缝线同时开裂为两个果瓣。如大豆、花生等豆科植物。

长角果和短角果　2 个心皮合生，侧膜胎座，具膜质假隔膜；果皮自下而上开裂为两个果瓣。如十字花科的果实，其中角果细长，呈线形或圆柱状的称长角果，如油菜、白菜、播娘蒿等；角果很短，长不足宽的 3 倍者称短角果，如荠菜、独行菜、臭荠等。

蒴果　由 2 个或 2 个以上心皮组成。根据果皮开裂方式可分为五种：背裂，即沿背缝线纵裂，如百合、棉花、茶等；腹裂，沿腹缝线纵裂，如烟草、牵牛、芝麻等；齿裂，即果实顶端裂为齿状，如石竹、卷耳等石竹科植物；孔裂，即果实顶端在每心皮上均裂开一小孔，如罂粟、桔梗等；盖裂，即果皮横向环周开裂，上部呈盖状脱离，又称横裂或周裂，如车前、马齿苋等。

B. 闭果　果皮始终不开裂，果实仅有 1 粒种子。瘦果、坚果和颖果均为闭果。

瘦果　果实瘦小，果皮与种皮紧贴，不易分离。如草莓、蛇莓、委陵菜、毛茛等。

坚果　果皮与种皮容易分离，如板栗、榛子、槲栎。

颖果　果皮与种皮愈合，不能分离，如小麦、水稻、玉米等禾本科植物。

除上述各类较为典型的果实外，下面几种果实可谓特殊。

分果　指子房发育为果实的过程中，子房逐渐分裂为若干个含有单种子的部分（分果瓣），每个分果瓣不再开裂。如唇形科植物（特称小坚果）、伞形科植物（双瘦果或双悬果）等。

节荚果　有些豆科植物的荚果发育过程中，在种子间强烈缢缩，成熟后在种子间缢缩处横断为若干个含单种子的部分，如槐、岩黄耆等。节荚果也是一类分果。

翅果　凡果皮具备翅状附属物的果实均称为翅果。蒴果具翅者可称为具翅蒴果，如卫矛属的一些种；坚果具翅者称具翅坚果，如臭椿、枫杨、白蜡树等；分果具翅者可谓具翅分果，如三角枫、五角枫等槭属植物。

1993 年，一棵假紫荆树帮助警方紫荆破获了一起刑事案件。有人在一棵蓝花假紫荆树下发现一名被害女子的尸体并进行报案，后来警方在一名嫌疑人的小货车上发现了假紫荆树特殊的豆荚，从而引起了警方对该嫌疑人的怀疑，最终破获该案。

3. 种子的构造及类型

种子　由胚珠受精后发育而成。发育成熟的种子均有种皮和胚，有些植物的种子内还有胚乳。

种皮　位于种子的最外面包裹胚和胚乳，起保护作用。种皮上有一微小的种孔，种子脱离母体时在种皮上留下的疤痕称种脐；有些植物（如大戟科）种皮上还生有海绵质凸起的种阜，如蓖麻。

胚　由胚轴、胚芽、子叶和胚根组成。胚轴是连接胚芽和胚根的轴；胚芽在胚轴的顶端，可发育为新植株的茎、叶系统；子叶生于胚轴的节（子叶节）上，子叶 2 枚时对生，多于 2 枚则轮生，有些植物仅有 1 枚子叶；胚根位于胚轴的下端，可发育出植物的根系。

种子的类型可分为：

单子叶种子　如小麦、玉米、莎草、百合、天南星等单子叶植物。

双子叶种子　如大豆、棉花、南瓜、向日葵、胡萝卜等双子叶植物。

多子叶种子　见于松属植物。

有胚乳种子　如蓖麻、番茄、烟草、茄、柿、小麦、水稻、洋葱等。

无胚乳种子　如大豆、花生、慈姑等。

七、器官表面的毛被及附属物的形态学术语

皮刺　是器官表层的薄壁细胞恢复分裂能力，产生出的细胞群高度木质化，并特化形成坚硬的刺，皮刺内无维管束，与器官的维管系统无联系，故与器官容易剥离，且分离面平滑。如月季、花椒、刺楸、玫瑰、悬钩子等植物的茎及叶上常见。

柔毛　较长而柔软、多少弯曲的毛。

曲柔毛　长而柔软之甚卷曲的毛。

绒毛　又称毡毛，卷曲且相互交织成毡状的毛层。

茸毛　为密而直立的细直毛层，其中杂以直立的较长粗毛。

丛卷毛　长而柔软的弯曲毛密集成团分布。

蛛丝状毛　错综密结的蛛丝状的细长毛。

绵毛　长而柔软密集的弯曲毛，相互缠结。如棉花的种毛等。

绢毛　伏贴着生的长而直且有光泽的纤细毛。

硬毛　硬而直的粗糙短毛，不易折断，亦称糙毛。

刚毛　直或稍弯、坚硬、脆而易断的毛，折断时可发出声响。

刺毛　毛坚硬如刺。

串珠状毛　单列多细胞毛，于细胞间缢缩，呈串珠状。

星状毛　毛体有不明显短柄，柄顶端具与柄垂直且辐射排列的若干分支，状如星芒。

丁字毛　毛具极短柄或近无柄（柄深入器官内），柄顶端具排列为一直线的二分支，整个毛体呈“丁”字形。

树枝状毛　毛体粗壮、直立，具不规则分支。

棍棒状毛　毛自基部向顶端逐渐膨大增粗，似棒槌状。

腺毛　先端具腺体的柔毛。

钩状毛　毛体较硬，且先端弯曲为钩状。

锚状毛　毛体顶端或近端具轮状排列的若干倒向的刺状分支。

节毛　单列细胞的毛，细胞间横壁色泽明显深暗，毛体明显有节。

髯毛　密集成丛（簇）的柔毛，常见于叶背脉腋处。

羽状毛　具密集的羽状分支的毛，如猫儿菊、毛连菜、鸦葱等。

睫毛　又称纤毛、缘毛，沿器官边缘排列的毛。

鳞片状毛　具盾状着生的圆形鳞片状毛（柄极短）。如胡颓子、木半夏、油橄榄、照山白、秀雅杜鹃等。

腺粒　指器官表面散布的无柄颗粒状腺体。

腺点　散布于器官表皮以下组织内，分泌油滴或树脂的微小分泌结构。

瘤状凸起　颗粒状、短柱状、圆锥状或小瘤状的明显凸起物。

疣状凸起　扁平片状的凸起，无明显的边缘。

乳头状凸起　形状不规则的乳头状微小凸起物。

白粉（霜）　覆盖器官表面的一层蜡质白色粉末。

第二章　植物的分类等级及植物名称

自然界的植物种类繁多，最常见的伴人植物也有1 000~2 000种，对不熟悉植物学专业的刑侦技术人员来说，简直是杂乱无章，区分它们无从下手。然而当我们懂得了植物的分类等级时，就会发现它们其实是各有所属、井井有条的，每一种植物都在一个类似于家谱的系统中有自己的位置。一般较高分类等级如“科”的特征很稳定，在识别植物过程中，如果能抓住“科”这个分类等级，那就有提纲挈领的作用，不管在科下有多少个物种，这些种之间亲缘关系是比较相近的，所以它们在形态上，特别是花的构造上都有许多共同的地方。刑侦技术人员可以通过一些关键的形态特征，获知案件过程中植物物证所属的“科”，这样就能大大缩短鉴别植物物证的时间。同时各地对于同一种植物的叫法也各异，普遍存在同名异物或同物异名的现象，通过掌握植物俗名、学名和异名的概念，准确把握植物的名称，对植物物证的准确快速鉴定具有重要的作用。

一、植物的分类等级

植物界中植物的种类繁多，千差万别，然而，物以类聚，人类根据长期积累的植物分类知识，依据亲缘关系的远近，把繁多的植物分为一个个等级大小不同的类群。把亲缘关系近的一群个体归为一种，把亲缘关系近的一些种归为一属，再把亲缘关系近的一些属归为一个科；这样依次归类，科又归目、目又归纲、纲又归门、门又归界。界、门、纲、目、科、属、种分别是植物界中各级主要分类等级（习称分类单位）。其中，种是分类的基本等级。各级主要分类等级根据需要还可再分成亚等级，如亚门、亚纲、亚目、亚科、亚属、亚种等。可想而知，分类等级越大，它所包含的植物种类越多，它所包含的所有种的共同特征就越少。

我们认识植物，不能像认识人一样，去认识每个个体，这样是不可能的，也是没有意义的。人们将植物进行分类，就是把某植物准确地依次归入某门、某纲、某目……一直归至某种为止。有些种的植物，还可细分为种下分类等级（亚种、变种或变型）。对于植物分类及识别植物的初学者，注意掌握一些较高分类等级，特别是科的识别特征非常重要。如要鉴定未知植物是哪个种，当识别出它属于某个科时，可直接在文献中这个科内检索，就大大缩小了检索范围，节省了时间。

二、植物的名称

1. 植物的俗名

俗名是一地区通用的名称，也叫土名。同一种植物在不同国家，或在同一国家的不同地区，其俗名各不相同。生于我国麦田中通称为田紫草的植物，有的地方叫麦加公，有的地方叫毛妮菜。可想而知，它在不同国家就会有更多的不同俗名（同物异名）。另外，不同种的植物也常具有完全相同名称（异物同名）的情况。

植物名称的不统一，必然造成相互交流的混乱。所以植物分类学的研究必须要求植物名称的统一、稳定，即一种植物只能有一个有效合格发表的统一名称，这就是学名。植物的学名决不应该在这个地方与其他地方不同，它在世界各地必须一致。

2. 植物的学名

《国际植物命名法规》的一个基本原则是，植物的学名必须是拉丁文名称。植物学名之所以用拉丁文命名，有以下几个原因：首先，拉丁文在欧洲过去一个相当长的历史时期内，曾经是有学问人们的普遍交流语言，而近代植物学科也是起源和最先发展于欧洲的，许多植物学文献都是用拉丁文书写的。其次，拉丁文现在作为一种死亡的语言（即现在没有一个民族将它作为一种民族语言来说了）成了一种中立语言，这样就避免了任何民族偏见的成分，也就避免了任何可能存在的民族间的妒忌。再次，拉丁文作为死亡的语言，它不再发展变化了，其词意及语法结构稳定，使千百年以后的学者在阅读古代植物学拉丁文文献时不至于出现困难，决不会出现像现代中国人阅读古汉语文章时遇到的那种麻烦。最后，拉丁语语法相当复杂，正因为如此，其语句结构严谨，意思表达确切，利于学术交流。另外，拉丁文词汇丰富，易于给植物命名，较少出现重名的情况。

这里主要介绍的是种及种下分类等级（亚种、变种和变型）的植物学名之组合构成。就种名而言，林奈采用了双名法命名。双名法是指用拉丁文给植物种起的学名，需用两个拉丁词表达，第一个词是属名，第二个词是种加词（即通常称谓的种名），另外后面再加上命名人名。这样由属名、种加词和命名人名构成的名称组合才是种的学名。属名的第一个字母要大写，种加词第一字母永远小写，命名人名缩写的第一字母要大写。如向日葵的学名为 *Helianthus annuus* Linn. 最后一词 Linn. 为命名人林奈 Linnaeus 缩写。种名命名的双名法，在林奈以前就有人用过，但国际上都公认林奈是首先推广双名命名法的学者。

种下分类单位（亚种、变种、变型）的学名，由指示其等级的术语（缩写）连接种名和种下分类单位的加词组合而成。举例说明如下：苦糖果（亚种）*Lonicera fragrantissima* Lindl. ex Paxb. subsp. *standishii* Hsu et H. J. Wang，学名中 *Lonicera fragrantissima* Lindl. ex Paxb. 是种名，subsp. 是等级术语“亚种” subspecies 的缩写，standishii 是亚种加词，Hsu et H. J. Wang 是亚种的命名人。毛果铁线莲（变种）*Clematic peterae* Hand. -Mazz. var. *trichocarpa* W. T. Wang，其中 var. 是等级术语“变种” varietas 的缩写，trichocarpa 是变种加词，W. T. Wang 是该变种命名人。碧桃（变型）*Amygdalus persica* Linn. f. *duplex* Rehd. 其中 f. 是等级术语“变型” forma 的缩写，duplex 是变型加词，Rehd. 是变型命名人名的缩写。

关于植物学名中命名人的引证形式，这里有必要做简单介绍。从上面苦糖果的学名中可以看到，种加词 *fragrantissima* 的命名人引证有两个人，中间由 ex 连接，ex 意为“被”或“由”，表示该种加词最先由 Lindl. 命名，但未曾有效合格发表，后来被 Paxb. 有效合格发表并采用了 Lindl. 命名的种加词。实际上，根据《国际植物命名法规》，这个种的真正命名人应为 Paxb. 而非 Lindl.，后者可略去不写。从苦糖果学名中还可看到，亚种加词 *standishii* 由 Hsu 和 H. J. Wang 二人共同命名并合格发表。如果命名人多于两人，可在第一命名人后面加 et al. 表示，et al. 意为和其他（同事）。

当分类群转隶或等级改变时，就产生了新组合的植物学名。如田菁 *Sesbania cannabina*（Retz.）Poir.，该学名表示 Retz. 是种加词的命名发表者，但他却把该种加词置于另一属名下，即把该种放在另一属内；后来 Poir. 研究认为，该种实为 *Sesbania* 属的植物，应转隶至 *Sesbanian* 属中并保留了 Retz. 命名的种加词 *cannabina*，而将 Retz. 这一人名放在圆括号内，得出田菁的新组合学名。再如毛叶槐的学名是 *Sophora japonica* Linn. var. *pubescens*（Tausch.）Bosse，表示 Tausch. 把毛叶槐命名为 *pubescens* 是作为种加词发表的，后来 Bosse 研究认为该类群作为种不能成立，应作为 *S. japonica* Linn. 种下的变种。于是 Bosse 保留了 Tausch. 命名的加词 *pubescens*，作为新组合的变种加词，得出这个变种组合名称，而将 Tausch. 放在圆括号中。

3. 植物的异名

尽管《国际植物命名法规》规定一种植物只能有一个名称，但常常会不可避免地出现同物异名或异物同名的情况。一种植物除唯一的一个合法的正确学名外，其余的学名均为异名，是不合法的，应废弃。产生异名的原因有如下几种：其一，同物多余名形成异名。前人已经给一种植物命名且合格发表了，后人由于没有见到前人命名发表该种植物的文献，而又给这种植物起了另一个学名并合格发表，这后起的名称就是多余名，应做异名处理。或者原来作为两个不同类群命名发表的两个名称，后人经过分类研究，认为这两个名称所代表的植物实为一个类群，应予以合并；既然是一个类群，就应有一个名称，那么命名发表较晚的那个名称就作为异名处理。其二，异物同名产生异名。当不同的著者给两个完全不同类群的植物起用了同一学名，并且均已合格发表，这个名称只能用在其中一个类群上；另一个命名发表较晚的类群，必须另选学名，它原来的名称就作为异名。其三，改变隶属关系产生异名。当一个植物类群，比如种，其种加词原来放在一个属名下组合形成一种名；当后来研究者认为，该种不应放在这个属中，而应归隶于另一个属，当然这个种加词与另一属名组合就产生另一个新种名，而该种植物原来的名称就成为异名了。其四，分类群等级改变形成异名。如果一个植物类群，原来曾作为种命名发表，后来研究认为，它作为种不宜成立，实为某一种下的一个变种，这就要给该类群一个变种名称的组合（即变种名），而原来作为种的名称就是此变种名的异名。推而广之，凡分类群等级改变，原来的名称就成为异名了。其五，晚出同名产生异名。给一个种命名，如果其种加词与该属内已经命名发表的另一种的种加词完全相同，那么该种的名称就是晚出同名，应作为异名处理；给种下某一分类群命名，其加词不得与该种下曾经命名发表的任一分类等级（亚种、变种或变型）的加词相同，如以相同的加词命名发表，该分类的名称组合也视为晚出同名，作为异名处理。

可见，由于命名上或分类上的原因，出现异名是不可避免的。在植物分类学书籍中，常见到在分类群的正确学名后面，引证出一系列异名。这些不可避免的异名虽给植物类群名称的稳定统一造成麻烦，但在植物分类学研究文献中，引证异名有特别重要的意义。一个种异名的引证列出，提供了对该种研究历史及研究资料的线索，是引证者对该种植物研究成果的总结，具有十分重要的参考价值。

第三章 种子植物分科检索表

检索表是为了便于分类鉴定而编制的引导式特征区别表，因此植物检索表是初步鉴定植物、识别植物种类不可缺少的工具。种子植物分科检索表是利用一些容易辨认的营养器官和生殖器官特征性状而编制的“科”级分类群区别表，通过一系列从两个相互对立性状中选择一个相符的，放弃一个不符的方法，从而达到鉴定分类的目的。刑侦技术人员在侦查过程中通过对植物证及其特征的把握，可以利用种子植物分科检索表快速准确鉴定出其所属的科，从而缩小鉴定植物的范围，快速鉴定植物。

一、常见裸子植物分科检索表

1. 叶扇形；落叶乔木；无雌球花发育成的球果 ……………………………………………… 一、银杏科
1. 叶鳞片状、锥形、针形、线形或条状披针形，通常常绿，稀冬季落叶。雌球花发育成球果；种子常具翅。
  2. 球果的种（珠）鳞与苞鳞离生，每种鳞具 2 粒种子 …………………………………… 二、松科
  2. 球果的种（珠）鳞与苞鳞或多或少合生，每种鳞有 1~9 粒种子。
    3. 叶与种鳞均螺旋状排列，稀对生（水杉属） …………………………………… 三、杉科
    3. 叶与种鳞均交互对生或轮生 ……………………………………………………… 四、柏科

二、被子植物以营养器官特征为主的分科检索表

1. 子叶 2 枚；叶片常具网状脉；花通常 5 或 4 基数；多具主根系（双子叶植物纲）。
  2. 木本植物。
    3. 藤本或茎为藤蔓状。
      4. 植物具卷须 ……………………………………………………………………… 五三、葡萄科
      4. 植物无卷须。
        5. 叶互生。
          6. 植物具乳汁；隐头花序，整体脱落 …………………………… 七、桑科（无花果属）
          6. 植物无乳汁。
            7. 复叶。
              8. 羽状复叶。
                9. 茎缠绕性，无皮刺；叶具小托叶或无，花冠两侧对称，蝶形；荚果 ……………
                ……………………………………………………… 三四、豆科（紫藤属、黄檀属）
                9. 茎蔓状攀缘性，常具皮刺；无小托叶；花辐射对称；聚合瘦果或聚合小核果…
                …………………………………………………………… 三三、蔷薇科（悬钩子属）
              8. 掌状复叶；果实浆果状 …………………………………………………… 一九、木通科
            7. 单叶。
              10. 茎具气生根借以攀缘 ……………………………………… 七〇、五加科（常春藤属）

10. 茎无气生根。
11. 叶缘具齿，不分裂。
12. 蒴果，种子具彩色假种皮；托叶早落 ………………………………………………………………………………………… 四七、卫矛科（南蛇藤属）
12. 浆果或浆果状果，种子无假种皮；无托叶。
13. 心皮合生；浆果或浆果状果，单生 ……………………………… 五七、猕猴桃科
13. 心皮离生；浆果在增大伸长的花托上聚为穗状或球形的聚合果 ……………………………………………………………………………… 二二、五味子科
11. 叶全缘或近全缘，或掌状浅裂，但裂片全缘。
14. 枝、叶被银灰色鳞片状毛 …………………………………………… 六三、胡颓子科
14. 枝、叶无鳞片状毛。
15. 叶具掌状脉；核果的果核常弯曲呈马蹄形或半月形 ……………… 二〇、防己科
15. 叶具羽状脉，侧脉近平行直伸；核果长椭圆形或圆柱形 ……………………………………………………………………………… 五二、鼠李科（勾儿茶属）
5. 叶对生。
16. 植物具白色乳汁。
17. 花冠辐状、杯状或钟状，具副花冠、合蕊冠及载粉器 ……………… 八四、萝藦科
17. 花冠高脚碟状，无副花冠、合蕊冠及载粉器；茎常具气生根 ……………………………………………………………………………… 八三、夹竹桃科（络石属）
16. 植物无乳汁。
18. 花无真正的花冠，花萼呈花冠状，雄蕊多数；复叶，叶柄常呈卷须状 ……………………………………………………………………………… 一八、毛茛科（铁线莲属）
18. 花有花冠。
19. 复叶。
20. 茎具气生根借以攀缘；小叶具齿；花橙红色，雄蕊 4 枚 ……………… 九一、紫葳科
20. 茎无气生根；小叶全缘；花白色或黄色，雄蕊 2 枚 ……………… 八〇、木犀科
19. 单叶。
21. 叶缘具齿，如全缘则花序外缘不育花具 1 大型叶状苞片。
22. 子房下位或半下位；蒴果；雄蕊 10~30 枚 ……………………………………………………………………………… 二八、虎耳草科（钻地枫属、赤壁草属）
22. 子房上位；雄蕊 4~5 枚；蒴果或核果。
23. 花多为 4 基数，具柄；蒴果 ……………………………… 四七、卫矛科（卫矛属）
23. 花 5 基数，无柄或近无柄；核果，小枝刺状 ……………………………………………………………………………… 五二、鼠李科（雀梅藤属）
21. 叶全缘。
24. 花冠两侧对称，二唇形 ……………………………………………… 九九、忍冬科
24. 花冠辐射对称，淡紫色，筒状，花冠筒明显长于花冠裂片 ……………………………………………………………………………… 九八、茜草科（鸡矢藤属）
3. 直立乔木或灌木。
25. 叶为复叶。
26. 掌状复叶。
27. 叶互生。
28. 小叶 4 枚；花单生或簇生；荚果 ……………………………… 三四、豆科（锦鸡儿属）

28. 小叶（3）5枚；伞形花序；核果 ………………………………………………… 七〇、五加科
27. 叶对生。小叶（3）5；合瓣花；核果……………………………… 八七、马鞭草科（牡荆属）
26. 羽状复叶，三出复叶或单身复叶。
29. 叶对生。
30. 果实具翅（翅果）；乔木。
31. 双翅果或果实周围具翅；花瓣离生或无花瓣；雄蕊8至多枚 …… 四九、槭树科
31. 单翅果；合瓣花；雄蕊2 ……………………………………………………………… 八〇、木犀科
30. 果实无翅；雄蕊4~5。
32. 子房下位；浆果；羽状复叶；灌木 ………………………………… 九九、忍冬科（接骨木属）
32. 子房上位；蒴果或聚合蓇葖果；羽状复叶或三出复叶；乔木，稀灌木。
33. 羽状复叶或三出复叶，小叶边缘具细锯齿；心皮（1）2~3；蒴果或蓇葖果 ……………………………………………………………………………………………… 四八、省沽油科
33. 羽状复叶，小叶全缘或近全缘；心皮4~5，蓇葖果 ……………………… 三九、芸香科
29. 叶互生。
34. 二回羽状复叶，可兼有一回或三回羽状复叶。
35. 二回偶数羽状复叶，或与一回偶数羽状复叶共存；荚果 ……………………… 三四、豆科
35. 二回奇数羽状复叶，或兼有一回或三回奇数羽状复叶；蒴果或核果。
36. 圆锥花序顶生；花黄色；蒴果，果皮膜质肿胀 ……………………………………………………………………………………… 五〇、无患子科（栾树属）
36. 圆锥花序腋生；花白色或紫色；核果 ………………………………………… 四一、楝科
34. 一回羽状复叶或三出复叶。
37. 三出复叶。
38. 乔木；小叶边缘具细锯齿；核果 ………………………………………… 四三、大戟科
38. 灌木；小叶全缘；荚果 ………………………………………………………… 三四、豆科
37. 一回羽状复叶。
39. 偶数羽状复叶。
40. 植物具粗壮分枝的棘刺；荚果……………………………………… 三四、豆科（皂荚属）
40. 植物不具刺。
41. 果实为蒴果，种子具翅……………………………………………… 四一、楝科（香椿属）
41. 果实为核果或核果状，种子无翅。
42. 圆锥花序顶生；雄蕊8；核果直径15 mm以上，基部常有不发育的心皮 ……………………………………………………………………… 五〇、无患子科（无患子属）
42. 圆锥花序腋生；雄蕊3~5；核果直径约5 mm …………………………………………………………………………………………… 四五、漆树科（黄连木属）
39. 奇数羽状复叶，有时具3小叶。
43. 花冠蝶形，雄蕊10；荚果 ………………………………………………… 三四、豆科
43. 非蝶形花冠；果实不为荚果。
44. 雄花序为下垂的柔荑花序，小枝具片状髓；或雄性柔荑花序直立，则小枝有实心髓，且果序球果状 ……………………………………………………………… 三、胡桃科
44. 植物不具柔荑花序。
45. 雄蕊多数，和花瓣均生于一萼筒边缘（周位花或上位花） ……………………… 三三、蔷薇科

45. 雄蕊不超过 10，下位花。
46. 果实为翅果；小叶全缘或基部具 1~4 个钝齿，齿背先端具腺体 …………………………………………………………………………………………… 四〇、苦木科（臭椿属）
46. 果实无翅。
47. 蒴果，果皮膜质且肿胀为膀胱状，或果皮木栓质；雄蕊 8 枚 …………………………………………………………………………………………… 五〇、无患子科
47. 核果或核果状果。
48. 树皮极苦；心皮 2~5，离生 …………………………………… 四〇、苦木科（苦木属）
48. 树皮不苦或微苦；心皮合生。植物常具乳汁或树脂状汁液 …………………………………………………………………………………………… 四五、漆树科
25. 叶为单叶。
49. 叶对生或轮生。
50. 花无花瓣，或具离生的花瓣。
51. 叶全缘或叶裂片全缘。
52. 子房下位。
53. 雄蕊多数；浆果；种子多数，具肉质多汁的外种皮；叶在短枝上簇生；常具枝刺 ………………………………………………………………………………………… 六五、石榴科
53. 雄蕊 4~5；核果；无刺。
54. 叶侧脉自中脉中下部弧曲上升，近似弧形脉；花两性；核果顶端无宿存苞片 ……………………………………………………………………………………… 七二、山茱萸科
54. 叶侧脉正常羽状排列；花单性异株；核果顶端具 4 枚宿存的叶状苞片 ………………………………………………………………………………… 檀香科（米面蓊属）
52. 子房上位。
55. 花单生叶腋；花托凹陷为壶状，花后肉质膨大；心皮多数，离生 ………………………………………………………………………………………………… 蜡梅科
55. 花集为种种花序，花托不为上述特征。
56. 枝、叶及花密被银灰色鳞片状毛被；叶披针形或条形 …………………………………………………………………………… 六三、胡颓子科（沙棘属）
56. 植物不具鳞片状毛。
57. 花无花瓣。
58. 花萼花冠状；具长管状萼筒，茎皮柔韧，不易折断；核果 ……………………………………………………………………………………… 六二、瑞香科
58. 花萼绿色，不具管状萼筒，蒴果；常绿植物 …………………… 四四、黄杨科
57. 花具花瓣。
59. 小枝四棱形，棱明显突起或呈狭翅状；叶近无柄或叶柄极短，长不及 3 mm；雄蕊多数；蒴果 …………………………………………… 六四、千屈菜科（紫薇属）
59. 小枝近圆柱形；叶柄长 10 mm 以上；雄蕊常 8 枚；翅果 ……………………………………………………………………………………… 四九、槭树科
51. 叶缘具齿。
60. 花具副萼片 4；萼片 4；花瓣 4，白色；雄蕊多数；心皮 4，离生；叶缘有尖锐重锯齿 …………………………………………………………… 三三、蔷薇科（鸡麻属）
60. 花无副萼。
61. 子房上位。雄蕊 4 或 5；核果或蒴果。

62. 雄蕊与花瓣对生；核果 …………………………………………………………… 五二、鼠李科
62. 雄蕊与花瓣互生；蒴果，种子具鲜艳假种皮 ……………………………… 四七、卫矛科
61. 子房下位；雄蕊 8~10；蒴果 ……………………………………………………… 二八、虎耳草科
50. 花具合生的花瓣（合瓣花）。
63. 子房下位。
64. 茎节上二叶柄间具托叶；花辐射对称 …………………………………… 九八、茜草科
64. 无托叶，稀有贴生于叶柄的托叶；花辐射对称或两侧对称 ………… 九九、忍冬科
63. 子房上位；无托叶。
65. 花辐射对称。
66. 植物具乳汁；叶轮生兼对生；雄蕊 5；蓇葖果 ………………………… 八三、夹竹桃科
66. 植物不具乳汁；叶全对生；雄蕊 4 或 2；不为蓇葖果。
67. 雄蕊 4；茎节叶柄间具托叶连线；植物常具星状毛 ……………… 八一、马钱科
67. 雄蕊 2；茎节叶柄间无托叶连线 ………………………………………… 八〇、木犀科
65. 花多少两侧对称，雄蕊 4。
68. 花具发达的叶状苞片；蒴果，种子具钩状柄；栽培花木 ………… 九五、爵床科
68. 苞片小或无苞片，绝非叶状。
69. 子房每室胚珠 1~2；核果或浆果；叶全缘或具齿 ……………… 八七、马鞭草科
69. 子房每室胚珠多数；蒴果，种子具翅；叶全缘或浅裂；乔木。
70. 叶背脉腋常具黑色腺点，叶无星状毛；能育雄蕊 2；蒴果细长，条形或线形…… ………………………………………………………………… 九一、紫葳科（梓属）
70. 叶背脉腋无黑色腺点，叶常具腺毛及星状毛，能育雄蕊 4；蒴果卵形或卵球形 ……………………………………………………………… 九〇、玄参科（泡桐属）
49. 叶互生。
71. 花无花瓣或具离生的花瓣。
72. 叶微小，鳞片状或线状披针形，长不及 1 cm，蒴果，种子具束毛 …………………………………………………………………………………………………… 六〇、柽柳科
72. 叶较大，不为鳞片状或线状披针形。
73. 茎叶及果破烂有樟脑香气；叶全缘；雄蕊 3~4 轮，每轮 3，花药瓣裂 ……………………………………………………………………………………………… 二四、樟科
73. 植物无樟脑香气。
74. 树皮和叶撕破有胶状细丝出现；枝髓片状；雌雄异株；翅果 …………………………………………………………………………………………… 三一、杜仲科
74. 树皮和叶撕破无胶状细丝出现。
75. 花或花序自舌状苞片或叶面中脉生出；核果或浆果状核果。
76. 乔木；叶基心形或近平截，常偏斜；聚伞花序由膜质舌状苞片中脉生出；子房上位；核果；植物常具星状毛 ………………………………… 五四、椴树科（椴树属）
76. 灌木；叶基楔形；花或伞形花序由叶面中脉生出；雄蕊 3~5；子房下位；浆果状核果 ……………………………………………………… 七二、山茱萸科（青荚叶属）
75. 花或花序生于枝顶或叶腋，绝不从叶片或苞片的中脉生出。
77. 植物常具白色乳汁；头状花序、隐头花序或柔荑花序；聚合果 ………………………………………………………………………………………… 七、桑科
77. 植物不具乳汁。

78. 球形头状花序，乔木。叶掌状分裂，掌状脉。
79. 叶柄基部扩大呈帽状包裹芽（柄下芽）；托叶大，鞘状，叶裂片边缘具粗大不规则齿牙………………………………………………………………………………………… 三二、悬铃木科
79. 叶柄基部不扩大呈帽状；托叶小，早落；叶裂片边缘具细密锯齿 ……………………………………………………………………………………………… 三〇、金缕梅科（枫香属）
78. 非球形头状花序。
80. 托叶发达，脱落后在枝或（和）叶柄上留下明显的托叶痕；雄蕊多数；蓇葖果螺旋状排列于凸隆或伸长的花托上；叶全缘，如分裂，裂片全缘 ……………………………… 二一、木兰科
80. 植物不具上述综合特征。
81. 植物具柔荑花序，至少雄花序为柔荑花序。
82. 雄花序为下垂柔荑花序；雌花序聚伞状、头状、穗状或为球果状，不下垂；子房下位，坚果；种子无束毛。
83. 坚果全部或部分包藏于总苞形成的木质壳斗内 ……………………………… 五、壳斗科
83. 坚果生于鳞片状或膜质苞腋内，或包被于叶质总苞内 ……………………… 四、桦木科
82. 雌、雄花序均柔荑花序，直立或下垂；子房上位；蒴果；种子具有柄束毛 ………………………………………………………………………………………………… 二、杨柳科
81. 植物不具柔荑花序。
84. 心皮离生，聚合蓇葖果；无托叶；花被片 7 至多数，数轮排列；叶倒披针形或倒卵状椭圆形，全缘；常绿植物 ……………………………………………………………… 二三、八角科
84. 心皮合生或单心皮，若为离生心皮，则叶具托叶（蔷薇科）。
85. 花被片 1 轮，无花瓣。
86. 花被片合生为管状，呈花冠状；叶全缘。
87. 植株具银灰色或褐色盾状着生的鳞片状毛；常具枝刺 ……………………………………………………………………………………… 六三、胡颓子科
87. 植株无鳞片状毛；茎枝柔韧，不易折断；无刺 ……………………… 六二、瑞香科
86. 花被片离生；非花冠状，如合生也不形成明显的花被管。
88. 子房下位或半下位；小枝和叶具星状毛，叶具羽状脉，边缘有齿 ……………………………………………………………………………………… 三〇、金缕梅科
88. 子房上位。
89. 蒴果或浆果状果。叶全缘或掌状浅裂，裂片全缘；如叶缘具齿，子房亦为 3 室………………………………………………………………………………… 四三、大戟科
89. 坚果、翅果或核果；雄蕊与花被片同数而对生；叶缘具齿。
90. 穗状花序，花单性，4 基数；聚合坚果包以肉质宿存的花被片；叶具掌状脉 3~5 条 ……………………………………………………………… 七、桑科（桑属）
90. 花单生、簇生或为聚伞花序；花常两性，（3）4~5（6~9）基数；叶具羽状脉，或具掌状脉 3（5）条，叶基偏斜；翅果或核果 ……………… 六、榆科
85. 花被片 2 轮，具花瓣。
91. 小枝和（或）叶常具星状毛。
92. 单体雄蕊，花丝合生成管状。
93. 叶掌状分裂或不裂，边缘具齿；花大，基部具副萼状小苞片，单生或为总状花序；蒴果 ……………………………………………………………… 五五、锦葵科
93. 叶掌状分裂，裂片全缘；花较小，圆锥花序；蓇葖果具柄 ……………………………………………………………………………………… 五六、梧桐科

92. 雄蕊离生或合生为数束。

94. 掌状脉；雄蕊多数；核果，果皮肉质 ………………………… 五四、椴树科（扁担杆属）

94. 羽状脉；雄蕊 4~5（10）；蒴果，果皮木质 ……………………………… 三〇、金缕梅科

91. 枝和叶有毛或无毛，但无星状毛。

95. 雄蕊通常 10 枚以上至多数，如较少（8 枚）则花瓣为条形外卷，且为核果。

96. 花瓣条形外卷；花药长为花丝的 2~4 倍，核果；叶脉掌状 ……………… 六六、八角枫科

96. 花瓣非条形，也不外卷；花药较短于花丝。

97. 花单生或数朵簇生；花萼下方常具 2 至数片覆瓦状排列的小苞片；蒴果，无托叶 …… ………………………………………………………………………………… 五八、山茶科

97. 花萼下方无上述小苞片；蓇葖果、核果、梨果，稀为蒴果；常具托叶；如无托叶则为总状花序、伞形花序、伞房花序或圆锥花序；萼片、花瓣和雄蕊均生于凹陷的筒状花托上缘 ……………………………………………………………………………… 三三、蔷薇科

95. 雄蕊 10 或 10 以下。

98. 叶全缘。

99. 掌状脉；雄蕊 10；荚果；花在叶腋簇生或成短总状花序 …………………………… ……………………………………………………………………… 三四、豆科（紫荆属）

99. 羽状脉；雄蕊 4~5；蓇葖果、蒴果或核果。

100. 叶侧脉自中脉下部伸出，近弧形脉；子房下位，核果；乔木 ……………………………………………………………………………… 七二、山茱萸科

100. 叶脉非上述特征；子房上位；灌木或小乔木。

101. 叶常绿，在小枝上端常轮生状排列；蒴果，果皮木质或革质 ………………… ………………………………………………………………………… 二九、海桐花科

101. 叶脱落性，在枝上非轮生状排列；核果。

102. 花序中有不孕的花梗纤细伸长，且具长柔毛；核果肾形，扁平；茎直立或斜升 ……………………………………………………………… 四五、漆树科（黄栌属）

102. 花序中无上述不育花梗；核果长椭圆形或圆柱形；茎蔓生攀缘状；叶具明显相互平行直伸的侧脉 ………………………………………… 五二、鼠李科（勾儿茶属）

98. 叶缘具齿。

103. 叶掌状分裂；子房下位；浆果 ………………………… 二八、虎耳草科（茶藨子属）

103. 叶不分裂；子房上位。核果或翅果。

104. 叶革质，多为常绿性；花常 4 基数，雄蕊与花瓣同数而互生；核果常具 4 果核 …… ………………………………………………………………………………… 四六、冬青科

104. 叶脱落性；花 5（4）基数；雄蕊与花瓣同数而对生；核果或翅果 ………………… ………………………………………………………………………………… 五二、鼠李科

71. 花具合生的花瓣（合瓣花）。

105. 头状花序单生于短枝顶端；瘦果具冠毛；叶全缘 ………………………………………… ……………………………………………………………… 一〇四、菊科（蚂蚱腿子属）

105. 非头状花序；果无冠毛。

106. 浆果；叶全缘。

107. 子房下位；雄蕊 10，花药顶孔开裂 ……………………… 七四、杜鹃花科（乌饭树属）

107. 子房下位；花药纵裂。

108. 乔木；花 4 基数，单性，雄蕊 8~16 ………………………………………… 七七、柿树科

108. 灌木；花 5 基数，两性，雄蕊 5 ……………………………………………… 八九、茄科

106. 蒴果或核果；叶全缘或具齿。
109. 雄蕊 10 或更多，若 5 则花药顶孔开裂。
110. 雄蕊 10（5），花药顶孔开裂；子房上位，蒴果 ………………………… 七四、杜鹃花科
110. 雄蕊 10 或更多，花药非顶孔开裂；核果。
111. 子房下位；雄蕊 15 以上，花药卵形或近圆形；植物具单毛或无毛 …………………… ………………………………………………………………………………… 七八、山矾科
111. 子房上位或下位，雄蕊为花冠裂片的 2 倍数，花药长圆形或线形；植物具星状毛或鳞片状毛 ………………………………………………………………… 七九、安息香科
109. 雄蕊 4~6。
112. 乔木；叶宽大，椭圆形或倒卵形，边缘有锯齿；雄蕊 5，伸出花冠外；核果 …………… ………………………………………………………………… 八六、紫草科（厚壳树属）
112. 灌木；叶披针形，全缘；雄蕊 4，且内藏于花冠筒；蒴果 ………………………………… ………………………………………………………………… 八一、马钱科（醉鱼草属）
2. 草本植物。
113. 茎缠绕、攀缘、匍匐或平卧；或为水生植物。
114. 沉水及浮水植物。
115. 沉水植物；叶丝状深裂或叶狭细不分裂。
116. 食虫植物，叶具捕虫囊，互生；花葶伸出水面，花黄色 ……………………………… ………………………………………………………………………………… 九四、狸藻科
116. 非食虫植物，无捕虫囊。
117. 叶轮生，羽状细裂 ……………………………………………………… 六九、小二仙草科
117. 叶互生，三至四回三出丝裂，花单生 ………………………… 一八、毛茛科（水毛茛属）
115. 浮水植物；浮水叶宽阔，非细丝状。
118. 浮水叶菱形、圆菱形或三角状菱形，边缘有锯齿；沉水叶对生，羽状细裂；坚果具角刺 ……………………………………………………………………………… 六七、菱科
118. 浮水叶圆形盾状着生，或卵形而基部心形。
119. 花单生，花瓣常多数，离生；雄蕊多数；浆果或坚果 ………………………………………………………………………………… 一七、睡莲科
119. 花簇生，稀单生；花冠辐状或钟状，5（4）深裂；雄蕊5；蒴果 …………………… …………………………………………………………… 八二、龙胆科（荇菜属）
114. 陆生或沼生草质藤本或蔓状植物，茎缠绕、攀缘、匍匐、平卧或铺散蔓状。
120. 叶对生或轮生。
121. 植物具白色乳汁。
122. 花冠钟状，无副花冠；子房下位或半下位；蒴果 ………………………………… ………………………………………………………… 一〇三、桔梗科（党参属）
122. 花冠不为钟状，有副花冠；子房上位；蓇葖果 ………………………… 八四、萝藦科
121. 植物不具乳汁。
23. 偶数羽状复叶；分果瓣具刺 ……………………………………… 三八、蒺藜科（蒺藜属）
123. 单叶。
124. 叶全缘，不分裂。
125. 叶对生，无托叶；蒴果 ………………………………………………… 八二、龙胆科
125. 叶轮生 …………………………………………………………………… 九八、茜草科
124. 叶片分裂，裂片边缘有锯齿 ………………………………… 七、桑科（葎草属）

120. 叶互生。
126. 植物具白色乳汁；茎缠绕性或平卧，花冠漏斗形 …………………………… 八五、旋花科
126. 植物无白色乳汁，或乳汁极不明显。
127. 叶柄基部具托叶鞘；单被花 ……………………………………………………… 一〇、蓼科
127. 叶无托叶鞘。
128. 叶片圆形、三角状圆形或五角形，常盾状着生。
129. 叶片圆形；花具距；栽培花卉 ……………………………………………… 旱金莲科
129. 叶片三角状圆形或五角形；花无距 ……………………………………… 二〇、防己科
128. 叶片不为盾状着生。
130. 复叶，具托叶。
131. 小叶全缘；花冠蝶形；雄蕊 10 枚；荚果 ………………………………… 三四、豆科
131. 小叶具齿或分裂；花冠辐射对称；雄蕊多数；瘦果 ……………… 三三、蔷薇科
130. 单叶；无托叶。
132. 花被 1 层，合生为管状；蒴果 ………………………………………… 九、马兜铃科
132. 花被 2 层，花冠漏斗状或辐状。
133. 花冠漏斗状；蒴果；茎缠绕性或平卧蔓性 …………………… 八五、旋花科
133. 花冠辐状；浆果；茎铺散蔓生 ……………………………………… 八九、茄科
113. 茎或花茎（葶）直立或斜升。
134. 花无花被；或花被仅 1 轮，无花瓣；或花被片逐渐变化，无明显的萼片和花瓣之分。
135. 叶具发达的斜形或圆筒状的托叶鞘；单被花；瘦果三棱形或扁平双凸形 …………………………………………………………………………………………………… 一〇、蓼科
135. 叶不具托叶鞘。
136. 雄蕊 12 枚或多数。
137. 心皮 1 至多数，离生；蓇葖果或瘦果 ……………………………… 一八、毛茛科
137. 心皮合生；蒴果。
138. 植物具红棕色汁液；蒴果扁平 ……………………… 二五、罂粟科（博落回属）
138. 植物不具红棕色汁液；蒴果卵球形 ……………………………… 四三、大戟科
136. 雄蕊 10 枚或少于 10 枚。
139. 子房下位或半下位。
140. 叶全缘，线形 ………………………………………………… 檀香科（百蕊草属）
140. 叶缘具齿，稀波状 ……………………………………………………… 二八、虎耳草科
139. 子房上位。
141. 花 4 基数，花瓣十字形排列；雄蕊通常 6 枚，4 长 2 短；角果具假隔膜；植物常具辛辣味 ……………………………………………………………………… 二六、十字花科
141. 植物不具上述综合性状。
142. 花单性。
143. 掌状复叶 …………………………………………………… 七、桑科（大麻属）
143. 单叶。
144. 叶互生；心皮 3，合生；蒴果 ……………………………… 四三、大戟科
144. 叶对生或互生；心皮 1；瘦果 ……………………………………… 八、荨麻科
142. 花两性。
145. 花无花被；总状花序下具 4~6 片白色花冠状的总苞片，或茎上部 2~3 叶在花期变为白色；叶互生，全缘 ……………………………………………… 一、三白草科

145. 花具花被；花序下无上述白色的苞片或叶。
146. 花被花冠状，具明显的花被管；心皮 1；全缘叶互生，条形或条状披针形，近无柄，花小，黄绿色 ………………………………………………………… 六二、瑞香科（草瑞香属）
146. 花无明显的花被管。
147. 总状花序；心皮 8~10，离生或合生；浆果；叶互生全缘 ………………………………………………………………………………………… 一三、商陆科
147. 聚伞花序、头状或穗状花序；如花单生，则叶对生。
148. 基底胎座，胚珠单一。
149. 苞片或花被片草质绿色或灰绿色，叶互生 …………………………… 一一、藜科
149. 苞片和花被片干膜质而常带色泽；叶互生或对生 ………………… 一二、苋科
148. 中轴胎座或特立中央胎座，胚珠数枚至多数。
150. 叶缘具齿；中轴胎座 …………………………………………… 二八、虎耳草科
150. 叶全缘。
151. 叶对生或 3~5 个成假轮生，近无柄；聚伞花序松散或花簇生；花被片不为干膜质；中轴胎座 ……………………………………………… 一四、番杏科（粟米草属）
151. 叶互生或对生；花序具极密集的花；苞片和花被片干膜质而常有色泽；特立中央胎座 ……………………………………………………………… 一二、苋科
134. 花具花萼和花冠两轮花被。
152. 花瓣离生（离瓣花）。
153. 雄蕊多数。
154. 雄蕊花丝合生为单体；植物常具星状毛，茎皮有黏液；蒴果 ……………… 五五、锦葵科
154. 雄蕊离生或合生为数束。
155. 植物各部常具黑色腺点；叶对生；雄蕊合生为 3 或 5 束；蒴果 ………………………………………………………………………………………… 五九、金丝桃科
155. 植物不具黑色腺点。
156. 子房下位或半下位；花单生或簇生；叶全缘，肉质；蒴果盖裂 ………………………………………………………………………………………… 一五、马齿苋科
156. 子房上位。
157. 植物具白色乳汁或有色汁液；萼片 2，早落 ………………………… 二五、罂粟科
157. 植物无乳汁或有色汁液；萼片或萼裂片 4~5（6）。
158. 花具明显的萼筒，萼筒杯状、盘状或壶状，花瓣和雄蕊生于萼筒上缘内侧（周位花）。
159. 单叶对生；蒴果 ……………………………………………… 六四、千屈菜科
159. 叶互生；单叶或复叶；蓇葖果、瘦果或小核果 ………………… 三三、蔷薇科
158. 花无明显的萼筒，花瓣和雄蕊着生于子房下方（下位花）。
160. 心皮离生；蓇葖果或瘦果；叶常多少分裂，无托叶 ………………………………………………………………………………………… 一八、毛茛科
160. 心皮合生；蒴果；托叶存在；单叶不分裂，有时具星状毛 ………………………………………………………………………………………… 五四、椴树科
153. 雄蕊 10 枚或较少。
161. 花辐射对称。
162. 叶具透明腺点，羽状复叶 ………………………………………… 三九、芸香科
162. 叶无透明腺点。

163. 伞形花序。

164. 子房2~5室，花柱2~5；浆果或浆果状核果；伞形花序单生或集为圆锥花序；掌状复叶或二回羽状复叶 ………………………………………………………… 七〇、五加科

164. 子房2室，花柱2，分果，果皮干燥；伞形花序单生或为复伞形花序；单叶，一至数回羽状或三出羽状深裂，或为全裂的复叶；植株常有香气 ………………………… 七一、伞形科

163. 非伞形花序。

165. 复叶。

166. 掌状三出复叶；蒴果 ………………………………………………………… 三五、酢浆草科

166. 羽状复叶或二至三回三出复叶。

167. 羽状复叶；雄蕊6，4长2短，角果 …………………………………… 二六、十字花科

167. 二至三回三出复叶；蒴果或蓇葖果 ……………………… 二八、虎耳草科（落新妇属）

165. 单叶，或叶二至三回羽状全裂，裂片线形。

168. 子房下位或半下位。

169. 花单生，萼片3，花瓣3，子房半下位；蒴果；叶互生；心形，全缘，掌状脉 ……………………………………………………………………………… 九、马兜铃科（马蹄香属）

169. 植物不具上述综合特征。

170. 萼片2，花瓣2，雄蕊2，果具钩状毛；叶对生 ……………………………………………………………………… 六八、柳叶菜科（露珠草属）

170. 萼片4~5（6）数；果不具钩状毛。

171. 花柱2或更多，分离 ………………………………………………… 二八、虎耳草科

171. 花柱1，先端2~4裂，或无花柱而仅具头状柱头 …………………………………………………………………………… 六八、柳叶菜科

168. 子房上位。

172. 茎和（或）叶肉质；心皮离生或仅基部稍合生；雄蕊与花瓣同数或为其2倍数；蓇葖果 ………………………………………………………………… 二七、景天科

172. 茎叶不为肉质；心皮合生。

173. 子房1室或因具假隔膜而为假2室。

174. 叶对生；特立中央胎座 ……………………………………………… 一六、石竹科

174. 叶互生；侧膜胎座；萼片4，雄蕊6，4长2短 ……………………………………………………………………………… 二六、十字花科

173. 子房2~5室，中轴胎座。

175. 蒴果具长喙；叶常分裂 ………………………………………… 三六、牻牛儿苗科

175. 果不具喙；叶不分裂。

176. 花具盘状、杯状或管状的花筒，周位花。

177. 雄蕊生于盘状或杯状花筒边缘内侧；花柱分离；叶互生或基生，稀对生 ………………………………………………………………… 二八、虎耳草科

177. 雄蕊生于杯状或管状花筒边缘内侧；花柱单1个；叶对生 ……………………………………………………………………………… 六四、千屈菜科

176. 花无盘状、杯状或管状花筒，下位花。

178. 叶全缘，线形至线状披针形，无柄；雄蕊10，花丝合生，子房10室 ……………………………………………………………………………… 三七、亚麻科

178. 叶缘具齿。

179. 头状花序；花两性；雄蕊 5，合生；子房 5 室，花柱 5 …………………………………………………………………………………………………… 五六、梧桐科（马松子属）

179. 总状花序；花单性；雄蕊 10 枚，离生；子房 3 室，花柱 3 …………………………………………………………………………………………………… 四三、大戟科（地构叶属）

161. 花两侧对称。

180. 花有距或花瓣基部具囊。

181. 复叶，或单叶掌状全裂，无托叶；雄蕊 6，合生为 2 束；子房 1 室，心皮 2 …………………………………………………………………………………………… 二五、罂粟科（紫堇亚科）

181. 单叶，不分裂，如掌状全裂则具宿存的托叶；雄蕊 5 枚。

182. 子房 1 室，心皮 3；叶基生或茎生，托叶宿存 ………………………… 六一、堇菜科

182. 子房 5 室，心皮 5；叶茎生，无托叶 ……………………………… 五一、凤仙花科

180. 花无距无囊。

183. 花冠蝶形，雄蕊 10，心皮单 1；荚果；单叶或复叶，具托叶 ……… 三四、豆科

183. 花冠不为蝶形，雄蕊 8，心皮 2 合生，子房 2 室；蒴果；单叶，无托叶 …… 四二、远志科

152. 花瓣合生（合瓣花冠）。

184. 子房上位。

185. 花辐射对称。

186. 花萼和花冠均 4 裂，雄蕊 4；头状或穗状花序；蒴果盖裂；叶全部基生，具弧形脉 ………………………………………………………………………………………………… 九七、车前科

186. 植物不具上述特殊特征。

187. 雄蕊与花冠裂片同数而对生。

188. 胚珠 1 颗，基生胎座；叶互生 ………………………………… 七六、白花丹科

188. 胚珠多数，特立中央胎座 ………………………………………… 七五、报春花科

187. 雄蕊与花冠裂片同数互生，或与花冠裂片数不相等。

189. 叶对生或轮生，单叶。

190. 植物具乳汁。

191. 叶柄基部及腋间具腺体，无副花冠 ………………………………………………… 八三、夹竹桃科（罗布麻属）

191. 叶柄基部及腋间无腺体；具副花冠 ………………………… 八四、萝藦科

190. 植物不具乳汁。

192. 雄蕊与花冠裂片同数，4~5 …………………………………… 八二、龙胆科

192. 雄蕊较花冠裂片为少，2 ……………………… 九〇、玄参科（婆婆纳属）

189. 叶互生或基生。

193. 花冠裂片 5，雄蕊 10，花药孔裂 …………………………… 七三、鹿蹄草科

193. 雄蕊与花冠裂片同数；常 5，花药纵裂。

194. 子房深 4 裂，每室 1~2 胚珠；小坚果；植物常具糙硬毛…………………………………………………………………………………………………… 八六、紫草科

194. 子房不分裂，每室胚珠多数；蒴果或浆果；植物常具分枝毛、星状毛或柔毛，有时无毛 ……………………………………………………………… 八九、茄科

185. 花两侧对称。

195. 叶互生。

196. 蒴果长角形，种子具翅；羽状复叶或叶二至三回羽状分裂 …………………………………………………………………………………………… 九一、紫葳科（角蒿属）
196. 果实非长角形，种子无翅 ……………………………………………………… 九〇、玄参科
195. 叶对生。
197. 子房每室有多数胚珠。
198. 胚珠着生于胎座的钩状突起（似珠柄）上；花的苞片发达，常叶状 ……………………………………………………………………………………………… 九五、爵床科
198. 胎座不具着生胚珠的钩状突起。
199. 子房1室，侧膜胎座；叶常为基生 ……………………………… 九三、苦苣苔科
199. 子房2~4室，中轴胎座。
200. 植物密被黏质腺毛；子房4室；蒴果四棱形；种子无胚乳；茎四棱形 ……………………………………………………………………………… 九二、胡麻科（胡麻属）
200. 植物不具黏质腺毛；子房2室；蒴果不具四棱；种子有胚乳 ……………………………………………………………………………………… 九〇、玄参科
197. 子房每室有1~2胚珠。
201. 子房深4裂，花柱自子房裂瓣间伸出；小坚果4枚；茎常四棱形 ………………………………………………………………………………………………… 八八、唇形科
201. 子房2~4室，每室1~2倒生胚珠；蒴果或小坚果 ……………………… 八七、马鞭草科
184. 子房下位或半下位。
202. 头状花序。
203. 每花具1杯状小总苞；雄蕊4，分离；胚珠顶生 ……………………… 一〇一、川续断科
203. 花下无小总苞；雄蕊5，花药聚合成花药管；胚珠基生 …………………… 一〇四、菊科
202. 花序不为头状花序。
204. 植物具乳汁，叶互生、对生，稀轮生；子房下位，4~5室，胚珠多数；蒴果 ……………………………………………………………………………………………… 一〇三、桔梗科
204. 植物不具乳汁；叶对生或轮生。
205. 雄蕊1~3（4），较花冠裂片为少；子房3（4）室，仅1室1胚珠发育；瘦果；叶片常分裂 ……………………………………………………………………… 一〇〇、败酱科
205. 雄蕊4~5，与花冠裂片同数。
206. 叶轮生，如为对生则具发达的托叶，单叶不分裂；花辐射对称 ……………………………………………………………………………………………… 九八、茜草科
206. 叶对生，羽状复叶或羽状分裂，或单叶全缘而二叶的基部合生，无托叶 ……………………………………………………………………………………………… 九九、忍冬科
1. 子叶1枚；叶片常具平行脉；花通常为3基数；多为须根系（单子叶植物纲）。
207. 直立木本植物；叶常绿性；叶片狭长，披针形或条状披针形，不分裂，无柄或近无柄，具叶鞘；茎秆苗（笋）期具箨（变态叶），箨脱落 …………………… 一一一、禾本科（竹亚科）
207. 草本植物；如茎多少木质则为落叶藤本。
208. 无花被或在眼子菜科中很小。
209. 花包藏于或附托以壳状鳞片（稃）中，1至多花形成小穗。
210. 秆多少呈三棱形，实心，茎生叶3行排列，叶鞘闭合；或秆为中空圆筒形，但无茎生叶；坚果或囊果 ……………………………………………………… 一一二、莎草科

210. 秆常呈圆筒形，中空；茎生叶2行排列，叶鞘常一侧裂开或有时闭合；颖果 ……………………………………………………………………………………………… 一一一、禾本科

209. 花不包藏于呈壳状的鳞片中。

211. 水生植物，叶沉没水中或漂浮水面。

212. 植物体无茎，呈叶状体，长不足3 cm，漂浮水面或沉于水中 ……………………………………………………………………………………………………… 一一四、浮萍科

212. 植物体具茎和叶，有时叶为鳞片状。

213. 花单性，单生于叶腋又形成聚伞花序；叶对生或轮生 …………………… 一〇七、茨藻科

213. 花两性，穗状花序；叶互生或对生 ………………………………………… 一〇六、眼子菜科

211. 陆生或沼生，有处于空气中的叶片。

214. 叶有柄，全缘或分裂，具网状脉；肉穗花序托以大型而常具色彩的佛焰苞 ……………………………………………………………………………………………… 一一三、天南星科

214. 叶无柄，窄长条形或剑形，或退化为鳞片状，常具平行脉。

215. 肉穗花序生于一呈二棱形的基生花葶的一侧，另一侧延伸为叶状佛焰苞，花两性，叶有香气，剑形 …………………………………………… 一一三、天南星科（菖蒲属）

215. 穗状花序棒状，位于圆柱形总花梗顶端，形如蜡烛而无佛焰苞；花单性；叶线形或长条形 ……………………………………………………………………………… 一〇五、香蒲科

208. 有花被，常显著，多呈花瓣状。

216. 雌蕊3至多数，心皮相互离生，水生或沼生。

217. 叶狭长条形，直立；花单生或成伞形花序，蓇葖果 ………………………… 一〇九、花蔺科

217. 叶箭形、椭圆形至披针形，具长柄，或条形而无柄；花常在总状或圆锥花序上轮生；瘦果 ……………………………………………………………………………………… 一〇八、泽泻科

216. 雌蕊单1，心皮合生。

218. 子房上位，花被与子房相分离。

219. 花被明显分化为花萼和花冠2轮。

220. 叶互生，基部具鞘；花为腋生或顶生的聚伞花序；雄蕊6或较少 ……………………………………………………………………………………… 一一五、鸭跖草科

220. 叶3片或更多片轮生；花单1顶生；内轮花被片狭条形远比外轮花被片为窄，雄蕊6、8或10 ……………………………………………………… 一一八、百合科（重楼属）

219. 花被片或花被裂片彼此相同或近相同，无花萼或花冠的分化。

221. 花小型，花被片绿色或棕褐色；花序圆锥状、伞房状或头状；心皮3；蒴果背裂 …… ……………………………………………………………………………… 一一七、灯心草科

221. 花中型或大型，花被片多少具鲜明色彩。

222. 直立或漂浮的水生植物；雄蕊6，彼此不相同，有时有不育者 ………………………………………………………………………………………………… 一一六、雨久花科

222. 陆生植物；雄蕊6、4或2，同形；叶常基生或互生，有时对生或轮生；子房常3室，花柱3 ………………………………………………………………… 一一八、百合科

218. 子房下位，或花被多少有些与子房合生。

223. 花常辐射对称。

224. 水生草本，植物体部分或全部沉没水中 ……………………………… 一一〇、水鳖科

224. 陆生草本。

225. 茎缠绕攀缘性；叶片宽广，具网状脉和叶柄 ……………………… 一二〇、薯蓣科

225. 茎非攀缘性，叶具平行脉。

226. 雄蕊3；叶2列于茎，两侧扁平，鞘部由下而上重叠跨覆 ························ 一二一、鸢尾科
226. 雄蕊6，子房3室。
227. 子房部分下位，穗状花序或总状花序 ··························· 一一八、百合科（粉条儿菜属）
227. 子房完全下位，花单生或为伞形花序 ·· 一一九、石蒜科
223. 花两侧对称或不对称；花被片均呈花瓣状，1花瓣特化为唇瓣；雄蕊与花柱合生为合蕊柱；子房常扭转 ·· 一二二、兰科

第四章　各科常见植物

本章介绍了全国最常见伴人植物126科600余属1 300余种（变种）。每个物种（变种）重点介绍具有分类学意义的营养器官和生殖器官的形态特征及其花果期、生长习性、生态环境和地理分布区域。列出了部分物种的异名（正确拉丁文后面括号内的斜体拉丁文），而且大部分物种配有能表明该物种特征的彩色照片。此为刑侦技术人员准确鉴定在刑侦过程中发现的植物物证提供翔实资料，以期帮助刑侦人员判断侦查方向、缩小时间和空间上的侦查范围，帮助分析和侦查案件。

Ⅰ. 裸子植物

乔木，少为灌木。叶多为鳞片形、线形或针形。花单性；雄蕊（小孢子叶）聚集为雄球花（小孢子叶球），具多数至2个（稀1个）花粉囊（小孢子囊）；大孢子叶上着生有裸露的胚珠（大孢子囊）。因此，不形成子房和果实。种子裸露，具丰富的胚乳。

一、银杏科

本科仅一种，科的特征见银杏。我国特产，仅在浙江天目山有野生，国内外广为栽培。

1. 银杏　白果树（裸子植物图Ⅰ-1.1）

落叶乔木。叶在长枝上螺旋状散生，在短枝上簇生，具长柄；叶片扇形，宽5~8 cm，边缘浅波状，时常2裂，叶脉二叉分枝。雌雄异株，稀同株；球花生短枝叶腋或苞腋；雄球花柔荑花序状，雄蕊多数，具2花粉囊；雌球花2分叉，叉顶生1胚珠。种子核果状，近球形，长2.5~3.5 cm，外种皮肉质，熟时淡黄色至橙黄色，中果皮骨质，白色。花期3~4月，种熟期9~10月。

图Ⅰ-1.1　银杏

银杏为喜光树种，深根性，对气候、土壤的适应性较宽，能在高温多雨及雨量稀少、冬季寒冷的地区生长，但生长缓慢或不良；能生于酸性土壤（pH值4.5）、石灰性土壤（pH值8）及中性土壤上，但不耐盐碱土及过湿的土壤。

二、松科

乔木，稀灌木。叶螺旋状排列，单生或簇生，线形或针形。球花单性同株，雄球花具多数小孢子叶，每小孢子叶具2花粉囊，花粉粒具气囊。雌球花由多数螺旋状排列的大孢子叶（珠鳞）和苞鳞组成，二者分离，珠鳞具胚珠2枚。球果熟后木质或革质，种子上部常具翅。

1. 油松（裸子植物 图Ⅰ-2.1）

常绿乔木，枝条轮生状，一年生小枝淡红褐色或淡灰黄色，无毛；冬芽红褐色。针叶2针1束，粗硬，长10~15 cm；粗约1.5 mm；叶鞘宿存。球果卵球形，长4~10 cm；种鳞的鳞盾肥厚，横脊显著，鳞脐背生，凸起有刺尖。种子长6~8 mm，种翅长约10 mm。花期4~5月，球果次年10月成熟。

图Ⅰ-2.1　油松

油松为喜光、深根性树种，喜干冷气候，在土层深厚、排水良好的酸性、中性或钙质黄土上均能生长良好。分布于辽宁、内蒙古、河北、河南、山西、陕西、甘肃、青海和四川北部。

案例：

2007年11月2日，荥阳市崔庙镇崔庙村北街一废弃空粪池内发现一具女尸，尸体上有杂草、枯叶和干玉米叶，身下压有一层长期自然堆积形成的土和落叶。被害人头部有受钝器打击形成的创口，但粪池周围没有搏斗的痕迹；同时被害人口鼻部有血迹，口腔内舌面上有1枚松针，而粪池周围没有松树，初步断定粪池是抛尸的第二现场。通过外围搜索，很快在距离中心现场100 m的西北方向有一苗圃，苗圃内种植有大量的松树，地面落有松针，再通过其他的证据，推断苗圃是杀人第一现场，这对后期案件的侦破具有非常重要的意义。

2. 马尾松

乔木，高达40 m。树皮红褐色，深裂成不规则厚块片。小枝红色或淡黄褐色，无毛；针叶2针1束，稀3针，针叶长12~20 cm，径约1 mm；一年生球果上部种鳞先端有向上直伸的刺；球果长卵形；种鳞矩圆状倒卵形；种子长4~5 mm，翅长1.5~2 cm。花期4月，球果次年10~11月成熟。

为喜光、深根性树种，不耐荫蔽，喜温暖湿润气候，能生于阳光充足的山坡、酸性土壤中或干旱、瘠薄的红壤、石砾土及沙质土。分布于淮河流域和汉水流域以南，西至四川中部、贵州中部及云南东南部。

三、杉科

乔木。叶披针形、条形或钻形，螺旋状排列，稀交互对生，叶基常下延。球花单性同株；雄球花具多数小孢子叶，每小孢子叶有3~9个小孢子囊；雌球花的珠鳞（大孢子叶）与苞鳞合生，每珠鳞生胚珠2~9枚。球果木质或革质；种子两侧具窄翅或下部具翅。

1. 杉木

常绿乔木。叶在侧枝上以其基部扭转呈2行排列，条状披针形，绿色，坚硬，长3~6 cm，先端有刺尖，边缘有细齿。雄球花簇生枝顶；雌球花单生或簇生枝顶，卵球形，苞鳞与珠鳞合生，珠鳞先端3裂，腹面生3胚珠。球果近球形或卵球形，长2.5~5 cm；苞鳞扁平，三角状宽卵形，边缘有细齿，宿存；种鳞较小，生于苞鳞腹面下部。种子扁平，长6~8 mm，两侧有窄翅。花期4~5月，球果10~11月成熟。

杉木为亚热带树种，较喜光。喜温暖湿润，多雾静风的气候环境，不耐严寒及湿热，忌风、旱、盐碱，对土壤要求比一般树种要高，喜肥沃、深厚、湿润、排水良好的酸性土壤。分布于秦岭南坡、安徽和河南大别山，南至广西、广东和云南东南部及中部。

2. 水杉（裸子植物 图Ⅰ-3.1）

图Ⅰ-3.1 水杉

落叶乔木；小枝对生，下垂，短枝连同叶常一起脱落。叶交互对生，羽状排列，条形，扁平，柔软，长10~17 mm，宽约 2 mm。球花单生；雄球花排列成总状或圆锥花序状，小孢子叶交互对生；雌球花的珠鳞交互对生，各有 5~9 胚珠。球果近球形，长 18~25 mm，具长柄；种鳞两端尖，种子扁平，周围有窄翅。花期 2~3 月，球果 11 月成熟。

多栽培，为喜光性强的速生树种，土壤为酸性山地黄壤、紫色土或冲积土，pH 值 4.5~5.5。多生于山谷或山麓附近地势平缓、土层深厚、湿润或稍有积水的地方，耐寒性强，耐水湿能力强，在轻盐碱地可以生长。水杉这一古老稀有的珍贵树种为我国特产，仅分布于四川石柱县及湖北利川市磨刀溪、水杉坝一带及湖南西北部龙山及桑植等地海拔 750~1 500 m、气候温和、夏秋多雨、酸性黄壤土地区。在河流两旁、湿润山坡及沟谷中栽培很多，也有少数野生树木，常与杉木、茅栗、锥栗、枫香、漆树、灯台树、响叶杨、利川润楠等树种混生。

四、柏科

乔木或灌木，有树脂。叶交互对生或轮生，常鳞片状，下延，稀线形。雄球花有 3~8 对交互对生的小孢子叶，每小孢子叶有 2~6 个花粉囊；雌球花的苞鳞与珠鳞合生，珠鳞 4~16 枚，交互对生，或 3~4 枚轮生，珠鳞内生 1 至多数胚珠。球果圆球形、卵圆形或长圆形，成熟后开裂或为浆果状不开裂；种鳞盾形。

1. 侧柏 柏树（裸子植物 图Ⅰ-4.1）

常绿乔木；小枝扁平，排列为一平面。鳞叶交互对生，长 1~2 mm，位于小枝中央的叶露出部分倒卵状菱形或斜方形，叶背中部均有腺槽。球花单生于短枝顶端。球果卵球形，长 15~20 mm，幼时蓝绿色，被白粉，熟时张开；种鳞 4 对，扁平，背部近顶端有反曲尖头；种子无翅。花期 3~4 月，球果 9~10 月成熟。

喜光，幼时稍耐阴，适应性强，对土壤要求不严，在酸性、中性、石灰性和轻盐碱土壤中均可生长。耐干旱瘠薄，萌芽能力强，耐寒力中等，耐强太阳光照射，耐高温、浅根性，抗风能力较弱。我国除新疆和青海外，分布几遍全国。

2. 圆柏（裸子植物 图Ⅰ-4.2）

图Ⅰ-4.1 侧柏

图Ⅰ-4.2 圆柏

常绿乔木；叶在幼树上全为刺形，随树龄增长逐渐代之以鳞形叶。刺形叶 3 枚轮生或交互对生，长 6~12 mm，下延部分明显外露；鳞形叶交互对生，排列紧密，背面中部有椭圆形腺体。球果近球形，肉质，直径 6~8 mm，有白粉，熟时不开裂，内有 1~4 粒种子。花期 3~4 月，球果 9~10 月成熟。

各地栽培。喜光树种，喜温凉、温暖气候及湿润土壤。忌积水，耐修剪，易整形。耐寒、耐热，对土壤要求不严，能生于酸性、中性及石灰质土壤上，对土壤的干旱及潮湿均有一定的抗性。我国南至广西北部，北至辽宁、吉林、内蒙古，东至华东，西至四川和甘肃均产。

品种：龙柏幼枝几等长，在枝端密集簇生且扭转上升；叶为鳞叶，有时幼枝基部有刺形叶。

Ⅱ. 被子植物

乔木、灌木或草本，或为藤本植物；常有特化的营养器官，如鳞茎、球茎、块茎、根状茎、块根、卷须等。生殖器官形成真正的花，花通常由花被、雄蕊和雌蕊组成。雄蕊（小孢子叶）分化为花丝和花药两部分；雌蕊由一至多数心皮（大孢子叶）组成，胚珠包藏于雌蕊下部膨大且闭合的子房内。子房发育为果实。种子包藏于果实内，具 1~2 个子叶。

一、三白草科

多年生湿生草本。叶互生。花两性，具苞片，无花被，排为密集的穗状花序或总状花序；雄蕊常有 6 或 8 枚；心皮 3~4，分离或合生，合生者具有侧膜胎座，花柱与心皮同数；每心皮内有胚珠 2~4 枚。蒴果。

1. 鱼腥草　蕺（jí）菜（图Ⅱ-1.1）

多年生草本，高 15~50 cm，叶心形或宽卵形，长3~8 cm，宽 4~6 cm，有细腺点；下面常紫色；叶柄长 1~3 cm。穗状花序，长 1~2 cm，具 4 片白色花瓣状苞片。花两性，无花被，雄蕊 3 枚，花丝下部与子房合生；花柱分离。花期5~7 月，果熟期 7~9 月。

生于沟边、溪边或林下湿地上。分布于我国中部、东南至西南各省区，东起台湾，西南到云南、西藏，北达陕西、甘肃。

图Ⅱ-1.1　鱼腥草

二、杨柳科

落叶乔木或灌木。单叶互生，稀对生，托叶早落。柔荑花序，雌雄异株；花先叶开放，具苞片，无花被，具杯状花盘或 1~2 个蜜腺，雄花的雄蕊不定数；雌蕊由 2~4 心皮组成，侧膜胎座，蒴果；种子多数，具毛。

1. 毛白杨　大叶杨（图Ⅱ-2.1）

乔木，高达 30 m；树皮灰白色，平滑，具多数菱形皮孔，老时深灰色，纵裂；小枝初有灰色绒毛，后变无毛；冬芽略有绒毛。长枝叶三角状卵形，长 10~15 cm，宽 8~12 cm，先端渐尖，基部截形或心形，下面密生灰色绒毛，叶缘具缺刻状或深波状齿；叶柄长 2.5~5 cm。花期 3 月，果熟期 4~5 月。

各地栽培。毛白杨耐旱力较强，黏土、壤土、沙壤上或低湿轻度盐碱土均能生长。主产于我国黄河流域各省区。

图Ⅱ-2.1 毛白杨

2. 山杨

乔木，高达25 m。小枝紫褐色或赤褐色；冬芽无毛。叶通常近圆形，长2.5~6.5 cm，先端圆钝或急尖，基部宽楔形或圆形，边缘具密的浅波状齿，老叶无毛；叶柄长2.5~6 cm。花期3~4月，果熟期4~5月。

山杨多生于海拔1 000 m以上的山坡，多与其他阔叶树混生，为强阳性树种，耐寒冷、耐干旱瘠薄土壤，对土壤要求在微酸性至中性土壤皆可生长，适于山腹以下排水良好肥沃土壤。分布于我国东北、华北、中南、西北及西南各省。

3. 响叶杨 风响杨（图Ⅱ-2.2）

乔木，高达30 m。树皮深灰色，纵裂；小枝棕色，被柔毛，老枝灰色，无毛；冬芽无毛，有黏质。叶卵形至宽卵形，长5~8 cm，宽4~6 cm，先端长渐尖或尾状尖，基部宽楔形、圆形或心形，边缘具整齐圆锯齿，下面仅幼时有柔毛；叶柄长2~7 cm，先端具2个柄状腺体。花期3月上中旬，果熟期4月上中旬。

图Ⅱ-2.2 响叶杨

响叶杨是喜光树种，不耐荫蔽。对土壤的要求不严，黄壤、黄棕壤、沙壤土、冲积土、钙质土上均能生长，土壤的酸碱度适应幅度较大，酸性、微碱性土都能生长。生于海拔1 000 m以下的山坡或山谷溪旁。分布于陕西、河南、江苏、安徽、江西、浙江、湖南、湖北、四川、贵州、云南等省。

4. 小叶杨

乔木，高达20 m。树皮灰绿色，老时色暗，纵裂；小枝有棱，红褐色，后变黄褐色，无毛。叶菱状卵形、菱状椭圆形或菱状倒卵形，最宽处在中部或中部以上，长4~12 cm，宽3~8 cm，先端渐尖或突尖，基部楔形，边缘具整齐小钝齿，下面苍白色，无毛；叶柄长0.5~4 cm，圆柱形。花期3~4月，果熟期4~5月。

小叶杨多生于海拔1 200 m以下的河岸及溪旁，性喜湿润肥沃土壤，但能耐干燥、贫瘠土壤及干旱和严寒气候。分布于我国东北、华北、华中、西北及西南地区。

5. 加杨 加拿大杨

高大乔木。树皮灰色；小枝近圆柱形或微有棱，黄棕色。叶三角形或三角状卵形，长宽6~20 cm，先端渐尖，基部楔形，边缘有半透明狭边且具圆钝锯齿，两面无毛；叶柄侧扁，紫红色，先端常有腺点。花期4月，果熟期5月。

各地栽培，喜温暖湿润气候，又耐旱、耐碱。原产北美洲东部。

6. 旱柳 柳树

乔木。小枝直立或开展，黄绿色。叶披针形，长5~8（10）cm，为宽的5倍以上，先端长渐尖，上面有光泽，沿中脉生绒毛，下面苍白色，伏生绢状毛，边缘有明显的锯齿。花期3~4月，果熟期4~5月。

产于各地。耐干旱、水湿、寒冷。分布于我国东北、西北、华北、中南地区及河南、安徽、江苏、四川等省。

7. 垂柳 水柳（浙江）（图Ⅱ-2.3）

乔木。小枝细长下垂，褐色或带紫色。叶长圆形、狭披针形或条状披针形，长9~16 cm，宽0.5~1.5 cm，先端渐尖或长渐尖，边缘有细锯齿，两面绿色，无毛。花期3~4月，果熟期4~5月。

耐水湿，也能生于干旱处。各地栽培。分布于黑龙江、吉林、辽宁、河北、河南、湖北、湖南、四川、江苏、浙江、江西、广东等省。

图Ⅱ-2.3 垂柳

图Ⅱ-2.4 腺柳

8. 腺柳 河柳（图Ⅱ-2.4）

乔木。小枝红褐色或褐色，无毛。叶卵形、椭圆形或椭圆状披针形，长4~12 cm，宽2~4.5 cm，先端急尖，基部楔形，边缘具内弯的细腺齿，下面苍白色，两面无毛；叶柄长5~12 mm，先端具有明显的大腺体。花期3~4月，果熟期4~5月。

喜光，不耐阴，较耐寒。喜潮湿肥沃的土壤。生于山沟河旁。分布于河北、山东、山西、陕西、安徽、江苏、浙江、湖北等省。

三、胡桃科

落叶乔木；羽状复叶互生，无托叶。花单性同株。雄花集为柔荑花序，其苞片与花被片合生，雄蕊3枚至多数。雌花单生或数个同株，或多数集为球穗状，或成柔荑花序；花被片4，与苞片及子房合生；子房下位，常2心皮，1室1胚珠，坚果、核果或具翅坚果。

1. 化香树 还香树（图Ⅱ-3.1）

落叶小乔木，高4~6（8）m；枝条暗褐色，髓部实心。奇数羽状复叶互生，长15~30 cm；小叶7~23，无柄，狭卵状披针形或长圆状披针形，长8~12 cm，宽2~4 cm，先端渐尖。穗状柔荑花序直立，雄花序4~12个在枝顶集为花序束，密生褐色绒毛。果序球果状；坚果扁平，两侧具有狭翅。花期5~6月，果熟期9~10月。

为喜光性树种，喜温暖湿润气候和深厚肥沃的沙质土壤，对土壤的要求不严，酸性、中性、钙质土壤均可生长。产于各山区及丘陵地。

分布于华东、中南及西南各省。

图Ⅱ-3.1 化香树

2. 枫杨　鬼柳（图Ⅱ-3.2）

乔木，高达30 m。小枝灰色，具薄片状髓心。通常为偶数羽状复叶，长8~25 cm，叶轴具翅；小叶10~16，无柄，长椭圆形至长椭圆状披针形，长8~12 cm，宽2~3 cm，下面侧脉腋内具一丛星状毛。花单性同株，柔荑花序下垂。果序长20~45 cm，果翅条形，长1~2 cm，宽3~6 mm，斜展。花期4月，果熟期8~9月。

喜深厚肥沃湿润的土壤，以温度不太低，雨量比较多的暖温带和亚热带气候较为适宜。喜光树种，不耐荫蔽，耐湿性强。多生于山沟溪旁、河滩低湿地。

分布于东北、华北、中南和西南各省。

3. 胡桃　核桃（图Ⅱ-3.3）

图Ⅱ-3.2　枫杨

图Ⅱ-3.3　胡桃

乔木，高达35 m。树皮灰白色，浅纵裂。枝条髓部片状，幼枝先端具细柔毛，二年生枝常无毛。羽状复叶长25~30（50）cm，小叶5~9枚，稀13枚，椭圆状卵形至椭圆形，顶生小叶通常较大，长6~15 cm，宽3~6 cm，先端急尖或渐尖，基部圆形或楔形，有时为心形，全缘或有不明显钝齿，表面深绿色，无毛，背面仅脉腋有微毛；小叶柄极短或无。雄柔荑花序长5~10 cm，雄蕊6~30枚，萼3裂；雌花1~3朵近簇生，果序短，具1~3核果。花期3~4月，果熟期8~9月。

喜光，喜温凉气候，较耐干冷，不耐温热，喜深厚、肥沃、适于阳光充足、排水良好、湿润肥沃的微酸性至弱碱性壤土或黏质壤土，抗旱性较弱，不耐盐碱；深根性，抗风性较强，不耐移植，有肉质根，不耐水淹。

原产欧洲与中亚，我国新疆也产。全国各地栽培。

4. 野核桃

落叶乔木，高达25 m。小枝密被腺毛或短茸毛，髓部薄片状。奇数羽状复叶，长达50 cm；小叶9~17枚，卵形或卵状长椭圆形，长8~15 cm，宽3~7.5 cm，边缘具有细密锯齿，下面密生短柔毛及星状毛。雄柔荑花序下垂，长20~30 cm；雌花序穗状，直立。果序下垂，具6~10个果；核果卵形，长3~4.5 cm，有腺毛。花期4~5月，果熟期8~10月。

喜温树种，但耐寒性强，不耐湿热。要求阳光充足，喜阳性树种。对土壤肥力要求较高，不耐瘠薄，喜肥沃、湿润、排水良好的微酸性土至微碱性土。一般生于海拔800~2 000（~2 800）m的杂木林中。产于甘肃、陕西、山西、河南、湖北、湖南、四川、贵州等省。

四、桦木科

乔木或灌木。单叶互生，边缘具锯齿。花单性同株；雄花序为下垂的柔荑花序，花3~6朵簇生于苞腋，花被片4裂，雄蕊2~4枚；雌花数朵成聚伞花序，生于叶状总苞内，或多数小聚伞花序集为球果状的柔荑花序，雌花无花被，子房下位，2 室，每室 1 胚珠，花柱 2。

1. 榛（zhēn） 榛子

灌木或小乔木，高 1~7 m。叶卵圆形至宽倒卵形，长 4~13 cm，先端凹缺或截形，中央具突尖，基部心形，边缘有不规则重锯齿或中部以上常有小裂片；叶柄长 1~2 cm。花药黄色，顶端簇生毛。果实 1~6 个簇生，果苞钟状，上部浅裂，裂片全缘或稀具齿。花期 3~4 月，果熟期 8~9 月。

生于山坡、沟谷。分布于东北、华北地区及河南、陕西、甘肃、四川、湖北、安徽、浙江、江苏、江西、云南、贵州等省。

变种：川榛

叶先端短渐尖或尾尖；花药为红色；果苞裂片常有锯齿，稀全缘。产于河南南部山区。

2. 千金榆（图Ⅱ-4.1）

乔木。小枝初时疏被长柔毛，后变无毛。叶卵形至矩圆状卵形，稀倒卵形，长 8~15 cm，边缘具不规则毛状重锯齿，下面仅沿脉疏被长柔毛。果苞两侧近对称，中脉居中，在果序上紧密覆瓦状排列，小坚果大部分或全部被果苞内侧基部内折的裂片或耳突所遮盖。花期 5 月，果熟期 9~10 月。

喜光。适应多种土壤，对土壤 pH 值无特别要求。最喜排水好的湿润土壤。耐旱、耐热。生于山地阴坡或山谷杂木林中。分布于东北、华北地区及陕西、甘肃等省。

图Ⅱ-4.1 千金榆

3. 鹅耳枥（lì）

乔木。叶卵形、菱状卵形或椭圆状卵形，长 2.5~5 cm，下面沿脉通常被柔毛，脉腋具髯毛，侧脉 8~12 对，叶缘具重锯齿。果序长 3~5 cm；果苞疏松排列，半卵形至卵形，长 6~20 mm，中脉偏居内缘一侧，内缘近全缘，具 1 内折短裂片。小坚果无毛，不为果苞内缘裂片所遮盖。花期 4 月，果熟期 9~10 月。

稍耐阴，喜肥沃湿润土壤，也耐干旱瘠薄。生于海拔 800~1 700 m 的山坡疏林中。分布于东北、华北、华东地区及陕西、甘肃、湖北、四川等省。

4. 白桦 桦木（图Ⅱ-4.2）

乔木，树皮灰白色。叶三角状卵形、三角状菱形、三角形，稀菱形或宽卵形，长 3~9 cm，先端渐尖至短尾状渐尖，基部楔形至截形。果序单生，圆柱形；果苞侧裂片开展至下弯；小坚果之膜质翅与果体近等宽。花期 4~5 月，果熟期 9~10 月。

喜光，不耐阴。耐严寒。对土壤适应性强，喜酸性土，沼泽地、干燥阳坡及湿润阴坡都能生长。一般生于海拔 1 000 m 以上的山坡或山梁。分布于东北、华北、西北和西南地区。

图Ⅱ-4.2 白桦

五、壳斗科

乔木或灌木。单叶互生，托叶早落。花单性同株；雄花集为穗状或头状下垂的柔荑花序，花被4~8裂，雄蕊4~20枚；雌花1~3朵集为聚伞花序生于总苞形成的壳斗内，花被4~8裂，子房下位，3~6室，每室1~2颗胚珠，花柱3~6个；坚果具1粒种子。果期壳斗木质。

1. 栗　板栗（图Ⅱ-5.1）

乔木，高达20 m。树皮灰褐色，纵裂。幼枝具灰色星状绒毛。叶长椭圆形至长椭圆状披针形，长10~21 cm，宽4~6 cm，先端渐尖，基部圆形或宽楔形，边缘疏生具短刺芒状尖锯齿，叶下面密被灰白色至黄棕色星状绒毛，有时毛渐脱落，无鳞腺；坚果较大，直径2~2.5 cm。花期4~5月，果熟期9~10月。

图Ⅱ-5.1　栗

仅见栽培。板栗对土壤酸碱度较为敏感，适宜在pH值5~6的微酸性土壤生长，一般生于平地至海拔2 800 m山地。除青海、宁夏、新疆、海南等少数省区外，广布南北各地。

2. 茅栗　野栗子（江苏、浙江）（图Ⅱ-5.2）

落叶小乔木，高6~15 m，常呈灌木状，幼枝被灰色绒毛。叶长椭圆状短圆形或倒卵状长椭圆形，长7~15 cm，宽3~6 cm，边缘有锯齿，齿尖锐或短芒状，下面无毛，但密被鳞腺。雄花序穗状，直立。壳斗近球形，密生针刺，包裹3（~5）个坚果。坚果直径1~1.5 cm。

生于海拔400~2 000 m的丘陵山地，较常见于山坡灌木丛中或山谷向阳处。

分布于辽宁、河北、山东、河南、山西、陕西、甘肃、湖北、四川、江苏、浙江、福建、广东、云南、贵州等省。

3. 橿（jiāng）子栎　黄橿子（图Ⅱ-5.3）

图Ⅱ-5.2　茅栗

图Ⅱ-5.3　橿子栎

半常绿灌木或小乔木，高达12 m；幼枝有星状微柔毛，后变无毛。叶卵状披针形至卵状长椭圆形，先端渐尖，边缘具钝齿，老叶下面仅沿中脉有黄色绒毛；叶柄长3~7 mm。壳斗杯形，直径1.2~1.5 cm；苞片条形，反卷。花期4月，果熟期9~10月。

生于海拔500~2 700 m的山坡、山谷杂木林中或向阳山坡，常生于石灰岩山地。分布于山西、陕西、甘肃、湖北、四川、湖南等省。

4. 麻栎 橡树

落叶乔木，高 15~20 m。树皮暗灰色，粗糙，不规则纵裂。小枝黄褐色，幼时密生细毛，老枝无毛。叶卵状披针形，长 9~16 cm，宽 2~5 cm，先端渐尖，基部圆形或宽楔形，边缘有刺芒状尖锯齿，侧脉 12~16 对，表面绿色，无毛，老叶仅在下面脉腋有毛，余部无毛；壳斗包围坚果约 1/2。花期 4~5 月，果熟期翌年 10 月。

阳性喜光，喜湿润气候。耐寒，耐干旱瘠薄，不耐水湿，不耐盐碱，在湿润肥沃深厚、排水良好的中性至微酸性沙壤土上生长最好，生于海拔 1 000 m 以下的山坡或山沟。分布于华北、华东、中南及辽宁、陕西、甘肃、四川、云南、贵州等省。朝鲜、日本和印度也产。

5. 栓皮栎 花栎树（图Ⅱ-5.4）

落叶乔木，高 15~25 m。树皮木栓层厚，可达 10 cm。叶长圆状披针形至长椭圆形，长 8~15 cm，宽 2~6 cm，先端渐尖，边缘具长芒状锯齿，下面密被灰白色或灰黄色短星状毛，毛密如毡状；叶柄长 1.5~2.5 cm。壳斗杯形，包围坚果 2/3 以上，直径约 2 cm，苞片钻形，反曲。花期 4~5 月，果熟期翌年 9~10 月。

图Ⅱ-5.4 栓皮栎

喜光，常生于山地阳坡，但幼树以有侧方荫蔽为好。对气候、土壤的适应性强。能耐-20 ℃的低温，在 pH 为 4~8 的酸性、中性及石灰性土壤中均有生长，亦耐干旱、瘠薄，而以深厚、肥沃、适当湿润而排水良好的壤土和沙质壤土最适宜，不耐积水。生于海拔1 200 m以下的向阳山坡。分布于河北、河南、辽宁、山西、陕西、甘肃等省。

6. 槲（hú）栎

落叶乔木，高达 20 m；小枝无毛。叶椭圆状倒卵形或倒卵形，长 10~18（20）cm，宽 5~10（12）cm，先端钝，微有凹缺，基部楔形至圆形，边缘波状缺刻先端圆钝，下面密被灰白色星状细绒毛；叶柄长 1~3 cm。壳斗包围坚果约 1/2，直径 1.2~2 cm，苞片鳞片状，紧贴壳斗。花期 4~5 月，果熟期 9~10 月。

生于海拔 800~1 500 m 的向阳山坡。分布于辽宁、河北、河南、山东、甘肃、江苏、安徽、浙江、广东、广西、云南、贵州等省区。

变种：锐齿槲栎

叶卵形至长椭圆状卵形，先端短渐尖或急尖，边缘具粗大锐齿，齿尖常有腺点。

7. 槲树 槲叶

落叶乔木，高达 25 m。树皮暗灰色，有深纵沟。小枝粗壮，被黄色星状绒毛。叶缘具 4~10 对波状缺刻或浅裂，裂片先端钝或具钝尖头，幼时有毛，老时仅背面有灰白色星状毛和柔毛，侧脉 8~10 对；壳斗鳞片披针形，排列疏松，显著反曲。花期 4~5 月，果熟期 9 月。

槲树为强阳性树种，喜光、耐旱、抗瘠薄，适宜生长于排水良好的沙质壤土，在石灰性土、盐碱地及低湿涝洼处生长不良。生于海拔 1 000 m 以下的向阳山坡。分布于东北地区及河北、河南、山东、陕西、甘肃、四川、湖北、湖南、江苏、浙江、福建、贵州、云南等省。

8. 短柄枹（bāo）

落叶乔木，常呈灌木状。叶聚生小枝顶具内弯浅锯齿，叶柄长2~5 mm（各山区）叶聚生于小枝端，长圆状倒卵形至倒披针形，长5~10 cm，宽2~4 cm；叶柄极短，长2~5 mm。壳斗浅杯状，包被坚果1/3；坚果长椭圆形，先端渐尖，基部钝圆。花期4~5月，果熟期9~10月。

生于海拔1 300 m以下的山坡和山谷。分布于长江流域及山东、河南、陕西、甘肃、浙江、云南、贵州等省。

9. 青冈　青冈栎

常绿乔木，高达20 m。叶中部以上最宽，倒卵状长椭圆形或长椭圆形，长6~13 cm，宽2~5.5 cm，先端短渐尖，基部近圆形，边缘中部以上有粗锯齿，下面被灰白色或灰棕色长伏毛；叶柄长1.5~2.5 cm。壳斗杯状，包围坚果1/3~1/2，具5~8条由苞片形成的环带，环带全缘。花期4月，果熟期9~10月。

喜生于微碱性或中性的石灰岩土壤上，在酸性土壤上也生长良好，耐干燥，生于海拔500~1 300 m的山坡或山谷杂木林中。分布于河南、陕西、湖北、江西、江苏、福建、台湾、广东、四川、云南、贵州等省。

六、榆科

落叶灌木或乔木。单叶互生，基部常偏斜，叶缘具锯齿，托叶常早落。花两性，稀单性，簇生；无花瓣；萼片3~8片；雄蕊与萼片同数且与之对生，花丝在花蕾中直立；子房上位，心皮2个，合生，胚珠1颗，花柱2个，果实为翅果、坚果或核果。

1. 榆树　榆

落叶乔木。叶椭圆形或椭圆状卵形，长2~8 cm，宽1.5~3 cm，先端尖至渐尖，边缘多为单锯齿，两面无毛或仅脉腋簇生毛；叶柄长2~10 mm。花先叶开放。翅果近圆形或宽倒卵形，长1.2~1.5 cm，无毛，果核部分位于中部或中上部；果梗被短柔毛。花期3~4月，果熟期5月。

阳性树种，喜光，耐旱，耐寒，耐瘠薄，不择土壤，适应性很强，能耐干冷气候及中度盐碱，但不耐水湿，多见于村旁、庭院、山坡。分布于东北、华北、西北及长江流域各省。

2. 脱皮榆

落叶小乔木，高8~12 m。树皮灰白色或灰色，不规则片状脱落，内（新）皮初为淡黄绿色；当年生枝被伸展腺状毛或柔毛；二三年生枝淡黄褐色、淡褐色或灰褐色，无毛；花自混合芽抽出，生于新枝基部或近基部。

喜光，稍耐阴。喜温暖湿润气候。亦能耐-20 ℃的短期低温；对土壤的适应性较广，耐干旱、瘠薄。在酸性、中性和石灰性土壤的山坡、平原及溪边均能生长。分布于河北、河南、山西等地。辽宁及北京有栽培。

3. 榔榆　小叶榆（河北）（图Ⅱ-6.1）

落叶乔木。叶革质，椭圆形、卵形或倒卵形，长2~5 cm，边缘具单锯齿，下面幼时被毛。花秋季开放，簇生于当年生枝叶腋；花被上部杯形，下部急缩为管状。翅果长10~12 mm，无毛，果翅窄厚，果核位于中上部接近缺口。花期8~9月，果熟期10月。

图Ⅱ-6.1　榔榆

生于海拔1 000 m以下的山谷、河畔或山坡，喜光，耐干旱，在酸性、中性及碱性土上均能生长，但以气候温暖，土壤肥沃、排水良好的中性土壤为最适宜的生境。分布于华北、华东、中南地区及贵州、四川、西藏等省区。

4. 青檀（tán） 翼朴

落叶乔木。叶卵形或椭圆状卵形，长3.5~10 cm，边缘具锐锯齿，基部三出脉，上面无毛或有短硬毛，下面脉腋生簇毛；叶柄长6~15 mm。花单性同株，腋生。翅果单生，近方形或近圆形，先端有凹缺，无毛，宽1~1.5 cm，果梗长1~2 cm。花期4~5月，果熟期9~10月。

喜光，耐盐碱、耐土壤瘠薄，耐旱，耐寒，生于山谷溪流两岸或岩石附近。分布于河北、河南、山东、陕西、甘肃、青海、江苏、湖北、湖南、江西、四川、浙江、贵州等省。

5. 大果榉 小叶榉

乔木，高达17 m。叶卵形或卵状长圆形，先端尖，基部圆形，叶背面脉腋有毛，边缘具钝锯齿，叶基宽楔形至近圆形，侧脉7~10对；果较大，单生叶腋，直径5~7 mm，无毛，不具网脉，果梗长2~3 mm。花期4月，果熟期10月。

阳性树种，耐干旱，能适应碱性、中性及微酸性土壤，常生于海拔800~2 500 m地带之山谷、溪旁及较湿润的山坡疏林中。分布于河南、山西、陕西、甘肃、湖北、四川、贵州、江苏、浙江、安徽等省。

6. 榉树 大叶榉

落叶乔木，当年生枝密被柔毛。叶椭圆状卵形，长2~10 cm，边缘具单锯齿，叶脉羽状，上面具脱落性硬毛，粗糙，下面密被柔毛；叶柄长1~4 mm。花单性同株；雌花1~3朵生于新枝上部叶腋。坚果核果状，上部歪斜，直径2~4 mm。花期4月，果熟期10月。

生于山坡或山谷疏林中，在湿润肥沃土壤长势良好。分布于淮河流域至广东、广西、云南、贵州等省区。

7. 朴树 朴（图Ⅱ-6.2）

乔木，树皮灰色，平滑；一年生枝被密毛。叶窄卵形至宽卵形，长3~10 cm，边缘中部以上有浅锯齿，基部三出脉，下面无毛或近无毛。花杂性，1~3朵生于当年新枝叶腋。核果近球形，成熟时黄褐色至红褐色，直径4~5 mm，果梗与叶柄近等长。花期4月，果熟期9~10月。

喜光，适温暖湿润气候，生于山坡或山谷。分布于陕西、甘肃、四川及华东、中南各省。

图Ⅱ-6.2 朴树

8. 黑弹朴 小叶朴

乔木，一年生枝无毛。叶斜卵形至椭圆状卵形，长3~6 cm，中部以上边缘具疏齿或近全缘，基部三出脉，下面仅脉腋有毛。核果单生叶腋，直径4~7 mm，成熟时蓝黑色至黑色，果梗长为叶柄的2~3倍。花期4~5月，果熟期9~10月。

生于山坡或丘陵干燥向阳处。分布于辽宁、河北、河南、山东、陕西、甘肃、云南及长江流域各省。

9. 紫弹朴 白麻子

乔木，一年生枝密被红褐色或淡红褐色柔毛；冬芽内芽鳞密被长柔毛。叶卵形或卵状椭圆形，长3.5~8 cm，边缘中部以上有疏齿，稀全缘，老叶无毛。核果通常成对簇生，直径为5 mm；果梗长为叶柄的2倍以上，被毛。花期4月，果熟期8~9月。

喜湿润及肥厚的黏质土壤，生于山坡或溪沟边的疏林中或林缘。分布于河南、陕西、甘肃及长江流域。

七、桑科

灌木或乔木，或为藤本，常具乳汁。叶互生，托叶早落。花单性，集为头状或穗状的柔荑花序，或生于壶形中空的花序托内壁上形成隐头花序；花被片常4数，雄蕊与花被片同数且与之对生；子房上位，花柱2。坚果集生于肉质花序托里面，或包于肉质宿存的花被片内，形成聚花果。

1. 葎（lǜ）草 涩拉秧（图Ⅱ-7.1）

多年生缠绕草本，茎、枝和叶柄有倒刺。叶对生，近圆形，直径7~12 cm，掌状深裂，裂片5~7，边缘有黄色小腺点；叶柄长5~20 cm。花单性异株；花被片和雄蕊均5数；雄花小，黄绿色，排列成大型圆锥花序；雌花序为近球形的穗状花序。花期6~8月，果熟期7~9月。

生于沟边、路旁和荒地。分布于东北、华北、中南、西南及陕西、甘肃等省。

图Ⅱ-7.1 葎草

2. 柘（zhè）树（图Ⅱ-7.2）

落叶灌木或小乔木，高可达8 m，具乳汁；枝具棘刺，刺长达4 cm。叶卵形至倒卵形，长3~14 cm，先端钝或短渐尖，全缘或有时3裂；叶柄长5~20 mm。头状花序；花雌雄异株，花被片4。聚花果近球形，直径约2.5 cm，红色。花期5月，果熟期9~10月。

喜光亦耐阴，耐寒，耐干旱，生于向阳山坡和灌丛中。分布于华东、中南及辽宁、河北、陕西、甘肃、四川、贵州、云南等省。

图Ⅱ-7.2 柘树

3. 爬藤榕

常绿攀缘灌木，具乳汁。叶革质，披针形或椭圆状披针形，长3~9 cm，宽1~2（3）cm，先端渐尖或长渐尖，基部楔形至宽楔形，下面网脉凸起呈蜂窝状；叶柄长4~7 mm，密生棕色毛。隐头花序有短梗，球形，径4~7 mm。花期5月，果熟期8~10月。

生于山坡、山谷林下或崖旁。分布于江苏、安徽、河南、湖北、江西、四川、浙江、广东、广西、贵州、陕西等省区。

4. 珍珠莲

叶矩圆形或披针状矩圆形，较大，长6~21 cm，宽2~6 cm，先端尾状急尖或渐尖，基部圆形；隐头花序直径10~15 mm，无梗或近无梗。花期5月，果熟期9~10月。

生于山沟疏林中或攀缘于岩石上。分布于华东、中南和西南各省区，北至山西。

5. 异叶榕（图Ⅱ-7.3）

落叶灌木或小乔木。幼枝常被黏质锈色硬毛。叶脱落，厚膜质，叶异形，倒卵形至卵状披针形，或长圆形，有时琴形，两侧或一侧具深缺刻，侧脉不平行；枝、叶被毛或无毛。花序托无梗。聚花果紫褐色。花期6~7月，果熟期8~9月。

生于山谷或山坡林中。分布于长江流域中、下游和中南各省。

6. 无花果（图Ⅱ-7.4）

图Ⅱ-7.3 异叶榕

图Ⅱ-7.4 无花果

落叶灌木或小乔木，高达10 m。具乳汁，宽卵形或近圆形，长11~24 cm，宽9~22 cm，掌状3~5裂，裂片边缘波状或有粗齿；叶柄长达14 cm。隐头花序具短梗，单生叶腋，直径约2.5 cm；聚花果梨形，黑紫色。花期6~8月，果熟期10月。

喜温暖湿润气候，耐瘠，抗旱，不耐寒，不耐涝。各地栽培。原产地中海沿岸。

7. 桑 家桑（四川）（图Ⅱ-7.5）

落叶灌木或小乔木，高达15 m。幼枝灰黄色或黄褐色。叶卵形或宽卵形，长达15（20）cm，先端钝或急尖，基部近心形，上面光滑无毛，下面沿脉有疏毛且具腋毛，边缘具粗齿；叶柄长1~2.5 cm；花单性异株；穗状柔荑花序；花被片和雄蕊4数，花柱无或极短，柱头2裂。聚花果（桑葚）长1~2.5 cm，肉质多汁，白色、红色或黑紫色。花期4月，果熟期6~7月。

图Ⅱ-7.5 桑

喜温暖湿润气候，耐寒。耐干旱，耐水湿能力极强。对土壤的适应性强，耐瘠薄和轻碱性，多生于山坡疏林中，常栽培。原产我国中部及北部。

8. 鸡桑 山桑

灌木或小乔木。幼枝黑褐色或灰褐色；叶卵形，长6~15 cm，宽4~10 cm，先端急尖或渐尖，基部截形或近心形，边缘具钝或锐齿，叶上面粗糙，下面脉上疏生短毛，无腋毛；花柱明显，长达4 mm，柱头2裂，与花柱近等长。聚花果卵状椭圆形，暗紫色。花期4~5月，果熟期5~7月。

本种原产我国中部和北部，现东北至西南各省区，西北直至新疆均有栽培。

9. 构树（图Ⅱ-7.6）

落叶乔木，高达16 m；小枝粗壮；具乳汁。叶宽卵形或椭圆状卵形，长7~20 cm，宽6~15 cm，不分裂或不规则3~5深裂，边缘有粗锯齿，上面有糙毛，下面密被柔毛，三出脉；叶柄长3~8 cm。花单性异株；雄花序柔荑状，长6~8 cm；雌花序头状，直径1.2~1.8 cm；花柱侧生，丝状。聚花果球形，径约3 cm，肉质，红色。花期3~4月，果熟期8~9月。

图Ⅱ-7.6 构树

喜光，适应性强，耐干旱瘠薄，也能生于水边，多生于石灰岩山地，也能在酸性土及中性土上生长，多生于沟边或山沟。分布于华东、中南、西南及河北、山西、陕西、甘肃等省。

10. 大麻 线麻（东北）、火麻

一年生直立草本，高达3 m；茎密被短柔毛。叶互生或茎下部者对生，掌状全裂；裂片3~11，披针形至条状披针形，长达18 cm，边缘有粗锯齿，上面有糙毛，下面密被灰白色毡毛；叶柄长4~15 cm。花雌雄异株，雄花集为顶生的大型圆锥花序，雌花簇生叶腋。花期7~8月，果熟期9~10月。

原产中亚。我国各地有栽培。

八、荨麻科

多为草本。常具螫毛。单叶互生或对生，叶片常具钟乳体。团集聚伞花序组成穗状或圆锥花序。花常单性，花被片4~5；雄蕊与花被片同数而对生，花丝在蕾中内折；子房与花被离生或合生，心皮单1，胚珠1颗。瘦果多少包于宿存的花被内。

1. 宽叶荨麻（图Ⅱ-8.1）

多年生草本，茎高达1 m，疏生螫毛和微柔毛。叶对生，狭卵形至宽卵形，长4~9 cm，宽2.5~4.5 cm，先端短渐尖，边缘具锐牙齿，两面疏生短毛，基出脉3条。雌雄同株；雄花序位于上方，长达8 cm；雌花序短穗状，雌蕊的柱头有多数放射状细毛呈画笔状。花期6~7月，果熟期7~8月。

图Ⅱ-8.1 宽叶荨麻

生于林下或山谷水边湿地。分布于东北地区及河北、河南、山西、山东、陕西、甘肃等省。

2. 艾麻（图Ⅱ-8.2）

多年生草本，茎高达1 m，具螫毛和反曲微柔毛。叶互生，宽卵形或近圆形，长6~20 cm，宽4.5~18 cm，边缘具粗牙齿，先端凹缺的中央具长尾尖。雄花序生于雌花序之下，长达15 cm；雌性的团伞花序稀疏地排为长穗状，雌花序梗无翅，柱头丝形。瘦果果梗上无关节。花期7~8月，果熟期9~10月。

生于山谷林下或溪旁阴湿地。分布于河北、河南、山西、陕西、甘肃、湖北、湖南、四川、浙江、云南等省。

图Ⅱ-8.2 艾麻

图Ⅱ-8.3 透茎冷水花

3. 透茎冷水花 胖婆娘腿（图Ⅱ-8.3）

一年生草本，高 10~32 cm。茎肉质，光滑透亮。叶菱状卵形或卵形，边缘密生牙齿；花通常雌雄同株，蝎尾状聚伞花序长 0.5~5 cm，多分枝；雄花花被片和雄蕊均为 2（3~4），雌花花被片 3，条形。柱头画笔头状；瘦果卵形。花期 7~9 月，果熟期 8~10 月。

生于山谷林下、溪旁、沟边阴湿地。分布于东北地区及河北、河南、陕西、甘肃、四川、江苏、浙江、云南等省。

4. 糯米团（图Ⅱ-8.4）

多年生草本，茎斜升或平卧，常分枝，有短毛。叶对生，卵形至披针形，宽 1.2~2.6 cm，三出脉，无柄或近无柄。花簇生叶腋。雄花具细梗，花萼裂片与雄蕊均 5 枚；雌花近无梗，萼管状，柱头钻形。花期 7~9 月，果熟期 9~10 月。

生于溪旁或林下草地。分布于长江流域及其以南各省，北至秦岭南坡。

5. 苎麻 野苎麻（图Ⅱ-8.5）

图Ⅱ-8.4 糯米团

图Ⅱ-8.5 苎麻

半灌木，茎高达 2 m，密被开展长硬毛和近伏贴的短毛。叶互生，卵形或近圆形，长 5~16 cm，先端渐尖，边缘密生牙齿，上面粗糙，下面密生白色绒毛，基出脉 3 条。团伞花序组成圆锥花序，雄花序通常位于雌花序之下，雄花花被片 4，雌花花被管状。瘦果基部狭缩为细柄。花期 5~6 月，果熟期 9 月。

野生或栽培。生于山沟、路边、宅旁阴湿地。分布于山东、陕西以南各省。

6. 悬铃木叶苎麻（图Ⅱ-8.6）

多年生草本，高 1~1.5 m。茎直立，常丛生，不分枝，密生短糙毛。叶对生，纸质，扁五角形或扁圆卵形，先端近截形，基部截形或浅心形，宽 7~14（20）cm，边缘牙齿长 10~20 mm，两面密生短糙毛；花雌雄同株，圆锥花序。瘦果狭倒卵形或狭椭圆形，长约1 mm，有短硬毛。花期6~7月，果熟期8~9月。

生于山谷溪旁、路边与林缘。分布于河北、河南、山东、陕西、甘肃、青海、安徽、湖北、湖南、四川、浙江、江西、福建等省。

图Ⅱ-8.6　悬铃木叶苎麻

7. 赤麻　三裂苎麻

多年生草本，高50~90 cm。茎直立，通常丛生，上部疏生短伏毛。叶较小，草质，卵形至宽卵形，宽3~7（13）cm，边缘牙齿长不及10 mm，两面有疏伏毛或下面无毛；花雌雄同株或异株，穗状花序不分枝。花期5~6月，果熟期8~9月。

生于山沟溪间或林缘空地。分布于东北地区及河北、河南、陕西、甘肃、安徽、湖北、四川、江西等省。

8. 细野麻　红线麻（河南）（图Ⅱ-8.7）

多年生草本，茎高达90 cm。疏生短伏毛，常分枝。叶对生，宽卵形，长3~11 cm，宽1.5~7.5 cm，先端尾状渐尖，边缘具较密的近等大牙齿，下面近无毛。穗状花序1~2个腋生，不分枝；花序轴疏生白色短柔毛。瘦果倒卵形或菱状倒卵形，长0.5~1 mm。花期6~7月，果熟期8~9月。

生于山沟林缘、溪旁、阴坡草地和灌丛中。分布于辽宁、河北、河南、山东、陕西、山西、甘肃、安徽、浙江、江苏、福建、江西、贵州等省。

图Ⅱ-8.7　细野麻

九、马兜铃科

草本或藤状灌木。单叶互生，常心形，全缘或3~5裂。花两性，花被1层，花冠状，钟形，3裂，或为具弯管的喇叭形；雄蕊6至多数；子房下位或半下位，心皮4~6，中轴胎座，花柱1，柱头与心皮同数。蒴果。

1. 寻骨风　绵毛马兜铃（图Ⅱ-9.1）

木质藤本，全株密被黄白色绵毛。叶互生，卵形至椭圆状卵形，长3.5~10 cm，宽3~8 cm，先端钝或锐尖，基部心形；叶柄长2~5 cm。单花腋生；花被长约5 cm，黄色带紫，筒部弯曲，顶端3裂；雄蕊6枚。蒴果长圆状或椭圆状倒卵形，长3~5 cm，径1~2 cm。花期5~6月，果熟期8~9月。

生于山坡草丛、沟边、路旁。分布于河南、陕西、江苏、湖北、江西、浙江、山西等省。

图Ⅱ-9.1　寻骨风

2. 马兜铃

多年生缠绕草本，全株无毛。叶互生，卵状三角形、长圆状卵形或戟状披针形，长3~8 cm，宽2~4 cm，先端钝或急尖，基部心形，两侧具圆耳，叶柄长1~2 cm。单花腋生，花被管状，长3~

4 cm，基部急剧膨大为球形，檐部扩大成向一侧偏斜的舌片，舌片卵状披针形，暗紫色，先端短尖或渐尖。雄蕊 6 枚。蒴果近球形，径约 4 cm。花期 7~8 月，果熟期 9~10 月。

喜光，稍耐阴，喜沙质黄壤土，耐寒，适应性强。生于山坡灌丛、沟边、路旁。分布于黄河以南至长江流域，南至广西。

3. 北马兜铃　马兜铃（东北）

叶卵状心形或三角状心形，叶柄长 2~7 cm。花 3~10 朵簇生于叶腋，花被长 2~3 cm，檐部舌片顶端延伸为长 1~3 cm 的线形尾尖。花期 7~8 月，果熟期 9~10 月。

喜气候较温暖，湿润、肥沃、腐殖质丰富的沙壤土。生于山坡路旁，山沟溪旁或灌丛中。分布于东北、华北地区及河南、陕西、甘肃、江苏、安徽等省。

一〇、蓼科

草本或亚灌木，有时为缠绕藤本；茎节部常明显膨大。单叶互生，全缘，叶柄具发达抱茎的托叶鞘。单被花，常两性，花被片（3）4~5（6），宿存；雄蕊 3~9 枚或更多；子房上位，1 室 1 胚珠，花柱 2~3。果实双凸镜形或三棱形。

1. 皱叶酸模　牛舌头棵

多年生草本，高 50~100 cm。茎直立，通常不分枝，有浅沟槽。茎生叶有长柄，披针形或矩圆状披针形，长 12~25 cm，宽 2~4 cm，先端急尖，基部楔形，边缘有波状皱褶，两面无毛；茎生叶向上渐小，叶柄较短；托叶鞘膜质，筒状。花序为数个腋生总状花序合成一狭长的圆锥花序；内轮花被片全缘或有不明显的波状齿。花期 5~6 月，果熟期 7 月。

生于山坡湿地，沟谷、河岸及路旁。分布于东北、华北、西北地区及四川、福建、台湾、广西、云南等省区。

2. 巴天酸模　土大黄

多年生草本，高 1~1.5 m。茎直立，粗壮，不分枝或分枝，有沟槽。基生叶有粗壮长柄，矩圆状披针形，长 15~30 cm，宽 4~8 cm，先端急尖或圆钝，基部圆形或近心形，全缘或边缘波状；上部叶小而狭，近无柄；托叶鞘筒状，膜质；大型圆锥花序，顶生或腋生；花两性；花被片 6 个，2 轮；瘦果卵形。花期 5~6 月，果熟期 6~7 月。

生于山坡路旁、山沟水旁潮湿地。分布于内蒙古、河北、河南、山东、山西、陕西、甘肃、青海、新疆等省区。

3. 齿果酸模

多年生草本。茎高 30~80 cm，多分枝。叶具长柄；叶片矩圆形，长 4~8 cm，宽 1.5~3 cm，先端圆钝，基部圆形或微心形。大型圆锥花序顶生，花簇轮状着生，具苞叶。花黄绿色，花梗基部具关节；花被片 6，背面有瘤状凸起，边缘有直伸针刺状齿；雄蕊 6 枚，柱头 3；瘦果有 3 锐棱；褐色。花期 5~6 月，果熟期 7 月。

生于路旁湿地、渠岸、田埂、水边等。分布于河北、河南、山西、山东、陕西、甘肃、江苏、湖北、四川、浙江、台湾、云南等省。

图Ⅱ-10.1　萹蓄

4. 萹蓄（biānxù）　乌蓼（图Ⅱ-10.1）

一年生草本。茎平卧或斜升，高 10~40 cm，自基部多分枝。叶有极短柄或近无柄，具关节；叶片狭椭圆形或椭圆状长圆形，长 1.5~3 cm，宽 5~10 mm，先端钝或急尖，基部楔形；托叶鞘有明显脉纹。花 1~5 朵簇生叶腋；花被 5 深裂；雄蕊 8。果实具 3 棱，长2 mm以上，具点状线纹。花期 5~9 月，果熟期 6~10 月。

生于路旁、草地、荒地和河滩沙地。广布于我国各省区。

5. 杠板归　贯叶蓼（图Ⅱ-10.2）

多年生蔓生草本。茎红褐色，生倒刺。叶片盾状着生，近正三角形，长 4~6 cm，下部宽 5~8 cm，先端钝或急尖，基部截形或近心形，无毛，下面沿脉及叶柄疏生倒刺；托叶鞘草质，抱茎。穗状花序；花被 5 深裂，裂片果期增大且肉质，深蓝色。花期 6~8 月，果熟期 8~10 月。

生于山谷灌丛中或溪旁、路边。分布于我国各省区。

图Ⅱ-10.2　杠板归

6. 稀花蓼

一年生草本，高 70~100 cm。茎直立或基部平卧，上部疏生钩状刺。叶卵形、椭圆形或长圆状卵形，先端长渐尖，基部具短宽的耳，两面疏生星状毛。托叶鞘膜质，褐色。圆锥花序，花序梗及花梗被紫红色长腺毛。瘦果球形，黄褐色。花期 6~8 月，果熟期 8~9 月。

生于山谷林下阴湿地方。分布于东北、华北、华东、中南地区各省。

7. 尼泊尔蓼　头状蓼（图Ⅱ-10.3）

一年生草本，高 30~50 cm。茎细弱，直立或平卧，有分枝。下部叶有长柄，卵形或三角状卵形，长 3~5 cm，宽 2~4 cm，先端渐尖，基部截形或圆形，背面密生黄色腺点，沿叶柄下延成翅状或耳状；上部叶近无柄，抱茎；托叶鞘筒状，膜质，淡褐色。花序头状，顶生或腋生；花白色或淡红色，密集；花被通常 4 深裂；花柱 2 个，下部合生，柱头头状。瘦果圆形，两面凸出，黑色，密生小点。花期 6~8 月，果熟期 7~9 月。

生于山坡、沟谷湿地、溪旁、路边、田埂。分布于东北、华北、中南、西北至西南地区各省。

图Ⅱ-10.3　尼泊尔蓼

8. 黏毛蓼　香蓼（图Ⅱ-10.4）

茎枝及花序梗密被开展的长毛和有柄的腺状黏毛；叶披针形或宽披针形，宽 1.5~3.5 cm，基部楔形，两面具糙伏毛；托叶鞘先端不具叶质环状翅。花期 7~9 月，果熟期 9~10 月。

生于山沟水边、路旁湿地。分布于我国各省区。

图Ⅱ-10.4　黏毛蓼

9. 酸模叶蓼　大马蓼

一年生草本。茎高达 1 m，下部节上常生不定根。叶披针形，大小变化很大，先端渐尖或急尖，基部楔形，上面常具黑褐色新月形斑块，无毛，下面沿中脉及叶缘生粗硬毛；叶柄有短刺毛，托叶鞘管状，无缘毛。瘦果扁平。花期 7~9 月，果熟期 8~10 月。

生于路旁湿地、沟渠水边。分布于全国。

10. 荭（hóng）蓼　荭草

一年生草本。茎高达 2 m，多分枝，密被开展长毛。叶具长柄；叶片卵形或宽卵形，长 10~

20 cm，宽 6~12 cm，先端渐尖，基部近圆形，两面疏生长毛，托叶鞘先端常具开展或反卷的叶质环状翅。花序圆锥状，花淡红色。瘦果扁平，黑色。花期 7~9 月，果熟期 8~10 月。

生于山坡、路旁、河滩、荒地。分布于我国各省区。

11. 丛枝蓼

一年生草本，高 30~50 cm。茎平卧或斜上，细弱，近基部多分枝，无毛。叶宽披针形或卵状披针形，长 5~8 cm，宽 1.5~3 cm，先端尾状渐尖，基部狭窄，两面疏生硬伏毛或近无毛；叶柄极短，疏生长柔毛，托叶鞘筒状，膜质，长 5~8 mm，有长缘毛；花序穗状，顶生或腋生，细弱，花排列稀疏，花序下部间断；苞片漏斗状，绿色，有缘毛；花粉红色或白色，花被 5 深裂，裂片长约 2 mm；雄蕊通常 8 个；花柱 3 个。瘦果卵形，有 3 棱，黑色。花果期 7~10 月。

生于山沟溪旁、水边或阴湿地。分布于全国。

12. 长鬃蓼

一年生草本；茎高达 60 cm。叶披针形，长 4~8 cm，宽 1~2.5 cm，先端长渐尖，基部楔形，两面无毛，或仅沿中脉及边缘疏生短伏毛；托叶鞘管状，长 5~10 mm，疏生伏毛，先端截形，具长缘毛。穗状花序近线形，下部花簇常远离；花苞片漏斗状，具长缘毛。瘦果具 3 棱。花期 7~8 月，果熟期 8~9 月。

生于沟边、河岸、渠边等潮湿地。分布于全国。

13. 何首乌

多年生草本，具肥大块根。茎缠绕，长 3~4 m，多分枝，基部木质。叶卵形，长 5~7 cm，宽 3~5 cm，先端渐尖，基部心形，两面无毛。大型圆锥花序，花白色，极多数；花被片 5 深裂，外面 3 裂片长不足 3 mm，果时增大且背部具翅。瘦果有 3 棱。花期 7~9 月，果熟期 9~10 月。

生于多石山坡路旁、沟岸、灌丛、山脚阴处或石缝中。分布于我国山东、河南、陕西、山西、甘肃、湖北、江苏、江西、广东、云南、四川、贵州等省。

一一、藜科

草本或半灌木。单叶，互生稀对生，常肉质，无托叶。花小，绿色集为小聚伞花序，再组成穗状至圆锥状种种花序。花具苞片和小苞片；花被片 5~3（1），草质至膜质，宿存；雄蕊与花被片同数且对生，花丝分离；子房上位，稀下位，1 室 1 胚珠。胞果。

1. 菠菜（图Ⅱ-11.1）

一年生草本。茎高达 60 cm，基生叶有长柄，戟形或三角状卵形。雌雄异株，雄花成穗状花序，雌花簇生叶腋。胞果包在硬化的常有 2 角刺的苞片内。花期 4~5 月，果熟期 5~6 月。

栽培蔬菜。

图Ⅱ-11.1　菠菜

图Ⅱ-11.2　土荆芥

2. 土荆芥（图Ⅱ-11.2）

草本。具强烈臭气味；茎高达 80 cm，分枝较弱。叶矩圆状披针形至披针形，长达 15 cm，宽达 5 cm，先端渐尖，基部渐狭为叶柄，边缘具不整齐牙齿，下面密生黄色腺点。穗状花序腋生，花 3~5 朵簇生于苞腋；花被 5 裂。胞果扁球形，红褐色。花期 6~8 月，果熟期 7~9 月。

分布于河南、江苏、浙江、江西、福建、台湾、湖南、广东、广西、四川等省区。

3. 灰绿藜

一年生草本。茎平卧或倾斜上升，高 10~30 cm。叶矩圆状卵形或矩圆状椭圆形，长 2~4 cm，宽 6~20 mm，先端急尖或钝，基部楔形，边缘具波状牙齿，下面灰白色或淡紫色，密生粉粒。花小，绿色，花被片 3~4，胞果上部露出花被。花期 5~8 月，果熟期 7~10 月。

生于田边、路旁、河滩、沙地及盐碱地。分布于我国北部各省区。

4. 藜　灰灰菜

一年生草本。茎高达 1.2 m。叶具长柄；叶片菱状卵形至狭卵形，先端急尖至渐尖，基部宽楔形，边缘具不规则粗锯齿，下面有粉粒。多数花簇组成圆锥花序；花被片 5，覆瓦状闭合或开展，背脊凸隆，边缘膜质。花期 6~8 月，果熟期 7~9 月。

生于田间、荒地、村边、山坡草地等地。分布于全国。

5. 小藜　灰灰菜（图Ⅱ-11.3）

一年生草本，高达 50 cm。叶长卵形或矩圆状卵形，长 2.5~5 cm，宽 1~3 cm，先端钝，基部楔形，边缘具波状牙齿；枝下部的叶明显 3 裂，中裂片较侧裂片长得多，裂片具齿，两面疏生粉粒。花被片 5，镊合状排列，背面微具龙骨状凸起。种子表面有明显的六角形细洼点。花期 5~8 月，果熟期 6~9 月。

生于田间、地埂、荒地、河滩、沟谷潮湿地。分布于我国北部、中部，南至台湾。

图Ⅱ-11.3　小藜

6. 地肤

一年生草本。茎高达 1 m，多分枝，被短柔毛。叶披针形或条状披针形，长 2~5 cm，宽 3~7 mm，两面具短柔毛。花通常单生或双生于叶状苞腋，再组成稀疏的穗状花序；花被片 5，果期自背部生出三角状横突起或翅。胞果扁球形。花期 7~9 月，果熟期 9~10 月。

地肤适应性较强，喜温、喜光、耐干旱，不耐寒，对土壤要求不严格，较耐碱性土壤。生于沟边、路旁、荒地。分布于全国。

变型：扫帚菜　扫帚苗（图Ⅱ-11.4　扫帚菜）

分枝繁多稠密，植株呈卵形或倒卵形，叶较窄，晚秋枝叶变红紫色。栽培。

图Ⅱ-11.4　扫帚菜

图Ⅱ-11.5　猪毛菜

7. 猪毛菜（图Ⅱ-11.5）

一年生草本，高达 1 m，被短硬毛。叶丝状圆柱形，肉质，长 2~5 cm，宽 0.5~1 mm，先端有硬刺尖。花序穗状，生枝条上部；苞片宽卵形，先端具硬针刺；小苞片 2，狭披针形，长于花被；花被片 5，膜质，披针形，果期背部生短翅或革质突起。花期 7~8 月，果熟期 8~9 月。

生于村边、路旁、荒地、田埂、沙丘、田间等。分布于我国北部和西南部各省区。

一二、苋科

草本，稀灌木。叶互生或对生，无托叶，花两性，常极为密集地组成头状、穗状或圆锥花序；花被片 3~5，与苞片、小苞片均为干膜质，常具色泽，宿存；雄蕊与花被片同数且对生，花丝常合生；子房上位，1 室，1 至多数胚珠。蒴果或胞果。

1. 青葙　野鸡冠花（图Ⅱ-12.1）

一年生草本，高达 1 m，全株无毛。叶矩圆状披针形至披针形，长 5~8 cm，宽 1~3 cm，先端渐尖，基部楔形。穗状花序塔状或圆柱状，长 3~10 cm；花的苞片、小苞片及花被片干膜质，光亮，淡红色或粉红色；花丝下部合生为杯状。蒴果盖裂；种子数枚，黑色，光亮。花期 7~9 月，果熟期 8~10 月。

图Ⅱ-12.1　青葙

青葙喜温暖，耐热不耐寒，对土壤要求不严，生于路边、堤边、田间、山坡荒地、河滩。分布于河北、河南、山东、陕西及长江流域及其以南各省。

2. 尾穗苋　苋菜

一年生草本，高达 1.5 m。茎粗壮，具棱角，无毛或幼时具柔毛。叶菱状卵形或菱状披针形，长 4~15 cm，宽 2~8 cm，先端尖或钝圆，具小芒尖，基部宽楔形，全缘或波状，两面无毛或脉上疏生柔毛；叶柄长为叶片的 2/3，粗糙或有毛。圆锥花序下垂，其中央穗状花序尾状伸长；苞片及花被片顶端的芒刺不明显。花期 7~8 月，果熟期 9~10 月。

各地栽培。

3. 繁穗苋　苋菜

一年生草本，茎高达 2 m，几无毛。叶卵状矩圆形或卵状披针形，长 4~13 cm，宽 2~5 cm，先端急尖或钝，基部楔形。圆锥花序由多数穗状花序组成，直立；苞片和小苞片钻形，顶端芒刺明显；雌花苞片长为花被片的 1.5 倍；花被片 5，先端圆钝。果实与花被片近等长。花期 6~8 月，果熟期 8~9 月。

多见于田间、地埂、路边、荒地。我国北部和中部普遍栽培。

4. 反枝苋　野苋菜（图Ⅱ-12.2）

一年生草本，茎高 20~80 cm，密被短柔毛。叶菱状卵形或椭圆状卵形，长 5~12 cm，宽 2~5 cm，先端钝圆或微凸，两面和边缘生柔毛；叶柄长 1~1.5 cm。圆锥花序粗壮；苞片和小苞片钻形，长 4~6 mm；花被片白色，中脉淡绿色。花期 6~8 月，果熟期 8~9 月。

喜湿润环境，亦耐旱，适应性极强，到处都能生长，多生于路旁、地埂、田间及荒地。分布于东北、华北地区及长江流域各省。

图Ⅱ-12.2　反枝苋

图Ⅱ-12.3　皱果苋

5. 皱果苋（图Ⅱ-12.3）

一年生草本。茎直立，高 40~80 cm，全株无毛。叶卵形或卵状矩圆形，长 2~9 cm，宽 2.5~6 cm，先端微缺，稀圆钝。穗状花序瘦细，单生叶腋或在枝顶圆锥状排列，直立。花被片 3；雄蕊 3 枚；胞果极皱，超出宿存花被片。花期 7~8 月，果熟期 8~9 月。

生于田间、地边、路旁及荒地。全国均有分布。原产热带非洲，现广布于南、北半球的温带、亚热带和热带。

6. 苋　苋菜

一年生草本，高达 1.5 m。茎粗壮有钝棱，红色或绿色，通常有分枝，无毛或稍有细毛。叶卵状椭圆形至披针形，有时三角形，长 4~10 cm，宽 2~7 cm，先端狭而有缺口，基部楔形，全缘或波状，无毛，除绿色外，常呈红色、紫色、黄色或绿紫杂色；叶柄长 2~6 cm；花单性或杂性；花密集成球形花簇，穗状花序下垂，花簇直径 5~15 mm；花被片 3，蒴果盖裂。花期 6~7 月，果熟期 7~9 月。

各地栽培。

7. 牛膝（xī）　怀牛膝（图Ⅱ-12.4）

多年生草本。茎高达 1.2 m，几无毛，节部膝状膨大。叶对生，椭圆形或椭圆状披针形，长 4.5~12 cm，两面有柔毛；叶柄长 0.5~3 cm。穗状花序纤细，花在花期后下折贴伏于宿存的花序轴；苞片宽卵形，先端渐尖；小苞片刺状，基部有 2 卵形膜质小裂片；花被片 5。花期 7~9 月，果熟期 9~10 月。

生于山沟林下、林缘及山坡灌丛中。分布于河南、河北、山东、山西、陕西、甘肃和长江流域及其以南各省。

8. 莲子草（图Ⅱ-12.5）

一年生草本。茎匍匐或斜上，多分枝，具纵沟，沟内有柔毛，在节处有 1 行横生柔毛。叶线状披针形或倒卵状矩圆形，长 1~8 cm，宽 2~20 mm，先端尖或钝，基部渐狭成短柄；头状花序 1~4，腋生，无总梗。花期 7~9 月，果熟期 8~10 月。

图Ⅱ-12.4　牛膝

图Ⅱ-12.5　莲子草

生于池塘边、水田、地埂等潮湿地。分布于华东、中南和西南地区各省。

9. 喜旱莲子草 空心莲子草（图Ⅱ-12.6）

一年生草本。茎下部匍匐生根，先端上升，中空，有分枝。叶对生，矩圆形、矩圆状倒卵形至倒卵状披针形，长2.5~5 cm，宽7~20 mm，先端圆钝，基部渐尖，上面有伏毛，边缘有睫毛。头状花序单生叶腋，总梗长1~4 cm；花被片白色；雄蕊5枚，退化雄蕊先端分裂为狭条。花期7~10月，果熟期8~11月。

生于池沼、水沟边，较耐旱，水陆两栖，是一种恶性外来入侵植物。原产巴西，现广泛分布于我国黄河以南地区。

图Ⅱ-12.6 喜旱莲子草

一三、商陆科

草本（国产种），茎粗壮；单叶，互生，全缘，无托叶。花常两性，排为顶生总状花序；花被1层，4~5裂，宿存；雄蕊8~10枚或更多；心皮8~10(12)，分离或合生；子房上位，每心皮1胚珠，花柱极短或无。浆果或蒴果。

1. 商陆 山萝卜（云南、贵州、河南）（图Ⅱ-13.1）

多年生草本。茎高达1.5 m，粗壮，绿色或紫色，无毛。叶卵状椭圆形或长椭圆形，长12~25 cm，宽5~10 cm，叶柄长约3 cm。总状花序长达20 cm，花直径约8 mm；花被片5；雄蕊通常8枚。果序直立；浆果状分果紫色或黑紫色。花期5~7月，果熟期8~9月。

栽培或逸生于山沟溪旁、林下或灌丛中。分布于陕西、甘肃及华北、华东、中南至西南地区各省。

图Ⅱ-13.1 商陆

2. 美国商陆 垂序商陆（图Ⅱ-13.2）

多年生草本，高1~2 m。根粗大，肉质。茎直立，圆柱形，无毛，常紫红色。叶卵状长圆形至长圆状披针形，长10~30 cm，两端尖。总状花序长5~20 cm；花白色，直径6 mm；萼片5个；雄蕊10枚；心皮10个，合生，花柱10个。果序下垂；雄蕊通常10枚。花期6~8月，果熟期8~9月。

栽培或逸生。

原产北美洲，引入栽培，现逸生遍及我国河北、陕西、山东、江苏、浙江、江西、福建、河南、湖北、广东、四川、云南等地。

图Ⅱ-13.2 美国商陆

一四、番杏科

草本或亚灌木。单叶，通常对生或轮生，常肉质；托叶有或无。花两性，辐射对称；聚伞花序；萼片常3~9个；花瓣多数或无；在芽中呈覆瓦状排列；雄蕊与花被片同数；子房上位，稀周位及半下位，2 至多室。蒴果、坚果或核果。种子有胚乳。

1. 粟米草（图Ⅱ-14. 1）

一年生小草本，高 10~30 cm，全株无毛。茎铺散多分枝。基生叶莲座状，矩圆状披针形至匙形；叶柄短或近无柄。二歧聚伞花序顶生或与叶对生；花梗长 2~6 mm；萼片 5 个，宿存；无花瓣；雄蕊 3 枚；种子多数，肾形，有多数粒状突起。花期 7~9 月，果熟期 8~10 月。

生于山坡路旁、河边、田间。分布于陕西、山东、河南、江苏、安徽、浙江、江西、广东、湖北、湖南、云南、贵州、四川等省。

图Ⅱ-14.1　粟米草

一五、马齿苋科

肉质草本或亚灌木。单叶互生或对生，全缘；托叶膜质或为刚毛状。花两性；萼片 2；花瓣 4~5 片，稀较多；雄蕊常 10 枚，或为花瓣的 3~4 倍；子房上位，1 室，胚珠（1）2 至多数，花柱 2~5。蒴果盖裂。

1. 马齿苋　马齿菜（图Ⅱ-15. 1）

一年生肉质草本。茎平卧或先端上升，无毛，常暗红色。叶倒卵形或楔状倒卵形，长 10~20 mm，宽 5~15 mm，先端圆钝或近平截。花 3~5 朵簇生枝端，无梗，直径约 5 mm；萼片 2；花瓣 5，黄色。蒴果盖裂，种子多数。花期 5~9 月，果熟期 6~10 月。

生于田间、路旁。分布于全国。

图Ⅱ-15.1　马齿苋

一六、石竹科

草本，稀亚灌木；茎节部常明显膨大。单叶对生，全缘，常无托叶。花单生，或组成聚伞花序；花两性，稀单性；萼片 4~5，分离或合生；花瓣 4~5，或缺如；雄蕊 8~10 枚，两轮着生，外轮与花瓣对生；子房上位，特立中央胎座，1 室，胚珠多数，花柱 2~5。蒴果瓣裂或齿裂，稀为浆果。

1. 鹅肠菜　牛繁缕

多年生草本。茎蔓状铺散，多分枝。叶卵形或宽卵形，长 2.5~5.5 cm，宽 1~3 cm，先端锐尖，基部近心形；叶柄长 5~10 mm，上部叶常近无柄。花梗细长；花瓣 5，白色，2 深裂几达基部；雄蕊 10 枚；花柱 5。蒴果 5 瓣裂至中部，每裂瓣先端再 2 裂；种子多数。

多生于田间、路旁、地埂、渠边、山野或阴湿处。分布于东北、华北、华东、中南地区各省。

2. 簇生卷耳（图Ⅱ-16. 1）

一年生草本。茎单一或簇生；被短柔毛，高 10~

图Ⅱ-16.1　簇生卷耳

30 cm。茎基部叶狭倒卵形或近匙形，中上部叶狭卵形至披针形，长1~3 cm，宽3~10 mm，两面贴生短柔毛，边缘有密睫毛。聚伞花序顶生；花梗及萼片背面密生腺毛；花瓣5，白色，稍短于萼片，顶端2裂；花柱5。蒴果圆筒形，10齿裂，长为宿存萼片之2倍。花期4月，果熟期5~6月。

生于林缘、田边、路旁。分布于我国东北、华北、西北地区和长江流域各省。

3. 球序卷耳 婆婆指甲草

二年生簇生草本，高约30 cm。全株密生灰白色柔毛。茎圆柱形，下部呈匍匐状，带紫红色，分枝，上部直立，绿色。茎下部叶匙形，上部叶卵形或椭圆形，长1.5~2.5 cm，宽0.5~1 cm，先端钝或微凸，基部稍狭而贴近于茎。聚伞花序顶生；萼片4~5片，披针形，长约5 mm，宽约1 mm，先端尖，外面具腺毛；花瓣与萼片同数，白色，线形，长、宽与萼片几相等或稍长，先端2浅裂，无毛；雄蕊10枚。蒴果管状；种子卵圆形或三角状卵形。花期3~4月，果熟期5~6月。

生于山坡、路旁、荒地草丛中。分布于河南及长江流域各省。

4. 无心菜 鹅不食草

一年或二年生草本，高10~30 cm。茎簇生，分枝多，稍铺散，密生白色短柔毛。叶卵形，无柄，长4~7 mm，宽2~3 mm，两面疏生柔毛，边缘有睫毛。聚伞花序生枝端，疏散，花梗长6~8（10）mm，密生柔毛和腺毛；萼片5，卵形；花瓣5片，白色，倒卵形，全缘；花柱3。蒴果基部膨大。花期4月，果熟期5月。

生于荒地、路旁、地边、田间。广布于我国各省。

5. 繁缕 抽筋菜（图Ⅱ-16.2）

一年生草本，高10~30 cm；茎直立或平卧，侧生一列短柔毛。茎下部叶具柄，叶卵形，长0.5~1.8 cm，先端急尖。聚伞花序顶生或单花腋生；萼片5片，披针形，长约4 mm；花瓣5片，白色，较萼片短，2深裂至近基部；花柱3~4。蒴果顶端6裂。花期4~7月，果熟期6~8月。

生于溪旁、灌丛、林缘湿地。分布于我国各省。

图Ⅱ-16.2 繁缕

6. 无瓣繁缕

植株被柔毛、腺柔毛或无毛，但绝无星状毛。茎被1列短柔毛。叶宽卵形或卵状披针形，全部叶或茎下部叶明显具柄。无花瓣或很微小；果实表面具瘤状突起，长0.5~0.6 mm；种子直径0.7~0.8 mm。

产各山区。

7. 中国繁缕（图Ⅱ-16.3）

多年生草本。根须状。茎细弱，多分枝，有棱角，无毛。叶卵状椭圆形至矩圆状披针形，干时边缘常皱波状，长3~4 cm，宽1~1.6 cm；叶柄有柔毛，中上部的叶柄渐缩短。聚伞花序腋生或顶生，有细长总梗；花梗细，在果时长1 cm以上；萼片5片，披针形，长约3 mm；花瓣5片，白色，与萼片近等长，顶端2裂；雄蕊10枚，较花瓣稍短；花柱3个，线形。蒴果卵形，褐色。花期4~5月，果熟期7~8月。

生于山沟林缘，水边湿地。分布于河北、陕西、甘肃及华东、中南及西南地区各省。

图Ⅱ-16.3 中国繁缕

8. 漆姑草

一年生小草本，高 5~25 cm。茎基部多分枝、簇生状。叶细线形，长 5~15 mm，宽约 1 mm，基部抱茎并合生形成膜质短鞘状。花单生叶腋，花梗长 1~2 cm；花瓣全缘，雄蕊 5 枚，花柱 5；蒴果 5 瓣裂；种子密生瘤突。花期 4~5 月，果熟期 6~7 月。

生于山坡荒地、田间、路旁草地。分布于我国东北、华北、华东、中南及西南地区各省。

9. 麦瓶草 米瓦罐

一年生草本，高 20~60 cm，全株有腺毛。茎直立，单生，叉状分枝。基生叶匙形，茎生叶长圆形或披针形，长 5~8 cm，宽 5~10 mm。聚伞花序顶生；花萼花时筒状，果时下部膨大呈圆锥状，具 30 条平行纵脉，裂片钻状披针形；花瓣 5，粉红色；花柱 3。蒴果卵状。花期 4~5 月，果熟期 5~6 月。

生于麦田、路旁、荒地上。分布于我国华北、西北、华东及西南地区各省。

10. 蝇子草 鹤草（图Ⅱ-16.4）

多年生草本，高达 1 m。茎簇生，节部膨大。基生叶条状披针形，长 2~3 cm，宽 2~5 mm。聚伞花序顶生，花序梗上部有黏液。萼筒膜质细管状，长 25~35 mm，具 10 条纵脉，常带紫红色；花瓣 5，粉红色或白色，基部具长爪，上部瓣片不规则多裂；花柱 3。蒴果矩圆形，顶端 6 裂。花期 6~8 月，果熟期 8~9 月。

生于林缘、灌丛或草地。分布于华北、华东地区及陕西、台湾、广东等省。

图Ⅱ-16.4 蝇子草

11. 女娄菜 马不留

一年或二年生草本，高 20~70 cm，全株密生短柔毛。叶条状披针形至披针形，长 4~7 cm，宽 4~8 mm；上部叶无柄。聚伞花序圆锥状；花萼椭圆形，先端 5 裂；花瓣 5，顶端 2 深裂，基部渐狭为爪，喉部具 2 鳞片；花柱 3。蒴果先端 6 齿裂。花期 5~7 月，果熟期 6~8 月。

生于山坡草地或灌丛中。分布于我国各省。

12. 王不留行 麦蓝菜（图Ⅱ-16.5）

一年生草本，高 30~70 cm，全株无毛。叶卵状椭圆形至卵状披针形，长 2~6（9）cm，宽 1.5~2.5 cm，粉绿色。聚伞花序，花梗长 1~4 cm；花萼基部膨大，先端甚窄狭，萼筒长 1~1.5 cm，直径 5~9 mm，具 5 条翅状纵棱；花瓣 5，粉红色，先端具不整齐的小齿；花柱 2。蒴果卵形，4 齿裂。花期 4~5 月，果熟期 5~6 月。

为田间、地边杂草。全国各省均有分布。

图Ⅱ-16.5 王不留行

13. 石竹（图Ⅱ-16.6）

多年生草本，高 20~40 cm；茎簇生，无毛。叶条状披针形至条形，长 3~5 cm，宽 3~5 mm。花顶生于枝端，单生或对生，有时成疏散聚伞圆锥花序；花萼下部具 4~6 枚小苞片；花萼圆筒形，草质，长（1.5）2~3 cm，具 5 齿；花瓣 5，先端边缘具不规则牙齿；喉部有深色斑块。蒴果矩圆形。花期 5~8 月，果熟期 6~9 月。

常见栽培。广布于我国北部和中部。

图Ⅱ-16.6　石竹

图Ⅱ-16.7　瞿麦

14. 瞿（qú）麦（图Ⅱ-16.7）

多年生草本，高25~60 cm。茎簇生，直立，上部叉状分枝，无毛。叶线形至线状披针形，长2~7 cm，宽2~6（~10）mm，先端渐尖，基部成短鞘围抱茎上，边缘常具细毛。花单生，或数花集生成稀疏圆锥状聚伞花序；花瓣瓣片先端细裂成狭条状裂片。蒴果长筒形，顶端4裂；种子扁卵圆形。花期6~7月，果熟期7~8月。

生于山坡灌丛、草地或石缝中。分布于我国东北、华北、西北地区及四川等省。

15. 霞草　长蕊石头花（图Ⅱ-16.8）

多年生草本，高达1 m，全株无毛，粉绿色；茎丛生。叶矩圆状披针形，长4~6（~8）cm，宽5~15 mm，茎先端叶条形。聚伞花序顶生，花梗长2~5 mm；花萼钟状，5脉，脉间膜质，长不足4 mm，萼下无小苞片；花瓣粉红色或白色，全缘或顶端微凹；花柱2。蒴果较萼稍长。花期7~9月，果熟期8~10月。

图Ⅱ-16.8　霞草

生于山坡草地、灌丛中。分布于我国东北、华北及西北地区各省。

一七、睡莲科

多年生水生草本，常有乳汁，具平卧根状茎。叶浮水或挺水，盾形或心形。花单生，大而艳丽，两性；萼片3至多数；花瓣3至不定数，或花被片无萼片与花瓣区分；雄蕊多数；心皮3至多数，离生而子房上位，或合生而为子房下位，有时离生心皮嵌入海绵质膨大为倒圆锥状的花托内。坚果或浆果。

1. 睡莲　午莲（图Ⅱ-17.1）

水生草本，根状茎横卧。叶浮水，心状卵形或卵状椭圆形，长5~12 cm，宽3.5~9 cm，基部具深弯缺，下面带红紫色。花单生，直径3~5 cm；萼片4；花瓣8~15，白色，子房半下位，柱头5~6，放射状排列。浆果球形，直径2~2.5 cm，被宿存萼片包裹。花期6~8月，果期8~10月。

生在池沼中。在我国广泛分布。

图Ⅱ-17.1　睡莲

图Ⅱ-17.2　莲

2. 莲　荷（图Ⅱ-17.2）

根状茎肥大，横走，具发达气道；叶浮水或挺水，叶柄具刺；叶片盾形，直径达 60 cm，上面平滑。花大而艳丽，白色或粉红色；子房上位，离生心皮嵌入海绵质膨大为倒圆锥状的花托内；花梗具刺。花期 6~8 月，果期 8~10 月。

自生或栽培在池塘或水田内，对土壤的适应性较强，在各种类型的土壤中均能生长。产于我国南北各省。

一八、毛茛科

多为草本，少数为灌木或木质藤本。叶互生或对生，无托叶。花辐射对称至两侧对称，两性至单性；萼片 3 至多数，离生，花瓣少至多数，离生，或无花瓣；雄蕊多数，心皮 1 至多数，螺旋状离生于凸隆的花托上；果实为瘦果，蓇葖果，浆果，稀为合生心皮构成的蒴果。

1. 芍药

多年生草本；二回三出复叶，小叶常不分裂，边缘具软骨质细齿，两面无毛，背面沿叶脉疏生短柔毛。花数朵，生茎顶和叶腋，有时仅顶端一朵开放；苞片 4~5，披针形，大小不等；萼片 4，宽卵形或近圆形，长 1~1.5 cm，宽 1~1.7 cm；花瓣 9~13，倒卵形，长 3.5~6 cm，宽 1.5~4.5 cm，白色，有时基部具深紫色斑块；花丝长 0.7~1.2 cm，黄色；花盘浅杯状，包裹心皮基部，顶端裂片钝圆；心皮 4~5（~2），无毛。蓇葖长 2.5~3 cm，直径 1.2~1.5 cm，顶端具喙。花期 5~6 月，果期 8 月。

喜光照，耐旱，生山坡草地或林下。在我国分布于东北、华北、陕西及甘肃南部。在东北分布于海拔 480~700 m 的山坡草地及林下，在其他各省分布于海拔1 000~2 300m 的山坡草地。

2. 牡丹（图Ⅱ-18.1）

落叶小灌木。叶通常为二回三出复叶，顶生小叶 3 裂至近中部，侧生小叶不等 2 裂。花单生枝顶，直径12~20 cm；苞片 5，长椭圆形；萼片 5，卵形；花瓣 5，或为重瓣，倒卵形，顶端呈不规则的波状；雄蕊长 1~1.7 cm，花丝紫红色、粉红色，上部白色，长约1.3 cm，花药长圆形；花盘革质，杯状，紫红色，顶端有数个锐齿或裂片，完全包住心皮，在心皮成熟时开裂；心皮 5，稀更多，密生柔毛。蓇葖果密生褐黄色毛。花期 5 月，果期 6 月。

图Ⅱ-18.1　牡丹

全国栽培甚广，并早已引种国外。

3. 乌头（图Ⅱ-18.2）

块根倒圆锥形。茎中部叶有长柄；叶片五角形，基部浅心形3裂达或近基部，中央全裂片宽菱形，有时倒卵状菱形或菱形，急尖，有时短渐尖近羽状分裂，二回裂片约2对，斜三角形，生1~3枚牙齿，间或全缘，侧全裂片不等2深裂。顶生总状花序长6~10 cm；蓇葖果长1.5~1.8 cm；种子长3~3.2 mm，三棱形，只在二面密生横膜翅。花期9~10月，果期10~11月。

图Ⅱ-18.2　乌头

生于山地草坡或灌丛中。在我国分布于云南、四川、湖北、贵州、湖南、广西、广东、江西、浙江、江苏、安徽、陕西、河南、山东、辽宁等省区。在四川西部、陕西南部及湖北西部一带分布于海拔850~2 150 m，在湖南及江西分布于海拔700~900 m，在沿海诸省分布于100~500 m。

4. 东亚唐松草（变种）

多年生草本，全株无毛；茎高达1.5 m。三至四回三出复叶；小叶楔状倒卵形、宽倒卵形或近圆形，长1.6~3.5（5）cm，宽1~4 cm，3浅裂或上部具疏齿，背面有白粉。圆锥花序长达30 cm；萼片4，淡黄绿色，狭椭圆形；雄蕊多数；花药狭长圆形，顶端有短尖头；花丝丝形；心皮3~5，无柄，柱头正三角状箭头形。瘦果狭椭圆球形，稍扁，长约3.5 mm，有8条纵肋。6~7月开花。

生于海拔1 400~2 700 m的山地草坡、田边、灌丛中或林中。在我国分布于四川西部、青海、新疆、甘肃、山西等省区。

5. 大火草（图Ⅱ-18.3）

多年生草本。基生叶为三出复叶，间或有1~2枚单叶；小叶卵形或宽卵形，长9~16 cm，3裂，边缘具粗锯齿或小牙齿，下面密被白色绒毛。花葶高达1.2 m，密生短绒毛；总苞片3，叶状，具柄；聚伞花序二至三回分枝，花梗密被绒毛。萼片5，白色或带红色，倒卵形，长达22 mm；心皮多数，密集成球形，密被棉毛。花期7~ 10月。

生于海拔700~2 500 m山地草坡或路边阳处。分布于四川、青海、甘肃、陕西、湖北、河南、山西、河北等省。

图Ⅱ-18.3　大火草

图Ⅱ-18.4　白头翁

6. 白头翁　老公花、毛姑朵花（图Ⅱ-18.4）

多年生草本。叶基生，4~5片，宽卵形，长4.5~14 cm，3全裂，中裂片常具柄，3深裂，侧裂片较小，下面有柔毛；叶柄密生长柔毛。花直立；花梗长2.5~5.5 cm，结果时长达23 cm；总苞管部长3~10 mm，裂片条形；苞片3，基部合生成长3~10 mm的筒，3深裂，深裂片线形，背面密被长柔毛；萼片6，蓝紫色，长圆状卵形，背面有密柔毛；雄蕊长约为萼片之半，雄蕊和心皮均多数。瘦果长 3.5~4 mm，宿存花柱羽毛状，长 3.5~6.5 cm。4~5 月开花。

生于平原和低山山坡草丛中、林边或干旱多石的坡地。在我国分布于四川、湖北北部、江苏、安徽、河南、甘肃南部、陕西、山西、山东、河北、内蒙古、辽宁、吉林、黑龙江等省区。

7. 大叶铁线莲 草牡丹（图Ⅱ-18.5）

直立半灌木，有短柔毛。三出复叶，对生，长达 30 cm；中央小叶宽卵形，长宽均 6~13 cm，顶端短尖基部圆形或楔形，有时偏斜，边缘有不整齐的粗锯齿；叶柄粗壮，被毛；顶生小叶柄长，侧生者短。聚伞花序顶生或腋生，花在花序上排为 2~3 轮；花梗粗壮，有淡白色的糙绒毛，每花下有 1 枚线状披针形的苞片；花萼下半部呈管状，顶端常反卷；萼片 4 枚，蓝紫色，内面无毛，外面有白色厚绢状短柔毛，边缘密生白色绒毛；雄蕊多数，花丝线形，无花药线形与花丝等长，药隔疏生长柔毛；心皮被白色绢状毛。瘦果扁倒卵形，长约4 mm，羽毛状花柱长达 2.8 cm。花期 8~9 月，果期 10 月。

图Ⅱ-18.5 大叶铁线莲

生于山坡沟谷、林边及路旁的灌丛中。在我国分布于湖南、湖北、陕西（海拔 500~1 500 m）、河南（500~1 000 m）、安徽（500~2 000 m）、浙江北部（600 m）、江苏（500 m）、山东（300~1 000 m）、河北（1 200~1 700 m）、山西、辽宁、吉林东部。

8. 威灵仙 铁脚铁线莲、铁耙头

木质藤本，茎近无毛。一回羽状复叶，对生，干后变黑；小叶 5，纸质，狭卵形或三角状卵形，长 1.2~6 cm，宽 1.3~3.2 cm，全缘，近无毛。圆锥聚伞花序，多花；花直径 1~2 cm；萼片 4，白色，矩圆形或狭倒卵形，长约 6.5 mm，外面密被短柔毛。瘦果狭卵形，长约 3 mm，疏生紧贴毛，羽状花柱长达 18 mm。花期 6~9 月，果期 8~11 月。

生于山坡、山谷灌丛中或沟边、路旁草丛中。分布于云南南部、贵州（海拔 150~1 000 m）、四川（500~1 500 m）、陕西南部（1 000 m 以下）、广西（160~1 000 m）、广东、湖南（80~700 m）、湖北、河南、福建、台湾、江西（140~700 m）、浙江、江苏南部（140~320 m）、安徽淮河以南。

9. 太行铁线莲 黑老婆秧（图Ⅱ-18.6）

木质藤本，干后变黑褐色。一至二回羽状复叶对生；小叶 5~11 枚或更多，基部一对或顶生小叶常 2~3 浅裂至全裂，小叶或裂片卵形，卵圆形或长圆形，长 1.5~7 cm，宽 0.5~4 cm，基部圆形、截形或宽楔形。花梗密被短柔毛；花直径 1.5~2.5 cm；萼片 4 或 5~6，开展，白色，长 8~15 mm，顶端截形或微凹，外面生短柔毛，边缘密生绒毛。瘦果扁，长约 5 mm，有柔毛，边缘凸出，宿存花柱长约 25 mm。

图Ⅱ-18.6 太行铁线莲

生于山坡草地、丛林中或路旁。在我国分布于山西南部及太行山一带（海拔 700~1 200 m）、河北（800~1 750 m）、山东、河南西部（200 m 左右）、安徽东北部及江苏徐州。

10. 石龙芮（ruì） 野芹菜（图Ⅱ-18.7）

一年生草本，须根簇生，茎直立，全株无毛或近无毛。基生叶单叶 3 深裂不达基部，裂片倒卵状楔形，基生叶和茎下部叶宽卵形；茎生叶 3 全裂，裂片披针形至线形，全缘，基部扩大成膜质宽鞘抱茎。聚伞花序具多数花；花小；萼片椭圆形，外面有短柔毛；花瓣 5，倒卵形，基部有短爪，蜜槽呈棱状袋穴；花托在果期伸长增大呈圆柱形，生短柔毛。聚合果长圆形，瘦果有皱纹，近百枚，紧密排列，倒卵球形，长约 1.2 mm。花果期 5~8 月。

生于河沟边及平原湿地。全国各地均有分布。

图Ⅱ-18.7　石龙芮

图Ⅱ-18.8　茴茴蒜

11. 茴（huí）茴蒜（图Ⅱ-18.8）

一年生草本；茎高15~50 cm，与叶柄均有开展的长糙毛。三出复叶，基生叶和茎下部叶具长柄；小叶片宽卵形，长2.6~7.5 cm，顶生小叶3深裂，侧生小叶不等2裂或3裂。花序疏生花；花梗贴生糙毛；萼片狭卵形，外面生柔毛；花瓣5，宽卵圆形，与萼片近等长或稍长，黄色，长约3.2 mm，基部具蜜槽；花托在果期显著伸长，圆柱形，长达1 cm，密生白短毛。聚合瘦果近矩圆形，长约10 mm，瘦果平滑，长约3 mm。花果期5~9月。

生于平原与丘陵、溪边、田旁的水湿草地。分布于我国广大地区，西藏、云南、四川、陕西、甘肃、青海、新疆、内蒙古、黑龙江、吉林、辽宁、河北、山西、河南、山东、湖北、湖南、江西、江苏、安徽、浙江、广东、广西、贵州等省区。

12. 毛茛（gèn）（图Ⅱ-18.9）

多年生草本，高30~60 cm。茎与叶柄均有开展柔毛。基生叶和茎下部叶三角状肾形，长达6 cm，宽达7 cm，3深裂；中央裂片宽菱形或倒卵形，3浅裂，侧生裂片不等2裂，小裂片边缘具齿。聚伞花序有多数花；花直径达2 cm；花梗长达8 cm，贴生柔毛；萼片椭圆形，长4~6 mm，生白柔毛；花瓣5，黄色，基部有长约0.5 mm的爪，蜜槽鳞片长1~2 mm。聚合瘦果近球形，直径4~5 mm。花果期4~9月。

图Ⅱ-18.9　毛茛

生于田沟旁和林缘路边的湿草地上，海拔200~2 500 m。除西藏外，在我国各省区广布。

一九、木通科

木质藤本。掌状复叶，互生。花单性，辐射对称，单生或组成总状花序；萼片3~6，呈花瓣状；花瓣6枚，蜜腺状，较萼片小；雄蕊6枚，药隔先端凸出；心皮3（~5）离生，每心皮具多数胚珠。浆果或肉质蓇葖果。

1. 木通　山通草（图Ⅱ-19.1）

落叶木质藤本，有长、短枝之分，无毛。掌状复叶；小叶5枚，具柄，倒卵形或长圆状倒卵形，长2~5 cm，先端圆，或中间微凹，基部圆形或宽楔形；叶柄长6~8 cm。伞房花序式的总状花序腋生，花单性；总花梗长2~5 cm，着生于缩短的侧枝上，基部为芽鳞片所包托；雄花着生于上部，萼片3，淡紫色，兜状阔卵形，无花瓣，花丝极短；雌花萼片紫红色，具6枚退化雄蕊；心皮离生，圆柱形，柱头盾状，顶生。果实肉质，长卵形，成熟后开裂。花期4~5月，果期6~8月。

生于海拔300~1 500 m的山地灌木丛、林缘和沟谷中。产于河南及长江流域各省区。

图Ⅱ-19.1　木通

图Ⅱ-19.2　三叶木通

2. 三叶木通　八月炸（图Ⅱ-19.2）

落叶木质藤本。掌状复叶互生或在短枝上簇生；叶柄直，长7~11 cm；小叶3片，纸质或薄革质，卵形至阔卵形，小叶边缘浅裂或具波状齿；中央小叶柄长2~4 cm，侧生小叶柄长6~12 mm。总状花序自短枝上簇生叶中抽出，下部有1~2朵雌花，以上有15~30朵雄花；总花梗纤细，长约5 cm；雄花，萼片3，淡紫色，阔椭圆形或椭圆形；雄蕊6枚，离生，排列为杯状，花丝极短；雌花，萼片3，紫褐色，近圆形。果长圆形。花期4~5月，果期7~8月。

其变种白木通．小叶全缘。花期4~5月，果期7~8月。

性喜阴湿，比较耐寒。生于海拔250~2 000 m的山地沟谷边疏林或丘陵灌丛中，在微酸、多腐殖质的黄壤土中生长良好，也能适应中性土壤。产于河北、山西、山东、河南、陕西南部、甘肃东南部至长江流域各省区。

二〇、防己科

缠绕木质藤本。单叶，互生，全缘，有时掌状分裂，掌状脉。聚伞花序单生、簇生或组成圆锥花序；花小，绿色，单性异株；萼片6；花瓣6，常较萼片小；雄蕊与花瓣同数而对生。心皮3~6，离生，每心皮有胚珠2，但仅1枚发育，花柱短或无花柱。核果；种子弯曲。

1. 蝙蝠葛　山豆根、黄条香（图Ⅱ-20.1）

缠绕木质藤本。叶互生，纸质或近膜质，叶片盾状着生，圆肾形或卵圆形，长7~10 cm，先端急尖或短渐尖，基部浅心形或近截形，全缘或3~7浅裂，无毛，下面苍白色，掌状脉。花单性异株，圆锥花序或总状花序腋生；有细长的总梗，有花数朵至20余朵；花梗纤细，长5~10 mm；雄蕊通常12枚，雄蕊花丝分离；雌花：退化雌蕊6~12枚；心皮2~4枚。果实核果状，圆肾形，直径8~10 mm，成熟时黑色。花期6~7月，果期8~9月。

图Ⅱ-20.1　蝙蝠葛

生于路边灌丛或疏林中。产于我国东北、华北和华东地区。

2. 千金藤　金线钓乌龟

木质藤本，全株无毛。叶互生，纸质或坚纸质，叶柄长3~12 cm，叶片盾状着生，通常三角状近圆形或三角状阔卵形，长4~8 cm，先端钝，基部圆形或近截形，全缘，下面常粉白色，掌状脉。花单性异株；小聚伞花序伞形或聚伞状伞形，单生或数个簇生。花小，近无梗，绿色；雄花：萼片 6 或 8，膜质，倒卵状椭圆形至匙形，长 1.2~1.5 mm，无毛；花瓣 3 或 4，黄色，稍肉质，阔倒卵形，长 0.8~1 mm；聚药雄蕊长 0.5~1 mm；雌花：萼片和花瓣各 3~4 片；心皮卵状。核果近球形，直径约 6 mm，红色。

生于村边或旷野灌丛中。见于河南南部（鸡公山）、四川（重庆北碚）、湖北、湖南、江苏、浙江、安徽、江西、福建。

3. 木防己（图Ⅱ-20.2）

缠绕木质藤本，小枝密生柔毛。叶片纸质至近革质，形状变异极大，多宽卵形或卵状椭圆形，长 3~14 cm，宽 2~9 cm，先端急尖、圆钝或微缺，基部略为心形或近截形，全缘或微波状，有时 3 浅裂，有时掌状 5 裂。聚伞状圆锥花序腋生；雄花，小苞片 2 或 1，紧贴花萼，被柔毛；萼片 6，外轮卵形或椭圆状卵形，内轮阔椭圆形至近圆形长；花瓣 6，淡黄色，卵状披针形，下部边缘内折，抱着花丝，顶端 2 裂，裂片叉开，渐尖或短尖；雄蕊 6 枚，比花瓣短；雌花：萼片和花瓣与雄花相同；退化雄蕊 6 枚；心皮 6 枚。

图Ⅱ-20.2　木防己

生于灌丛、村边、林缘等处。我国大部分地区都有分布（西北地区和西藏尚未见过），以长江流域中下游及其以南各省区常见。

二一、木兰科

灌木或乔木，或为藤本。单叶，互生，全缘，有时分裂；托叶常发达，早落且在茎或叶柄上留下明显托叶痕，或无托叶。花常单生，多为两性；花被片 6 至多数，离生，3 数一轮；雄蕊 5 至多数；心皮不定数，离生，常螺旋状排列于凸隆伸长的花托上，或轮状着生。蓇葖果。

1. 白玉兰　白兰（图Ⅱ-21.1）

落叶乔木，高达 15 m，小枝淡灰褐色。叶纸质，倒卵形或倒卵状矩圆形，长 10~18 cm，宽 6~10 cm，先端短突尖，基部楔形至宽楔形，下面有柔毛；网脉明显；叶柄长 1~2.5 cm，被柔毛，上面具狭纵沟；托叶痕为叶柄长的 1/4~1/3。花蕾卵圆形，花梗显著膨大，密被淡黄色长绢毛；花被片 9，白色，基部常带粉红色。雌蕊群淡绿色，无毛，圆柱形；雌蕊狭卵形，具长 4 mm 的锥尖花柱。聚合果圆柱形；蓇葖厚木质，褐色，具白色皮孔；种子心形，侧扁，外种皮红色，内种皮黑色。花期 2~3 月（亦常于 7~9 月再开一次花），果期 8~9 月。

喜光，适宜生长于温暖湿润气候和肥沃疏松的土壤，一般生于海拔 500~1 000 m 的林中。产于江西（庐山）、浙江（天目山）、湖南（衡山）、贵州。现全国各大城市园林广泛栽培。

2. 望春玉兰　辛夷、望春花（图Ⅱ-21.2）

落叶小乔木，高 6~12 m。叶长圆状披针形或卵状披针形，长 10~18 cm，宽 3.5~6.5 cm，先端短渐尖或急尖，基部圆形或阔楔形，边缘干膜质，下延至叶柄；叶柄长 1~2 cm，托叶痕为叶柄长的 1/5~1/3。花先叶开放，白色；花梗顶端膨大，长约 1 cm，具 3 苞片脱落痕；花被 9，外轮 3 片紫红色，中内两轮近匙形，白色，外面基部常紫红色；萼片 3，线形，长 8~11 mm，宽约 2 mm；花瓣 6，匙形，长约 5 cm。聚合蓇葖果不规则圆柱形，长 8~13 cm。花期 3 月，果熟期 9 月。

图Ⅱ-21.1　白玉兰

图Ⅱ-21.2　望春玉兰

生于海拔 600~2 100 m 的山林间。产于陕西、甘肃、河南、湖北、四川等省。

二二、五味子科

藤本；叶互生，单叶，常有透明的腺点，托叶缺；花单性，常单生于叶腋内；花被片数至多枚，2 至数轮排列；雄蕊 4~80 枚，一部分或全部合生成一肉质的雄蕊柱；心皮 12~300，彼此分离，有胚珠 2~5（很少达 11）颗，花时聚生于一短的花托上，但结果时或聚生成一球状的肉质体，或散布于极延长的花托上；种子藏于肉质的果肉内。

1. 五味子　秤砣子

落叶木质藤本，全株近无毛。叶稍肉质，宽椭圆形、倒卵形或卵形，长 5~10 cm，宽 2~5 cm，先端急尖或短渐尖，基部楔形，边缘疏生有腺细齿；叶柄长 1.5~4.5 cm，两侧由于叶基下延成极狭的翅。花单性异株，单生或簇生于叶腋；花梗细长；花被片 6~9，乳白色或粉白色；雄蕊 5（4，6）枚，直立排列于长约 0.5 mm 的柱状花托顶端，形成近倒卵圆形的雄蕊群；心皮 17~40，子房卵圆形或卵状椭圆体形，柱头鸡冠状，下端下延成 1~3 mm 的附属体；花托花后伸长。聚合果穗状，浆果肉质，球形，深红色。花期 5~7 月，果期 7~10 月。

五味子喜微酸性腐殖土。野生植株生长在海拔 1 200~1 700 m 的山区的杂木林中、林缘或山沟的灌木丛中，缠绕在其他林木上生长。产于黑龙江、吉林、辽宁、内蒙古、河北、河南、山西、宁夏、甘肃、山东等省区。

2. 华中五味子（图 Ⅱ-22.1）

落叶木质藤本。叶纸质，倒卵形，宽倒卵形，或倒卵状长椭圆形，有时圆形，很少椭圆形。上面深绿色，下面淡灰绿色，有白色点，上边缘具疏离、胼胝质齿尖的波状齿；叶柄红色，长 1~3 cm。花生于近基部叶腋，花梗纤细，基部具膜质苞片；花被片5~9 片，橙黄色，具缘毛，背面有腺点；雄蕊 11~19 枚，雄蕊群倒卵圆形；雌花心皮 30~50，雌蕊群卵球形；子房近镰刀状椭圆形，柱头冠狭窄，下延成不规则的附属体。聚合果，成熟小浆果红色。花期 4~7 月，果期 7~9 月。

喜阴凉湿润气候，耐寒，生于海拔 600~3 000 m 的湿润山坡边或灌丛中。产于山西、陕西、甘肃、山东、江苏、安徽、浙江、江西、福建、河南、湖北、湖南、四川、贵州、云南东北部。

图Ⅱ-22.1　华中五味子

3. 翼梗五味子

落叶木质藤本。当年生枝淡绿色，小枝紫褐色，幼枝具纵狭翅或锐棱。叶宽卵形，长圆状卵形，或近圆形，长 6~11 cm，宽 3~8 cm，基部阔楔形或近圆形，上部边缘具胼胝齿尖的浅锯齿或全缘，上面绿色，下面淡绿色，叶柄红色，具叶基下延的薄翅。雄花，花被片黄色，8~11 片，近圆形，雄蕊 30~40 枚，雄蕊群倒卵圆形，药隔宽扁，伸长超过药室。花托圆柱形，顶端具近圆形的盾状附属物。雌花，花梗长 7~8 cm，花被片与雌花相似。小浆果红色，球形。花期 5~7 月，果期 8~9 月。

产于浙江、江西、福建、河南南部（信阳）、湖北、湖南、广东、广西、四川中部、贵州、云南东南部。

4. 南五味子 香苏、红铃子

藤本。叶长圆状披针形、倒卵状披针形或卵状长圆形，长 5~13 cm，宽 2~6 cm，先端渐尖或尖，基部狭楔形或宽楔形，边有疏齿；上面具淡褐色透明腺点。花单生于叶腋，雌雄异株；雄花：椭圆形，长 8~13 mm，宽 4~10 mm；雄蕊群球形，直径 8~9 mm，具雄蕊 30~70 枚；雄蕊长 1~2 mm，药隔与花丝连成扁四方形，药隔顶端横长圆形，药室几与雄蕊等长，花丝极短。雌花：雌蕊群椭圆形或球形，直径约 10 mm，具雌蕊 40~60 枚。花梗长 3~13 cm。聚合果球形；小浆果倒卵圆形，外果皮薄革质。种子肾形或肾状椭圆体形。花期 6~9 月，果期 9~12 月。

喜温暖湿润气候，适应性很强，对土壤要求不太严格，喜微酸性腐殖土。产于江苏、安徽、河南、浙江、江西、福建、湖北、湖南、广东、广西、四川、云南等省区。

二三、八角科

常绿小乔木或灌木。单叶互生、有时聚生或假轮生于小枝的顶部，无托叶。花两性，辐射对称，单生或有时 2~3 朵聚生于叶腋或叶腋之上；花被片多数，数轮排列，常有腺体，无花萼和花瓣之分；花托扁平。

1. 红茴香 八角、大茴香

常绿灌木，高达 7 m。叶革质，长圆状披针形、披针形或倒卵状椭圆形，长 10~16 cm，宽 2~5 cm，先端渐尖，基部楔形；中脉在叶上面下凹，在下面突起，侧脉不明显；叶柄长 7~20 mm，上部有不明显的狭翅。花单生或 2~3 朵簇生，花梗长 1~4.6 cm；花被片 10~14 枚，外轮卵圆形，其余椭圆形，较大，深红色；雄蕊 1~14 枚；心皮 7~8（10），轮列，花柱钻形，长 2~3.3 mm。聚合蓇葖果星状，红色，直径约 3 cm。花期 4~6 月，果期 8~10 月。

生于海拔 300~2 500 m 的山地、丘陵、盆地的密林、疏林、灌丛、山谷、溪边或峡谷的悬崖峭壁上，喜阴湿。产于陕西南部、甘肃南部、安徽、江西、福建、河南、湖北、湖南、广东、广西、四川、贵州、云南等省区。

2. 红毒茴 野茴香、土大茴（图Ⅱ-23.1）

常绿灌木，高达 7 m。叶革质，长圆状披针形、披针形或倒卵状椭圆形，长 10~16 cm，宽 2~5 cm，先端渐尖，基部楔形；叶柄长 7~20 mm。花单生或 2~3 朵簇生，花梗长 1~4.6 cm；花被片 10~14，外轮卵圆形，其余椭圆形，较大，深红色；雄蕊 1~14 枚；心皮 7~8（10），轮列。聚合蓇葖果星状，红色，直径约 3 cm。

图Ⅱ-23.1 红毒茴

生于海拔 300~1 500 m 的林下、灌丛。分布于河南、安徽、福建、贵州、湖北、湖南、江苏、江西和浙江等省。

二四、樟科

乔木或灌木，稀缠绕草本。单叶，全缘，稀分裂；无托叶。花小，黄绿色，簇生或组成花序，辐射对称，花被片基部合生，裂片6（4），二轮着生；雄蕊9枚或更多，3数一轮，花药瓣裂；雌蕊3枚心皮，子房上位，1室1颗胚珠，花柱1个。浆果状核果。

1. 樟　香樟

乔木，高达30 m；枝、叶具樟脑香气。叶互生，软骨质，卵形或椭圆状卵形，长6~12 cm，宽3~6 cm，先端急尖，基部宽楔形至近圆形，全缘，两面无毛，上面绿色或黄绿色，有光泽，下面黄绿色或灰绿色，晦暗，具离基三出脉，背面脉腋有明显脉窝。圆锥花序腋生；花淡黄绿色；花被片6，长约2 mm，内面密被短柔毛，花被筒倒锥形；能育雄蕊9枚，花丝被短柔毛。退化雄蕊3枚，位于最内轮，箭头形，被短柔毛。子房球形。核果球形，径6~8 mm；果托杯状。花期4~5月，果期8~11月。

常生于山坡或沟谷中，常栽培。产于南方及西南各省区。

2. 江浙山胡椒

落叶小乔木。叶互生，倒卵形，有时倒卵状披针形，基部楔形，纸质，长6~9 cm，宽2~4.5 cm，羽状脉，脉上被白色柔毛。伞形花序有明显总梗，单生叶腋，有花6~12朵；花梗密被白色柔毛；总苞片4，花被片6，外面被柔毛，第三轮花丝基部着生2个具长柄三角漏斗状腺体；退化雄蕊宽卵形，能育雄蕊9枚；退化雌蕊条形；子房卵球形。核果球形，直径约10 mm，红色，果托盘状包被果实基部；果梗长6~12 mm。花期3~4月，果期9~10月。

生于路旁、山坡或丛林中。产于江苏、浙江、安徽、河南等省。

3. 山胡椒　香叶子（图Ⅱ-24.1）

落叶灌木或乔木，小枝灰白色。叶宽卵形至椭圆形，偶有近披针形，长4~9 cm，宽2~4 cm，下面苍白色，具灰色柔毛羽，纸质羽状脉；叶柄长约2 mm。伞形花序腋生，近无总梗，总苞3至8朵花；花梗长约15 mm；花黄色，外面在背脊部被柔毛；雄蕊9枚，花丝无毛，第三轮的基部着生2个具角突宽肾形腺体，柄基部与花丝基部合生，有时第二轮雄蕊花丝也着生一较小腺体；雌花第三轮的基部着生2个具柄不规则肾形腺体，腺体柄与退化雄蕊中部以下合生；子房椭圆形，柱头盘状。核果直径约7 mm。花期3~4月，果期7~8月。

图Ⅱ-24.1　山胡椒

为阳性树种，喜光照，也稍耐阴湿，对土壤适应性广，生于海拔900 m左右以下山坡、林缘、路旁。产于山东昆嵛山以南、河南嵩县以南、陕西郧县以南以及甘肃、山西、江苏、安徽、浙江、江西、福建、台湾、广东、广西、湖北、湖南、四川等省区。

4. 山橿　野樟树

落叶乔木或灌木。小枝黄绿色，光滑，无皮孔。叶宽椭圆形、椭圆形或椭圆状卵形，长6.5~15 cm，宽5~6（8）cm，纸质，羽状脉。伞形花序着生于叶芽两侧各一，总梗红色，密被红褐色微柔毛；总苞片4片。雄花花梗密被白色柔毛，花被片6片，黄色，椭圆形，花丝第三轮的基部着生2个宽肾形具长柄腺体，柄基部与花丝合生。雌花花梗长4~5 mm，密被白柔毛；花被黄色，宽矩圆形，外面在背脊部被白色柔毛，内面被稀疏柔毛；雌蕊长约2 mm，子房椭圆形，柱头盘状。核果直径约

7 mm，果梗长约 15 mm。花期 4 月，果期 8 月。

生于海拔 1 000 m 以下的山谷、山坡林下或灌丛中。产于河南、江苏、安徽、浙江、江西、湖南、湖北、贵州、云南、广西、广东、福建等省区。

5. 三桠乌药　红叶甘橿（图Ⅱ-24.2）

落叶灌木或小乔木。叶互生，卵形至宽卵形，长 6~12 cm，宽 5.5~10 cm，全缘或上部 3 裂，下面密生绢毛，三出脉；叶柄长 1.5~2.8 cm，被黄白色柔毛。伞形花序生于混合芽中，外面的 2 片芽鳞革质，棕黄色，有皱纹，内面鳞片近革质，被贴伏微柔毛；总苞片 4 片，外面被长柔毛，内有花 5 朵。花梗长 3~4 mm。雄花花被片 6 片，长椭圆形，外被长柔毛；能育雄蕊 9 枚，花丝第三轮的基部着生 2 个具长柄宽肾形具角突的腺体；雌花花被片 6 片，长椭圆形，外面背脊部被长柔毛；子房椭圆形。核果直径 7~8 mm，鲜红色。花期 3~4 月，果期 8~9 月。

图Ⅱ-24.2　三桠乌药

生于海拔 20~3 000 m 的山谷、密林灌丛中。产于辽宁千山以南、山东昆嵛山以南，安徽、江苏、河南、陕西渭南和宝鸡以南及甘肃南部、浙江、江西、福建、湖南、湖北、四川、西藏等省区。

6. 红脉钓樟　庐山乌药

落叶灌木。小枝细长，稍带紫褐色。叶椭圆形至狭卵形，长 5~11 cm，宽 2.5~5.5 cm，全缘，下面苍白色，离基三出脉，叶脉及叶柄秋后变红色；叶柄长 5~10 mm，被短柔毛。伞形花序总梗长约 2 mm，有 2~3 朵花。雄花花被筒被柔毛，花被片 6 片，黄绿色，椭圆形；能育雄蕊 9 枚，花丝有 2 个肾形腺体，着生于花丝基部；退化雄蕊细小，子房长椭圆形，花柱及柱头成一小凸尖。雌花花被筒密被白柔毛，花被片椭圆形，内面被白色柔毛，退化雄蕊条形；雌蕊长约 2 mm，子房卵形，柱头盘状。核果直径 6~9 mm，熟时黑紫色。花期 3~4 月，果期 8~9 月。

生于山坡林下、溪边或山谷中。产于河南、安徽、江苏、浙江、江西等省。

二五、罂粟（yīngsù）科

草本，常具白色或有色汁液，或具水样汁液。叶互生，全缘或多回分裂；无托叶。花两性，辐射对称或两侧对称；萼片 2~（3）片，早落；花瓣 4 个或无；雄蕊 4、6（合生为 2 束）枚或多数；子房上位，心皮 2 个至多数，1 室，胚珠多数，花柱短或无，柱头与心皮同数。蒴果瓣裂或顶孔开裂。

1. 博落回

多年生草本；茎高达 2 m，光滑，有白粉，含橙色汁液。叶宽卵形或近圆形，长 5~20 cm，宽 5~24 cm，7 或 9 浅裂，边缘波状或具波状牙齿，下面被白粉，叶脉掌状，基出脉通常 5 条，细脉网状，常呈淡红色；叶柄长 1~12 cm，上面具浅沟槽。圆锥花序，花梗长 2~5 mm；苞片狭披针形；萼片 2 片，黄白色，倒披针形，长 9~11 mm；无花瓣；雄蕊 20~36 枚，花丝丝状，长约 5 mm，花药条形。蒴果倒披针形，长 15~20 mm，含种子 3~4 粒。花果期 6~11 月。

喜温暖湿润环境，耐寒、耐旱，喜阳光充足，对土壤要求不严，生于海拔 150~830 m 的丘陵或低山林中、灌丛中或草丛间。长江以南、南岭以北的大部分省区均有分布。

2. 小果博落回　野麻子（图Ⅱ-25.1）

直立草本，基部木质化，具乳黄色浆汁。茎光滑，多白粉，中空。叶片宽卵形或近圆形，长 5~14 cm，宽 5~12 cm，先端急尖、钝或圆形，基部心形，7 或 9 裂，表面绿色，背面多白粉，被绒毛，基出脉通常5条，细脉网状；叶柄长4~11 cm。大型圆锥花序多花，长15~30 cm；花梗长2~10 mm。花萼狭长圆形，长约5 mm，舟状；雄蕊8~12枚，花丝丝状，花药条形，长3~4 mm；子房倒卵形，长1~3 mm，柱头2裂。蒴果近圆形，直径约5 mm。种子1粒，卵珠形，长约1.5 mm，种皮具孔状雕纹。花果期6~10月。

图Ⅱ-25.1　小果博落回

生于海拔450~1 600 m的山坡路边草地或灌丛中。产于山西东南部、江苏北部、江西西南部、河南西部和北部、湖北西部、陕西南部至东南部、甘肃东南部、四川东北部等地。

3. 罂粟　鸦片、大烟

一年生草本，主根近圆锥状，垂直。茎直立，不分枝，无毛，具白粉。叶互生，叶片卵形或长卵形，长7~25 cm，两面具白粉，叶脉明显，略突起；上部叶无柄、抱茎。花单生，花梗长达25 cm，萼片2片，宽卵形，绿色，边缘膜质，花瓣4个，近圆形或近扇形，长4~7 cm，宽3~11 cm，白色，粉红色，红色，紫色或杂色；雄蕊多数，花丝线形，白色，花药长圆形，淡黄色；子房球形，绿色，柱头辐射状，连合成扁平的盘状体，盘边缘深裂，裂片具细圆齿。蒴果球形或长圆状椭圆形，成熟时褐色。花果期3~11月。

原产南欧，我国许多地区有关药物研究单位有栽培。喜阳光充足、土质湿润透气的酸性土壤。

未成熟果实含乳白色浆液，制干后即为鸦片，和果壳均含吗啡、可待因、罂粟碱等多种生物碱，加工入药，有敛肺、涩肠、止咳、止痛和催眠等功效。

4. 虞（yú）美人　赛牡丹（图Ⅱ-25.2）

一年生草本；茎高达80 cm，密被伸展硬毛。叶互生，叶卵形、倒卵状披针形或矩圆形，长3~15 cm，羽状深裂，裂片边缘有缺刻状粗锯齿，两面密被硬毛。花单生于茎枝顶端；花梗长10~15 cm，被淡黄色平展的刚毛。萼片2片，宽椭圆形，长1~1.8 cm，绿色，外面被刚毛；花瓣4枚，近圆形，长约3.5 cm，紫红色、红色或白色，基部通常具深紫色斑点；雄蕊多数，花丝深紫红色；花药长圆形，黄色；子房倒卵形，柱头辐射状，连合成扁平、边缘圆齿状的盘状体。蒴果球形，孔裂。花果期3~8月。

图Ⅱ-25.2　虞美人

原产欧洲，我国各地常见栽培。

5. 土元胡

瘦弱多年生草本，高9~20 cm，地茎球形。叶两回三出，具长的叶柄和小叶柄，小叶椭圆形，全缘，有时深裂成倒卵形的裂片，下部苍白色，长8~14 mm，宽4~12 mm。总状花序具1~3朵花，疏离。苞片卵圆形至卵状披针形，长4~6 mm，宽2~3 mm。花梗纤细。萼片小，早落，花白色；上花瓣长1~1.2 cm；矩圆筒形，弧形上弯；蜜腺体贯穿距长的1/3~1/2，末端钝。下花瓣长约6 mm，基部具下延的小囊状突起。内花瓣长约4 mm，顶端带紫红色。蒴果卵圆形，种子具钝的圆锥状突起。

生于海拔800~1 000 m的山地林下或林缘。产于浙江西北部的天目山。

6. 小药八旦子 北京元胡（图Ⅱ-25.3）

图Ⅱ-25.3 小药八旦子

瘦弱多年生草本，高 15~20 cm。块茎圆球形或长圆形。叶（1~）~2（~3）回三出，具细长的叶柄和小叶柄，叶柄基部常具叶鞘，小叶圆形至椭圆形，有时浅裂，下部苍白色，长 9~25 mm，宽 7~15 mm。总状花序具 3~8 朵花，疏离。苞片卵圆形或倒卵形，长约 6 mm，宽 3 mm。萼片小，早落。花蓝色或紫蓝色。上花瓣长约 2 cm；矩圆筒形，弧形上弯，长 1.2~1.4 cm；蜜腺体约贯穿距长的 3/4。下花瓣长约 1 cm，基部具宽大的浅囊。内花瓣长 7~8 mm。柱头四方形，上端具 4 乳突，下部具 2 尾状的乳突。蒴果卵圆形至椭圆形。

生于海拔 100~1 200 m 的山坡或林缘。产于北京、河北、河南、山西、山东、江苏、安徽、湖北、陕西和甘肃东部。

7. 延胡索

多年生草本，高 10~30 cm。块茎圆球形，茎直立，常分枝。叶两回三出或近三回三出，小叶 3 裂或 3 深裂，具全缘的披针形裂片，叶柄基部具鞘。总状花序疏生 5~15 朵花，苞片披针形或狭卵圆形，全缘。花紫红色，萼片小，早落；外花瓣宽展，具齿，顶端微凹，具短尖。上花瓣长（1.5~）2~2.2 cm，瓣片与距常上弯；距圆筒形，长 1.1~1.3 cm；蜜腺体约贯穿距长的 1/2，末端钝。下花瓣具短爪，向前渐增大成宽展的瓣片。内花瓣长 8~9 mm。柱头近圆形，具较长的 8 乳突。蒴果线形，具一列种子。

生于丘陵草地。产于安徽、江苏、浙江、湖北、河南（唐河、信阳）。

8. 黄堇（jǐn） 黄花地丁（图Ⅱ-25.4）

图Ⅱ-25.4 黄堇

灰绿色丛生草本，具主根。茎 1 至多条，具棱，上部常分枝。基生叶多数，莲座状，花期枯萎。茎生叶稍密集，上面绿色，下面苍白色。二回羽状全裂。总状花顶生和腋生，有时叶对生，长约 5 cm。苞片披针形至长圆形，具短尖，约与花梗等长。花梗长 4~7 mm。花黄色至淡黄色。萼片近圆形，中央着生，边缘具齿。外花瓣顶端勺状，具短尖。蜜腺体约占距长的 2/3，末端钩状弯曲。内花瓣长约 1.3 cm，具鸡冠状突起，爪约与瓣片等长。雄蕊束披针形。子房线形；柱头具横向伸出的 2 臂，各枝顶端具 3 乳突。蒴果线形，念珠状。

生于林间空地、火烧迹地、林缘、河岸或多石坡地。产于黑龙江、吉林、辽宁、河北、内蒙古、山西、山东、河南、陕西、湖北、江西、安徽、江苏、浙江、福建、台湾等省区。

9. 小花黄堇

无毛草本，高 10~50 cm。基生叶具长柄。茎生叶具短柄，叶片三角形，上面绿色，下面灰白色，叶片长 3~12 cm，二或三回羽状全裂，一回裂片 3 至 4 对，二或三回裂片卵形或宽卵形，浅裂或深裂；末回裂片卵形，先端钝或圆形。总状花序长 3~10 cm，密具多花；花黄色。萼片小，卵圆形。上花瓣长 6~7 mm；距短囊状，占花瓣全长的 1/6~1/5；蜜腺体约占距长的 1/2。子房线形，近扭曲；柱头宽浅，具 4 个乳突，顶生 2 枚呈广角状叉分，侧生的先下弯再弧形上升。蒴果条形，长 2~3 cm。

生于海拔 400~1 600（~2 070）m 的林缘阴湿地或多石溪边。产于甘肃、陕西、河南、四川、贵州、湖南、湖北、江西、安徽、江苏、浙江、福建、广东、香港、广西、云南、西藏、台湾等省区。

10. 紫堇　断肠草（图Ⅱ-25.5）

一年生无毛草本，高 10~30 cm。叶具细柄；叶片长3~9 cm，二至三回羽状全裂，一回羽片 2 或 3 对；二至三回裂片倒卵形，近羽状分裂，末回裂片倒卵形。总状花序；苞片狭卵圆形至披针形，渐尖，全缘。花梗长约 5 mm。花紫色，两侧对称；萼片小，近圆形，具齿。上花瓣长 1.5~2 cm；距圆筒形，基部稍下弯，约占花瓣全长的 1/3；蜜腺体长，近伸达距末端，大部分与距贴生，末端不变狭。内花瓣具鸡冠状突起；爪纤细，稍长于瓣片。柱头横向纺锤形，两端各具 1 个乳突，上面具沟槽，槽内具极细小的乳突。蒴果条形，长约 3 cm。

生于海拔 400~1 200 m 的丘陵、沟边或多石地。产于辽宁、北京、河北、山西、河南、陕西、甘肃、四川、云南、贵州、湖北、江西、安徽、江苏、浙江、福建等省市。

图Ⅱ-25.5　紫堇

二六、十字花科

多为草本，具辛辣味。叶常为单叶，少数为复叶，无托叶。总状花序或伞房状花序；花两性；萼片 4 片，花瓣 4 个，均两轮，十字形排列，稀花瓣较少或无；雄蕊 6 枚，内轮 4 枚较长，基部常具蜜腺；子房具 2 合生心皮，侧膜胎座，被膜质假隔膜分为假二室。果实为角果。

1. 油菜　芸薹（tái）（图Ⅱ-26.1）

一年生草本，直根系，茎直立，分枝较少。叶互生，基生叶大头羽裂，椭圆形，叶柄基部抱茎；顶生裂片圆形或卵形，侧生琴状裂片 5 对，密被刺毛，有蜡粉。茎生叶和分枝叶无叶柄，两面有硬毛和缘毛，基部心形，抱茎，两侧有垂耳。总状花序在花期呈伞房状；花黄色，萼片长圆形边缘透明，稍有毛；花瓣 4 个，倒卵形，长 7~9 mm，顶端近微缺，基部有爪，为典型的十字形。长角果条形，种子球形，紫褐色。花期 3~4 月，果期 5 月。

油菜是喜冷凉、抗寒力较强的作物。产于河南、陕西、江苏、安徽、浙江、江西、湖北、湖南、四川、甘肃等省。

图Ⅱ-26.1　油菜

2. 白菜

二年生草本。叶白、绿白、浅绿或绿色；基生叶多数，大型，倒卵状长圆形至宽倒卵形，长 30~60 cm，宽不及长的一半，边缘皱缩，波状，中脉白色，很宽，有多数粗壮侧脉；叶柄肥厚，白色，扁平，长 5~9 cm，宽 2~8 cm，边缘有具缺刻的宽薄翅；上部茎生叶长圆状卵形、长圆披针形至长披针形，有柄或抱茎，有粉霜。花鲜黄色，直径 1.2~1.5 cm；花梗长 4~6 mm；萼片长圆形或卵状披针形，长 4~5 mm，直立，淡绿色至黄色；花瓣倒卵形，基部渐窄成爪。长角果两侧压扁，直立，顶端圆。种子球形，棕色。花期 5 月，果期 6 月。

原产我国华北地区，现各地广泛栽培。

3. 芥（jiè）菜（图Ⅱ-26.2）

一年生草本，常无毛，有时幼茎及叶具刺毛，带粉霜，有辣味。茎直立，有分枝。基生叶宽卵形至倒卵形，顶端圆钝，基部楔形，大头羽裂，叶柄长 3~9 cm、具小裂片；茎下部叶较小，茎上部叶窄披针形。总状花序顶生，花黄色；花梗长 4~9 mm；萼片淡黄色，长圆状椭圆形，长 4~5 mm，直立开展；花瓣倒卵形。长角果线形，种子球形，紫褐色。花期 3~5 月，果期 5~6 月。

全国各地均有栽培。

图Ⅱ-26.2　芥菜

图Ⅱ-26.3　萝卜

4. 萝卜　莱菔（图Ⅱ-26.3）

二年或一年生草本。直根肉质，长圆柱形、球形或圆锥形，外皮绿色、白色或红色；茎有分枝，无毛，稍具粉霜。基生叶和下部茎生叶大头羽状半裂，长 8~30 cm，宽 3~5 cm，顶裂片卵形，侧裂片 4~6 对；上部叶长圆形，有钝齿，疏生粗毛。总状花序顶生及腋生，花白色或粉红色，直径 1.5~2 cm；萼片长圆形，长 5~7 mm；花瓣倒卵形，具紫纹，长 1~1.5 cm，具紫纹。长角果圆柱形。花期 4~5 月，果期 5~6 月。

全国各地普遍栽培。

5. 诸葛菜　二月蓝（图Ⅱ-26.4）

一年或二年生草本，无毛；茎单一，直立，浅绿色或带紫色。基生叶及下部茎生叶大头羽状全裂，顶裂片近圆形或短卵形，顶端钝，基部心形，有钝齿，侧裂片 2~6 对，卵形或三角状卵形。叶柄长 2~4 cm，疏生细柔毛；上部叶长圆形或窄卵形，长 4~9 cm，顶端急尖，基部耳状，抱茎，边缘有不整齐牙齿。花紫色、浅红色或褪成白色；花梗长 5~10 mm；花萼筒状，紫色，萼片长约 3 mm，花瓣宽倒卵形，密生细脉纹，长 1~1.5 cm，宽 7~15 mm，长角果线形，长 7~10 cm。花期 4~5 月，果期 5~6 月。

耐寒性强。又比较耐阴，适生性强。生于平原、山地、路旁或地边。产于辽宁、河北、山西、山东、河南、安徽、江苏、浙江、湖北、江西、陕西、甘肃、四川等省。

图Ⅱ-26.4　诸葛菜

6. 独行菜　腺独行菜、腺茎独行菜（图Ⅱ-26.5）

一年或二年生草本，具头状腺毛。茎常下部分枝，高 5~30 cm。基生叶狭匙形，羽状分裂，长3~5 cm，宽1~1.5 cm；叶柄长 1~2 cm；茎生叶长圆状披针形或条形，全缘或有疏齿。总状花序在果期可延长至 5 cm；萼片 4 片，外面有毛；花瓣退化为丝状，比萼片短；雄蕊 2~4 枚。短角果椭圆形，扁平，长约 3 mm，先端微缺，上部具狭翅。花果期 5~7 月。

生于海拔 400~2 000 m 的山坡、山沟、路旁及村庄附近。产于东北、华北、华中、西北及西南地区。

图Ⅱ-26.5　独行菜

图Ⅱ-26.6　北美独行菜

7. 北美独行菜（图Ⅱ-26.6）

二年生草本，高30~50 cm，上部分枝，具柱状腺毛。基生叶倒披针形，羽状分裂，两面有短伏毛，叶柄长1~1.5 cm；茎生叶倒披针形或条形，长1.5~5 cm，宽2~10 mm，叶柄短，先端急尖，基部渐狭，全缘或具锯齿，两面无毛。总状花序顶生；萼片椭圆形，长约1 mm；花瓣白色，与萼片近等长或较长雄蕊2或4枚。短角果扁平，直径约2 mm，先端微缺。花期4~5月，果期6~7月。

生于田边或荒地，为田间杂草。产于山东、河南、安徽、江苏、浙江、福建、湖北、江西、广西等省区。

8. 菥蓂（xīmì）　遏兰菜（图Ⅱ-26.7）

一年生草本，高达60 cm，全体无毛。茎具棱，有蓝粉霜。基生叶倒卵状矩圆形，长3~5 cm，宽1~1.5 cm，顶端圆钝或急尖，基部抱茎，两侧箭形，边缘具疏齿，叶柄长1~3 cm；茎生叶无柄，矩圆状披针形或矩圆状倒披针形，长2.5~5 cm，宽2~15 mm，先端圆钝，基部两侧箭形抱茎，边缘具疏齿。总状花序顶生，花白色，直径约2 mm。花梗细，长5~10 mm；萼片卵形，顶端圆钝；花瓣长圆状倒卵形，长2~4 mm。短角果倒卵形或近圆形，长13~16 mm，扁平，先端凹，边缘具宽约3 mm的果翅。花期3~4月，果期5~6月。

图Ⅱ-26.7　菥蓂

生于平地路旁、沟边或村落附近。分布几遍全国。

9. 荠（图Ⅱ-26.8）

一年或二年生草本，高10~40 cm。基生叶丛生呈莲座状，矩圆状倒披针形，大头羽状分裂，长达10 cm，具长柄；茎生叶狭披针形，长1~2 cm，基部箭形，抱茎，边缘有缺刻或锯齿。总状花序，花白色，直径约2 mm；花梗长3~8 mm；萼片长圆形，长1.5~2 mm；花瓣白色，卵形，长2~3 mm，有短爪。短角果倒三角形或倒心状三角形，扁平，先端微凹，长5~8 mm，宽4~7 mm。花果期4~6月。

生于山坡、田边及路旁。分布几遍全国。

图Ⅱ-26.8　荠

10. 碎米荠　野荠菜（图Ⅱ-26.9）

一年生草本，高6~25 cm，无毛或有疏毛。基生叶小叶1~3对，顶生小叶肾形或肾圆形，长4~

14 mm，具3~5个圆齿，小叶柄明显；侧生小叶卵形或圆形，较顶生的形小，基部楔形而两侧稍歪斜，边缘有2~3个圆齿；茎生叶小叶2~3对，小叶异形，下部小叶较圆，上部小叶卵形至线形；全部小叶两面稍有毛。总状花序生于枝顶，花小，花梗纤细；萼片绿色或淡紫色，长椭圆形，边缘膜质，外面有疏毛；花瓣白色，倒卵形，长3~5 mm；雌蕊柱状，花柱极短，柱头扁球形。长角果条形，长18~25 mm，向上直伸。花期2~4月，果期4~6月。

图Ⅱ-26.9 碎米荠

多生于海拔1 000 m以下的山坡、路旁、荒地及耕地的草丛中。分布几遍全国。

11. 水田碎米荠

多年生水生或沼生草本，高30~60 cm，全体无毛。基生叶羽状复叶，无柄，长达7 cm，顶生小叶宽卵形，长6~25 mm，侧生小叶2~7对，基部两侧不对称，楔形，向下弯曲成耳状抱茎；茎生叶小叶较少。匍匐茎上的叶为单叶，具柄，宽卵形，长1~3 cm，宽7~23 mm，边缘波状。总状花序顶生，花梗长5~20 mm；萼片长卵形，内轮萼片基部呈囊状；花瓣白色，倒卵形，顶端截平或微凹，基部楔形渐狭；雌蕊圆柱形，柱头球形。长角果条形，微弯，长约3 mm，宽约2 mm，果梗长1.5~2 cm。花期4~6月，果期5~7月。

生于水田边、溪边及浅水处。产于黑龙江、吉林、辽宁、河北、河南、安徽、江苏、湖南、江西、广西等省区。

12. 弹裂碎米荠

一年生草本，高达40 cm，无毛。基生叶两缘通常有短柔毛，有1对托叶状耳，小叶2~8对；顶生小叶卵形，长1.5~2.5 cm，基部楔形，小叶柄显著；侧生小叶卵状矩圆形或宽披针形，长1~2 cm；全部小叶均有不整齐钝裂片3~5片；茎生叶叶柄基部延伸成托叶状抱茎的耳，耳长3~8 mm。茎下部叶长4~13 cm，小叶6~9对。总状花序顶生和腋生，花多数，形小；花梗纤细；萼片长椭圆形；花瓣白色，狭长椭圆形，长2~3 mm，基部稍狭；雌蕊柱状，花柱极短，柱头较花柱稍宽。长角果长约2 cm，宽约1 mm，成熟时弹裂。花期4~6月，果期5~7月。

生于海拔150~3 500 m的路旁、山坡、沟谷、水边或阴湿地。产于吉林、辽宁、山西、山东、河南、安徽、江苏、浙江、湖北、江西、广西、陕西、甘肃、新疆、四川、贵州、云南、西藏等省区。

13. 白花碎米荠 山芥菜

多年生草本。根状茎短而匍匐，茎单一，不分枝，有时上部有少数分枝，表面有沟棱、密被短绵毛或柔毛。基生叶有长叶柄，小叶2~3对，顶生小叶卵形至长卵状披针形，侧生小叶的大小、形态和顶生相似，茎上部叶有小叶1~2对，小叶阔披针形，较小；总状花序顶生，分枝或不分枝；萼片长椭圆形、长2.5~3.5 mm，边缘膜质，外面有毛；花瓣白色，长圆状楔形；雌蕊细长；子房有长柔毛，柱头扁球形。长角果线形。花期4~7月，果期6~8月。

生于海拔200~2 000 m的路边、山坡湿草地、杂木林下及山谷沟边阴湿处。产于东北地区以及河北、山西、河南、安徽、江苏、浙江、湖北、江西、陕西、甘肃等省。

14. 华中碎米荠

多年生草本，高35~65 cm。茎粗壮，直立，不分枝，表面有沟棱，近于无毛。茎生叶有小叶4~5对，有时3~6对，顶生小叶与侧生小叶相似，卵状披针形、宽披针形或狭披针形，侧生小叶基部不等而多少下延成翅状，小叶片薄纸质。总状花序多花；萼片绿色或淡紫色，长卵形，内轮萼片基部囊状；花瓣紫色、淡紫色或紫红色，长椭圆状楔形或倒卵楔形；花丝扁平而显著扩大；雌蕊花柱短，柱头扁球形。长角果条形而微扁。花期4~7月，果期6~8月。

生于海拔 500~3 500 m 的山谷阴湿地及山坡林下。产于浙江（西天目山）、湖北、湖南、江西（庐山）、陕西南部、甘肃南部、四川中南部、河南等地。

15. 蔊（hàn）菜 印度蔊菜

一年生草本，高达 50 cm。叶互生，基生叶和茎下部叶具柄，大头羽状分裂，长 7~15 cm，宽 1~2.5 cm；顶生裂片大，卵形或矩圆形，边缘具牙齿；侧生裂片 2~5 对，下部叶常具全裂片。上部叶具短柄或基部耳状抱茎，宽披针形或匙形，边缘具疏齿，常不分裂。总状花序顶生，花小，多数，萼片 4 片，花瓣 4 个，黄色，匙形，基部渐狭成短爪，与萼片近等长；雄蕊 6 枚，2 枚稍短，黄色。长角果细圆柱形，长 1~2 cm，宽 1~1.5 mm，种子于每室 2 行排列。花期 4~6 月，果期 6~8 月。

生于海拔 230~1 450 m 的路旁、田边、园圃、河边、屋边墙角及山坡路旁等较潮湿处。产于山东、河南、江苏、浙江、福建、台湾、湖南、江西、广东、陕西、甘肃、四川、云南等省。

16. 沼生蔊菜 风花菜（图Ⅱ-26.10）

二年或多年生草本，高达 90 cm。基生叶和茎下部叶羽状深裂至全裂，或大头羽裂，顶端裂片较大，基部耳状抱茎，长达 12 cm，侧生裂片 5~8 对，边缘有钝齿。茎生叶向上渐小，近无柄，叶片羽状深裂或具齿，基部耳状抱茎。总状花序顶生或腋生，花小，多数，黄色或淡黄色，具纤细花梗，长 3~5 mm；萼片长椭圆形，长1.2~2 mm，宽约 0.5 mm；花瓣长倒卵形至楔形，等于或稍短于萼片；雄蕊 6 枚，近等长，花丝线状。短角果椭圆形，长 3~8 mm，宽 1~3 mm，果梗长于果体。花期 4~7 月，果期 6~8 月。

图Ⅱ-26.10 沼生蔊菜

生于潮湿环境或近水处、溪岸、路旁、田边、山坡草地及草场。产于黑龙江、吉林、辽宁、内蒙古、河北、山西、山东、河南、安徽、江苏、湖南、陕西、甘肃、青海、新疆、贵州、云南等省区。

17. 豆瓣菜 水蔊菜

多年生水生草本，全体无毛。茎肥厚肉质，匍匐或漂浮水中，节部生根，上部上升。单数羽状复叶，小叶片 3~7（~9）片，卵形或宽卵形，顶生小叶长 1~3 cm，宽 1~2.5 cm，基部截平，小叶柄细而扁，叶柄基部呈耳状，略抱茎，具少数波状齿或全缘。总状花序，花梗长 3~5 mm，常反曲；萼片长卵形，长 2~3 mm，宽约 1 mm，边缘膜质，基部略呈囊状；花瓣白色，倒卵形或宽匙形，具脉纹，长 3~4 mm，宽 1~1.5 mm，顶端圆，基部渐狭成细爪。长角果圆柱形，扁平，长 1~2 cm，宽 1.5~2 mm。产于各地。花期 4~5 月，果期 6~7 月。

喜生水中，水沟边、山涧河边、沼泽地或水田中，海拔 850~3 700 m 处均可生长。产于黑龙江、河北、山西、山东、河南、安徽、江苏、广东、广西、陕西、四川、贵州、云南、西藏等省区。

18. 涩荠 马康草（图Ⅱ-26.11）

一年生草本，高达 75 cm，被单毛和分叉状硬毛。茎多分枝。叶矩圆形，长圆形、倒披针形或近椭圆形，长 1.5~8 cm，宽 5~18 mm，先端圆钝，有小短尖，基部楔形，边缘具波状齿；叶柄长 3~5 mm，上部叶无柄。总状花序有 10~30 朵花；萼片长圆形，长 4~5 mm；花瓣紫色或粉红色，长 8~10 mm。长角果细长，近四棱形，长 4~7 cm，宽 1~2 mm，密被单硬毛或叉状毛，具短喙。花果期 6~8 月。

图Ⅱ-26.11 涩荠

生于路边荒地或田间。产于河北、山西、河南、安徽、江苏、陕西、甘肃、宁夏、青海、新疆、四川等省区。

19. 小花糖芥 桂竹糖芥

一年生草本，高达 50 cm，具伏生 2~4 分叉星状毛。叶无柄或近无柄，条形或披针形，长 2~4 cm，宽 3~5 mm，先端急尖，基部渐尖，全缘或波状。花梗长 2~3 mm；萼片长 2~3 mm；花瓣长 4~5 mm，淡黄色。长角果长 2~4 cm，散生星状毛。

生于 800~3 000 m 的干河床、潮湿地。产于黑龙江、吉林、内蒙古、河北、河南等省区。

20. 锥果芥 北荠

一年或二年生草本，高 20~60 cm，具星状毛、3~4 叉毛，毛具短柄。基生叶早枯，基生叶与下部的茎生叶有柄，上部的近无柄或无柄；叶片匙状倒卵形，顶端急尖，基部渐窄，全缘，两面密被毛，粗糙。花序伞房状，果期伸长；花梗长 4~6 cm，细丝状；萼片长约 2 mm，密被星状毛；花瓣长约 3 mm。长角果长 1.2~1.8 cm，宽约 1 mm。花期 6~7 月。

生于山坡、水沟边。产于辽宁、河北、山东、河南、江苏、浙江等省。

21. 播娘蒿 米米蒿（图Ⅱ-26.12）

一年生草本，高达 70 cm，具叉状毛；茎多分枝，密生灰色柔毛。叶狭卵形，长 3~5 cm，宽 2~3 cm，二至三回羽状深裂，末回裂片狭条形或条状矩圆形，长 3~5 mm，宽1~1.5 mm；下部叶具柄，上部叶无柄。花序伞房状；萼片直立，长圆条形，背面有分叉细柔毛；花瓣黄色，长圆状倒卵形，长2~2.5 mm，或稍短于萼片，具爪；雄蕊 6 枚，比花瓣长 1/3。长角果狭条形，长 2~3 cm，宽约 1 mm；果梗长 1~2 cm。花期 4~5 月。

图Ⅱ-26.12 播娘蒿

生于山坡、田野及农田。除华南地区外全国各地均产。

二七、景天科

肉质草本或亚灌木；单叶，常无柄，稀为羽状复叶。花单生或组成聚伞花序；花两性，稀单性；萼片 4~5 片；花瓣 4~5 个，雄蕊与花瓣同数或为其 2 倍；心皮 4~5 个，离生或仅基部合生，每心皮基部具 1 鳞片。蓇葖果。

1. 瓦松（图Ⅱ-27.1）

二年生肉质草本。第一年生莲座叶，叶互生，条形，渐尖，叶长可达 5 cm，宽达 5 mm；基部叶条形或倒披针形，与莲座叶先端均具半圆形软骨质附属物，其边缘流苏状，中央具 1 长刺尖。花序总状，有时下部分枝，呈圆锥状；苞片线状渐尖；萼片 5 片；花瓣 5 个，紫红色，长 5~6 mm，披针状椭圆形，雄蕊 10 枚，花药紫色；鳞片 5 片，近四方形，长 0.3~0.4 mm，先端稍凹。蓇葖果矩圆形，长约 5 mm。花期 8~9 月，果期 9~10 月。

图Ⅱ-27.1 瓦松

生于海拔 1 600 m 以下，在甘肃、青海可到海拔 3 500 m以下的山坡石上或屋瓦上。产于湖北、安徽、江苏、浙江、青海、宁夏、甘肃、陕西、河南、山东、山西、河北、内蒙古、辽宁、黑龙江等省区。

2. 八宝　活血三七

多年生草本，块根胡萝卜状。茎直立，高达 70 cm。叶对生，稀互生或 3 叶轮生，宽卵形至宽矩圆状卵形，长 4.5~7 cm，宽 2~3.5 cm，边缘有疏锯齿，无柄。复伞房花序顶生；萼片 5 片，卵形，长 1.5 mm；花瓣 5 个，白色或粉红色，宽披针形，长 5~6 mm，白色或粉红色；鳞片 5 片，长圆状楔形，长 1 mm，先端有微缺；心皮 5 个，直立，基部几分离。雄蕊 10 枚，与花瓣等长或稍短，花药紫色；心皮基部渐狭，有柄，完全离生。花期 8~10 月。

生于海拔 450~1 800 m 的山坡草地或沟边。产于云南、贵州、四川、湖北、安徽、浙江、江苏、陕西、河南、山东、山西、河北、辽宁、吉林、黑龙江等省。

3. 火焰草　繁缕景天（图Ⅱ-27.2）

一年或二年生草本，全株密被腺状毛。茎直立，褐色，稍木质，高 1~15 cm，多分枝。叶最下部的对生，其余的互生，倒卵状菱形，长 1~1.5 cm，宽 5~10 mm，先端急尖，基部宽楔形，全缘，基出三大脉。总状花序顶生，花梗长 5~10 mm；苞片卵状披针形，黄白色；花萼长约 2 cm，前后两方裂达一半，两侧裂达 1/4，裂片条形；花瓣 5 个，淡黄色或白色，长 2.5~3 cm，筒部长管状；药室一长一短；心皮 5 个，直立，基部宽广，多少合生。蓇葖果上部略叉开。花期 6~8 月。

图Ⅱ-27.2　火焰草

生于海拔 400~3 400 m 的草原或碱土草甸、山谷或山坡，也见于灌丛下。产于甘肃、贵州、河北、河南、湖北、湖南、辽宁、山西、山东等省。

4. 费菜　土三七（图Ⅱ-27.3）

多年生草本，直立，不分枝，高达 40 cm。叶互生，狭披针形，椭圆状披针形至倒卵状披针形，长 5~8 cm，宽 1.5~2 cm，先端急尖，基部楔形，边缘具不整齐锯齿，几无柄。聚伞花序顶生，分枝平展；花密生，无柄；萼片 5 片，线形，肉质，不等长；花瓣 5 个，黄色，长 6~8 mm；鳞片 5 片，近正方形，长 0.3 mm；心皮 5 个，卵状长圆形，基部合生，腹面凸出；花柱长钻形。蓇葖果腹面膨大为浅囊状，呈星芒状排列。花期6~7 月，果期 8~9 月。

产于四川、湖北、江西、安徽、浙江、江苏、青海、宁夏、甘肃、内蒙古、河南、山西、陕西、河北、山东、辽宁、吉林、黑龙江等省区。

图Ⅱ-27.3　费菜

5. 垂盆草　佛甲草、卧茎景天（图Ⅱ-27.4）

多年生草本。茎细弱，匍匐生根。聚伞花序，有3~5 分枝，宽 5~6 cm；花无梗 3 叶轮生，倒披针形至椭圆状长圆形，长15~28 mm，宽 3~7 mm，先端急尖，基部有距，全缘。花序顶生，聚伞状，花少，直径 5~6 cm；花无梗；萼片 5 片，披针形至长圆形，长 3.5~5 mm，先端钝，基部无距；花瓣 5 片，黄色，披针形至长圆形，长 5~8 mm，先端有稍长的短尖；雄蕊 10 枚；鳞片 10 片，楔状四方形，长 0.5 mm，先端稍有微缺；心皮 5 个，长圆形，长 5~6 mm，略叉开，有长花柱。花期 5~7 月，果期 8 月。

图Ⅱ-27.4　垂盆草

生于海拔 1 600 m 以下山坡阳处或石上。产于福建、贵州、四川、湖北、湖南、江西、安徽、浙江、江苏、甘肃、陕西、河南、山东、山西、河北、辽宁、吉林、北京等省市。

二八、虎耳草科

草本、灌木或乔木。叶互生或多数，常无托叶。花多为两性，稀单性，常具明显的萼筒（花筒）；萼片 4~5（7）片；花瓣 4~5（7）个；雄蕊为花瓣的 2 倍或与之同数；心皮 2~5 个，常多少合生，子房下位或半下位，胚珠多数。蒴果或浆果；种子具丰富胚乳。

1. 落新妇 小升麻、马尾参、山花七、金毛三七、红升麻（图Ⅱ-28.1）

多年生草本，高达 80 cm。有粗壮根状茎。基生叶二至三回三出复叶；小叶卵形、菱状卵形或狭卵形，长 1.8~8 cm，宽 1.4~4 cm，先端渐尖，基部圆形或宽楔形，边缘具重锯齿，腹面沿脉生硬毛，背面沿脉疏生硬毛和小腺毛；叶轴仅于叶腋部具褐色柔毛；茎生叶较小。圆锥花序长达 30 cm，宽达 14 cm，序轴密被褐色卷曲长柔毛；花密集，几无梗；萼片 5 片，边缘中部以上生微腺毛；花瓣 5 个，红紫色，狭条形，长约 5 mm；雄蕊 10 枚，长 2~2.5 mm；心皮 2 个，仅基部合生。花果期 6~9 月。

图Ⅱ-28.1 落新妇

喜半阴，在湿润的环境下生长良好，对土壤适应性较强，喜微酸、中性排水良好的沙质壤土，也耐轻碱土壤。生于海拔 390~3 600 m 的山谷、溪边、林下、林缘和草甸等处。产于黑龙江、吉林、辽宁、河北、山西、陕西、甘肃东部和南部、青海东部、山东、浙江、江西、河南、湖北、湖南、四川、云南等省。

2. 纯兰绣球 长柄八仙花

落叶灌木或小乔木，高达 5 m；小枝黄褐色，较细，圆柱形，无毛或疏生短柔毛。叶膜质或薄纸质，叶阔卵形或倒卵形，长 6~18 cm，宽 4~12 cm，边缘有不规则锯齿，下面被近伏贴的短柔毛；叶柄长 5~15 cm，被短疏柔毛。伞房状聚伞花序，花二型，长 0.5~2 cm，密被扁平、透明、披针状短粗毛；不孕花，萼片 4~5 片，萼片宽倒卵形或近圆形，基部短爪；孕性花较小，白色，萼筒杯状，萼齿三角形，长约 0.5 mm；花瓣长卵形，先端急尖；雄蕊 10 枚；子房下位，花柱 2 个。蒴果顶端平截。花期 7~8 月，果期 9~10 月。

生于山沟疏林或密林下，或较湿润的山坡灌丛中，海拔 1 300~2 800 m。产于河北、陕西、甘肃、河南、湖北、湖南、四川、贵州和云南等省。

3. 挂苦绣球

灌木至小乔木。叶纸质至厚纸质，椭圆形、长椭圆形、长卵形或倒长卵形，先端短渐尖或急尖，边缘有密而锐尖的锯齿，上面绿色；三级脉通常明显，横出；叶脉淡黄色，仅中脉和侧脉上被小糙伏毛，下面淡绿色，脉上被稍密的灰白色短柔毛，脉腋间常有髯毛；伞房状聚伞花序顶生；不育花萼片 4 片，偶有 5 片，淡黄绿色，广椭圆形至近圆形；孕性花萼筒浅杯状，萼齿三角形；花瓣白色或淡绿色，长卵形，先端风帽状；雄蕊 10~13 枚；花柱 3~4 个，基部连合，头稍增大，狭椭圆状。蒴果卵球形。花期 7 月，果期 9~10 月。

生于海拔 1 600~2 900 m 的山腰密林或疏林中或山顶灌丛中。产于四川各地、贵州（雷山、水城）、云南（绿春、丽江、永善）。

4. 山梅花　白毛山梅花（图Ⅱ-28.2）

灌木，高达 3.5 m，一年生枝变无毛。叶对生，卵形或窄卵形，长 4~8.5 cm，宽 2~4 cm，边缘具锯齿，上面疏被伏毛，下面密被短柔毛，叶脉离基出 3~5 条；叶柄长 5~10 mm。花序有 7~12 朵花，序轴无毛，花梗及萼外面密被灰白色糙伏毛；花萼外面密被紧贴糙伏毛，萼裂片 4 片，三角状卵形，萼筒钟形；花冠盘状，花瓣 4 个，白色；雄蕊约 30 枚；花柱长约 5 mm，柱头棒形。花期 5~6 月，果期 7~8 月。

适应性强，喜光，喜温暖也耐寒耐热，对土壤要求不严，生于海拔 1 200~1 700 m 林缘灌丛中。产于山西、陕西、甘肃、河南、湖北、安徽和四川等省。

图Ⅱ-28.2　山梅花

图Ⅱ-28.3　太平花

5. 太平花　太平瑞圣花、京山梅花（图Ⅱ-28.3）

灌木，高达 2 m，一年生枝无毛。叶对生，卵形或窄卵形，长 1.5~9 cm，宽 1.4~4 cm，先端渐尖，基部宽楔形或圆形，边缘有小锯齿，两面无毛或仅下面脉腋被毛；叶脉离基出 3~5 条。总状花序具 3 至 5 朵花；花梗及萼外面无毛，萼裂片 4 片，三角状卵形；花萼黄绿色，裂片卵形；花冠盘状；花瓣 4 个，白色，倒卵形雄蕊 25~28 枚；子房下位；花柱先端 4 裂，长 4~5 mm，纤细，柱头棒形或槌形。花期 5~7 月，果期 8~10 月。

半阴性，能耐强光照，适应性强，生于海拔 700~900 m 山坡杂木林中或灌丛中。产于内蒙古、辽宁、河北、河南、山西、陕西、湖北等省区。

6. 齿叶溲（sōu）疏（图Ⅱ-28.4）

灌木；老枝灰色。叶纸质，卵形或卵状披针形，长 5~8 cm，宽 1~3 cm，先端渐尖或急渐尖，基部圆形或阔楔形，边缘具细圆齿，稍背卷，上面疏被 4~5 辐线星状毛，下面被稍密 10~15 辐线星状毛，叶柄长 3~8 mm，疏被星状毛。圆锥花序长 5~10 cm，直径3~6 cm，多花，疏被星状毛；花梗长 3~5 mm；萼筒杯状，裂片卵形，与花梗和萼筒均密被黄褐色星状毛；花瓣白色，狭椭圆形，外面被星状毛；花丝先端 2 短齿；花药长圆形，具短柄，从花丝裂齿间伸出；花柱 3（~4）个。蒴果半球形。花期 4~5 月，果期8~10 月。

图Ⅱ-28.4　齿叶溲疏

喜光，稍耐阴，较耐寒，喜微酸性，中性土壤。原产日本。安徽（黄山、九华山）、湖北（通山）、江苏（南京）、山东（青岛）、浙江（天目山）、江西（庐山）、福建（厦门）、云南（昆明）等地曾栽培。

二九、海桐花科

乔木或灌木。单叶互生或轮生，近革质，无托叶，伞形花序或聚伞花序，再排为圆锥状，有时花单生。花常两性，萼片5片，花瓣5个，雄蕊5枚，花丝短，子房上位，1室或2至5室，胚珠多数，花柱1个。蒴果或浆果。

1. 海桐（图Ⅱ-29.1）

常绿灌木或小乔木，高达6 m，枝近轮生。叶聚生枝端，革质，光亮，狭倒卵形，长5~12 cm，宽1~3 cm，先端圆形或微凹，全缘，无毛；叶柄长3~7 mm。花序近伞形，被黄褐色短毛；花梗长1~2 cm；苞片披针形，小苞片均被褐毛。花白色或带黄绿色；萼片卵形，被柔毛；花瓣倒披针形，长约1.2 cm，子房长卵形，密被柔毛，侧膜胎座3个，胚珠多数，2列着生于胎座中段。蒴果近球形，长约1.5 cm，3瓣裂；果瓣木质，厚约3 mm。种子暗红色，生于胎座中部。

图Ⅱ-29.1　海桐

对土壤的适应性强，在黏土、沙土及轻盐碱土中均能正常生长。分布于长江以南滨海各省，内地多为栽培供观赏。

2. 崖花子　菱叶海桐

常绿灌木，叶簇生于枝顶，硬革质，倒卵形或菱形，长5~8 cm，宽2.5~3.5 cm，上面深绿色，发亮，下面初时有白毛，不久变秃净；侧脉7~8对，在上面明显，在下面稍突起；叶柄长5~8 mm。花单生或数朵呈伞形状，花梗纤细；萼片卵形，边缘有睫毛；花瓣倒披针形，长8 mm；雄蕊长6 mm；子房被褐毛，卵圆形，侧膜胎座2个。蒴果短椭圆形。

分布于河南、湖北、四川、陕西、甘肃、云南及贵州等省。

三〇、金缕梅科

乔木或灌木，具星状毛。叶常互生，有托叶。花杂性或单性同株，集为头状、穗状或总状花序；萼筒檐部平截或4~5裂；花瓣4~5个或无，雄蕊4~5枚或多数；子房上位或半下位，具2个心皮，2室，花柱2个，先端细而弯曲。蒴果，果皮木质。

1. 枫香树（图Ⅱ-30.1）

乔木，高达40 m，小枝有柔毛。叶薄革质，叶宽卵形，长6~12 cm，掌状3裂，裂片三角形或卵状三角形，先端渐尖，基部心形，边缘有锯齿，上面绿色，下面有毛或变无毛，掌状脉3~5条，边缘有锯齿，齿尖有腺状突；叶柄长达11 cm，常有短柔毛；托叶线形，红褐色，被毛。花单性同株；雄花序为柔荑花序，无花被，雄蕊多数；雌花序头状；雌花萼齿5个，钻形，长达8 mm，无花瓣，子房半下位，花柱长6~10 mm，先端常卷曲，胚珠多数。球状果序直径2.5~4.5 cm。

图Ⅱ-30.1　枫香树

性喜阳光，多生于平地，村落附近，以及低山的次生林。产于我国秦岭及淮河以南各省，北起河南、山东，东至台湾，西至四川、云南及西藏，南至广东均有分布。

2. 檵（jì）木（图Ⅱ-30.2）

落叶灌木或小乔木，小枝有褐锈色星状毛。叶革质，卵形，长 2~5 cm，宽 1.5~2.5 cm，先端锐尖，基部钝，不对称，全缘，下面密生星状柔毛，羽状脉，侧脉 5 对；叶柄长 2~5 mm，有星毛；托叶膜质，三角状披针形。花两样，簇生；苞片线形；萼筒有星状毛，萼齿 4 个；花瓣 4 个，白色，条形，长 1~2 cm；雄蕊 4 枚，药隔突出成角状；退化雄蕊 4 枚，鳞片状，与雄蕊互生；子房完全下位，被星毛，2 室，每室胚珠 1 个。蒴果木质，有星状毛，2 瓣裂。花期 3~4 月。

图Ⅱ-30.2 檵木

喜生于向阳的丘陵及山地，亦常出现在马尾松林及杉林下。分布于我国中部、南部及西南各省。

3. 金缕梅 木里香

落叶灌木或小乔木，高达 8 m。叶纸质或薄革质，阔倒卵圆形，长 8~15 cm，宽 6~10 cm，先端短急尖，基部不等侧心形，上面稍粗糙，有稀疏星状毛，不发亮，下面密生灰色星状绒毛；边缘有波状钝齿；叶柄长 6~10 mm，被绒毛，托叶早落。头状或短穗状花序腋生，有花数朵，苞片卵形，花序柄短；萼筒短，与子房合生，萼齿卵形，均被星状绒毛；花瓣带状，黄白色；雄蕊 4 枚；退化雄蕊 4 枚，先端平截；子房有绒毛。蒴果卵圆形。花期 5 月。

喜光，但幼年阶段较耐阴，能在半阴条件下生长。对土壤要求不严，在酸性、中性土壤中都能生长，生于中海拔的次生林或灌丛。产于四川、湖北、安徽、浙江、江西、湖南及广西等省区。

4. 牛鼻栓

落叶灌木，高达 3 m。叶膜质，倒卵形或椭圆状倒卵形，长 7~16 cm，宽达 10 cm，先端渐尖，基部圆形或平截，边缘具波状齿突，下面仅在脉上有较密长毛，侧脉 6~10 对。两性花与雄花同株；两性花的总状花序长 4~6 cm；花序柄、花序轴均有绒毛；萼筒无毛，萼齿 5 个，花瓣 5 片，钻形，较萼齿短；雄花排为柔荑花序。蒴果木质卵形，无毛，长约 1.5 cm，具明显小瘤状皮孔。

分布于陕西、河南、四川、湖北、安徽、江苏、江西及浙江等省。

5. 蚊母树 米心树

常绿灌木或小乔木，小枝和芽生垢状鳞片。叶革质，椭圆形或倒卵形，长 3~7 cm，宽 1.5~3 cm，先端圆钝，基部阔楔形，侧脉 5~6 对，全缘，无毛，叶柄略有鳞垢。托叶细小。总状花序长约 2 cm；总苞 2~3 片，卵形，有鳞垢；苞片披针形；萼筒短，萼齿不等大，有鳞毛；无花瓣；雄蕊 5~6 枚；子房上位，被星状毛；花柱 2 个，长 6~7 mm。蒴果卵球形，密生星状毛。

喜温暖湿润气候，耐寒性不强。对土壤要求不严，酸性、中性土壤均能适应。分布于福建、浙江、台湾、广东、海南等省。

三一、杜仲科

科的特征同种的特征。

1. 杜仲（图Ⅱ-31.1）

落叶乔木，高达 20 m，树皮灰白，皮和叶折断均有银白色胶状细丝，枝具片状髓。单叶互生，薄革质，椭圆形或椭圆状卵形，长 6~18 cm，宽 3~7.5 cm，边缘有锯齿，下面脉上有毛；叶柄长 1~2 cm，上面有槽，被散生长毛。花雌雄异株；苞片倒卵状匙形，长 6~8 mm，顶端圆形，边缘有睫毛；无花被，常先叶开放。雄花序头状，雄蕊 6~10 枚；子房扁，长椭圆形，柱头 2 叉状。翅果狭椭圆形，长约3.5 cm。早春开花，秋后果实成熟。

杜仲喜温暖湿润气候和阳光充足的环境，能耐严寒，成株在-30 ℃的条件下可正常生存，适应性很强，对土壤没有严格选择，生长于海拔300~500 m的低山、谷地或低坡的疏林里。分布于陕西、甘肃、河南、湖北、四川、云南、贵州、湖南及浙江等省，现各地广泛栽培。

图Ⅱ-31.1 杜仲

三二、悬铃木科

落叶乔木，幼枝和叶均被星状毛；树皮片状剥落。叶互生，掌状分裂，叶柄基部扩大呈锥形包裹腋芽（柄下芽）；托叶发达，膜质，早落。头状花序单性同株；雄花具萼筒，花瓣3~7片，甚小，雄蕊3~7枚，花丝短或无，药隔盾状（先端膨大而成）。雌花的萼片或萼裂片3~5片，无花瓣；心皮5~9个，离生，顶端不完全合生，每心皮胚珠1（2）颗。瘦果具毛；果序球形，具长柄，下垂。

1. 二球悬铃木 英国梧桐

落叶乔木，高达30 m。枝条开展，树冠广阔，树皮灰绿，不规则片状剥落。叶五角形，长9~15 cm，宽9~17 cm，5~7掌状深裂，裂片边缘疏生牙齿，幼时密生星状毛，后变无毛，具离基三出脉；托叶长约1.5 cm，基部鞘状，上部开裂。花序球形，通常2个，稀1或3个排成一串；雄花的萼片卵形，被毛；花瓣矩圆形，长为萼片的2倍；雄蕊比花瓣长，盾形药隔有毛。聚花果球形，直径2.5~3.5 cm，坚果长约9 mm，基部生长毛。

喜光，不耐阴，对土壤要求不严，耐干旱、瘠薄，亦耐湿。本种是三球悬铃木与一球悬铃木的杂交种，久经栽培，我国东北、华中及华南地区均有引种。

2. 一球悬铃木 美国梧桐

落叶大乔木。叶大、阔卵形，通常3浅裂，稀为5浅裂，宽10~22 cm；基部截形，阔心形，或稍呈楔形；裂片短三角形；掌状脉3条；叶柄长4~7 cm，密被绒毛；托叶较大，长2~3 cm，基部鞘状，上部扩大成喇叭形。花通常4~6数，单性，聚成圆球形头状花序。萼片短小；花瓣比萼片长4~5倍；花丝极短，花药伸长，盾状药隔无毛；心皮4~6个，花柱伸长，较花瓣长。头状果序圆球形，小坚果先端钝。

喜温暖湿润气候，阳性速生树种，抗性强，能适应城市街道透气性差的土壤条件，对土壤要求不严，以湿润肥沃的微酸性或中性壤土生长最盛。

广泛被引种我国北部及中部地区。

三三、蔷薇科

草本、灌木或乔木，有时为攀缘状藤本。叶互生，稀对生，常有托叶。花两性，常具花筒（花被基部合生或花托凹陷而成），花被片生于花筒上缘；萼片4~5片，有时具副萼片；花瓣4~5个或缺如；雄蕊多数，稀5枚或10枚；子房由1至多数分离或合生的心皮组成，上位或下位。瘦果、蓇葖果、核果或梨果，稀蒴果；种子无胚乳。

1. 粉花绣线菊 日本绣线菊

直立灌木，高达1.5 m。叶片卵形至卵状椭圆形，先端急尖至短渐尖，基部楔形，边缘有缺刻状重锯齿或单锯齿，上面暗绿色，无毛或沿叶脉微具短柔毛，下面色浅或有白霜，叶柄长1~3 mm，具短柔毛。复伞房花序，花朵密集，密被短柔毛；苞片披针形至线状披针形，下面微被柔毛；花萼外面有稀疏短柔毛，萼筒钟状，内面有短柔毛，萼片三角形；花瓣卵形至圆形，粉红色；雄蕊 25~30 枚，远较花瓣长；花盘圆环形，约有 10 个不整齐的裂片。蓇葖果半开张，无毛或沿腹缝有稀疏柔毛。花期 6~7 月，果期 8~9 月。

喜光，阳光充足则开花量大，耐半阴，耐寒性强。原产日本、朝鲜，我国各地栽培供观赏。

2. 华北绣线菊　弗氏绣线菊

灌木，高达 2 m。小枝浅褐色至紫褐色，具棱角。叶椭圆状卵形或椭圆状长圆形，长 3~8 cm，宽 1.5~3.5 cm，先端急尖或短渐尖，基部宽楔形或圆形，边缘具不整齐锯齿，下面浅绿色，被短柔毛。复伞房花序生于当年生新枝上，无毛；苞片披针形或线形，微被短柔毛；萼筒钟状，内面密被短柔毛；萼片三角形，先端急尖，内面近先端有短柔毛；花白色，直径 5~6 mm；雄蕊 25~30 枚，长于花瓣；花盘圆环状，有 8~10 个大小不等的裂片，裂片先端微凹。蓇葖果成熟时直立，宿存萼片反折。花期 6 月，果期 7~8 月。

生于海拔 100~1 000 m 的岩石坡地、山谷丛林间。产于河南、陕西、山东、江苏、浙江等省。

3. 麻叶绣线菊　麻叶绣球（图Ⅱ-33.1）

灌木，高达 1.5 m。小枝拱形弯曲，无毛。伞形花序具多数花朵；花梗长 8~14 mm，无毛；花直径 5~7 mm；叶菱状披针形或菱状长圆形，长 3~5 cm，宽 1.5~2 cm，先端急尖，基部楔形，羽状脉，边缘近中部以上具缺刻状锯齿，两面无毛。伞形花序无毛，花梗长 8~14 mm；苞片线形；萼筒钟状，内面被短柔毛；萼片三角形或卵状三角形，内面微被短柔毛；花瓣白色；雄蕊 20~28 枚；花柱短于雄蕊。蓇葖果无毛，宿存萼片直立或开展。花期 4~5 月，果期 7~9 月。

图Ⅱ-33.1　麻叶绣线菊

性喜温暖和阳光充足的环境。稍耐寒、耐阴，较耐干旱，忌湿涝。产于广东、广西、福建、浙江、江西等省区。在河北、河南、山东、陕西、安徽、江苏、四川均有栽培。

4. 三裂绣线菊（图Ⅱ-33.2）

灌木，高达 2 m；小枝褐色，无毛。叶近圆形，长 1.7~3 cm，宽 1.5~3 cm，先端圆钝，常 3 裂，基部圆形至微心形，具明显掌状 3 或 5 条出脉，两面无毛。伞形花序无毛，花梗长 8~13 mm；苞片线形或倒披针形，上部深裂成细裂片；萼筒钟状，内面有灰白色短柔毛；萼片三角形，内面具稀疏短柔毛；花瓣宽倒卵形，先端常微凹，白色；雄蕊 18~20 枚，比花瓣短；花盘约有 10 个大小不等的裂片，裂片先端微凹，排列成圆环形。蓇葖果开张，沿腹缝线有毛或无毛。花期 5~6 月，果期 7~8 月。

图Ⅱ-33.2　三裂绣线菊

生于海拔 450~2 400 m 的多岩石向阳坡地或灌木丛中。产于黑龙江、辽宁、内蒙古、山东、山西、河北、河南、安徽、陕西、甘肃等省区。

5. 中华绣线梅　华南梨

灌木，高达 2 m，小枝无毛。叶柄和叶片近无毛；叶片卵形或卵状长椭圆形，长 5~11 cm，宽 3~

6 cm，先端渐尖，基部圆形至近心形，边缘具重锯齿，常不规则浅裂；托叶线状披针形或卵状披针形，先端渐尖或急尖，全缘。总状花序顶生，长 4~9 cm。花梗长 3~10 mm；花淡粉色，直径 6~8 mm；花萼筒状，长 10~12 mm，裂片 5 片，三角形；花瓣倒卵形，淡粉色；雄蕊 10~15 枚，花丝不等长，着生于萼筒边缘，排成不规则的 2 轮。蓇葖果包藏于宿存萼筒内。花期 5~6 月，果期 8~9 月。

生于海拔 1 000~2 500 m 的山坡、山谷或沟边杂木林中。产于河南、陕西、甘肃、湖北、湖南、江西、广东、广西、四川、云南、贵州等省区。

6. 华北珍珠梅 吉氏珍珠梅（图Ⅱ-33. 3）

灌木，高达 3 m；小枝无毛。羽状复叶，小叶13~21 枚，对生，披针形至矩圆状披针形，长 4~7 cm，宽 1. 5~2 cm，边缘具尖锐重锯齿，两面无毛或脉腋有短柔毛，托叶膜质，线状披针形。圆锥花序顶生，分枝近直立，微被白粉；苞片线状披针形，先端渐尖，全缘；花密集，白色，直径 5~7 mm；萼筒浅钟状；萼片长圆形，先端圆钝或截形；雄蕊 20 枚，与花瓣近等长或稍短；花柱稍侧生。花期 6~7 月，果期 9~10 月。

中性树种，喜温暖湿润气候，喜光也稍耐阴，抗寒能力强，对土壤的要求不严，较耐干旱瘠薄，生于山坡阳处、杂木林中，海拔 200~1 300 m。产于河北、河南、山东、山西、陕西、甘肃、青海、内蒙古等省区。

图Ⅱ-33.3 华北珍珠梅

7. 华空木 中国小米空木（图Ⅱ-33. 4）

灌木，高达 1. 5 m。叶片卵形至长椭卵形，长 5~7 cm，宽 2~3 cm，先端渐尖，稀尾尖，基部近心形、圆形、稀宽楔形，边缘常浅裂并有重锯齿，托叶线状披针形至椭圆披针形，两面近于无毛。顶生疏松的圆锥花序；苞片小，披针形至线状披针形；萼筒杯状；萼片三角卵形；花瓣倒卵形，白色；雄蕊 10 枚，着生在萼筒边缘，较花瓣短约一半。蓇葖果近球形。花期 5 月，果期 7~8 月。

生于阔叶林边或灌木丛中，海拔 1 000~1 500 m。产于河南、湖北、江西、湖南、安徽、江苏、浙江、四川、广东、福建等省。

图Ⅱ-33.4 华空木

8. 白鹃梅（图Ⅱ-33. 5）

灌木，高 3~5 m。小枝红褐色或褐色，无毛。叶椭圆形、矩圆形至矩圆状倒卵形，长 3. 5~6. 5 cm，宽 1. 5~3. 5 cm，先端圆钝或急尖，基部楔形或宽楔形，全缘，稀中部以上有钝齿，两面无毛；叶柄长 5~15 mm。总状花序，花梗长 5~15 mm，无毛；苞片小，宽披针形；萼筒浅钟状；萼片宽三角形，先端急尖或钝，边缘有尖锐细锯齿，黄绿色；花直径 3~4. 5 cm，花瓣白色，倒卵形，基部具爪；雄蕊 15~20 枚，3~4 枚一束着生在花盘边缘，与花瓣对生。蒴果倒圆锥形。花期 5 月，果期 6~8 月。

图Ⅱ-33.5 白鹃梅

喜光，也耐半阴，适应性强，耐干旱瘠薄土壤，有一定耐寒性，生于山坡阴地，海拔 250~

500 m。产于河南、江西、江苏、浙江等省。

9. 水栒子

落叶灌木，高达 4 m。小枝红褐色或棕褐色，无毛。叶卵形，长 2~5 cm，宽 1.5~3 cm，先端急尖或钝，基部宽楔形至圆形，全缘，成叶无毛；叶柄长 3~8 mm；托叶线形，疏生柔毛。聚伞花序；花白色，直径 10~12 mm，无毛；花梗长 4~6 mm；苞片线形；萼筒钟状；萼片三角形，先端急尖；花瓣近圆形，平展，基部有短爪，内面基部有白色细柔毛，白色。梨果近球形，红色。花期 5~6 月，果期 8~9 月。

生于沟谷、山坡杂木林中，海拔 1 200~3 500 m。产于黑龙江、辽宁、内蒙古、河北、山西、河南、陕西、甘肃、青海、新疆、四川、云南、西藏等省区。

10. 灰栒子

落叶灌木，高达 4 m。小枝细，棕褐色。叶椭圆状卵形至长圆状卵形，长 2.5~5 cm，宽 1.2~2 cm，先端急尖，基部宽楔形，全缘，两面疏生柔毛；叶柄长 2~5 mm，具短柔毛；托叶线状披针形。聚伞花序，总花梗和花梗被长柔毛；苞片线状披针形，微具柔毛；花白色带红晕，直径 7~8 mm；萼筒钟状或短筒状，萼外被短柔毛；萼片三角形，外面具短柔毛，内面先端微具柔毛；花瓣直立，宽倒卵形或长圆形。梨果椭圆形，直径 7~8 mm，黑色。花期 5~6 月，果期 9~10 月。

生于山坡、山麓、山沟及丛林中，海拔 1 400~3 700 m。产于内蒙古、河北、山西、河南、湖北、陕西、甘肃、青海、西藏等省区。

11. 西北栒子　杂氏灰栒子、土兰条（图Ⅱ-33.6）

落叶灌木，高约 2 m。小枝深红褐色，幼时密被灰黄色柔毛。叶椭圆形至卵形，长 1.2~3 cm，宽 1~2 cm，先端圆钝，基部圆形或宽楔形，全缘，上面有疏柔毛，下面密被黄灰色绒毛；叶柄长 1~3 mm，有绒毛；托叶披针形，有毛。聚伞花序有柔毛；总花梗和花梗被柔毛；花淡红色，直径 5~7 mm；萼筒钟状，外面被柔毛；萼片三角形，先端稍钝或具短尖头，外面具柔毛。梨果倒卵形，直径 7~8 mm，鲜红色，有 2 个小核。花期 5~6 月，果期 8~9 月。

图Ⅱ-33.6　西北栒子

生于石灰岩山地、山坡阴处、沟谷边、灌木丛中，海拔 800~2 500 m。产于河北、山西、山东、河南、陕西、甘肃、宁夏、青海、湖北、湖南等省区。

12. 火棘　火把果（图Ⅱ-33.7）

常绿灌木。高约 3 m；侧枝短，先端具刺，小枝暗褐色。叶倒卵形或倒卵状长圆形，长 1.5~6 cm，宽 0.5~2 cm，先端圆钝或微凹，基部楔形，下延连于叶柄，边缘有圆钝锯齿，两面无毛。复伞房花序；花白色，直径约 10 mm；萼筒钟状，裂片三角状卵形；花瓣圆形；雄蕊 20 枚，花丝长 3~4 mm，花药黄色；花柱 5 个，离生，与雄蕊等长，子房上部密生白色柔毛。梨果近球形，直径约5 mm。花期 3~5 月，果期 8~11 月。

图Ⅱ-33.7　火棘

喜强光，耐贫瘠，抗干旱，不耐寒，对土壤要求不严，生于山地、丘陵地阳坡灌丛草地及河沟路旁，海拔 500~2 800 m。产于陕西、河南、江苏、浙江、福建、湖北、湖南、广西、贵州、云南、四川、西藏等省区。

13. 山楂 山里红（图Ⅱ-33.8）

落叶灌木，高达 6m。小枝紫褐色，近无毛，有刺或无刺。叶宽卵形或三角状卵形，长 5~10 cm，宽 4~7.5 cm，羽状深裂；裂片 3~5 对，具尖锐重锯齿，侧脉延伸至裂片先端或裂片分裂处，下面沿脉有疏柔毛；叶柄长 2~6 cm；托叶草质，镰形，边缘有锯齿。伞房花序多花，有柔毛；苞片膜质，线状披针形；花白色，直径约 15 mm；萼筒钟状，外面密被灰白色柔毛；萼片三角卵形至披针形，先端渐尖，约与萼筒等长；雄蕊 20 枚，短于花瓣，花药粉红色；花柱 3~5 个，基部被柔毛，柱头头状。梨果近球形，直径 1~1.5 mm，红色。花期 5~6 月，果期 9~10 月。

图Ⅱ-33.8 山楂

喜凉爽，湿润的环境，即耐寒又耐高温，对土壤要求不严格，生于山坡林边或灌木丛中。产于黑龙江、吉林、辽宁、内蒙古、河北、河南、山东、山西、陕西、江苏等省区。

14. 野山楂

落叶灌木，高达 5 m。枝常具细刺。叶宽倒卵形至倒卵状长圆形，长 2~6 cm，宽 1~4.5 cm，基部楔形，上部有缺刻或数个浅裂片，边缘具尖锐重锯齿；叶柄两侧有叶翼；托叶大型，草质，镰刀状，边缘有齿。伞形花序，总花梗和花梗均有柔毛；苞片草质，披针形，条裂或有锯齿；萼筒钟状，外被长柔毛，萼片三角卵形，约与萼筒等长，先端尾状渐尖，内外两面均具柔毛；花瓣近圆形或倒卵形，白色，基部有短爪；雄蕊 20 枚；花药红色；花柱 4~5 个，基部被绒毛。梨果直径 10~12 mm，红或黄色。花期 5~6 月，果期 9~11 月。

生于山谷、多石湿地或山地灌木丛中，海拔 250~2 000 m。产于河南、湖北、江西、湖南、安徽、江苏、浙江、云南、贵州、广东、广西、福建等省区。

15. 石楠

常绿灌木或小乔木，高达 6 m。小枝灰褐色。叶革质，长椭圆形、长倒卵形或倒卵状椭圆形，长 9~22 cm，宽 3~6.5 cm，无毛，边缘疏生带腺细锯齿；叶柄长 2~4 cm。复伞房花序；萼筒杯状；萼片阔三角形；花瓣白色，近圆形，直径 3~4 mm，内外两面皆无毛；雄蕊 20 枚，外轮较花瓣长，内轮较花瓣短，花药带紫色；花柱 2 个，有时为 3 个，基部合生，柱头头状，子房顶端有柔毛。梨果直径 5~6 mm，红色或紫褐色。花期 4~5 月，果期 10 月。

喜光稍耐阴，深根性，对土壤要求不严，生于海拔 1 000~2 500 m 的杂木林中。产于陕西、甘肃、河南、江苏、安徽、浙江、江西、湖南、湖北、福建、台湾、广东、广西、四川、云南、贵州等省区。

16. 光叶石楠 红檬子（图Ⅱ-33.9）

常绿乔木。叶片革质，幼时及老时皆呈红色，椭圆形、长圆形或长圆倒卵形，长 5~9 cm，宽 2~4 cm，先端渐尖，基部楔形，边缘有疏生浅钝细锯齿；叶柄长 1~1.5 cm。花多数，成顶生复伞房花序，直径 5~10 cm；萼筒杯状；萼片三角形；花瓣白色，反卷，倒卵形，长约 3 mm，先端圆钝，内面近基部有白色绒毛，基部有短爪；雄蕊 20 枚；花柱 2 个，稀为 3 个，柱头头状，子房顶端有柔毛。果实卵形，红色，无毛。花期

图Ⅱ-33.9 光叶石楠

4~5 月，果期 9~10 月。

喜温暖湿润的气候，抗寒力不强，喜光也耐阴，对土壤要求不严，生于山坡杂木林中，海拔 500~800 m。产于安徽、江苏、浙江、江西、湖南、湖北、福建、广东、广西、四川、云南、贵州等省区。

17. 中华石楠

落叶灌木或小乔木，高达 10 m。小枝紫褐色，无毛。叶纸质，矩圆形，倒卵状矩圆形或卵状披针形，长 5~10 cm，宽 2~4.5 cm，边缘有具腺的疏锯齿，侧脉 9~14 对，下面沿中脉疏生柔毛；叶柄长 5~10 mm，有微柔毛。复伞房花序，无毛，总花梗和花梗果期密生明显的疣点；花白色，直径 5~7 mm；萼筒杯状，外面微有毛；萼片三角卵形，长 1 mm 雄蕊 20 枚；花柱 2~3 个，基部合生。梨果直径 5~6 mm，紫红色。花期 5 月，果期 7~8 月。

生于山坡或山谷林下，海拔 1 000~1 700 m。产于陕西、河南、江苏、安徽、浙江、江西、湖南、湖北、四川、云南、贵州、广东、广西、福建等省区。

18. 枇杷　卢橘

常绿小乔木，高达 10 m。小枝粗壮，和花序、叶柄及叶下面均密被锈色或灰棕色绒毛。叶革质，披针形、倒卵形或椭圆状矩圆形，长 10~30 cm，宽 3~9 cm，先端急尖或短渐尖，基部楔形或渐狭为叶柄，边缘上部有疏锯齿，上面皱，下面密生灰棕色绒毛；托叶钻形，有毛。圆锥花序顶生，具多花；总花梗和花梗密生锈色绒毛；萼筒浅杯状，萼片三角卵形，先端急尖，萼筒及萼片外面有锈色绒毛；花瓣白色，基部具爪，有锈色绒毛；花柱 5 个，分离。梨果球形或矩圆形，直径 2~5 cm，黄色或橘黄色。花期 10~12 月，果期翌年 5~6 月。

喜光，稍耐阴，喜温暖气候和肥水湿润、排水良好的土壤。产于甘肃、陕西、河南、江苏、安徽、浙江、江西、湖北、湖南、四川、云南、贵州、广西、广东、福建、台湾等省区。

19. 水榆花楸　黄山榆、千筋树

乔木，高达 20 m。叶片卵形至椭圆卵形，长 5~10 cm，宽 3~6 cm，先端短渐尖，基部宽楔形至圆形，边缘有不整齐的尖锐重锯齿，有时微浅裂；叶柄长 1.5~3 cm。复伞房花序较疏松，具花 6~25 朵；萼筒钟状；萼片三角形，内面密被白色绒毛；花瓣卵形或近圆形，白色；雄蕊 20 枚，短于花瓣；花柱 2 个，短于雄蕊。果实椭圆形或卵形，红色或黄色。花期 5 月，果期 8~9 月。

生于海拔 500~2 300 m 的山坡、山沟或山顶混交林或灌木丛中。产于黑龙江、吉林、辽宁、河北、河南、陕西、甘肃、山东、安徽、湖北、江西、浙江、四川等省。

20. 湖北花楸　雪压花（图Ⅱ-33.10）

乔木，高 5~10 m。奇数羽状复叶，小叶片 4~8 对，长圆披针形或卵状披针形，先端急尖、圆钝或短渐尖，边缘有尖锐锯齿，托叶膜质，线状披针形，早落。复伞房花序具多数花朵；萼筒钟状；萼片三角形；花瓣卵形，白色；雄蕊 20 枚，长约为花瓣的 1/3；花柱 4~5 个，基部有灰白色柔毛，稍短于雄蕊或几与雄蕊等长。果实球形，白色，有时带粉红晕。花期 5~7 月，果期8~9 月。

图Ⅱ-33.10　湖北花楸

生于海拔 1 500~3 500 m 的高山阴坡或山沟密林内。产于湖北、江西、安徽、河南、山东、四川、贵州、陕西、甘肃、青海等省。

21. 木瓜　榠楂（图Ⅱ-33.11）

灌木或小乔木，高达 5 m。枝无刺。叶椭圆状卵形或椭圆状矩圆形，长 5~8 cm，宽 3.5~5.5 cm，边缘具刺芒状腺锯齿，幼时被绒毛；叶柄长 5~10 mm，微被柔毛，有腺体；托叶膜质，卵状披针形，边缘具腺齿。花单生叶腋，叶后开放，粉红色，直径 2.5~3 cm；萼筒钟状外面无毛；萼片三角披针

形，先端渐尖，边缘有腺齿，内面密被浅褐色绒毛，雄蕊多数，长不及花瓣之半；花柱3~5个，基部合生，被柔毛，柱头头状。梨果长椭圆形，长10~15 cm，暗黄色，木质，种子多数。花期4月，果期9~10月。

对土质要求不严，但在土层深厚、疏松肥沃、排水良好的沙质土壤中生长较好，喜温暖环境。产于山东、河南、陕西、湖北、江西、安徽、江苏、浙江、广东、广西等省区。

图Ⅱ-33.11　木瓜

22. 日本木瓜　倭海棠

矮灌木，高约1 m。叶片倒卵形、匙形至宽卵形，长3~5 cm，宽2~3 cm，先端圆钝，稀微有急尖，基部楔形或宽楔形，边缘有圆钝锯齿；叶柄长约5 mm；托叶肾形有圆齿。花3~5朵簇生；萼筒钟状；萼片卵形，稀半圆形，内面基部有褐色短柔毛和睫毛；花瓣倒卵形或近圆形，基部延伸成短爪，砖红色；雄蕊40~60枚，长约花瓣之半；花柱5个，基部合生，柱头头状，有不显明分裂，约与雄蕊等长。果实近球形，黄色。花期3~6月，果期8~10月。

陕西、江苏、浙江庭园习见栽培。

23. 杜梨　棠梨

乔木，高达10 m；枝常有刺。小枝紫褐色，幼枝、花序和叶均被灰白色绒毛。叶菱状卵形或长卵形，长4~8 cm，宽2.5~3.5 cm，基部楔形或宽楔形，边缘具尖锐锯齿；叶柄长2~3 cm；托叶肾形有圆齿。伞形总状花序，花白色；萼筒钟状；萼片卵形，长4~5 mm，比萼筒约短一半，先端急尖或圆钝，内面基部有褐色短柔毛和睫毛；花瓣倒卵形或近圆形，基部延伸成短爪，长约2 cm，宽约1.5 cm，砖红色；雄蕊40~60枚，长约花瓣之半；花柱5个，基部合生。梨果直径5~10 mm，褐色，无宿存萼片。花期3~6月，果期8~10月。

适生性强，喜光，耐寒，耐旱，耐涝，耐瘠薄，在中性土及盐碱土均能正常生长。原产日本。我国陕西、江苏、浙江庭园习见栽培。

24. 豆梨　糖梨

乔木，高5~8 m。叶片宽卵形至卵形，稀长椭卵形，先端渐尖，稀短尖，基部圆形至宽楔形，边缘有钝锯齿，两面无毛；叶柄长2~4 cm；托叶叶质，线状披针形。伞形总状花序，具花6~12朵；苞片膜质，线状披针形，长8~13 mm，内面具绒毛；萼片披针形，内面具绒毛，边缘较密；花瓣卵形，白色，基部具短爪；雄蕊20枚，稍短于花瓣；花柱2个，稀3个，基部无毛。梨果球形，黑褐色，有斑点。花期4月，果期8~9月。

喜温暖潮湿气候，生于海拔80~1 800 m的山坡、平原或山谷杂木林中。产于山东、河南、江苏、浙江、江西、安徽、湖北、湖南、福建、广东、广西等省区。

25. 苹果　西洋苹果（图Ⅱ-33.12）

乔木，高可达15 m。叶片椭圆形、卵形至宽椭圆形，先端急尖，基部宽楔形或圆形，边缘具有圆钝锯齿；叶柄粗壮，长1.5~3 cm，被短柔毛；托叶草质，披针形，先端渐尖，密被短柔毛。伞房花序，具花3~7朵，集生于小枝顶端，花直径3~4 cm，密被绒毛；萼筒外面密被绒毛；萼片三角披针形或三角卵形，内外两面均密被绒毛；花瓣倒卵形，白色，含苞未放时带粉红色。果实扁球形。花期5月，果期7~10月。

图Ⅱ-33.12　苹果

苹果能够适应大多数的气候。南北纬35°~50°是苹果生长的最佳选择。生于山坡梯田、平原旷野以及黄土丘陵等处，海拔50~2 500 m。辽宁、河北、河南、山西、山东、陕西、甘肃、四川、云南、西藏等省区常见栽培。

26. 海棠花 海棠

乔木，高达8 m；小枝粗壮，老时红褐色或紫色。叶椭圆形或长椭圆形，长5~8 cm，宽2~3 cm，先端急尖或短渐尖，基部宽楔形至近圆形，边缘有紧贴细锯齿；叶柄长1.5~2 cm，具短柔毛；托叶膜质，窄披针形，先端渐尖，内面具长柔毛。花序近伞形，花梗长2~3 cm，具柔毛；苞片膜质，披针形；花白色至粉红色；萼片三角状卵形，先端急尖，内面密被白色绒毛，较萼筒稍短；花瓣卵形，白色，基部有短爪，在芽中呈粉红色；果实近球形，黄色。花期4~5月，果期8~9月。

喜阳光，不耐阴，忌水湿。海棠花极为耐寒，对严寒及干旱气候有较强的适应性，生于平原或山地，海拔50~2 000 m。产于河北、河南、山东、陕西、江苏、浙江、云南等省。

27. 西府海棠 海红

小乔木。叶片长椭圆形或椭圆形，先端急尖或渐尖，基部楔形稀近圆形，边缘有尖锐锯齿；叶柄长2~3.5 cm；托叶膜质，线状披针形，边缘有疏生腺齿，早落。伞形总状花序，有花4~7朵，集生于小枝顶端，花直径约4 cm；萼筒外面密被白色长绒毛；萼片三角卵形，三角披针形至长卵形；花瓣近圆形或长椭圆形，基部有短爪，粉红色；雄蕊约20枚；花柱5个，基部具绒毛，约与雄蕊等长。果实近球形，红色。花期4~5月，果期8~9月。

喜光，耐寒，忌水涝，较耐干旱。生于海拔100~2 400 m。产于辽宁、河北、河南、山西、山东、陕西、甘肃、云南等省。

28. 棣（dì）棠花 鸡蛋黄花（图Ⅱ-33.13）

灌木，高达2 m。小枝绿色，无毛。叶互生，卵形或三角状卵形，长2~8 cm，宽1.2~3 cm，先端渐尖，基部截形或近圆形，边缘有重锯齿；叶柄长5~15 mm；托叶膜质，带状披针形，有缘毛，早落。花单生于侧枝顶，花梗长8~20 mm；花径3~4.5 cm；萼筒浅盘状，裂片5片；萼片卵状椭圆形，顶端急尖；花瓣5枚，黄色，顶端下凹，比萼片长1~4倍；雄蕊多数；心皮5~8个。瘦果黑色。花期4~6月，果期6~8月。

图Ⅱ-33.13 棣棠花

喜温暖湿润和半阴环境，耐寒性较差，对土壤要求不严，以肥沃、疏松的沙壤土生长最好。生山坡灌丛中，海拔200~3 000 m。产于甘肃、陕西、山东、河南、湖北、江苏、安徽、浙江、福建、江西、湖南、四川、贵州、云南等省。

29. 高粱泡 蓬蘽

半常绿蔓生灌木，茎散生钩状皮刺。单叶，卵形或矩圆状卵形，长5~10 cm，宽4~9 cm，先端渐尖，基部心形，边缘具细锯齿，常波状浅裂，两面疏生柔毛；叶柄长2~4（5）cm，有稀疏小皮刺；托叶离生，线状深裂，常脱落。圆锥花序；总花梗、花梗和花萼均被细柔毛；苞片与托叶相似；萼片卵状披针形；花白色，直径约1 cm；雄蕊多数，稍短于花瓣，花丝宽扁；雌蕊15~20枚。聚合瘦果卵状球形，红色。花期7~8月，果期9~11月。

生于低海拔山坡、山谷或路旁灌木丛中阴湿处或生于林缘及草坪。产于河南、湖北、湖南、安徽、江西、江苏、浙江、福建、台湾、广东、广西、云南等省区。

30. 茅莓 茅莓悬钩子（图Ⅱ-33.14）

落叶灌木。枝拱形弯曲，有短柔毛及倒生皮刺。羽状复叶，小叶3（5）枚；顶生小叶菱状卵形至宽倒卵形，侧小叶较小，宽倒卵形至楔状圆形，先端圆钝，上面伏生疏柔毛，下面密被灰白色绒毛，边缘浅裂且具不整齐粗锯齿；叶柄长2.5~5 cm，被柔毛和稀疏小皮刺；托叶线形，具柔毛。伞房状或短总状花序；总花梗和花梗密生绒毛；苞片线形，有柔毛；花萼外面密被柔毛和疏密不等的针刺；萼片卵状披针形或披针形；花瓣粉红至紫红色，基部具爪；雄蕊花丝白色；子房具柔毛。聚合果直径1.5~2 cm，红色。花期5~6月，果期7~8月。

图Ⅱ-33.14 茅莓

生于山坡杂木林下、向阳山谷、路旁或荒野，海拔400~2 600 m。产于黑龙江、吉林、辽宁、河北、河南、山西、陕西、甘肃、湖北、湖南、江西、安徽、山东、江苏、浙江、福建、台湾、广东、广西、四川、贵州等省区。

31. 路边青 水杨梅（图Ⅱ-33.15）

多年生草本，高达80 cm，全株密生长硬毛。基生叶羽状全裂或近羽状复叶，叶柄被粗硬毛；顶生小叶菱状卵形至圆形，长5~10 cm，宽3~10 cm，3裂或具缺刻，先端急尖，边缘具缺刻状大锯齿；侧生小叶1~3对，较小，并夹有小型叶片；茎生叶有小叶3~5枚。花单生茎顶，黄色，直径10~15 mm；萼片卵状三角形，顶端渐尖，副萼片狭小，披针形，比萼片短一半多，外面被短柔毛及长柔毛；花柱顶生，在上部1/4处扭曲。聚合果直径约1.5 cm，宿存花柱先端具长钩刺。花果期7~10月。

图Ⅱ-33.15 路边青

生于山坡草地、沟边、地边、河滩、林间隙地及林缘，海拔200~3 500 m。产于黑龙江、吉林、辽宁、内蒙古、山西、陕西、甘肃、新疆、山东、河南、湖北、四川、贵州、云南、西藏等省区。

32. 朝天委陵菜 铺地委陵菜（图Ⅱ-33.16）

一年或二年生草本，茎铺散或斜升，多分枝。羽状复叶，基生叶有小叶7~13枚；小叶矩圆形或倒卵形，长0.6~3 cm，宽4~15 mm，先端圆钝，边缘具缺刻状锯齿，下面近无毛，托叶膜质，褐色；茎生叶小叶较少，茎生叶托叶草质，绿色。下部花单生于叶腋，顶端呈伞房状聚伞花序；萼片三角卵形，副萼片长椭圆形或椭圆披针形，顶端急尖；花瓣黄色，倒卵形，顶端微凹；花柱近顶生，基部乳头状膨大，花柱扩大。瘦果卵形，黄褐色，腹面基部具海绵质附属物。花果期3~10月。

图Ⅱ-33.16 朝天委陵菜

生于田边、荒地、河岸沙地、草甸、山坡湿地，海拔100~2 000 m。产于黑龙江、吉林、辽宁、内蒙古、河北、山西、陕西、宁夏、甘肃、新疆、山东、河南、江苏、浙江、安徽、江西、湖北、湖南、广东、四川、贵州、云南、西藏等省区。

33. 翻白草　叶下白

多年生草本。羽状复叶；基生叶小叶5~9枚，革质，长圆形或长圆状披针形，边缘具圆钝锯齿，叶柄密被白色绵毛，托叶膜质，褐色；茎生叶常为三出复叶，下面密被白色或灰白色绵毛，托叶草质，绿色。聚伞花序；花梗长1~2.5 cm，外被绵毛；花直径1~2 cm；萼片三角状卵形，副萼片披针形，外面被白色绵毛；花瓣黄色；花柱近顶生，基部具乳头状膨大，柱头稍微扩大。花果期5~9月。

生于荒地、山谷、沟边、山坡草地、草甸及疏林下，海拔100~1 850 m。产于黑龙江、辽宁、内蒙古、河北、山西、陕西、山东、河南、江苏、安徽、浙江、江西、湖北、湖南、四川、福建、台湾、广东等省区。

34. 委陵菜

多年生草本，高达60 cm。间断羽状复叶（叶轴上小叶间生有小羽片），侧生小叶7~15对；小叶矩圆形，羽状浅裂至深裂，裂片三角形、三角状披针形或长圆状卵形，下面密生白色绒毛；基生叶托叶近膜质，褐色，外面被白色绢状长柔毛，茎生叶托叶草质，绿色，茎生叶托叶牙齿状分裂。聚伞花序，花序梗和花梗被白色绒毛或柔毛；苞片披针形；萼片三角卵形；花瓣黄色，宽倒卵形，顶端微凹，比萼片稍长；花柱近顶生，基部微扩大，柱头扩大。花果期4~10月。

生于山坡草地、沟谷、林缘、灌丛或疏林下，海拔400~3 200 m。产于黑龙江、吉林、辽宁、内蒙古、河北、山西、陕西、甘肃、山东、河南、江苏、安徽、江西、湖北、湖南、台湾、广东、广西、四川、贵州、云南、西藏等省区。

35. 草莓　凤梨草莓

多年生匍匐草本，全株密被棕黄色柔毛。三出复叶；小叶卵形或菱形，长3~7 cm，宽2~6 cm，先端圆钝，基部楔形，侧生小叶基部偏斜，边缘有粗锯齿；叶柄长2~8 cm，密被开展黄色柔毛。聚伞花序5~15朵花，花序下面具一短柄的小叶；花白色，直径约2 cm；萼片卵形，副萼片与萼片近等长，萼片果期紧贴果实；雄蕊20枚，不等长；雌蕊极多。聚合果肉质膨大，鲜红色。花期4~5月，果期6~7月。

原产南美，我国各地栽培。

36. 蛇莓　蛇泡草（图Ⅱ-33.17）

多年生匍匐草本。三出复叶；小叶菱状卵形或倒卵形，长1.5~3 cm，宽1.2~2 cm，边缘具钝锯齿；叶柄长1~5 cm，有柔毛；托叶窄卵形至宽披针形。花单生叶腋，黄色，直径1~1.8 cm；花梗长3~6 cm，有柔毛；萼片卵形，先端锐尖，外面有散生柔毛；副萼片叶质，常3（5）裂，较萼片甚大；雄蕊20~30枚；心皮多数，离生；花托在果期膨大为肉质扁球形，红色，有光泽，外面有长柔毛。花期6~8月，果期8~10月。

图Ⅱ-33.17　蛇莓

生于山坡、河岸、草地、潮湿的地方，海拔1 800 m以下。产于辽宁以南各省区。

37. 木香花　七里香（图Ⅱ-33.18）

攀缘灌木，高达6 m。羽状复叶；小叶3~5（7）枚，矩圆状卵形或矩圆状披针形，长2~6 cm，宽1~2.5 cm，先端急尖或钝，边缘有锐锯齿；小叶柄和叶轴有稀疏柔毛和散生小皮刺；托叶条形，边缘具腺齿，与叶柄离生。伞形花序，花白色或黄色，芳香，直径约2.5 cm；花梗长2~3 cm；萼片卵形，内面被白色柔毛；心皮多数，花柱离生，密被柔毛，比雄蕊短很多。花期4~5月。

生于溪边、路旁或山坡灌丛中，海拔500~1 300 m。产于四川、云南。

图Ⅱ-33.18　木香花

图Ⅱ-33.19　金樱子

38. 金樱子　山鸡头子（图Ⅱ-33.19）

常绿攀缘灌木，小叶革质，通常3枚，稀5枚，小叶片椭圆状卵形、倒卵形或披针状卵形，边缘有锐锯齿，长2~6 cm，宽1.2~3.5 cm；小叶柄和叶轴有皮刺和腺毛；托叶披针形，边缘有细齿，齿尖有腺体，早落。花单生于叶腋，直径5~7 cm；花梗长1.8~2.5 cm，花梗和萼筒密被腺毛，随果实成长变为针刺；萼片卵状披针形，常有刺毛和腺毛，内面密被柔毛，比花瓣稍短；花瓣白色，宽倒卵形；雄蕊多数；心皮多数，花柱离生，有毛，比雄蕊短很多。果梨形、倒卵形，稀近球形，紫褐色。花期4~6月，果期7~11月。

生于向阳的山野、田边、溪畔灌木丛中，海拔200~1 600 m。产于陕西、安徽、江西、江苏、浙江、湖北、湖南、广东、广西、台湾、福建、四川、云南、贵州等省区。

39. 野蔷薇

灌木，高达2 m。枝细长上升或蔓状，有皮刺。羽状复叶；小叶5~9枚，倒卵状圆形至矩圆形，长1.5~5 cm，宽0.8~3 cm，先端急尖或钝，边缘具锐锯齿，下面有柔毛；托叶与叶柄合生，篦齿状分裂且有腺毛。圆锥花序伞房状；花白色，花梗有柔毛和腺毛；萼片披针形，有时中部具2个线形裂片，内面有柔毛；花瓣白色，宽倒卵形，先端微凹，基部楔形；花柱结合成束，比雄蕊稍长。蔷薇果球形至卵形，褐红色。

产于江苏、山东、河南等省。

变种：粉团蔷薇（图Ⅱ-33.20）

花粉色至粉红色，单瓣，直径2~4 cm，花梗无毛或有腺。

图Ⅱ-33.20 粉团蔷薇

图Ⅱ-33.21 月季花

40. 月季花 月月红（图Ⅱ-33.21）

直立灌木。小叶3~5枚，稀7枚，小叶片宽卵形至卵状长圆形，长2.5~6 cm，宽1~3 cm，先端长渐尖或渐尖，基部近圆形或宽楔形，边缘有锐锯齿；顶生小叶片有柄，侧生小叶片近无柄，总叶柄较长，有散生皮刺和腺毛；托叶大部贴生于叶柄，仅顶端分离部分成耳状，边缘常有腺毛。花几朵集生，稀单生，萼片卵形；花瓣重瓣至半重瓣，红色、粉红色至白色，倒卵形；花柱离生，伸出萼筒口外，约与雄蕊等长。果卵球形或梨形，红色。花期4~9月，果期6~11月。

月季对气候、土壤要求虽不严格，但以疏松、肥沃、富含有机质、微酸性、排水良好的壤土较为适宜。性喜温暖、日照充足、空气流通的环境。原产中国，我国各地普遍栽培。

41. 钝叶蔷薇

灌木，高达2 m。枝具直立细皮刺。羽状复叶；小叶7~11枚，宽椭圆形或卵形，长6~20 mm，宽4~15 mm，先端圆钝或急尖，边缘具锐锯齿；小叶柄和叶轴有稀疏柔毛，腺毛和小皮刺；托叶宽大，大部与叶柄合生，边缘有腺毛。花单生或数朵排为伞房状；小苞片1~3片，苞片卵形，先端短渐尖，边缘有腺毛；花红色或红紫色；萼片卵状披针形，先端尾状；花瓣粉红色或玫瑰色，宽倒卵形，基部宽楔形，比萼片短；花柱离生，被柔毛，比雄蕊短。蔷薇果深红色。花期6月，果期8~10月。

多生于山坡、路旁、沟边或疏林中，海拔1 390~2 200 m。产于甘肃、陕西、山西、河南、安徽、江苏、浙江、江西、湖北、四川、云南等省。

42. 黄刺玫 黄刺莓

落叶灌木，高达3 m。小枝褐色，具基部宽扁的直皮刺。羽状复叶；小叶7~13枚，宽卵形或近圆形，长8~15 mm，宽约8 mm，先端圆钝，边缘有钝锯齿；叶柄和叶轴疏生小皮刺和柔毛；叶轴、叶柄有稀疏柔毛和小皮刺；托叶带状披针形，大部贴生于叶柄，离生部分呈耳状，边缘有锯齿和腺。花单生，重瓣或半重瓣，黄色，直径约4 cm；萼片披针形；花柱离生，被长柔毛，稍伸出萼筒口外部，比雄蕊短很多。果近球形，直径约1 cm，红褐色。花期4~6月，果期7~8月。

喜光，稍耐阴，耐寒力强。对土壤要求不严，耐干旱和瘠薄，在盐碱土中也能生长，以疏松、肥沃土地为佳。不耐水涝。东北、华北地区见栽培。

图Ⅱ-33.22 龙芽草

43. 龙芽草（图Ⅱ-33.22）

多年生草本，高达60 cm。茎疏被柔毛及短柔毛。间断羽状复叶；小叶5~7枚，椭圆状卵形或倒卵形，长3~6.5 cm，宽1~3 cm，边缘有锯齿，两面疏生柔毛，有显著腺点；托叶草质，绿色，镰形，顶端急尖或渐尖；茎下部托叶有时卵状披针形。穗状总状花序顶生；花黄色，直径 6~9 mm；花梗长 1~5 mm，被柔毛；萼筒先端生一圈钩状刺毛；萼片 5 枚，三角卵形；雄蕊 5（~8）~15 枚；花柱 2 个，丝状。聚合瘦果倒圆锥形，具宿存萼片。花果期 5~12 月。

生于溪边、路旁、草地、灌丛、林缘及疏林下，海拔100~3 800 m。我国南北各省区均产。

44. 地榆 黄爪香（图Ⅱ-33. 23）

多年生草本，高达 1.5 m。基生叶羽状复叶；小叶 2~5（7）对，卵形或矩圆状卵形，长 2~6 cm，宽 1~3 cm，先端急尖或钝，基部心形或微心形，边缘具圆锯齿，两面无毛；基生叶托叶膜质，褐色，茎生叶托叶大，草质，半卵形，外侧边缘有尖锐锯齿。穗状花序圆柱形，花极密集；苞片膜质，披针形；萼 4 裂，紫红色，背面被疏柔毛，中央微有纵棱脊，顶端常具短尖头；雄蕊 4 枚，花丝丝状；柱头顶端扩大，盘形，边缘具流苏状乳头。瘦果褐色包藏于宿存的萼内。花果期 7~10 月。

图Ⅱ-33.23 地榆

生于草原、草甸、山坡草地、灌丛中、疏林下，海拔 30~3 000 m。产于黑龙江、吉林、辽宁、内蒙古、河北、山西、陕西、甘肃、青海、新疆、山东、河南、江西、江苏、浙江、安徽、湖南、湖北、广西、四川、贵州、云南、西藏等省区。

45. 山桃 榹桃、山毛桃、野桃（图Ⅱ-33. 24）

落叶乔木，高达 10 m。小枝纤细，芽 2~3 个并立，中间为叶芽，两侧花芽。花先于叶开放，直径 2~3 cm；花梗极短或几无梗；花萼无毛；叶卵状披针形，长 6~10 cm，宽 2~4 cm，先端长渐尖，基部宽楔形，边缘有细锯齿，两面无毛；叶柄长 1~2 cm，常具腺体。花先叶开放，单生；萼筒钟形；萼片卵形至卵状长圆形，紫色，先端圆钝，裂片有细齿；花瓣倒卵形或近圆形，长 10~15 mm，宽 8~12 mm，粉红色，先端圆钝，稀微凹；雄蕊多数；子房被柔毛。核果近球形，果核两侧不为扁平。花期 3~4 月，果期 7~8 月。

喜光，耐寒，对土壤适应性强，耐干旱、瘠薄，怕涝。生于山坡、山谷沟底或荒野疏林及灌丛内，海拔 800~3 200 m。产于山东、河北、河南、山西、陕西、甘肃、四川、云南等地。

图Ⅱ-33.24 山桃

46. 榆叶梅

落叶灌木，高达 5 m。小枝褐色或紫褐色。短枝上的叶常簇生，一年生枝上的叶互生；叶近圆形、椭圆形至倒卵形，长 3~6 cm，宽 1.5~3 cm，先端常 3 裂，边缘具重锯齿，被短柔毛；叶柄长 5~10 mm，被短柔毛。花 1 朵或 2 朵腋生，粉红色，直径 2~3 cm，先叶开放；花梗长 4~8 mm；萼筒宽钟形；萼片卵形或卵状披针形，近先端疏生小锯齿；雄蕊 25~30 枚，短于花瓣；子房密被短柔毛。核果近球形，直径 10~15 mm，红色，具沟纹，被毛。花期 4~5 月，果期 5~7 月。

生于低至中海拔的坡地或沟旁的乔木、灌木林下或林缘。产于黑龙江、吉林、辽宁、内蒙古、河北、河南、山西、陕西、甘肃、山东、江西、江苏、浙江等省区。

47. 杏

乔木。叶片宽卵形或圆卵形，长 5~9 cm，宽 4~8 cm，先端急尖至短渐尖，基部圆形至近心形，叶边有圆钝锯齿；叶柄长 2~3.5 cm，基部常具 1~6 腺体。花单生；花梗短，长 1~3 mm，被短柔毛；萼片卵形至卵状长圆形，先端急尖或圆钝，花后反折；花瓣圆形至倒卵形，具短爪，白色或带红色；雄蕊 20~45 枚，稍短于花瓣；子房被短柔毛。果实球形，稀倒卵形。花期 3~4 月，果期 6~7 月。

杏为阳性树种，适应性强，深根性，喜光，耐旱，产于全国各地，多数为栽培，尤以华北、西北和华东地区种植较多。

48. 李

落叶乔木。叶片长圆倒卵形、长椭圆形，稀长圆卵形，长 6~8（~12）cm，宽 3~5 cm，先端渐尖、急尖或短尾尖，基部楔形，边缘有圆钝重锯齿；托叶膜质，线形，先端渐尖，边缘有腺体，早落；叶柄长 1~2 cm，有时在叶片基部边缘有腺体。花通常 3 朵并生；花梗 1~2 cm；萼筒钟状；花瓣白色，长圆倒卵形，先端啮蚀状，基部楔形，有明显带紫色脉纹，具短爪，着生在萼筒边缘，比萼筒长 2~3 倍；雌蕊 1 枚，柱头盘状。核果球形、卵球形或近圆锥形。花期 4 月，果期 7~8 月。

生于山坡灌丛中、山谷疏林中或水边、沟底、路旁等处，海拔 400~2 600 m。产于河南、陕西、甘肃、四川、云南、贵州、湖南、湖北、江苏、浙江、江西、福建、广东、广西和台湾等省区。

49. 紫叶李　樱李

灌木或小乔木。叶片椭圆形、卵形或倒卵形，极稀椭圆状披针形，长（2）3~6 cm，宽 2~4（6）cm，先端急尖，基部楔形或近圆形，边缘有圆钝锯齿；叶柄长 6~12 mm；托叶膜质，披针形，先端渐尖，边有带腺细锯齿，早落。花 1 朵，稀 2 朵；萼筒钟状，萼片长卵形，先端圆钝，边有疏浅锯齿；花瓣白色；长圆形或匙形，边缘波状，基部楔形，着生在萼筒边缘；雄蕊 25~30 枚，紧密地排成不规则 2 轮，比花瓣稍短；雌蕊 1 枚，心皮被长柔毛，柱头盘状。核果近球形或椭圆形。花期 4 月，果期 8 月。

生于山坡林中或多石砾的坡地以及峡谷水边等处，海拔 800~2 000 m。产于新疆，全国各地均有栽培。

50. 樱桃（图Ⅱ-33.25）

图Ⅱ-33.25　樱桃

乔木。叶片卵形或长圆状卵形，长 5~12 cm，宽 3~5 cm，先端渐尖或尾状渐尖，基部圆形，边有尖锐重锯齿，齿端有小腺体；叶柄被疏柔毛，先端有 1 个或 2 个大腺体；托叶早落，披针形，有羽裂腺齿。花序伞房状或近伞形；总苞倒卵状椭圆形，褐色，边有腺齿；花梗被疏柔毛；萼筒钟状，外面被疏柔毛，萼片三角卵圆形或卵状长圆形，先端急尖或钝；花瓣白色，卵圆形，先端下凹或二裂；雄蕊 30~35 枚；花柱与雄蕊近等长。核果近球形，红色。花期 3~4 月，果期 5~6 月。

樱桃是喜光、喜温、喜湿、喜肥的果树，土壤以土质疏松、土层深厚的沙壤土为佳。生于山坡阳处或沟边，常栽培，海拔 300~600 m。产于辽宁、河北、陕西、甘肃、山东、河南、江苏、浙江、江西、四川等省。

51. 山樱花

乔木，高达 25 m。叶卵形、椭圆形或矩圆状倒卵形，长 4~9 cm，宽 3~5 cm，先端渐尖，边缘有尖锐锯齿，齿尖呈刺芒状，两面无毛或下面中脉被短柔毛；叶柄长 1~1.5 cm，先端有 1~3 圆形腺体；托叶线形，边有腺齿，早落。花与叶同时开放；3 至 5 朵花组成有总柄的伞房状或总状花序；苞片褐色或淡绿褐色，边有腺齿；花梗及萼筒无毛；萼筒管状，萼片三角披针形；花瓣白色或粉红色；雄蕊约 38 枚。核果直径 6~8 mm，黑色。花期 4~5 月，果期 6~7 月。

生于山谷林中或栽培，海拔500~1 500 m。产于黑龙江、河北、山东、河南、江苏、浙江、安徽、江西、湖南、贵州等省。

52. 毛樱桃 山樱桃

灌木或小乔木，高约3 m。叶倒卵形、椭圆形或卵形，长4~7 cm，宽2~4 cm，先端急尖或短渐尖，边缘有锯齿，叶面皱，散生柔毛，下面密被绒毛，后渐变稀疏；叶柄长2~8 mm；托叶线形，被长柔毛。花1朵或2朵，先叶开放或与叶同时开放，直径1.5~2 cm；花梗长达2.5 mm；萼筒管状，长大于宽，裂片直立或开展；萼片三角卵形；花瓣白色或微带红色；花柱全部或基本有毛；雄蕊20~25枚。核果近球形，深红色。花期4~5月，果期6~9月。

生于山坡林中、林缘、灌丛中或草地，海拔100~3 200 m。产于黑龙江、吉林、辽宁、内蒙古、河北、河南、山西、陕西、甘肃、宁夏、青海、山东、四川、云南、西藏等省区。

53. 郁李

灌木，高约1.5 m。小枝纤细，灰白色。叶卵形或卵状披针形，长4~7 cm，宽2~3.5 cm，先端渐尖或急尖，基本圆形，边缘有尖锐重锯齿；叶柄长2~3 mm；托叶线形，边有腺齿。花、叶同时开放；花白色或粉红色，直径约15 mm；萼筒筒状，长宽近等，萼片花后反折，边有细齿；雄蕊约32枚；花柱与雄蕊近等长，花柱无毛。核果直径约1 cm，暗红色。花期5月，果期7~8月。

生于山坡林下、灌丛中或栽培，海拔100~200 m。产于黑龙江、吉林、辽宁、河北、河南、山东、浙江等省。

54. 欧李

灌木，高1~1.5 m。叶倒卵状长圆形或倒卵状披针形，长2.5~5 cm，宽1~2 cm，先端急尖或短渐尖，基部宽楔形，边缘有细密锯齿，无毛；叶柄长2~4 mm；托叶线形，长5~6 mm，边有腺体。花与叶同时开放，直径1~2 cm；花梗长5~10 mm，被稀疏短柔毛；萼筒筒状，裂片反折；花瓣白色或微带红色；雄蕊30~35枚；花柱与雄蕊近等长，花柱无毛。核果直径约15 mm，鲜红色。花期4~5月，果期6~10月。

生于阳坡沙地、山地灌丛中，或庭园栽培，海拔100~1 800 m。产于黑龙江、吉林、辽宁、内蒙古、河北、山东、河南等省区。

三四、豆科

该科营养体形态及花部构造特征类型多样，但叶互生，托叶发达；花萼或多或少具萼筒，子房上位，单心皮雌蕊；荚果，种子无胚乳等是其明显的识别特征。

1. 合欢 绒花树（图Ⅱ-34.1）

乔木，高达16 m，树冠开张。二回羽状复叶，总叶柄近基部及最顶一对羽片着生处各有1枚腺体；羽片4~12（20）对；小叶10~30对，线形至长圆形，长6~12 mm，宽1~4 mm；托叶线状披针形，较小叶小，早落。头状花序伞房状排列；花淡红色，辐射对称；花萼管状；雄蕊多数，花丝基部合生为单体，长25~40 mm。荚果条形，扁平，不开裂。花期6~7月，果期8~10月。

图Ⅱ-34.1 合欢

合欢喜温暖湿润和阳光充足环境，对气候和土壤适应性强，宜在排水良好、肥沃土壤生长，但也耐瘠薄土壤和干旱气候，但不耐水涝。生于山坡或栽培。产于我国东北至华南及西南部各省区。

2. 含羞草（图Ⅱ-34.2）

披散、亚灌木状草本。托叶披针形，长5~10 mm，有刚毛。羽片和小叶触之即闭合而下垂；羽片通常2对；小叶10~20对，线状长圆形，先端急尖，边缘具刚毛。头状花序圆球形；花小，淡红色，多数；苞片线形；花萼极小；花冠钟状，裂片4片，外面被短柔毛；雄蕊4枚，伸出于花冠之外；花柱丝状。荚果长圆形，具刺毛。花期3~10月，果期5~11月。

生于旷野荒地、灌木丛中。产于台湾、福建、广东、广西、云南等地。

图Ⅱ-34.2 含羞草

3. 皂荚 皂角

乔木，高达15 m，茎枝具粗壮分枝的长刺。羽状复叶簇生；小叶6~14枚，长卵形、长椭圆形至卵状披针形，长3~8 cm，宽1~3.5 cm，边缘有细密锯齿，无毛，上面网脉明显凸起；小叶柄长1~2（~5）mm，被短柔毛。总状花序，被短柔毛；花白色；雄花：深棕色，外面被柔毛；萼片4片，三角状披针形，两面被柔毛；花瓣4个，长圆形，被微柔毛；雄蕊8（6）枚；两性花：萼、花瓣与雄花相似；雄蕊8枚；子房缝线处的基部具柔毛；柱头浅2裂。荚果肥厚，茎直或稍呈猪牙状。花期3~5月，果期5~12月。

性喜光而稍耐阴，喜温暖湿润的气候及深厚肥沃适当的湿润土壤，但对土壤要求不严，在石灰质及盐碱甚至黏土或沙土上均能正常生长。生于山坡林中或谷地、路旁，海拔自平地至2 500 m。产于河北、山东、河南、山西、陕西、甘肃、江苏、安徽、浙江、江西、湖南、湖北、福建、广东、广西、四川、贵州、云南等省区。

4. 野皂荚 山皂角、马角刺

灌木或小乔木。枝灰白色，具刺，幼枝密生短柔毛。一或二回羽状复叶，羽片2~4对；小叶10~20片，矩圆形，基部偏斜，长6~24 mm，宽3~10 mm，全缘，下面被短柔毛；枝条上部叶的小叶明显小得多。穗状花序或顶生的圆锥花序；雄花：萼片3~4片，披针形；花瓣3~4个，卵状长圆形，与萼裂片外面均被短柔毛，里面被长柔毛；两性花：萼裂片4片，三角状披针形，两面被短柔毛；花瓣4个，卵状长圆形，外面被短柔毛，里面被长柔毛；雄蕊4枚，与萼片对生。荚果长圆形或长椭圆形，红棕色，种子1~3粒。花期6~7月，果期7~10月。

生于山坡阳处或路边，海拔130~1 300 m。产于河北、山东、河南、山西、陕西、江苏、安徽等省。

5. 豆茶决明

一年生草本，株高30~60 cm，稍有毛，分枝或不分枝。叶长4~8 cm，有小叶8~28对，在叶柄的上端有黑褐色、盘状、无柄腺体1枚；小叶长5~9 mm，带状披针形，稍不对称。花生于叶腋，有柄，单生或2至数朵组成短的总状花序；萼片5片，分离；花瓣5个，黄色；雄蕊4枚；子房密被短柔毛。荚果扁平，有毛，开裂。

生于山坡和原野的草丛中。产于河北、山东、黑龙江、吉林、辽宁、浙江、江苏、安徽、江西、湖南、湖北、云南及四川各省。

图Ⅱ-34.3 决明

6. 决明 草决明（图Ⅱ-34.3）

一年生亚灌木状草本，高1~2 m。叶长4~8 cm；轴上每对小叶间有棒状的腺体1枚；小叶3对，膜质，倒卵形或倒卵状长椭圆形，顶端圆钝而有小尖头，基部渐狭，偏斜；托叶线状，被柔毛，早落。花腋生，通常2朵聚生；总花梗长6~10 mm；萼片稍不等大，卵形或卵状长圆形，膜质；花瓣黄色，下面两瓣略长；能育雄蕊7枚，花药四方形，顶孔开裂；子房被白色柔毛。荚果纤细，近四棱形，两端渐尖，花果期8~11月。

生于山坡、旷野及河滩沙地上。我国长江以南各省区普遍分布。

7. 紫荆（图Ⅱ-34.4）

乔木，高达15 m，栽培者常灌木状。单叶，纸质，近圆形，长6~14 cm，先端急尖或骤尖，基部心形，两面无毛，全缘，叶缘膜质透明，掌状脉。花簇生，无总梗，先叶开放，但嫩枝或幼株上的花则与叶同时开放，玫瑰红色，长15~18 mm，两侧对称；龙骨瓣基部具深紫色斑纹；子房嫩绿色。荚果条形，扁平，长5~14 cm，宽13~15 mm，基部长渐尖，沿腹缝具狭翅。花期3~4月，果期8~10月。

图Ⅱ-34.4　紫荆

喜光，稍耐阴。喜肥沃、排水良好的土壤，不耐湿。多植于庭园、屋旁、街边，少数生于密林或石灰岩地区。产于我国东南部，北至河北，南至广东、广西，西至云南、四川，西北至陕西，东至浙江、江苏和山东等省区均有栽培。

8. 湖北紫荆　箩筐树

乔木，高6~16 m。叶较大，厚纸质或近革质，心形或三角状圆形，长5~12 cm，宽4.5~11.5 cm，先端钝或急尖，基部浅心形至深心形，幼叶常呈紫红色，成长后绿色；基脉（5~）7条；叶柄长2~4.5 cm。总状花序短，有花数至十余朵；花淡紫红色或粉红色，长1.3~1.5 cm；花梗细长，长1~2.3 cm。荚果狭长圆形，紫红色。花期3~4月，果期9~11月。

喜光，忌水湿，有一定的耐寒能力。生于海拔600~1 900 m的山地疏林或密林中，以及山谷、路边或岩石上。产于湖北西部至西北部、河南西南部、陕西西南部至东南部、四川东北部至东南部、云南、贵州、广西北部、广东北部、湖南、浙江、安徽等省区。

9. 白刺花

灌木或小乔木，高1~2 m，有时3~4 m。羽状复叶；托叶钻状，部分变成刺；小叶5~9对，形态多变，一般为椭圆状卵形或倒卵状长圆形，先端圆或微缺，常具芒尖，基部钝圆形。总状花序着生于小枝顶端；花小，较少；花萼钟状，蓝紫色；花冠白色或淡黄色；旗瓣倒卵状长圆形，基部具细长柄，柄与瓣片近等长，反折；翼瓣侧生，倒卵状长圆形，具1锐尖耳，明显具海绵状皱褶；龙骨瓣比翼瓣稍短，镰状倒卵形，具锐三角形耳；雄蕊10枚，等长。荚果非典型串珠状，稍压扁。花期3~8月，果期6~10月。

生于河谷沙丘和山坡路边的灌木丛中，海拔2 500 m以下。产于华北地区和陕西、甘肃、河南、江苏、浙江、湖北、湖南、广西、四川、贵州、云南、西藏等省区。

10. 槐

乔木，高达25 m，枝与叶疏被伏毛。羽状复叶，长15~25 cm；小叶7~15（~17）对，卵状矩圆形，纸质，长2.5~7.5 cm，宽1.5~3 cm，全缘，下面灰白色，初被疏短柔毛；小托叶2片，钻状。圆锥花序顶生；花乳白色；花萼浅钟状，萼齿5个，近等大，被灰白色短柔毛；旗瓣近圆形，具短柄，有紫色脉纹，先端微缺，基部浅心形；翼瓣卵状长圆形，先端浑圆，基部斜戟形；龙骨瓣阔卵状长圆形；雄蕊10枚，离生，不等长。荚果串珠状，肉质，长2.5~5 cm，成熟后逐节断落。花期7~8月，果期8~10月。

喜光而稍耐阴。能适应较冷气候。对土壤要求不严，在酸性至石灰性及轻度盐碱土，甚至含盐量在0.15%左右的条件下都能正常生长。原产中国，现南北各省区广泛栽培，华北和黄土高原地区尤为多见。

11. 苦参　地槐

灌木，高达3 m，全株无毛或有疏毛。羽状复叶长20~25 cm；小叶25~29片，披针形或线状披针形，纸质，长3~4 cm，宽1.2~2 cm，先端渐尖，全缘；托叶披针状线形。总状花序顶生；苞片线形；萼钟状，明显歪斜，具不明显波状齿，完全发育后近截平；花冠淡黄色；旗瓣倒卵状匙形，基部渐狭成柄；翼瓣单侧生，强烈皱褶几达瓣片的顶部，柄与瓣片近等长；龙骨瓣与翼瓣相似；雄蕊10枚；子房被淡黄白色柔毛。荚果长5~8 cm，于种子间微缢缩，种子1~5粒。花期6~8月，果期7~10月。

生于山坡、沙地草坡灌木林中或田野附近，海拔1 500 m以下。产于我国南北各省区。

12. 野百合　羊屎蛋

直立草本，株高30~100 cm。托叶线形；单叶，叶片形状常变异较大，通常为线形或线状披针形，两端渐尖，上面近无毛，下面密被丝质短柔毛；叶柄近无。总状花序顶生、腋生或密生枝顶形似头状，亦有叶腋生出单花，花1至多朵；苞片线状披针形；花冠蓝色或紫蓝色；旗瓣长圆形，基部具胼胝体2枚；翼瓣长圆形或披针状长圆形；龙骨瓣中部以上变狭，形成长喙；子房无柄。荚果短圆柱形。花果期5月至翌年2月。

生于荒地路旁及山谷草地，海拔70~1 500 m。产于辽宁、河北、河南、山东、江苏、安徽、浙江、江西、福建、台湾、湖南、湖北、广东、海南、广西、四川、贵州、云南、西藏等省区。

13. 白花草木犀（图Ⅱ-34.5）

一年或二年生草本；羽状三出复叶；托叶尖刺状锥形，长6~10 mm，全缘；小叶长圆形或倒披针状长圆形，先端钝圆，基部楔形，边缘疏生浅锯齿，上面无毛，下面被细柔毛，侧脉12~15对，平行直达叶缘齿尖。总状花序长9~20 cm，腋生，具花40~100朵；苞片线形；花长4~5 mm；花梗短；萼钟形；花冠白色，旗瓣椭圆形，稍长于翼瓣；龙骨瓣与冀瓣等长或稍短；子房卵状披针形，上部渐窄至花柱，胚珠3~4粒。荚果椭圆形至长圆形。花期5~7月，果期7~9月。

图Ⅱ-34.5　白花草木犀

生于田边、路旁荒地及湿润的沙地。产于东北、华北、西北及西南地区各地。

14. 草木犀

一年或二年生草本，高达90 cm。三出复叶；小叶长椭圆形至倒披针形，长1~1.5 cm，宽3~6 mm，先端截形，边缘具疏齿；托叶条形，全缘，有时仅下部托叶具尖裂齿；侧脉8~12对，平行直达齿尖；顶生小叶稍大，具较长的小叶柄，侧小叶的小叶柄短。总状花序细长；花黄色，长4~5 mm；苞片刺毛状；萼钟形，脉纹5条，清晰；萼齿三角状披针形；旗瓣倒卵形，与翼瓣近等长；龙骨瓣稍短或三者均近等长；子房卵状披针形，花柱长于子房。旗瓣长于翼瓣。荚果长约3 mm。无毛，种子1粒。花期5~9月，果期6~10月。

图Ⅱ-34.6　紫苜蓿

生于山坡、河岸、路旁、沙质草地及林缘。产于东北、华南、西南地区各地。其余各地常见栽培。

15. 紫苜蓿　苜蓿（图Ⅱ-34.6）

多年生草本，高达 1 m。三出复叶；小叶倒卵形或倒披针形，长 1~2 cm，宽 0.5 cm，先端圆，边缘上部有锯齿，两面被白色长柔毛；托叶大，披针形，长约 5 mm。总状花序腋生，花紫色；花长 6~12 mm；苞片线状锥形；花梗短，长约 2 mm；萼钟形，萼齿线状锥形，被贴伏柔毛；花冠各色：旗瓣长圆形，先端微凹；翼瓣较龙骨瓣稍长；子房线形，具柔毛；花柱短阔，上端细尖；柱头点状，胚珠多数。荚果螺旋状卷曲，黑褐色，有疏毛。花期 5~7 月，果期 6~8 月。

生于田边、路旁、旷野、草原、河岸及沟谷等地。全国各地都有栽培或呈半野生状态。

16. 天蓝苜蓿　天蓝（图Ⅱ-34.7）

一年或多年生草本，高 15~60 cm。羽状三出复叶；托叶卵状披针形，常齿裂；小叶倒卵形、阔倒卵形或倒心形，具细尖，基部楔形，纸质，两面均被毛；侧脉近 10 对，平行达叶边，几不分叉。花序小头状，具花 10~20 朵；苞片刺毛状，很小；萼钟形，长约 2 mm，密被毛，花冠黄色；旗瓣近圆形，顶端微凹；翼瓣和龙骨瓣近等长，均比旗瓣短，子房阔卵形，被毛；花柱弯曲，胚珠 1 粒。荚果肾形，熟时变黑。花期 7~9 月，果期 8~10 月。

图Ⅱ-34.7　天蓝苜蓿

天蓝苜蓿对于温度的适应性较广，耐干旱。一般土壤都能生长结籽，耐瘠薄，较耐酸性土壤，生于凉爽气候及水分良好土壤，但在各种条件下都有野生，常见于河岸、路边、田野及林缘。产于我国南北各地。

17. 白车轴草　白三叶（图Ⅱ-34.8）

多年生草本。茎匍匐，无毛。掌状三出复叶；小叶倒卵形至倒心形，长 1.2~2 cm，宽 1~1.5 cm，边缘具细锯齿；托叶椭圆形，抱茎呈鞘状，膜质；小叶柄长 1.5 mm，微被柔毛。头状花序自匍匐茎生出；总花梗长，比叶柄长近 1 倍；花白色或带粉红色；苞片披针形，膜质，锥尖；萼钟形，具脉纹 10 条，萼齿 5 个，披针形；旗瓣椭圆形，比翼瓣和龙骨瓣长近 1 倍；子房线状长圆形。荚果倒卵状矩圆形，长约3 mm，包藏于宿存的萼内，宿存萼膜质膨大，长约1 cm。花果期 5~10 月。

图Ⅱ-34.8　白车轴草

生于湿润草地、河岸、路边。原产欧洲和北非地区，世界各地均有栽培，我国常见于种植。

18. 大豆　黄豆

一年生草本。叶常具 3 枚小叶；托叶宽卵形，渐尖，被黄色柔毛；小叶纸质，宽卵形，近圆形或椭圆状披针形，顶生 1 枚较大；叶柄长 2~20 cm，小叶柄长 1.5~4 mm，散生疏柔毛或被长硬毛。总状花序；花紫色、淡紫色或白色，长 4.5~8（~10）mm；苞片、小苞片披针形，被糙伏毛或刚毛；花萼常深裂成二唇形，裂片 5 片，披针形，密被白色长柔毛；旗瓣倒卵状近圆形，先端微凹并常外反，基部具瓣柄；翼瓣篦状，具瓣柄和耳；龙骨瓣具短瓣柄；子房基部有不发达的腺体，被毛。荚果肥大，黄绿色。花期 6~7 月，果期 7~9 月。

原产我国。全国各地均有栽培。

19. 野大豆（图Ⅱ-34.9）

一年生缠绕草本，长 1~4 m。叶具 3 枚小叶，长可达 14 cm；顶生小叶卵圆形或卵状披针形，托叶卵状披针形，侧生小叶斜卵状披针形，被黄色柔毛。总状花序通常短；花小；苞片披针形；花萼钟状，三角状披针形，裂片 5 片，密生长毛；花冠淡红紫色或白色；旗瓣近圆形，先端微凹，基部具短瓣柄；翼瓣斜倒卵形，有明显的耳；龙骨瓣比旗瓣及翼瓣短小，密被长毛；花柱短而向一侧弯曲。荚果长圆形。花期 7~8 月，果期 8~10 月。

图Ⅱ-34.9　野大豆

生于海拔 150~2 650 m 潮湿的田边、园边、沟旁、河岸、湖边、沼泽、草甸、沿海和岛屿向阳的矮灌木丛或芦苇丛中，稀见于沿河岸疏林下。除新疆、青海和海南外，遍布全国。

20. 两型豆　阴阳豆、三籽两型豆（图Ⅱ-34. 10）

一年生缠绕草本。叶具羽状 3 枚小叶；托叶小，披针形或卵状披针形；小叶柄短，小托叶极小，常早落；小叶菱状卵形或扁卵形，侧生小叶稍小，常偏斜，薄纸质或近膜质，两面常被贴伏的柔毛。花二型；生在茎上部的为正常花，排成腋生的短总状花序，有花 2~7 朵，各部被淡褐色长柔毛；苞片近膜质，卵形至椭圆形；花萼管状，5 裂；花冠淡紫色或白色；旗瓣倒卵形，两侧具内弯的耳；翼瓣长圆形，亦具耳，骨瓣与翼瓣近似，三者均具长瓣柄。另生于下部为闭锁花，无花瓣。荚果二型。花果期 8~11 月。

图Ⅱ-34.10　两型豆

常生于海拔 300~1 800 m 的山坡路旁及旷野草地上。产于东北、华北地区至陕西、甘肃及长江以南各省。

21. 鹿藿（huò）　老鼠眼

缠绕草本，全株被开展柔毛。三出复叶，顶生小叶卵状菱形或菱形，长 2.5~6 cm，宽 2~5.5 cm，先端钝，侧生小叶较小，两面密生长柔毛；基出脉 3 条；小叶柄长 2~4 mm，侧生小叶较小，常偏斜；托叶小，披针形，被短柔毛。总状花序；花黄色，长约 8 mm；花萼钟状，裂片披针形，外面被短柔毛及腺点；旗瓣近圆形，有宽而内弯的耳；翼瓣倒卵状长圆形，基部一侧具长耳；龙骨瓣具喙；雄蕊二体；子房被毛及密集的小腺点。荚果长椭圆形，红褐色。花期 5~8 月，果期 9~12 月。

生于海拔 200~1 000 m 的山坡路旁草丛中。产于河南及长江以南各省。

22. 葛　葛藤（图Ⅱ-34. 11）

藤本，全株具黄色长硬毛。三出复叶，顶生小叶菱状卵形，长 5.5~19 cm，宽 4.5~18 cm，全缘，有时浅裂，侧生小叶宽卵形；托叶背着，盾形，小托叶线状披针形。总状花序腋生，花密集；苞片线状披针形至线形，远比小苞片长，早落；小苞片卵形；花冠紫红色，长约 15 mm；花萼钟形，裂片披针形；旗瓣倒卵形，基部有 2 耳及一黄色硬痂状附属体，具短瓣柄；翼瓣镰状，基部有线形、向下的耳；龙骨瓣镰状长圆形，基部有极小、急尖的耳。荚果条形，扁平，长 5~10 cm，密生黄色长硬毛。花期 9~10 月，果期 11~12 月。

图Ⅱ-34.11　葛

葛对气候的要求不严，适应性较强，多分布于海拔 1 700 m 以下较温暖潮湿的坡地、沟谷、向阳矮小灌木丛中。以土层深厚、疏松、富含腐殖质的沙质壤土为佳。除新疆、青海及西藏外，分布几遍全国。

23. 刀豆（图Ⅱ-34. 12）

缠绕草本。羽状复叶具 3 枚小叶，小叶卵形，长 8~15 cm，宽（4~）8~12 cm，先端渐尖或具急尖的尖头，基部宽楔形，两面薄被微柔毛或近无毛；叶柄常较小叶片为短；小叶柄长约 7 mm，被毛。总状花序具长总花梗，有花数朵生于总轴中部以上；花梗极短，生于花序轴隆起的节上；花冠白色或粉红色；花萼稍被毛，上唇约为萼管长的 1/3，具 2 枚阔而圆的裂齿，下唇 3 裂；旗瓣宽椭圆形，顶端凹入；翼瓣和龙骨瓣均弯曲，具向下的耳；子房线形，被毛。荚果带状，略弯曲。花期 7~9 月，果期 10 月。

图Ⅱ-34.12　刀豆

我国长江以南各省区间有栽培。

24. 菜豆　四季豆

一年生缠绕或近直立草本。羽状复叶具 3 枚小叶；托叶披针形，小叶宽卵形或卵状菱形，侧生的偏斜，基部圆形或宽楔形，全缘，被短柔毛。总状花序比叶短，有数朵生于花序顶部的花；花梗长 5~8 mm；小苞片卵形；花萼杯状，上方的 2 枚裂片联合成一微凹的裂片；花冠白色、黄色、紫堇色或红色；旗瓣近方形；翼瓣倒卵形；龙骨瓣先端旋卷；子房被短柔毛；花柱压扁。荚果带形，稍弯曲。花期为春、夏季。

喜温暖，不耐寒霜。对土壤要求不严，但以排水良好而疏松的沙壤土栽培为好。原产美洲，现广植于各热带至温带地区。全国均有栽培。

25. 豇（jiāng）豆　角豆（图Ⅱ-34. 13）

一年生缠绕、草质藤本或近直立草本。羽状复叶具 3 枚小叶；托叶披针形，着生处下延成一短距，有线纹；小叶卵状菱形，长 5~15 cm，宽 4~6 cm，先端急尖，边全缘或近全缘，有时淡紫色，无毛。总状花序腋生；花梗间常有肉质蜜腺；花萼浅绿色，钟状，裂齿披针形；花冠黄白色而略带青紫；各瓣均具瓣柄，旗瓣扁圆形，顶端微凹，基部稍有耳，翼瓣略呈三角形，龙骨瓣稍弯；子房线形，被毛。荚果下垂，直立或斜展，线形。花期 5~8 月。

图Ⅱ-34.13　豇豆

豇豆要求高温，耐热性强，但不耐霜冻，对土壤适应性广，排水良好，土质疏松即可。我国各地常见栽培。

26. 野豇豆　山土瓜

多年生攀缘或蔓生草本。羽状复叶具 3 枚小叶；托叶卵形至卵状披针形；小叶膜质，形状变化较大，卵形至披针形，长 4~9（~15）cm，宽 2~2. 5 cm，先端急尖或渐尖，基部圆形或楔形，两面被棕色或灰色柔毛；叶柄长 1~11 cm，小叶柄长 2~4 mm。花序腋生，有 2~4 朵生于花序轴顶部的花，使花序近伞形；小苞片钻状；花萼被棕色或白色刚毛，裂片线形或线状披针形；旗瓣黄色、粉红色或紫色；翼瓣紫色，基部稍淡；龙骨瓣白色或淡紫色，镰状，喙部成 180°弯曲，左侧具明显的袋状附属物。荚果直立，线状圆柱形。花期 7~9 月。

生于旷野、灌丛或疏林中。产于我国华东、华南至西南各省区。

27. 绿豆

一年生直立草本。羽状复叶具 3 枚小叶；托叶盾状着生，卵形，长 0.8~1.2 cm，具缘毛；小托叶显著，披针形；小叶卵形，侧生的多少偏斜，先端渐尖，基部阔楔形或浑圆，两面多少被疏长毛；基部三脉明显；叶柄长 5~21 cm，小叶柄长 3~6 mm。总状花序腋生，有花 4 至数朵，最多可达 25 朵；小苞片线状披针形或长圆形；萼管无毛，裂片狭三角形；旗瓣近方形，外面黄绿色，里面有时粉红色，顶端微凹，内弯；翼瓣卵形，黄色；龙骨瓣镰刀状，绿色而染粉红色，右侧有显著的囊。荚果线状圆柱形，平展。花期初夏，果期 6~8 月。

我国南北各地均有栽培。

28. 歪头菜

多年生草本，高达 1 m。卷须不发达，呈针状；羽状复叶；小叶 2 枚，卵形、椭圆形至菱形，长 3~10 cm，先端急尖，基部斜楔形，两面均疏被微柔毛；托叶，截形。总状花序腋生；花紫色，长 14~15 mm，花柱上部周围密被柔毛；花萼斜钟状或钟状；旗瓣倒提琴形，中部缢缩；翼瓣先端钝圆；龙骨瓣短于翼瓣；子房线形，具子房柄，花柱上部四周被毛。荚果狭矩圆形，长 3~4 cm，褐黄色。花期 6~7 月，果期 8~9 月。

喜光，稍耐阴、耐瘠薄，喜冷凉气候。生于低海拔至 4 000 m 山地、林缘、草地、沟边及灌丛。产于东北、华北、华东、西南地区。

29. 山野豌豆

多年生草本，高达 1 m；茎有疏长柔毛。羽状复叶有卷须；小叶 8~12 片，椭圆形或长圆状椭圆形，长 1.5~3.5 cm，宽 6~15 mm，先端钝，基部近圆形，上面被贴伏长柔毛，下面粉白色；托叶半箭头形，具粗牙齿。总状花序有 10~30 朵花；花紫色或淡紫色，长 12~15 mm；花萼斜钟状，萼齿近三角形；旗瓣倒卵圆形，瓣柄较宽；翼瓣与旗瓣近等长，瓣片斜倒卵形；龙骨瓣短于翼瓣；子房无毛，胚珠 6 颗；花柱上部四周被毛；子房具长柄，无毛。荚果棕褐色，长约 20 mm。花期 4~6 月，果期 7~10 月。

生于海拔 80~7 500 m 草甸、山坡、灌丛或杂木林中。产于东北、华北地区及陕西、甘肃、宁夏、河南、湖北、山东、江苏、安徽等地。

30. 四籽野豌豆（图Ⅱ-34.14）

一年生草本，茎纤细，全株有柔毛。羽状复叶，先端卷须分叉；小叶 6~12 枚，条状矩圆形，先端圆，具短尖头，基部楔形，长 7~17 mm，宽 2~4 mm；托叶箭头形或半三角形。花紫色，长 3~6 mm，1 或 2 朵排为腋生总状花序；花很小；花萼斜钟状，萼齿圆三角形；旗瓣长圆倒卵形；翼瓣与龙骨瓣近等长；子房长圆形，无毛。荚果条状矩圆形，无毛，具 3 至 4 粒种子。花期 3~6 月，果期 6~8 月。

生于海拔 50~1 950 m 山谷、草地阳坡。产于西北、华东、华中及西南等地区。

图Ⅱ-34.14　四籽野豌豆

图Ⅱ-34.15　蚕豆

31. 蚕豆　胡豆（图Ⅱ-34.15）

一年生草本。偶数羽状复叶，叶轴顶端卷须短缩为短尖头；托叶戟头形或近三角状卵形，略有锯齿，具深紫色蜜腺点；小叶通常 1~3 对，互生，小叶椭圆形、长圆形或倒卵形，稀圆形，先端圆钝，具短尖头，基部楔形。总状花序腋生，花梗近无；具花 2~4（~6）朵呈丛状着生于叶腋；花萼钟形，萼齿披针形；花冠白色，具紫色脉纹及黑色斑晕；旗瓣中部缢缩，基部渐狭；翼瓣短于旗瓣；雄蕊两体（9+1）；子房线形无柄；花柱密被白柔毛，顶端远轴面有一束髯毛。荚果肥厚。花期 4~5 月，果期 5~6 月。

生于温暖湿地，耐低温，畏暑。全国各地均有栽培，以长江以南为胜。

32. 救荒野豌豆 大巢菜（图Ⅱ-34.16）

一年或二年生草本，高达 50 cm。羽状复叶，先端具分枝的卷须；小叶 8~16 枚，倒卵形或长圆状倒卵形，长 8~20 mm，宽 3~7 mm，先端截形，中间凹，基部楔形，两面被贴伏黄柔毛；托叶戟形，通常 2~4 裂齿。花 1（2）朵腋生，无总梗，花冠紫色或红色；萼钟形，外面被柔毛，萼齿披针形或锥形；旗瓣长倒卵圆形，先端圆，微凹，中部缢缩；翼瓣短于旗瓣，长于龙骨瓣；子房线形，微被柔毛，子房具柄短，花柱上部被淡黄白色髯毛。荚果条形，扁平，长 2.5~4.5 cm，熟时棕色或褐色。花期 4~7 月，果期 7~9 月。

图Ⅱ-34.16 救荒野豌豆

生于海拔 50~3 000 m 荒山、田边草丛及林中。全国各地均产。

33. 兵豆 小扁豆

一年生草本。叶具小叶 4~12 对；托叶斜披针形，长 3~7 mm，被白色长柔毛；小叶倒卵形，倒卵状长圆形至倒卵状披针形，顶端小叶变为卷须或刺毛。总状花序腋生，有花 1~3 朵；萼筒浅杯状，萼 5 裂，裂片线状披针形，密被白色长柔毛；花冠白色或蓝紫色，长 4.5~6.5 mm；旗瓣倒卵形，翼瓣、龙骨瓣有瓣柄和耳；雄蕊（9+1）枚；两体子房具短柄，花柱顶扁平，近轴面有髯毛。荚果长圆形，膨胀，黄色。花期 5~8 月，果期 8~9 月。

栽培于甘肃、内蒙古、河北、山西、河南、陕西、江苏、四川、云南等地。

34. 豌豆

一年生攀缘草本，高 0.5~2 m。全株绿色，光滑无毛，被粉霜。叶具小叶 4~6 枚，托叶比小叶大，叶状，心形，下缘具细牙齿；小叶卵圆形。花于叶腋单生或数朵排列为总状花序；花萼钟状，深 5 裂，裂片披针形；花冠颜色多样，但多为白色和紫色；雄蕊（9+1）枚两体；花柱扁，内面有髯毛。荚果膨胀，长椭圆形。花期 6~7 月，果期 7~9 月。

喜冷冻湿润气候，耐寒，不耐热，对土壤要求不严，在排水良好的沙壤土或新垦地均可栽植，以疏松含有机质较高的中性（pH 值为 6.0~7.0）土壤为宜。全国广泛栽培。

35. 河北木蓝 本氏木蓝

灌木，高达 1 m。枝圆柱形，具白色“丁”字毛。羽状复叶，小叶 7~9 枚，矩圆形或倒卵状矩圆形，长 5~15 mm，宽 3~10 mm，两面被白色“丁”字毛；叶柄长达 1 cm，叶轴上面有槽，与叶柄均被灰色平贴“丁”字毛；托叶三角形，早落。总状花序通常长于叶，具 10~15 朵花；苞片线形；萼齿近等长，三角状披针形；花冠紫色或紫红色，长约 4 mm；旗瓣阔倒卵形，外面被“丁”字毛；龙骨瓣有距；花药圆球形，先端具小凸尖；子房线形，被疏毛。荚果圆柱形，长不足 2.5 cm，宽约 3 mm。花期 5~6 月，果期 8~10 月。

生于山坡、草地或河滩地，海拔 600~1 000 m。产于辽宁、内蒙古、河北、山西、陕西等省区。

36. 马棘

小灌木，枝条具棱，被“丁”字毛。叶较大，长 1~2.5 cm，宽 5~10 mm；叶柄长 1~1.5 cm，被平贴“丁”字毛；小叶（2～）3～5对，对生，椭圆形、倒卵形或倒卵状椭圆形，两面有白色“丁”字毛；托叶小，狭三角形，早落；总状花序具花20朵以上；花萼钟状，外面有白色和棕色平贴“丁”字毛，萼筒长1～2 mm，萼齿不等长，下方3枚较长；花冠淡红色或紫红色，旗瓣倒阔卵形，先端螺壳状，基部有瓣柄，外面有“丁”字毛；翼瓣基部有耳状附属物；龙骨瓣近等长，基部具耳；花药圆球形，子房有毛。荚果长2.5～5 cm。花期5～8月，果期9～10月。

生于山坡林缘及灌木丛中，海拔100～1 300 m。产于江苏、安徽、浙江、江西、福建、湖北、湖南、广西、四川、贵州、云南等省区。

37. 多花木蓝（图Ⅱ-34.17）

灌木，高达2 m，全株具白色“丁”字毛。羽状复叶；小叶7～11枚，倒卵形或倒卵状矩圆形，长1.5～4 cm，宽1～4 cm，先端圆形，上面绿色，疏生“丁”字毛，下面苍白色，被毛较密；叶柄长2～5 cm，叶轴上面具浅槽，与叶柄均被平贴“丁”字毛；托叶微小，三角状披针形。总状花序腋生，常短于叶；苞片线形；花萼被白色平贴“丁”字毛；花淡红色，长5～6 mm；旗瓣倒阔卵形，先端螺壳状，瓣柄短，外面被毛；龙骨瓣距长约1 mm；花药球形，顶端具小突尖；子房线形，被毛。荚果条形，长3.5～6 cm，棕褐色。花期5～7月，果期9～11月。

图Ⅱ-34.17　多花木蓝

生于山坡草地、沟边、路旁灌丛中及林缘，海拔600～1 600 m。产于山西、陕西、甘肃、河南、河北、安徽、江苏、浙江、湖南、湖北、贵州、四川等省。

38. 紫穗槐（图Ⅱ-34.18）

灌木，高达4 m。奇数羽状复叶，互生；小叶11～25枚，卵形、椭圆形或披针状椭圆形，长1.5～4 cm，宽6～15 mm，先端圆或微凹，两面有白色短柔毛，下面具黑色腺点，基部有线形托叶。穗状花序长7～15 cm；花萼长2～3 mm，萼齿三角形，较萼筒短；花冠紫色，旗瓣心形，无翼瓣和龙骨瓣；雄蕊10枚，每5枚合生为一束。荚果弯曲，下垂，棕褐色，生瘤状腺点。花果期5～10月。

图Ⅱ-34.18　紫穗槐

在沙地、黏土、中性土、盐碱土、酸性土、低湿地及土质瘠薄的山坡上均能生长，耐干旱、喜光照。东北、华北、西北地区及山东、安徽、江苏、河南、湖北、广西、四川等省区均有栽培。

39. 刺槐　洋槐（图Ⅱ-34.19）

落叶乔木，高达25 m，枝具托叶刺。羽状复叶；小叶7～25枚，椭圆形、矩圆形或卵形，长2～5.5 cm，宽1～2 cm，先端圆或微凹。总状花序腋生，花序轴和花梗具柔毛；花白色，旗瓣具爪，基部有黄色斑点，子房无毛。荚果扁平，长矩圆形，长3～10 cm，宽约1.5 cm，赤褐色。

喜光，有一定的抗旱能力。喜土层深厚、肥沃、疏松、湿润的壤土、沙质壤土、沙土或黏壤土，在中性土、酸性土、含盐量在0.3%以下的盐碱性土上都可以正常生长。

图Ⅱ-34.19　刺槐

40. 田菁 碱青、涝豆（图Ⅱ-34.20）

一年生草本，高3~3.5 m。羽状复叶；叶轴长15~25 cm，上面具沟槽，幼时疏被绢毛，后几无毛；托叶披针形，早落；小叶20~30（~40）对，线状长圆形，具小尖头，基部圆形，两面被紫色小腺点；小托叶钻形。总状花序长3~10 cm，具2~6朵花；苞片线状披针形，小苞片2片，均早落；花萼斜钟状，萼齿短三角形，先端锐齿，各齿间常有1~3腺状附属物；花冠黄色，旗瓣外面散生大小不等的紫黑点和线，胼胝体小，梨形；翼瓣基部具短耳，中部具较深色的斑块，并横向皱褶。荚果细长，长圆柱形。花果期7~12月。

图Ⅱ-34.20 田菁

田菁适应性强，耐盐、耐涝、耐瘠、耐旱。在土壤含盐量0.3%的盐土上或pH值9.5的碱地上都能生长。生于水田、水沟等潮湿低地。海南、江苏、浙江、江西、福建、广西、云南有栽培或逸为野生。

41. 红花锦鸡儿 金雀儿、黄枝条

多分枝灌木，高约1 m。小枝具棱，无毛，托叶梗化为细针刺。假掌状复叶，无明显叶轴；小叶4枚，长椭圆状倒卵形，长1~3 cm，宽4~12 mm，先端圆，基部楔形，无毛，下面沿脉被疏柔毛；叶柄长5~10 mm，脱落或宿存成针刺。花单生，长25~28 mm；花萼近筒状，基部偏斜；花冠常淡红色或紫红色；旗瓣长圆状倒卵形，先端凹入，基部渐狭成宽瓣柄；翼瓣长圆状线形，耳短齿状；子房无毛。荚果长达6 cm，无毛。花期4~6月，果期6~7月。

生于山坡及沟谷。产于东北、华北、华东地区及河南、甘肃南部。

42. 锦鸡儿 娘娘袜（图Ⅱ-34.21）

灌木，高达2 m。小枝具棱，无毛；托叶三角形，硬化为针刺状。小叶2对，羽状排列或短枝上者为假掌状排列，倒卵形或矩圆状倒卵形，无毛。花单生，长28~30 mm，黄色或带红色；花萼钟状，长12~14 mm，宽6~9 mm，基部偏斜；旗瓣狭倒卵形，具短瓣柄；翼瓣稍长于旗瓣；耳短小，龙骨瓣宽钝。荚果，稍扁，无毛。花期4~5月，果期7月。

喜光，常生于山坡向阳处。根系发达，具根瘤，抗旱耐瘠，能在山石缝隙处生长。忌湿涝。生于山坡和灌丛。产于河北、陕西、江苏、江西、浙江、福建、河南、湖北、湖南、广西北部、四川、贵州、云南等省区。

图Ⅱ-34.21 锦鸡儿

43. 黄耆（qí） 膜荚黄耆

多年生草本。茎有细棱，被白色柔毛。羽状复叶有13~27枚小叶，长5~10 cm；托叶离生，卵形，披针形或线状披针形；小叶椭圆形或长圆状卵形，基部圆形，下面被伏贴白色柔毛。总状花序稍密，有10~20朵花；苞片线状披针形；花萼钟状，萼齿短，三角形至钻形；花冠黄色或淡黄色；旗瓣倒卵形，基部具短瓣柄；翼瓣长圆形，基部具短耳，瓣柄较瓣片长约1.5倍；子房有柄，被细柔毛。荚果薄膜质，稍膨胀，半椭圆形。花期6~8月，果期7~9月。

性喜凉爽，耐寒耐旱，怕热怕涝，适宜在土层深厚、富含腐殖质、透水力强的沙壤土种植。生于林缘、灌丛或疏林下，亦见于山坡草地或草甸中。产于东北、华北及西北地区。

44. 草木犀状黄耆

多年生草本。茎高达 1.5 m，有疏柔毛。羽状复叶；小叶 5~7 枚，矩圆形或条状矩圆形，长 8~15 mm，宽 1~5 mm，先端截形，微凹，基部楔形，两面被细伏毛；托叶离生，三角形或披针形。总状花序腋生，多花疏生；花萼短钟状，被白色短伏贴柔毛，萼齿三角形；花粉红或白色，旗瓣近圆形或宽椭圆形，基部具短瓣柄；翼瓣先端有不等的 2 裂或微凹，基部具短耳；龙骨瓣瓣片半月形，先端带紫色，瓣柄长为瓣片的 1/2；子房无毛。荚果近圆形，直径 2.5~3.5 mm。花期 7~8 月，果期 8~9 月。

生于向阳山坡、路旁草地或草甸草地。产于长江以北各省区。

45. 糙叶黄耆 春黄耆

多年生草本。茎极缩短，不明显或稍明显，全株密生白色“丁”字毛。羽状复叶；小叶 7~15 枚，椭圆形，长 5~15 mm，宽 3~8 mm，先端圆形，基部宽楔形或近圆形；托叶下部与叶柄贴生，上部呈三角形至披针形。总状花序近基生，具总梗；苞片披针形；花萼筒状，长 6~19 mm，萼齿线状披针形，长 2~4 mm；花冠黄色，长达 25 mm；旗瓣倒卵状椭圆形，先端微凹，中部稍缢缩；翼瓣较瓣柄长；龙骨瓣瓣片半长圆形；子房有短毛。荚果圆柱形，长 1~1.5 cm，2 室。花期 4~8 月，果期 5~9 月。

耐干旱，生于山坡石砾质草地、草原、沙丘及沿河流两岸的沙地。产于东北、华北、西北各省区。

46. 米口袋

多年生草本。茎短缩，从根茎丛生。羽状复叶，小叶 11~21 枚，椭圆形、长椭圆形或卵形，先端具细尖，两面被疏柔毛，长 6~22 mm，宽 3~8 mm；托叶三角形，基部合生；叶柄具沟，被白色疏柔毛。伞形花序近头状，有 4~6 朵花。总花梗等长于叶或稍较长；苞片长三角形，小苞片线形；花梗和萼均被长柔毛；萼齿披针形；花冠紫色，旗瓣卵形，基部渐狭成瓣柄；翼瓣瓣片倒卵形具斜截头，具短耳，瓣柄长 3 mm；龙骨瓣瓣片倒卵形，瓣柄长 2.5 mm；子房圆筒状，花柱内卷。荚果 1 室，长 7~22 mm。花期 5 月，果期 6~7 月。

生于 2 600 m 以下的路边、草坡、河边、沙地等。产于黑龙江、吉林、辽宁、内蒙古、宁夏、青海、甘肃、陕西、山西、河北、河南、湖北、江苏、江西、山东、四川、云南、浙江等省区。

47. 地角儿苗 二色棘豆

多年生草本，近无茎。羽状复叶长 4~20 cm；小叶 1~7 枚，常 4 片轮生，稀 2 片对生，披针形，长 3~23 mm，宽 1.5~6.5 mm，先端急尖，基部圆形，两面密被长柔毛；托叶膜质，卵状披针形，与叶柄于基部合生，密被白色绢状长柔毛。花蓝色，长约 2 cm，被开展长硬毛，组成密总状花序；苞片披针形；花萼被伏贴的白色丝状毛，萼齿线状披针形；旗瓣菱状卵形；翼瓣长圆形。荚果矩圆形，密生长柔毛，2 室。花果期 4~9 月。

生于海拔 180~2 500 m 的山坡、沙地、路旁及荒地上。产于内蒙古、河北、山西、陕西、宁夏、甘肃、青海及河南等省区。

48. 合萌 田皂角

半灌木状草本，高达 1 m，无毛。羽状复叶；小叶 20 对以上，薄纸质，矩圆形，长 3~8 mm，宽 1~3 mm，先端圆钝；托叶膜质，基部下延成耳状，通常有缺刻或啮蚀状；叶柄长约 3 mm。总状花序腋生，总花梗疏生刺毛；小苞片卵状披针形；花萼膜质，具纵脉纹；花少数，花冠黄色带紫纹；旗瓣大，基部具极短的瓣柄；翼瓣篦状；雄蕊 10 枚，每 5 枚合生 1 组；子房扁平，线形。荚果条状矩圆形，具荚节 6~10 个。花期 7~8 月，果期 8~10 月。

除草原、荒漠外，全国林区及其边缘均有分布。

49. 黄檀

乔木，高 10~20 m。羽状复叶长 15~25 cm；小叶 3~5 对，近革质，椭圆形至长圆状椭圆形，长 3.5~6 cm，宽 2.5~4 cm，先端钝或稍凹入，基部圆形或阔楔形。圆锥花序顶生或生于最上部的叶腋间；基生和副萼状小苞片卵形；花萼钟状；花冠白色或淡紫色，长倍于花萼，各瓣均具柄；旗瓣圆形，先端微缺；翼瓣倒卵形；龙骨瓣半月形，与翼瓣内侧均具耳；雄蕊 10 枚，成 5+5 的二体；子房具短柄。荚果长圆形或阔舌状。花期 5~7 月。

喜光，耐干旱瘠薄，不择土壤，生于山地林中或灌丛中，山沟溪旁及有小树林的坡地常见，海拔 600~1 400 m。产于山东、河南、江苏、安徽、浙江、江西、福建、湖北、湖南、广东、广西、四川、贵州、云南等省区。

50. 落花生

一年生草本。小叶纸质，卵状长圆形至倒卵形，长 2~4 cm，宽 0.5~2 cm，先端钝圆形，有时微凹，边缘具睫毛，具小刺尖头；托叶长 2~4 cm，具纵脉纹，被毛；叶柄基部抱茎，被毛。花长约 8 mm；苞片 2 片，披针形；小苞片披针形，长约 5 mm，具纵脉纹，被柔毛；小叶柄被黄棕色长毛。花冠黄色或金黄色；萼管细；旗瓣开展，先端凹入；翼瓣与龙骨瓣分离，翼瓣长圆形或斜卵形，细长；龙骨瓣长卵圆形，内弯，先端渐狭成喙状。荚果。花果期 6~8 月。

生于雨量适中的沙质土地区。广泛栽培。

51. 长柄山蚂蝗

直立草本。叶为羽状三出复叶，小叶 3 枚；托叶钻形；小叶纸质，顶生小叶宽倒卵形，长 4~7 cm，宽 3.5~6 cm，先端凸尖，基部楔形或宽楔形，全缘；侧生小叶斜卵形，较小，偏斜；小托叶丝状，长 1~4 mm；小叶柄长 1~2 cm，被伸展短柔毛。总状花序或圆锥花序，顶生或顶生和腋生，长 20~30 cm；通常每节生 2 花；苞片早落，窄卵形，被柔毛；花萼钟形，裂片极短，被小钩状毛；花冠紫红色，长约 4 mm；旗瓣宽倒卵形；翼瓣窄椭圆形；雄蕊单体；子房具柄。荚果。花果期 8~9 月。

生于山坡路旁、草坡、次生阔叶林下或高山草甸处，海拔 120~2 100 m。产于河北、江苏、浙江、安徽、江西、山东、河南、湖北、湖南、广东、广西、四川、贵州、云南、西藏、陕西、甘肃等省区。

52. 短梗胡枝子

直立灌木，高 1~3 m，多分枝。羽状复叶具 3 枚小叶；托叶 2 片，线状披针形，长 2~5 mm，暗褐色；叶柄长 1~2.5 cm；小叶宽卵形，卵状椭圆形或倒卵形，先端圆或微凹，具小刺尖。总状花序腋生；苞片小，卵状渐尖；花萼筒状钟形，5 裂至中部，裂片披针形，渐尖，表面密被毛；花冠红紫色；旗瓣倒卵形，基部具短柄；翼瓣长圆形，基部具耳和瓣柄；龙骨瓣顶端稍弯，基部具耳和柄。荚果斜卵形，稍扁。花期 7~8 月，果期 9 月。

生于海拔 1 500 m 以下山坡、灌丛或杂木林下。产于黑龙江、吉林、辽宁、河北、山西、陕西、甘肃、浙江、江西、河南、广东等省。

53. 绿叶胡枝子

灌木，高达 3 m。三出复叶；小叶鲜绿色，卵状椭圆形，长 3~7 cm，宽 1.5~3 cm，先端急尖至渐尖，上面无毛，下面有柔毛；托叶 2 片，线状披针形。总状花序腋生，长于或近等长于叶；苞片 2 片，长卵形，密被柔毛；花萼钟状，5 裂至中部，密被长柔毛；花冠淡黄绿色，旗瓣和翼瓣基部常带紫色；旗瓣近圆形，基部两侧有耳，具短柄；翼瓣椭圆状长圆形，基部有耳和瓣柄；龙骨瓣倒卵状长圆形，基部具耳和长瓣柄；雄蕊 10 枚，二体；子房有毛，花柱丝状，柱头头状。荚果矩圆状卵形，长约 15 mm，具长柔毛。花期 6~7 月，果期 8~9 月。

生于海拔 1 500 m 以下山坡、林下、山沟和路旁。产于山西、陕西、甘肃、江苏、安徽、浙江、江西、台湾、河南、湖北、四川等省。

54. 美丽胡枝子

直立灌木，高 1~2 m。托叶披针形至线状披针形，长 4~9 mm，褐色，被疏柔毛；叶柄长 1~5 cm；小叶椭圆形、长圆状椭圆形或卵形，稀倒卵形，两端稍尖或稍钝，贴生短柔毛。总状花序单一，腋生，或构成顶生的圆锥花序；苞片卵状渐尖；花萼钟状，裂片长圆状披针形，外面密被短柔毛；花冠红紫色，基部具明显的耳和瓣柄；翼瓣倒卵状长圆形，基部有耳和细长瓣柄；龙骨瓣基部有耳和细长瓣柄。荚果倒卵形或倒卵状长圆形。花期 7~9 月，果期 9~10 月。

生于海拔 2 800 m 以下山坡、路旁及林缘灌丛中。产于河北、陕西、甘肃、山东、江苏、安徽、浙江、江西、福建、河南、湖北、湖南、广东、广西、四川、云南等省区。

55. 胡枝子

灌木，高达 2 m。三出复叶，小叶宽卵形或卵状椭圆形，长 3~6 cm，宽 1.5~4 cm，先端圆钝，上面疏生短柔毛，下面毛更密；托叶 2 枚，线状披针形，长 3~4.5 mm；叶柄长 2~9 cm。总状花序腋生，长于叶，无闭锁花；花萼浅裂，萼齿 4 个，披针形；花冠紫色，旗瓣倒卵形，先端微凹；翼瓣近长圆形，基部具耳和瓣柄；龙骨瓣先端钝，基部具较长的瓣柄；子房被毛。荚果斜卵形，网脉明显，密被柔毛。花期 7~9 月，果期 9~10 月。

生于海拔 150~1 000 m 的山坡、林缘、路旁、灌丛及杂木林间。产于黑龙江、吉林、辽宁、河北、内蒙古、山西、陕西、甘肃、山东、江苏、安徽、浙江、福建、台湾、河南、湖南、广东、广西等省区。

56. 多花胡枝子　铁鞭草

小灌木，高 30~60（~100）cm。托叶线形，长 4~5 mm，先端刺芒状；羽状复叶具 3 小叶；小叶具柄，倒卵形、宽倒卵形或长圆形，长 1~1.5 cm，宽 6~9 mm，先端微凹、钝圆或近截形，基部楔形，上面被疏伏毛，下面密被白色伏柔毛。总状花序腋生；小苞片卵形；花萼被柔毛，5 裂，上方 2 裂片下部合生，上部分离，裂片披针形或卵状披针形；花冠紫色、紫红色或蓝紫色；旗瓣椭圆形，基部有柄；翼瓣稍短。荚果宽卵形。花期 6~9 月，果期 9~10 月。

生于海拔 1 300 m 以下的石质山坡。产于辽宁（西部及南部）、河北、河南、山西、陕西、宁夏、甘肃、青海、山东、江苏、安徽、江西、福建、河南、湖北、广东、四川等省区。

57. 绒毛胡枝子　山豆花

茎直立，高达 1.5 m；全株密被黄褐色绒毛。羽状复叶具 3 枚小叶；小叶质厚，椭圆形或卵状长圆形，长 3~6 cm，宽 1.5~3 cm，先端钝或微心形，下面密被黄褐色绒毛或柔毛；叶柄长 2~3 cm；托叶线形。总状花序；苞片线状披针形，有毛；花萼密被毛长约 6 mm，5 深裂，裂片狭披针形；花冠黄色或黄白色，旗瓣椭圆形；龙骨瓣长圆形；闭锁花生于茎上部叶腋，簇生成球状。荚果倒卵形。

生于海拔 1 000 m 以下的干山坡草地及灌丛间。除新疆及西藏外，全国各地普遍生长。

58. 兴安胡枝子　达呼尔胡枝子、毛果胡枝子

小灌木，枝被短柔毛。羽状复叶，小叶 3 枚，顶生小叶较大，矩圆形或宽矩圆形，长 2~5 cm，宽 5~16 mm，先端钝或急尖，有小刺尖，基部圆形，下面密生短柔毛；托叶线形；叶柄长 1~2 cm。总状花序腋生，短于叶；无瓣花（闭锁花）簇生于枝下部叶腋；小苞片披针状线形，有毛；萼浅杯状，萼齿 5 个，外面被白毛，披针形，几与花瓣等长；花瓣黄绿色；旗瓣长圆形，中央稍带紫色，具瓣柄；翼瓣长圆形；闭锁花生于叶腋，结实。荚果长约 4 mm，宽约 2 mm，被白色柔毛。花期 7~8 月，果期 9~10 月。

生于干山坡、草地、路旁及沙质地上。产于黑龙江、吉林、辽宁、内蒙古、甘肃、宁夏、山西、河北、河南、山东、陕西、安徽、贵州、江苏、四川、云南、台湾等省区。

59. 截叶铁扫帚　夜关门

亚灌木，高达 1 m，分枝具白色短柔毛。三出复叶，小叶楔形或长圆状楔形，基部楔形，具小刺尖，长 1~3 cm，宽 2~5 mm，先端截形，微凹，下面密生白色柔毛。总状花序腋生，具 2~4 朵花；小苞片卵形或狭卵形，背面被白色伏毛，边具缘毛；无瓣花簇生于叶腋；萼浅杯状，萼齿 5 个，披针形，长不及花瓣之半；花瓣白色至淡红色；旗瓣基部有紫斑；有时龙骨瓣先端带紫色。花期 7~8 月，果期 9~10 月。

生于海拔 2 500 m 以下的山坡路旁。产于陕西、甘肃、山东、台湾、河南、湖北、湖南、广东、四川、云南、西藏等省区。

60. 阴山胡枝子 白指甲花

灌木，高达 80 cm。托叶丝状钻形，背部具 1~3 条明显的脉，被柔毛；羽状复叶具 3 枚小叶；小叶长圆形或倒卵状长圆形，长 1~2（~2.5）cm，宽0.5~1（~1.5）cm，先端钝圆或微凹，基部宽楔形或圆形，下面密被伏毛，顶生小叶较大。总状花序腋生，具 2~6 朵花；小苞片长卵形或卵形，背面密被伏毛，边有缘毛；花萼 5 深裂，裂片披针形，具明显 3 脉及缘毛，萼筒外被伏毛；花冠白色；旗瓣近圆形，基部带大紫斑，花期反卷；翼瓣长圆形；龙骨瓣通常先端带紫色。荚果倒卵形。

生于干山坡。产于辽宁、内蒙古、河北、山西、陕西、甘肃、河南、山东、江苏、安徽、湖北、湖南、四川、云南等省区。

61. 杭子梢

灌木，高达 2 m，幼枝密被白色短柔毛。羽状三出复叶，小叶矩圆形或椭圆形，长 3~6 cm，宽1.5~4 cm，先端钝圆或微凹，下面有淡黄色柔毛；托叶狭三角形、披针形或披针状钻形；叶柄长 1~3.5 cm。总状花序腋生，每苞腋内 1 朵花；花梗具关节，长达 1 cm；苞片卵状披针形；小苞片近线形或披针形，早落；花萼钟形，通常贴生短柔毛，萼裂片狭三角形或三角形。花冠紫色或淡紫色，龙骨瓣成直角或微钝角内弯。子房和荚果仅背缝线边缘有短睫毛，余部无毛。花果期（5~）6~10 月。

生于山坡、灌丛、林缘、山谷沟边及林中，海拔 150~1 900 m，稀达 2 000 m 以上。产于河北、山西、陕西、甘肃、山东、江苏、安徽、浙江、江西、福建、河南、湖北、湖南、广西、四川、贵州、云南、西藏等省区。

62. 鸡眼草 掐不齐、牛黄黄

一年生草本，茎平卧，长 5~30 cm，茎及枝生白色向下的毛。三出羽状复叶，小叶纸质，椭圆形或长圆形，长 5~15 mm，宽 3~8 mm，先端常圆形，两面沿中脉及边缘有白色粗毛；托叶大，膜质，卵状长圆形，具长缘毛。花 1~3 朵腋生，淡红色，花梗无毛；萼基部具 4 片小苞片，小苞片常具5~7 条纵脉；花萼钟状，带紫色，5 裂，裂片宽卵形，具网状脉，外面及边缘具白毛；花冠粉红色或紫色，旗瓣椭圆形，下部渐狭成瓣柄，具耳。荚果卵状矩圆形，宿存花萼长不及果实的 1/3。花期7~9 月，果期 8~10 月。

生于路旁、田边、溪旁、沙地或缓山坡草地，海拔 500 m 以下。产于我国东北、华北、华东、中南、西南等省区。

63. 长萼鸡眼草 圆叶鸡眼草

茎枝具向上的毛；叶为三出羽状复叶；托叶卵形，长 3~8 mm，边缘通常无毛；叶柄短；小叶纸质，倒卵形、宽倒卵形或倒卵状楔形，长 5~18 mm，宽 3~12 mm，先端微凹或近截形，基部楔形，全缘。花常 1~2 朵腋生；小苞片 4 片，生于萼下，常具 1~3 条脉；花梗有毛；花萼膜质，阔钟形，5 裂，裂片宽卵形，有缘毛；花冠上部暗紫色，长 5.5~7 mm；旗瓣椭圆形，先端微凹，下部渐狭成瓣柄；翼瓣狭披针形，与旗瓣近等长；龙骨瓣钝，上面有暗紫色斑点；雄蕊二体（9+1）。果萼长超过荚果之半。花期 7~8 月，果期 8~10 月。

生于路旁、草地、山坡、固定或半固定沙丘等处，海拔 100~1 200 m。产于我国东北、华北、华东（包括台湾）、中南、西北等省区。

三五、酢浆草科

草本，常具地下块茎或根茎，或木本。掌状三出复叶，稀羽状复叶。花两性，辐射对称，单生，或组成伞形花序，稀聚伞花序；萼 5 裂；花瓣 5 片，旋转状排列；雄蕊 10 枚，两轮着生，外轮与花瓣对生；子房上位，5 室，每室胚珠 2 枚，花柱 5 个，离生。蒴果，室背开裂，稀浆果。

1. 酢（cù）浆草　酸味草（图Ⅱ-35.1）

图Ⅱ-35.1　酢浆草

多年生草本；茎柔弱，常平卧，节上生根。掌状三出复叶，叶柄细长，长2~6.5 cm，基部具关节，有柔毛；托叶大部与叶柄合生；小叶倒心形，长5~10 cm，先端凹入，基部宽楔形。伞形花序腋生，花1至数朵，黄色，长8~10 mm；小苞片2片，披针形，膜质；萼片5片，披针形或长圆状披针形，宿存；花瓣5枚，黄色，长圆状倒卵形；雄蕊10枚，花丝白色半透明，基部合生，长、短互间；子房长圆形，5室，被短伏毛，花柱5个，柱头头状。蒴果近圆柱形，长10~15 mm，具5棱，被短柔毛。花果期2~9月。

喜向阳、温暖、湿润的环境，抗旱能力较强，不耐寒，生于山坡草池、河谷沿岸、路边、田边、荒地或林下阴湿处等。全国广布。

2. 红花酢浆草　铜锤草

多年生直立草本。叶基生；小叶3枚，扁圆状倒心形，长1~4 cm，宽1.5 cm；托叶长圆形，顶部狭尖，与叶柄基部合生；叶柄长5~30 cm，被毛。总花梗基生，二歧聚伞花序，通常排列成伞形花序；萼片5片，披针形，先端有暗红色长圆形的小腺体2枚；花瓣5枚，倒心形，淡紫色至紫红色，基部颜色较深；雄蕊10枚，长的5枚超出花柱，另5枚长至子房中部，花丝被长柔毛；子房5室，花柱5个，被锈色长柔毛。花果期3~12月。

生于低海拔的山地、路旁、荒地或水田中。分布于河北、陕西、四川和云南及华东、华中、华南等地区。

三六、牻（máng）牛儿苗科

草本或软木质灌木。叶互生或对生，单叶掌状分裂或为掌状复叶。花两性，辐射对称，或有时具贴生花梗的距而稍两侧对称，单生或组成伞形花序；萼片（4）5片；花瓣（4）5片，常覆瓦状排列；雄蕊5枚或为花瓣的2~3倍；子房上位，3~5室，花柱3~5个，下部合生，柱头舌状。蒴果具长喙，室间开裂。

1. 老鹳（guàn）草　鸭脚草（图Ⅱ-36.1）

图Ⅱ-36.1　老鹳草

多年生草本，高达80 cm；茎细长，下部稍蔓生，具棱槽，假二叉状分枝，被倒向短柔毛。叶对生，基生叶和茎下部叶肾状三角形，长3~5 cm，宽4~6 cm，3深裂，柄长为叶片的2~3倍，被倒向短柔毛，裂片菱状卵形，先端尖，上部有缺刻或粗锯齿，两面有伏毛；茎上部叶柄渐短或近无。花序腋生，总花梗长2~3 cm，具2花，花淡红色，长约5 mm；苞片钻形；萼片长卵形或卵状椭圆形，长5~6 mm，宽2~3 mm；雄蕊稍短于萼片，花丝淡棕色，下部扩展，被缘毛；雌蕊被短糙状毛，花柱分枝紫红色。蒴果长约2 cm，具喙。花期6~8月，果期8~9月。

生于海拔1 800 m以下的低山林下、草甸。分布于东北、华北、华东、华中地区及陕西、甘肃和四川。

2. 鼠掌老鹳草

多年生草本；茎细长蔓状，疏生倒向毛。叶对生，下部叶宽肾状五角形，长 3~6 cm，宽 4~8 cm，掌状 5 深裂，中央裂片羽状深裂或具深缺刻，两面密生伏毛；上部叶片具短柄，3~5 裂；托叶披针形，棕褐色，长 8~12 cm，基部抱茎，外被倒向长柔毛；基生叶和茎下部叶具长柄，柄长为叶片的 2~3 倍。花单生叶腋，淡红色，长约 4 mm，花柄长 4~5 cm；苞片对生；萼片卵状椭圆形或卵状披针形；花瓣倒卵形，先端微凹或缺刻状，基部具短爪；花丝扩大成披针形，具缘毛。蒴果长 1~2 cm。花期 6~7 月，果期 8~9 月。

生于林缘、疏灌丛、河谷草甸。分布于东北、华北、华中、西北、西南地区。

3. 牻牛儿苗 太阳花（图Ⅱ-36.2）

一年生草本，高达 45 cm，平卧地面或稍斜升；茎多分枝，被柔毛。叶对生，长卵形或矩圆状三角形，长约 6 cm，二回羽状深裂，一回裂片 5~9 对；小裂片条形；托叶三角状披针形，被疏柔毛，边缘具缘毛；基生叶和茎下部叶具长柄，柄长为叶片的 1.5~2 倍，被开展的长柔毛和倒向短柔毛；花丝紫色，被柔毛；雌蕊被糙毛，花柱紫红色。伞形花序腋生，有 2~5 朵花；苞片狭披针形；花紫蓝色，具 5 枚鳞片状退化雄蕊；萼片矩圆状卵形，先端具长芒，被长糙毛。蒴果长约 4 cm，具长喙。花期 6~8 月，果期8~9 月。

图Ⅱ-36.2 牻牛儿苗

生于干山坡、农田边、沙质河滩地和草原凹地等。分布于长江中下游以北的华北、东北、西北、四川西北地区。

三七、亚麻科

草本或灌木。叶常互生，全缘。花两性，辐射对称；萼片 5（4）片，宿存；花瓣 5（4）枚，旋转状排列，常具爪；雄蕊 5、10 枚或更多，花丝基部合生；子房上位，3~5 室，有时存在假隔膜而为假 6~10 室，每室胚珠 2 枚，花柱 3~5 个。蒴果室间开裂，稀为核果。

1. 亚麻 山西胡麻

一年生草本，高达 1 m。茎上部分枝，无毛。叶互生，无柄，条形或头状披针形，长 1.8~3.2 cm，先端锐尖，基部渐狭，全缘，叶脉常三出。花单性，具长柄；萼片 5 片，卵形或卵状披针形，宿存，边缘无黑色腺体；花瓣 5 枚，倒卵形，蓝色或白色；能育雄蕊 5 枚，花丝基部合生；退化雄蕊 5 枚，钻状；子房 5 室，花柱 5 个。蒴果球形，茎 6~7 mm。花期 6~8 月，果期 7~10 月。

喜凉爽湿润气候。耐寒，怕高温。以土层深厚、疏松肥沃、排水良好的微酸性或中性土壤栽培为宜，含盐量在 0.2%以下的碱性土壤亦能栽培。全国各地皆有栽培，但以北方和西南地区较为普遍。

2. 野亚麻（图Ⅱ-37.1）

一年生或二年生草本，高 20~90 cm。叶互生，线形、线状披针形或狭倒披针形，长 1~4 cm，宽 1~4 mm，顶部钝、锐尖或渐尖，基部渐狭，全缘，两面无毛，6 脉 3 基出。单花或多花组成聚伞花序；萼片 5 片，绿色，

图Ⅱ-37.1 野亚麻

长椭圆形或阔卵形，长 3~4 mm，边缘稍为膜质并有易脱落的黑色头状带柄的腺点，宿存；花瓣 5 个，倒卵形，淡红色、淡紫色或蓝紫色；雄蕊 5 枚，与花柱等长，基部合生，通常有退化雄蕊 5 枚；子房 5 室，有 5 棱；花柱 5 个，柱头头状，干后黑褐色。蒴果球形或扁球形。花期 6~9 月，果期8~10 月。

生于海拔 630~2 750 m 的山坡、路旁和荒山地。分布于江苏、广东、湖北、河南、河北、山东、吉林、辽宁、黑龙江、山西、陕西、甘肃、贵州、四川、青海和内蒙古等省区。

三八、蒺藜科

草本或小灌木。叶大多对生，稀互生，羽状复叶或仅具 2 小叶；托叶宿存。花两性，辐射对称；萼片 5（4）片；花瓣 5 枚；具肉质花盘；雄蕊与花瓣同数或为其 2~3 倍，花丝中部或基部具 1 腺体；子房上位，具角棱或翅，常 5 室，每室胚珠 2 颗至多数。蒴果或分果，果皮常有刺，稀核果状浆果。

1. 蒺藜（图Ⅱ-38. 1）

一年生平卧草本，全体被绢状柔毛。偶数羽状复叶，长 1. 5~5 cm；小叶 6~14，对生，矩圆形，长6~15 mm，宽 2~5 mm，先端锐尖或钝，基部稍偏斜，被柔毛，全缘。花单生，黄色；萼片 5 片，宿存；花瓣 5 枚；雄蕊 10 枚，生于花盘基部，基部有鳞片状腺体；子房 5 棱，柱头 5 裂。果具 5 个分果瓣，果瓣具刺，背面有短硬毛及瘤状突起。花期 5~8 月，果期 6~9 月。

生于沙地、荒地、山坡、居民点附近。全国各地有分布。

图Ⅱ-38.1　蒺藜

三九、芸香科

乔木或灌木，稀草本。叶常具透明腺点，无托叶。花两性，有时单性，辐射对称；萼片 3~5 片，常合生；花瓣 3~5 枚；雄蕊 3~10 枚或更多，二轮生时外轮与花瓣对生，药隔顶端常具油腺；心皮 2~5 个，离生或合生，中轴胎座，每室胚珠 1 枚至多数。蓇葖果、柑果、核果或为蒴果状。

1. 花椒（图Ⅱ-39. 1）

落叶灌木或小乔木，具香气，茎枝具增大的皮刺。羽状复叶互生，叶轴常有甚狭窄的叶翼，小叶 5 ~11 枚，对生，卵形或卵状矩圆形，长 1. 5~7 cm，宽 1~3 cm，边缘具细钝锯齿，齿缝处有粗大透明腺点，下面沿中脉基部两侧生锈色小丛毛；叶背基部中脉两侧有丛毛或小叶两面均被柔毛，中脉在叶面微凹陷，叶背干后常有红褐色斑纹。聚伞圆锥花序顶生；花被片 4~8 片，黄绿色；子房无柄；雄花的雄蕊 5 枚或多至 8 枚；退化雌蕊顶端叉状浅裂；雌花花柱斜向背弯。蓇葖果球形，红色或紫红色，密生疣状突起。花期 4~5 月，果期 8~9 月或 10 月。

图Ⅱ-39.1　花椒

花椒适应性广，对土壤要求不严，生于平原至海拔较高的山地，在青海，见于海拔 2 500 m 的坡地。产地北起东北南部，南至五岭北坡，东南至江苏、浙江沿海地带，西南至西藏东南部。

2. 野花椒

灌木或小乔木。叶有小叶5~15片；叶轴有狭窄的叶质边缘，腹面呈沟状凹陷；小叶对生，无柄或位于叶轴基部的有甚短的小叶柄，卵形，卵状椭圆形或披针形，长2.5~7 cm，宽1.5~4 cm，常有凹口，油点多，干后半透明且常微凸起，间有窝状凹陷，叶面常有刚毛状细刺，叶缘有疏离而浅的钝裂齿。花序顶生，长1~5 cm；花被片5~8片，狭披针形、宽卵形或近于三角形，淡黄绿色；雄花的雄蕊5~10枚，药隔顶端有1个干后暗褐黑色的油点；雌花的花被片为狭长披针形；花柱斜向背弯。果红褐色。花期3~5月，果期7~9月。

适宜温暖湿润及土层深厚肥沃壤土、沙壤土，生于平地、低丘陵或略高的山地疏林或密林下，喜阳光，耐干旱。产于青海、甘肃、山东、河南、安徽、江苏、浙江、湖北、江西、台湾、福建、湖南及贵州东北部。

3. 青花椒

灌木，高达3 m，茎枝有短小皮刺。羽状复叶，叶轴有狭翅；小叶11~21片，披针形或椭圆状披针形，长达4.5 cm，宽6~12 mm，顶部短至渐尖，基部圆形或宽楔形，具仅在放大镜下方可见的细油点。伞房状圆锥花序顶生，总梗明显，花青绿色；萼片及花瓣均5片；雄蕊5枚。蓇葖果果瓣上的油腺点不凸出或微凸出，干后常呈窝穴状凹陷。花期7~9月，果期9~12月。

生于平原至海拔800 m的山地疏林或灌木丛中或岩石旁等多类生境。产于五岭以北、辽宁以南大多数省区，但不见于云南。

4. 竹叶花椒（图Ⅱ-39.2）

灌木或小乔木，茎枝具弯曲而基部扁平的皮刺。羽状复叶，叶轴具皮刺，两侧具翅；小叶3~9枚，披针形或椭圆状披针形，翼叶明显，长5~9 cm，边缘具细钝锯齿，下面中脉基部两侧有小丛毛；小叶背面中脉上常有小刺。聚伞圆锥花序腋生；花单性，花被片6~8片；雄花的雄蕊5~6枚，药隔顶端有1个干后变褐黑色油点；不育雌蕊垫状凸起，顶端2~3浅裂；雌花有心皮2~3个，背部近顶侧各有1个油点，花柱斜向背弯，不育雄蕊短线状。蓇葖果红色，具粗大而凸起的腺点。花期4~5月，果期8~10月。

图Ⅱ-39.2　竹叶花椒

生于低丘陵坡地至海拔2 200 m山地的多类生境，石灰岩山地亦常见。产于山东以南，南至海南，东南至台湾，西南至西藏东南部。

5. 臭檀吴萸　臭檀（图Ⅱ-39.3）

高可达20 m，胸径约1 m的落叶乔木。叶有小叶5~11枚，小叶纸质，有时颇薄，阔卵形，卵状椭圆形，长6~15 cm，宽3~7 cm，叶缘有细钝裂齿；小叶柄长2~6 mm。伞房状聚伞花序，花序轴及分枝被灰白色或棕黄色柔毛，花蕾近圆球形；萼片及花瓣均5枚；萼片卵形，长不及1 mm；花瓣长约3 mm；雄花的退化雌蕊圆锥状，顶部4~5裂，被毛；雌花的退化雄蕊鳞片状。分果瓣紫红色，干后变淡黄色或淡棕色。花期6~8月，果期9~11月。

图Ⅱ-39.3　臭檀吴萸

生于平地及山坡向阳地方，耐干旱，沙质壤土中生长迅速。产于辽宁以南至长江沿岸各地。

6. 臭辣吴萸　臭辣树、臭吴萸、野吴萸、臭桐

子树

乔木，枝暗紫褐色。羽状复叶对生，叶轴及小叶柄均无毛；小叶通常7枚，椭圆状披针形、披针形或卵状矩圆形，长6~11 cm，宽2~6 cm，先端长渐尖，边缘有不明显的钝齿，下面沿中脉具柔毛或脉腋有丛毛，无腺点。聚伞圆锥花序顶生，花序轴和花梗被短绒毛；花多，5基数；萼片卵形，边缘被短毛；花瓣长约3 mm，腹面被短柔毛；花丝中部以下被长柔毛，退化雌蕊顶部5深裂，裂瓣被毛；子房近圆球形。蓇葖果紫红色。花期6~8月，果期8~10月。

生于海拔600~1 500 m的山地、山谷较湿润地方。产于安徽、浙江、湖北、湖南、江西、福建、广东北部（乳源）、广西、贵州、四川、云南等省区。

7. 枳（zhǐ）

落叶灌木或小乔木。全株无毛，分枝稍扁平，有棱角，密生粗壮棘刺，刺长1~7 cm。三出复叶，叶柄具翅；小叶卵形、椭圆形或倒卵形，长1~5 cm，宽1~3 cm，先端圆而微凹，基部楔形，近全缘或具钝齿。花单生或成对腋生，黄白色，花有大、小二型，花径3.5~8 cm；萼片长5~7 mm；花瓣白色，匙形，长1.5~3 cm；雄蕊通常20枚，花丝不等长。柑果球形，直径3~5 cm。花期5~6月，果期10~11月。

喜光，稍耐阴，喜温暖湿润气候，较耐寒。喜生于肥沃、深厚之微酸性土壤，对土壤不苛求。产于山东（日照、青岛等）、河南（伏牛山南坡及河南南部山区）、山西（晋城、阳城等县）、陕西（西乡、南郑、商县、蓝田等县）、甘肃（文县至成县一带）、安徽（蒙城等县）、江苏（泗阳、东海等县）、浙江、湖北（西北部山区及西南部）、湖南（西部山区）、江西、广东（北部栽培）、广西（北部）、贵州、云南等省区。

四〇、苦木科

乔木或灌木。羽状复叶，互生，稀对生。花多单性异株或杂性，稀两性，组成圆锥花序或总状花序；萼3~5裂；花瓣3~5枚或无花瓣；常具花盘；雄蕊与花瓣同数或为其2倍，花丝基部常有鳞片；心皮2~5个，离生或合生（中轴胎座），每室胚珠1颗，果为核果、蒴果或翅果。

1. 臭椿　樗（chū）

落叶乔木。嫩枝赤褐色，疏被柔毛。奇数羽状复叶互生，有臭气，长达90 cm；小叶13~25枚，纸质，卵状披针形，长7~12 cm，宽2~4.5 cm，先端渐尖，基部一侧圆形，另侧楔形，全缘，仅基部有1或2对粗齿，齿背具腺体；叶柄长7~13 cm。圆锥花序顶生；花绿白色；萼片5片，覆瓦状排列；花瓣5枚，基部两侧被硬粗毛；雄蕊10枚，花丝基部密被硬粗毛，雄花中的花丝长于花瓣，雌花中的花丝短于花瓣；花药长圆形；心皮5个，花柱黏合，柱头5裂。翅果矩圆状椭圆形，长3~5 cm。花期4~5月，果期8~10月。

喜光，不耐阴。适应性强，除黏土外，各种土壤和中性、酸性及钙质土都能生长，我国除黑龙江、吉林、新疆、青海、宁夏、甘肃和海南外，各地均有分布。

2. 苦树　苦木

落叶灌木或小乔木。树皮灰褐色，平滑，有灰色皮孔及斑纹，小枝绿色至红褐色。叶互生，羽状复叶，小叶9~15枚，卵形或卵状椭圆形，先端渐尖，基部楔形，除顶生叶外，其余小叶基部均不对称，长4~10 cm，宽2~4.5 cm；托叶披针形，早落。伞房状总状花序腋生；花序轴密被黄褐色微柔毛；萼片小，卵形或长卵形，外面被黄褐色微柔毛，覆瓦状排列；花瓣卵形或阔卵形，两面中脉附近有微柔毛；雄花中雄蕊长为花瓣的2倍，与萼片对生，雌花中雄蕊短于花瓣。核果倒卵形，蓝至红色。花期4~5月，果期6~9月。

生于海拔（1 400~）1 650~2 400 m的山地杂木林中。产于黄河流域及其以南各省区。

四一、楝科

乔木或灌木。叶互生，羽状复叶，稀单叶，无托叶。花两性，辐射对称，组成圆锥花序；萼4~5（~6）裂；花瓣4~5（~6）枚；雄蕊8~10枚，花丝大多合生成管状；子房上位，与花盘分离或稍合生，常4或5室，每室胚珠1颗至多数，花柱1个或无，柱头盘状或头状。蒴果、浆果或核果；种子常具翅。

1. 楝　苦楝（图Ⅱ-41.1）

落叶乔木，小枝有叶痕。二至三回奇数羽状复叶，互生，长20~40 cm；小叶卵形至椭圆形，长3~7 cm，宽2~3 cm，边缘有锯齿或缺刻。圆锥花序腋生；花紫色或淡紫色，长约1 cm；花萼5深裂，裂片卵形或长圆状卵形，外面被微柔毛；花瓣5枚，倒披针形，两面均被微柔毛，通常外面较密；雄蕊10枚，雄蕊管紫色，管口有钻形、2~3齿裂的狭裂片10片，花丝合生为管状；子房近球形，室5~6。核果，长1~2 cm。花期4~5月，果期10~12月。

图Ⅱ-41.1　楝

楝喜温暖、湿润气候，喜光，不耐荫蔽，较耐寒。在酸性、中性和碱性土壤中均能生长，在含盐量0.45%以下的盐渍地上也能良好生长。生于低海拔旷野、路旁或疏林中，目前已广泛栽培。产于我国黄河以南各省区，较常见。

案例：

2004年6月16日，枣庄市山亭区某村村民在村西北耕地的一个机井打水时发现1具无名男尸。尸体被毛毡包裹，头部被化肥编织袋包裹，用铁丝在脖子处捆扎（袋上有“俄罗斯产”字样，化肥编织袋内有多个楝豆、烟蒂、红瓦片和碎石等物），一块大青石被铁丝捆扎在尸体上。初步判断为抛尸的第二现场，如何查找尸源就成为侦破此案的首要任务。勘验人员从捆扎尸体的化肥袋内找到了突破口，化肥袋内有数颗楝豆，而且都十分新鲜。根据这一点划定了尸体应该来自有楝树的地方，现场访问陈湖村范围内种植的楝树并不多。通过排查，很快就在一个种有楝树的家中找到了尸源，案件得以快速侦破。

2. 香椿

落叶乔木，树皮片状剥落，幼枝被柔毛。偶数羽状复叶，长25~50 cm，有香气；小叶10~22枚，纸质，矩圆形至披针状矩圆形，长8~15 cm，先端尾尖，基部一侧圆形，另一侧楔形，不对称，两面无毛或仅下面脉腋有束毛；叶具长柄。圆锥花序顶生，花白色；花萼5齿裂或浅波状，外面被柔毛，且有睫毛；花瓣5枚，长圆形；雄蕊10枚；花盘近念珠状；子房圆锥形，有5条细沟纹，柱头盘状。蒴果近卵形或狭椭圆形，长15~25 mm，5瓣开裂；种子一端具膜质翅。花期6~8月，果期10~12月。

香椿喜光，较耐湿，适宜生长于河边、宅院周围肥沃湿润的土壤中，一般以沙壤土为好。适宜的土壤酸碱度为pH值5.5~8.0。生于山地杂木林或疏林中，各地也广泛栽培。产于华北、华东、中部、南部和西南各省区。

四二、远志科

草本，或藤本状木本。叶互生，全缘，有时退化为鳞片状。花两性，两侧对称，常具苞片和小苞片；萼片5片，不等大，内面2片常花瓣状；花瓣5或3枚，下面1片龙骨状，且其顶端具鸡冠状附属物；雄蕊 8~10 枚，花丝合生为鞘管，花药顶孔开裂；子房上位（1）2（3）室，每室胚珠 1 枚，花柱 1 个。蒴果、坚果或核果。

1. 瓜子金

多年生草本，高 15~20 cm。单叶互生，叶片厚纸质或亚革质。卵形或卵状披针形，稀狭披针形，长 1~2.3（~3）cm，宽（3~）5~9 mm，先端钝，具短尖头，基部阔楔形至圆形，全缘；叶柄长约 1 mm，被短柔毛。总状花序与叶对生，或腋外生；萼片 5 片，宿存，外面 3 片披针形，外面被短柔毛，里面 2 片卵形至长圆形，具短尖头，基部具爪；花瓣 3 枚，白色至紫色，龙骨瓣舟状，具流苏状鸡冠状附属物。蒴果圆形。花期 4~5 月，果期 5~8 月。

生于山坡草地或田埂上，海拔 800~2 100 m。产于东北、华北、西北、华东、华中和西南地区。

2. 远志（图Ⅱ-42.1）

多年生草本，单叶互生，叶片纸质，线形至线状披针形，长 1~3 cm，宽 0.5~1（~3）mm，先端渐尖，基部楔形，反卷。总状花序呈扁侧状生于小枝顶端，细弱，长 5~7 cm，通常略俯垂，少花，稀疏；苞片 3 片，披针形，早落；萼片 5 片，宿存，外面 3 片线状披针形，里面 2 片倒卵形或长圆形，先端具短尖头，沿中脉绿色，周围膜质，带紫堇色，基部具爪；萼片 5 片，宿存；花瓣 3 枚，紫色，龙骨瓣具流苏状附属物；花丝丝状，具狭翅；子房扁圆形；花柱弯曲，顶端呈喇叭形。蒴果圆形。花果期 5~9 月。

生于草原、山坡草地、灌丛中以及杂木林下，海拔（200~）460~2 300 m。产于东北、华北、西北和华中以及四川。

图Ⅱ-42.1　远志

图Ⅱ-42.2　西伯利亚远志

3. 西伯利亚远志　卵叶远志（图Ⅱ-42.2）

多年生草本，高达 30 cm。单叶互生，椭圆形至圆状披针形，长 1~2 cm，宽 3~6（8）mm，先端钝，具骨质短尖头，基部楔形，全缘，略反卷，绿色，两面被短柔毛，具短柄。花序腋外生；花蓝紫色，长约 6 mm；3 片小苞片，钻状披针形，被短柔毛；萼片 5 片，宿存，背面被短柔毛，具缘毛，外面 3 片披针形，里面 2 片花瓣状，近镰刀形，先端具突尖，基部具爪；花瓣 3 枚，龙骨瓣先端背面具撕裂成条形的鸡冠状附属物；花丝下部约 2/3 合生成鞘管。蒴果有睫毛。花期 4~7 月，果期 5~8 月。

生于沙质土、石砾和石灰岩山地灌丛、林缘或草地，海拔 1 100~3 300（~4 300）m。产于全国各地。

四三、大戟科

植物常具乳汁。叶互生，单叶，稀复叶，有托叶。花单性，常具花盘；花被片常 1 层或无花被，有时具花瓣；雄蕊少数至多数，分离或合生；子房上位，3（5）室，每室胚珠 1 颗或 2 颗。蒴果、浆果状或核果状果；种子具种阜。

1. 算盘子 野南瓜、柿子椒

灌木，小枝灰褐色，密被黄褐色短柔毛。叶片纸质或近革，叶矩圆形、矩圆状披针形或倒卵状矩圆形，长 3~5 cm，宽达 2 cm，基部楔形，下面密被短柔毛；叶柄长 1~3 mm；托叶三角形。花单生，2~5 朵簇生叶腋；萼片 6 片，无花瓣，雄蕊 3 枚，子房 5 室，花柱合生。蒴果扁球形，直径 10~15 mm，具明显纵沟，被短柔毛。花期 4~8 月，果期 7~11 月。

生于海拔 300~2 200 m 山坡、溪旁灌木丛中或林缘。产于陕西、甘肃、江苏、安徽、浙江、江西、福建、台湾、河南、湖北、湖南、广东、海南、广西、四川、贵州、云南和西藏等省区。

2. 一叶萩（qiū） 叶底珠

灌木，小枝纤细，浅绿色。单叶，纸质，椭圆形、矩圆形或卵形矩圆形，长 1.5~5 cm，宽 1~2 cm，无毛，全缘或有不整齐波状齿；叶柄长 2~8 mm；托叶卵状披针形，宿存。花单性异株，花小，3~12 朵簇生叶腋；雄花：萼片 5 片，无花瓣，花盘腺体退化，雌蕊圆柱形，顶端 2~3 裂，子房 3 室，花柱 3 个；雌花：萼片 5 片，椭圆形至卵形，背部呈龙骨状凸起；花盘盘状。蒴果三棱状扁球形，直径 3~5 mm，红褐色。花期 3~8 月，果期 6~11 月。

生于山坡灌丛中或山沟、路边，海拔 800~2 500 m。除西北尚未发现外，全国各省区均有分布。

3. 叶下珠 阴阳草、珍珠草

一年生草本，高达 30 cm。分枝外倾，具翅状纵棱。叶在枝上 2 行排列，纸质，长椭圆形，长 0.5~1.5 cm，宽 2~5 mm，下面边缘具 1~3 列短硬毛；几无叶柄；托叶卵状披针形。花单性同株，无花瓣；雄花萼片 6 片，倒卵形；雄蕊 3 枚，花丝全部合生成柱状，花粉粒长球形，通常具 5 孔沟；花盘腺体 6 个，分离。雌花：萼片 6 片，卵状披针形，边缘膜质，黄白色；花盘圆盘状，全缘。子房和蒴果具小瘤状凸起。花期 4~6 月，果期 7~11 月。

生于海拔 500 m 以下旷野平地、旱田、山地路旁或林缘，在云南海拔 1 100 m 的湿润山坡草地亦见有生长。产于河北、山西、陕西及华东、华中、华南、西南等省区。

4. 蜜柑草 飞蛇仔（图Ⅱ-43.1）

叶互生，线形或披针形，长 8~20 mm，宽 2~5 mm，先端尖，基部圆形或阔楔形，全缘；具短柄；托叶 2 枚。花小，单性，通常雌雄同株，簇生或单生于叶腋；无花瓣。蒴果有细柄，下垂，圆形，褐色，表面平滑。花期 4~7 月，果期 7~10 月。

产于黑龙江、吉林、辽宁、山东、江苏、安徽、浙江、江西、福建、台湾、湖北、湖南、广东、广西等省区。

图Ⅱ-43.1 蜜柑草

图Ⅱ-43.2 雀儿舌头

5. 雀儿舌头 黑钩叶、断肠草（图Ⅱ-43.2）

小灌木，小枝绿色或浅褐色。叶片卵形至披针形，长 1~4.5 cm，宽 4~20 mm；叶柄纤细，长 2~8 mm；托叶小，卵状三角形，边缘被睫毛。花单性同株，1~4 朵簇生叶腋；萼片 5 片，卵形或宽卵形，浅绿色，膜质，具有脉纹；雄花花瓣 5 枚，白色，匙形，膜质；腺体 5 个，2 裂，与萼片互生；

雄蕊 5 枚；雌花：花盘环状，10 裂至中部，裂片长圆形；子房 3 室，花柱 3 个。蒴果球形，直径约 6 mm。花期 2~8 月，果期 6~10 月。

生于海拔一般为 500~1 000 m（西北部达 1 500 m，西南部达 3 400 m）的山地灌丛、林缘、路旁、岩崖或石缝中。除黑龙江、新疆、福建、海南和广东外，全国各省区均有分布。

6. 重阳木

落叶乔木。三出复叶；叶柄长 9~13.5 cm；小叶片纸质，卵形或椭圆状卵形，有时长圆状卵形，基部圆形或浅心形，边缘每厘米有 4 或 5 齿；顶生小叶柄长 1.5~4（~6）cm，侧生小叶柄长 3~14 mm；托叶小，早落。花雌雄异株，与叶同时开放；总状花序；花序轴纤细而下垂；雄花序 8~13 cm；雌花序 3~12 cm；雄花：萼片半圆形，膜质；有明显的退化雌蕊；雌花：萼片与雄花的相同，有白色膜质的边缘；花柱 2~3 个，顶端不分裂。花期 4~5 月，果期 10~11 月。

暖温带树种，属阳性。喜光，稍耐阴。喜温暖气候，耐寒性较弱。对土壤的要求不严，在酸性土和微碱性土中皆可生长，生于海拔 1 000 m 以下山地林中或平原栽培，在长江中下游平原习见，常栽培为行道树。产于秦岭、淮河流域以南至福建和广东的北部。

7. 油桐（图Ⅱ-43.3）

落叶乔木，高达 10 m。枝条具明显皮孔。叶卵圆形，长 8~18 cm，宽 6~15 cm，顶端短尖，基部截平至浅心形，全缘，下面被贴伏微柔毛，稀 1~3 浅裂；掌状脉 5（~7）条；叶柄与叶片近等长，顶端有 2 个扁平腺体。花雌雄同株；花萼 2（~3）裂，外面密被棕褐色微柔毛；花瓣白色，有淡红色脉纹，倒卵形，长 2~3 cm，宽 1~1.5 cm，基部爪状。雄花：雄蕊 8~12 枚，2 轮；雌花：子房密被柔毛，花柱 2 裂。核果近球状。花期 3~4 月，果期 8~9 月。

图Ⅱ-43.3　油桐

喜温暖，忌严寒，在富含腐殖质、土层深厚、排水良好、中性至微酸性沙质壤土最适合油桐生长。生于海拔 1 000 m 以下丘陵山地。产于陕西、河南、江苏、安徽、浙江、江西、福建、湖南、湖北、广东、海南、广西、四川、贵州、云南等省区。

8. 地构叶（图Ⅱ-43.4）

多年生草本，高达 50 cm，全株密被柔毛。叶片长椭圆形至披针形，纸质，长 2~5 cm，宽 5~15 mm，边缘疏生不规则粗齿，齿端具腺体；叶柄近无；托叶卵状披针形。花单性同株，顶生总状花序。雄花在上部，20~30 朵，萼片、花瓣、花盘腺体均 5 数；花萼裂片卵形，外面疏被柔毛；花瓣倒心形，具爪，被毛；雄蕊 8~12（~15）枚，花丝被毛；雌花 6~10 朵，花瓣与雄花相似，但具脉纹；花盘壶状，子房 3 室，花柱 3 个，2 深裂，裂片呈羽状撕裂。蒴果具多数疣状突起。花果期 5~9 月。

生于海拔 800~1 900 m 山坡草丛或灌丛中。产于辽宁、吉林、内蒙古、河北、河南、山西、陕西、甘肃、山东、江苏、安徽、四川等省区。

图Ⅱ-43.4　地构叶

9. 蓖麻（图Ⅱ-43.5）

高大草本，嫩枝被白粉。叶互生，叶片圆形，盾状着生，直径 14~40 cm，掌状中裂，裂片 5~11 片，卵状披针形或长圆形，先端渐尖，边缘有锯齿；叶柄粗壮，中空，长可达 40 cm，顶端具 2 个盘状腺体，基部具盘状腺体；托叶长三角形，早落。花单性同株，无花瓣；圆锥花序与叶对生；苞片阔三角形，膜质，早落；雄花：花萼裂片卵状三角形；单体雄蕊在下部，分枝众多；雌花：萼片卵状披针形，早落；子房 3 室，花柱 3 个，红色，顶部 2 裂，密生乳头状突起。蒴果球形，有软刺。花期几全年或6~9 月。

喜高温，不耐霜，酸碱适应性强，生于海拔 20~500 m（云南海拔 2 300 m）村旁疏林或河流两岸冲积地。产于华南和西南地区，其他地方有栽培。

图Ⅱ-43.5　蓖麻

图Ⅱ-43.6　铁苋菜

10. 铁苋菜　海蚌含珠、蚌壳草（图Ⅱ-43.6）

一年生草本，高达 50 cm。叶互生，膜质，椭圆形、椭圆状披针形或菱状卵形，长 2.5~8 cm，宽 1.5~3.5 cm，基部楔形，边缘具圆锯，下面沿中脉具柔毛；基部三出脉；叶柄具短柔毛；托叶披针形，长 1.5~2 mm，具短柔毛。穗状花序；雄花生于上部，苞片卵形，苞腋具雄花 5~7 朵，簇生；花萼裂片 4 片，卵形；雄蕊 7~8 枚；雌花苞片叶状，边缘有锯齿；萼片 3 片，长卵形，具疏毛；子房具疏毛，花柱 3 个，撕裂 5~7 条。蒴果钝三棱形，直径 3~4 mm。花果期 4~12 月。

生于海拔 20~1 200（~1 900）m 的平原或山坡较湿润耕地和空旷草地，有时生于石灰岩山地疏林下。我国除西部高原或干燥地区外，大部分省区均产。

11. 红叶野桐　山桐子（图Ⅱ-43.7）

灌木。叶互生，纸质，卵状三角形，长 6~12（~18）cm，宽 5~12 cm，顶端渐尖，上面疏生白色星状柔毛，下面被灰白色星状绒毛和散生橘红色颗粒状腺体；基出脉 5 条；基部近叶柄处常具褐色斑状腺体 2 个；叶柄长 8~10 cm。花雌雄异株，花序总状。雄花：苞片钻形，苞腋有雄花 3~8 朵；花萼裂片 5 片，卵状披针形，被淡黄色星状毛和颗粒状腺体。雌花序苞腋有雌花 1（~3）朵；雌花：花萼裂片卵状披针形，被淡黄色星状毛和颗粒状腺体，花柱 3~4 个，柱头密生羽毛状突起。蒴果球形，稀疏排列。花期 6~8 月，果期 10~11 月。

图Ⅱ-43.7　红叶野桐

生于海拔 100~1 200 m 的山坡、路旁灌丛中。产于陕西、四川、湖北、湖南、广西、广东、江苏、安徽、江西、福建和浙江等省区。

12. 野桐（图Ⅱ-43.8）

灌木或小乔木。叶互生，纸质，宽卵形或三角状圆形，形状多变，长 6~12 cm，基部具 2 个腺体，全缘或不规则 3 裂而有钝齿，下面有黄色腺点，沿脉被星状柔毛；基出脉 3 条；侧脉近叶柄具黑色圆形腺体 2 个；叶柄短。花序总状；苞片钻形；雄花苞片内3~5 朵；花萼 3 裂，外面密被星状毛和腺点；雄蕊 25~75 枚；雌花在每苞片内 1 朵；花梗密被星状毛；花萼裂片 4~5 片，披针形，外面密被星状绒毛；子房近球形，三棱状；花柱 3 个，柱头具疣状突起，密被星状毛。蒴果球形，直径约 1 cm，表面具稀疏粗短软刺。花期 4~6 月，果期 7~8 月。

生于海拔 320~600 m 林中。产于台湾、浙江、江苏和河南等地。

图Ⅱ-43.8　野桐

图Ⅱ-43.9　乌桕

13. 乌桕（jiù）　腊子树（图Ⅱ-43.9）

乔木。具乳状汁液；枝具皮孔。单叶互生，纸质，菱形至宽菱状卵形，长宽近等，长 3~9 cm，先端渐尖；叶柄长 2.5~6 cm，先端生 2 个腺体；叶柄长 2.5~6 cm，顶端具 2 个腺体；托叶长约 1 mm。花单性同株，无花瓣；穗形总状花序顶生，长达 12 cm；雄花有雄蕊 2（3）枚；苞片阔卵形，基部两侧各具一近肾形的腺体，每苞片内具 10~15 朵花；小苞片 3 片，边缘撕裂状；花萼杯状，3 浅裂，裂片具不规则的细齿；雄蕊 2（3）枚；雌花生于花序基部；苞片深 3 裂，裂片具腺体，每苞片内 1 朵雌花；花萼 3 深裂；子房 3 室，花柱 3 个，柱头外卷。蒴果梨状球形，直径 10~15 mm，被白蜡层；种子黑色。花期 4~8 月。

喜光，不耐阴。喜温暖环境，不甚耐寒。对酸性、钙质土、盐碱土均能适应，生于旷野、塘边或疏林中。主要分布于黄河以南各省区，北达陕西、甘肃。

14. 地锦

一年生草本，具乳汁。茎纤细，带红紫色，平卧地面，无毛或仅节间上部疏生柔毛。叶常对生，矩圆形，长 5~10 mm，宽 4~6 mm，边缘中部以上有细齿，绿色或带淡红色；叶柄长 1~2 mm。杯状聚伞花序单生叶腋；总苞倒圆锥形，浅红色，4 裂，裂片三角形；具 4 个腺体，矩圆形，边缘具白色或淡红色附属物；雄花多数；雌花 1 朵，子房三棱状卵形，花柱 3 个，柱头 2 裂。蒴果三棱状卵球形。花果期 5~10 月。

生于原野荒地、路旁、田间、沙丘、海滩、山坡等地，较常见，特别是长江以北地区。除海南外，分布于全国。

15. 斑地锦　血筋草（图Ⅱ-43.10）

一年生草本。根纤细。叶对生，长椭圆形至肾状长圆形，中部以上常具细小疏锯齿，基部偏斜；叶面绿色，中部常具有一个长圆形的紫色斑点，叶背淡绿色或灰绿色，新鲜时可见紫色斑；叶柄长约 1 mm；托叶钻状，边缘具睫毛。花序单生于叶腋，基部具短柄；总苞狭杯状，外部具白色疏柔毛，边缘 5 裂，裂片三角状圆形；腺体 4 个，黄绿色，横椭圆形，边缘具白色附属物。雄花 4~5 朵；雌花 1 朵，子房柄伸出总苞外，被柔毛；子房被疏柔毛；柱头 2 裂。蒴果

图Ⅱ-43.10　斑地锦

三角状卵形。花果期4~9月。

生于平原或低山坡的路旁。产于江苏、江西、浙江、湖北、河南、河北和台湾等省。

16. 泽漆 五朵云（图Ⅱ-43.11）

一年或二年生草本，高10~30 cm，具乳汁。叶互生，倒卵形或匙形，长1~3 cm，宽5~18 mm，先端圆或微凹，边缘中部以上有锯齿；茎先端具5片轮生的叶状总苞片，与下部叶近似。多歧聚伞花序顶生，杯状聚伞花序钟形。总苞钟状，边缘5裂，裂片半圆形，边缘和内侧具柔毛；腺体4个，盘状。雄花多数；雌花1枚。蒴果三棱状阔圆形，具明显的3纵沟。种子卵状，暗褐色，具明显的脊网。花果期4~10月。

图Ⅱ-43.11 泽漆

生于山沟、路旁、荒野和山坡。分布于除黑龙江、吉林、内蒙古、广东、海南、台湾、新疆、西藏外的全国其他省区。

17. 大戟 京大戟（图Ⅱ-43.12）

多年生草本，高达80 cm，具乳汁。茎被白色短柔毛，上部分枝。叶互生，矩圆状披针形至披针形，变异较大，长3~8 cm，宽5~11 mm，全缘；苞叶4~7片；伞幅4~7个，长2~5 cm；苞叶2片，近圆形，基部平截。多歧聚伞花序具5伞梗，基部轮生以5片卵形或卵状披针形的叶状总苞片；腺体4个，半圆形或肾状圆形，淡褐色。雄花多数；雌花1枚；子房幼时被较密的瘤状突起；花柱3个，柱头2裂。蒴果三棱状球形，具疣突。种子长球状，暗褐色或微光亮，腹面具浅色条纹。花期5~8月，果期6~9月。

图Ⅱ-43.12 大戟

生于山坡、灌丛、路旁、荒地、草丛、林缘和疏林内。分布于全国（除台湾、云南、西藏和新疆外），北方尤为普遍。

18. 甘遂（图Ⅱ-43.13）

多年生草本，高达40 cm，有乳汁，无毛。叶互生，条状披针形或披针形，长2~5 cm，宽4~10 mm，全缘；总苞叶3~6片，倒卵状椭圆形，长1~2.5 cm，宽4~6 mm；苞叶2片，三角状卵形，长4~6 mm，宽4~5 mm，基部近平截。多歧聚伞花序，托以三角状宽卵形的叶状总苞片，伞梗5~9个；边缘4裂，边缘及内侧具白色柔毛；腺体4个，新月形。雄花多数，明显伸出总苞外；雌花1枚；花柱3个，2/3以下合生；柱头2裂，不明显。蒴果近球形。花期4~6月，果期6~8月。

图Ⅱ-43.13 甘遂

生于荒坡、沙地、田边、低山坡、路旁等。产于河南、山西、陕西、甘肃和宁夏等省区。

19. 乳浆大戟 猫眼草

多年生草本。根圆柱状。叶线形至卵形，变化极不稳定，长2~7 cm，宽4~7 mm，先端尖或钝尖，基部楔形至平截；总苞叶3~5片，与茎生叶同形；伞幅3~5个，长2~4（5）cm；苞叶2枚，常为肾形，少为卵形或三角状卵形。花序单生于二歧分枝的顶端，基部无柄；总苞钟状，边缘5裂，裂片半圆形至三角形，边缘及内侧被毛；腺体4个，新月形，两端具角。雄花多枚，苞片宽线形；雌花1枚，子房柄明显伸出总苞之外；花柱3个，柱头2裂。蒴果三棱状球形。花果期4~10月。

生于路旁、杂草丛、山坡、林下、河沟边、荒山、沙丘及草地。分布于全国（除海南、贵州、云南和西藏外）。

四四、黄杨科

常绿小乔木或灌木。单叶对生或互生。花单性同株，排为头状、穗状或总状花序，稀单生；萼裂片4~12片或缺如，无花瓣；雄蕊与萼裂片同数而对生；子房上位，常3室，每室胚珠2枚，花柱3个。蒴果或核果；种子具种阜。

1. 黄杨

常绿灌木或小乔木。枝圆柱形，有纵棱，小枝四棱形，有短柔毛。叶革质，对生，倒卵形或倒卵状长椭圆形至宽椭圆形，长1~3 cm；叶面光亮，中脉凸出，侧脉明显；叶背中脉上常密被白色短线状钟乳体，全无侧脉；叶柄长1~2 mm，上面被毛。花单性，簇生，头状花序；花序轴被毛；苞片阔卵形；无花瓣；雄花：约10朵，萼片4片，外萼片卵状椭圆形，内萼片近圆形，不育雌蕊有棒状柄，末端膨大，与萼片近等长；雌花：萼片6片，长3 mm，子房3室，花柱3个，粗扁，柱头倒心形。蒴果球形。花期3月，果期5~6月。

黄杨耐阴喜光，喜湿耐旱，耐碱性较强，喜肥沃松散的壤土，微酸性土或微碱性土均能适应，在石灰质泥土中亦能生长。多生于山谷、溪边、林下，海拔1 200~2 600 m。产于陕西、甘肃、湖北、四川、贵州、广西、广东、江西、浙江、安徽、江苏、山东等省区。

2. 雀舌黄杨

灌木，高3~4 m。叶薄革质，通常匙形，亦有狭卵形或倒卵形，大多数中部以上最宽，长2~4 cm，宽8~18 mm，先端圆或钝；叶面光亮，中脉凸出，侧脉极多且显著，中脉下半段大多数被微细毛；叶背中脉凸出，侧脉多或不显著；叶柄长1~2 mm。头状花序腋生，花密集；苞片卵形，背面无或有短柔毛；雄花10朵，萼片卵圆形，长约2.5 mm，雄蕊连花药长6 mm，不育雌蕊有柱状柄，末端膨大，高约2.5 mm，和萼片近等长；雌花：子房长2 mm，花柱长1.5 mm，柱头倒心形。蒴果卵形。花期2月，果期5~8月。

喜温暖湿润和阳光充足环境，较耐寒，耐干旱和半阴，要求疏松、肥沃和排水良好的沙壤土。生于平地或山坡林下，海拔400~2 700 m。产于云南、四川、贵州、广西、广东、江西、浙江、湖北、河南、甘肃、陕西（南部）等省区。

四五、漆树科

乔木或灌木。叶互生，稀对生，羽状复叶或三出复叶。花两性或单性，辐射对称，排为圆锥花序或总状花序；萼裂片3~5片，花瓣3~5枚或缺如，花盘环状，雄蕊（5）10~15枚、稀更多；子房上位，3个心皮，仅1个心皮发育而成1室，胚珠1颗。核果。

1. 黄连木（图Ⅱ-45.1）

落叶乔木，树皮具细小皮孔，小枝具柔毛。偶数羽状复叶，互生；小叶10~12枚，披针形或卵状披针形，长5~8 cm，宽约2 cm，先端渐尖，基部偏斜，楔形，全缘；叶轴具条纹，被微柔毛，叶柄上面平，被微柔毛；小叶柄1~2 mm。花单性异株，雄花序为总状花序，雌花为序圆锥花序；花小，无花瓣；花被片披针形，外面被微柔毛，边缘具睫毛；雄花：花被片2~4片；雄蕊3~5枚，花药长圆形；雌花：花被片7~9片；子房球形，柱头3个，肉质，红色。核果倒卵圆形，直径约6 mm，熟时红色或紫蓝色。

喜光，幼时稍耐阴；喜温暖，畏严寒；耐干旱瘠薄，对土壤要求不严，微酸性、中性和微碱性的沙质、黏质土均能适应，生于海拔140~3 550 m的石山林中。产于长江以南各省区及华北、西北地区。

图Ⅱ-45.1 黄连木

2. 毛黄栌（图Ⅱ-45.2）

落叶灌木，小枝被短柔毛。单叶，阔椭圆形，稀圆形，长5~7 cm，宽4~6 cm，全缘，下面，尤其沿脉和叶柄密被柔毛；叶柄短。圆锥花序顶生，无毛或近无毛；花杂性，直径约3 mm；花萼裂片卵状三角形；花瓣卵形或卵状披针形；雄蕊5枚，花药卵形，与花丝等长，花盘5裂，紫褐色；子房近球形，花柱3个，分离，不等长。果序宿存有多数生不育花的羽毛状细长花梗。核果肾形，直径3~4 mm，红色。

喜光，较耐寒，喜生于半阴且较干燥的山地，耐干旱、耐瘠薄，但不耐水湿，生于海拔800~1 500 m的山坡林中。产于贵州、四川、甘肃、陕西、山西、山东、河南、湖北、江苏、浙江等省。

图Ⅱ-45.2 毛黄栌

图Ⅱ-45.3 盐肤木

3. 盐肤木 五倍子树（图Ⅱ-45.3）

灌木或小乔木，小枝、叶柄、叶背和花序均密被褐色柔毛，小枝具圆形小皮孔。奇数羽状复叶，叶轴具翅；小叶7~13枚，卵状椭圆形或长圆形，长5~12 cm，宽2~5 cm，边缘有粗锯齿，叶背被白粉；小叶无柄。圆锥花序顶生，花小，黄白色；苞片披针形，被微柔毛；花被片外面被微柔毛，边缘具细睫毛；雄花：花瓣倒卵状长圆形，开花时外卷；雄蕊伸出；雌花：花瓣椭圆状卵形，里面下部被柔毛；雄蕊极短；子房卵形，密被白色微柔毛，花柱3个，柱头头状。核果近扁圆形，直径约5 mm，熟时红色。花期8~9月，果期10月。

喜光，对气候及土壤的适应性很强。生于海拔170~2 700 m的向阳山坡、沟谷、溪边的疏林或灌丛中。除东北、内蒙古和新疆外，其余省区均有分布。

4. 鹿角漆 火炬漆

奇数羽状复叶互生，长圆形至披针形，叶轴无翅，小叶9~23枚，边缘锯齿细密而整齐；小枝密生绒毛。直立圆锥花序顶生，果穗鲜红色。果扁球形，有红色刺毛，紧密聚生成火炬状。

喜光。耐寒，对土壤适应性强，耐干旱瘠薄，耐水湿，耐盐碱。分布在中国的东北南部，华北、西北北部暖温带落叶阔叶林区和温带草原区。

5. 青麸杨 五倍子

落叶乔木，高5~8 m。奇数羽状复叶有小叶3~5对；小叶卵状长圆形或长圆状披针形，长5~10 cm，宽2~4 cm，先端渐尖，基部多少偏斜，近回形，全缘；小叶具短柄。圆锥花序长10~20 cm，被微柔毛；苞片钻形；花被片外面被微柔毛，边缘具细睫毛；花白色，径 2.5~3 mm；花萼裂片卵形；花瓣卵形或卵状长圆形，开花时先端外卷；花丝线形，花药卵形；花盘厚；子房球形，密被白色绒毛。核果近球形，略压扁。

生于海拔 900~2 500 m 的山坡疏林或灌木中。产于云南、四川、甘肃、陕西、山西、河南等省。

6. 漆（图Ⅱ-45.4）

落叶乔木。小枝粗壮，和花序、叶柄及叶轴均被柔毛。羽状复叶互生；小叶 9~15 枚，椭圆形至卵状椭圆形，长 7~15 cm，宽 2~6 cm，全缘，下面沿脉被平展黄色柔毛，小叶柄长 4~7 mm。圆锥花序腋生，与叶近等长；花小而密，黄绿色，直径约 1 mm。果序下垂；核果扁圆形或肾形，近对称，直径 6~8 mm，棕黄色。

漆属于高山种，性较耐寒。生于海拔 800~2 800（~3 800）m 的向阳山坡林内，也有人工栽培，大多分布在山脚、山腰或农田垄畔等海波较低的地方。

图Ⅱ-45.4　漆

7. 野漆　痒漆树

落叶乔木或小乔木，高达 10 m。奇数羽状复叶互生，常集生小枝顶端；小叶对生或近对生，坚纸质至薄革质，长圆状椭圆形、阔披针形或卵状披针形，长 5~16 cm，宽 2~5.5 cm，基部多少偏斜，圆形或阔楔形，全缘，叶背常具白粉；小叶柄长 2~5 mm。圆锥花序；花黄绿色，径约 2 mm；花萼裂片阔卵形，先端钝；花瓣长圆形，开花时外卷；雄蕊伸出，花丝线形，花药卵形；花盘 5 裂；子房球形，花柱 1 个，柱头 3 裂，褐色。核果大，偏斜。

生于海拔（150~）300~1 500（~2 500）m 的林中。产于华北至长江以南各省区。

四六、冬青科

乔木或灌木。单叶互生，稀对生；无托叶。花杂性，辐射对称，单生或簇生于叶腋；萼片 3~6 片，花瓣 4~5 个，雄蕊与花瓣同数而互生，子房上位，3 至多室，每室胚珠 1~2 颗。核果。

1. 冬青

常绿乔木。小枝浅绿色，圆柱形，具细棱。叶薄革质，长椭圆形至披针形，长 5~11 cm，宽 2~4 cm，边缘具锯齿；侧脉在叶面不明显，叶背明显；叶柄长 8~10 mm。聚伞花序；花雌雄异株，紫红色或淡紫色，花冠长约 2.5 mm；雄花：4~5 基数；花萼浅杯状，裂片阔卵状三角形，具缘毛；花瓣卵形，开放时反折；雄蕊短于花瓣，花药椭圆形；退化子房圆锥状；雌花：具花 3~7 朵，花萼和花瓣同雄花，退化雄蕊长约为花瓣的 1/2，败育花药心形；子房卵球形，厚盘形。核果椭圆形，长6~10 mm，深红色，分核背部有 1 纵沟。花期 4~6 月，果期 7~12 月。

冬青为亚热带树种，喜温暖气候，有一定耐寒力。适生于肥沃湿润、排水良好的酸性土壤。生于海拔 500~1 000 m 的山坡常绿阔叶林中和林缘。产于江苏、安徽、浙江、江西、福建、台湾、河南、湖北、湖南、广东、广西和云南等省区。

图Ⅱ-46.1　枸骨

2. 枸骨　猫儿刺、老虎刺、八角刺（图Ⅱ-46.1）

常绿灌木或小乔木，小枝具纵裂缝及隆起的叶痕。叶硬革质，二型，矩状长圆形叶，长 4~8 cm，宽 2~4 cm，先端常有近等大的硬刺 3 枚，中央刺齿常反曲，基部平截且两侧各有坚硬刺齿 1（2）个；卵形叶全缘，仅顶端具刺尖，基部圆形；叶柄长 4~8 mm，具狭沟，被微柔毛；托叶宽三角形。花簇生，黄绿色，4 基数，苞片及花被短柔毛和缘毛；雄花：花萼盘状，裂片阔三角形；花瓣反折；雄蕊与花瓣近等长；雌花：基部具 2 片小的阔三角形苞片；花萼与花瓣像雄花；柱头盘状。核果球形，鲜红色，分核 4 个。花期 4~5 月，果期 10~12 月。

耐干旱，喜肥沃的酸性土壤，不耐盐碱。较耐寒，喜阳光，也能耐阴，宜放于阴湿的环境中生长。生于海拔 150~1 900 m 的山坡、丘陵等的灌丛中、疏林中以及路边、溪旁和村舍附近。产于江苏、上海、安徽、浙江、江西、湖北、湖南等省市，云南昆明等城市庭园有栽培。

四七、卫矛科

乔木或灌木，有时藤本状。单叶对生或互生，具托叶。聚伞花序、总状花序或圆锥花序；花两性，有时单性，辐射对称，黄绿色；萼片 4~5 片，宿存；花瓣 4~5 个；雄蕊 4~5 枚，与花瓣互生；子房 1~5 室，基部围以肉质花盘，每室胚珠 1~2 颗，花柱 1 个。蒴果，有时具翅；种子具鲜艳假种皮。

1. 扶芳藤（图Ⅱ-47.1）

常绿藤本灌木，高 1 至数米。叶薄革质，椭圆形、长方椭圆形或长倒卵形，长 3.5~8 cm，宽 1.5~4 cm，先端钝或急尖，基部楔形，边缘齿浅不明显，侧脉细微和小脉全不明显；叶柄长 3~6 mm。聚伞花序 3~4 次分枝；花白绿色，4 数；花盘方形，直径约 2.5 mm；花丝细长，花药圆心形；子房三角锥状，四棱，粗壮明显，花柱长约 1 mm。蒴果粉红色，果皮光滑，近球状。花期 6 月，果期 10 月。

图Ⅱ-47.1 扶芳藤

性喜温暖、湿润环境，喜阳光，亦耐阴。对土壤适应性强，酸碱及中性土壤均能正常生长，可在沙石地、石灰岩山地栽培，适于疏松、肥沃的沙壤土生长，生长于山坡丛林中。产于江苏、浙江、安徽、江西、湖北、湖南、四川、陕西等省。

2. 冬青卫矛 大叶黄杨

常绿灌木或小乔木，小枝四棱。叶对生，厚革质有光泽，椭圆形、倒卵形或狭长椭圆形，长 3~6 cm，宽 2~3 cm，先端圆或钝，基部楔形，边缘具钝齿；叶柄长约 1 cm。聚伞花序腋生，花序梗和分枝长而宽扁；花绿白色，直径约 7 mm，4 基数；花瓣近卵圆形，长宽各约 2 mm，花药长圆状，内向；花丝 2~4 mm。蒴果粉红色，近球形，无棱，直径约 10 mm；种子具棕红色假种皮。花期 6~7 月，果熟期 9~10 月。

阳性树种，喜光耐阴，要求温暖湿润的气候和肥沃的土壤。酸性土、中性土或微碱性土均能适应。各地栽培。

3. 白杜 丝棉木

落叶乔木。叶对生，卵形或宽椭圆形，长 4.5~7 cm，宽 3~5 cm，先端长渐尖，基部近圆形，边缘细锯齿深而尖锐；叶柄长为叶片的 1/3~1/2。聚伞花序，花淡绿色，4 基数，直径 6~7 mm，花药紫色，花丝细长，长 1~2 mm。蒴果粉红色，倒圆锥形，上部 4 分裂；种子长椭圆状，有红色假种皮，成熟后顶端常有小口。花期 5~6 月，果期 9 月。

温带树种，喜光、耐寒、耐旱、稍耐阴，也耐水湿。产地广阔，北起黑龙江南到长江南岸各省区，西至甘肃，其他各省区（除陕西、西南和两广未见野生外）均有分布。

4. 卫矛 鬼箭羽（图Ⅱ-47.2）

落叶灌木。小枝四棱形，棱常具扁条状木栓翅。叶对生，狭倒卵形或椭圆形，长 2~6 cm，宽 1.5~3.5 cm，先端尖，基部楔形，边缘有锐锯齿；叶柄长 1~3 mm。聚伞花序 3~9 朵花，总梗长 1~1.5 cm，花黄绿色，4 朵；萼片半圆形；花瓣近圆形；雄蕊着生花盘边缘处，花丝极短，花药宽阔长方形，2 室顶裂。蒴果深裂至近基部成 1~4 个果瓣，棕色带紫；橙红色假种皮全包种子。花期 5~6 月，果期 7~10 月。

图Ⅱ-47.2 卫矛

生长于山坡、沟地边沿。除东北、新疆、青海、西藏、广东及海南以外，全国各省区均产。

5. 栓翅卫矛（图Ⅱ-47.3）

灌木，高 3~4 m，枝条常具 4 纵列木栓厚翅。叶长椭圆形或略呈椭圆倒披针形，长 6~11 cm，宽 2~4 cm，先端窄长渐尖，边缘具细密锯齿边缘，具细密锯齿；叶柄长 8~15 mm。聚伞花序 2~3 次分枝，有花 7~15 朵；花序梗长 10~15 mm，第一次分枝长 2~3 mm；小花梗长达 5 mm；花白绿色，直径约 8 mm，4 数；花丝长 2~3 mm；花柱长 1~1.5 mm。蒴果 4 棱，倒圆心状。花期 7 月，果期 9~10 月。

图Ⅱ-47.3 栓翅卫矛

喜光，也稍耐阴；对气候和土壤适应性强，能耐干旱、瘠薄和寒冷。生长于山谷林中，在靠近南方各省区，都分布于 2 000 m 以上的高海拔地带。产于甘肃、陕西、河南及四川北部。模式标本采自陕西。

6. 苦皮藤 棱枝南蛇藤（图Ⅱ-47.4）

藤状灌木。小枝常具锐棱，皮孔明显。叶大，近革质，互生，宽椭圆形、宽卵形或近圆形，长 7~17 cm，宽 5~13 cm，先端圆阔，常有短尾尖，边缘具钝齿；叶柄长 1.5~3 cm；托叶丝状，早落。圆锥花序常顶生，呈塔锥形；花黄绿色，直径约 5 mm；花萼镊合状排列，三角形至卵形；花瓣长方形，边缘不整齐；花盘肉质，5 浅裂；雄蕊着生花盘之下，约 3 mm，退化雄蕊长约 1 mm；雌蕊长 3~4 mm，子房球状，柱头反曲，退化雌蕊长约 1.2 mm。蒴果近球形，黄色，直径达 12 mm，果皮内面具紫斑点；种子有红色假种皮。花期 5 月。

图Ⅱ-47.4 苦皮藤

生长于海拔 1 000~2 500 m 山地丛林及山坡灌丛中。模式标本采自甘肃。产于河北、山东、河南、陕西、甘肃、江苏、安徽、江西、湖北、湖南、四川、贵州、云南及广东、广西等省区。

7. 粉背南蛇藤（图Ⅱ-47.5）

小枝具稀疏阔椭圆形或近圆形皮孔，当年小枝上无皮孔。叶椭圆形或长方椭圆形，长 6~9.5 cm，先端短渐尖，基部钝楔形，边缘具锯齿，叶面绿色，光滑，叶背粉灰色；叶柄长 12~20 mm。顶生聚伞圆锥花序，长 7~10 cm，多花；花萼近三角形；花瓣长方形或椭圆形；花盘杯状，顶端平截；雄蕊长约 4 mm，在雌花中退化雄蕊长约 1.5 mm；雌蕊长约 3 mm，子房椭圆状，柱头扁平，在雄花中退化雌蕊长约 2 mm。蒴果疏生，球状。花期 6~8 月，果期 10 月。

多生长于海拔 400~2 500 m 的丛林中。产于河南、陕西、甘肃东部、湖北、四川、贵州。

图Ⅱ-47.5 粉背南蛇藤

8. 南蛇藤 香龙草

藤状灌木，枝髓坚实，冬芽长 2~3 mm。叶互生，宽椭圆形、倒卵形或近圆形，长 6~10 cm，宽 5~7 cm，先端短渐尖，或圆阔而中央具小急尖头，边缘具锯齿；叶柄细长 1~2 cm。聚伞花序顶生或腋生，具 5~7 朵花，花黄绿色；雄花萼片钝三角形；花瓣倒卵椭圆形或长方形；花盘浅杯状，裂片浅；雄蕊长 2~3 mm；雌花花盘稍深厚，肉质，退化雄蕊极短小；子房近球状，柱头 3 深裂，裂端再 2 浅裂。蒴果球形，直径 7~9 mm；种子有肉质红色假种皮。花期 5~6 月，果期 7~10 月。

性喜阳耐阴，分布广，抗寒耐旱，对土壤要求不严。生长于海拔 450~2 200 m 山坡灌丛。产于黑龙江、吉林、辽宁、内蒙古、河北、山东、山西、河南、陕西、甘肃、江苏、安徽、浙江、江西、湖北、四川等省区。为我国分布最广泛的种之一。

9. 大芽南蛇藤 哥兰叶

小枝具多数皮孔，皮孔阔椭圆形到近圆形，棕灰白色。叶长方形，卵状椭圆形或椭圆形，长 6~12 cm，宽 3.5~7 cm，先端渐尖，基部圆阔，近叶柄处变窄，边缘具浅锯齿，小脉呈较密网状，两面均突起；叶柄长 10~23 mm。聚伞花序顶生及腋生；萼片卵圆形，边缘啮蚀状；花瓣长方倒卵形；雄蕊约与花冠等长，花药顶端有时具小突尖，花盘浅杯状，裂片近三角形；雌蕊瓶状，子房球状。蒴果球状。花期 4~9 月，果期 8~10 月。

生长于海拔 100~2 500 m 密林中或灌丛中。产于河南、陕西、甘肃、安徽、浙江、江西、湖北、湖南、贵州、四川、台湾、福建、广东、广西、云南等省区。

四八、省沽油科

乔木或灌木。羽状复叶或三出复叶，常对生，有托叶。总状花序或圆锥花序；花常两性，辐射对称，5 基数，花盘杯状；子房上位，2~3 室，每室有多数胚珠。蒴果、蓇葖果或为核果及浆果。

1. 省沽油 水条（辽宁）（图Ⅱ-48.1）

落叶灌木。枝条开展，青白色。三出复叶对生；小叶椭圆形或卵圆形，长 4.5~8 cm，宽 2.5~5 cm，先端渐尖，边缘有细锯齿，叶面细脉平或微凹；顶生小叶柄长约 1 cm。圆锥花序顶生，直立；花瓣 5 枚，白色，倒卵状长圆形，雄蕊 5 枚；蒴果膀胱状，扁平，膨胀，果皮薄，先端 2 裂；种子黄色，含油。花期 4~5 月，果期 8~9 月。

图Ⅱ-48.1 省沽油

中性偏阴树种，喜湿润气候，要求肥沃而排水良好之土壤。生于路旁、山地或丛林中。产于黑龙江、吉林、辽宁、河北、河南、山西、陕西、浙江、湖北、安徽、江苏、四川等省。

四九、槭树科

乔木或灌木，常具少量乳汁。冬芽具多数覆瓦状排列的鳞片，稀仅具2或4枚对生的鳞片。叶对生，掌状脉；无托叶。花杂性，辐射对称，萼片5（4）片；花瓣5（4）枚或缺如；具肉质花盘；雄蕊4~10枚，常为8枚；子房上位，2室，每室胚珠2枚，花柱2个。果实具双翅，分果。

1. 建始槭　三叶槭

落叶乔木。小枝被毛；三出复叶，小叶椭圆形或长圆椭圆形，长6~12 cm，宽3~5 cm，先端渐尖，基部楔形，阔楔形或近于圆形，全缘或近先端部分有稀疏的3~5个钝锯齿，顶生小叶的小叶柄长约1 cm；老叶下面无毛。穗状花序，下垂，长7~9 cm；花淡绿色，单性，雄花与雌花异株；花瓣5枚，短小或不发育；雄花有雄蕊4~6枚，通常5枚，长约2 mm。翅果无毛，小坚果凸起，长圆形，翅张开成锐角或近于直立。花期4月，果期9月。

生于海拔500~1 500 m的疏林中。产于山西南部、河南、陕西、甘肃、江苏、浙江、安徽、湖北、湖南、四川、贵州等省。

2. 元宝槭　元宝树、五脚树（图Ⅱ-49.1）

落叶乔木。树皮灰褐色或深褐色，深纵裂。单叶对生，长5~10 cm，宽8~12 cm，边缘5~7裂，基部多截形；裂片三角形或披针形，先端渐尖，全缘；掌状脉常5条；叶柄长3~5 cm。伞房花序顶生，花黄绿色；杂性，雄花与两性花同株；雄蕊8枚。坚果具矩圆形翅，翅与果体近等长。花期4月，果期8月。

温带阳性树种，喜阳光充足的环境，但怕高温暴晒，稍耐阴，生于海拔400~1 000 m的疏林中。产于吉林、辽宁、内蒙古、河北、山西、山东、江苏北部、河南、陕西、甘肃等省区。

图Ⅱ-49.1　元宝槭

图Ⅱ-49.2　鸡爪槭

3. 鸡爪槭（图Ⅱ-49.2）

落叶小乔木。小枝细瘦；紫色或灰紫色。单叶对生，近圆形，直径7~10 cm，基部心形或近心形，掌状分裂；裂片5~7片，长圆状卵形或披针形，先端长渐尖，边缘具锐锯齿；叶柄长4~6 cm。伞房花序，花紫色，杂性，雄花与两性花同株；花瓣5枚；雄蕊8枚，无毛。翅果长2~2.5 cm，张开成钝角。花期5月，果期9月。

生于海拔200~1 200 m的林边或疏林中。产于山东、河南南部、江苏、浙江、安徽、江西、湖北、湖南、贵州等省。

4. 苦茶槭（变种）　苦津茶、银桑叶（河南）

落叶灌木或小乔木。树皮灰色，粗糙。单叶，薄纸质，卵形或椭圆状卵形，不分裂或不明显的3~5裂，边缘有不规则的锐尖重锯齿。伞房花序顶生，花序长3 cm，有白色疏柔毛；花杂性；萼片5

片，边缘有长柔毛；花瓣5枚，白色；雄蕊8枚；子房有疏柔毛，花柱无毛，柱头2裂。翅果较大，长2.5~3.5 cm，张开近于直立或成锐角。花期5月，果期9月。

生于低海拔的山坡疏林中。产于华东和华中各省区。

5. 三角槭 三角枫（图Ⅱ-49.3）

落叶乔木。小枝细；稍被蜡粉。单叶对生，卵形或倒卵形，长6~10 cm，上部3浅裂，裂片前伸，或兼有不分裂叶，全缘或裂片全缘，有时上部有疏齿。伞房花序，花黄绿色。翅果长2.5~3 cm，锐角张开或近直立。花期4月，果期8月。

弱阳性树种，稍耐阴。喜温暖湿润环境及中性至酸性土壤。耐寒，较耐水湿。生于海拔300~1 000 m的阔叶林中。产于山东、河南、江苏、浙江、安徽、江西、湖北、湖南、贵州和广东等省。

图Ⅱ-49.3 三角槭

6. 青楷槭 青楷子（东北各省）（图Ⅱ-49.4）

落叶乔木；小枝无毛。叶纸质，近于圆形或卵形，长10~12 cm，宽7~9 cm，边缘有钝尖的重锯齿，基部圆形或近于心脏形，3~7裂，通常5裂；裂片三角形或钝尖形，先端常具短锐尖头，上面深绿色，无毛，下面淡绿色，脉腋有淡黄色的丛毛；主脉5条。总状花序；花黄绿色，杂性，雄花与两性花同株；花瓣5枚，倒卵形；雄蕊8枚。翅果无毛，黄褐色；翅张开成钝角或近于水平。花期4月，果期9月。

生于海拔500~1 000 m的疏林中。产于黑龙江、吉林、辽宁、河南等省。

图Ⅱ-49.4 青楷槭

五〇、无患子科

乔木或灌木，稀攀缘状草本。羽状复叶，稀单叶，互生。花单性或杂性，组成圆锥花序或总状花序；萼片4~5片；花瓣4~5枚，常具鳞片状或腺状附属物，或无花瓣；常有偏生于一侧的发达花盘；雄蕊8~10枚；子房上位，2~4室，每室胚珠1~2颗或更多。蒴果，有时浆果状；种子常具假种皮。

1. 栾树（图Ⅱ-50.1）

落叶乔木，小枝有柔毛。一回或不完全二回羽状复叶，长达40 cm；小叶7~15枚，卵形或卵状披针形，长3.5~7.5 cm，宽2.5~3.5 cm。边缘有锯齿或缺刻状羽裂。圆锥花序顶生；花瓣4枚，黄色，长8~9 mm。蒴果膨胀，长卵形，长4~5 cm，果皮薄纸质。花期6~8月，果期9~10月。

生于低海拔的山地疏林中。产于我国大部分省区，东北自辽宁起经中部至西南部的云南。世界各地有栽培。

图Ⅱ-50.1 栾树

2. 全缘叶栾树（黄山栾树）

与原变种栾树的区别在于本变种二回羽状复叶；小叶全缘，有时近顶端一侧有少数齿。

生于海拔100~300 m的丘陵地、村旁或600~900 m的山地疏林中。产于广东、广西、江西、湖南、湖北、江苏、浙江、安徽、贵州等省区。

五一、凤仙花科

肉质草本。单叶常互生，稀对生，羽状脉；无托叶。花单生或聚伞花序；萼片3或5片，常花瓣状，不等大，后方1片囊状或向下延伸成距（特称唇瓣）；花瓣5枚，前方1个最大的称旗瓣，两侧的每2个合生为翼瓣；雄蕊5枚，花丝扁平，花药聚合为一体；子房上位，5室，每室胚珠多数，花柱1个。蒴果肉质，弹裂。

1. 凤仙花（图Ⅱ-51.1）

一年生草本。茎肉质粗壮。叶互生，披针形，长4~12 cm，宽1~3 cm，先端长渐尖，基部渐狭，边缘有锯齿；叶柄长1~3 cm，先端两侧具数个腺体。花单生或数朵簇生，粉红色或杂色，花梗密被短柔毛；萼片2片，唇瓣舟状，基部延伸成细而内弯的距；蒴果纺锤形。密被柔毛。花期7~10月。栽培。

图Ⅱ-51.1 凤仙花

图Ⅱ-51.2 卢氏凤仙花

2. 卢氏凤仙花（图Ⅱ-51.2）

一年生草本。叶互生，卵形或卵状披针形，先端尾状渐尖，基部圆形或浅心形，在叶柄顶端或叶基部有2~4个腺体。总花梗单生叶腋，萼片4片，外面2个阔斜卵形，长达8 mm，内面2个极小，钻状，长仅1.5 mm；花淡紫色；雄蕊4枚，花药先端尖。蒴果线形。花期8月，果熟期9月。

生于林下、草地或溪边，海拔500~1 200 m。产于河南等省。

3. 水金凤

一年生草本，茎粗壮。叶卵形或椭圆形，长5~10 cm，宽2~5 cm，先端钝或短渐尖，下部叶基部楔形，上部叶基部近圆形。总花梗具2~3朵花，花黄色，喉部常有红色斑点；萼片2片，唇瓣宽漏斗状，基部延伸成内弯长距；翼瓣长10 mm以上；花药先端尖。蒴果条状长圆形。花期7~9月。

生于海拔900~2 400 m的山坡林下、林缘草地或沟边。产于黑龙江、吉林、辽宁、内蒙古、河北、河南、山西、陕西、甘肃、浙江、安徽、山东、湖北、湖南等省区。

4. 齿萼凤仙花

一年生草本。叶互生，卵形或卵状披针形，长8~15 cm，宽3~7 cm，先端尾状渐尖，基部楔形，边缘有圆锯齿，基部边缘有数个具柄腺体。花梗较短，腋生，中上部有卵形苞片，仅1朵花；花大，黄色；侧生萼片2片，边缘有粗齿；旗瓣圆形，背面中肋龙骨突呈喙状；翼瓣无柄，2裂，翼瓣裂片先端有细长丝状体；唇瓣囊状，基部延长成内弯的短距，距2裂；花药钝。蒴果条形，先端有长喙。

生于山沟溪边、林下草丛中，海拔1 000~2 700 m。产于湖北、重庆、贵州、陕西、湖南、河南等省市。

五二、鼠李科

乔木或灌木，有时灌木攀缘状，常具刺。单叶互生，或不规则对生，全缘，稀具齿；托叶小。花小，辐射对称，两性或兼有单性；萼4~5裂，花瓣4~5枚或缺，雄蕊与花瓣同数对生，花盘肉质；子房上位，2~4室，每室胚珠1颗。核果或浆果状。

1. 雀梅藤 刺冻绿、碎米子（浙江）

藤状或直立灌木；小枝具刺。叶纸质，近对生，通常椭圆形，矩圆形或卵状椭圆形，边缘具细锯齿，长1~4 cm，宽1~1.5 cm，侧脉每边3~4（~5）条。花无梗，黄色，有芳香，通常2至数个簇生排成顶生或腋生疏散穗状或圆锥状穗状花序；花瓣匙形，顶端2浅裂，常内卷，短于萼片。核果近圆球形，成熟时黑色或紫黑色，具1~3分核，味酸；种子扁平，两端微凹。花期7~11月，果期翌年3~5月。

喜温暖湿润气候，对土壤要求不严，耐阴。生于海拔2 100 m以下的丘陵、山地林下或灌丛中。产于安徽、江苏、浙江、江西、福建、台湾、广东、广西、湖南、湖北、四川、云南等省区。

2. 冻绿 红冻（湖北）、冻绿柴（浙江）

灌木或小乔木；小枝红褐色，枝端针刺状。叶近对生，椭圆形或长椭圆形，稀倒披针形，长5~12 cm，宽1.5~3.5 cm，顶端急尖或短渐尖，基部楔形，边缘具细锯齿，下面沿脉和脉腋有金黄色柔毛，干后变黄色或金黄色；叶柄长0.5~1.5 cm。花黄绿色，4基数。花期4~6月，果期5~8月。

常生于海拔1 500 m以下的山地、丘陵、山坡草丛、灌丛或疏林下。产于甘肃、陕西、河南、河北、山西、安徽、江苏、浙江、江西、福建、广东、广西、湖北、湖南、四川、贵州等省区。

3. 圆叶鼠李 山绿柴（浙江）

落叶灌木，小枝顶端具针刺；幼枝、叶柄、叶两面或沿脉均被短柔毛。叶近对生，倒卵状圆形或卵圆形，近圆形，长2~4 cm，宽1.5~3 cm，顶端突尖，基部宽楔形，边缘具圆齿。花黄绿色，4基数，直径约6 mm。核果黑色，直径约6 mm。花期4~5月，果期6~10月。

生于海拔1 600 m以下的山坡、林下或灌丛中。产于辽宁、河北、山西、河南、陕西、山东、安徽、江苏、浙江、江西、湖南及甘肃等省。

4. 鼠李 臭李子（吉林）

灌木或小乔木；小枝对生或近对生，枝顶端常有大的芽而不形成刺，或有时仅分叉处具短针刺。叶纸质，对生或近对生，或在短枝上簇生，宽椭圆形或卵圆形，稀倒披针状椭圆形，叶下面干后浅绿色，无毛或仅沿脉疏生白柔毛，叶柄长1.5~4 cm。花单性，雌雄异株，4基数。核果球形，黑色，具2分核，基部有宿存的萼筒。花期5~6月，果期7~10月。

喜湿润土壤；喜光，在光照充裕处生长良好；耐寒。生于山坡林下、灌丛或林缘和沟边阴湿处，海拔1 800 m以下。产于黑龙江、吉林、辽宁、河北、山西等省。

5. 北枳椇（jǔ） 拐枣（华北）（图Ⅱ-52.1）

乔木；幼枝红褐色，近无毛。叶互生，卵形或卵圆形，长8~16 cm，宽6~11 cm，顶端渐尖，基部心形或圆形，边缘有不规则的锯齿或粗锯齿，三出脉；叶柄红褐色。聚伞圆锥花序不对称发育；花淡黄绿色，花柱浅裂；果梗肥厚肉质扭曲，红褐色；果实近球形，黑色，直径6.5~7.5 mm。花期5~7月，果期8~10月。

图Ⅱ-52.1 北枳椇

生于海拔200~1 400 m的次生林中或庭园栽培。产于河北、山东、山西、河南、陕西、甘肃、四川北部、湖北西部、安徽、江苏、江西等省。

6. 猫乳（图Ⅱ-52.2）

落叶灌木或小乔木；小枝、叶柄和花序均被短柔毛。叶互生，倒卵状矩圆形或椭圆形，长4~10 cm，宽2~4 cm，顶端尾状渐尖，边缘具细锯齿，下面沿脉被柔毛。聚伞花序腋生，具5~15朵花；花5基数。核果圆柱状长椭圆形，长6~8 mm，红褐色，熟时黑色。花期5~7月，果期7~10月。

生于海拔1 100 m以下的山坡、路旁或林中。产于陕西南部、山西南部、河北、河南、山东、江苏、安徽、浙江、江西、湖南、湖北西部。

图Ⅱ-52.2　猫乳

7. 多花勾儿茶　牛儿藤（四川、贵州）（图Ⅱ-52.3）

落叶攀缘状灌木，幼枝黄绿色，无毛。叶互生，卵形椭圆形或椭圆形，长4~7 cm，宽2.5~3.5 cm，顶端短渐尖，全缘，干时下面栗色，侧脉近平行，每边9~12条。宽聚伞圆锥花序，下部分枝长过5 cm；花5基数。核果近圆柱状，长8~10 mm。花期7~10月，果期翌年4~7月。

生于海拔2 600 m以下的山坡、沟谷、林缘、林下或灌丛中。产于山西、陕西、甘肃、河南、安徽、江苏、浙江、江西、福建、广东、广西、湖南、湖北、四川、贵州、云南、西藏等省区。

图Ⅱ-52.3　多花勾儿茶

8. 枣

落叶小乔木。有长枝，短枝和无芽小枝之分，具2枚托叶刺，长刺可达3 cm，粗直，短刺下弯，长4~6 mm。叶纸质，卵形、卵状椭圆形，长3~7 cm，宽2~3.5 cm。花黄绿色，两性，5基数，无毛，具短总花梗，单生或2~8个密集成腋生聚伞花序。核果矩圆形或长卵圆形，长1.5~5 cm，成熟时深红色，果核两端尖锐。花期5~7月，果期8~9月。

枣喜光性强，对光反应较敏感，对土壤适应性强，耐贫瘠、耐盐碱。生长于海拔1 700 m以下的山区、丘陵或平原。产于吉林、辽宁、河北、山东、山西、陕西、河南、甘肃、新疆、安徽、江苏、浙江、江西、福建、广东、广西、湖南、湖北、四川、云南、贵州等省区。各地栽培。

变种：酸枣（图Ⅱ-52.4）

灌木或小乔木；小枝具刺。叶椭圆形至卵状披针形，长2~3.5 cm，宽6~12 mm，有细锯齿，基部三出脉。花2或3朵簇生叶腋，黄绿色。核果近球形，红褐色，直径不足12 mm，味酸，核两端钝。花期6~7月，果期8~9月。

常生于向阳、干燥山坡、丘陵、岗地或平原。产于辽宁、内蒙古、河北、山东、山西、河南、陕西、甘肃、宁夏、新疆、江苏、安徽等省区。

图Ⅱ-52.4　酸枣

五三、葡萄科

木质或草质藤本，具与叶对生之卷须，稀直立灌木。单叶或复叶，互生，有托叶；聚伞花序或圆锥花序常与叶对生；花小，黄绿色，两性或单性；萼片 4~5 片；花瓣 4~5 枚，离生，或有时上部结合成帽状而整体脱落；雄蕊与花瓣同数对生；具发达花盘；子房上位，2 至多室，每室胚珠 2 颗，花柱 1 个。浆果。

1. 葡萄

木质藤本。卷须 2 叉分枝。叶卵圆形，显著 3~5 浅裂或中裂，中裂片顶端急尖，基部深心形；基生脉 5 出，中脉有侧脉 4~5 对，网脉不明显突出。圆锥花序密集或疏散，多花，与叶对生；花瓣 5 片，呈帽状黏合脱落；雄蕊 5 枚，花丝丝状，花药黄色。果实球形或椭圆形。花期 4~5 月，果期 8~9 月。

喜光、喜暖温、耐旱性强、对土壤的适应性较强。我国各地栽培。

2. 毛葡萄（图Ⅱ-53. 1）

木质藤本。小枝圆柱形，被灰色或褐色蛛丝状绒毛。卷须 2 叉分枝，密被绒毛。叶卵圆形、长卵椭圆形或卵状五角形；叶柄密被蛛丝状绒毛。花杂性异株；圆锥花序疏散，与叶对生，分枝发达；花序梗被灰色或褐色蛛丝状绒毛；花瓣 5 片，呈帽状黏合脱落；雄蕊 5 枚，花丝丝状，花药黄色。果实圆球形，成熟时紫黑色。花期 4~6 月，果期 6~10 月。

生于山坡、沟谷灌丛、林缘或林中海拔 100~3 200 m。产于山西、陕西、甘肃、山东、河南、安徽、江西、浙江、福建、广东、广西、湖北、湖南、四川、贵州、云南、西藏等省区。

图Ⅱ-53.1 毛葡萄

3. 葛藟（lěi）

木质藤本，枝条细长，幼时被灰白色毛。叶宽卵形或三角状卵形，长达 11 cm，宽达 9 cm，基部浅心形或截形，边缘有不等大波状锯齿，叶脉近平或微隆起。圆锥花序细长；花黄绿色，直径约2 mm。浆果直径 6~8 mm。花期 3~5 月，果期 7~11 月。

生于山坡或沟谷田边、草地、灌丛或林中，海拔 100~2 300 m。产于陕西、甘肃、山东、河南、安徽、江苏、浙江、江西、福建、湖北、湖南、广东、广西、四川、贵州、云南等省区。

4. 乌头叶蛇葡萄 马葡萄（河南）、草白蔹（图Ⅱ-53. 2）

木质藤本。枝光滑，卷须分叉。掌状复叶；小叶 3~5 枚，披针形或菱状披针形，长 4~9 cm，羽状分裂；顶生小叶羽状深裂，裂片边缘有少数粗锯齿。聚伞花序与叶对生，花黄绿色。浆果近球形，直径约6 mm，熟时红色。花期 5~6 月，果期 8~9 月。

生于沟边或山坡灌丛或草地，海拔 600~1 800 m。产于内蒙古、河北、甘肃、陕西、山西、河南等省区。

图Ⅱ-53.2 乌头叶蛇葡萄

5. 白蔹（liǎn）

木质藤本。卷须不分枝或卷须顶端有短的分叉。掌状三出复叶，小叶片羽状深裂或小叶边缘有深锯齿而不分裂；小叶柄和小叶轴上有规则的倒卵形楔状翅。聚伞花序通常与叶对生；花瓣 5 个，卵圆形，无毛；雄蕊 5 枚。果实球形，成熟后带白色，有种子 1~3 粒。花期 5~6 月，果期 7~9 月。

生于山坡地边、灌丛或草地，海拔 100~900 m。产于辽宁、吉林、河北、山西、陕西、江苏、浙江、江西、河南、湖北、湖南、广东、广西、四川等省区。

6. 葎叶蛇葡萄　葎叶白蔹（北京）、小接骨丹（陕南）

木质藤本，枝光滑或偶有微毛，具卷须。叶肾状五角形或心状卵形，常 3 浅裂至近中部或深裂，边缘有粗齿。下面苍白色，多少有毛；叶柄与叶片近等长。聚伞花序与叶对生，花淡黄色；浆果淡黄色或淡蓝色，直径 6~8 mm。花期 5~7 月，果期 5~9 月。

生于山沟地边或灌丛林缘或林中，海拔 400~1 100 m。产于内蒙古、辽宁、青海、河北、山西、陕西、河南、山东等省区。

7. 爬山虎（图Ⅱ-53. 3）

落叶大藤本。卷须多分枝，枝端具吸盘。单叶，常 3 浅裂，宽卵形，长 10~20 cm，宽 8~17 cm，基部心形，边缘有粗齿，下面脉上有毛；幼枝上的叶较小，常 3 深裂或为三出复叶。聚伞花序常生于短枝顶端；花 5 朵。浆果蓝色，直径 6~8 mm。花期 5~8 月，果期 9~10 月。

图Ⅱ-53.3　爬山虎

喜阴湿环境，不怕强光，耐寒，耐旱，耐贫瘠，在阴湿、肥沃的土壤中生长最佳。生于山坡崖石壁或灌丛，海拔 150~1 200 m。产于吉林、辽宁、河北、河南、山东、安徽、江苏、浙江、福建、台湾等省。常见栽培。

8. 三叶爬山虎

木质藤本。卷须总状 4~6 分枝，顶端嫩时尖细卷曲，后遇附着物扩大成吸盘。三出复叶，着生在短枝上，中央小叶倒卵椭圆形或倒卵圆形；叶上面绿色，下面中脉和侧脉上被短柔毛；侧脉 4~7 对，网脉两面不明显或微突出；叶柄长 3. 5~15 cm，疏生短柔毛，小叶几无柄。花期 5~7 月，果期 9~10 月。

生于山坡林中或灌丛，海拔 500~3 800 m。产于甘肃、陕西、湖北、四川、贵州、云南、西藏等省区。

9. 五叶地锦　五叶爬山虎（图Ⅱ-53. 4）

木质藤本，植株无毛。卷须总状 5~9 分枝，相隔 2 节间断与叶对生，卷须顶端嫩时尖细卷曲，后遇附着物扩大成吸盘。叶为掌状 5 小叶。花序假顶生形成主轴明显的圆锥状多歧聚伞花序；花瓣 5 片，无毛；雄蕊 5 枚。果实球形，有种子 1~4 粒。花期 6~7 月，果期 8~10 月。

栽培。分布于中国东北至华南各省区。

图Ⅱ-53.4　五叶地锦

图Ⅱ-53.5　乌蔹莓

10. 乌蔹莓 五爪龙（广东）（图Ⅱ-53.5）

草质藤本，茎具卷须。鸟足状复叶；小叶5枚，椭圆形至窄卵形，长2.5~7 cm，顶端急尖或短渐尖，边缘有疏锯齿，两面中脉具毛。聚伞花序；直径6~15 cm；花小，黄绿色。浆果卵形，长约7 mm，熟时黑色。花期3~8月，果期8~11月。

生于山谷林中或山坡灌丛，海拔300~2 500 m。产于陕西、河南、山东、安徽、江苏、浙江、湖北、湖南、福建、台湾、广东、广西、海南、四川、贵州、云南等省区。

五四、椴树科

乔木或灌木，具分枝毛或星状毛，稀草本；茎皮富含纤维。单叶常互生，基部偏斜，托叶小。聚伞花序或圆锥花序；花辐射对称，两性，稀单性；萼片5（3，4）片；花瓣5~0个，基部常具腺体；雄蕊多数，分离或合生成束；子房上位，2~10室，每室胚珠1颗至多数，花柱1个。蒴果、核果或浆果。

1. 毛糯米椴（图Ⅱ-54.1）

落叶乔木，小叶被黄色星状茸毛。叶宽卵形或近圆形，长5~11 cm，宽5~10 cm，基部偏斜，边缘有粗牙齿，齿端长芒状，下面密被黄色星状茸毛。复聚伞花序，总梗下部与舌状苞片中脉合生；苞片狭长圆形或披针形，长约10 cm，黄褐色，具短柄；花白色。核果倒卵形或椭圆形，有5条棱，长约8 mm。花期6月。

图Ⅱ-54.1 毛糯米椴

产于河南、陕西、湖北、湖南、江西各省。长江流域各地常栽培作为行道树。

2. 少脉椴 杏鬼椴（陕西）

乔木。叶卵形，长4~9 cm，宽3.5~8 cm，先端短尾状渐尖，基部偏斜，边缘有粗锯齿；下面脉腋有淡褐色丛毛；叶柄长2.5~5 cm。聚伞花序5~15朵花；苞片披针形或狭长圆形，长5~8.5 cm，宽1~2 cm，无毛。核果倒卵圆形，长约10 mm，密被短柔毛，具疣突。

产于甘肃、陕西、河南、四川、云南等省。

3. 粉椴 鄂椴

乔木。叶卵形或阔卵形，先端急锐尖，基部斜心形或截形，边缘密生细锯齿；叶柄长3~5 cm。聚伞花序有花6~15朵，花序柄有灰白色星状茸毛；苞片窄倒披针形，具短柄；萼片卵状披针形，长5~6 mm，被白色毛；花瓣长6~7 mm。果实椭圆形，被毛，有棱或仅在下半部有棱突，多少突起。花期7~8月。

产于甘肃、陕西、四川、湖北、湖南、江西、浙江等省。

4. 华东椴

乔木。叶革质，圆形或扁圆形，基部心形，边缘有尖锐细锯齿；叶柄纤细，无毛。聚伞花序有花6~16朵或更多；花柄纤细，无毛；苞片狭倒披针形或狭长圆形，两面均无毛，下半部与花序柄合生；萼片狭长圆形，长4~5 mm，被稀疏星状柔毛；花瓣长6~7 mm。果实卵圆形，有星状柔毛，无棱突。

产于山东、安徽、江苏、浙江等省。

5. 甜麻 假黄麻、针筒草（广东）

一年生草本。叶卵形或阔卵形，顶端短渐尖或急尖，基部圆形，边缘有锯齿，近基部一对锯齿往往延伸成尾状的小裂片，基出脉5~7条。花单独或数朵组成聚伞花序生于叶腋或腋外；萼片5片，狭窄长圆形，上部半凹陷如舟状，顶端具角，外面紫红色；花瓣 5 片，黄色。蒴果长筒形，具 3～10 条纵棱或翅，顶端有 3～4 条突角，角二叉，成熟时 3～4 瓣裂。花期夏季。

产于长江以南各省区。生长于荒地、旷野、村旁。为南方各地常见的杂草。

6. 田麻（图Ⅱ-54. 2）

一年生草本，高达 60 cm；分枝有星状毛。叶互生，卵形或狭卵形，长 2. 5～6 cm，宽 1～3 cm，边缘有钝齿，两面均密生星状短柔毛，基出脉 3 条；花单生于叶腋，黄色，直径 1. 5～2 cm；退化雄蕊 5 枚，呈匙状狭条形，长约 1 cm；能育雄蕊 5 束。蒴果圆筒形，长 1. 7～3 cm，密生星状柔毛。果期秋季。

产于东北、华北、华东、华中、华南及西南等地区。

图Ⅱ-54.2　田麻

图Ⅱ-54.3　小花扁担杆

7. 小花扁担杆（变种）（图Ⅱ-54. 3）

落叶灌木；小枝和叶柄密被黄褐色短毛。叶菱状卵形或菱状椭圆形，长 3～11 cm，宽 1. 6～6 cm，边缘具不整齐小牙齿，有时不明显浅裂，两面具星状短柔毛。聚伞花序与叶对生；花淡黄色，雄蕊多数。核果成熟时红色，直径 8～12 mm，2 分裂。

产于广西、广东、湖南、贵州、云南、四川、湖北、江西、浙江、江苏、安徽、山东、河北、山西、河南、陕西等省区。

五五、锦葵科

植株具星状毛；茎皮和叶破碎有黏液。单叶互生，全缘或分裂，掌状脉；具托叶。花单生或组成聚伞花序，两性，辐射对称；萼外具总苞状的小苞片；萼片 5 片，分离或合生；花瓣 5 片，旋转状排列；雄蕊多数，花丝合生为筒管包围雌蕊，花药 1 室；子房上位，2 至多室。蒴果或分果状蒴果；种子常具毛。

1. 锦葵（图Ⅱ-55. 1）

图Ⅱ-55.1　锦葵

二年生直立草本，高达 1 m。茎被粗毛。叶心状卵形或肾形，直径 7～13 cm，掌状浅裂，裂片 5～7 片，钝圆形，边缘具钝齿；叶柄长 4～18 cm。花簇生于叶腋，花梗长短不等；花紫红色，直径 3～5 cm，5 基数，雄蕊单体，花丝合生为管状；小苞片长圆形，先端圆。蒴果扁圆形，径约 8 mm。花期 5～10 月。

适应性强，在各种土壤上均能生长，耐寒，耐干旱，喜阳光充足，产于各地。我国南北各城市常见的栽培植物，偶有逸生。南自广东、广西，北至内蒙古、辽宁，东起台湾，西至新疆和西南各省区，均有分布。

2. 圆叶锦葵 野锦葵、金爬齿（山东）（图Ⅱ-55.2）

多年生草本，茎平卧，先端上升，高约20 cm。叶肾形，基部心形，边缘具细圆齿，偶为5~7浅裂；叶柄被星状长柔毛。花通常3~4朵簇生于叶腋，花具长梗，小苞片线状披针形，先端锐尖；萼钟形，被星状柔毛，裂片5片；花白色至浅粉红色，花瓣5片，倒心形。果扁圆形，分果13~15个，被短柔毛。花期夏季。

图Ⅱ-55.2 圆叶锦葵

生于荒野、草坡。产于河北、山东、河南、山西、陕西、甘肃、新疆、西藏、四川、贵州、云南、江苏和安徽等省区。

3. 蜀葵 麻秆花（河南）、棋盘花（四川、贵州）（图Ⅱ-55.3）

二年生直立草本，高达2.5 m。叶近圆形，直径6~15 cm，掌状浅裂，裂片5~7片，边缘具齿；叶柄长6~15 cm。花色种种，单瓣或重瓣；萼下小苞片6~7片；萼齿5个；花瓣倒卵状三角形，爪被长髯毛；单体雄蕊。分果爿蒴果盘状，成熟时心皮自中轴分离。花期2~8月。

喜阳光充足，耐半阴，忌涝，耐盐碱能力强，耐寒冷。产于各地。本种原产我国西南地区，全国各地广泛栽培，供园林观赏用。

图Ⅱ-55.3 蜀葵

图Ⅱ-55.4 苘麻

4. 苘（qǐng）麻 青麻（东北）（图Ⅱ-55.4）

一年生草本，高达3 m。茎被柔毛。叶圆心形，长5~10 cm，先端急渐尖，边缘具微齿，两面均密被星状柔毛；叶柄长3~12 cm。花单生于叶腋，花梗长1~3 cm；花黄色；萼杯状，5裂；花瓣倒卵形，长约1 cm，单体雄蕊。蒴果半球形，直径约2 cm，果瓣10~20个，顶端具2个长芒。花期7~8月。

常见于路旁、荒地和田野间。我国除青藏高原外，其他各省区均产，东北各地有栽培。

5. 木槿 荆条（江苏）、喇叭花（福建）（图Ⅱ-55.5）

灌木，高3~4 m，叶菱状卵圆形，长3~6 cm，宽2~4 cm，3裂，边缘具粗齿，基部楔形或宽楔形。花单生叶腋，花梗有星状毛；小苞片6~7片，条形，长6~15 mm，宽1~2 mm；萼钟形，5裂；花淡紫色、白色或红色，直径5~6 cm。蒴果卵圆形，直径约12 mm，密被星状绒毛。花期7~10月。

喜光和温暖潮润的气候。台湾、福建、广东、广西、云南、贵州、四川、湖南、湖北、安徽、江西、浙江、江苏、山东、河北、河南、陕西等省区均有栽培，系我国中部各省原产。

6. 木芙蓉 芙蓉花（江苏、湖南、四川、陕西）

落叶灌木或小乔木。小枝、叶柄、花梗和花萼均密被星状毛与直毛相混的细绵毛。叶宽卵形至圆卵形或心形，常5~7裂，裂片三角形，先端渐尖，具钝圆锯齿。花单生于枝端叶腋间；小苞片8片，线形，密被星状绵毛，基部合生；萼钟形；花初开时白色或淡红色，后变深红色，花瓣近圆形。蒴果扁球形，被淡黄色刚毛和绵毛；种子肾形，背面被长柔毛。花期8~10月。

喜光，稍耐阴，喜温暖湿润气候，不耐寒。我国辽宁、河北、山东、陕西、安徽、江苏、浙江、江西、福建、台湾、广东、广西、湖南、湖北、四川、贵州和云南等省区栽培，系我国湖南原产。

图Ⅱ-55.5 木槿

7. 野西瓜苗（图Ⅱ-55.6）

一年生草本，高达60 cm。茎柔弱，下部铺散，被白色星状长粗毛。下部叶近圆形，不分裂；上部叶掌状分裂，直径3~6 cm，裂片3~5片，倒卵形，羽状分裂，两面被星状粗刺毛；叶柄长2~4 cm。花单生于叶腋；小苞片12片，条形，长约8 mm；萼片长1.2~2 cm，5裂；花冠淡黄色，内面基部紫色，直径2~3 cm。蒴果近球形，直径约1 cm，被粗硬毛。花期7~10月。

产于全国各地，无论平原、山野、丘陵或田埂，处处有之，是常见的田间杂草。

图Ⅱ-55.6 野西瓜苗

8. 陆地棉

一年生草本。叶阔卵形，长、宽近相等或较宽，基部心形或心状截头形，常3浅裂，很少为5裂，中裂片常深裂达叶片之半。花单生于叶腋；小苞片3片，分离，基部心形，具腺体1个；花萼杯状，裂片5片，三角形，具缘毛；花白色或淡黄色，后变淡红色或紫色，长2.5~3 cm。蒴果卵圆形，长3.5~5 cm，具喙，3~4室；种子分离，卵圆形，具白色长棉毛和灰白色不易剥离的短棉毛。花期夏秋季。

我国各地栽培。

五六、梧桐科

草本、灌木或乔木。单叶或掌状复叶，互生，有托叶。花单生或组成各式花序，辐射对称；萼片5片，多少合生；花瓣5枚或缺；雄蕊多数，二轮，合生为管状，外轮常有退化雄蕊，稀少数而离生，花药2室；子房上位，心皮2~5个，离生，或合生且2~5室，每室有数个至多数胚珠。蓇葖果、蒴果或浆果状；种子含丰富胚乳。

1. 梧桐

落叶乔木；树皮绿色，平滑。叶近圆形，宽达30 cm，掌状3~5浅裂至深裂，裂片全缘，下面有星状短柔毛。圆锥花序被短柔毛；花单生，无花瓣；萼裂片5片，条状披针形，长约10 mm，外被淡黄色短柔毛；单体雄蕊柱状。蓇葖果5个，果皮纸质，开裂后呈窄卵形，长7~9.5 cm。花期6月。

喜光，喜温暖湿润气候，耐寒性不强，在酸性、中性及钙质土上均能生长。产于我国南北各省。常栽培作绿化树。

案例：

2007年3月29日，枣庄市峄城区某办事处蒋某某一家三口被杀死于家中。现场勘查发现，蒋某某及其女儿死于卧室床上，其妻死于卧室地板上。家中的电话线被切断，院门被反锁，经法医尸检发现蒋妻被奸污。现场没有留给勘验人员更多的信息，但是通过对现场的仔细勘查，发现在蒋家与其东邻的院墙两侧地上有数根残缺的干枯小树枝。蒋某某家院子里种了一棵梧桐树，由于虫害原因基本枯死，有些树枝正好位于院墙上方 20 cm 的地方。现场走访发现受害人与其东邻数月前发生过一次纠纷，近来关系一直未有好转。于是通过现场掉落的小树枝结合现场访问发现的情况，推断犯罪嫌疑人是被害人的东邻。受害人的东邻被抓获后对杀害蒋某某一家的事实供认不讳。据其交代，在翻越院墙的过程中不慎将数根树枝碰断。在这一案件中，刑侦人员通过数根枯树枝就直接认定了作案人，进而侦破了看似毫无头绪的重大案件。

2. 马松子 野路葵（图Ⅱ-56. 1）

半灌木状草本；枝黄褐色。叶薄纸质，稀有不明显的 3 浅裂，上面近无毛，下面略被星状短柔毛，基生脉 5 条。花排成顶生或腋生的密聚伞花序或团伞花序；花瓣 5 片，白色，后变为淡红色，矩圆形，基部收缩。蒴果圆球形，有 5 棱；种子卵圆形，略呈三角状，褐黑色。花期夏秋。

生于田野间或低丘陵地原野间。本种广泛分布在长江以南各省、台湾和四川内江地区。

图Ⅱ-56.1 马松子

五七、猕猴桃科

木质藤本。单叶互生，无托叶。聚伞花序腋生，花两性或单性异株；萼片 4~5 片；花瓣 4~5 片；雄蕊 8~10 枚或多数，花药“丁”字形；心皮 3~5 个或多数，合生，中轴胎座，每室胚珠多数，花柱与心皮同数。浆果或不开裂蒴果。

中华猕猴桃 阳桃、羊桃（图Ⅱ-57. 1）

大型木质藤本。幼枝及叶柄密生灰棕色柔毛，老枝无毛；髓大，白色，片状。叶片纸质，圆形、卵圆形或倒卵形，顶端突尖、微凹或平截，边缘有刺毛状齿，上面仅叶脉有疏毛，下面密生灰棕色星状绒毛。花开时白色，后变黄色；花被 5 数，萼片及花柄有淡棕色绒毛；雄蕊多数；花柱丝状，多数。浆果卵圆形或矩圆形，密生棕色长毛。8~10 月成熟。

生于海拔 200~600 m 低山区的山林中，一般多出现于高草灌丛、灌木林或次生疏林中，喜欢腐殖质丰富、排水良好的土壤；分布于较北地区者喜生于温暖湿润、背风向阳环境。广布长江流域以南各省区，北到陕西南部、河南。

图Ⅱ-57.1 中华猕猴桃

五八、山茶科

多常绿乔木或灌木。单叶互生，革质，无托叶。花单生或簇生，常两性；苞片、花被片均螺旋状排列；萼片 5~7 片；花瓣 5（4）片，稀多数；雄蕊多数，常成束与花瓣对生；子房上位，3~5（10）室，花柱与心皮同数。蒴果或核果状。

1. 油茶（图Ⅱ-58.1）

灌木或小乔木，小枝微有毛。叶椭圆形，长3.5~9 cm，宽1.8~4.2 cm，边缘有微齿。花白色，苞片与萼片未分化，不易区分；花瓣5~7片，离生，长2.5~4.5 cm；雄蕊多数，外轮花丝仅基部合生；子房密被白色丝状绒毛。蒴果直径1.8~2.2 cm，果皮厚木质。花期冬春间。

喜温暖，怕寒冷，一般适宜土层深厚的酸性土。从长江流域到华南各地广泛栽培，是主要木本油料作物。

图Ⅱ-58.1　油茶

2. 茶（图Ⅱ-58.2）

落叶灌木或小乔木。叶椭圆状披针形或倒卵状披针形，长5~10 cm，宽2~4 cm，先端钝或急尖，边缘有短锯齿。聚伞花序腋生；花1~4朵，白色，直径2~5 cm，花梗长6~10 mm；萼片5~6片，宿存；花瓣7~8片；雄蕊多数，外轮花丝合生成短管；子房3室，被毛。蒴果每室1粒种子。花期10月至翌年2月。

野生种遍布于长江以南各省的山区，各地广泛栽培，土壤酸碱度pH值4.5~6.5为宜。

图Ⅱ-58.2　茶

3. 尖连蕊茶　尖叶山茶

灌木。叶革质，卵状披针形或椭圆形，先端渐尖至尾状渐尖，基部楔形或略圆，上面干后黄绿色，发亮，下面浅绿色，无毛；边缘密具细锯齿。花单独顶生，花萼杯状，萼片5片，无毛，不等大，分离至基部，厚革质，阔卵形，先端略尖，薄膜质，花冠白色，无毛；花瓣6~7个，基部连生2~3 mm。蒴果圆球形，有宿存苞片和萼片。花期4~7月。

产于江西、广西、湖南、贵州、安徽、陕西、湖北、云南、广东、福建等省区。

4. 陕西紫茎

小乔木，高8 m，嫩枝有长柔毛。叶薄革质，椭圆形，长5~7 cm，宽2.5~3.2 cm，先端锐尖，基部楔形，上面稍发亮，下面在中脉上有柔毛，侧脉5~7对，边缘有锯齿，叶柄长5~8 mm。花腋生，白色，花柄长5~7 mm，苞片长圆形，长约1.2 cm，宽5~6 mm，有柔毛；萼片长圆形，长8~12 mm，被柔毛；花瓣长1.7 cm，其中4片长圆形，宽6~7 mm，1片卵形，宽1 cm，背面有绢毛。蒴果长1 cm。花期7月。

分布于陕西以南地区。

5. 紫茎　马骝光（湖北）

小乔木，树皮灰黄色，嫩枝无毛或有疏毛，冬芽苞约7片。叶纸质，椭圆形或卵状椭圆形，长6~10 cm，宽2~4 cm，先端渐尖，基部楔形，边缘有粗齿，侧脉7~10对，下面叶腋常有簇生毛丛，叶柄长1 cm。花单生，直径4~5 cm，花柄长4~8 mm；苞片长卵形，长2~2.5 cm，宽1~1.2 cm；萼片5片，基部连生，长卵形，长1~2 cm，先端尖，基部有毛；花瓣阔卵形，长2.5~3 cm，基部连生，外面有绢毛。蒴果卵圆形，先端尖，宽1.5~2 cm。花期6月。

中生性喜光的深根性树种，适宜生长于土层深厚和疏松肥沃的酸性红黄壤土或黄壤土。产于四川东部、安徽、江西、浙江、湖北等省。

6. 微毛柃

灌木或小乔木。嫩枝圆柱形，黄绿色或淡褐色，密被灰色微毛。叶革质，长圆状椭圆形或椭圆形，顶端急窄缩呈短尖，尖头钝，基部楔形，上面浓绿色，有光泽，下面黄绿色，两面均无毛，中脉在上面凹下，下面凸起，侧脉8~10对。花4~7朵簇生于叶腋。雄花：小苞片2片，极小，圆形；萼片5片，近圆形，膜质；花瓣5个，长圆状倒卵形，白色，基部稍合生；雄蕊约15枚，退化子房无毛。雌花的小苞片和萼片与雄花同，但较小。果实圆球形，直径4~5 mm，成熟时蓝黑色，宿存萼片几无毛，边有纤毛。花期12月至翌年1月，果期翌年8~10月。

多生于海拔200~1 700 m的山坡林中、林缘以及路旁灌丛中。有时也生长在干燥的阳坡草灌丛中。产于江苏南部、安徽南部、浙江、江西、福建、湖北西部、湖南中部以南及西部、广东北部、广西、四川东南部、重庆及贵州东南部等地。

7. 细齿叶柃

灌木或小乔木，全株无毛；树皮灰褐色或深褐色，平滑；嫩枝稍纤细，具2棱，黄绿色，小枝灰褐色或褐色，有时具2棱；顶芽线状披针形，长达1 cm，无毛。叶长圆状椭圆形或倒卵状椭圆形，干后下面淡绿色；萼片边缘无纤毛；花柱长2.5~3 mm。花期11月至翌年1月，果期翌年7~9月。

多生于海拔1 300 m以下的山地林中、沟谷、溪边、林缘以及山坡路旁灌丛中。广泛分布于浙江东南部、江西南部、福建、湖北西南部、湖南南部、广东、海南、广西东部、四川中部和东部、重庆、贵州等地。

五九、金丝桃科

草本、灌木或小乔木。单叶对生，有时轮伞，全缘，常具腺点，无托叶。花单生或组成聚伞花序，两性，辐射对称；萼片4~5片，不等大，花瓣4~5个；雄蕊多数，常合生成3或5束，稀分离，子房上位，3~5室，花柱3~5，每室胚珠多数。蒴果或浆果。

1. 金丝桃 金线蝴蝶（四川南川、浙江乐清）、金丝海棠（山东崂山）（图Ⅱ-59.1）

半常绿小灌木，光滑无毛；小枝圆柱形，红褐色。叶对生，具透明腺点，长椭圆形，长3~8 cm，宽1~2.5 cm，先端钝，基部渐狭，下面密的脉网明显。花黄色，直径3~5 cm；雄蕊5束，与花瓣果期均脱落；花柱先端5裂，细长，为子房的1.5倍以上。蒴果卵圆形。花期5~8月，果期8~9月。

生于山坡、路旁或灌丛中，沿海地区海拔0~150 m，但在山地上升至1 500 m。产于河北、陕西、山东、江苏、安徽、浙江、江西、福建、台湾、河南、湖北、湖南、广东、广西、四川及贵州等省区。

图Ⅱ-59.1 金丝桃

2. 黄海棠 连翘（河北、贵州、台湾）、牛心菜、山辣椒（辽宁）（图Ⅱ-59.2）

多年生草本，高达1 m。茎具4棱。叶对生，披针形、长圆状披针形、长圆状卵形至椭圆形，长5~9 cm，宽1.2~3 cm，基部抱茎，无柄。聚伞花序顶生；花黄色，直径3~5 cm；花瓣十分弯曲，长1.5~4 cm，宿存；雄蕊5枚，宿存；花柱5裂。蒴果圆锥形，长约2 cm。花期7~8月，果期8~9月。

图Ⅱ-59.2 黄海棠

喜光，不耐阴，pH值5.5~7.0的微酸性至中性黏壤中生长最盛。生于山坡林下、林缘、灌丛间、草丛或草甸中、溪旁及河岸湿地等处，也有广为庭园栽培的，海拔0~2 800 m。除新疆及青海外，全国各地均产。

3. 地耳草　小元宝草、四方草（浙江）、小对叶草（四川）

一年生或多年生草本，具4纵线棱，散布淡色腺点。叶无柄，叶片通常卵形或卵状三角形至长圆形或椭圆形，先端近锐尖至圆形，基部心形抱茎至截形，边缘全缘，坚纸质，全面散布透明腺点。花序具1~30朵花，两歧状或多少呈单歧状。萼片狭长圆形或披针形至椭圆形，先端锐尖至钝形，全缘，无边缘生的腺点，全面散生有透明腺点或腺条纹，果时直伸。花瓣白色、淡黄至橙黄色，椭圆形或长圆形，先端钝形，无腺点，宿存。蒴果短圆柱形至圆球形，无腺条纹。花期3~月，果期6~10月。

生于田边、沟边、草地以及撂荒地上，海拔0~2 800 m。产于辽宁、山东至长江以南各省区。

4. 赶山鞭　小茶叶（山东、江苏）、小便草（东北）

多年生草本，高（15~）30~74 cm，茎常不分枝，或分枝上升，散生黑色腺点。叶无柄；叶片卵状长圆形或卵状披针形，先端圆钝或渐尖，基部渐狭或微心形，略抱茎，全缘，两面通常光滑，下面散生黑腺点。花序顶生，为近伞房状或圆锥花序。花瓣淡黄色，表面及边缘有稀疏黑腺点，宿存。蒴果卵珠形，仅有细纵腺条，但无囊状腺体。花期7~8月，果期8~9月。

生于田野、半湿草地、草原、山坡草地、石砾地、草丛、林内及林缘等处，海拔在1 100 m以下。产于黑龙江、吉林、辽宁、内蒙古、河北、山西、陕西、甘肃、山东、江苏、安徽、浙江、江西、河南、广东、广西等省区。

六〇、柽（chēng）柳科

灌木或小乔木，小枝细而弯。叶互生，钻状或鳞片状，无托叶。总状花序或圆锥花序，萼片和花瓣均4~6片，花瓣宿存；雄蕊与花瓣同数或为其2倍，生于肉质花盘；子房上位，3~4个心皮，侧膜胎座，胚珠多数；花柱3~4个。蒴果；种子具束毛或有翅。

柽柳　观音柳（广州、南京）、红筋条（河南）（图Ⅱ-60.1）

灌木或小乔木；枝细长，红紫色、暗紫色或淡棕色，嫩枝纤细下垂。叶鳞片状，长1~3 mm，先端钝或急尖，下面有隆脊。大型圆锥花序顶生，分枝下垂；花梗较萼长；花密生，粉红色，5基数，花盘10或5裂；柱头3个，棍棒状。蒴果长约3.5 mm。花期4~9月。

喜生于河流冲积平原，海滨、滩头、潮湿盐碱地和沙荒地。野生于辽宁、河北、河南、山东、江苏（北部）、安徽等省；栽培于我国东部至西南部各省区。

图Ⅱ-60.1　柽柳

六一、堇菜科

草本或灌木，稀为乔木。叶基生，茎生叶互生，稀对生，具托叶。花单生，或组成总状至圆锥花序，具小苞片，两性，常两侧对称；萼片5片，基部常下延，宿存；花瓣5枚，下面1个常具距；雄蕊5枚，基部黏合，药隔延伸于药室外而成膜质附属物；子房上位，侧膜胎座，胚珠多数，花柱1个。蒴果背裂或为浆果。

1. 球果堇菜　毛果堇菜（江苏）

一年生无茎草本。叶基生，具长柄，宽卵形或近圆形，长达 3.5 cm，先端钝或圆，基部心形，两面被柔毛；托叶膜质，边缘具长流苏状睫毛。花两侧对称；萼片 5 片，披针形，被毛；花瓣淡紫色，距白色，长约 3 mm。果近球形，长约 8 mm，密被柔毛，熟时果柄下弯。花果期 5~8 月。

生于林下或林缘、灌丛、草坡、沟谷及路旁较阴湿处。产于黑龙江、吉林、辽宁、内蒙古、河北、山西、陕西、宁夏、甘肃、山东、江苏、安徽、浙江、河南及四川北部等省区。

2. 鸡腿堇菜　鸡腿菜（图Ⅱ-61.1）

多年生草本；茎高达 40 cm，有白色柔毛。叶心形，长 3~6 cm，先端渐尖，边缘具钝齿，两面密生锈色腺点，脉上被疏短柔毛；托叶草质，卵形，边缘长流苏状分裂。常无茎生叶。花两侧对称；萼片条形，花瓣白色或淡紫色，侧生花瓣内面有须毛，距长约 1 mm，囊状；柱头腹面延伸为长钩状喙，具乳头状突起。蒴果长约 1 cm。花果期 5~9 月。

图Ⅱ-61.1　鸡腿堇菜

生于杂木林林下、林缘、灌丛、山坡草地或溪谷湿地等处。产于黑龙江、吉林、辽宁、内蒙古、河北、山西、陕西、甘肃、山东、江苏、安徽、浙江、河南等省区。

3. 南山堇菜　胡堇菜（图Ⅱ-61.2）

无地上茎；叶掌状 3 全裂，侧裂片又深裂；最终裂片卵状披针形、披针形、线状披针形或长圆形，萼片附器长 4~6 mm。花果期 4~9 月。

生于海拔 1 600 m 以下山地阔叶林下或林缘、溪谷阴湿处、阳坡灌丛及草坡。产于黑龙江、吉林、辽宁、内蒙古、河北、山西、陕西、甘肃、青海、山东、江苏、安徽、浙江、江西、河南、湖北、四川北部。

图Ⅱ-61.2　南山堇菜

4. 斑叶堇菜

多年生草本，无地上茎，高 3~12 cm。根状茎通常较短而细，长 4~15 mm，节密生，具数条淡褐色或近白色长根。叶面沿脉有明显白色斑带，花果期尤为明显，下面常带紫红色，圆形或卵圆形，边缘具圆齿。花期 4 月下旬至 8 月，果期 6~9 月。

生于山坡草地、林下、灌丛中或阴处岩石缝隙中。产于黑龙江、吉林、辽宁、内蒙古、河北、河南、山西、陕西、甘肃、安徽等省区。

5. 长萼堇菜　犁头草（广东）

多年生草本。叶均基生，呈莲座状；叶片三角形、三角状卵形或戟形，先端渐尖或尖，基部宽心形，弯缺呈宽半圆形，两侧垂片发达，通常平展，稍下延于叶柄成狭翅，边缘具圆锯齿；托叶 3/4 与叶柄合生，分离部分披针形，边缘疏生流苏状短齿，通常有褐色锈点。花淡紫色，有暗色条纹；花瓣长圆状倒卵形，侧方花瓣里面基部有须毛，下方花瓣连距长 10~12 mm。蒴果长圆形，长 8~10 mm，无毛。种子卵球形，长 1~1.5 mm，直径 0.8 mm，深绿色。花果期 3~11 月。

生于林缘、山坡草地、田边及溪旁等处。产于陕西、甘肃（南部）、河南、江苏、安徽、浙江、江西、福建、台湾、湖北、湖南、广东、海南、广西、四川、贵州、云南等省区。

6. 戟叶堇菜　尼泊尔堇菜、箭叶堇菜

一年生无茎草本。叶基生，具长梗，披针形、长三角状戟形或三角状卵形，长 2~9 cm，基部截形或戟形，边缘具波状浅齿，花期后叶增大；托叶分离部分有疏齿。花淡紫色，少有白色；萼片基部附器长约 1 mm，先端圆；下方花瓣连距长 1.3~1.5 cm；距长 2~6 mm。蒴果长约 10 mm。花果期 4~9 月。

生于田野、路边、山坡草地、灌丛、林缘等处。产于陕西、甘肃、江苏、安徽、浙江、江西、福建、台湾、河南、湖北、湖南、广东、海南、四川、云南、西藏等省区。

7. 紫花地丁　光瓣堇菜

一年生无茎草本；根淡褐色或灰白色。叶基生，三角状卵形或狭卵形，长 3~5 cm，宽 1~1.7 cm，先端钝，基部截形或楔形，稍下延于叶柄上部，边缘具浅齿；托叶分离部分全缘。花两侧对称，淡紫色，距长 4~5 mm。蒴果长约 15 mm。花果期 4 月中下旬至 9 月。

生于田间、荒地、山坡草丛、林缘或灌丛中。产于黑龙江、吉林、辽宁、内蒙古、河北、山西、陕西、甘肃、山东、江苏、安徽、浙江、江西、福建、台湾、河南、湖北、湖南、广西、四川、贵州、云南等省区。

8. 早开堇菜

多年生草本，无地上茎。叶多数，均基生；叶片在花期呈长圆状卵形、卵状披针形或狭卵形，先端稍尖或钝，基部微心形、截形或宽楔形，稍下延，边缘密生细圆齿，两面无毛，或被细毛，有时仅沿中脉有毛；果期叶片显著增大，长可达 10 cm，宽可达 4 cm，三角状卵形。花大，紫堇色或淡紫色，喉部色淡并有紫色条纹，直径 1.2~1.6 cm，无香味；蒴果长椭圆形，长 5~12 mm，无毛，顶端钝常具宿存的花柱。花果期 4 月上中旬至 9 月。

生于山坡草地、沟边、宅旁等向阳处。产于黑龙江、吉林、辽宁、内蒙古、河北、山西、陕西、宁夏、甘肃、山东、江苏、河南、湖北、云南等省区。

六二、瑞香科

乔木或灌木。茎柔软，富含纤维，不易折断，稀草本。单叶互生或对生，全缘，无托叶。花两性，辐射对称；萼管状，先端 4~5（~6）裂，花冠状；花瓣缺或退化为鳞片状；雄蕊与萼裂片等数或为其 2 倍；具花盘；子房上位，1 室 1 胚珠。核果、坚果或浆果状。

1. 草瑞香　粟麻

一年生草本；茎瘦细，上部分枝，高 10~25 cm。叶近无柄，条形或条状披针形，全缘，长 8~20 mm，宽 1.5~2 mm。总状花序顶生，花梗极短，花长 4~5 mm，花被筒状，先端收缩，具 4 齿状裂片，黄绿色带暗红色，宿存；雄蕊 4 枚。果实卵形，包藏于花被筒内。花期 5~7 月，果期 6~8 月。

生于海拔 500~1 400 m 的沙质荒地。产于吉林、河北、河南、山西、陕西、甘肃、新疆、江苏等省区。

2. 河朔荛（ráo）花

灌木，高 1 m 上下；分枝纤细，具棱，无毛。叶对生或近对生，披针形至条状披针形，长 2~5.5 cm，宽 3~8 mm，基部渐狭为短柄，无毛。圆锥花序或穗状花序，被灰色短柔毛。花被筒状，长 8~10 mm，密被黄色绢状毛，裂片 4 片，近圆形；雄蕊 8 枚；花被筒内具鳞片状花盘。果实卵形。花期 6~8 月，果期 9 月。

生于海拔 500~1 900 m 的山坡及路旁。产于河北、河南、山西、陕西、甘肃、四川、湖北、江苏等省。

3. 鄂北荛花

灌木。叶互生，膜质，椭圆形或倒卵状椭圆形或窄椭圆形，两端尖，边缘在干时略反卷，两面被

长的柔伏毛；叶柄密被短绒毛。穗状花序或圆锥花序；花黄色，外面密被平贴的疏柔毛，顶端4裂，裂片卵形，外面被疏柔毛；雄蕊8枚，2列；花盘鳞片2枚，约等于子房长度的1/4。花期7~8月，果期9月。

常见于海拔460~1 100 m的山坡、山谷及灌丛中。产于湖北、河南、甘肃、陕西、山西等地。

4. 芫花（图Ⅱ-62.1）

落叶灌木，幼枝密被淡黄色绢毛。叶对生或互生，椭圆状矩圆形至卵状披针形，长3~4 cm，宽1~1.5 cm，全缘。花3~6朵簇生，先叶开放，淡紫色或淡紫红色；花被筒状，长约15 mm，外被柔毛，裂片4，卵形，长约5 mm；雄蕊8枚；子房密被淡黄色柔毛。核果白色。花期5~11月，果期7~11月。

生长于海拔100~300 m的江边河岸及沙石间，也有在路边丘陵地区。产于江苏、浙江、福建、江西、湖南、广东、广西和四川等省区。

图Ⅱ-62.1 芫花

六三、胡颓（tuí）子科

乔木或灌木，被银白色或褐色盾状鳞片。单叶互生或对生，全缘，无托叶。花簇生或组成总状花序，稀单生，两性，稀单性；花萼管状，先端2~4裂，萼筒常在子房先端处缢缩；无花瓣；雄蕊8或4枚；子房上位，基部围以花盘，胚珠1枚。核果包被以肉质宿存的花萼。

1. 胡颓子 甜棒子（湖北）、半春子（湖南）

常绿直立灌木，具棘刺，小枝锈褐色，被鳞片。叶厚革质，椭圆形或矩圆形，长5~7 cm，两端钝或基部圆形，边缘微波状，下面银白色，密被鳞片。花被筒状或漏斗形，长5.5~7 mm，先端4裂；雄蕊4枚；花柱无毛。核果椭圆形，长12~14 mm，被锈色鳞片。花期9~12月，果期翌年4~6月。

喜高温、湿润气候。生于海拔1 000 m以下的向阳山坡或路旁。产于江苏、浙江、福建、安徽、江西、湖北、湖南、贵州、广东、广西等省区。

2. 沙枣 香柳、刺柳、桂香柳（河南）

落叶乔木或小乔木，无刺或具刺，刺长30~40 mm，棕红色，发亮；幼枝密被银白色鳞片，老枝鳞片脱落，红棕色，光亮。叶薄纸质，矩圆状披针形至线状披针形，顶端钝尖或钝形，基部楔形，全缘，下面灰白色，密被白色鳞片，有光泽。花银白色，直立或近直立，密被银白色鳞片，芳香，常1~3朵花簇生新枝基部最初5~6片叶的叶腋；雄蕊几无花丝，花药淡黄色，矩圆形，长2.2 mm。果实椭圆形，粉红色，密被银白色鳞片；果肉乳白色，粉质；果梗短，粗壮，长3~6 mm。花期5~6月，果期9月。

本种适应力强，山地、平原、沙滩、荒漠均能生长；对土壤、气温、湿度要求不甚严格。产于辽宁、河北、山西、河南、陕西、甘肃、内蒙古、宁夏、新疆、青海等省区。通常为栽培植物，亦有野生。

3. 牛奶子（四川） 甜枣（河南）、麦粒子（山东）（图Ⅱ-63.1）

落叶灌木，常具棘刺；幼枝密被银白色鳞片。叶椭圆形至倒卵状披针形，长3~8 cm，顶端钝尖，下面密被灰白色鳞片。花先叶开放，黄白色，2~7朵丛生；花被漏斗形或圆筒状漏斗形，长5~7 mm，先端4裂；雄蕊4枚；花柱疏生星状毛。核卵圆形，长5~7 mm，被银白色鳞片。花期4~5月，果期7~8月。

产于华北、华东、西南各省区和陕西、甘肃、青海、宁夏、辽宁、湖北等省区。

4. 木半夏　牛脱（福建）、羊不来、莓粒团（安徽）

落叶直立灌木，通常无刺。叶膜质或纸质，椭圆形或卵形至倒卵状阔椭圆形，顶端钝尖或骤渐尖，基部钝形，全缘，干燥后黑褐色或淡绿色，下面灰白色，密被银白色和散生少数褐色鳞片；叶柄锈色，长4~6 mm。花白色，常单生新枝基部叶腋；雄蕊着生花萼筒喉部稍下面，花丝极短，花药细小。果实椭圆形，密被锈色鳞片，成熟时红色。花期5月，果期6~7月。

图Ⅱ-63.1　牛奶子

产于河南、河北、山东、浙江、安徽、江西、福建、陕西、湖北、四川、贵州等省。

5. 中国沙棘（亚种）　醋柳（山西）、黄酸刺（陕西）（图Ⅱ-63.2）

落叶乔木或灌木，具粗壮棘刺；嫩枝密被锈褐色鳞片。单互生或近对生，条形或条状披针形，长2~6 cm，宽4~12 mm，两端钝尖，背面密被灰白色鳞片。花先叶开放，单性异株，组成短总状花序，淡黄色；花被筒囊状，先端2裂。核果球形，直径5~10 mm。包被以肉质花被筒。花期4~5月，果期9~10月。

常生于海拔800~3 600 m温带地区向阳的山嵴、谷地、干涸河床地或山坡，多砾石或沙质土壤或黄土上。我国黄土高原极为普遍。产于河南、河北、内蒙古、山西、陕西、甘肃、青海、四川西部。

图Ⅱ-63.2　中国沙棘

六四、千屈菜科

草本、灌木或乔木。单叶对生或轮生，全缘，无托叶。花两性，常辐射对称；花萼管状或杯状，先端4~6（~8）裂，裂片镊合状排列，裂片间常有附属物，宿存；花瓣与萼裂片同数或无花瓣；雄蕊4~8（~12）枚，两轮；子房上位，2~6室，每室胚珠2颗至多数。蒴果；种子无胚乳。

1. 水苋菜

一年生草本，无毛，高7~30 cm。茎具4棱，多分枝。叶对生，披针形，倒披针形或狭倒卵形，长1.5~5 cm，宽2~13 mm，基部楔形或渐狭而钝形，或近圆形。聚伞花序腋生，几无总梗；花萼钟形，长约1 mm，具4个齿，常无花瓣；花柱极短或无。蒴果球形，紫红色，直径约1.5 mm。花期8~10月，果期9~12月。

常生于潮湿的地方或水田中，冬春始见。产于广东、广西、湖南、湖北、福建、台湾、浙江、江苏、安徽、江西、河北、陕西、云南等省区。

2. 耳叶水苋菜

一年生草本，无毛，茎有4棱，常多分枝。叶对生，无柄，条状披针形或狭披针形，基部戟状耳形。聚伞花序腋生，有细总花梗；苞片和小苞片均极小，钻形；花稀疏排列，有细梗；花萼筒状钟形，长约2 mm，有4个三角形的齿；花瓣4枚，小，淡紫色，长约1.2 mm；雄蕊4~6枚。蒴果球形，直径约3 mm，不规则开裂；种子极小，三角形。花期8~12月。

生湿地或稻田中。分布于浙江、江苏、河南、河北南部、陕西、甘肃南部。

3. 千屈菜（图Ⅱ-64.1）

多年生草本，高 1 m。茎具 4 或 6 棱，分枝多。叶对生或三叶轮生，狭披针形，长 3.5~6.5 cm，宽 10~15 mm，无柄，基部略抱茎。总状花序顶生，花数朵簇生苞腋；花萼长筒状，长 4~6 mm；先端 6 个齿；花瓣 6 枚，紫色，长 6~8 mm；雄蕊 12 枚；子房上位。蒴果包藏于宿存的萼筒内。

生于河岸、湖畔、溪沟边和潮湿草地。产全国各地，亦有栽培。

图Ⅱ-64.1 千屈菜

图Ⅱ-64.2 紫薇

4. 紫薇 痒痒花（山东）、痒痒树（河南、陕西）（图Ⅱ-64.2）

落叶灌木或小乔木，树皮平滑；小枝有棱，常具狭翅。叶对生或近对生，上部者互生，椭圆形或倒卵形，长 3~7 cm，宽 2.5~4 cm；叶柄很短或无。圆锥花序顶生；花淡红色、紫色或白色，直径 2.5~3 cm；花萼长 7~10 mm，先端 6 浅裂；花瓣 6 枚，长 12~20 mm，皱缩，具柄；雄蕊多数。蒴果近球形，长1~1.2 cm，6 瓣裂。花期 6~9 月，果期 9~12 月。

半阴生，喜生于肥沃湿润的土壤上，也能耐旱，不论钙质土或酸性土都生长良好。我国广东、广西、湖南、福建、江西、浙江、江苏、湖北、河南、河北、山东、安徽、陕西、四川、云南、贵州及吉林均有生长或栽培。

5. 南紫薇 马铃花（湖北）、蚊仔花（广东）

落叶乔木或灌木；树皮薄，灰白色或茶褐色。叶膜质，矩圆形，矩圆状披针形，顶端渐尖，基部阔楔形。花小，白色或玫瑰色，直径约 1 cm，组成顶生圆锥花序，长 5~15 cm，具灰褐色微柔毛，花密生；花萼有棱 10~12 条，5 裂，裂片三角形，直立，内面无毛；花瓣 6 枚，长 2~6 mm，皱缩，有爪；雄蕊 15~30 枚，5~6 枚较长，12~14 条较短，着生于萼片或花瓣上。蒴果椭圆形，3~6 瓣裂；种子有翅。花期 6~8 月，果期 7~10 月。

喜湿润肥沃的土壤，常生于林缘、溪边。产于台湾、广东、广西、湖南、湖北、江西、福建、浙江、江苏、安徽、四川及青海等省区。

六五、石榴科

落叶灌木或小乔木。单叶，通常对生或簇生，有时呈螺旋状排列，无托叶。花顶生或近顶生，单生或几朵簇生或组成聚伞花序，两性，辐射对称；萼革质，萼管与子房贴生，且高于子房，近钟形，裂片 5~9 片，镊合状排列，宿存；花瓣 5~9 片，多皱褶，覆瓦状排列；雄蕊生萼筒内壁上部，多数，花丝分离。浆果球形，顶端有宿存花萼裂片，果皮厚；种子多数，种皮外层肉质，内层骨质；胚直，无胚乳，子叶旋卷。

石榴　山力叶（东北各地）（图Ⅱ-65.1）

灌木或小乔木，高2~5 m，枝顶常有刺。叶倒卵形至长圆状披针形，长2~6 cm，宽1~2.5 cm，先端尖或钝，基部楔形，全缘，具短柄。花红色，直径2.5~4 cm；萼红色，革质，5~7裂，裂片肥厚；花瓣常6枚，倒卵形，长1.5~2 cm；雄蕊多数。浆果近球形，直径7~10 cm，内具薄隔膜；种子多数，外种皮淡红色，有棱角，富含水分，可食用。花期6~7月，果熟期9月。

喜温暖向阳的环境。我国南北均有栽培。

图Ⅱ-65.1　石榴

六六、八角枫科

乔木或灌木。单叶互生。聚伞花序腋生，花梗具关节，花两性；萼片4~10片；花瓣4~10枚，镊合状，条形，常向外卷；雄蕊为花瓣的2~4倍数，花药长条形；子房下位，1（2）室，胚珠1颗，花柱1个。核果。

1. 八角枫　华瓜木（图Ⅱ-66.1）

落叶灌木或小乔木；小枝有黄色疏毛。叶互生，卵形至宽卵形，长8~16 cm，宽7~10 cm，先端渐尖，基部斜心形，全缘或2~3浅裂。聚伞花序有7~30（~50）朵花；花萼6~8裂；花瓣6~8枚，白色，条形，长1~1.5 cm；花药条形，长为花丝的4倍，药隔无毛。核果卵球形，长5~7 mm。花期5~7月和9~10月，果期7~11月。

喜肥沃、疏松、湿润的土壤。生于海拔1 800 m以下的山地或疏林中。产于河南、陕西、甘肃、江苏、浙江、安徽、福建、台湾、江西、湖北、湖南、四川、贵州、云南、广东、广西和西藏南部。

图Ⅱ-66.1　八角枫

图Ⅱ-66.2　瓜木

2. 瓜木（图Ⅱ-66.2）

小枝绿色；叶近圆形，掌状分裂，裂片3~5（~7）片，基部近心形或宽楔形；聚伞花序3~5朵花；花瓣长2.5~3.5 cm；核果长卵球形，长8~12 mm。花期3~7月，果期7~9月。

生于海拔2 000 m以下土质比较疏松而肥沃的向阳山坡或疏林中。产于吉林、辽宁、河北、山西、河南、陕西、甘肃、山东、浙江、台湾、江西、湖北、四川、贵州和云南东北部。

六七、菱科

浮水草本。浮水叶丛生为莲座状，菱形，边缘具锯齿；叶柄具膨大的海绵质气囊。花单一腋生，白色；萼片、花瓣、雄蕊均4枚，具花盘；子房半下位，2室，仅1室发育，每室胚珠1颗。坚果外果皮肉质且早剥落，内果皮木质，具刺状角 2~4 个。

1. 菱

一年生草本。沉水叶羽状细裂。浮水叶聚生于茎顶呈莲座状，三角形或宽菱形，长宽均 3~5 cm，边缘具齿；叶柄长 5~10 cm，中部海绵质气囊宽约 1 cm。花白色，4 数花。坚果具 2 个刺状角，连角宽 4~5 cm，紫红色。花期 5~10 月，果期 7~11 月。

喜温暖湿润、阳光充足，生于湖湾、池塘、河湾。产于黑龙江、吉林、辽宁、陕西、河北、河南、山东、江苏、浙江、安徽、湖北、湖南、江西、福建、广东、广西等省区；全国各地有栽培。

2. 细果野菱

浮水叶菱状三角形，长宽通常为 1.5~2.5 cm，叶柄中部海绵质气囊宽约 4 mm；坚果三角形，具 4 个刺状角，两侧边角间宽约 2 cm。花期 6~7 月，果期 8~9 月。

多生于边远湖沼中。产于黑龙江、吉林、辽宁、河北、河南、湖北、江西等省。

3. 丘角菱

一年生浮水水生草本。茎圆柱形，柔弱、分枝。叶二型：浮水叶互生，绿色或带紫红色，聚生于主茎和分枝茎顶端，形成菱盘，叶片广菱形或卵状菱形，叶缘中上部边缘具浅凹锐齿，中下部全缘、基部广楔形或近截形；叶柄中上部膨大成海绵质气囊，被淡褐色短毛；沉水叶小，早落。花小，单生于叶腋；花瓣 4 片，长匙形，白色或微红色。果三角形或扁菱形，高 1.5~1.8 cm，具 2 个刺角，平伸或斜举，连接二肩角间的 2 线弯曲伸展在同一平面上，使果面稍平坦，腰角不存在，其位置通常具小丘状突起，果喙稍明显，果冠小。花期 5~10 月，果期 7~11 月。

产于黑龙江、吉林、辽宁、内蒙古、河北、河南、山东、安徽、江苏、浙江、江西、福建、湖北、湖南、广东、广西、四川、云南等省区水域。

4. 乌菱（图Ⅱ-67.1）

一年生浮水或半挺水草本。茎圆柱形、细长或粗短。叶二型：浮水叶互生，聚生于茎端，在水面形成莲座状菱盘，叶片广菱形，边缘中上部具凹形的浅齿，边缘下部全缘，基部广楔形；叶柄中上部膨大成海绵质气囊，被短毛；沉水叶小，早落。花小，单生于叶腋；花瓣 4 片，白色。果具水平开展的 2 个肩角，无或有倒刺，先端向下弯曲，两角间端阔 7~8 cm，弯牛角形，果高 2.5~3.6 cm，果表幼皮紫红色，老熟时紫黑色，果喙不明显，果梗粗壮有关节，长 1.5~2.5 cm。种子白色，两角钝。花期 4~8 月，果期 7~9 月。

江苏、浙江、江西、福建、湖北、湖南、广东、台湾等省人工栽培。

图Ⅱ-67.1　乌菱

六八、柳叶菜科

草本，稀灌木。单叶对生或互生。穗状花序、总状花序或花单生；花两性，花托常延伸超出子房顶端以上呈萼管状，其边缘着生花被片和雄蕊；萼片 2 或 4 片；花瓣 4 枚或更多，或无花瓣；雄蕊与花瓣同数或为其 2 倍；子房下位，2~4 室。蒴果、核果状坚果，有时浆果。

1. 露珠草　牛泷草（图Ⅱ-68.1）

粗壮草本。叶狭卵形至宽卵形，基部常心形，边缘具锯齿至近全缘。单总状花序顶生，或基部具分枝；萼片卵形至阔卵形，白色或淡绿色，开花时反曲，先端钝圆形，花瓣白色，倒卵形至阔倒卵形，先端倒心形，凹缺深至花瓣长度的 1/2~2/3，花瓣裂片阔圆形。果实斜倒卵形至透镜形，2 室，具2粒种子，背面压扁。花期6~8月，果期7~9月。

生于排水良好的落叶林，稀见于北方针叶林，垂直分布从海平面至海拔3 500 m处。产于黑龙江、吉林、辽宁、河北、山西、陕西、甘肃、山东、安徽、浙江、江西、台湾、河南、湖北、湖南、四川、贵州、云南及西藏等省区。

2. 南方露珠草 细毛谷蓼（安徽）

植株高25~150 cm。叶狭披针形、阔披针形至狭卵形，基部楔形或稀圆形，先端狭渐尖至近渐尖，边缘近全缘至具锯齿。顶生总状花序常于基部分枝，稀为单总状花序；花瓣白色，阔倒卵形，先端下凹至花瓣长度的1/4~1/2。果狭梨形至阔梨形或球形，长2.6~3.5 mm，径2~3.2 mm，基部凹凸不平地、不对称地渐狭至果梗，果2室，具2粒种子，纵沟极明显；果梗常明显反曲，成熟果实连梗长5~7 mm。花期7~9月，果期8~10月。

产于中国东北部，经与北京相邻的沿海地区至华中和华南地区。

图Ⅱ-68.1 露珠草

3. 水珠草

植株高15~80 cm；茎无毛。叶狭卵形、阔卵形至矩圆状卵形，长4.5~12 cm，宽2~5 cm，基部圆形至近心形，先端短渐尖至长渐尖，边缘具锯齿。总状花序长2.5~30 cm，单总状花序或基部具分枝；花梗与花序轴垂直，被腺毛，基部无小苞片。萼片长1.3~3.2 mm，宽1~1.7 mm，通常紫红色，反曲；花瓣倒心形，常粉红色；先端凹缺至花瓣长度的1/3或1/2。果实长2.2~3.8 mm，径1.8~3 mm，梨形至近球形，基部通常不对称地渐狭至果梗，果上具明显纵沟；成熟果实连果梗长5.3~8.5 mm。花期6~8（~9）月，果期7~9月。

生于寒温带落叶阔叶林及针阔混交林中，垂直分布自海平面至海拔约1 500 m处。产于黑龙江、吉林、辽宁、内蒙古、河北及山东各省区。

4. 谷蓼 台湾露珠草

植株高10~120 cm，无毛。叶披针形至卵形，基部阔楔形至圆形或截形，稀近心形，先端短渐尖，边缘具锯齿。顶生总状花序不分枝或基部分枝；花瓣狭倒卵状菱形至阔倒卵状菱形或倒卵形，粉红色，先端凹缺至花瓣长度的1/10~1/5；花瓣裂片具细圆齿或具小的二级裂片。果实长1.7~3.2 mm，径1.2~2.1 mm，具2粒种子，倒卵形至阔卵形，略呈背向压扁，基部平滑地渐狭向果梗，纵沟不明显，但果实上有一狭槽至果梗之延伸部分。花期6~9月，果期7~9月。

生于砾石河谷和渗水隙缝，以及山涧路边和土层深厚肥沃的温带落叶林中，海拔0~2 500 m。产于陕西、江苏、安徽、浙江、福建、台湾、湖北、湖南、广东、四川、贵州及云南。

5. 小花山桃草（图Ⅱ-68.2）

多年生草本，高达1 m；茎叶密被伸展的细长柔毛和短柔毛。叶互生，阔披针形，卵状披针形、椭圆状倒卵形或卵形，长5~8 cm，宽2~3.5 cm。穗状花序，穗轴节间长2~5 mm；花密生，具爪；雄蕊8枚；子房下位。坚果状果，长6~8 mm，种子1粒。花期7~8月，果期8~9月。

归化种。原产美国，尤以中西部最多的一种野草。我国河北、河南、山东、安徽、江苏、湖北、福建有引种，并逸为野生杂草。

图Ⅱ-68.2 小花山桃草

6. 倒挂金钟 灯笼花（昆明）、吊钟海棠（浙江、

江西）

灌木状草本，高达 60 cm。叶对生，长 4~8 cm，宽 3~5 cm，边缘具锯齿，先端短渐尖，基部近圆形；叶柄长 1~3 cm。花单生叶腋，萼筒与 4 裂片近等长，长 1.5~2.5 cm，裂片宽约 9 mm，深红色；花瓣 4 片，紫红色、红色或白色；雄蕊 8 枚，子房下位。浆果。花期 4~12 月。

本种是根据中美洲的材料人工培养出的园艺杂交种，其园艺品种很多，广泛栽培于全世界。我国广为栽培，尤在北方或在西北、西南高原温室种植生长极佳，已成为重要的花卉植物。

7. 小花柳叶菜

多年生粗壮草本，有时近基部木质化，在秋季自根茎常平卧生出长可达 1 m，多粗壮，地下匍匐根状茎，茎上疏生鳞片状叶，先端常生莲座状叶芽。茎密被白色短曲柔毛；花长 5~7 mm，柱头 4 裂。花期 6~9 月，果期 7~10 月。

生于海拔（350~）500~1 800（~2 500）m 山区河谷、溪流、湖泊湿润地及向阳及荒坡草地。产于内蒙古、河北、山西、山东、河南、陕西、新疆（天山）、湖南、湖北、四川、贵州、云南东北部。

8. 柳叶菜（图Ⅱ-68.3）

多年生粗壮草本。茎密被开展的白色长柔毛及腺状短柔毛；叶矩圆形或长圆状披针形，边缘具细锯齿，两面被长柔毛；花浅紫色，长 1~1.5 cm，柱头 4 裂。花期 6~8 月，果期 7~9 月。

图Ⅱ-68.3　柳叶菜

在北京、南京、广州等许多城市有栽培；在黄河流域以北生于海拔（150~）500~2 000 m，在西南生于海拔（180~）700~2 800（~3 500）m 河谷、溪流河床沙地或石砾地或沟边、湖边向阳湿处，也生于灌丛、荒坡、路旁，常成片生长。广布于我国温带与热带省区，吉林、辽宁、内蒙古、河北、山西、山东、河南、陕西、宁夏南部、青海东部、甘肃、新疆、安徽、江苏、浙江、江西、广东、湖南、湖北、四川、贵州、云南和西藏东部。

9. 沼生柳叶菜　水湿柳叶菜（云南、辽宁）

多年生草本，高达 50 cm，茎上部被曲柔毛。茎下部叶对生，上部叶互生，条形至条状披针形，长 2~4 cm，宽 4~10 mm，全缘或略有细齿，近无柄。花单生叶腋，粉红色，长 4~7 mm；萼裂片 4 片，花瓣 4 枚，雄蕊 8 枚，子房下位，柱头 1 个，棍棒状。蒴果圆柱形，长 4~6 cm，种子顶端有白色簇毛。花期 6~8 月，果期 8~9 月。

生于湖塘、沼泽、河谷、溪沟旁、亚高山与高山草地湿润处，海拔在北方 200~2 500 m，在西南 2 500~4 500（~4 950）m。产于黑龙江、吉林、辽宁、内蒙古、河北、山西、陕西、甘肃、青海、新疆、四川、云南及西藏等省区。

10. 长籽柳叶菜

多年生草本。茎圆柱状，常多分枝，或在小型植株上不分枝，周围密被曲柔毛与腺毛。叶对生，花序上的互生，排列密，长过节间，近无柄，卵形至宽卵形，茎上部的有时披针形，先端锐尖或下部的近钝形，基部钝或圆形，有时近心形，边缘每边具 7~15 个锐锯齿。花序直立，密被腺毛与曲柔毛。花瓣粉红色至紫红色，倒卵形至倒心形，先端凹缺深 1~1.4 mm。蒴果被腺毛。种子狭倒卵状顶端渐尖，具一明显长约 0.1 mm 的喙，褐色，表面具细乳突。花期 7~9 月，果期 8~11 月。

生于山区沿江河谷、溪沟旁、池塘与水田湿处，海拔（150~）300~1 770 m。产于山东东部、河南、安徽南部、江苏南部、浙江、江西、福建、广东、广西北部、湖南、湖北西部、四川东部与贵州。

11. 月见草 山芝麻、夜来香（东北）（图Ⅱ-68.4）

直立二年生粗壮草本，基生莲座叶丛紧贴地面；茎高50~200 cm，不分枝或分枝，被曲柔毛与伸展长毛（毛的基部疱状），在茎枝上端常混生有腺毛。叶长椭圆状披针形或长圆状卵形；花直径6~8 cm；蒴果上端尖锐，长1.5~2 cm。花期5~10月，果期8~12月。

图Ⅱ-68.4 月见草

在我国东北、华北、华东（含台湾）、西南（四川、贵州）地区有栽培，并早已沦为逸生，常生于开旷荒坡路旁。

12. 丁香蓼

一年生草本，高达60 cm；茎具纵棱，带红紫色。叶互生，披针形或矩圆状披针形，长2~5（~8）cm，宽6~15 mm，两端渐狭，全缘。花单生叶腋，黄色，无柄；萼4裂，裂片长2.5~3 mm，花瓣4枚，雄蕊4枚，子房下位。蒴果略具4棱，长1.5~3 cm，茎约1.5 mm，带紫色。花期8~10月，果期9~11月。

生于湖泊、池塘、稻田、溪边等湿润处，海拔0~800 m，云南在1 200~1 600 m。产于黑龙江、吉林、辽宁、内蒙古、陕西、河南、山东、安徽、浙江、江西、福建、台湾、广东、海南、广西、湖南、湖北、四川、贵州、云南等省区。

六九、小二仙草科

草本或亚灌木，常水生。叶轮生、对生或互生，沉水叶羽状细裂。花极小，单生或组成伞房花序、圆锥花序等；小苞片2片；萼片2~4片或缺；花瓣2~4片或缺；雄蕊2、4或8枚，花丝短，外轮与花瓣对生；子房下位，侧膜胎座或中轴胎座，每室胚珠1枚，柱头羽毛状。坚果或核果状果。

1. 轮叶狐尾藻（图Ⅱ-69.1）

多年生粗壮沉水草本。茎圆柱形，多分枝。叶通常4枚轮生，或3~5枚轮生，水中叶较丝状全裂，无叶柄；裂片8~13对，互生；水上叶互生，披针形，较强壮，鲜绿色，裂片较宽。花单性，雌雄同株或杂性、单生于水上叶腋内，每轮具4朵花，花无柄。雌花生于水上茎下部叶腋中，花瓣4枚，舟状，早落；雌蕊1枚，子房广卵形，4室，柱头4裂、裂片三角形。雄花：雄蕊8枚，花药椭圆形，长2 mm，淡黄色，花丝丝状，开花后伸出花冠外。果实广卵形，具4条浅槽，顶端具残存的萼片及花柱。

图Ⅱ-69.1 轮叶狐尾藻

中国南北各地池塘、河沟、沼泽中常有生长，常与穗状狐尾藻混在一起。夏季生长旺盛，冬季生长慢，能耐低温，一年四季可采收，可为为猪、鱼、鸭的饲料。

2. 穗状狐尾藻

多年生沉水草本。茎圆柱形，分枝极多。叶常5片轮生（或4~6片轮生，或3~4片轮生），丝状全细裂，叶的裂片约13对，细线形。花两性，单性或杂性，雌雄同株，单生于苞片状叶腋内，常4朵轮生，由多数花排成近裸颓的顶生或腋生的穗状花序，生于水面上。分果广卵形或卵状椭圆形，长2~3 mm，具4个纵深沟，沟缘表面光滑。花期从春到秋陆续开放，4~9月陆续结果。

为世界广布种，我国南北各地池塘、河沟、沼泽中常有生长，特别是在含钙的水域中更较常见。

七〇、五加科

乔木或灌木，有时藤本状，稀为草本。叶互生，有时对生或轮生，掌状复叶、羽状复叶或单叶，具托叶。常为伞形花序或头状花序。花两性或单性；萼杯状，萼齿5个，微小；花瓣5枚；雄蕊5枚，与花瓣互生；子房下位，顶端具花盘，中轴胎座，每室胚珠2枚，仅1枚发育，花柱5~2个。核果或浆果。

1. 八角金盘

灌木或小乔木。叶为单叶，叶片掌状分裂，托叶不明显。花两性或杂性，聚生为伞形花序，再组成顶生圆锥花序；花梗无关节；萼筒全缘或有5个小齿；花瓣5枚，在花芽中镊合状排列；雄蕊5枚；子房5或10室；花柱5或10个，离生；花盘隆起。果实卵形。

喜温暖湿润的气候。栽培。

2. 常春藤（变种）（图Ⅱ-70.1）

常绿木质藤本；茎上升攀缘气生根，嫩枝有锈色鳞片。不育枝上的叶三角状卵形或戟形，长5~12 cm，宽3~10 cm，全缘或3裂，花枝叶椭圆状披针形、长椭圆状卵形至披针形，全缘。伞形花序单生或总状排列；花白色或淡绿白色，5数花，子房下位，花柱1个。核果熟时红色或黄色，直径约1 cm；花期9~11月，果期翌年3~5月。

图Ⅱ-70.1 常春藤

常攀缘于林缘树木、林下路旁、岩石和房屋墙壁上，庭园中也常栽培。分布地区广，北自甘肃东南部、陕西南部、河南、山东，南至广东、江西、福建，西自西藏波密，东至江苏、浙江的广大区域内均有生长。

3. 刺五加

灌木。分枝多，一、二年生的通常密生刺，稀仅节上生刺或无刺；刺直而细长，针状，下向，基部不膨大，脱落后遗留圆形刺痕；叶有小叶5枚，稀3枚；叶柄常疏生细刺；小叶片纸质，椭圆状倒卵形或长圆形，先端渐尖，基部阔楔形，上面粗糙，深绿色，脉上有粗毛，下面淡绿色，脉上有短柔毛，边缘有锐利重锯齿。伞形花序单个顶生，或2~6个组成稀疏的圆锥花序，有花多数；花瓣5枚，卵形；雄蕊5枚；子房5室，花柱全部合生成柱状。果实球形或卵球形，有5棱，黑色。花期6~7月，果期8~10月。

生于森林或灌丛中，海拔数百米至2 000 m。分布于黑龙江、吉林、辽宁、河北和山西等省。

4. 细柱五加 五加

灌木。枝灰棕色，软弱而下垂，蔓生状，无毛，节上通常疏生反曲扁刺。叶有小叶5枚，稀3~4枚，在长枝上互生，在短枝上簇生；叶柄无毛，常有细刺；小叶片膜质至纸质，倒卵形至倒披针形，先端尖至短渐尖，基部楔形，两面无毛或沿脉疏生刚毛，边缘有细钝齿，侧脉4~5对。伞形花序单个稀2个腋生，或顶生在短枝上，有花多数；花黄绿色；萼边缘近全缘或有5个小齿；花瓣5个，长圆状卵形，先端尖；雄蕊5枚；花柱2个，细长，离生或基部合生。果实扁球形，黑色；宿存花柱长2 mm，反曲。花期4~8月，果期6~10月。

生于灌木丛林、林缘、山坡路旁和村落中，垂直分布自海拔数百米至1 000米，在四川西部和云南西北部可达3 000 m。分布地区甚广，西自四川西部、云南西北部，东至海滨，北自山西西南部、陕西北部，南至云南南部和东南海滨的广大地区内，均有分布。

5. 黄毛楤（sǒng）木

有刺灌木或小乔木。小枝被黄棕色绒毛。二至三回羽状复叶，羽片 5~11 片，基部有小叶 1 对；小叶狭卵形至宽卵形，长 5~12 cm，宽 3~8 cm，边缘有锯齿，两面被毛。伞形花序组成大型顶生圆锥花序，花序主轴伸长，一级分枝总状排列，密被黄棕色短柔毛；花梗长 4~6 mm；花 5 数，子房下位，5 室，花柱 5 个。核果直径约 3 mm，熟时黑色。

生于森林、灌丛或林缘路边。本种分布广，北自甘肃南部，陕西南部，山西南部，河北中部，南至云南西北部，广西西北部，广东北部和福建西南部。

6. 楤木（图Ⅱ-70.2）

灌木或乔木。小枝密生黄棕色绒毛，有刺；刺粗壮，长 3~6 mm，密生黄棕色绒毛，基部膨大。叶为二回羽状复叶；托叶和叶柄基部合生，深棕色，先端离生部分披针形，长约 5 mm；叶轴和羽片轴密生绒毛；羽片对生，有小叶 9 枚，基部有小叶 1 对；小叶片纸质，卵形至长圆状卵形，先端长渐尖或短渐尖，基部圆形。圆锥花序主轴短，长约 5 cm，一级分枝指状或伞房状排列；苞片边缘有纤毛。花期 7 月，果期 9 月。

生于北向山坡上，海拔 1 200 m。产于云南、四川和湖北等省。

图Ⅱ-70.2　楤木

七一、伞形科

草本，稀亚灌木，具芳香气味。叶互生，常为一回掌状或一至四回羽状分裂的复叶，稀单叶；叶柄基部扩展成鞘状抱茎。伞形或复伞形花序，稀头状花序，花常两性；萼齿 5 个，微小或不明显；花瓣 5 枚；雄蕊 5 枚，与花瓣互生；子房下位，2 室，每室 1 枚胚珠，花柱 2 个，其基部具花盘（或称花柱基）。分果。

1. 天胡荽（suī）

多年生草本。茎细长而匍匐，平铺地上成片，节上生根。叶片膜质至草质，圆形或肾圆形，基部心形，两耳有时相接，不分裂或 5~7 裂，裂片阔倒卵形，边缘有钝齿，表面光滑，背面脉上疏被粗伏毛，有时两面光滑或密被柔毛。伞形花序与叶对生，单生于节上；花瓣卵形，长约 1.2 mm，绿白色，有腺点。果实略呈心形，两侧扁压，中棱在果熟时极为隆起，幼时表面草黄色，成熟时有紫色斑点。花果期 4~9 月。

通常生长在湿润的草地、河沟边、林下；海拔 475~3 000 m。产于陕西、河南、江苏、安徽、浙江、江西、福建、湖南、湖北、广东、广西、台湾、四川、贵州、云南等省区。

2. 变豆菜　鸭脚板（四川）（图Ⅱ-71.1）

多年生草本，高达 1 m，无毛。茎多次二歧分枝。基生叶近圆形或圆肾形，常 3 全裂，中裂片倒卵形或楔状倒卵形，长 4~13 cm，宽 3~10 cm，侧裂片常 2 深裂，边缘具尖锐重锯齿；叶柄长达 30 cm。茎生叶 3 深裂。花序二至三回二叉分枝，分枝粗壮；小伞形花序有两性花 2~3 朵；花白色或绿白色；萼片线形或呈刚毛状。果长 4~5 mm，密生钩状皮刺。花果期 4~10 月。

生长在阴湿的山坡路旁、杂木林下、竹园边、溪边等草丛中；海拔 200~2 300 m。产于东北、华东、中南、西北

图Ⅱ-71.1　变豆菜

和西南各省区。

3. 峨参

二至多年生草本，高达 1.5 m。茎下部有细柔毛。叶二回三出式羽状分裂或二回羽状分裂；裂片披针状卵形，长 1.5~3.5 cm，宽 5~15 mm，边缘羽状缺刻状齿裂，下面疏生柔毛。复伞形花序，无总苞片，伞辐 6~12 个。小总苞片 5~8 片，膜质，反折，花白色。双悬果条形，长 5~10 mm，顶端具喙，基部圆形。花果期 4~5 月。

从低山丘陵到海拔 4 500 m 的高山，生长在山坡林下或路旁以及山谷溪边石缝中。分布于辽宁、河北、河南、山西、陕西、江苏、安徽、浙江、江西、湖北、四川、云南、内蒙古、甘肃、新疆等省区。

4. 小窃衣 破子草、大叶山胡萝卜（河北）

一年或二年生草本，高达 75 cm，全株贴生短硬毛。叶卵形，一至二回羽状分裂；小叶披针形至矩圆形，长 0.5~6 cm，宽 2~15 mm，边缘具条裂状至缺刻状牙齿，柄长约 2 cm。复伞形花序，总苞片 3~6 片，伞辐 4~12 个，小总苞片钻形，花白色。双悬果卵圆形，长 1.5~4 mm，宽 1.5~2.5 mm，有斜升钩状刺。花果期 4~10 月。

生长在杂木林下、林缘、路旁、河沟边以及溪边草丛，海拔 150~3 060 m。除黑龙江、内蒙古及新疆等省区外，全国各地均产。

5. 芫荽（图Ⅱ-71.2）

一年或二年生，有强烈气味的草本，高 20~100 cm。根纺锤形。茎圆柱形，直立，多分枝，有条纹，通常光滑。叶片一或二回羽状全裂，羽片广卵形或扇形半裂。伞形花序顶生或与叶对生，小伞形花序有孕花 3~9 朵，花白色或带淡紫色。果实圆球形，背面主棱及相邻的次棱明显。胚乳腹面内凹。油管不明显，或有 1 个位于次棱的下方。花果期 4~11 月。

我国东北地区、河北、河南、山东、安徽、江苏、浙江、江西、湖南、广东、广西、陕西、四川、贵州、云南、西藏等省区均有栽培。

图Ⅱ-71.2 芫荽

6. 黑柴胡

多年生草本、根黑褐色，茎丛生，高 25~50 cm。基生叶狭长圆形、短圆状披针形或倒披针形，长 10~20 cm，宽 1~2 cm，基部渐狭成叶柄，茎中部叶有短柄或无柄。复伞形花序，伞辐 4~9 个；小总苞片 6~9 片，花瓣状，卵形或阔卵形，黄绿色，长 6~10 mm，宽 3~5 mm；花黄色。花期 7~8 月，果期 8~9 月。

生长于海拔 1 400~3 400 m 的山坡草地、山谷、山顶阴处。产于河北、山西、陕西、河南、青海、甘肃和内蒙古等省区。

7. 紫花大叶柴胡（变种）

多年生草本，高达 1.5 m。茎常单生或 2~3 条丛生。茎中部叶窄卵形至阔卵形，长 8~17 cm，宽 2.5~10 cm，先端急尖或渐尖，基部抱茎，下面粉蓝色。复伞形花序，总梗长 3~10 cm，总苞片1~5 片；伞幅 3~9 个，长 2.5~5.5 cm；小总苞片 5~6 片，卵状披针形；花深紫色。

生长于海拔 800~1 500 m 的山坡丛林下，或山沟阴湿地以及阴地草坡。产于河南、陕西、甘肃和四川一带。

8. 北柴胡 韭叶柴胡（安徽）

多年生草本，高达 80 cm。主根粗大，红褐色。茎上部多分枝。茎中部叶倒披针形或宽条状披针形，长 3~11 cm，宽 6~16 mm，平行脉，下面有白霜，全缘；复伞形花序，伞辐 3~8 个，小总苞片 5 片，披针形，花鲜黄色。双悬果宽椭圆形，长约 3 mm，具狭翅状棱。花期 9 月，果期 10 月。

生长于向阳山坡路边、岸旁或草丛中。产于我国东北、华北、西北、华东和华中各地。

9. 红柴胡（图Ⅱ-71.3）

多年生草本，高 30～60 cm。主根发达，圆锥形，支根稀少，深红棕色，表面略皱缩，上端有横环纹，下部有纵纹，质疏松而脆；茎基具多数毛刷状残留叶鞘纤维；叶线性，长 6～16 cm，宽 2～7 mm。花期7～8 月，果期 8～9 月。

生于干燥的草原及向阳山坡上、灌木林边缘，海拔 160～2 250 m。广布于我国黑龙江、吉林、辽宁、河北、山东、山西、陕西、江苏、安徽、广西及内蒙古、甘肃等省区。

图Ⅱ-71.3　红柴胡

10. 芹菜　旱芹

二年生或多年生草本，有强烈香气。茎直立，光滑，有少数分枝，并有棱角和直槽。根生叶有柄，柄长 2～26 cm，基部略扩大成膜质叶鞘；叶片轮廓为长圆形至倒卵形，通常 3 裂达中部或 3 全裂，裂片近菱形，边缘有圆锯齿或锯齿。复伞形花序顶生或与叶对生，花瓣白色或黄绿色，圆卵形，顶端有内折的小舌片。分生果圆形或长椭圆形，长约 1.5 mm，宽 1.5～2 mm，果棱尖锐，合生面略收缩；每棱槽内有油管 1 条，合生面油管 2 条，胚乳腹面平直。花期 4～7 月。

喜冷凉、湿润的气候。我国南北各省区均有栽培，供作蔬菜。

11. 鸭儿芹

多年生草本，高达 90 cm，全株无毛。基生叶和茎下部叶三出复叶，中间小叶菱状倒卵形，长3～10 cm，侧生小叶斜卵形，边缘有不规则的尖锐重锯齿或有时 2～3 裂。伞形花序之总梗不等长，呈圆锥状排列。总苞片和小总苞片各 1～3 片，条形。花白色。双悬果线状长圆形或卵状长圆形，长3.5～6.5 mm，宽 1～2 mm。花期 4～5 月，果期 6～10 月。

通常生于海拔 200～2 400 m 的山地、山沟及林下较阴湿的地区。产于河北、河南、安徽、江苏、浙江、福建、江西、广东、广西、湖北、湖南、山西、陕西、甘肃、四川、贵州、云南等省区。

12. 田葛缕子

多年生草本，高 50～80 cm。根圆柱形，长达 18 cm，直径 0.5～2 cm。茎通常单生，稀 2～5，基部有叶鞘纤维残留物，自茎中、下部以上分枝。基生叶及茎下部叶有柄，长 6～10 cm，叶片轮廓长圆状卵形或披针形，长 8～15 cm，宽 5～10 cm，三至四回羽状分裂，末回裂片线形，长 2～5 mm，宽 0.5～1 mm；茎上部叶通常二回羽状分裂，末回裂片细线形，长 5～10 mm，宽约 0.5 mm。总苞片 2～4 片，线形或线状披针形；伞辐 10～15 个，长 2～5 cm；小总苞片 5～8 片，披针形；小伞形花序有花 10～30 朵，无萼齿；花瓣白色。花果期 5～10 月。

生于田边、路旁、河岸、林下及山地草丛中。产于东北、华北、西北地区及西藏和四川西部。

13. 异叶茴芹

多年生草本。茎直立，有条纹，被柔毛，中上部分枝。叶异形，基生叶有长柄；叶片三出分裂，裂片卵圆形，两侧的裂片基部偏斜，顶端裂片基部心形或楔形；茎中、下部叶片三出分裂或羽状分裂；茎上部叶较小，有短柄或无柄，具叶鞘，叶片羽状分裂或 3 裂，裂片披针形，全部裂片边缘有锯齿。花瓣倒卵形，白色，基部楔形，顶端凹陷，小舌片内折，背面有毛；花柱基圆锥形，花柱长为花柱基的 2～3 倍，幼果期直立，以后向两侧弯曲。幼果卵形，有毛，成熟的果实卵球形，基部心形，近于无毛，果棱线形；每棱槽内油管 2～3 条，合生面油管 4～6 条；胚乳腹面平直。花果期 5～10 月。

生于海拔 160～3 300 m 的山坡草丛中、沟边或林下。产于西藏、云南、贵州、四川、陕西、甘肃、河南、安徽、江苏、浙江、江西、湖南、湖北、福建、广西、广东、台湾等省区。

14. 锐叶茴芹

多年生草本，高达 1 m。茎、花序、叶柄及叶下面沿脉均生有小刚毛。基生叶二回三出全裂或三回三出式羽状全裂，末回裂片卵形或倒卵状圆形，长 2~6 cm，宽 1~3.5 cm，顶端渐尖，基部楔形或宽楔形，边缘有锯齿。复伞形花序，总苞片 2~4 片，小总苞片 4~6 片；花白色，萼齿明显。双悬果卵形或卵状矩圆形，长约 3 mm，无毛。花果期 6~9 月。

生于海拔 1 500~3 400 m 的山地沟谷中或林缘草地上。产于贵州、湖北、四川、甘肃、陕西、河南等省。

15. 泽芹

多年生草本。茎直立，粗大，有条纹，有少数分枝，通常在近基部的节上生根。叶片轮廓呈长圆形至卵形，一回羽状分裂，有羽片 3~9 对，羽片无柄，疏离，披针形至线形，基部圆楔形，先端尖，边缘有细锯齿或粗锯齿。复伞形花序顶生和侧生，花白色，花柄长 3~5 mm；萼齿细小；花柱基短圆锥形。果实卵形，长 2~3 mm，分生果的果棱肥厚，近翅状；每棱槽内油管 1~3 条，合生面油管 2~6 条；心皮柄的分枝贴近合生面。花期 8~9 月，果期 9~10 月。

产于我国东北、华北、华东各省，生于沼泽、湿草甸子、溪边、水边较潮湿处。

16. 香芹

多年生草本。茎直立或稍曲折，单一或自基部抽出 2~3 茎，粗壮，径 0.3~1.2 cm，基部近圆柱形，下部以上有显著条棱，呈棱角状突起，沟棱一般宽而深，宽狭深浅不一，分枝。基生叶有长柄，基部有叶鞘，有时有短糙毛；叶片轮廓椭圆形或宽椭圆形，三回羽状全裂。伞形花序多分枝，伞梗上端有短硬毛；花瓣白色，宽椭圆形，顶端凹陷处小舌片内曲，背面中央有短毛；花柱基扁圆锥形，花柱长，开展，卷曲，子房密生短毛。分生果卵形，背腹略扁压，长 2.5~3.5 mm，宽约 1.5 mm，5 棱显著，侧棱比背棱稍宽，有短毛；每棱槽内有油管 3~4 条，合生面油管 6 条。花期 7~9 月，果期 8~10 月。

生于草甸、开阔的山坡草地、林缘灌丛间。产于黑龙江、吉林、辽宁、内蒙古、河南、山东、江苏等省区。

17. 水芹　水芹菜、野芹菜（东北）

多年生草本，高达 80 cm，无毛。茎基部匍匐生根。基生叶三角形或三角状卵形，一至二回羽状分裂，最终裂片卵形至卵状披针形，长 2~5 cm，宽 1~2 cm，边缘有不整齐尖齿或圆锯齿；复伞形花序顶生，无总苞片，伞辐 6~12 个，小总苞片 2~8 片，条形，花白色。双悬果长 2.5~3 mm，背棱稍木栓质。花期 6~7 月，果期 8~9 月。

多生于浅水低洼地方或池沼、水沟旁。农舍附近常见栽培。产于各地。

18. 茴香

草本。茎直立，光滑，灰绿色或苍白色，多分枝。中部或上部的叶柄部分或全部呈鞘状，叶鞘边缘膜质；叶片轮廓为阔三角形，四至五回羽状全裂，末回裂片线形。复伞形花序顶生与侧生，花瓣黄色，倒卵形或近倒卵圆形，长约 1 mm，先端有内折的小舌片，中脉 1 条；花丝略长于花瓣，花药卵圆形，淡黄色；花柱基圆锥形，花柱极短，向外叉开或贴伏在花柱基上。果实长圆形，长 4~6 mm，宽 1.5~2.2 mm，主棱 5 条，尖锐；每棱槽内有油管 1 条，合生面油管 2 条；胚乳腹面近平直或微凹。花期 5~6 月，果期 7~9 月。

我国各省区都有栽培。

19. 蛇床

一年生草本，高达 80 cm。茎疏生细毛。基生叶矩圆形或卵形，长 5~10 cm，二至三回三出式羽状分裂；末回裂片狭条形或条状披针形，长 2~10 mm，宽 1~3 mm，全缘。复伞形花序，总苞片 8~10 片，伞辐 10~30 个，小总苞片 2~3 片，条形，花白色。双悬果椭圆状，长约 2.5 mm，果棱翅状。花期 4~7 月，果期 6~10 月。

生于田边、路旁、草地及河边湿地。几遍布全国。

20. 藁（gǎo）本

多年生草本，高达 1 m。基生叶三角形，长 8~15 cm，二回羽状全裂；末回裂片卵形，长约 3 cm，宽约 2 cm，先端渐尖，边缘不规则羽状缺刻；茎上部叶具扩展的叶鞘。复伞形花序具乳头状粗毛；总苞片狭条形，小总苞片丝状条形，花白色。双悬果宽卵形，长约 2 mm。花期 8~9 月，果期 10 月。

生于海拔 1 000~2 700 m 的林下、沟边草丛中。产于湖北、四川、陕西、河南、湖南、江西、浙江等省。

21. 尖叶藁本

多年生草本。茎圆柱形，中空，具条纹，略带紫色。基生叶未见。茎上部叶具柄。下部略扩大呈鞘状；叶片纸质，轮廓宽三角状卵形，三回羽状全裂。复伞形花序具长梗，梗长可达 15 cm，顶端密被糙毛；顶生伞形花序直径 4 cm，侧生的略小；总苞片 6 片，线形，长约 1 cm，常早落；伞辐 12~23 个，长 2~3 cm，排列紧密；小总苞片 6~10 片，线形，长约 5 mm。分生果背腹扁压，卵形，长约 3 mm，宽约 2 mm，背棱突起或呈翅状，侧棱扩大成翅；每棱槽内油管 2~3（4）条，合生面油管 6~8 条。花期 7~8 月，果期 9~10 月。

生于海拔 1 500~3 500 m 的林下、草地及石崖上。产于云南、四川、湖北、河南、陕西等省。

22. 白芷　大活（图Ⅱ-71.4）

多年生高大草本，高达 2.5 m。茎基部直径 5~8 cm，带紫色。茎下部叶长达 80 cm，二至三回三出羽状全裂，末回裂片长圆形至披针形，长 5~9 cm，宽 2~4 cm，边缘具齿；茎上部叶简化为叶鞘。复伞形花序，总苞片 1~2 片，鞘状，或无总苞片；小总苞片 14~16 片，条形，花白色；无萼齿；双悬果椭圆形，扁平，长 5~7 mm，宽 4~5 mm。花期 7~8 月，果期 8~9 月。

常生长于林下、林缘、溪旁、灌丛及山谷草地。产于我国东北及华北地区。

图Ⅱ-71.4　白芷

23. 紫花前胡　土当归（江苏、安徽、江西、湖南），野当归（西南各省）

多年生草本。根圆锥状，外表棕黄色至棕褐色，有强烈气味。茎高 1~2 m，直立，光滑，常为紫色，无毛，有纵沟纹。根生叶和茎生叶有长柄，基部膨大成圆形的紫色叶鞘，抱茎，外面无毛；叶片三角形至卵圆形，坚纸质，一回 3 全裂或一至二回羽状分裂。复伞形花序顶生和侧生，花瓣倒卵形或椭圆状披针形，顶端通常不内折成凹头状，花药暗紫色。果实长圆形至卵状圆形，无毛，背棱线形隆起，尖锐，侧棱有较厚的狭翅，与果体近等宽，棱槽内有油管 1~3 条，合生面油管 4~6 条，胚乳腹面稍凹入。花期 8~9 月，果期 9~11 月。

生长于山坡林缘、溪沟边或杂木林灌丛中。产于辽宁、河北、陕西、河南、四川、湖北、安徽、江苏、浙江、江西、广西、广东、台湾等地。

24. 大齿山芹

多年生草本。茎直立，圆管状，有浅纵沟纹，上部开展，叉状分枝。叶有柄，柄长 4~18 cm，基部有狭长而膨大的鞘，边缘白色，透明；叶片轮廓为广三角形，薄膜质，二至三回三出式分裂。复伞形花序不等长，花白色；萼齿三角状卵形，锐尖，宿存；花瓣倒卵形，顶端内折。分生果广椭圆形，基部凹入，背棱突出，尖锐，侧棱为薄翅状，与果体近等宽，棱槽内有油管 1 条，合生面油管 2~4 条。花期 7~9 月，果期 8~10 月。

生长于山坡、草地、溪沟旁、林缘灌丛中。产于吉林、辽宁、河北、山西、陕西、河南、安徽、江苏、浙江、福建等省。

25. 太行阿魏

多年生草本，全株无毛。基生叶有柄，叶柄基部扩展成鞘，叶片轮廓为广卵形，三至四回羽状全裂，末回裂片椭圆形，再羽状深裂。复伞形花序生于茎枝顶端，总苞片缺或有 1~3 片，披针形或针形；花瓣黄色，卵状披针形，顶端向内弯曲，花柱基扁圆锥形，花柱延长。分生果长圆形或长圆状倒卵形，背腹扁压，背部突起，浅褐色，长 10~15 mm，果棱丝状突起；每棱槽内有油管 3~4 条，合生面油管 4~8 条。花期 5~6 月，果期 6~7 月。

生长于山地阳坡。产于陕西、山西、河南等省，分布于秦岭北坡东部及太行山、河南北部山地。

26. 硬阿魏　沙茴香（内蒙古、辽西）

多年生草本。茎高达 60 cm，密被短柔毛，从下部分枝，基部被纤维质残存叶鞘；叶长 4~20 cm，二至三回三出式或羽状分裂；末回裂片楔形至倒卵形，长 1~3 mm，宽约 1 mm，常 3 裂。复伞形花序，花黄色。双悬果矩圆形，长 10~13 mm，宽 3~5 mm，扁平，无毛。花期 5~6 月，果期 6~7 月。

生长于沙丘、沙地、戈壁滩冲沟、旱田、路边以及砾石质山坡上。产于黑龙江、吉林、辽宁、内蒙古、河北、河南、山西、陕西、甘肃、宁夏等省区。

27. 前胡（图Ⅱ-71.5）

多年生草本。茎圆柱形，下部无毛，上部分枝多有短毛，髓部充实。基生叶具长柄，叶柄长 5~15 cm，基部有卵状披针形叶鞘；叶片轮廓宽卵形或三角状卵形，三出二至三回分裂。复伞形花序多数，顶生或侧生；花序梗上端多短毛；总苞片无或 1 至数片，线形；小伞形花序有花 15~20 朵；花瓣卵形，小舌片内曲，白色；萼齿不显著；花柱短，弯曲，花柱基圆锥形。果实卵圆形，背部扁压，长约4 mm，宽 3 mm，棕色，有稀疏短毛，背棱线形稍突起，侧棱呈翅状，比果体窄，稍厚；棱槽内油管 3~5 条，合生面油管 6~10 条；胚乳腹面平直。花期 8~9 月，果期 10~11 月。

图Ⅱ-71.5　前胡

喜冷凉湿润气候，生长于海拔 250~2 000 m 的山坡林缘，路旁或半阴性的山坡草丛中。产于甘肃、河南、贵州、广西、四川、湖北、湖南、江西、安徽、江苏、浙江、福建（武夷山）等省区。

28. 短毛独活　东北牛防风（东北）

多年生草本，高达 2 m。全株被柔毛。基生叶三出式羽状分裂；羽片 5~7 片，宽卵形至近圆形，长 5~15 cm，宽 7~10 cm，不规则分裂，裂片 3~5 片，边缘具粗大锐齿；茎上部叶扩展为叶鞘。复伞形花序，总苞片 5 片，小总苞片 5~10 片，均条状披针形；花白色。双悬果矩圆状倒卵形，长 6~8 mm，宽 5~6 mm，扁平，有短刺毛。花期 7 月，果期 8~10 月。

生长于阴坡山沟旁、林缘或草甸。产于黑龙江、吉林、辽宁、内蒙古、河北、山东、陕西、湖北、安徽、江苏、浙江、江西、湖南、云南等省区。

29. 野胡萝卜（图Ⅱ-71.6）

二年生草本，高达 80 cm。全株被粗硬毛。根细圆锥形，近白色。基生叶二至三回羽状全裂，末回裂片线形至披针形，长 2~15 mm，宽 0.5~2 mm。复伞形花序顶生；总苞片叶状，羽状分裂，裂片条形；小总苞片 5~7 片，条形，不分裂或羽状分裂；花白色或淡红色；双悬果矩圆形，长 3~4 mm，次棱具翅，翅上生钩刺。花期 5~7 月。

图Ⅱ-71.6　野胡萝卜

生长于山坡路旁、旷野或田间。产于四川、贵州、湖北、江西、安徽、江苏、浙江等省。

变种：胡萝卜

主根长圆锥形，粗肥，红色或黄色。

全国各地栽培。

七二、山茱萸科

乔木或灌木。单叶对生，稀互生，全缘，无托叶。伞房状聚伞花序、圆锥花序、头状花序或花簇生；花常两性；萼齿4~5个或无齿；花瓣4~5枚或缺；雄蕊4~5枚，与花瓣同生于花盘基部；子房下位，2~4室，每室胚珠1颗，花柱1个。核果或浆果。

1. 灯台树　六角树（四川）（图Ⅱ-72.1）

落叶乔木，枝紫红色，无毛。叶互生，宽卵形或宽椭圆形，长6~13 cm，宽3.5~9 cm，下面疏生伏柔毛，侧脉6~7对。伞房状聚伞花序顶生；花白色；萼齿三角形；花瓣4枚，长披针形；子房下位，密被灰色贴生短柔毛；核果成熟时紫红色至蓝黑色，直径6~7 mm。花期5~6月，果期7~8月。

喜温暖气候及半阴环境，适应性强。产于辽宁、河北、陕西、甘肃、山东、安徽、台湾、河南、广东、广西以及长江以南各省区。

图Ⅱ-72.1　灯台树

图Ⅱ-72.2　红瑞木

2. 红瑞木　凉子木（江苏）（图Ⅱ-72.2）

落叶灌木。小枝血红色，无毛，常被白粉。叶对生，卵形至椭圆形，长4~9 cm，宽2.5~5.5 cm，全缘，侧脉4或5对。伞房状聚伞花序顶生，花白色；萼坛状，花瓣卵状舌形，雄蕊4枚，子房下位，花柱圆柱形。核果长圆形，微扁，长约8 mm，直径5.5~6 mm，成熟时乳白色或淡蓝白色，核两侧压扁状。花期6~7月，果期8~10月。

喜潮湿温暖，生于海拔600~1 700 m（在甘肃可高达2 700 m）的杂木林或针阔叶混交林中。产于黑龙江、吉林、辽宁、内蒙古、河北、陕西、甘肃、青海、山东、江苏、江西等省区。

3. 光皮梾木　光皮树

落叶乔木。树皮灰色至青灰色，块状剥落；幼枝灰绿色，略具4棱，被灰色平贴短柔毛。叶对生，纸质，椭圆形或卵状椭圆形，先端渐尖或突尖，基部楔形或宽楔形，边缘波状，微反卷，上面深绿色，有散生平贴短柔毛，下面灰绿色，密被白色乳头状突起及平贴短柔毛。顶生圆锥状聚伞花序，被灰白色疏柔毛；花小，白色，直径约7 mm；花萼裂片4片，三角形，外侧被白色短柔毛；花瓣4枚，长披针形，长约5 mm，上面无毛，下面密被灰白色平贴短柔毛。核果球形，成熟时紫黑色至黑色，被平贴短柔毛或近于无毛；核骨质，球形。花期5月，果期10~11月。

生于海拔130~1 130 m的森林中。产于陕西、甘肃、浙江、江西、福建、河南、湖北、湖南、广东、广西、四川、贵州等省区。

4. 梾木

落叶乔木或灌木，一年生枝赤褐色，有棱。叶对生，椭圆状卵形或椭圆状矩圆形，长 9~16 cm，宽 3.5~8.8 cm，先端锐尖，侧脉 5~8 对，下面密被粉白色乳头状突起。二歧聚伞花序圆锥状，花白色至黄色；萼齿三角形，长于花盘，花瓣矩圆形至矩圆状披针形，子房下位，花柱棍棒形。核果球形，蓝黑色。花期 6~7 月，果期 8~9 月。

生于海拔 72~3 000 m 的山谷森林中。产于山西、陕西、甘肃南部、山东南部、台湾、西藏以及长江以南各省区。

5. 毛梾

落叶乔木，高 6~15 m。树皮厚，黑褐色，纵裂而又横裂成块状；幼枝对生，绿色，略有棱角，密被贴生灰白色短柔毛，老后黄绿色，无毛。叶长 4~12 cm，宽 1.7~5 cm，侧脉 4（5）对，下面无乳头状突起。花期 5 月，果期 9 月。

较喜光，在土壤 pH 值为 5.8~8.2、排水良好、土层深厚的中性沙壤土上生长较好。生于海拔 300~1 800 m 的杂木林或密林下。产于辽宁、河北、山西南部以及华东、华中、华南、西南各省区。

6. 山茱萸（图Ⅱ-72.3）

落叶灌木或乔木；枝黑褐色。叶对生，卵形至椭圆形，稀卵状披针形，长 5~12 cm，先端渐尖，基部楔形，两面有伏贴毛，侧脉 6~8 对，全缘，下面脉腋被黄褐色髯毛。伞形花序腋生，总梗长约 2 mm，花黄色，先叶开放；萼裂片 4 片，宽三角形，花瓣 4 枚，卵形；花盘杯状，肉质，子房下位。核果椭圆形，红色。花期 3~4 月，果期 9~10 月。

图Ⅱ-72.3 山茱萸

产于山西、陕西、甘肃、山东、江苏、浙江、安徽、江西、河南、湖南等省。

7. 四照花（变种）（图Ⅱ-72.4）

落叶小乔木，嫩枝被白色柔毛。叶对生，卵形或卵状椭圆形，长 5.5~12 cm，全缘，先端渐尖，两面被白色柔毛，下面脉腋有时具髯毛，侧脉 4~5 对。头状花序近球形，具 4 片白色花瓣状总苞片；花萼 4 裂；花瓣 4 枚，黄色；雄蕊 4 枚；子房下位。果序球形，紫红色。

性喜光，稍耐阴，喜温暖湿润气候。生于海拔600~2 200 m 的森林中。产于内蒙古、山西、陕西、甘肃、江苏、安徽、浙江、江西、福建、台湾、河南、湖北、湖南、四川、贵州、云南等省区。

图Ⅱ-72.4 四照花

七三、鹿蹄草科

常绿草本或亚灌木。叶基生、对生或轮生；花两性，近辐射对称；萼片 4~5 片，分离或仅基部合生；花瓣 4~5 个，离生；雄蕊 8~10 枚，两轮，药隔宽扁，每药室上部呈筒状，顶孔开裂；子房上位，4~5 室，每室胚珠多数，花柱 1 个。蒴果背裂。

1. 鹿蹄草 常绿茶（山西、江西、安徽）

多年生常绿草本。具长根状茎，连花葶高 20~30 cm。基生叶 4~7 枚，广卵形或近圆形，全缘，下面蓝绿色。总状花序，苞片长舌形，长等于或稍长于花梗；花直径 1.5~2 cm；萼片舌状；花瓣白色或带粉红色，长 8~10 mm，宽 6~8 mm；花柱长 6~8（~10）mm。蒴果从基部开裂。花期 6~8 月，果期 8~9 月。

生于海拔 700~4 100 m 的山地针叶林、针阔叶混交林或阔叶林下。产于陕西、青海、甘肃、山西、山东、河北、河南、安徽、江苏、浙江、福建、湖北、湖南、江西、四川、贵州、云南、西藏等省区。

2. 普通鹿蹄草（图Ⅱ-73.1）

常绿草本状小半灌木，高 15~35 cm。根茎细长，横生，斜升，有分枝。叶长圆形、倒卵状长圆形或匙形，上面具明显的淡白色脉纹；花径 1~1.5 cm。花期 6~7 月，果期 7~8 月。

生于海拔 600~3 000 m 的山地阔叶林或灌丛下。产于河南、甘肃、陕西、浙江、安徽、江西、湖北、湖南、广西、广东、福建、贵州、四川、云南、西藏等省区。

图Ⅱ-73.1　普通鹿蹄草

3. 水晶兰　地花、土花（陕西）（图Ⅱ-73.2）

多年生，草本，腐生。茎直立，单一，不分枝，高 10~30 cm，全株无叶绿素，白色，肉质，干后变黑褐色。叶鳞片状，直立，互生，长圆形或狭长圆形或宽披针形。花单一，顶生，先下垂，后直立，花冠筒状钟形。蒴果椭圆状球形，直立，向上，长1.3~1.4 cm。花期 8~9 月，果期（9~）10~11 月。

生于海拔 800~3 850 m 的山地林下。产于山西、陕西、甘肃、青海、浙江、安徽、台湾、湖北、江西、云南、四川、贵州、西藏等省区。

图Ⅱ-73.2　水晶兰

4. 毛花松下兰（变种）

茎、花梗、萼片、花瓣、花丝、子房和花柱等各部分均有白色粗毛，有时上部叶下面基部也有毛。花期（6）7~8 月，果期 8~9 月。

生于海拔 1 550~4 000 m 的阔叶林或针叶林下。产于山西、湖北、湖南、安徽、江西、福建、台湾、西藏等省区。

5. 毛花假水晶兰

腐生多年生草本植物，全株无色，干后变黑，肉质，纤细，高 11~15 cm；茎粗仅 2~3 mm，上部常有毛。根细而有分枝，集成鸟巢状。叶鳞片状，互生，长圆形，长 9~11 mm，宽 4~5 mm，先端钝头，边缘全缘。花单一，顶生，下垂，稍带淡黄色，花冠狭管状，长 12~16 mm，直径 3~5 mm；萼片（2~）3 片，倒披针形，长约 10 mm，宽 2~3 mm，先端渐尖；花瓣 5 枚，倒卵状长楔形，长 13~17 mm，上部较宽，3~5 mm，先端圆钝，基部渐狭而成小囊状，两侧均有疏毛；雄蕊 10 枚，花药橙黄色，无细小疣，花丝有柔毛；子房有粗毛，侧膜胎座；花柱长 4~4.5 mm，柱头盘状，中间凹下，周围密被长毛。花期 6 月。

生于海拔 1 160 m 的林下阴湿处。产于浙江。

七四、杜鹃花科

灌木，稀乔木。单叶互生，无托叶。花两性，辐射对称；萼 4~5 裂，宿存；花瓣合生，裂片 4~

5片；雄蕊为花冠裂片的2倍数或同数，外轮雄蕊与花冠裂片对生，花药先端具芒状附属物，孔裂；子房上位，中轴胎座，每室胚珠多数，花柱1个。蒴果、浆果或核果。

1. 照山白

常绿灌木；幼枝有疏鳞片。叶倒披针形，长3~4 cm，宽8~15 mm，顶端钝，基部楔形，全缘，下面密被淡棕色鳞片，叶柄长约3 mm。短总状花序，密生多花，花梗长约8 mm；花乳白色，萼5深裂，花冠钟状，长6~8 mm，雄蕊10枚，花丝无毛，子房5室。蒴果矩圆形，长达8 mm，被疏鳞片。花期5~6月，果期8~11月。

生于山坡灌丛、山谷、峭壁及石岩上，海拔1 000~3 000 m。广布我国东北、华北及西北地区及山东、河南、湖北、湖南、四川等省。

2. 满山红

落叶灌木，高1~4 m。枝轮生，幼时被淡黄棕色柔毛，老时无毛。叶2~3片集生枝顶，幼叶两面均被淡黄棕色柔毛，后变近无毛，基部钝圆。花通常2朵顶生，花萼环状，5浅裂，花冠漏斗形，淡紫色，长3~3.5 cm，花丝扁平无毛。蒴果椭圆状卵球形，长6~9 mm，密被亮棕褐色长柔毛。花期4~5月，果期6~11月。

生于海拔600~1 500 m的山地稀疏灌丛。产于河北、陕西、江苏、安徽、浙江、江西、福建、台湾、河南、湖北、湖南、广东、广西、四川和贵州等省区。

3. 杜鹃 照山红（河南）（图Ⅱ-74.1）

落叶灌木。枝、叶柄和叶两面均被亮棕色或褐色扁平糙伏毛。叶互生，卵形、椭圆状卵形或倒卵形，长3~5 cm，宽2~3 cm，先端急尖，基部楔形，边缘具细齿。花簇生枝顶；萼5深裂；花冠蔷薇色或红色，宽漏斗状，长4~5 cm；雄蕊10枚，花丝线形，中部以下有微毛。蒴果长达8 mm，被糙毛。花期4~5月，果期6~8月。

喜凉爽、湿润、通风的半阴环境。生于海拔500~1 200（~2 500）m的山地疏灌丛或松林下。产于江苏、安徽、浙江、江西、福建、台湾、湖北、湖南、广东、广西、四川、贵州和云南等省区。

图Ⅱ-74.1　杜鹃

七五、报春花科

草本，稀亚灌木。单叶对生或轮生，有时全基生，无托叶。花两性，辐射对称；萼5裂，宿存；花冠5裂；雄蕊5枚，贴生于花冠筒与花冠裂片对生；子房上位，特立中央胎座，1室，胚珠多数，花柱1个，柱头头状。蒴果。

1. 过路黄 金钱草（四川）、真金草（云南）（图Ⅱ-75.1）

多年生草本；茎匍匐，长达60 cm，植株有紫色或黑色腺条。叶对生，心形或宽卵形，长2~5 cm，宽1~4.5 cm，先端圆钝，全缘；叶柄长1~4 cm。花单生叶腋；萼5深裂，长约4 mm；花冠黄色，长约为萼的2倍。蒴果球形，直径约2.5 mm。花期5~7月，果期7~10月。

图Ⅱ-75.1　过路黄

生于沟边、路旁阴湿处和山坡林下，垂直分布上限可达海拔 2 300 m。产于云南、四川、贵州、陕西（南部）、河南、湖北、湖南、广西、广东、江西、安徽、江苏、浙江、福建等省区。

2. 金瓜儿

多年生草本，全株被多细胞柔毛，并具黑紫色腺条。茎柔弱斜升，高 15~35 cm。茎下部叶对生，上部叶互生，三角状卵形至菱状披针形，长 1.3~3 cm，宽 8~20 mm。花单生叶腋；萼 5 深裂，裂片卵状披针形，长约 7 mm；花冠黄色；子房被毛。花期 4~5 月，果期 5~9 月。

生于山脚路旁、疏林下等阴湿处。产于陕西南部、河南、湖北、江西、安徽、江苏、浙江等地。

3. 疏头过路黄

茎直立，高 7~25（~45）cm，下部有 1 或 2 对近圆形或菱状卵形的小叶，叶全对生。植物体无腺点或仅具透明腺点。花在茎端密集为近头状或短总状花序；花冠黄色，长 10~15 mm。花期 5~6 月，果期 6~7 月。

生于山地林缘和灌丛中，垂直分布上限可达海拔 1 500 m。产于陕西南部、四川东部、湖北、河南、江西、安徽、浙江、湖南和广东北部。本种分布较广，植株的大小、花序的疏密均有较大的差异。

4. 临时救　聚花过路黄（图Ⅱ-75. 2）

茎下部匍匐，节上生根，上部及分枝上升，长 6~50 cm，圆柱形，密被多细胞卷曲柔毛。叶对生，叶片卵形、阔卵形以至近圆形，近等大，先端锐尖或钝，基部近圆形或截形，稀略呈心形，上面绿色，下面较淡。花 2~4 朵集生茎端和枝端成近头状的总状花序，在花序下方的 1 对叶腋有时具单生之花；花冠黄色，内面基部紫红色，基部合生，5 裂（偶有 6 裂的），裂片散生暗红色或变黑色的腺点。蒴果球形。花期 5~6 月，果期 7~10 月。

图Ⅱ-75.2　临时救

生于水沟边、田埂上和山坡林缘、草地等湿润处，垂直分布上限可达海拔 2 100 m。产于我国长江以南各省区以及陕西、甘肃南部。

5. 狭叶珍珠菜（图Ⅱ-75. 3）

一年生草本。茎极多分枝，高达 60 cm。叶互生，狭披针形至线形，长 2~7 cm，宽 2~8 mm，先端锐尖，基部渐狭，下面有赤褐色腺点；总状花序顶生，果期长 4~13 cm；花萼下部合生部分超过萼长的 1/3~1/2；花冠白色，深裂至近基部。蒴果球形，径约 3.5 mm。花期 7~8 月，果期 8~9 月。

生于山坡荒地、路旁、田边和疏林下。产于我国东北、华北地区以及甘肃、陕西、河南、湖北、安徽、山东等省。

6. 长穗珍珠菜

多年生草本。茎直立，高 30~60 cm，较纤细，圆柱形，上部常分枝，密被褐色短柄腺体。叶互生，狭披针形至线状披针形，先端锐尖，基部楔形，边缘极狭内卷，上面深绿色，下面粉绿色，两面均有不明显的褐色粒状腺点和短柄小腺体。总状花序顶生，细瘦，果时长可达25 cm；花冠白色，长 2~3 mm，基部合生部分长约 1 mm，裂片倒卵状长圆形，先端圆钝。蒴果球形，直径约 2 mm。花期 6~7 月，果期 7~9 月。

图Ⅱ-75.3　狭叶珍珠菜

生于向阳的山坡草丛和石缝中。产于湖北北部和河南南部。

7. 矮桃 珍珠菜（湖南）

多年生草本，高达 1 m。叶互生，长椭圆形或阔披针形，长 6~15 cm，宽 2~5 cm，先端渐尖，基部渐狭为叶柄，两面疏生黄色卷毛，具黑色腺点。总状花序顶生；花冠白色，长 5~6 mm，裂片长圆形。蒴果球形，直径约 2.5 mm。花期 5~7 月，果期 7~10 月。

生于山坡林缘和草丛中，垂直分布上限可达海拔 2 500 m。产于我国东北、华中、西南、华南、华东各省区以及河北、陕西等省。

8. 虎尾草 狼尾花（图Ⅱ-75.4）

图Ⅱ-75.4 虎尾草

一年生草本。秆直立或基部膝曲，高 12~75 cm，径 1~4 mm，光滑无毛。叶鞘背部具脊，包卷松弛，无毛；叶舌长约 1 mm，无毛或具纤毛；叶片线形，长 3~25 cm，宽 3~6 mm，两面无毛或边缘及上面粗糙。穗状花序 5~10 余枚，长 1.5~5 cm，指状着生于秆顶，常直立而并拢成毛刷状，有时包藏于顶叶之膨胀叶鞘中，成熟时常带紫色。花期 5~8 月，果期8~10 月。

生于草甸、山坡路旁灌丛间，垂直分布上限可达海拔 2 000 m。产于黑龙江、吉林、辽宁、内蒙古、河北、山西、陕西、甘肃、四川、云南、贵州、湖北、河南、安徽、山东、江苏、浙江等省区。

9. 耳叶珍珠菜

多年生草本。茎直立，高 40~60 cm，钝四棱形，通常上部分枝。叶对生，在茎上部有时互生，叶片卵状披针形至披针形或线形，无柄，基部耳状抱茎（上部茎叶有时基部圆形或钝）。总状花序稍疏松，生于茎端和枝端，因而构成圆锥花序状；花冠白色，钟状，基部合生，裂片舌状长圆形，常有暗紫色腺条。蒴果球形。花期 5~6 月，果期 6~7 月。

生于山坡阴处，海拔 200~1 600 m。产于四川东部、湖北西部、陕西和甘肃南部。

10. 小叶珍珠菜

茎簇生，近直立或下部倾卧，长 30~50 cm，常自基部发出匍匐枝，茎上部亦多分枝；匍枝纤细，常伸长成鞭状。叶互生，近于无柄，叶片狭椭圆形、倒披针形或匙形，两面均散生暗紫色或黑色腺点。总状花序顶生；花冠白色，狭钟形，合生部分长约 4 mm；雄蕊短于花冠，花丝贴生于花冠裂片的中下部，分离部分长约 2 mm；花药狭长圆形，长 1.5~2 mm。蒴果球形，直径约 3 mm。花期 4~6 月，果期 7~9 月。

生于田边、溪边湿地。产于云南、四川、贵州、湖北、湖南、广东、江西、安徽、浙江、福建等省。

11. 海乳草

茎高 3~25 cm，直立或下部匍匐，节间短，通常有分枝。叶近于无柄，交互对生或有时互生，间距极短，近茎基部的 3~4 对鳞片状，膜质，上部叶肉质，线形、线状长圆形或近匙形，先端钝或稍锐尖，基部楔形，全缘。花单生于茎中上部叶腋；花萼钟形，白色或粉红色，花冠状，长约 4 mm，分裂达中部，裂片倒卵状长圆形，宽 1.5~2 mm，先端圆形；雄蕊 5 枚，稍短于花萼。蒴果卵状球形，长 2.5~3 mm，先端稍尖，略呈喙状。花期 6 月，果期 7~8 月。

生于海边及内陆河漫滩盐碱地和沼泽草甸中。产于黑龙江、辽宁、内蒙古、河北、河南、山东、陕西、甘肃、新疆、青海、四川（西部）、西藏等省区。

12. 点地梅　喉咙草（江苏、浙江）（图Ⅱ-75.5）

一年或二年生草本，全株被节状细柔毛。叶基生，圆形或心状圆形，直径 5~15 mm，边缘具三角状齿，叶柄长 1~2 cm。花葶丛生，高 5~12 cm，伞形花序，苞片长 4~7 mm；花梗长 2~3.5 cm；萼 5 深裂；花冠白色，漏斗状，5 裂，直径 4~6 mm。蒴果近球形，径约 4 mm。花期 2~4 月，果期5~6 月。

喜湿润、温暖、向阳环境，生于林缘、草地和疏林下。产于东北、华北和秦岭以南各省区。

图Ⅱ-75.5　点地梅

13. 陕西报春　西北厚叶报春（图Ⅱ-75.6）

多年生草本，全株无毛。叶基生，长圆形、椭圆形或倒卵形，长 3~10 cm，先端圆或急尖，基部楔形下延，边缘具细锯齿；叶柄与叶片近等长或较长。花葶高 15~30 cm，伞形花序 1~2 轮；花萼长 8~10 mm，先端 5 裂；花冠黄色，高脚碟状，长达 2.5 cm，裂片 5 片，长圆形或卵形，先端圆。蒴果长 1~1.5 cm。花期 5~7 月，果期 7~8 月。

生长于山坡疏林下和岩石上，海拔 2 500~3 600 m。产于陕西太白山、佛坪及河南等地。

图Ⅱ-75.6　陕西报春

14. 萼齿报春

多年生草本。叶矩圆状或倒卵状匙形，长 2~5 cm，宽 8~16 mm，先端圆形，基部渐狭，近于无柄或具短柄，边缘具稍不整齐的三角形锐尖牙齿。初花期花葶高 0.5~4 cm，果期可长达 8 cm，通常顶生 1~3 朵花。花萼钟状，长 7~8 mm，分裂达中部或略深于中部；花冠淡紫色或淡红色。蒴果扁球形，高约 4 mm。花期 3~5 月，果期 6~7 月。

生于山坡草丛中和林下，海拔 900~3 350 m。产于陕西南部、甘肃南部、河南、湖北西部和四川等地。

七六、白花丹科

草本、小灌木或攀缘植物。单叶，基生或互生，常无托叶。头状、穗状或圆锥花序；花两性，辐射对称；萼下方具小苞片；萼管状或漏斗状，具 5 个齿，常具棱，干膜质，宿存；花冠筒状或花瓣仅基部合生，裂片 5 片；雄蕊 5 枚，与花冠裂片对生；子房上位，1 室，胚珠 1 颗。蒴果或瘦果。

1. 蓝雪花　山灰柴（河南）、角柱花（图Ⅱ-76.1）

半灌木，高达 50 cm，嫩枝带红色。叶互生，倒卵形，长 2~5 cm，宽 1.2~4 cm，先端钝或急尖，基部楔形下延，两面伏生硬毛且密被腺粒，边缘具刺状睫毛。头状花序；花萼长 10~14 mm，带紫红色，裂片 5 片，钻形；花冠高脚碟状，长 20~26 mm，蓝紫色；花柱 1 个。蒴果盖裂。花期 7~9 月，果期 8~10 月。

图Ⅱ-76.1　蓝雪花

生于浅山山麓和平地上。主要分布于河南境内，北沿太行山至北京，东至江苏、上海与浙江舟山群岛。

2. 二色补血草　苍蝇花（东北）、蝇子架（陕西、甘肃）

多年生草本，高达 70 cm，无毛。叶基生，匙形或倒卵状匙形，长 2~7 cm，宽 1~2.5 cm，先端钝，基部渐狭成叶柄。伞房状圆锥花序具不育的分枝；苞片紫红色；花萼漏斗状，长 6~8 mm，裂片 5 片，白色；花瓣仅基部合生，黄色；花柱 5 个。蒴果具 5 棱。花期 5（下旬）~7 月，果期 6~8 月。

主要生于平原地区，也见于山坡下部、丘陵和海滨；喜生于含盐的钙质土上或沙地。产于东北、黄河流域各省区和江苏北部。

七七、柿树科

乔木或灌木。单叶互生，稀对生，全缘，无托叶。花单性异株或杂性，稀两性，辐射对称；萼 3~7 裂，宿存，果期增大；花冠坛状，裂片 3~7 片，常旋转状排列；雄蕊常为花冠裂片的 1~3（~4）倍数；子房上位，2~16 室，花柱 2~8 个，每室胚珠 2 枚。浆果。

1. 柿

乔木。小枝和叶具褐色毛。叶椭圆状卵形、矩圆状卵形或倒卵形，长 6~18 cm，宽 3~9 cm，全缘；叶柄长 1~1.5 cm。雄花组成聚伞花序，雌花单生叶腋；萼 4 深裂，果期增大宿存；花冠黄白色，4 裂。浆果圆球形或扁球形，直径 3.5~8 cm，橙黄色或黄色。花期 5~6 月，果期 9~10 月。

喜温暖气候，充足阳光和深厚、肥沃、湿润、排水良好的土壤，适生于中性土壤，较能耐寒。原产我国长江流域，现在在辽宁西部、长城一线经甘肃南部，折入四川、云南，在此线以南，东至台湾省等多有栽培。

2. 君迁子　软枣（图Ⅱ-77.1）

落叶乔木，高可达 30 m。树皮灰黑色或灰褐色，深裂或不规则的厚块状剥落。叶近膜质，椭圆形至长椭圆形，先端渐尖或急尖，基部钝，宽楔形以至近圆形，上面深绿色，有光泽，初时有柔毛，但后渐脱落，下面绿色或粉绿色，有柔毛，且在脉上较多；叶柄长 7~15（~18）mm，有时有短柔毛，上面有沟。花期 5~6 月，果期 10~11 月。

图Ⅱ-77.1　君迁子

为阳性树种，能耐半阴，抗寒抗旱的能力较强，也耐瘠薄的土壤。生于海拔 500~2 300 m 的山地、山坡、山谷的灌丛中，或在林缘。产于山东、辽宁、河南、河北、山西、陕西、甘肃、江苏、浙江、安徽、江西、湖南、湖北、贵州、四川、云南、西藏等省区。

七八、山矾科

灌木或乔木。单叶互生，无托叶。花常簇生叶腋，或组成总状花序及圆锥花序；花两性，辐射对称；萼 5 裂，宿存；花冠分裂几达基部，裂片 5~10 片，覆瓦状排列；雄蕊 8 枚至多数，排为数轮，分离或合生成束；子房下位或半下位，2~5 室，每室胚珠 2 枚。浆果状核果。

1. 华山矾　土常山

灌木。嫩枝、叶柄、叶背均被灰黄色皱曲柔毛。叶纸质，椭圆形或倒卵形，先端急尖或短尖，有时圆，基部楔形或圆形，边缘有细尖锯齿，叶面有短柔毛；中脉在叶面凹下，侧脉每边4~7条。圆锥花序顶生或腋生，花序轴、苞片、萼外面均密被灰黄色皱曲柔毛；花冠白色，芳香，长约4 mm，5深裂几达基部；雄蕊50~60枚，花丝基部合生成五体雄蕊；花盘具5凸起的腺点，无毛；子房2室。核果卵状圆球形，歪斜，长5~7 mm，被紧贴的柔毛，熟时蓝色，顶端宿萼裂片向内伏。花期4~5月，果期8~9月。

生于海拔1 000 m以下的丘陵、山坡、杂林中。产于浙江、福建、台湾、安徽、江西、湖南、广东、广西、云南、贵州、四川等省区。

2. 白檀 碎米子树、乌子树（图Ⅱ-78.1）

落叶灌木或小乔木。嫩枝、花序、叶柄和叶两面均被柔毛或近无毛。叶椭圆形或倒卵形，长3~11 cm，宽2~4 cm，先端急尖或渐尖，基部楔形，边缘有细尖锯齿。圆锥花序松散，长4~8 cm；花萼长约2 mm，花冠长4~5 mm，5深裂；雄蕊多数；子房下位。核果卵形，稍偏斜，长5~8 mm，无毛。

喜温暖湿润的气候，喜光也稍耐阴。生于海拔760~2 500 m的山坡、路边、疏林或密林中。产于东北、华北、华中、华南、西南各地区。

图Ⅱ-78.1 白檀

七九、安息香科

灌木或乔木。植株具星状毛或鳞片状毛。叶互生，全缘或有齿，无托叶。总状花序或花簇生，稀单生；萼钟状或管状，4或5裂；花冠裂片4~5（~8）片，冠筒极短，雄蕊为花冠裂片的2倍数，稀同数，花丝基部合生，花药多少线形；子房3~5室，上部1室，花柱1个。浆果或核果，有时蒴果。

1. 灰叶安息香

灌木或小乔木，高5~15 m。叶互生，近革质，椭圆形、倒卵形或椭圆状倒卵形，顶端渐尖或短尖，基部近圆形，边缘在中部以上具锯齿；嫩叶上面疏被星状短柔毛，以后无毛，下面密被灰色星状绒毛和星状短柔毛，主脉与侧脉汇合处有淡黄色星状长粗毛；叶柄密被灰黄色星状绒毛。总状花序或圆锥花序，顶生或腋生，花序梗、小苞片和花梗均密被灰黄色星状柔毛；花白色，花萼杯状，革质，外面密被灰黄色绒毛和星状长柔毛，内面上部被白色短柔毛。果实倒卵形，长约8 mm，直径约6 mm，顶端具短尖头，密被灰黄色绒毛和星状柔毛；种子平滑，褐色，无毛。花期5~6月，果期7~8月。

生于海拔500~1 200 m的山坡、河谷林中或林缘灌丛中。产于河南、湖北、湖南、江西、浙江等省。

2. 玉铃花

小乔木或落叶灌木。小枝基部叶近对生，上部叶互生，椭圆形至宽倒卵形，长10~14 cm，宽8~10 cm，下面密被星状绒毛；叶柄长10~15 mm，基部膨大为鞘状包藏腋芽。总状花序，或花单生于茎上部叶腋，总梗和花序轴近无毛。花白色还略带粉红色；花冠裂片5片，长约16 mm。核果卵球形，长14~18 mm。花期5~7月，果期8~9月。

属阳性树种，生长在海拔700~1 500 m的林中，适于较平坦或稍倾斜的土地生长，以湿润而肥沃的土壤生长较好。分布可达辽宁东南部，向南见于山东、安徽、浙江、湖北、江西等省。

3. 老鸹（guā）铃

乔木，高5~12 m。小枝基部2叶近对生；长圆形或卵状长圆形，长8~12 cm，宽4~6 cm，顶端急尖，基部近圆形或宽楔形。总状花序，有花8~10朵；花序梗和花梗密被黄褐色星状绒毛；花白色，花梗长2~4 mm，花后下弯。果实球形至卵形，长8~13 mm，密被黄褐色或灰黄色星状绒毛。花期5~6月，果期7~9月。

生于海拔1 000~2 000 m的向阳山坡、疏林、林缘或灌丛中。产于四川南部、贵州、陕西、湖北、湖南、河南等省。

4. 野茉莉（图Ⅱ-79.1）

小乔木。叶全互生，椭圆形或矩圆状椭圆形，长4~10 cm，宽1.5~4（~6）cm，边缘具浅锯齿，下面疏生星状毛或近无毛。花单生于叶腋或2~4朵组成总状花序；花梗长25~35 mm，和花序轴、总花梗均无毛；花白色，萼筒无毛，花冠裂片长12~15 mm。核果卵球形或球形，直径8~10 mm。花期4~7月，果期9~11月。

图Ⅱ-79.1 野茉莉

生于海拔400~1 800 m的林中，属阳性树种，生长迅速，喜生于酸性、疏松肥沃、土层较深厚的土壤中。本种为本属在我国分布较广的一种，北自秦岭和黄河以南，东起山东、福建，西至云南东北部和四川东部，南至广东和广西北部。

5. 垂珠花

乔木。嫩枝圆柱形，密被灰黄色星状微柔毛，成长后无毛，紫红色。叶革质或近革质，倒卵形、倒卵状椭圆形或椭圆形；叶柄上面具沟槽，密被星状短柔毛。圆锥花序或总状花序顶生或腋生，具多花；花序梗和花梗均密被灰黄色星状细柔毛；花白色，花冠裂片长圆形至长圆状披针形，外面密被白色星状短柔毛，内面无毛，边缘稍狭内折或有时重叠覆盖。果实卵形或球形，顶端具短尖头，密被灰黄色星状短绒毛，平滑或稍具皱纹，果皮厚不及1 mm；种子褐色，平滑。花期3~5月，果期9~12月。

生于海拔100~1 700 m的丘陵、山地、山坡及溪边杂木林中。产于山东、河南、安徽、江苏、浙江、湖南、江西、湖北、四川、贵州、福建、广西和云南等省区。

八〇、木犀科

乔木、灌木或为藤本状。叶对生，稀轮生或互生，单叶或为复叶，无托叶。花两性，稀单性同株，辐射对称；萼4（~15）裂或先端近平截；花冠4（~12）裂或无花冠；雄蕊2（4）枚；子房上位，2室。核果、蒴果、浆果或翅果。

1. 雪柳 五谷树（安徽）

落叶灌木，幼枝四棱形。单叶对生，披针形或卵状披针形，长3~12 cm，全缘，无毛。圆锥花序长2~6 cm；花淡红白色；萼4裂；花冠裂片4，卵状披针形，长约2 mm；雄蕊2枚，伸出花外。翅果扁平，长8~9 mm，宽4~5 mm。花期4~6月，果期6~10月。

喜光，稍耐阴；喜肥沃、排水良好的土壤；喜温暖。生水沟、溪边或林中，海拔在800 m以下。产于河北、陕西、山东、江苏、安徽、浙江、河南及湖北东部。各地栽培。

2. 小叶梣（chén） 小叶白蜡树

小乔木或灌木状。小枝淡褐色，有细微柔毛。羽状复叶对生，长4~11 cm；小叶5~7枚，具柄，阔卵形，菱形至卵状披针形，长2~5 cm，先端短尾尖，边缘有钝齿。圆锥花序；花瓣4枚，条形，长约4 mm。翅果狭矩圆形，长2.5~3 cm。花期5月，果期8~9月。

生于较干燥向阳的沙质土壤或岩石缝隙中，海拔0~1 500 m。产于辽宁、河北、山西、山东、安徽、河南等省。

3. 大叶白蜡树　花曲柳（东北）

落叶大乔木，高 12~15 m。树皮灰褐色，光滑，老时浅裂。羽状复叶长 15~35 cm；叶柄基部膨大；小叶 5~7 枚，革质，阔卵形、倒卵形或卵状披针形。圆锥花序顶生或腋生当年生枝梢，长约 10 cm；花序梗细而扁，长约2 cm；雄花与两性花异株；花萼浅杯状，长约 1 mm；无花冠；两性花具雄蕊 2 枚。翅果线形，长约 3.5 cm，宽约 5 mm，先端钝圆、急尖或微凹，翅下延至坚果中部，坚果长约 1 cm，略隆起；具宿存萼。花期 4~5 月，果期 9~10 月。

生于山坡、河岸、路旁，海拔 1 500 m 以下。产于东北和黄河流域和长江流域各省，福建、云南和西藏也有栽培。

图Ⅱ-80.1　白蜡树

4. 白蜡树（图Ⅱ-80.1）

落叶乔木，高 10~12 m。小枝无毛。羽状复叶对生；小叶 5~9 枚，椭圆形或椭圆状卵形，长 3~10 cm，宽 1~4 cm，先端锐尖至渐尖，边缘具锯齿。圆锥花序松散；花萼筒状，果期紧贴果实基部；无花冠；雄蕊 2 枚。翅果倒披针形，长 3~4 cm，宽 4~6 mm。花期 4~5 月，果期 7~9 月。

喜光树种，喜深厚较肥沃湿润的土壤。产于南北各省区。多为栽培，也见于海拔 800~1 600 m 的山地杂木林中。

5. 水曲柳　东北梣（图Ⅱ-80.2）

落叶大乔木，高达 30 m 以上。树皮厚，灰褐色，纵裂。小枝粗壮，四棱形，节膨大，光滑无毛。羽状复叶小叶 7~11（~13）枚，纸质，长圆形至卵状长圆形，先端渐尖或尾尖，基部楔形至钝圆，稍歪斜，叶缘具细锯齿。圆锥花序生于去年生枝上，先叶开放，长 15~20 cm；雄花与两性花异株，均无花冠也无花萼；雄花序紧密，花梗细而短，长 3~5 mm，雄蕊 2 枚，花药椭圆形，花丝甚短，开花时迅速伸长；两性花序稍松散，花梗细而长。翅果大而扁，长圆形至倒卵状披针形，长 3~3.5（~4）cm，宽 6~9 mm，中部最宽，先端钝圆、截形或微凹，翅下延至坚果基部，明显扭曲，脉棱凸起。花期 4 月，果期 8~9 月。

喜光，耐寒，喜肥沃湿润土壤。生于海拔 700~2 100 m 的山坡疏林中或河谷平缓山地。产于东北、华北地区及陕西、甘肃、湖北等省。

图Ⅱ-80.2　水曲柳

图Ⅱ-80.3　连翘

6. 连翘　黄花杆（河南）（图Ⅱ-80.3）

灌木。枝条通常下垂，髓部中空。单叶对生，卵形、宽卵形或椭圆状卵形，长 3~10 cm，宽 2~5 cm，无毛，先端锐尖，边缘具锯齿部分叶 3 裂或为三出复叶；花先于叶开放，黄色，长约 2.5 cm；花萼裂片 4 片，长 6~7 mm；花冠筒短，裂片 4 片；雄蕊 2 枚。蒴果卵形，长约 15 mm，表面疏生瘤点，果梗长 0.7~2 cm。花期 3~4 月，果期 7~9 月。

喜光，喜温暖湿润气候。生于山坡灌丛、林下或草丛中，或山谷、山沟疏林中，海拔 250~2 200 m。产于河北、山西、陕西、山东、安徽西部、河南、湖北、四川。我国除华南地区外，其他各地均有栽培。

7. 金钟花　迎春柳（浙江）

落叶灌木，高可达 3 m，全株除花萼裂片边缘具睫毛外，其余均无毛。枝棕褐色或红棕色，直立，小枝绿色或黄绿色，呈四棱形，皮孔明显，具片状髓。叶片长椭圆形至披针形，或倒卵状长椭圆形，长 3.5~15 cm，宽 1~4 cm，先端锐尖，基部楔形，通常上半部具不规则锐锯齿或粗锯齿，稀近全缘。花萼裂片长不及 5 mm；果梗长不及 7 mm；叶缘具锯齿，叶两面无毛。花期 3~4 月，果期 8~11 月。

生于山地、谷地或河谷边林缘、溪沟边或山坡路旁灌丛中，海拔 300~2 600 m。产于江苏、安徽、浙江、江西、福建、湖北、湖南、云南西北部。除华南地区外，全国各地均有栽培。

8. 小叶巧玲花（亚种）小叶丁香、四季丁香

灌木，高 1~4 m。小枝、花序轴近圆柱形，连同花梗、花萼呈紫色，被微柔毛或短柔毛，稀密被短柔毛或近无毛；叶片卵形、椭圆状卵形至披针形或近圆形、倒卵形，下面疏被或密被短柔毛、柔毛或近无毛；花冠紫红色，盛开时外面呈淡紫红色，内带白色，长 0.8~1.7 cm，花冠管近圆柱形，长 0.6~1.3 cm，裂片长 2~4 mm；花药紫色或紫黑色，着生于距花冠管喉部 0~3 mm 处。花期 5~6 月，栽培的每年开花两次，第一次春季，第二次 8~9 月，故称四季丁香，果期 7~9 月。

生于山坡灌丛或疏林，山谷林下、林缘或河边，山顶草地或石缝间，海拔 500~3 400 m。产于河北西南部、山西、陕西、宁夏南端、甘肃、青海东部、河南西部、湖北西部、四川东北部。

9. 紫丁香　紫丁白（河南）

灌木或小乔木。枝粗壮，无毛；小枝、花序轴、苞片、花萼、幼叶两面以及叶柄均密被腺毛。单叶对生，卵圆形至肾形，通常宽大于长，宽 2~10 cm，全缘，无毛，先端短渐尖，基部心形或近截形。圆锥花序；花冠紫色，高脚碟状，直径约 13 mm，冠筒长 10~15 mm。蒴果卵形，长 1~1.5（~2）cm，先端尖。花期 4~5 月，果期 6~10 月。

喜光稍耐阴，喜温暖湿润。生于山坡丛林、山沟溪边、山谷路旁及滩地水边，海拔 300~2 400 m。产于东北、华北、西北地区（除新疆）以至西南达四川西北部（松潘、南坪）。长江以北各庭园普遍栽培。

10. 北京丁香　臭多罗（河北）

灌木或小乔木，高 2~5 m。叶卵形至卵状披针形，长 4~10 cm，无毛，先端渐尖，基部楔形，全缘，叶脉在上面平。圆锥花序无毛；花冠白色，辐状，直径 5~6 mm，冠筒与萼近等长，雄蕊伸出冠筒外。蒴果矩圆形，长达 2 cm，先端锐尖至长渐尖。花期 5~8 月，果期 8~10 月。

生于山坡灌丛、疏林、密林或沟边，山谷或沟边林下，海拔 600~2 400 m。产于内蒙古、河北、山西、河南、陕西、宁夏、甘肃、四川北部。

11. 暴马丁香（变种）（图Ⅱ-80.4）

落叶小乔木或大乔木，高 4~10 m，可达 15 m。具直立或开展枝条；树皮紫灰褐色，具细裂纹。叶片厚纸质，宽卵形、卵形至椭圆状卵形，或为长圆状披针形，长 2.5~13 cm，宽 1~6 cm，先端短尾尖至尾状渐尖或锐尖，基部常圆形，或为楔形、宽楔形至截形，上面黄绿色，干时呈黄褐色，叶脉在叶面明显凹入；蒴果先端钝或锐尖。花期 6~7 月，果期 8~10 月。

图Ⅱ-80.4　暴马丁香

生于山坡灌丛或林边、草地、沟边，或针、阔叶混交林中，海拔 10~1 200 m。产于黑龙江、吉林、辽

宁、河南等省。

12. 木犀　桂花（图Ⅱ-80.5）

常绿小乔木或灌木，高 3~5 m。小枝、叶柄和叶片均无毛。侧芽叠生。叶椭圆形至椭圆状披针形，长 4~12 cm，宽 2~4 cm，先端急尖至短渐尖，基部宽楔形至圆形，全缘或具锯齿。花簇生叶腋，芳香，长 3~5（~6）mm；核果椭圆形，长 1~1.5 cm。花期 9~10 月上旬，果期翌年 3 月。

图Ⅱ-80.5　木犀

喜温暖环境，宜在土层深厚、排水良好、肥沃、富含腐殖质的偏酸性沙质壤土中生长，原产于我国西南部。现各地广泛栽培。

13. 流苏树　晚皮树（福建）、铁黄荆（安徽）（图Ⅱ-80.6）

落叶灌木或小乔木。单叶对生，椭圆形、卵形或倒卵形，长 3~10 cm，先端圆，中央凹入，全缘，稀有锯齿。圆锥花序，花单性异株；花冠 4 深裂，裂片条状倒披针形，长 10~20 mm，冠筒长 2~3 mm。核果椭圆形，长 1~1.5 cm，黑色。花期 3~6 月，果期 6~11 月。

图Ⅱ-80.6　流苏树

喜光，不耐荫蔽，耐寒、耐旱，生于海拔 3 000 m 以下的稀疏混交林中或灌丛中，或山坡、河边。产于甘肃、陕西、山西、河北、河南以南至云南、四川、广东、福建、台湾。各地均有栽培。

14. 日本女贞（图Ⅱ-80.7）

大型常绿灌木，高 3~5 m，无毛。叶片厚革质，椭圆形或宽卵状椭圆形。圆锥花序塔形，无毛；花梗极短，长不超过 2 mm；小苞片披针形，先端近截形或具不规则齿裂；花冠长 5~6 mm，花冠管长 3~3.5 mm，裂片与花冠管近等长或稍短，长 2.5~3 mm，先端稍内折，盔状；雄蕊伸出花冠管外，花丝几与花冠裂片等长，花药长圆形，长1.5~2 mm；花柱长 3~5 mm，稍伸出于花冠管外，柱头棒状，先端浅 2 裂。果长圆形或椭圆形，长 8~10 mm，宽 6~7 mm，直立，呈紫黑色，外被白粉。花期 6 月，果期 11 月。

图Ⅱ-80.7　日本女贞

原产日本，我国各地均有栽培。

15. 女贞

常绿灌木或乔木。叶革质，对生，卵形、椭圆形或卵状披针形，长 6~12 cm，宽 3.5~6 cm，先端渐尖，无毛。圆锥花序；花近无梗，淡黄白色；花萼长约 1.5 mm；花冠筒与萼近等长，裂片 4 片，长圆形；雄蕊 2 枚，与花冠裂片近等长。核果近肾形，稍弯曲，蓝紫色，长 4~6 mm。花期 5~7 月，果期 7 月至翌年 5 月。

喜温暖湿润气候，喜光耐阴，生海拔 2 900 m 以下疏林、密林中。产于长江以南至华南、西南各省区，向西北分布至陕西、甘肃。

16. 小蜡 黄心柳（云南）

落叶或半常绿灌木，枝条有短柔毛。叶对生，椭圆形或椭圆状矩圆形，长 3~5 cm，宽 1~1.8 cm，先端钝或锐尖，全缘，下面中脉有向上弯曲的短硬毛。圆锥花序，花具梗；花冠白色，长约 4 mm，裂片 4 片，略长于花冠筒。核果近球形，直径 4~5 mm。花期 3~6 月，果期 9~12 月。

生于山坡、山谷、溪边、河旁、路边的密林、疏林或混交林中，海拔 200~2 600 m。产于江苏、浙江、安徽、江西、福建、台湾、湖北、湖南、广东、广西、贵州、四川、云南等省区。

17. 小叶女贞

落叶灌木。叶片薄革质，形状和大小变异较大，披针形、长圆状椭圆形、椭圆形、倒卵状长圆形至倒披针形或倒卵形。圆锥花序顶生，近圆柱形，分枝处常有 1 对叶状苞片；小苞片卵形，具睫毛；花萼无毛，长 1.5~2 mm，萼齿宽卵形或钝三角形；花冠长 4~5 mm，花冠管长 2.5~3 mm，裂片卵形或椭圆形，长 1.5~3 mm，先端钝；雄蕊伸出裂片外，花丝与花冠裂片近等长或稍长。果倒卵形、宽椭圆形或近球形，长 5~9 mm，径 4~7 mm，呈紫黑色。花期 5~7 月，果期 8~11 月。

生于沟边、路旁或河边灌丛中，或山坡，海拔 100~2 500 m。产于陕西南部、山东、江苏、安徽、浙江、江西、河南、湖北、四川、贵州西北部、云南、西藏察隅。

18. 迎春花

落叶灌木。枝条常下垂，幼枝绿色，四棱形。叶对生，三出复叶，有时小枝基部有单叶；小叶卵形至椭圆状卵形，长 1~3 cm，先端凸尖。花单生，先叶开放；花萼裂片 5~6 片，叶状；花冠黄色，直径可达 25 mm，花冠筒长 10~15 mm，裂片常为 6 片，长约为冠筒之半。花期 2~4 月。

喜光，稍耐阴，略耐寒，怕涝，要求温暖而湿润的气候，疏松肥沃和排水良好的沙质土，在酸性土中生长旺盛，碱性土中生长不良。生于山坡灌丛中，海拔 800~2 000 m。产于甘肃、陕西、四川、云南西北部、西藏东南部。我国各地普遍栽培。

19. 探春花 迎夏（河南）、鸡蛋黄（山东）

落叶灌木。幼枝绿色，无毛，具棱。羽状复叶互生，小叶 3~5（~7）枚，椭圆状卵形或卵状矩圆形，长 5~35 mm，宽 2~11 mm，先端急尖，基部楔形，两面无毛，稀沿中脉被微毛。聚伞花序；萼无毛，萼片钻形，与萼筒近等长；花冠黄色，冠筒长 9~12 mm，裂片长 4~6 mm。花期 5~9 月，果期9~10 月。

生于海拔 2 000 m 以下的坡地、山谷或林中。产于河北、陕西南部、山东、河南西部、湖北西部、四川、贵州北部。常栽培。

20. 茉莉花

直立或攀缘灌木，高达 3 m。叶对生，单叶，叶片纸质，圆形、椭圆形、卵状椭圆形或倒卵形，两端圆或钝；叶柄长 2~6 mm，被短柔毛，具关节。聚伞花序顶生，通常有花 3 朵，有时单花或多达 5 朵；花梗长 0.3~2 cm；花极芳香；花萼无毛或疏被短柔毛，裂片线形，长 5~7 mm；花冠白色，花冠管长 0.7~1.5 cm，裂片长圆形至近圆形，宽 5~9 mm，先端圆或钝。果球形，径约 1 cm，呈紫黑色。花期 5~8 月，果期 7~9 月。

原产印度，中国南方广泛栽培。

八一、马钱科

草本或木本植物。单叶对生或轮生，全缘或有齿缺；托叶常退化为叶柄间连线。花常两性，辐射对称；萼 4 或 5 裂；花冠 4 或 5 裂；雄蕊生于花冠筒内或喉部，与花冠裂片同数而互生；子房上位，常 2 室，每室胚珠 2 枚。蒴果，稀浆果或核果。

1. 大叶醉鱼草（图Ⅱ-81.1）

灌木，高 1~5 m。幼枝、叶下面和花序均密被白色星状绒毛。叶对生，卵形披针形至披针形，长

5~20 cm，宽1~5 cm，顶端渐尖，基部渐狭，边缘具明显锯齿；叶柄间具卵形或半圆形的托叶，聚伞圆锥花序；花淡紫色，长约 10 mm。蒴果条状矩圆形，长6~8 mm。直径 1.5~2 mm，2 瓣裂，淡褐色，无毛，基部有宿存花萼；种子长椭圆形，长 2~4 mm，直径约 0.5 mm，两端具尖翅。花期 5~10 月，果期 9~12 月。

生于海拔 800~3 000 m 的山坡、沟边灌木丛中。产于陕西、甘肃、河南、江苏、浙江、江西、湖北、湖南、广东、广西、四川、贵州、云南和西藏等省区。

图Ⅱ-81.1　大叶醉鱼草

2. 密蒙花

灌木。小枝略呈四棱形，密被灰白色绒毛。叶对生，矩圆状披针形至条状披针形，长 5~10 cm，宽 1~3 cm，顶端渐尖，基部楔形，全缘，稀有疏锯齿，上面有细星状毛，下面密被星状绒毛。聚伞圆锥花序；花淡紫色，4 数；花冠筒状，长 10~12 mm，径 2~3 mm，雄蕊生于花冠筒中部；子房和蒴果卵形，有星状毛。花期 3~4 月，果期 5~8 月。

生于海拔 200~2 800 m 的向阳山坡、河边、村旁的灌木丛中或林缘。适应性较强，石灰岩山地亦能生长。产于山西、陕西、甘肃、江苏、安徽、福建、河南、湖北、湖南、广东、广西、四川、贵州、云南和西藏等省区。

八二、龙胆科

草本，稀灌木；叶常对生，全缘，无托叶。聚伞花序或花单生；花两性，辐射对称；萼管状，先端 4~12 裂；花冠 4~5 裂，稀至 12 裂；雄蕊与花冠裂片同数互生，贴生于花冠筒上；子房上位，侧膜胎座，稀为 2 室的中轴胎座，胚珠多数。蒴果，2 瓣开裂。

1. 百金花（变种）

一年生草本，高达 12 cm，茎四棱形。叶对生，无柄，椭圆形或椭圆状披针形，长达 3 cm，先端钝尖。二歧聚伞花序松散；花白色或淡红色，长约 1.5 cm，具明显花梗；萼 5 深裂，长约 8 mm，裂片钻形，中脉在背面高高凸起呈脊状；花冠高脚碟状，裂片 5 片，椭圆形；花药在开花时扭曲。蒴果椭圆形。花果期 5~7 月。

生于潮湿的田野、草地、水边、沙滩地，特别在海边最多，海拔 50~2 200 m。产于我国西北、华北、东北、华东至华南沿海等地区。

2. 红花龙胆（图Ⅱ-82.1）

多年生草本，高达 60 cm。叶对生，狭卵形、卵形或卵状三角形，长 5~20 mm，宽 5~10 mm，先端急尖，边缘具细锯齿，三出脉，无柄。花单生叶腋，淡紫红色，长约 2.5 cm；萼膜质，5 裂，裂片与萼筒近等长；花冠漏斗状，裂片 5 片，卵形，裂片间具流苏状褶；蒴果。花果期 10 月至翌年 2 月。

生于高山灌丛、草地及林下，海拔 570~1 750 m。产于云南、四川、贵州、甘肃、陕西、河南、湖北、广西等地。

图Ⅱ-82.1　红花龙胆

3. 秦艽（jiāo）

多年生草本，高达 60 cm，茎基部包被有残余的纤维状叶鞘。基生叶莲座状，茎生叶对生；叶披针形或矩圆状披针形，长 10~25 cm，宽 2~4 cm，全缘，具五出脉。聚伞花序呈头状顶生或轮状腋生；花萼膜质，一侧开裂；花冠蓝紫色，筒状钟形，长 1.8~2 cm，裂片卵形或椭圆形，裂片间褶片三角形。蒴果。花果期 7~10 月。

生于河滩、路旁、水沟边、山坡草地、草甸、林下及林缘，海拔 400~2 400 m。产于新疆、宁夏、陕西、山西、河南、河北、内蒙古及东北地区。

4. 龙胆 草龙胆

多年生草本，高 30~60 cm。花枝单生，直立，黄绿色或紫红色，中空。枝下部叶膜质，淡紫红色，鳞片形，长 4~6 mm，先端分离，中部以下联合成筒状抱茎；中、上部叶近革质，无柄，卵形或卵状披针形至线状披针形，愈向茎上部叶愈小，先端急尖，基部心形或圆形，边缘微外卷，粗糙。花多数，簇生枝顶和叶腋；无花梗；每朵花下具 2 个苞片；花冠蓝紫色，筒状钟形。蒴果内藏，宽椭圆形，两端钝；种子褐色。花果期 5~11 月。

生于山坡草地、路边、河滩、灌丛中、林缘及林下、草甸，海拔 400~1 700 m。产于内蒙古、黑龙江、吉林、辽宁、贵州、陕西、河南、湖北、湖南、安徽、江苏、浙江、福建、广东、广西等省区。

5. 鳞叶龙胆 岩龙胆、小龙胆

一年生草本，高 2~8 cm。茎黄绿色或紫红色，自基部起多分枝，枝铺散，斜升。基生叶大，在花期枯萎，宿存，卵形、卵圆形或卵状椭圆形；茎生叶小，外反，密集或疏离，长于或短于节间，倒卵状匙形或匙形。花多数，单生于小枝顶端；花梗黄绿色或紫红色；花冠蓝色，筒状漏斗形。蒴果外露，倒卵状矩圆形，先端圆形，有宽翅；种子黑褐色，椭圆形或矩圆形，表面有白色光亮的细网纹。花果期 4~9 月。

生于山坡、山谷、山顶、干草原、河滩、荒地、路边、灌丛中及高山草甸，海拔 110~4 200 m。产于西南（除西藏）、西北、华北及东北等地区。

6. 双蝴蝶

多年生缠绕草本。茎绿色或紫红色，上部螺旋扭转，节间长 7~17 cm。基生叶通常 2 对，着生于茎基部，紧贴地面，密集呈双蝴蝶状，卵形、倒卵形或椭圆形，先端急尖或呈圆形，基部圆形，近无柄或具极短的叶柄，全缘；茎生叶通常卵状披针形，少为卵形，向上部变小呈披针形，先端渐尖或呈尾状，基部心形或近圆形，叶脉 3 条，全缘，叶柄扁平，长 4~10 mm。具多花，2~4 朵呈聚伞花序，少单花、腋生。花 5 数；花萼具 5 条龙骨状突起，先端 5 裂；花冠裂片 5 片。花果期 10~12 月。

生于山坡林下、林缘、灌木丛或草丛中，海拔 300~1 100 m。产于江苏、浙江、安徽、江西、福建、广西等省区。

7. 翼萼蔓

一年生缠绕草本，茎细线状。叶对生，卵形至披针形，长 3~8 cm，宽 0.7~2 cm，先端尾状尖，全缘。花单生或数朵束生，蓝色，长约 4 cm；萼筒膜质，长为花冠筒之半，具 4 条翼状棱，裂片 4 片；花冠筒状，先端 4 裂，裂片矩圆形；雄蕊 4 枚，内藏。蒴果椭圆形。花果期 8~9 月。

生于山坡林下及林缘，海拔 1 100~2 800 m。产于西藏东南部、云南、四川、青海、湖北、河南、陕西、山西、河北、内蒙古、吉林、黑龙江等省区。

8. 獐牙菜 大苦草、双点獐牙菜

多年生草本，高达 1 m，茎四棱形。叶对生，宽椭圆形至卵状披针形，长 3.5~9 cm，宽 1.5~4（~5）cm，三出脉，近无柄。聚伞花序总状，花黄绿色，直径达 2.5 cm；花冠 5 深裂至近基部，裂片矩圆状披针形，具紫色小斑点，中部具 2 个黄绿色半圆形的大腺斑；蒴果不具瘤突。花果期 6~11 月。

生于河滩、山坡草地、林下、灌丛中、沼泽地，海拔 250~3 000 m。产于西藏、云南、贵州、四川、甘肃、陕西、山西、河北、河南、湖北、湖南、江西、安徽、江苏、浙江、福建、广东、广西等省区。

9. 北方獐牙菜（图Ⅱ-82.2）

一年生草本，高达 40 cm。叶对生，披针形或阔披针形，长 2~4 cm，宽 3~10 mm，无柄。花淡蓝色，直径 1~1.5 cm；萼 5 深裂，裂片狭披针形，与花冠近等长；花瓣 5 深裂至近基部，裂片基部有 2 个矩圆形腺窝，腺窝周缘具流苏状毛；蒴果卵圆形。花果期 8~10 月。

生于阴湿山坡、山坡林下、田边、谷地，海拔 150~2 600 m。产于四川北部、青海、甘肃、陕西、内蒙古、山西、河北、河南、山东、黑龙江、辽宁、吉林等省区。

图Ⅱ-82.2 北方獐牙菜

图Ⅱ-82.3 荇菜

10. 荇（xìng）菜（图Ⅱ-82.3）

多年生水生草本。茎圆柱形，多分枝，具不定根。叶浮水，近圆形，长 1.5~7 cm，基部心形，互生，仅茎先端叶对生，叶柄长 5~10 cm。花簇生叶腋，黄色，直径达 1.8 cm，花冠 5 深裂，喉部具毛，裂片卵圆形，边缘具毛状齿；雄蕊 5 枚，花药狭箭形；子房基部具 5 蜜腺。蒴果长椭圆形，直径约2.5 cm。花果期 4~10 月。

生于池塘或不甚流动的河溪中，海拔 60~1 800 m。产于各地。

八三、夹竹桃科

草本或木本，常具乳汁。单叶对生或轮生，稀互生，常全缘。花两性，辐射对称；萼 5（4）裂，仅基部合生；花冠 5（4）裂，裂片旋转状排列，喉部常具毛；雄蕊 5 枚，花药常箭头状，花粉粒颗粒状；子房上位，1~2 室，或 2 个心皮离生但花柱 1 个。蓇葖果、浆果、核果或蒴果；种子常具毛。

1. 长春花 三万花（广西、广东）（图Ⅱ-83.1）

半灌木，高达 60 cm，有水液；茎近方形，有条纹。叶膜质，倒卵状长圆形，长 3~4 cm，宽 1.5~2.5 cm，先端浑圆，有短尖头，基部广楔形至楔形，渐狭而成叶柄。聚伞花序腋生或顶生，有花 2~3 朵；花萼 5 深裂，花冠红色，高脚碟状，花冠筒长约 2.6 cm，内面具疏柔毛，喉部紧缩。蓇葖双生，直立，平行或略叉开，长约 2.5 cm，直径 3 mm；外果皮厚纸质，有条纹，被柔毛；种子黑色，长圆状圆筒形，两端截形，具有颗粒状小瘤。花期、果期几乎全年。

图Ⅱ-83.1 长春花

原产非洲东部，现我国栽培于西南、中南及华东等省区。

2. 夹竹桃（图Ⅱ-83.2）

常绿灌木，无毛，具乳汁。叶 3~4 枚轮生，枝下部者对生，窄披针形，长 11~15 cm，宽 2~2.5 cm，顶端渐尖，基部楔形，全缘。聚伞花序顶生；花萼 5 深裂，裂片直立；花冠漏斗状，深红色至粉红色，重瓣，长约 3 cm，冠筒内被长柔毛；副花冠鳞片状；花药箭头状。蓇葖果 2 枚，角状，长

10~23 cm，径 6~10 mm。花期几乎全年，夏秋为最盛；果期一般在冬春季，栽培很少结果。

喜高温、高湿，喜阳光。全国各省区有栽培，尤以南方为多，常在公园、风景区、道路旁或河旁、湖旁周围栽培；长江以北栽培者须在温室越冬。

图Ⅱ-83.2　夹竹桃

图Ⅱ-83.3　罗布麻

3. 罗布麻（图Ⅱ-83.3）

直立半灌木，高达 3 m，具乳汁；茎枝紫红色或淡红色，无毛。叶对生，椭圆状披针形至卵状披针形，长 1~8 cm，宽 5~22 mm，边缘具细齿。聚伞状圆锥花序；萼 5 深裂；花冠紫红色至粉红色，冠筒长 6~8 mm，裂片长 3~4 mm。蓇葖果圆柱形，长 8~20 cm。花期 4~9 月（盛开期 6~7 月），果期 7~12 月（成熟期 9~10 月）。

主要野生在盐碱荒地和沙漠边缘及河流两岸、冲积平原、湖泊周围及戈壁荒滩上。分布于新疆、青海、甘肃、陕西、山西、河南、河北、江苏、山东、辽宁及内蒙古等省区。现已有引种栽培驯化。

4. 络石（图Ⅱ-83.4）

常绿木质藤本，具乳汁；茎和枝攀缘，无气生根。叶对生，椭圆形，长 2~10 cm，宽 1~4.5 cm，全缘，下面被短柔毛。聚伞花序；花萼 5 深裂，裂片反卷；花冠白色，高脚碟状，筒圆、中部膨大，内面喉部及雄蕊着生处被短柔毛，裂片 5 片，长 5~10 mm。蓇葖果 2 个，线状披针形。花期 3~7 月，果期 7~12 月。

图Ⅱ-83.4　络石

生于山野、溪边、路旁、林缘或杂木林中，常缠绕于树上或攀缘于墙壁上、岩石上，亦有移栽于园圃，供观赏。本种分布很广，山东、安徽、江苏、浙江、福建、台湾、江西、河北、河南、湖北、湖南、广东、广西、云南、贵州、四川、陕西等省区都有分布。

变种：石血

常绿木质藤本；茎和枝条以气根攀缘树木、岩石或墙壁上。叶对生，具短柄，异形叶，通常披针形，长 4~8 cm，宽 0.5~3 cm。花白色；萼片长圆形，花冠高脚碟状，花冠筒中部膨大，外面无毛，内面被柔毛。蓇葖双生，线状披针形，长达 17 cm，宽 0.8 cm；种子线状披针形，顶端具白色绢质种毛；种毛长 4 cm。花期夏季，果期秋季。

常生于山野岩石上和攀附在墙壁或树上。分布于山东、安徽、江苏、浙江、河北、河南、湖北、湖南、广东、广西、贵州、四川、陕西、甘肃、宁夏等省区。

八四、萝藦科

通常为草质藤本，稀为直立草本或灌木，具乳汁。单叶对生或轮生，全缘，无托叶。花两性，辐射对称；萼5裂；花冠5裂，常有1或2轮副花冠；雄蕊5枚，花药与柱头合生为合蕊冠，药室内具花粉块或四合花粉，药隔先端常具膜片；子房上位，花柱2个，2个心皮仅柱头合生；合蕊冠的柱头上有5个着粉腺或黏盘，通过柄状附属物连接药室内的花粉形成载粉器。蓇葖果；种子具绢毛状种缨。

1. 杠柳　羊角桃（河南、山西）（图Ⅱ-84.1）

蔓性灌木，具乳汁，除花外全株无毛。叶对生，卵状披针形或长圆状披针形，长5~9 cm，宽1.5~2.5 cm，顶端渐尖，全缘。聚伞花序腋生；花冠紫红色，辐状，直径达2.5 cm；裂片5片，反曲，内面被柔毛；副花冠环状，10裂，其中5裂延伸为丝状；雄蕊5枚，载粉器匙形。蓇葖果双生，长7~12 cm。花期5~6月，果期7~9月。

生于平原及低山丘的林缘、沟坡、河边沙质地或地埂等处。分布于吉林、辽宁、内蒙古、河北、山东、山西、江苏、河南、江西、贵州、四川、陕西和甘肃等省区。

图Ⅱ-84.1　杠柳

2. 鹅绒藤（图Ⅱ-84.2）

缠绕草本。叶对生，薄纸质，宽三角状心形，顶端锐尖，基部心形，叶面深绿色，叶背苍白色，两面均被短柔毛，脉上较密；侧脉约10对，在叶背略为隆起。伞形聚伞花序腋生，两歧，着花约20朵；花冠白色，裂片长圆状披针形；副花冠二形，杯状，上端条裂成10个丝状体，分为两轮，外轮约与花冠裂片等长，内轮略短。蓇葖双生或仅有1个发育，细圆柱状，向端部渐尖；种子长圆形；种毛白色绢质。花期6~8月，果期8~10月。

图Ⅱ-84.2　鹅绒藤

生长于海拔500 m以下的山坡向阳灌木丛中或路旁、河畔、田埂边。产于辽宁、河北、河南、山东、山西、陕西、宁夏、甘肃、江苏、浙江等省区。

3. 牛皮消

蔓生草本，具乳汁；茎被微柔毛。叶对生，心形或卵状心形，长4~12 cm，宽3~10 cm，全缘，下面被微毛。伞房状聚伞花序，花冠白色，辐状，裂片5片，反折，内面具疏柔毛；副花冠杯状，肉质，裂片5片，裂片内面具三角形的舌状鳞片；花粉块下垂。蓇葖果双生，长约8 cm。花期6~9月，果期7~11月。

生长于从低海拔的沿海地区直到3 500 m高的山坡林缘及路旁灌木丛中或河流、水沟边潮湿地。产于山东、河北、河南、陕西、甘肃、西藏、安徽、江苏、浙江、福建、台湾、江西、湖南、湖北、广东、广西、贵州、四川、云南等省区。

4. 白首乌　地葫芦

攀缘性半灌木。叶对生，戟形，长3~8 cm，基部宽1~5 cm，顶端渐尖，基部心形，两面被粗硬毛，以叶面较密，侧脉约6对。伞形聚伞花序腋生，比叶为短；花冠白色，裂片长圆形；副花冠5深裂，裂片呈披针形，内面中间有舌状片。蓇葖单生或双生，披针形，无毛，向端部渐尖，长9 cm，直径1 cm。花期6~7月，果期7~10月。

生长于海拔1 500 m以下的山坡、山谷或河坝、路边的灌木丛中或岩石隙缝中。产于辽宁、内蒙古、河北、河南、山东、山西、甘肃等省区，在北纬34°~42°。

5. 地梢瓜（图Ⅱ-84.3）

直立半灌木，分枝多。叶对生，条形，长3~5 cm，宽2~5 mm。伞形聚伞花序腋生；花萼5深裂；花冠绿白色，辐状，5深裂；副花冠厚肉质，内面龙骨状，裂片披针形，长于合蕊冠；花药的膜片长于花药。蓇葖果纺锤形，长5~6 cm，直径约2 cm。花期5~8月，果期8~10月。

生长于海拔200~2 000 m的山坡、沙丘或干旱山谷、荒地、田边等处。产于黑龙江、吉林、辽宁、内蒙古、河北、河南、山东、山西、陕西、甘肃、新疆和江苏等省区。

图Ⅱ-84.3　地梢瓜

变种：雀瓢

茎柔弱，先端缠绕性，分枝极少。花期3~8月。

生长于水沟旁及河岸边或山坡、路旁的灌木丛草地上。产于辽宁、内蒙古、河北、河南、山东、陕西、江苏等省区。

6. 柳叶白前

直立半灌木，高约1 m。叶对生，纸质，狭披针形，长6~13 cm，宽3~5 mm，两端渐尖；中脉在叶背显著，侧脉约6对；叶柄长约5 mm。伞形聚伞花序腋生；花序梗长达1 cm，小苞片众多；花萼5深裂，内面基部腺体不多；花冠紫红色，辐状，内面具长柔毛；副花冠裂片盾状，隆肿，比花药为短。蓇葖果单生，长披针形，长达9 cm，直径6 mm。花期5~8月，果期9~10月。

生长于低海拔的山谷湿地、水旁以至半浸在水中。产于甘肃、安徽、江苏、浙江、湖南、江西、福建、广东、广西和贵州等省区。

7. 徐长卿　土细辛（东北）

多年生直立草本，高约1 m。叶对生，纸质，披针形至线形，长5~13 cm，宽5~15 mm。圆锥状聚伞花序生于顶端的叶腋内，着花10余朵；花冠黄绿色，近辐状；副花冠裂片5片，基部增厚，顶端钝。蓇葖果单生，披针形，长6 cm，直径6 mm。花期5~7月，果期9~12月。

生长于向阳山坡及草丛中。产于辽宁、内蒙古、山西、河北、河南、陕西、甘肃、四川、贵州、云南、山东、安徽、江苏、浙江、江西、湖北、湖南、广东和广西等省区。

8. 竹灵消　川白薇（四川）

直立草本，茎中空，具单列毛，高达60 cm。叶对生，卵形或卵状矩圆形，长4~6 cm，宽1.5~4.5 cm，顶端急尖，基部近心形。伞形聚伞花序腋生，较叶短；花黄色或黄绿色，长约3 mm；花冠辐状，裂片5片，上面无毛；副花冠裂片三角形。蓇葖果长约5 mm。花期5~7月，果期7~10月。

生长于海拔100~3 500 m的山地疏林、灌木丛中或山顶、山坡草地上。产于辽宁、河北、河南、山东、山西、安徽、浙江、湖北、湖南、陕西、甘肃、贵州、四川、西藏等省区。

9. 变色白前　白马尾（北京）、半蔓白薇（东北）（图Ⅱ-84.4）

半灌木；茎上部缠绕，下部直立，全株被绒毛。叶对生，纸质，宽卵形或椭圆形，长7~10 cm，宽3~6 cm，顶端锐尖，基部圆形或近心形。伞形状聚伞花序腋生，近无总花梗，着花10余朵；花冠初呈黄白色，渐变为黑紫色，枯干时呈暗褐色，钟状辐形；副花冠极低，比合蕊冠为短。蓇葖果单生，宽披针形，长5 cm，直径1 cm。花期5~8月，果期7~9月。

生长于海拔100~500 m的花岗岩石山上的灌木丛中及溪流旁。产于吉林、辽宁、河北、河南北部、四川、山东、江苏和浙江等省。

图Ⅱ-84.4　变色白前

10. 毛白前

柔弱缠绕草本，密被黄色柔毛。叶对生，卵状心形，长2~4 cm，宽1.5~3 cm，顶端急尖，两面均被黄色短柔毛。伞形聚伞花序；花紫红色，长约7 mm，径约1 cm，花冠裂片长圆形；副花冠裂片卵形。蓇葖果单生，长7~9 cm，花期6~7月，果期8~10月。

生长于海拔200~700 m的山坡、灌木丛中或丘陵地疏林中。产于河南、湖北、湖南、安徽、江苏、浙江、江西、福建和广东等省。

11. 马利筋

多年生直立草本，高达1 m，具乳汁。叶对生，披针形至长圆状披针形，长6~14 cm，宽1~2.5 cm，顶端渐尖，基部楔形下延。聚伞花序，被柔毛；花冠紫红色，裂片长椭圆形，长约7 mm，反折；副花冠黄色，裂片小叶状匙形；花粉块下垂。蓇葖果披针形，长6~10 cm，无毛。花期几乎全年，果期8~12月。

广东、广西、云南、贵州、四川、湖南、江西、福建、台湾等省区均有栽培，也有逸为野生和驯化。

12. 短叶秦岭藤

缠绕藤本。叶膜质，狭长圆形至线状披针形，长2~3.5 cm，宽3~7 mm，两端钝头。聚伞花序近伞形，腋外生，比叶为短，着花4~6朵；花梗长3~5 mm；花萼裂片卵状长圆形，外面和边缘被微毛，花萼内面基部有5个腺体；花冠淡黄色，坛状；副花冠着生于合蕊冠的基部，裂片齿状。蓇葖果单生，披针形，长4~5.5 cm，直径6 mm，顶端渐尖，基部膨大。花期9月，果期10月。

生长于海拔2 000 m以上山地林中。产于云南、四川和河南等地。

13. 萝藦　老人瓢（华东）（图Ⅱ-84.5）

多年生草质藤本，具乳汁。叶对生，卵状心形，长5~12 cm，宽4~7 cm，无毛，下面粉绿色；叶柄顶端具丛生腺体。总状式聚伞花序；花蕾圆锥状，顶端尖；花冠白色，近辐状，裂片披针形，长约7 mm，内面被柔毛；副花冠5短裂；花粉块下垂；蓇葖果双生，无毛。花期7~8月，果期9~12月。

生长于林边荒地、山脚、河边、路旁灌木丛中。分布于东北、华北、华东和甘肃、陕西、贵州、河南太行山、伏牛山区和湖北等地。

图Ⅱ-84.5　萝藦

14. 七层楼　老君须（湖南）

多年生缠绕藤本，具乳汁。叶卵状披针形，长3~5 cm，宽1~2.5 cm，顶端渐尖或急尖，基部心形。聚伞花序广展，比叶为长；花序梗曲折；花淡紫红色，小，直径约2 mm；花萼裂片长圆状披针形，花萼内面基有5个腺体；花冠辐状，裂片卵形；副花冠裂片卵形，贴生于合蕊冠基部。蓇葖果双生，叉开度180°~200°，线状披针形，长5 cm，直径4 mm。花期5~9月，果期8~12月。

生长于海拔500 m以下阳光充足的灌木丛中或疏林中。产于江苏、浙江、福建、江西、湖南、广东、广西和贵州等省区。

八五、旋花科

草质或木质缠绕藤本，常具乳汁。单叶互生，无托叶。花两性，辐射对称；萼片5片，宿存；花冠钟状或漏斗状，不明显5裂，裂片旋转状排列；雄蕊5枚，贴生于花冠筒；子房上位，2（~4）

室，每室胚珠2颗。蒴果，稀浆果。

1. 马蹄金 黄疸草（江苏、浙江、华南、西南）

多年生匍匐小草本。叶肾形至圆形，直径4~25 mm，先端宽圆形或微缺，基部阔心形，叶面微被毛，背面被贴生短柔毛，全缘。花单生叶腋，花柄短于叶柄，丝状；萼片倒卵状长圆形至匙形，钝，长2~3 mm，背面及边缘被毛；花冠钟状，较短至稍长于萼，黄色，深5裂。蒴果近球形，小，短于花萼，直径约1.5 mm，膜质。花果期5~8月。

生于海拔1 300~1 980 m的山坡草地、路旁或沟边。我国长江以南各省及台湾省均有分布。

2. 打碗花（图Ⅱ-85.1）

一年生草本，光滑无毛，具乳汁。茎蔓性铺散。叶互生；茎基部叶近椭圆形，长1.5~4.5 cm，宽2~3 cm，基部心形；上部叶三角状戟形，侧裂片开展，常2裂，中裂片长圆形或卵状三角形。花单叶腋生，萼下苞片宽卵形，长8~16 cm，花冠漏斗状，淡红色，具褶；长2~2.5 cm；柱头2个，扁平。蒴果。花果期6~9月。

从平原至高海拔地方都有生长，为农田、荒地、路旁常见的杂草。全国各地均有。

图Ⅱ-85.1 打碗花

3. 旋花 打破碗花（云南）

多年生草本，全体不被毛。茎缠绕，伸长，有细棱。叶形多变，三角状卵形或宽卵形，基部戟形或心形，全缘或基部稍伸展为具2~3个大齿缺的裂片；叶柄常短于叶片或两者近等长。花腋生，1朵；花梗通常稍长于叶柄，长达10 cm，有细棱或有时具狭翅；萼下苞片较大，长15~23 mm；花冠通常白色，有时淡红色或紫色，漏斗状，长5~6（~7）cm，冠檐微裂；雄蕊花丝基部扩大，被小鳞毛。蒴果卵形，为增大宿存的苞片和萼片所包被。种子黑褐色，表面有小疣。花果期5~9月。

生于海拔140~2 080（~2 600）m的路旁、溪边草丛、农田边或山坡林缘。分布较广，我国大部分地区都有分布。

4. 毛打碗花 马刺楷（甘肃、青海）

多年生草本，植株被淡黄色长柔毛。叶通常为卵状长圆形，长4~6 cm，基部戟形，基裂片不明显伸展，圆钝或2裂；叶柄较短，长1~4（~5）cm；苞片顶端稍钝；花冠淡红色。花果期5~9月。

生于海拔400~3 000 m的路边、荒地、旱田或山坡路旁。产于内蒙古、黑龙江、吉林、辽宁、河北、山东、江苏、河南、山西、陕西、甘肃等省区及四川北部和东北部。

5. 田旋花 中国旋花、戟叶旋花（图Ⅱ-85.2）

多年生缠绕草本，无毛或近无毛。叶互生，长2.5~5 cm，宽1~3 cm，中裂片卵状长圆形至披针形，基部2侧裂片展开，裂片全缘。花序腋生，1至多朵花，花梗长3~8 cm，具2线形苞片，花冠漏斗形，长15~26 mm，粉红色，柱头2裂。蒴果球形或圆锥形。花果期5~9月。

生于耕地及荒坡草地上。产于我国吉林、黑龙江、辽宁、河北、河南、山东、山西、陕西、甘肃、宁夏、新疆、内蒙古、江苏、四川、青海、西藏等省区。

图Ⅱ-85.2 田旋花

6. 甘薯　番薯　红薯（图Ⅱ-85.3）

一年生草本，地下部分具圆形、椭圆形或纺锤形的块根。茎平卧或上升，偶有缠绕，多分枝。叶片形状、颜色常因品种不同而异，通常为宽卵形，长4~13 cm，宽3~13 cm，全缘或3~5（~7）裂。聚伞花序腋生，有1~3（~7）朵花聚集成伞形；花冠粉红色、白色、淡紫色或紫色，钟状或漏斗状，长3~4 cm，外面无毛。蒴果卵形或扁圆形，有假隔膜分为4室。种子1~4粒，通常2粒，无毛。由于甘薯属于异花授粉植物，自花授粉常不结实，所以有时只见开花不见结果。

我国大多数地区都普遍栽培。

图Ⅱ-85.3　甘薯

7. 蕹（wèng）菜　空心菜

一年生草本，蔓生或漂浮于水。茎圆柱形，有节，节间中空，节上生根，无毛。叶片形状、大小有变化，卵形、长卵形、长卵状披针形或披针形，基部心形、戟形或箭形，长3.5~17 cm，宽0.9~8.5 cm。聚伞花序腋生，具1~3（~5）朵花；花冠白色、淡红色或紫红色，漏斗状，长3.5~5 cm；雄蕊不等长，花丝基部被毛；子房圆锥状，无毛。蒴果卵球形至球形，径约1 cm，无毛。花果期6~8月。

本种原产我国，现已作为一种蔬菜广泛栽培，或有时逸为野生状态。我国中部及南部各省常见栽培，北方比较少，宜生长于气候温暖湿润、土壤肥沃多湿的地方，不耐寒，遇霜冻茎、叶枯死。

8. 牵牛　喇叭花（图Ⅱ-85.4）

一年生缠绕草本，全株被粗硬毛。叶互生，近心状卵形，长8~15 cm，常3裂，裂片全缘；叶柄长5~7 cm。花序1~3朵花；萼片5片，条状披针形，长20~25 mm；花冠漏斗状，白色，蓝紫色或紫红色，长5~8 cm，先端5浅裂；柱头头状。蒴果球形，种子5~6粒。花果期6~10月。

生于海拔100~200（~1 600）m的山坡灌丛、干燥河谷路边、园边宅旁、山地路边，或为栽培。我国除西北和东北的一些省外，大部分地区都有分布。

图Ⅱ-85.4　牵牛

9. 圆叶牵牛（图Ⅱ-85.5）

一年生缠绕草本。叶圆心形或宽卵状心形，基部圆，心形，顶端锐尖、骤尖或渐尖，通常全缘。花腋生，单一或2~5朵着生于花序梗顶端成伞形聚伞花序；萼片长11~16 mm，花冠漏斗状，紫红色、红色或白色，花冠管通常白色，瓣中带于内面色深，外面色淡。蒴果近球形，3瓣裂。种子卵状三棱形，黑褐色或米黄色，被极短的糠秕状毛。花果期6~10月。

生于平地至海拔2 800 m的田边、路边、宅旁或山谷林内，栽培或逸为野生。我国大部分地区有分布。

图Ⅱ-85.5　圆叶牵牛

10. 菟丝子（图Ⅱ-85.6）

寄生无叶草本，茎纤细，缠绕，黄色。花簇生，白色；花萼杯状，长约 2 mm，5 裂；花冠长为萼的 2 倍，5 裂，裂片向外反折；雄蕊着生于裂片弯缺微下处；花柱 2 个，直立。蒴果近球形，完全包藏于宿存的花冠内，盖裂。

生于海拔 200～3 000 m 的田边、山坡阳处、路边灌丛或海边沙丘，通常寄生于豆科、菊科、蒺藜科等多种植物上。产于黑龙江、吉林、辽宁、河北、山西、陕西、宁夏、甘肃、内蒙古、新疆、山东、江苏、安徽、河南、浙江、福建、四川、云南等省区。

图Ⅱ-85.6　菟丝子

11. 南方菟丝子　女萝（江苏、广东）

一年生寄生草本。茎缠绕，金黄色，纤细，无叶。花序侧生，小伞形或小团伞花序，总花序梗近无；苞片及小苞片均小，鳞片状；花梗稍粗壮，长 1～2.5 mm；花萼杯状；花冠乳白色或淡黄色，杯状，长约 2 mm，雄蕊着生于花冠裂片弯缺处。蒴果扁球形，仅下半部包藏于宿存花冠内，不规则开裂。花果期 7～9 月。

寄生于田边、路旁的豆科、菊科蒿属、马鞭草科牡荆属等草本或小灌木上，海拔 50～2 000 m。产于吉林、辽宁、河北、山东、甘肃、宁夏、新疆、陕西、安徽、江苏、浙江、福建、江西、湖南、湖北、四川、云南、广东、台湾等省区。

12. 金灯藤（图Ⅱ-85.7）

一年生寄生缠绕草本，肉质，直径 1～2 mm，黄色，常带紫红色瘤状斑点，无叶。花无柄或几无柄，形成穗状花序；花萼碗状，5 裂几达基部，背面常有紫红色瘤状突起；花冠钟状，淡红色或绿白色，长3～5 mm，顶端 5 浅裂；雄蕊 5 枚，着生于花冠喉部裂片之间；鳞片 5 片，长圆形，边缘流苏状，着生于花冠筒基部，伸长至冠筒中部或中部以上。蒴果卵圆形，近基部周裂。花期 8 月，果期 9 月。

寄生于草本或灌木上。分布于我国南北各省区。

图Ⅱ-85.7　金灯藤

八六、紫草科

植物常具硬毛。单叶，大多互生，常全缘，无托叶；单歧聚伞花序；花两性，辐射对称；萼 5 裂；花冠筒状或漏斗状，5 裂，喉部常见鳞片状附属物；雄蕊 5 枚；有花盘；子房上位，2 个心皮合生而成，2 室或假 4 室，每心皮胚珠 2 颗，花柱 1 个。小坚果或核果。

1. 砂引草

多年生草本，有细长的根状茎。茎高 10～25 cm，被白色长柔毛。叶近无柄，互生，披针形、倒披针形或长圆形，长 1～5 cm，宽 6～10 mm，两面密被白色紧贴长柔毛。伞房状聚伞花序；花萼长约 2.5 mm；花冠白色，漏斗状，冠筒长约 4 mm；子房不分裂，花柱顶生。果实长约 8 mm。花期 5 月，果实 7 月成熟。

生于海拔 4～1 930 m 海滨沙地、干旱荒漠及山坡道旁。产于东北、河北、河南、山东、陕西、甘肃、宁夏等省区。

变种：细叶砂引草

与砂引草的区别在于本变种叶狭细，线形或线状披针形。

生于海拔450~1 900 m干旱山坡、路边及河边沙地。广布于宁夏、陕西、内蒙古、河北、山东、山西、河南及辽宁、黑龙江等省区。

2. 紫草

多年生草本，高达90 cm。茎、花序、叶两面均被糙伏硬毛。叶无柄，狭卵状至披针形，长3.5~6.5 cm，宽1~1.5 cm。花序细长，达15 cm；苞片叶状；花萼5深裂至基部；花冠白色，长7~9 mm，檐部与筒部近等长，子房4裂。小坚果卵形，乳白色或带淡黄褐色，平滑，有光泽。花果期6~9月。

生于山坡草地。产于辽宁、河北、山东、山西、河南、江西、湖南、湖北、广西北部、贵州、四川、陕西至甘肃东南部。

3. 田紫草 麦家公

一年生草本。茎高15~35 cm，自基部或仅上部分枝有短糙伏毛。叶无柄，倒披针形至线形，长2~4 cm，宽3~7 mm，先端急尖，两面均有短糙伏毛。聚伞花序生枝上部，长可达10 cm；花冠高脚碟状，白色，有时蓝色或淡蓝色，筒部长约4 mm，外面稍有毛，檐部长约为筒部的一半，裂片卵形或长圆形。小坚果三角状卵球形，长约3 mm，灰褐色，有疣状突起。花果期4~8月。

生于丘陵、低山草坡或田边。产于黑龙江、吉林、辽宁、河北、河南、山东、山西、江苏、浙江、安徽、湖北、陕西、甘肃及新疆等省区。

4. 梓木草

多年生匍匐草本。匍匐茎长可达30 cm，有开展的糙伏毛；茎直立，高5~25 cm。基生叶有短柄，叶片倒披针形或匙形，长3~6 cm，宽8~18 mm；茎生叶与基生叶同形而较小。花序长2~5 cm，有花1至数朵，苞片叶状；花有短花梗；花冠长15~18 mm，蓝色或蓝紫色，筒部与檐部无明显界限。小坚果斜卵球形，长3~3.5 mm，乳白色而稍带淡黄褐色，平滑，有光泽，腹面中线凹陷呈纵沟。花果期5~8月。

生于丘陵或低山草坡，或灌丛下。产于台湾、浙江、江苏、安徽、贵州、四川、陕西至甘肃东南部。

5. 狼紫草

一年生草本，茎高10~40 cm，常自下部分枝。基生叶和茎下部叶有柄，其余无柄，倒披针形至线状长圆形，长4~14 cm，宽1.2~3 cm，两面疏生硬毛，边缘有微波状小牙齿。花序花期短，花后逐渐伸长达25 cm；花萼5裂至基部，裂片钻形，果期增大，星状开展；花冠蓝紫色，有时紫红色，长约7 mm，裂片开展，宽度稍大于长度，附属物疣状至鳞片状，密生短毛。小坚果肾形，淡褐色，长3~3.5 mm，宽约2 mm，表面有网状皱纹和小疣点，着生面碗状，边缘无齿。

生于山坡、河滩、田边等处。产于河北、山西、河南、内蒙古、陕西、宁夏、甘肃、青海、新疆及西藏等省区。

6. 附地菜 地辣椒（贵州）（图Ⅱ-86.1）

一年生草本。茎下部常偃卧，先端上升，高8~38 cm。基生叶具长柄，椭圆状卵形，椭圆形或匙形，长达2 cm，宽达1.5 cm，两面被糙伏毛，茎中部叶近无柄。单歧聚伞花序长达20 cm；花萼长1~1.5 mm，5深裂，裂片卵形，先端渐尖；花冠直径1.5~2.5 mm，蓝色，喉部黄色。小坚果四面体形。花果期6~9月。

生于平原、丘陵草地、林缘、田间及荒地。产于河南、西藏、云南、广西北部、江西、福建、新疆、甘肃、内蒙古、东北等省区。

图Ⅱ-86.1 附地菜

7. 钝萼附地菜

一年或二年生草本。茎多条丛生，斜升或铺散，
高 7~40 cm。茎下部叶狭椭圆形、狭卵形、长圆状倒卵形或椭圆形，长 1~2.5 cm，宽 0.5~1 cm，先端圆钝，基部楔形。花萼 5 深裂，裂片倒卵状长圆形或狭匙形，先端圆钝，花期直立，长约 1.3 mm，果期开展，长达 3.5 mm；花冠蓝色，平展，先端圆钝，喉部附属物 5，黄色。小坚果 4 个，直立，斜三棱锥状四面体形，长约 1 mm。早春即开花，花果期较长。

生于低山山坡草地、林缘、灌丛或田间、荒野。产于华北、东北、西北等地区。

8. 异刺鹤虱 东北鹤虱

一年生直立草本。高达 40 cm，全株被糙硬毛。叶条形或倒卵状条形，长 1.5~5 cm，宽 3~5 mm。花序顶生；苞片条状披针形；花萼长约 3.5 mm，5 深裂；花冠淡蓝色，稍长于萼，直径约 3 mm，喉部具附属物；子房 4 裂。小坚果卵形，具疣突和 2~3 行锚状刺。花果期 6~9 月。

生于草地或山坡。产于东北、华北及内蒙古等省区。

9. 鹤虱

一年生或二年生草本。茎直立，高 30~60 cm，中部以上多分枝，密被白色短糙毛。基生叶长圆状匙形，全缘，先端钝，基部渐狭成长柄，长达 7 cm（包括叶柄），宽 3~9 mm，两面密被有白色长糙毛；茎生叶较短而狭，无叶柄。花萼 5 深裂，几达基部，裂片线形，急尖，有毛，花期长 2~3 mm，果期增大呈狭披针形，长约 5 mm，星状开展或反折；花冠淡蓝色，漏斗状至钟状，檐部直径 3~4 mm，喉部附属物梯形。小坚果卵状，通常有颗粒状疣突，边缘有 2 行近等长的锚状刺。花果期 6~9 月。

生于草地、山坡草地等处。产于华北、西北、内蒙古西部等省区。

10. 斑种草

一年或二年生草本，茎高达 40 cm，被开展硬毛。基生叶及茎下部叶有柄，匙形或倒披针形，长 3.5~12 cm，两面有短糙毛。单歧聚伞花序，苞片叶质；萼裂片 5 片，狭披针形；花冠淡蓝色，直径约 5 mm，冠筒长约 4 mm。小坚果腹面有横长环状凹陷。4~6 月开花。

生于海拔 100~1 600 m 的荒野路边、山坡草丛及竹林下。产于甘肃、陕西、河南北部、山东、山西、河北及辽宁。

11. 多苞斑种草

一年或二年生草本，高 25~40 cm。茎被开展的硬毛和伏毛。基生叶具柄，倒卵状长圆形，长 2~5 cm，先端钝，基部渐狭为叶柄；茎生叶长圆形或卵状披针形，无柄，两面均被基部具基盘的硬毛及短硬毛。花序生茎顶及腋生枝条顶端，花与苞片依次排列，而各偏于一侧；花冠蓝色至淡蓝色，喉部附属物梯形，先端微凹。小坚果卵状椭圆形，长约 2 mm，密生疣状突起，腹面有纵椭圆形的环状凹陷。花期 5~7 月。

生于海拔 250~2 100 m 的山坡、道旁、河床、农田路边及山坡林缘灌木林下、山谷溪边阴湿处等。产于东北、河北、山东、山西、陕西、甘肃、江苏及云南等省。

12. 琉璃草

直立草本，高达 1 m。茎生叶矩圆状披针形或披针形，长 3~10 cm，宽 1.5~3 cm，基部渐狭，两面密生短伏毛。花序二叉状分枝，花无苞片，花梗长 1~1.5 mm；花萼长 1.5~2.2 mm；花冠淡蓝色，长 3.5~4.5 mm，径约 5 mm，喉部附属物梯形。小坚果长 2~3 mm，密生锚状刺。花果期 5~10 月。

生于海拔 300~3 040 m 的林间草地、向阳山坡及路边。自西南、华南华东至河南、陕西及甘肃南部广布。

13. 小花琉璃草

多年生草本，高 20~90 cm。茎中部叶无柄或具短柄，披针形，长 4~7 cm，宽约 1 cm，叶上面密生具基盘的硬毛，下面密被柔毛；茎上部叶极小。花序顶生及腋生，花无苞片；花梗长 1~1.5 mm；

花萼长 1~1.5 mm；花冠淡蓝色，钟状，长 1.5~2.5 mm，檐部直径 2~2.5 mm，喉部有 5 个半月形附属物。小坚果卵球形，长 2~2.5 mm，背面突，密生长短不等的锚状刺，边缘锚状刺基部不联合。花果期 4~9 月。

生于海拔 300~2 800 m 的丘陵、山坡草地及路边。主产于西南、华南及华东地区，河南南部、陕西及甘肃南部也有分布。

14. 弯齿盾果草（图Ⅱ-86.2）

一年生草本。茎铺散或斜升，高达 30 cm，密被伸展短糙毛。叶匙形或狭倒披针形，长 1.5~6 cm，宽 3~14 mm，两面被短糙毛；单歧聚伞花序；苞片叶状，长 0.5~3 cm，花萼 5 裂至近基部；花冠淡蓝色，檐部直径约 4.5 mm，喉部具 5 个附属物。小坚果外层突起的牙齿先端明显膨大内弯，约与内层突起等高，内层突起内缩。花果期 4~6 月。

生于山坡草地、田埂、路旁等处。为我国特有种，产于甘肃、四川北部、陕西、河南、江西、安徽、江苏及广东等省。

图Ⅱ-86.2 弯齿盾果草

八七、马鞭草科

灌木或乔木，稀草本。叶对生或轮生，稀互生；单叶或掌状复叶；花两性，常辐射对称，稀两侧对称；花萼 4~5（~8）裂；花冠裂片 4~5 片，覆瓦状排列；雄蕊 4 枚，2 长 2 短，稀 5 枚或 2 枚；子房上位，常 2（~5）室，每室胚珠 1 颗，花柱 1 个。核果、浆果或 4 个小坚果。

1. 马鞭草

多年生草本，高达 80 cm。茎四棱形。叶对生，卵圆形至矩圆形，长 2~8 cm，宽 1~4 cm；茎生叶多数 3 深裂，裂片边缘有不整齐锯齿，两面均有粗毛。穗状花序细长如鞭；花小，淡紫色或蓝色。果成熟时裂为 4 个小坚果。花期 6~8 月，果期 7~10 月。

常生长在低至高海拔的路边、山坡、溪边或林旁。产于山西、陕西、甘肃、江苏、安徽、浙江、福建、江西、湖北、湖南、广东、广西、四川、贵州、云南、新疆、西藏等省区。

2. 马缨丹 五色梅（华北）、如意草（广东、广西、福建）（图Ⅱ-87.1）

直立或蔓性的灌木，高 1~2 m，有时藤状，长达 4 m。茎枝均呈四方形，通常有短的倒钩状刺。单叶对生，叶片卵形至卵状长圆形。花序直径 1.5~2.5 cm；苞片披针形，长为花萼的 1~3 倍，外部有粗毛；花萼管状，膜质，长约 1.5 mm，顶端有极短的齿；花冠黄色或橙黄色，开花后不久转为深红色，花冠管长约 1 cm，两面有细短毛，直径 4~6 mm。果圆球形，直径约 4 mm，成熟时紫黑色。全年开花。

常生长于海拔 80~1 500 m 的海边沙滩和空旷地区。原产美洲热带地区，现在我国台湾、福建、广东、广西见有逸生。

图Ⅱ-87.1 马缨丹

3. 老鸦糊 鱼胆（四川）、小米团花（云南）

灌木，高 1~5 m。小枝圆柱形，灰黄色，被星状毛。叶片纸质，宽椭圆形至披针状长圆形，长

5~18 cm，宽 4~7 cm，顶端渐尖，基部楔形或下延成狭楔形，边缘有锯齿，叶下面被星状毛。聚伞花序宽 2~3 cm，4~5 次分歧；花萼钟状，疏被星状毛，老后常脱落，具黄色腺点，长约 1.5 mm，萼齿钝三角形；花冠紫色，稍有毛，具黄色腺点。果实球形，初时疏被星状毛，熟时无毛，紫色，径 2.5~4 mm。花期 5~6 月，果期 7~11 月。

生于海拔 200~3 400 m 的疏林和灌丛中。产于甘肃、陕西（南部）、河南、江苏、安徽、浙江、江西、湖南、湖北、福建、广东、广西、四川、贵州、云南等省区。

4. 白棠子树（图Ⅱ-87.2）

灌木；小枝常带紫红色。叶对生，常倒卵形，长 3~7 cm，宽 1~2.5 cm，顶端短渐尖，基部楔形，上部边缘疏生锯齿，无毛，下面被黄色腺点；叶柄长 2~5 mm。聚伞花序腋生，总花梗长为叶柄的 3~4 倍；花萼杯状，无毛，花冠紫红色，无毛；花丝长约为花冠的 2 倍或更长。浆果球形，紫色。花期 5~6 月，果期 7~11 月。

生于海拔 600 m 以下的低山丘陵灌丛中。产于山东、河北、河南、江苏、安徽、浙江、江西、湖北、湖南、福建、台湾、广东、广西、贵州等省区。

图Ⅱ-87.2　白棠子树

5. 紫珠

灌木，高约 2 m。小枝、叶柄和花序均被粗糠状星状毛。叶片卵状长椭圆形至椭圆形，顶端长渐尖至短尖，基部楔形，边缘有细锯齿，背面密被星状柔毛，两面密生暗红色或红色细粒状腺点。聚伞花序宽 3~4.5 cm，4~5 次分歧；花萼外被星状毛和暗红色腺点，萼齿钝三角形；花冠紫色，长约3 mm，被星状柔毛和暗红色腺点。果实球形，熟时紫色，无毛，径约 2 mm。花期 6~7 月，果期 8~11 月。

生于海拔 200~2 300 m 的林中、林缘及灌丛中。产于河南（南部）、江苏（南部）、安徽、浙江、江西、湖南、湖北、广东、广西、四川、贵州、云南等省区。

6. 窄叶紫珠（变种）

灌木，高约 2 m；小枝无毛。叶片质地较薄，倒披针形或披针形，绿色或略带紫色，长 6~10 cm，宽 2~3（~4） cm，两面常无毛，边缘中部以上有锯齿；叶柄长不超过 0.5 cm。聚伞花序宽约 1.5 cm，花序梗长约 6 mm；萼齿不显著，花冠长约 3.5 mm，花丝与花冠约等长，花药长圆形，药室孔裂。果实径约 3 mm。花期 5~6 月，果期 7~10 月。

生于海拔 1 300 m 以下的山坡、溪旁林中或灌丛中。产于陕西、河南、江苏、安徽、浙江、江西、湖北、湖南、广东、广西、贵州、四川等省区。

7. 黄荆

灌木或小乔木；小枝四棱形，密生白色绒毛。掌状复叶对生，小叶 5（3）枚；椭圆状卵形至披针形，顶端渐尖，基部楔形，全缘，偶有少数锯齿，下面密生灰白绒毛。圆锥花序顶生；萼钟状，有 5 裂齿；花冠淡紫色，二唇状 5 裂。核果近球形，黑色。花期4~6 月，果期 7~10 月。

生于山坡路旁或灌木丛中。主要产于长江以南各省，北达秦岭、淮河。

变种：荆条（图Ⅱ-87.3）

本变种主要特点：小叶边缘有缺刻状锯齿或羽状分裂，

图Ⅱ-87.3　荆条

下面密被灰白绒毛。

生于山坡路旁。产于辽宁、河北、山西、山东、河南、陕西、甘肃、江苏、安徽、江西、湖南、贵州、四川等省。

8. 大青　路边青（湖南、广东、广西、云南）

灌木或小乔木，高 1~10 m。叶片纸质，椭圆形、卵状椭圆形、长圆形或长圆状披针形，长 6~20 cm，宽 3~9 cm，通常全缘，背面常有腺点。伞房状聚伞花序，生于枝顶或叶腋；花小，有橘香味；萼杯状，外面被黄褐色短绒毛，长 3~4 mm，顶端 5 裂；花冠白色，外面疏生细毛和腺点，花冠管细长，顶端 5 裂，裂片卵形，长约 5 mm。果实球形或倒卵形，径 5~10 mm，绿色，成熟时蓝紫色，为红色的宿萼所托。花果期 6 月至翌年 2 月。

生于海拔 1 700 m 以下的平原、丘陵、山地林下或溪谷旁。产于我国华东、中南、西南（四川除外）各省区。

9. 海州常山　炮火桐（四川）、后庭花（江苏、福建）（图Ⅱ-87.4）

灌木或小乔木，有臭气。单叶对生，卵形、卵状椭圆形或三角状卵形，长 5~16 cm，宽 3~13 cm，先端渐尖，基部楔形或宽楔形，全缘或有波状齿。伞房状聚伞花序松散，顶生；花萼紫红色，5 裂几达基部；花冠白色或粉红色，花冠筒长约 2 cm，裂片 5 片，长椭圆形，长 5~10 mm。核果近球形，熟时蓝紫色。花果期 6~11 月。

生于海拔 2 400 m 以下的山坡灌丛中。产于辽宁、甘肃、陕西以及华北、中南、西南各地。

图Ⅱ-87.4　海州常山

10. 臭牡丹　臭梧桐（江苏）（图Ⅱ-87.5）

小灌木，高 1~2 m，植株有臭味。花序轴、叶柄密被褐色、黄褐色或紫色脱落性的柔毛。叶片纸质，宽卵形或卵形，基部心形或截形，边缘具锯齿。伞房状聚伞花序顶生，密集排列成头状；花冠淡红色、红色或紫红色，花冠管长 2~3 cm，裂片倒卵形，长 5~8 mm。核果近球形，径 0.6~1.2 cm，成熟时蓝黑色。花果期 5~11 月。

生于海拔 2 500 m 以下的山坡、林缘、沟谷、路旁、灌丛润湿处。产于华北、西北、西南地区以及江苏、安徽、浙江、江西、湖南、湖北、广西等省区。

图Ⅱ-87.5　臭牡丹

11. 三花莸（yóu）（图Ⅱ-87.6）

亚灌木，高达 50 cm；枝四棱形，密被灰白色下曲柔毛。叶对生，卵形至长卵形，长 1.5~4 cm，宽 1~3 cm，边缘具钝齿，两面有柔毛和腺点。聚伞花序腋生，总花梗长 1~3 cm，通常 3 花，苞片锥形；萼钟状，长 8~9 mm；花冠二唇形，长 1.1~1.8 cm，紫红色或淡红色。蒴果四瓣裂。花果期6~9 月。

生于海拔 550~2 600 m 的山坡、平地或水沟河边。产于河北、山西、陕西、甘肃、江西、湖北、四川、云南等省区。

12. 莸　叉枝莸

多年生草本，高约 80 cm；茎方形，疏被柔毛或无毛。叶片膜质，卵圆形，卵状披针形至长圆形，叶片基部近圆形或楔形，下延成翼，边缘具粗齿。二歧聚伞花序腋生，花序有 5 至多数花，花序梗长 2~11 cm，苞片披针形至线形；花萼杯状，结果时增大近 1 倍，顶端 5 浅裂；花冠紫色或红色，长1~2 cm，顶端 5 裂，裂片全缘。蒴果黑棕色，4 瓣裂，无毛，无翅，有网纹。花期 7~8 月，果期

8~9 月。

生于海拔 660~2 900 m 的山坡草地或疏林。产于山西、河南、湖北、江西、陕西、甘肃、四川、云南中北部。

图Ⅱ-87.6 三花莸

13. 兰香草

小灌木，高 26~60 cm。叶片厚纸质，披针形、卵形或长圆形，两面有黄色腺点。聚伞花序紧密，腋生和顶生，无苞片和小苞片；花萼杯状，果萼长 4~5 mm，外面密被短柔毛；花冠淡紫色或淡蓝色，二唇形，花冠管长约 3.5 mm，喉部有毛环，花冠 5 裂，下唇中裂片较大，边缘流苏状；雄蕊 4 枚，柱头 2 裂。蒴果倒卵状球形，被粗毛，直径约 2.5 mm，果瓣有宽翅。花果期 6~10 月。

多生长于较干旱的山坡、路旁或林边。产于江苏、安徽、浙江、江西、湖南、湖北、福建、广东、广西等省区。

八八、唇形科

草本或灌木，具芳香气味；茎常四棱形。叶对生。花具苞片和小苞片；花萼二唇形，5（4）裂；花冠常二唇形，5（4）裂；雄蕊 4 枚，二强，或仅 2 枚；花盘肉质；子房上位，常深 4 裂为假 4 室，花柱 1 个，从子房裂瓣间伸出。果实常为 4 枚小坚果。

1. 庐山香科科

多年生草本，高 60~100 cm，具匍匐茎。叶片卵圆状披针形，长 3.5~5.3 cm，宽 1.5~2 cm。轮伞花序常 2 朵花，松散，偶达 6 朵花组成穗状花序。花冠白色，长 1 cm，冠筒稍稍伸出，长 4.5 mm，唇片与花冠筒成直角，中裂片极发达，椭圆状匙形，内凹，长 4 mm，宽 2.6 mm，先端急尖，后方一对裂片斜三角状卵圆形，微向前倾。小坚果倒卵形，长 1.2 mm，棕黑色，具极明显的网纹，合生面不达小坚果全长的 1/2。

生于山地及原野，海拔 150~1 120 m。产于江苏南部、浙江、安徽、河南南部、福建、江西、湖北、湖南、广东、广西等省区。

2. 微毛血见愁（变种）

多年生草本，高 30~70 cm。叶片卵圆形至卵圆状长圆形，先端急尖或短渐尖，基部圆形、阔楔形至楔形，下延，边缘为带重齿的圆齿。假穗状花序由密集具 2 花的轮伞花序组成。花萼长约 4 mm，宽 2.5 mm，密被灰白色微柔毛，若被一层白霜，而非具腺的短柔毛；花冠长 8~10 mm，白色，淡红色或淡紫色，冠筒长 4~5 mm。小坚果扁球形。花期 7~10 月。

生于山地林下润湿处，海拔 700~2 200 m。产于浙江、安徽、江西、湖北西部、陕西南部、四川、贵州北部等地。

3. 筋骨草（图Ⅱ-88.1）

多年生草本；茎直立，高 25~40 cm，紫红色或绿紫色，嫩枝被灰白色长柔毛。叶对生，卵状椭圆形至狭椭圆形，长 4~7 cm，宽 3.5~4 cm，两面略有糙伏毛。轮伞花序密集为假穗状；苞片叶状，卵圆形，长达 1.5 cm，花萼长 7~8 mm，花冠紫色，长 14~15 mm，冠筒直或微弯，檐部近二唇形。花期 4~8 月，果期 7~9 月。

图Ⅱ-88.1 筋骨草

生于山谷溪旁、阴湿的草地上，林下湿润处及路旁草丛中，海拔 340~1 800 m。产于河北、山东、河南、山西、陕西、甘肃、四川及浙江等省。

4. 金疮小草　散血草（湖南）（图Ⅱ-88.2）

年或二年生草本，平卧或上升，具匍匐茎，茎长 10~20 cm，被白色长柔毛或绵状长柔毛。叶片薄纸质，匙形或倒卵状披针形，长 3~6 cm，宽 1.5~2.5 cm，先端钝至圆形，基部渐狭，下延，边缘具不整齐的波状圆齿或几全缘，具缘毛。轮伞花序多花，排列成间断长 7~12 cm 的穗状花。花冠淡蓝色或淡红紫色，筒状，挺直，基部略膨大，长 8~10 mm，外面被疏柔毛，冠檐二唇形，上唇短，直立，圆形，顶端微缺，下唇宽大，伸长，3 裂。小坚果倒卵状三棱形。花期 3~7 月，果期 5~11 月。

生于溪边、路旁及湿润的草坡上，海拔 360~1 400 m。产于长江以南各省区，最西可达云南西畴及蒙自。

图Ⅱ-88.2　金疮小草

5. 水棘针（图Ⅱ-88.3）

一年生草本，高 0.3~1 m。茎四棱形，紫色。叶片纸质或近膜质，三角形或近卵形，3 深裂，稀不裂或 5 裂，裂片披针形，边缘具粗锯齿或重锯齿，中间的裂片长 2.5~4.7 cm，宽 0.8~1.5 cm，无柄。花序为由松散具长梗的聚伞花序所组成的圆锥花序；花冠蓝色或紫蓝色，冠筒内藏或略长于花萼，外面无毛，冠檐二唇形，外面被腺毛，上唇 2 裂，长圆状卵形或卵形，下唇略大，3 裂。雄蕊 4 枚。小坚果倒卵状三棱形。花期 8~9 月，果期 9~10 月。

生于田边旷野、河岸沙地、开阔路边及溪旁，海拔 200~3 400 m。产于吉林、辽宁、内蒙古、河北、河南、山东、山西、陕西、甘肃、新疆、安徽、湖北、四川及云南等省区。

图Ⅱ-88.3　水棘针

6. 韩信草　大力草（广州）

多年生草本；茎高 12~28 cm，常带暗紫色，和叶柄均被微柔毛。叶对生，心状卵圆形至椭圆形，长 1~2.5（~3）cm，宽 1.2~2.3 cm，边缘具钝齿，两面被微柔毛或糙伏毛。轮伞花序在分枝端排列成总状花序；苞片均细小，萼长约 2.5 mm，盾片高约 1.5 mm，果时增大；花冠淡紫色，长 1.4~1.8 cm。小坚果具瘤。花果期 2~6 月。

生于海拔 1 500 m 以下的山地或丘陵地、疏林下、路旁空地及草地上。产于江苏、浙江、安徽、江西、福建、台湾、广东、广西、湖南、河南、陕西、贵州、四川及云南等地。

7. 京黄芩（qín）

一年生草本，高达 40 cm。茎直立，四棱形，茎和叶柄被上曲小柔毛。叶草质，卵圆形或三角状卵圆形，长 1.4~4.7 cm，宽 1.2~3.5 cm，边缘具浅而钝的 2~10 对牙齿，两面疏被伏贴小柔毛。花对生，排列成顶生长 4.5~11.5 cm 的总状花序；花长约 2.5 mm，与序轴密被上曲的白色小柔毛；苞片除花序上最下一对较大且叶状外余均细小。花萼开花时长约 3 mm，果时增大为 4 mm；花冠蓝紫色。成熟小坚果栗色或黑栗色，卵形，直径约 1 mm，具瘤。花期 6~8 月，果期 7~10 月。

生于海拔 600~1 800 m 的石坡、潮湿谷地或林下。产于吉林、河北、山东、河南的太行山及伏牛山区、陕西、浙江等地。

8. 黄芩

多年生草本；茎基部伏地，高达1 m。叶对生，披针形至条状披针形，长1.5~4.5 cm，两面无毛或沿中脉被微柔毛，下面密被下陷的腺点，全缘。轮伞花序排为总状，再集为顶生圆锥状，下部苞片叶状，向上渐小；花萼长约4 mm，花冠紫红色至紫色，长2.3~3 cm，冠筒近基部明显膝曲。小坚果具瘤。花期7~8月，果期8~9月。

生于向阳草坡地、休荒地上，海拔60~1 300（~2 000）m。产于黑龙江、辽宁、内蒙古、河北、河南、甘肃、陕西、山西、山东、四川等地，江苏有栽培。

9. 半枝莲 赶山鞭（四川）

多年生直立草本；茎高12~35 cm，仅节部有节状柔毛。叶片三角状卵圆形或卵状披针形，长1.3~3.2 cm，宽5~10（14）mm，边缘生有疏而钝的浅牙齿，两面沿脉疏生紧贴的短毛或近无毛。花单生叶腋，同节两朵单向对出；苞片叶状，向上渐小；萼长约2 mm，花冠紫蓝色，长9~13 mm，冠筒基部膨大。小坚果具瘤。花果期4~7月。

生于水田边、溪边或湿润草地上，海拔2 000 m以下。产于河北、山东、陕西南部、河南、江苏、浙江、台湾、福建、江西、湖北、湖南、广东、广西、四川、贵州、云南等省区。

10. 夏至草 白花益母（云南）

多年生草本；茎高达40 cm，密被微柔毛。叶具长柄；茎生叶卵状矩圆形或圆形，常3中裂，长1.5~4 cm，宽1~3 cm，先端钝圆，基部宽楔形，边缘具不整齐粗圆齿，两面被短柔毛。轮伞花序，苞片叶状；花冠白色，二唇形，冠筒内藏于萼，雄蕊和花柱不伸出冠筒外。小坚果有3棱。花期3~4月，果期5~6月。

生于路旁、旷地上，在西北、西南各省区海拔可高达2 600 m以上。产于黑龙江、吉林、辽宁、内蒙古、河北、河南、山西、山东、浙江、江苏、安徽、湖北、陕西、甘肃、新疆、青海、四川、贵州、云南等地。

图Ⅱ-88.4 藿香

图Ⅱ-88.5 荆芥

11. 藿香（图Ⅱ-88.4）

多年生草本，强香；茎四棱形，高达1.5 m。叶对生，卵形至长圆状披针形，长4.5~11 cm，宽3~6.7 cm，先端尾状长渐尖，基部心形，有时截形，边缘具粗齿，下面被微柔毛及腺点。轮伞花序密集为穗状；花萼钟状倒圆锥形；花冠淡紫色，长约8 mm；后对雄蕊下倾。小坚果先端具短硬毛。花期6~9月，果期9~11月。

各地广泛分布，常见栽培，供药用。

12. 荆芥（图Ⅱ-88.5）

多年生草本；茎高达1.5 m，和叶柄均被白色短柔毛。叶柄长达3 cm；叶片卵状至三角状心形，长2.5~7 cm，两面被短柔毛，下面有黄色腺点。腋生聚伞花序呈二歧状分枝，在枝端集为圆锥花序；花萼长约6 mm，外被长柔毛；花冠白色，长约10 mm，下唇有紫色斑点。小坚果长圆状卵形，褐色，具小疣点。花期 7~9 月，果期 9~10 月。

多生于宅旁或灌丛中，海拔一般不超过 2 500 m。产于新疆、甘肃、陕西、河南、山西、山东、湖北、贵州、四川及云南等地。

13. 浙荆芥

直立草本。茎高 60~100 cm，钝四棱形。叶较大，三角状心脏形，长 4~7.5 cm，宽 3.6 cm，先端尾状渐尖，基部平截或心形，边缘具牙齿状圆齿。花序为紧密的顶生圆锥花序，由 7~9 朵花、具短梗的聚伞花序组成。花冠紫色，冠筒基部直径 0.6 mm，向上渐宽大，至筒口宽达 6 mm，外被微柔毛，冠檐二唇形，上唇短，先端 2 圆裂，下唇 3 裂，中裂片大，倒心形。小坚果卵状三棱形，深褐色，长约 1.5 mm，宽 1 mm。花期 5 月，果期 8 月。

生于低海拔、低平地区灌丛中。产于浙江、安徽等地。

14. 裂叶荆芥　四棱杆蒿（北方）

一年生草本。茎高 0.3~1 m，四棱形，多分枝，被灰白色疏短柔毛。叶通常为指状三裂，大小不等，长 1~3.5 cm，宽 1.5~2.5 cm，先端锐尖，基部楔状渐狭并下延至叶柄。花序为多数轮伞花序组成的顶生穗状花序，长 2~13 cm。花冠青紫色，外被疏柔毛，冠檐二唇形，上唇先端 2 浅裂，下唇 3 裂，中裂片最大。小坚果长圆状三棱形，褐色，有小点。花期 7~9 月，果期在 9 月以后。

生于山坡路边或山谷、林缘，海拔 540~2 700 m。黑龙江、辽宁、河北、河南、山西、陕西、甘肃、青海、四川（城口、南川）、贵州等省均有野生，浙江、江苏、福建、云南等省均有栽培。

15. 活血丹　连钱草（江苏至湖北）

多年生草本，具匍匐茎，高 10~20 cm。叶心形或近肾形，长 1~2.6 cm，宽 1.5~3 cm，先端圆钝，边缘具浅钝齿，两面被糙伏毛，下面常带紫色；叶柄长为叶片的 1~2 倍。轮伞花序具少数花；花萼筒状，长 9~11 mm，萼齿卵状三角形，先端细尖；花冠紫色或淡紫色，长 1.5~2.3 cm。小坚果长圆状卵形。花期 4~5 月，果期 5~6 月。

生于林缘、疏林下、草地中、溪边等阴湿处，海拔 50~2 000 m。除青海、甘肃、新疆及西藏外，全国各地均产。

16. 夏枯草

多年生草本，高 10~30 cm。叶柄长 7~25 mm；叶卵形、卵状长圆形或矩圆形，长 1.5~4.5（~6）cm，宽 7~25 mm，先端钝，全缘或微波状。轮伞花序密集为假穗状；苞片心形。花萼钟形，长约 10 mm，喉部在果熟期闭合；花冠紫、蓝紫色或紫红色，长约 13 mm，下唇中裂片具流苏状小裂片。小坚果圆卵形。花期 4~6 月，果期 7~10 月。

生于荒坡、草地、溪边及路旁等湿润地上，海拔高可达 3 000 m。产于陕西、甘肃、新疆、河南、湖北、湖南、江西、浙江、福建、台湾、广东、广西、贵州、四川及云南等省区。

17. 宝盖草

一年生或二年生直立草本，高 10~30 cm，几无毛。叶对生，无柄，圆形或肾形，长 1~2 cm，宽 0.7~1.5 cm，边缘具深圆齿。轮伞花序；苞片针状钻形，具缘毛。花萼筒状钟形，5 齿近等大；花冠紫红色或粉红色，二唇形，长约 17 mm，冠筒细长，上唇直立，下唇中裂片先端深凹。小坚果有白色大疣状。花期 3~5 月，果期7~8 月。

生于路旁、林缘、沼泽草地及宅旁等地，或为田间杂草，海拔可高达 4 000 m。产于江苏、安徽、浙江、福建、湖南、湖北、河南、陕西、甘肃、青海、新疆、四川、贵州、云南及西藏等省区。

图Ⅱ-88.6　野芝麻

18. 野芝麻（图Ⅱ-88.6）

多年生植物，茎高达 1 m，四棱形，几无毛。叶具柄；叶卵圆形至卵圆状披针形，长达 8 cm，先端长尾状渐尖，边缘有微内弯的牙齿状锯齿，两面均被短硬毛。轮伞花序4~14朵花，着生于茎端。花冠白色或浅黄色，长约2 cm，冠筒基部直径2 mm，稍上方呈囊状膨大，筒口宽至6 mm，花冠筒内面近基部有毛环；冠檐二唇形，上唇直立，下唇3裂，中裂片倒肾形，先端深凹。小坚果倒卵圆形，淡褐色。花期4~6月，果期7~8月。

生于路边、溪旁、田埂及荒坡上，海拔可达2 600 m。产于东北、华北、华东各省区，西北的陕西、甘肃，中南的湖北、湖南以及西南的四川、贵州等地。

19. 益母草　益母蒿、坤草（北方各省）（图Ⅱ-88.7）

一年生或二年生草本，茎高达1.5 m，被倒向糙伏毛。茎中部叶掌状3深裂，裂片矩圆形，常再次分裂为小裂片；上部叶条形或条状披针形，全缘或有少数牙齿。轮伞花序，花具刺状苞片；花萼长6~8 mm；花冠粉红色至淡紫色，长1~1.2 cm，二唇形，冠筒内具毛环。花期通常6~9月，果期9~10月。

生长于多种生境，尤以阳处为多，海拔可高达3 400 m。产于全国各地。

图Ⅱ-88.7　益母草

20. 錾（zàn）菜

多年生草本。茎及分枝钝四棱形，明显具槽，密被贴生倒向的微柔毛。叶片变异很大，茎中部的叶通常不裂，轮廓为长圆形，边缘疏生4~5对齿，最下方的一对齿多少呈半裂片状。轮伞花序腋生，多花，远离而向顶密集组成长穗状；花冠白色，常带紫纹，冠檐二唇形，上唇长圆状卵形，下唇为卵形，白色，具紫纹，3裂。雄蕊4枚。小坚果长圆状三棱形，黑褐色。花期8~9月，果期9~10月。

生于山坡或丘陵地上，海拔100~1 200 m。产于辽宁、山东、河北、河南、山西、陕西南部、甘肃南部、安徽及江苏。

21. 水苏

多年生草本，茎高达80 cm，节上具小刚毛。叶长圆状宽披针形，长5~10 cm，边缘具圆齿，两面均无毛，叶柄长3~17 mm。轮伞花序，花萼钟形，外被具腺微柔毛，具10脉，萼齿具刺尖头；花冠粉红色至淡红紫色，长约1.2 cm，二唇形，上唇直立，下唇3裂，冠筒内具毛环。小坚果卵球状，花期5~7月，果期7月以后。

生于水沟、河岸等湿地上，海拔在230 m以下。产于辽宁、内蒙古、河北、河南南部、山东、江苏、浙江、安徽、江西、福建等省区。

22. 毛水苏　水苏草（内蒙古）（图Ⅱ-88.8）

多年生草本，高50~100 cm。茎四棱形，具槽，密被刚毛或小刚毛。茎叶长圆状线形，长4~11 cm，宽0.7~1.5 cm，先端稍锐尖，基部圆形，边缘具小圆齿状锯齿。轮伞花序通常具6朵花，多数组成穗状花序。花冠淡紫至紫色，冠筒直伸，近等大，外面无毛，内面在中部稍下方具柔毛毛环，冠檐二唇形。小坚果棕褐色，卵珠状，无毛。花期7月，果期8月。

生于湿草地及河岸上，海拔450~1 670 m。产于黑龙江、吉林、辽宁、内蒙古、山东、山西、陕西、河南等地。

图Ⅱ-88.8　毛水苏

23. 蜗儿菜　宝塔菜（安徽）

多年生草本，高40~60 cm，自基部多分枝。茎及分枝四棱形，密被柔毛。茎生叶心形，长2.5~6.5 cm，宽1.5~3 cm，先端渐尖，基部心形，边缘具整齐的细圆齿或圆齿状锯齿。轮伞花序2~6朵花。花冠粉红色，冠檐二唇形，雄蕊4枚，前对较长，均上升至上唇片之下或略超出。小坚果卵珠形，长1.5 mm，褐色，具瘤。花期7~8月，果期9~10月。

生于丛林及阴湿的沟谷中，海拔1 500~2 050 m。产于江苏、浙江、安徽、湖南、河南、湖北、陕西、山西等地。

24. 甘露子

多年生草本，根状茎匍匐，顶端有串珠状肥大块茎；茎高达1.2 m，棱及节上有平展的硬毛。茎生叶卵圆形或长圆状卵圆形，长3~12 cm，宽1.5~6 cm，边缘有锯齿，两面具贴生短硬毛；叶柄长1~3 cm。轮伞花序6朵花；花萼被腺柔毛；花冠粉红色至紫红色，二唇形。小坚果具小瘤。花期7~8月，果期9月。

生于湿润地及积水处，海拔可达3 200 m。产于辽宁、河北、山东、山西、河南、陕西、甘肃、青海、四川、云南、广西、广东、湖南、江西及江苏等省区。原产我国，野生于华北及西北各省区，各地均多栽培。

25. 荫生鼠尾草 山椒子（河北）

一年生或二年生草本，高可达1.2 m，钝四棱形，被长柔毛。叶片三角形或卵圆状三角形，长3~16 cm，宽2.3~16 cm，先端渐尖或尾状渐尖，基部心形或戟形。轮伞花序2朵花，疏离，组成顶生及腋生总状花序；花萼钟形，花后稍增大，二唇形，唇裂至萼长1/3。花冠蓝紫色或紫色，二唇形，上唇长圆状倒心形，先端微缺，下唇较上唇短而宽，3裂，中裂片阔扇形，长4 mm。小坚果椭圆形。花期8~10月。

生于山坡、谷地或路旁，海拔600~2 000 m。产于河北、山西、陕西北部、甘肃、安徽等地。

26. 荔枝草

一年生或二年生草本；茎高达50 cm，被向下的疏柔毛。单叶，椭圆状卵形或披针形，长2~6 cm，两面有疏毛，叶面皱。轮伞花序6朵花，组成顶生圆锥花序；花萼长约2.7 mm，外面被长柔毛；花冠淡红色至淡蓝色，长4~6 mm；药隔略长于花丝，弧形，上下臂近等长。花期4~5月，果期6~7月。

生于山坡、路旁、沟边、田野潮湿的土壤上，海拔可至2 800 m。除新疆、甘肃、青海及西藏外几产全国各地。

27. 一串红

半灌木状草本，高达1 m。叶卵圆形或三角状卵圆形，长2.5~7 cm，先端急渐尖，边缘具锯齿，两面无毛，下面具腺点；叶柄长3~4.5 cm。轮伞花序在枝端集为假总状；苞片卵圆形，先端尾状渐尖，红色；花萼钟形，红色，花后增大；花冠红色至紫色，筒状，长约4 cm，上唇直立，长于下唇。花期3~10月。

我国各地庭园中广泛栽培，作观赏用。

28. 丹参（图Ⅱ-88.9）

多年生直立草本；茎高达80 cm，同叶柄及叶轴均被长柔毛。奇数羽状复叶对生；小叶3~5（~7）片，长1.5~8 cm，宽1~4 cm，卵形或椭圆状卵形，两面被疏柔毛。轮伞花序集为假总状，序轴和花萼密被长柔毛和腺毛。花萼钟形，长约1.1 cm；花冠紫蓝色，长2~2.7 cm，冠筒内具斜向毛环，下唇中裂片宽扁心形；药隔下臂先端联合，药室不育。花期4~8月，花后见果。

生于山坡、林下草丛或溪谷旁，海拔120~1 300 m。产于河北、山西、陕西、山东、河南、江苏、浙江、安徽、江西及湖南等省。

图Ⅱ-88.9 丹参

29. 华鼠尾草

一年生草本，高 20~60 cm。茎钝四棱形，被短柔毛或长柔毛。叶全为单叶或下部具 3 片小叶的复叶，叶片卵圆形或卵圆状椭圆形，长 1.3~7 cm，宽 0.8~4.5 cm。轮伞花序 6 朵花，组成长 5~24 cm顶生的总状花序或总状圆锥花序。花萼钟形，紫色，内面喉部密被长硬毛环。花冠蓝紫色或紫色，伸出花萼，冠檐二唇形，上唇长圆形，平展，先端微凹，下唇 3 裂，中裂片倒心形，向下弯。能育雄蕊 2 枚，近外伸。小坚果椭圆状卵圆形，褐色，光滑。花期 8~10 月。

生于山坡或平地的林荫处或草丛中，海拔 120~500 m。产于山东、河南、江苏南部、安徽南部、浙江、湖北、江西、湖南、福建、台湾、广东北部、广西东北部、四川等地。

30. 风轮菜

多年生草本。高可达 1 m，四棱形，密被短柔毛及腺微柔毛。叶卵圆形，不偏斜，长 2~4 cm，宽 1.3~2.6 cm，先端急尖或钝，基部圆形，边缘具大小均匀的圆齿状锯齿。轮伞花序多花密集，半球状；苞片极细，针状，无明显中肋。花萼狭管状，长约 6 mm，常染紫红色，上唇 3 个齿，齿近外反，下唇 2 个齿，直伸。花冠紫红色，长约 9 mm，内面在下唇下方喉部具二列毛茸，冠檐二唇形，上唇直伸，先端微缺，下唇 3 裂，中裂片稍大。小坚果倒卵形，长约 1.2 mm，宽约 0.9 mm，黄褐色。花期 5~8 月，果期 8~10 月。

生于山坡、草丛、路边、沟边、灌丛、林下，海拔在 1 000 m 以下。产于山东、河南、浙江、江苏、安徽、江西、福建、台湾、湖南、湖北、广东、广西及云南东北部。

31. 灯笼草

直立多年生草本，高 0.5~1 m，多分枝。茎四棱形。叶卵形。轮伞花序多花，圆球状，花时径达 2 cm，沿茎及分枝形成宽而多头的圆锥花序。花萼圆筒形。花冠紫红色，长约 8 mm，冠筒伸出于花萼，外面被微柔毛，冠檐二唇形，上唇直伸，先端微缺，下唇 3 裂。雄蕊不露出，后对雄蕊短且花药小。小坚果卵形，长约 1 mm，褐色，光滑。花期 7~8 月，果期 9 月。

生于山坡、路边、林下、灌丛中，海拔至 3 400 m。产于陕西、甘肃、山西、河北、河南、山东、浙江、江苏、安徽、福建、江西、湖南、湖北、广西、贵州、四川、云南及西藏东部。

32. 匍匐风轮菜

多年生草本。茎匍匐生根，上端斜升，疏生硬毛。叶卵形或卵状长圆形，长 1.8~6 cm，宽 1.2~3 cm，边缘具钝锯齿，两面被短硬毛。轮伞花序；苞叶较花序长；苞片针形，几等长于萼；萼长约 6 mm，外被长硬毛；花冠粉红色，长约 7 mm，花期 6~9 月，果期 10~12 月。

生于山坡、草地、林下、路边、沟边等处，海拔可高达 3 300 m。产于甘肃、陕西、湖北、湖南、江西、江苏、浙江、福建、台湾、江西、四川、贵州及云南等地。

33. 牛至（图Ⅱ-88.10）

多年生草本。茎高达 60 cm，密被倒向白色具节柔毛。叶卵形或矩圆状卵形，长 1~4 cm，宽 1~2 cm，先端钝圆，基部渐狭为楔形，全缘，两面被白色节伏毛，并散生褐色腺点。伞房状圆锥花序；花萼长约 3 mm，花冠紫色至白色，长约 7 mm，二唇形，上唇直立。花期 7~9 月，果期 10~12 月。

图Ⅱ-88.10 牛至

生于路旁、山坡、林下及草地，海拔 500~3 600 m。产于河南、江苏、浙江、安徽、江西、福建、台湾、湖北、湖南、广东、贵州、四川、云南、陕西、甘肃、新疆及西藏等省区。

34. 薄荷

多年生草本。茎高达 60 cm，上部被倒向微柔毛。

叶矩圆状披针形至披针状椭圆形，长 3~5（~7）cm，宽 1~3 cm，先端钝尖，基部楔形，边缘具锐齿，两面有节长毛和腺点。轮伞花序远离，腋生，远较叶短，苞叶与叶同形；花萼钟形，长约 2.5 mm；花冠淡紫色至淡粉红色，或近白色，长4~6 mm，雄蕊外露。花期 7~9 月，果期 10 月。

生于水旁潮湿地，海拔可高达 3 500 m。产于各地。

35. 留兰香

多年生草本，高 40~130 cm。叶无柄或近于无柄，卵状长圆形或长圆状披针形，长 3~7 cm，宽 1~2 cm，先端锐尖，基部宽楔形至近圆形。轮伞花序生于茎及分枝顶端。花萼钟形，花时连齿长 2 mm，外面无毛，具腺点，内面无毛，5 脉，不显著，萼齿 5 个，三角状披针形，长 1 mm。花冠淡紫色，长 4 mm，两面无毛，冠筒长 2 mm，冠檐具 4 片裂片，裂片近等大，上裂片微凹。花期 7~9 月。

原产南欧，加那利群岛，马德拉群岛，俄罗斯。我国河北、江苏、浙江、广东、广西、四川、贵州、云南等地有栽培或逸为野生，新疆有野生。

36. 皱叶留兰香

多年生草本。茎直立，高 30~60 cm，无毛。叶无柄或近于无柄，卵形或卵状披针形，先端锐尖，基部圆形或浅心形，边缘有锐裂的锯齿，坚纸质，上面绿色，皱波状，脉纹明显凹陷，下面淡绿色，脉纹明显隆起且带白色。轮伞花序在茎及分枝顶端密集成穗状花序。花冠淡紫色，长 3.5 mm，外面无毛，冠筒长 2 mm，冠檐具 4 裂片，裂片近等大，上裂片先端微凹。雄蕊 4 枚，伸出。小坚果卵珠状三棱形。

原产欧洲，我国各地栽培。

37. 硬毛地笋（变种）

多年生草本，具肥大圆柱状根状茎。茎高达 1 m，棱上被向上硬毛，节部较密。叶披针形，长5~10 cm，先端渐尖，基部楔形，边缘具锐锯齿和缘毛，上面和下面脉上密被细刚毛状硬毛。轮伞花序近无总梗；花萼长约 4 mm；花冠白色，稍长于萼。花期 6~9 月，果期 8~11 月。

生于沼泽地、水边等潮湿处，海拔可达 2 100 m。产于黑龙江、吉林、辽宁、内蒙古、河北、山东、山西、陕西、甘肃、浙江、江苏、江西、安徽、河南、福建、台湾、湖北、湖南、广东、广西、贵州、四川及云南等地。

38. 木香薷（图Ⅱ-88.11）

直立半灌木，高达 2 m。茎上部多分枝。叶披针形至椭圆状披针形，长 8~12 cm，宽 2.5~4 cm，先端渐尖，基部渐狭至叶柄。穗状花序伸长，长 3~12 cm，生于茎枝及侧生小花枝顶上；苞片线状披针形。花萼管状钟形，外面密被灰白色绒毛，内面仅在萼齿上被灰白色绒毛，余部无毛，萼齿 5 个，卵状披针形；果时花萼伸长，明显管状。花冠玫瑰红紫色，长约 6 mm，二唇形。小坚果椭圆形，光滑。花果期 7~10 月。

生于谷地溪边或河川沿岸，草坡及石山上，海拔 700~1 600 m。产于河北、山西、河南、陕西、甘肃等省。

图Ⅱ-88.11　木香薷

39. 香薷

一年生草本，茎高达 50 cm，被倒向疏柔毛。叶卵形或椭圆状披针形，长 3~9 cm，宽 1~4 cm，先端渐尖，基部楔状下延，边缘具锯齿，下面散布腺点。叶柄长达 3.5 cm。轮伞花序密集为偏向一侧的假穗状；苞片宽卵圆形，先端针芒状；花萼长约 1.5 mm，萼齿不等长；花冠淡紫红色，长约为萼的 3 倍。花期 7~10 月，果期 10 月至翌年 1 月。

生于路旁、山坡、荒地、林内、河岸，海拔达3 400 m。除新疆、青海外几产全国各地。

40. 海州香薷（图Ⅱ-88.12）

直立草本，高 30~50 cm。叶卵状三角形，卵状长圆形至长圆状披针形或披针形，长 3~6 cm，宽 0.8~2.5 cm，先端渐尖，基部下延至叶柄，边缘疏生锯齿。穗状花序顶生，偏向一侧，长 3.5~4.5 cm，由多数轮伞花序所组成。花萼钟形，萼齿 5 个，三角形，近相等，先端刺芒尖头，边缘具缘毛。花冠玫瑰红紫色，长 6~7 mm，微内弯，近漏斗形。小坚果长圆形黑棕色，具小疣。花果期 9~11 月。

图Ⅱ-88.12　海州香薷

生于山坡路旁或草丛中，海拔 200~300 m。产于辽宁、河北、山东、河南、江苏、江西、浙江、广东等地。

41. 绵穗苏　半边苏、野苏

多年生草本，茎高 60~100 cm，除茎顶花序被白色星状绒毛外，余部近无毛。叶卵圆状长圆形，阔椭圆形或椭圆形，长 7~15 cm，宽 4~8 cm，基部阔楔形渐狭，边缘在基部以上具胼胝尖的锯齿。穗状花序于主茎及侧枝上顶生，在茎顶常呈三叉状，花冠淡红色至紫色，长 7 mm，外面在伸出部分密被白色星状绒毛，冠檐开张，二唇形，子房褐色，无毛。花期 8~10 月。

生于山坡草丛及溪旁，海拔约 1 220 m。产于浙江、江西、湖南、贵州等省。

42. 毛叶香茶菜　四棱杆

多年生草本，高 0.4~1.5 m，多分枝。茎叶对生，卵形或阔卵形，长 6.5~13 cm，宽 3~7 cm，先端具卵形大顶齿，基部阔楔形且骤收缩为翅柄。圆锥花序在茎及枝上顶生，疏松而开展，由具（3）5~7 朵花的聚伞花序组成。花萼钟形，萼齿 5 个，较筒部短；花冠淡紫、紫蓝色至蓝色，雄蕊及花柱伸出花冠。成熟小坚果卵状三棱形，长 1.5 mm，黄褐色，无毛，顶端具疣状凸起。花期 7~8 月，果期 9~10 月。

生于山坡、谷地、路旁、灌木丛中，海拔可达 2 100 m。产于江苏、河南、山西南部、陕西南部、甘肃南部及四川北部。

43. 显脉香茶菜　蓝花柴胡

多年生草本，高达 1 m。叶交互对生，披针形至狭披针形，长 3.5~13 cm，宽 1~2 cm，先端长渐尖，基部楔形至狭楔形，边缘有具胼胝尖的粗浅齿，侧脉 4~5 对，在两面隆起，细脉多少明显，薄纸质。聚伞花序（3）5~9（~15）朵花，具长 5~8 mm 的总梗，于茎顶组成疏散的圆锥花序。花冠蓝色，外疏被微柔毛，冠筒长 3~4 mm，近基部上方呈浅囊状，冠檐二唇形，上唇 4 等裂，下唇舟形。小坚果卵圆形，顶端被微柔毛。花期 7~10 月，果期 8~11 月。

生于山谷、草丛或林下荫处，海拔（60）300~600（~1 000）m。产于陕西、河南、湖北、江苏、浙江、安徽、江西、广东、广西、贵州及四川等省区。

44. 碎米桠（图Ⅱ-88.13）

半灌木，高达 80 cm；小枝褐色或带紫红色，被小柔毛，幼枝和叶柄幼时密被绒毛，后变近无毛。叶卵圆形或菱状卵圆形，长 2~6 cm，宽 1.3~3（~4）cm，基部楔形或阔楔形，并下延于叶柄，边缘具圆齿状锯齿。聚伞圆锥花序；花萼微呈 3/2 式二唇形，花冠蓝紫色或白色，长达 5 mm。花期 7~10 月，果期 8~11 月。

图Ⅱ-88.13　碎米桠

生于山坡、灌木丛、林地、砾石地及路边等向阳处，海拔 100～2 800 m。产于湖北、四川、贵州、广西、陕西、甘肃、山西、河南、河北、浙江、安徽、江西及湖南等省区。

45. 疏柔毛罗勒（变种）

一年生草本，高 20～80 cm。茎多分枝上升。叶长圆形，较小，叶柄被极多疏柔毛。总状花序顶生于茎、枝上，各部均被极多疏柔毛。花萼钟形，萼齿 5 个，呈二唇形，上唇 3 个齿，近圆形，内凹，具短尖头，下唇 2 个齿，披针形，果时花萼宿存，明显增大。花冠淡紫色，雄蕊 4 枚，分离。小坚果卵珠形，黑褐色。花期通常 7～9 月，果期 9～12 月。

产于河北、河南、江苏、浙江、安徽、江西、福建、台湾、广东、广西、贵州、四川、云南等地，作为芳香植物栽培，或有逸为野生。

八九、茄科

草本或木本。叶互生，无托叶。花单生或组成聚伞花序，两性，辐射对称；萼 5 裂或先端近平截，常宿存；花冠辐状、钟状、漏斗状或高脚碟状，裂片 5 片；雄蕊 5（4）枚；子房上位，2 心皮，二室或假四室，每室胚珠多数。浆果或蒴果。

1. 枸杞　狗奶子（江苏、安徽、山东）（图Ⅱ-89. 1）

灌木，高 1 m 余；枝条细弱，有棘刺。叶互生，在短枝上簇生，卵形、卵状菱形、卵状披针形，长 1. 5～5 cm，宽 5～17 mm，全缘，顶端急尖或钝，基部楔形。花单生或数朵簇生叶腋；花萼钟状，长3～4 mm；花冠漏斗状，长 9～12 mm，淡紫色；花丝基部密生绒毛。浆果椭圆形，长 5～15 mm，红色。花果期 6～11 月。

图Ⅱ-89.1　枸杞

常生于山坡、荒地、丘陵地、盐碱地、路旁及村边宅旁。分布于我国黑龙江、吉林、辽宁 、河北、山西、陕西、甘肃南部以及西南、华中、华南和华东各省区。

2. 江南散血丹

多年生草本，高 30～60 cm。茎直立，茎节略膨大，幼嫩时具细疏毛。叶连叶柄长 7～19 cm，宽2～7 cm，阔椭圆形、卵形或椭圆状披针形，顶端短渐尖或急尖，基部歪斜。花单生或成双生，花萼短钟状，长为花冠长的 1/3，长 5～7 mm，直径 6～10 mm，外面生疏柔毛，5 深中裂，裂片直立，狭三角形，有缘毛，花后增大成近球状，直径约2 cm；花冠阔钟状，白色，长 1. 2～1. 5 cm，直径 1. 5～2 cm，檐部 5 浅裂。浆果直径约 1. 8 cm。5 月开花，8 月果熟。

常生于海拔 450～1 100 m 的山坡或山谷林下潮湿地。产于河南、湖北、湖南、江西、浙江和江苏等省。

3. 酸浆

多年生草本；茎基部常匍匐生根。高达 80 cm。叶互生，长 5～15 cm，宽 2～8 cm，长卵形至阔卵形或菱状卵形，顶端渐尖，基部斜楔形、下延，波状全缘或有粗齿。花梗及萼密生柔毛；花冠白色，辐状，直径 15～20 mm，裂片开展，具缘毛；果萼卵球形，膀胱状，红色，长 2. 5～4 cm，直径 2～3. 5 cm，被柔毛。浆果球状，橙红色，直径 10～15 mm。花期 5～9 月，果期 6～10 月。

喜凉爽、湿润气候；喜阳光，常生长于空旷地或山坡。我国产于甘肃、陕西、河南、湖北、四川、贵州和云南等省。

变种：挂金灯 红姑娘（东北、河北）（图Ⅱ-89.2）

茎较粗壮，茎节膨大；叶仅叶缘有短毛；花梗近无毛或仅有稀疏柔毛，果时无毛；花萼除裂片密生毛外筒部毛被稀疏，果萼毛被脱落而光滑无毛。

常生于田野、沟边、山坡草地、林下或路旁水边；亦普遍栽培。本变种在我国分布广泛，除西藏外其他各省区均有分布。

图Ⅱ-89.2 挂金灯

4. 苦蘵（zhí） 灯笼草（华东、广东）（图Ⅱ-89.3）

一年生草本，高 30~50 cm，茎多分枝。叶片卵形至卵状椭圆形，长 3~6 cm，宽 2~4 cm，顶端渐尖或急尖，基部斜阔楔形，全缘或有不等大的牙齿。花冠淡黄色，长 4~6 mm，径 6~8 mm，花药常紫色，果萼卵球形，草绿色，直径 1.5~2.5 cm。浆果直径为 1~2 cm。花果期 5~12 月。

常生于海拔 500~1 500 m 的山谷林下及村边路旁。分布于我国华东、华中、华南及西南等地区。

图Ⅱ-89.3 苦蘵

5. 毛酸浆 洋姑娘（吉林）

一年生草本。叶阔卵形，长 3~8 cm，宽 2~6 cm，顶端急尖，基部歪斜心形，边缘通常有不等大的尖牙齿。花单独腋生，较大，长 8~15 mm，直径 10~20 mm。花萼钟状，密生柔毛，5 中裂；花冠淡黄色，喉部具紫色斑纹。果萼卵状，具 5 棱角和 10 纵肋，顶端萼齿闭合，基部稍凹陷；浆果球状，直径约 1.2 cm，黄色或有时带紫色。花果期 5~11 月。

多生于草地或田边路旁。原产美洲；我国吉林、黑龙江有栽培或逸为野生。

6. 辣椒（图Ⅱ-89.4）

一年生或有限多年生植物，高 40~80 cm。分枝稍“之”字形折曲。叶互生，矩圆状卵形、卵形或卵状披针形，长 4~13 cm，宽 1.5~4 cm，全缘，顶端短渐尖或急尖，基部狭楔形。花单生，俯垂；花萼杯状，不显著 5 个齿；花冠白色，裂片卵形。果梗较粗壮，俯垂；果实长指状，顶端渐尖且常弯曲，未成熟时绿色，成熟后成红色、橙色或紫红色，味辣。花果期 5~11 月。

本种原来的分布区在墨西哥到哥伦比亚，现在世界各国普遍栽培。

图Ⅱ-89.4 辣椒

7. 阳芋 马铃薯、土豆（图Ⅱ-89.5）

草本，高 30~80 cm。地下茎块状，扁圆形或长圆形，直径 3~10 cm，外皮白色、淡红色或紫色。叶为奇数不相等的羽状复叶，小叶常大小相间，长 10~20 cm。伞房花序顶生，后侧生，花白色或蓝紫色；萼钟形，直径约 1 cm，外面被疏柔毛，5 裂，裂片披针形，先端长渐尖；花冠辐状，直径2.5~3 cm，花冠筒隐于萼内，长约 2 mm，冠檐长约 1.5 cm，裂片 5 片，三角形，长约 5 mm。浆果圆球状，光滑，直径约 1.5 cm。花期夏季。

原产热带美洲的山地，我国各地均有栽培。

图Ⅱ-89.5 阳芋

8. 龙葵（图Ⅱ-89.6）

一年生直立草本，高 0.25~1 m。叶卵形，长 2.5~10 cm，宽 1.5~5.5 cm，先端短尖，基部楔形至阔楔形而下延至叶柄，全缘或每边具不规则的波状粗齿，叶柄长1~2 cm。蝎尾状花序腋外生，由 3~6（~10）朵花组成；萼小，浅杯状，齿卵圆形，先端圆，基部两齿间连接处成角度；花冠白色，筒部隐于萼内，冠檐 5 深裂，裂片卵圆形。浆果球形，直径约 8 mm，熟时黑色。种子多数，近卵形，直径 1.5~2 mm，两侧压扁。

喜生于田边、荒地及村庄附近。全国均有分布。

图Ⅱ-89.6 龙葵

9. 腺龙葵

一年生直立或倾卧草本，高达 70 cm，多分枝，全株密被长短两种黏质腺毛。叶卵形，长 2~6 cm，边缘具粗牙齿或波状。花单生或为蝎尾状聚伞花序；花 3 朵，花冠白色，辐状，直径 10~15 mm，具黄色脉纹。浆果球形，直径约 8 mm，光滑无毛。

原产南美洲，现在各地均有。

10. 野海茄

草质藤本，长 0.5~1.2 m，近无毛或疏生短柔毛。叶三角状宽披针形或卵状披针形，长 3~8.5 cm，宽 2~5 cm，基部圆形或楔形，边缘波状，有时 3~5 裂。聚伞花序顶生或腋外生，萼浅杯状，5 裂，萼齿三角形；花冠紫色，花冠筒隐于萼内，冠檐长约5 mm，基部具 5 个绿色的斑点，先端 5 深裂。浆果圆形，成熟后红色；种子肾形。花期夏秋间，果熟期秋末。

生长于荒坡、山谷、水边、路旁及山崖疏林下，海拔 600~1 800 m，也间有生长在海拔 250~2 800 m 的。产于东北地区及青海、新疆、陕西、河南、河北、江苏、浙江、安徽、湖南、四川、云南、广西、广东诸省区。

11. 白英（图Ⅱ-89.7）

蔓生藤状草本，长达 1 m；茎及小枝均密被具节长柔毛。叶互生，多数为琴形，长 3.5~6 cm，宽 2.5~4.5 cm，基部常有 1 或 2 对深裂片，裂片先端钝，全缘，中裂片狭卵形，先端渐尖，两面均密被长柔毛。聚伞花序顶生或腋外生，疏花；花冠蓝紫色或白色，直径约 1.1 cm。浆果球状，成熟时红黑色，直径约 8 mm。花期夏秋，果熟期秋末。

图Ⅱ-89.7 白英

喜生于山谷草地或路旁、田边，海拔 600~2 800 m。产于甘肃、陕西、山西、河南、山东、江苏、浙江、安徽、江西、福建、台湾、广东、广西、湖南、湖北、四川、云南诸省区。

12. 茄

直立分枝草本至亚灌木，高可达 1 m。叶大，卵形至长圆状卵形，先端钝，基部不相等，边缘浅波状或深波状圆裂，叶两面均被具分枝而平贴的星状绒毛。能孕花单生，毛被较密，花后常下垂，不孕花蝎尾状与能孕花并出；萼近钟形，直径约 2.5 cm 或稍大，外面密被星状绒毛及小皮刺，皮刺长约 3 mm，花冠辐状，外面星状毛被较密。本种因经长期栽培而变异极大，花的颜色及花的各部数目均有出入，一般有白花，紫花，5（~6）~7 数。果的形状或长或圆，颜色有白、红、紫等色。

我国各地均有栽培。

13. 番茄 西红柿

株高 0.6~2 m，全体生黏质腺毛，有强烈气味。茎易倒伏。叶羽状复叶或羽状深裂，长 10~40 cm，小叶极不规则，大小不等，常 5~9 枚，卵形或矩圆形，长 5~7 cm，边缘有不规则锯齿或裂片。花序总梗长 2~5 cm，常 3~7 朵花；花梗长 1~1.5 cm；花萼辐状，裂片披针形，果时宿存；花冠辐状，直径约 2 cm，黄色。浆果扁球状或近球状，肉质而多汁液，橘黄色或鲜红色，光滑；种子黄色。花果期夏秋季。

喜温，喜光。原产南美洲，我国南北广泛栽培。

14. 曼陀罗（图Ⅱ-89.8）

粗壮大草本，高达 2 m。叶宽卵形，长 8~12 cm，先端渐尖，基部不对称楔形，边缘不规则波状浅裂，裂片三角形。花单生；花萼筒状，长 4~5 cm，筒部具 5 棱角；花冠白色或紫色，漏斗状，长 6~10 cm，直径 3~5 cm。蒴果直立，成熟后淡黄色，卵球形，长 3~4 cm，直径 2~3.5 cm，表面生硬刺，5 瓣裂。花期 6~10 月，果期 7~11 月。

喜温暖、向阳，常生于住宅旁、路边或草地上，也有作药用或观赏而栽培。广布于我国各省区。

图Ⅱ-89.8　曼陀罗

15. 毛曼陀罗

一年生直立草本或半灌木状，高 1~2 m，全体密被细腺毛和短柔毛。叶片广卵形，长 10~18 cm，宽 4~15 cm，顶端急尖，基部不对称近圆形，全缘或有不规则的浅疏齿。花单生于枝杈间或叶腋，花萼圆筒状而不具棱角，5 裂，花后宿存部分随果实增大而渐大呈五角形；花冠长漏斗状，长 15~20 cm，下半部带淡绿色，上部白色，花开放后呈喇叭状，边缘有 10 尖头。蒴果俯垂，近球状或卵球状，密生灰白色柔毛和针刺，成熟后淡褐色。花果期 6~9 月。

常生于村边、路旁。我国大连、北京、上海、南京等许多城市有栽培，新疆阿尔泰地区、河北、山东、河南、湖北、江苏等省区有野生。

16. 烟草（图Ⅱ-89.9）

一年生或有限多年生草本。茎高 0.7~2 m，全体被腺毛。叶矩圆状披针形、披针形、矩圆形或卵形，顶端渐尖，基部渐狭至茎成耳状而半抱茎，长 10~70 cm，宽 8~30 cm。花序顶生，圆锥状，多花。花萼筒状或筒状钟形；花冠漏斗状，淡红色，筒部色更淡，长 3.5~5 cm，檐部宽 1~1.5 cm，裂片急尖。蒴

图Ⅱ-89.9　烟草

果卵状或矩圆状，长约等于宿存萼。夏秋季开花结果。

原产南美洲，我国南北各省区广为栽培。

17. 黄花烟草

一年生草本。高 40~60 cm。茎和叶被腺毛，分枝较细弱。叶片卵形、矩圆形、心形，顶端钝或急尖，基部圆或心形偏斜，长 10~30 cm，叶柄常短于叶片之半。花序圆锥式，顶生，疏散或紧缩。花萼杯状，裂片宽三角形，1 枚显著长；花冠黄绿色，筒部长 1.2~2 cm，檐部宽约 4 mm，裂片短，宽而钝。蒴果矩圆状卵形或近球状，长 10~16 mm。花期 7~8 月。

原产南美洲，我国西南、西北部及山西、广东等省有栽培。

18. 碧冬茄

一年生草本，茎蔓状，高达 50 cm，全株密被长腺毛。茎下部叶互生，上部叶假对生，近无柄或有短柄，卵形，长 3~8 cm，宽 1.5~4.5 cm，先端短渐尖或急尖，全缘。花单生；花萼 5 深裂，裂片披针形；花冠漏斗状，长 5~7 cm，白色、粉红色、堇色或紫色。蒴果长约 1 cm，2 瓣裂。

本种是一个杂交种，我国南、北方城市公园中普遍栽培，供观赏。

九〇、玄参科

草本或木本。叶互生、对生或轮生，无托叶。花两性，常两侧对称，稀近辐射对称；萼 4 或 5 深裂，宿存；花冠 4 或 5 裂，辐状至二唇形；雄蕊 4 枚，2 强，或 2 枚，稀 5 数；子房上位，常 2 室，每室胚珠多数。蒴果，稀浆果；种子具胚乳。

1. 毛泡桐（图Ⅱ-90.1）

落叶乔木，高达 20 m；枝具明显皮孔；幼枝和幼果密被黏质短腺毛。叶对生，具长柄，心形，长 15~30 cm，宽 12~18 cm，全缘或波状浅裂，下面密被黄褐色星状柔毛。聚伞圆锥花序密被星状柔毛。花萼长约 15 mm，5 裂超过中部；花冠淡黄色，长 5~7 cm。蒴果卵球形，长 3~4 cm。花期 4~5 月，果期 8~9 月。

生性耐寒耐旱，耐盐碱，耐风沙；在土壤 pH 值为 6~7.5 生长最好。通常栽培，西部地区有野生，海拔可达 1 800 m。分布于辽宁南部、河北、河南、山东、江苏、安徽、湖北、江西等地。

图Ⅱ-90.1　毛泡桐

2. 兰考泡桐

乔木高达 10 m 以上，全体具星状绒毛。叶片卵状心形，有时具不规则的角，长达 34 cm，中下部呈方形，上端近三角形，长宽几相等或稍较长，下面密被星状毛或无柄的树枝状毛。花序金字塔形或狭圆锥形，小聚伞花序有花 3~5 朵，稀有单花；花萼浅裂为 5 齿；花冠漏斗状钟形，紫色至粉白色，檐部略作二唇形。蒴果卵形，稀卵状椭圆形，有星状绒毛。花期 4~5 月，果期秋季。

分布于河北、河南、山西、陕西、山东、湖北、安徽、江苏，多数栽培，河南有野生。

3. 楸叶泡桐　小叶泡桐（河南）、无籽泡桐（河北）

落叶大乔木。叶片通常长卵状心脏形，长约为宽的 2 倍，顶端长渐尖，全缘或波状而有角，上面无毛，下面密被星状绒毛。小聚伞花序有明显的总花梗；萼浅钟形，浅裂达 1/3~2/5 处；花冠浅紫色，长 7~8 cm，较细，管状漏斗形，顶端直径不超过 3.5 cm，喉部直径 1.5 cm，檐部二唇形。蒴果椭圆形，幼时被星状绒毛，长 4.5~5.5 cm，果皮厚达 3 mm。花期 4 月，果期 7~8 月。

喜光不耐荫蔽，耐寒性强，较抗干旱，对土壤性质要求不严。分布于山东、河北、山西、河南、陕西等省，通常栽培，河南太行山区有野生。

4. 白花泡桐

乔木高达 30 m。幼枝、叶、花序各部和幼果均被黄褐色星状绒毛，但叶柄、叶片上面和花梗渐变无毛。叶片长卵状心脏形，长达 20 cm，顶端长渐尖或锐尖，常熟叶下面密被绒毛，叶柄长达 12 cm。小聚伞花序有花 3~8 朵，花冠管状漏斗形，白色仅背面稍带紫色或浅紫色，长 8~12 cm，外面有星状毛；蒴果长圆形或长圆状椭圆形，长 6~10 cm，顶端之喙长达 6 mm，宿萼开展或漏斗状，果皮木质，厚 3~6 mm。花期 3~4 月，果期 7~8 月。

生于低海拔的山坡、林中、山谷及荒地，越向西南则分布越高，海拔可达 2 000 m。分布于安徽、浙江、福建、台湾、江西、湖北、湖南、四川、云南、贵州、广东、广西等省区，野生或栽培，在山东、河北、河南、陕西等地有引种。

5. 玄参

多年生草本。茎方形，高达 1 m 余。茎下部叶对生，上部叶有时互生，卵形至披针形，长 10~15（~20）cm，宽 3~5.5 cm，先端渐尖，边缘具规则细锯齿。聚伞圆锥花序，花序轴被腺毛；花萼长 2~3 mm，分裂几达基部，裂片近圆形；花冠紫褐色，长 8~9 mm，上唇长于下唇。蒴果卵形，长 8~9 mm。花期 6~10 月，果期 9~11 月。

生于海拔 1 700 m 以下的竹林、溪旁、丛林及高草丛中，并有栽培。为我国特产，是一分布较广、变异较大的种类，产于河北（南部）、河南、山西、陕西（南部）、湖北、安徽、江苏、浙江、福建、江西、湖南、广东、贵州、四川等省。

6. 山西玄参

多年生草本，高达 60 cm 以上。茎四棱形，有白色髓心或有时中空，棱上微突，有密短腺毛。叶片卵形、卵状矩圆形至矩圆状披针形，长达 9 cm，宽达 5 cm，基部圆形、多少截形至近心形。花序顶生或还有侧枝的聚伞圆锥花序，伞花序稍稀疏，有花（3~）6~9 朵。花萼几无毛，裂片卵形；花冠绿色至黄绿色，花冠筒多长球形。蒴果卵形，连同短喙长 6~9 mm。花期 5~7 月，果期 7~9 月。

生于草地、河流旁、山沟阴处或林下，海拔 1 100~2 300 m。为我国特有种，产于陕西、山西、河北、河南等地。

7. 陌上菜（图Ⅱ-90.2）

直立无毛草本，高 5~20 cm。叶无柄，对生，椭圆形至长圆形，长 1~2 cm，宽 4~10 mm，先端钝，全缘或具不明显的锯齿，掌状脉 3 或 5 条。花单生叶腋，花梗长于叶；花萼长约 4 mm，分裂几达基部，裂片条形；花冠红色或紫色，长 5~7 mm，上唇直立；雄蕊 4 枚。蒴果球形，与萼近等长或略较长。花期 7~10 月，果期 9~11 月。

生于水边及潮湿处。分布于四川、云南、贵州、广西、广东、湖南、湖北、江西、浙江、江苏、安徽、河南、河北、吉林以及黑龙江等省区。

图Ⅱ-90.2　陌上菜

8. 母草

草本，高 10~20 cm，常铺散成密丛，多分枝。叶片三角状卵形或宽卵形，长 10~20 mm，宽 5~11 mm，边缘具三角状锯齿。花单生于叶腋或在茎枝之顶成极短的总状花序；花萼坛状，具 5 齿；花冠紫色，长 5~8 mm，管略长于萼，上唇直立，卵形，钝头，有时 2 浅裂，下唇 3 裂，中间裂片较大，仅稍长于上唇；雄蕊 4 枚，全育，2 强。蒴果椭圆形，与宿萼近等长。花、果期全年。

生于田边、草地、路边等低湿处。分布于我国浙江、江苏、安徽、江西、福建、台湾、广东、海南、广西、云南、西藏东南部、四川、贵州、湖南、湖北、河南等省区。热带和亚热带广布。

9. 狭叶母草

一年生草本。叶几无柄；叶片条状披针形至披针形或条形，长 1~4 cm，宽 2~8 mm，顶端渐尖而圆钝，基部楔形成极短的狭翅，全缘或有少数不整齐的细圆齿，脉自基部发出 3~5 条。花单生于叶腋，有长梗，梗在果时伸长达 35 mm，无毛，有条纹；萼齿 5 个，仅基部联合；花冠紫色、蓝紫色或白色，上唇 2 裂，卵形，圆头，下唇开展，3 裂，仅略长于上唇；雄蕊 4 枚，全育。蒴果条形，长达 14 mm，比宿萼长约 2 倍。花期 5~10 月，果期 7~11 月。

生于海拔 1 500 m 以下的水田、河流旁等低湿处。分布于河南、湖北、安徽、江苏、浙江、江西、福建、广东、湖南、广西、贵州、云南等省区。

10. 沟酸浆

多年生草本，柔弱，常铺散状，无毛。茎长可达 40 cm，多分枝，下部匍匐生根。叶卵形、卵状三角形至卵状矩圆形，长 1~3 cm，宽 4~15 mm，顶端急尖，基部截形，边缘具明显的疏锯齿，叶柄细长，与叶片等长或较短。花单生叶腋，花梗与叶柄近等长；花萼圆筒形，长约 5 mm，果期膨胀成囊泡状，增大近 1 倍，萼口平截，萼齿 5 个，细小，刺状；花冠较萼长一倍半，漏斗状，黄色，喉部有红色斑点；唇短，端圆形，竖直，沿喉部被密的髯毛。蒴果椭圆形，较萼稍短。花果期 6~9 月。

生于海拔 700~1 200 m 的水边、林下湿地。分布于秦岭、淮河以北、陕西以东各省区。

11. 通泉草

一年生草本。茎直立或斜升，高 5~30 cm。叶对生或互生，倒卵形至匙形，长 2~6 cm，宽 8~15 mm，先端钝圆，基部楔形下延，边缘具不规则粗齿。总状花序顶生，花萼长约 6 mm，5 中裂；花冠紫色或蓝色，长约 10 mm，上唇短而直；雄蕊 4 枚，2 强；子房和果实无毛。蒴果球形。花果期4~10 月。

生于海拔 2 500 m 以下的湿润的草坡、沟边、路旁及林缘。遍布全国。

12. 弹刀子菜（图Ⅱ-90.3）

多年生草本，高 10~50 cm，全体被多细胞白色长柔毛。茎生叶对生，上部的常互生，无柄，长椭圆形至倒卵状披针形，纸质。总状花序顶生，花稀疏；花萼漏斗状，果时增大；花冠长约 15 mm 或更长，蓝紫色，花冠筒与唇部近等长，上唇短，顶端 2 裂，下唇宽大，开展，3 裂。子房和果实被长硬毛。蒴果扁卵球形，长 2~3.5 mm。花期 4~6 月，果期 7~9 月。

图Ⅱ-90.3　弹刀子菜

生于海拔 1 500 m 以下的较湿润的路旁、草坡及林缘。分布于东北、华北，南至广东、台湾，西至四川、陕西。

13. 毛果通泉草

多年生草本，高 10~30 cm，全体被多细胞白色或浅锈色长柔毛。茎生叶对生或上部的互生，倒卵形至倒卵状匙形，膜质。总状花序顶生，花疏稀；花萼钟状，果期长 5~8 mm，直径小于 1 cm；花冠白色或淡紫色，长 8~12 mm，上唇裂片狭尖，下唇侧裂片圆形，全缘，中裂片较小，稍突出，卵圆形；子房被长硬毛。蒴果小，卵球形，淡黄色，被长硬毛。花期 5~6 月，果期 7~8 月。

生于海拔 700~2 300 m 的山坡及路旁草丛中。分布于贵州、四川、湖南、湖北和陕西南部。

14. 地黄　生地（图Ⅱ-90.4）

多年生草本，高达 40 cm，全株密被白色长腺毛。叶基生，长椭圆形至倒卵状披针形，长 3~10（~15）cm，宽 1~3（~6）cm，先端钝圆，基部渐狭下延，边缘具齿，上面皱；叶柄长 1~2 cm。总状花序；花萼筒部坛状，萼齿 5 个，反折；花冠筒状，紫红色，长约 4 cm。蒴果卵形至长卵形，长

1~1.5 cm。花果期 4~7 月。

生于海拔 50~1 100 m 的沙质壤土、荒山坡、山脚、墙边、路旁等处。分布于辽宁、河北、河南、山东、山西、陕西、甘肃、内蒙古、江苏、湖北等省区，各地有栽培。

图Ⅱ-90.4 地黄

15. 细穗腹水草（亚种）

一年生草本。茎圆柱状，有条棱。叶互生，具短柄，叶片纸质至厚纸质，长卵形至卵状披针形，长 9~16 cm，宽 3~6 cm。花序腋生，有时顶生于侧枝上，也有兼生于茎顶端的，长 1.5~5 cm，花序轴多少被短毛；苞片和花萼裂片钻形，多少有短睫毛；花冠白色、紫色或紫红色，长 5~6 mm，裂片近于正三角形，长不及 1 mm。蒴果卵状。

生于林下及林缘草地。产于福建西北部、江西、湖南、贵州东北部、湖北等地。

16. 朝鲜婆婆纳（变种）

多年生草本，高约 1 m。叶对生，至少中下部叶完全无柄，叶片卵形，宽 3~6 cm，两面被毛或仅叶脉上被毛。总状花序单生，长穗状，花序轴密被白色短曲毛。花冠蓝色或蓝紫色，少白色，长 6~7 mm，筒部短，不足全长 1/3，裂片多少开展。蒴果长 3~5 mm。花期 6~8 月。

生于山坡草地。分布于辽宁、山西、河南（商城）、安徽（岳西）、浙江（临安）等省区。

17. 水蔓青　（亚种）追风草（河北）

多年生草本，茎直立，高达 80 cm。叶对生，条形至长圆形，长 3~7.5 cm，宽 5~15 mm，先端急尖，基部楔状渐狭为短柄状，上部具三角形锯齿，两面被白色柔毛。总状花序顶生，长穗状；花萼 4 深裂，长 2~3 mm；花冠蓝紫色，长约 5 mm，筒部占全长的 1/3，裂片 4 片，不等大。蒴果球形。

广布于甘肃至云南以东、陕西、山西和河北以南各省区。

18. 蚊母草

一年生草本，高 10~25 cm。茎自基部分枝，侧枝铺散。叶对生，无柄，倒披针形至长矩圆形，长 1~2 cm，基部楔形，全缘或中上部有三角形齿。总状花序顶生，苞片叶状，花似单生叶腋，花梗极短，长不过 2 mm；花冠白色或浅蓝色，长 3~5 mm，裂片几相等；雄蕊 2 枚。蒴果倒心形，长 3~4 mm。花期 5~6 月。

生于潮湿的荒地、路边，在西南可达海拔 3 000 m 处。分布于东北、华东、华中、西南各省区。

19. 婆婆纳

一年生草本。茎多分枝，铺散或上升，高 10~25 cm。叶对生，具短柄，三角状圆形或卵圆形，长 5~10 mm，边缘具钝锯齿。总状花序顶生，花梗略短于叶状苞片；花萼 4 深裂，几达基部；花冠蓝紫色，辐状，直径 4~5 mm，4 深裂，冠筒极短。蒴果近肾形，宽 4~5 mm，先端凹口成直角，裂片先端圆形，宿存花柱不超过凹口。花期 3~10 月。

生于荒地。华东、华中、西南、西北地区及北京常见。

图Ⅱ-90.5 阿拉伯婆婆纳

20. 阿拉伯婆婆纳（图Ⅱ-90.5）

铺散多分枝草本，高 10~50 cm。茎密生两列多细胞柔毛。叶 2~4 对，具短柄，卵形或圆形，长 6~20 mm，宽 5~18 mm，基部浅心形，平截，边缘具钝齿。总状花序很长，花梗明显长于叶状苞片；花萼花期长仅 3~5 mm，果期增大达 8 mm，裂片卵状披针形，有睫毛，三出脉；花冠蓝色、紫色或蓝紫色，长4~6 mm，裂片卵形至圆形，喉部疏被毛；雄蕊短于花冠。蒴果肾形，长约5 mm，宽约7 mm，被腺毛，成熟后几乎无毛，网脉明显，先端凹口成钝角，宿存的花柱长约2.5 mm，超出凹口。花期3~5月。

分布于华东、华中及贵州、云南、西藏东部及新疆（伊宁），为归化的路边及荒野杂草，原产于亚洲西部及欧洲。

21. 水苦荬（mǎi） 水菠菜

多年生草本，全株近无毛。叶片为条状披针形，通常叶缘有尖锯齿；茎、花序轴，花萼和蒴果上多少有大头针状腺毛；花梗在果期挺直，横叉开，与花序轴几乎成直角，因而花序宽10~15 mm；花梗直而横展，与花序轴几呈直角；花柱也较短，长1~1.5 mm；花序轴、花萼和果具腺毛。蒴果近圆形。花期4~9月。

生于水边及沼地。广布于全国各省区，仅西藏、青海、宁夏、内蒙古未见标本。

22. 北水苦荬（图Ⅱ-90.6）

多年生草本，高达1 m，全株近无毛。叶无柄，对生，卵状长圆形至条状披针形，长2~7.5 cm，宽8~20 mm，基部圆形或近心形，全缘或疏生小锯齿。总状花序腋生，宽不足10 mm，花梗弯曲上升；花冠淡蓝色至白色，直径4~5 mm；花柱长1.5~2 mm。蒴果近球形，直径约3 mm。花期4~9月。

常见于水边及沼地，在西南可达海拔4 000 m的地方。广布于长江以北及西南各省区。

图Ⅱ-90.6 北水苦荬

23. 山萝花（图Ⅱ-90.7）

一年生草本，全株被鳞片状短毛，高15~50 cm。叶对生，卵状披针形至条形，长2~8 cm，宽0.2~3 cm，先端渐尖，全缘。总状花序，下部花苞片叶状，向上渐小，全缘，基部具尖齿，或全部边缘具芒状齿；花冠红色至紫色，长12~20 mm，上唇2裂片反卷，边缘密生须毛。蒴果长渐尖，卵状，长约13 mm，2瓣裂。花期夏秋。

生于山坡灌丛及高草丛中。分布于东北、河北、山西、陕西、甘肃、河南、湖北、湖南及华东各省。

图Ⅱ-90.7 山萝花

图Ⅱ-90.8 松蒿

24. 松蒿（图Ⅱ-90.8）

一年生草本，高可达100 cm，植体被多细胞腺毛。茎直立或弯曲而后上升，通常多分枝。叶具长5~12 mm边缘有狭翅之柄，叶片长三角状卵形，长15~55 mm，宽8~30 mm，近基部的羽状全裂，向上则为羽状深裂；小裂片长卵形或卵圆形，多少歪斜，边缘具重锯齿或深裂，长 4~10 mm，宽 2~5 mm。花具长 2~7 mm 之梗，萼长 4~10 mm，萼齿 5 个，叶状，披针形，长 2~6 mm，宽 1~3 mm，羽状浅裂至深裂，裂齿先端锐尖；花冠紫红色至淡紫红色，长 8~25 mm，外面被柔毛；上唇裂片三角状卵形，下唇裂片先端圆钝；花丝基部疏被长柔毛。蒴果卵珠形，长 6~10 mm。花果期 6~10 月。

生于海拔 150~1 900 m 的山坡灌丛阴处。分布于我国除新疆、青海以外的各省区。

25. 返顾马先蒿

多年生草本，高达 70 cm。叶多为互生，卵形至矩圆状披针形，长 2.5~5.5 cm，宽 1~2 cm，先端渐尖，边缘具圆钝重锯齿。花序总状，苞片叶状；花萼长 6~9 mm；花冠淡紫红色，长 20~35 mm，冠筒长 12~15 mm，自基部扭转，使下唇及盔部呈回顾状，盔具短喙。蒴果矩圆状披针形。花期 6~8 月，果期 7~9 月。

生长于海拔 300~2 000 m 的湿润草地及林缘。本种分布极广，在我国东北地区、内蒙古、山东、河北、山西、陕西、安徽、甘肃、四川、贵州等省区均有分布。

26. 轮叶马先蒿

多年生草本，高达 15~35 cm。叶片长圆形至线状披针形，下面微有短柔毛，羽状深裂至全裂，长 2.5~3 cm，裂片线状长圆形至三角状卵形，具不规则缺刻状齿，茎生叶下部者偶对生，一般 4 叶轮生。花序总状，常稠密；花冠紫红色，管约在距基部 3 mm 处以直角向前膝曲，使其上段由萼的裂口中伸出，上段长 5~6 mm，中部稍稍向下弓曲，喉部宽约 3 mm，下唇约与盔等长或稍长，盔略略镰状弓曲，长 5 mm 左右。蒴果形状大小多变，多少披针形。花期 7~8 月。

生于海拔 2 100~3 350 m 的湿润处。本种广布于我国东北、内蒙古与河北等处，向西至四川北部及西部。

27. 红纹马先蒿

多年生草本，高达 1 m，茎密被短卷毛。叶互生，披针形，长达 10 cm，宽达 3.5 cm，羽状全裂，裂片线形，篦齿状排列，边缘有浅锯齿。穗状花序，花序轴密生毛被；花萼钟状，长 10~13 mm；花冠黄色，具绛红色的脉纹，长 25~33 mm，其盔先端具齿。蒴果卵球形。花期 6~7 月，果期 7~8 月。

生于海拔 1 300~2 650 m 的高山草原中及疏林中。分布于我国北方诸省，自河北至宁夏回族自治区。

28. 山西马先蒿

多年生草本，高达 70 cm。叶均茎生，披针状线形，锐头，基部广楔形至抱茎，羽状深裂，长5~12 cm，宽 0.8~4.5 cm，裂片 9~15 对，三角状卵形至披针状长圆形。花序总状；花冠很大，长约 45 mm，全面密被腺毛，盔先端钝而无齿，长 20 mm。蒴果长圆状卵圆形，长达2 cm，宽 9 mm。

生于海拔 1 160~2 400 m 的高草坡或灌丛草原中。为我国特有种，产于河南、山西、陕西。

29. 阴行草（图Ⅱ-90.9）

一年生草本，高达 80 cm，全体密被锈色短毛。叶对生，近无柄，二回羽状全裂；裂片多为 3 对，条形或条状披针形，宽 1~3 mm，具 1~3 枚小裂片。疏总状花序；萼筒长 10~15 mm，萼齿 5 个，长为萼筒的 1/4~1/3；花冠上唇红紫色，下唇黄色，长 20~25 mm；花丝基部被毛。蒴果包藏于宿存的萼内。花期 6~8 月。

生于海拔 800~3 400 m 的干山坡与草地中。在我国分布甚广，东北、华北、华中、华南、西南等地区都有分布。

图Ⅱ-90.9　阴行草

30. 腺毛阴行草（图Ⅱ-90.10）

一年生草本，高 30~60 cm，全体密被腺毛。叶对生，近掌状 3 浅裂，中下部以上稠密，膜质，密被腺毛，叶片下延成翅；叶片三角状长卵形，长 15~25 mm，宽 8~15 mm，两面密被细腺毛。花序总状，生于茎枝顶端；萼齿 5 个，长为萼筒的 1/2~2/3；花成对，花冠黄色，有时盔背部微带紫色，外面密被混杂的长腺及长毛，内面被短毛；花丝全长被毛。蒴果黑褐色，包于宿萼内，卵状长椭圆形，长 12~13 mm，直径约 3.5 mm，端稍有一短突尖。花期 7~9 月，果期 9~10 月。

图Ⅱ-90.10 腺毛阴行草

生于海拔 220~500 m 的草丛或灌木林中较阴湿的地方。分布于湖南、安徽、广东、福建等地。

九一、紫葳科

乔木、灌木或藤本，稀草本。叶对生，多为复叶，无托叶。圆锥花序或总状花序，花常大而艳丽，两性，两侧对称；萼管状，先端 5 齿裂；花冠钟状或漏斗状，先端 4 或 5 裂，常二唇形；雄蕊 4 或 2 枚；具花盘；子房上位，常 2 室，每室胚珠多数，花柱 1 个，细长。蒴果，稀浆果状；种子常有翅或束毛，无胚乳。

1. 梓（zǐ）树（图Ⅱ-91.1）

落叶乔木，高达 15 m。叶对生，宽卵形或近圆形，长 10~25 cm，宽 7~25 cm，先端 3~5 浅裂，边缘全缘，两面或沿脉疏生长柔毛，或近无毛；叶柄长 6~14 cm。圆锥花序；花萼 2 裂；花冠黄白色，内面有紫斑，长约 2.5 cm。蒴果线形，下垂，果瓣宽 4~5（~7）mm；种子宽约 3 mm，两端具有平展的长毛。

图Ⅱ-91.1 梓树

喜温暖，也能耐寒；土壤以深厚、湿润、肥沃的夹沙土较好，多栽培于村庄附近及公路两旁，野生者已不可见，在海拔（500）1 900~2 500 m。产于长江流域及其以北地区。

2. 楸

落叶乔木，高 8~12 m。叶对生，三角状卵形或卵状长圆形，长 6~16 cm，宽达 6~12 cm，顶端渐尖，全缘，有时基部具有 1~2 牙齿，两面无毛。总状花序伞房状；花冠淡红色至白色，内面具有 2 条黄色条纹及暗紫色斑点，长 3.5~4 cm。蒴果线形，长 25~50 cm，宽约 5 mm。种子狭长椭圆形，长约 1 cm，宽约 2 mm，两端生长毛。花期 5~6 月，果期 6~10 月。

本种性喜肥土。产于河北、河南、山东、山西、陕西、甘肃、江苏、浙江、湖南；在广西、贵州、云南栽培。

3. 凌霄

落叶木质藤本，借气生根攀缘。羽状复叶对生；小叶 7~9 枚，卵形至卵状披针形，长 4~6 cm，宽 1.5~3 cm，先端渐尖，边缘有齿缺，两面无毛。花序顶生；花萼 5 中裂，裂片披针形；花冠橘红色，漏斗状钟形，长达 6.5 cm。蒴果长如豆荚；种子扁平，具膜质翅。花期 5~8 月。

喜温湿环境，产于长江流域各地，以及河北、山东、河南、福建、广东、广西、陕西。在台湾有栽培。

4. 厚萼凌霄 美国凌霄（图Ⅱ-91.2）

藤本，具气生根，长达 10 m。羽状复叶对生；小叶 9～11 枚，椭圆形至卵状椭圆形，长 3.5～6.5 cm，宽 2～4 cm，顶端尾状渐尖，基部楔形，边缘具齿，下面沿脉及叶被短柔毛。花萼钟状，长约 2 cm，5 浅裂至萼筒的 1/3 处，裂片齿卵状三角形。花冠筒细长，漏斗状，橙红色至鲜红色，筒部为花萼长的 3 倍。蒴果长圆柱形，长 8～12 cm，顶端具喙尖，沿缝线具龙骨状突起，粗约2 mm，具柄，硬壳质。

喜光，稍耐荫蔽，喜温暖，湿润，尚耐寒。原产美洲。在广西、江苏、浙江、湖南栽培作庭园观赏植物。

图Ⅱ-91.2 厚萼凌霄

5. 角蒿 羊角蒿

一年生草本，高达 80 cm，被微柔毛。下部叶对生，上部叶互生，长 4～16 cm，二至四回羽状分裂，羽片 4～7 对；末回裂片条形或条状披针形，长 2～15 mm，宽 1.5～3（～4）mm。总状花序，花梗长达 10 mm；花萼钟状，萼齿钻形；花冠红色、红紫色或黄色，漏斗形，冠筒长 2～4 cm，檐部 5 裂，略呈二唇形。蒴果长角状，长 4～11 cm。花期 5～9 月，果期 10～11 月。

生于山坡、田野，海拔 500～2 500（～3 850）m。产于东北、河北、河南、山东、山西、陕西、宁夏、青海、内蒙古、甘肃西部、四川北部、云南西北部、西藏东南部。

九二、胡麻科

一年生或多年生草本，稀为灌木。叶对生或生于上部的互生，全缘、有齿缺或分裂。花两侧对称，单生或为总状花序，稀簇生；花梗短，苞片缺或极小。花萼 4～5 深裂。花冠筒状，一边肿胀，呈不明显二唇形，檐部裂片 5 片。雄蕊 4 枚，2 强，常有 1 枚退化雄蕊。子房上位或很少下位，2～4 室，中轴胎座，柱头 2 浅裂，胚珠多数，倒生。蒴果不开裂，常覆以硬钩刺或翅。种子多数。

1. 芝麻（图Ⅱ-92.1）

一年生直立草本，高 60～150 cm。叶矩圆形或卵形，长 3～10 cm，宽 2.5～4 cm，下部叶常掌状 3 裂，中部叶有齿缺，上部叶近全缘；叶柄长 1～5 cm。花单生或 2～3 朵同生于叶腋内。花萼裂片披针形，长 5～8 mm，宽 1.6～3.5 mm，被柔毛。花冠长 2.5～3 cm，筒状，直径 1～1.5 cm，长 2～3.5 cm，白色而常有紫红色或黄色的彩晕。蒴果矩圆形，长 2～3 cm，直径 6～12 mm，有纵棱，直立，被毛，分裂至中部或至基部。种子有黑白之分。花期夏末秋初。

芝麻原产印度，在我国各地栽培。

图Ⅱ-92.1 芝麻

九三、苦苣苔科

草本或灌木，有时攀缘状。单叶对生或全基生；花单生，或组成各式聚伞花序；萼管状，5 裂；花冠多少二唇形，裂片 5 片；雄蕊 4 枚，2 强，或能育雄蕊 2 枚；花盘环状；子房上位，稀下位，侧膜胎座，胚珠多数。蒴果，果瓣常旋转。

1. 珊瑚苣苔

多年生草本。叶密集基生，菱状卵形或菱形，长 1.6~3.5 cm，宽 0.8~2.2 cm，边缘具小钝齿，下面多为紫红色，仅沿叶脉密被锈色绵毛；叶柄扁平，长达 1.5 cm。花葶和花序被锈色绵毛，后变无毛，高 7~12 cm，聚伞花序伞形；花萼 5 裂至基部；花冠堇色，长 9~11 mm；雄蕊 4 枚，花药成对黏合。蒴果条形，长 17~22 mm。花期 6 月，果期 8 月。

生于山坡岩石上，海拔 1 000~2 300 m。产于云南、贵州、四川、陕西、湖北、湖南、广西、广东、山西、河南及河北等省区。

2. 半蒴苣苔

多年生草本。茎高达 40（60）cm。叶对生，菱状椭圆形或长椭圆形，长 5~17 cm，先端短渐尖，基部渐狭，全缘。对生的二叶柄基部合生为船形。花序腋生；苞片圆卵形，宽约 18 mm；萼片长 10~12 mm，5 深裂；花冠白色或带粉红色，长约 4 cm；能育雄蕊 2 枚。蒴果近镰刀状，长约 2 cm。花期 8~10 月，果期 9~11 月。

生于海拔 350~2 100 m 的山谷林下或沟边阴湿处。产于陕西、甘肃、江苏、安徽、浙江、江西、福建、河南、湖北、湖南、广东北部、广西、四川、贵州等省区。

3. 降龙草（图Ⅱ-93.1）

多年生草本。茎高 10~40 cm，肉质。叶对生，椭圆形、卵状披针形或倒卵状披针形，长 3~22 cm，全缘或中部以上具浅钝齿，基部楔形或下延；对生叶柄基部不合生，叶柄长 0.5~5.5 cm。聚伞花序腋生或假顶生，具（1~）3~10 余朵花；总苞球形，开裂后呈船形。萼片 5 片，长椭圆形，无毛，干时膜质。花冠白色，具紫斑，长 3.5~4.2 cm。蒴果线状披针形，多少弯曲，无毛。花期 9~10 月，果期 10~12 月。

图Ⅱ-93.1　降龙草

生于海拔 100~2 100 m 的山谷、林下、石上或沟边阴湿处。产于陕西、甘肃、浙江、江西、湖北、湖南、广东、广西、四川、贵州及云南东南部。

4. 旋蒴苣苔　猫耳朵、牛耳草（图Ⅱ-93.2）

多年生草本。叶密集基生，无柄，近圆形、卵形或倒卵形，长 1.8~5 cm，宽 1.3~5.2 cm，边缘具牙齿或波状浅齿，上面被白色长伏柔毛，下面被白色或浅褐色绒毛。花葶高 7~14 cm，和花序均密被短腺毛；花萼 5 裂至近基部；花冠淡蓝紫色，长 8~13 mm，直径 6~10 mm；能育雄蕊 2 枚。蒴果长 3~4 cm，旋转状卷曲。花期 7~8 月，果期 9 月。

生于山坡路旁岩石上，海拔 200~1 320 m。产于浙江、福建、江西、广东、广西、湖南、湖北、河南、山东、河北、辽宁、山西、陕西、四川及云南等省区。

图Ⅱ-93.2 旋蒴苣苔

图Ⅱ-93.3 吊石苣苔

5. 吊石苣苔（图Ⅱ-93.3）

小灌木，高7~30 cm。叶3枚轮生，有时对生或数枚轮生；叶片革质，形状变化大，线形、线状倒披针形、狭长圆形或倒卵状长圆形，少有为狭倒卵形或长椭圆形，长1.5~5.8 cm，宽0.4~1.5 cm；叶柄长1~4（~9）mm，上面常被短伏毛。花序有1~2（~5）朵花；苞片披针状线形。花萼长3~4（~5）mm，5裂达至近基部；裂片狭三角形或线状三角形。花冠白色带淡紫色条纹或淡紫色，长3.5~4.8 cm，无毛。蒴果线形，长5.5~9 cm，宽2~3 mm，无毛。花期7~10月。

生于丘陵或山地林中或阴处石崖上或树上，海拔300~2 000 m。产于云南东部、广西、广东、福建、台湾、浙江、江苏南部、安徽、江西、湖南、湖北、贵州、四川、陕西南部。

九四、狸藻科

陆生或水生食虫植物。水生植物叶常轮生，沉水叶羽状分裂，丝状裂片基部具膀胱状捕虫囊，漂浮叶莲座状或退化为鳞片形；陆生植物叶互生。总状花序；花两性，两侧对称，萼2~5裂；花冠二唇形，基部具距或囊；雄蕊2枚；子房上位，特立中央胎座，1室，胚珠多数。蒴果。

1. 狸藻

多年生食虫水生草本，茎长达60 cm。叶沉水，互生，长2~4 cm，数回羽状分裂，末回裂片毛发状，边缘具刺状齿，捕虫囊生于小羽片基部。花茎高15~25 cm，花序总状，花梗长10~15 mm，膜质苞片长3~5 mm；花萼2裂；花冠黄色，二唇形。蒴果球形，直径约5 mm。花期6~8月，果期7~9月。

生于湖泊、池塘、沼泽及水田中，海拔50~3 500 m。产于黑龙江、吉林、辽宁、内蒙古、河北、山西、陕西、甘肃、青海、新疆、山东、河南和四川西北部。广布于北半球温带地区。

九五、爵床科

草本或灌木，有时攀缘状。叶对生，无托叶。花两性，常两侧对称，具发达的叶状苞片或小苞片；萼5（4）裂；花冠常二唇形；雄蕊4或2枚；子房上位，2室，每室胚珠1颗至多数。蒴果2瓣裂，中轴宿存；种子具钩状种柄。

1. 白接骨

草本；茎略呈4棱形，高达1 m。叶对生，卵形至椭圆状矩圆形，长5~20 cm，顶端尖至渐尖，基部下延成柄，边缘微波状至具浅齿。穗状花序顶生，苞片长1~2 mm；花萼裂片5，具腺毛；花冠淡紫红色，漏斗状，冠筒细长，达4 cm，裂片5片，长约15 mm；雄蕊4枚。蒴果长18~22 mm，上部具 4 种子，下部实心细长柄状。

生于林下或溪边。广布于江苏、浙江、安徽、江西、福建、台湾、广东、广西、湖南、湖北、云南、贵州、重庆、四川等地。

2. 九头狮子草（图Ⅱ-95.1）

草本，高达 50 cm。叶对生，常卵状矩圆形，长 5~12 cm，宽 1~3 cm，顶端渐尖，基部楔形，全缘，无毛；叶柄长 1~2 cm。花序由 2 至多个聚伞花序组成，每个聚伞花序下托以 2 片叶状总苞苞片，一大一小，苞片椭圆形至卵状矩圆形，长 1.5~2.5 cm；花萼裂片 5 片，钻形；花冠粉红色至微紫色，长 2.5~3 cm，二唇形；雄蕊 2 枚。蒴果长 1~1.2 cm；种子有小疣状突起。

低海拔广布，生于路边、草地或林下。产于河南、安徽、江苏、浙江、江西、福建、湖北、广东、广西、湖南、重庆、贵州、云南等省区。

图Ⅱ-95.1　九头狮子草

图Ⅱ-95.2　爵床

3. 爵床（图Ⅱ-95.2）

细弱草本，被短硬毛；茎高 20~40 cm，基部匍匐。叶对生，椭圆形至椭圆状长圆形，长 1~3.5 cm，先端急尖或钝，基部楔形。穗状花序顶生或生上部叶腋，苞片及小苞片均披针形，长 4~5 mm；花萼裂片 4 片，线形，约与苞片等长；花冠粉红色，长 7 mm，二唇形，下唇 3 浅裂；雄蕊 2 枚。蒴果长约 5 mm，上部具 4 粒种子，下部实心似柄状。

生于山坡林间草丛中，为习见野草。产于秦岭以南，东至江苏、台湾，南至广东，海拔 1 500 m 以下；西南至云南、西藏（吉隆），海拔 2 200~2 400 m。

九六、透骨草科

本科仅一种，特征同种。

透骨草

多年生草本，高达 60 cm；茎 4 棱，不分枝，被细柔毛。叶对生，卵形至卵状披针形，长 3~11 cm，宽 2~7 cm，先端渐尖，基部楔形下延为叶柄，边缘具钝齿。总状花序穗形，花梗极短，花在花期后反折贴伏花序轴；花萼上唇 3 裂片刺芒状，顶端向后钩曲；花冠淡紫色或白色，二唇形；雄蕊 4 枚，二强。瘦果棒状，长 6~8 mm。花期 6~10 月，果期 8~12 月。

生于海拔 380~2 800 m 阴湿山谷或林下。产于黑龙江、吉林、辽宁、河北、山西、陕西、甘肃、山东、江苏、安徽、浙江、江西、福建、河南、湖北、湖南、广西、四川、贵州、云南、西藏等省区。

九七、车前科

草本。叶基生，莲座状，弧形脉，无托叶。头状花序或穗状花序生于花葶上；花两性，辐射对称；4数花，萼4裂，膜质；花冠4裂，干膜质，宿存；雄蕊4枚，花丝细长，“丁”字形药；子房上位，中轴胎座，稀特立中央胎座，花柱1个，丝状。蒴果盖裂。

1. 大车前（图Ⅱ-97.1）

二年生或多年生草本。叶基生呈莲座状，宽卵形至宽椭圆形，长3~18（~30）cm，宽2~11（~21）cm，先端钝尖或急尖，边缘波状、疏生不规则牙齿或近全缘；叶柄长（1~）3~10（~26）cm，基部鞘状。花序1至数个；穗状花序细圆柱状，基部常间断；苞片宽卵状三角形，长1.2~2 mm。花无梗；花萼长1.5~2.5 mm，萼片先端圆形。花冠白色，冠筒等长或略长于萼片，裂片披针形至狭卵形，于花后反折。蒴果近球形或卵球形，周裂。种子8~16粒，卵形、椭圆形或菱形。花期6~8月，果期7~9月。

图Ⅱ-97.1 大车前

生于草地、草甸、河滩、沟边、沼泽地、山坡路旁、田边或荒地，海拔50~2 800 m。产于黑龙江、吉林、辽宁、内蒙古、河北、山西、陕西、甘肃、青海、新疆、山东、江苏、福建、台湾、广西、海南、四川、云南、西藏等省区。

2. 平车前

一年生草本，主根圆柱形，发达。叶基生，莲座状平展地面，椭圆形或椭圆状披针形，长4~10 cm，宽1~3 cm，边缘具不规则疏牙齿，弧形脉5~7条；叶柄长1.5~3 cm。花葶高4~20 cm，穗状花序，花小密生，苞片和萼裂片具有绿色龙骨状突起；花萼裂片4枚，长约2 mm；花冠干膜质，裂片4片；雄蕊4枚。蒴果长约3 mm，周裂。花期5~7月，果期7~9月。

生于草地、河滩、沟边、草甸、田间及路旁，海拔50~4 500 m。产于黑龙江、吉林、辽宁、内蒙古、河北、山西、陕西、宁夏、甘肃、青海、新疆、山东、江苏、河南、安徽、江西、湖北、四川、云南、西藏等省区。

3. 车前

二年生或多年生草本，须根系。叶基生呈莲座状，卵形或宽卵形，两面无毛；花序3~10个，穗状花序细圆柱状，长3~40 cm，紧密或稀疏，下部常间断；苞片狭卵状三角形或三角状披针形，长2~3 mm，长过于宽，龙骨突宽厚；花萼长2~3 mm，萼片先端钝圆或钝尖，龙骨突不延至顶端；花冠白色，无毛，冠筒与萼片约等长；蒴果有种子5~6（8）粒。花期4~8月，果期6~9月。

生于草地、沟边、河岸湿地、田边、路旁或村边空旷处，海拔30~3 200 m。产于黑龙江、吉林、辽宁、内蒙古、河北、山西、陕西、甘肃、新疆、山东、江苏、安徽、浙江、江西、福建、台湾、河南、湖北、湖南、广东、广西、海南、四川、贵州、云南、西藏等省区。

九八、茜草科

草本、灌木或乔木，有时呈攀缘状。单叶，对生，具发达的托叶，或叶轮生而无托叶，全缘。花两性，稀单性，辐射对称，稀两侧对称；萼先端4或5裂；花冠4或5裂；雄蕊与花冠裂片同数而互生；子房下位，常2室，稀有数室。蒴果、核果或浆果；种子具胚乳。

1. 细叶水团花（图Ⅱ-98.1）

灌木，小枝红褐色，被柔毛。叶对生，卵状披针形或长圆形，长3~4 cm，宽1~2.5 cm，先端渐尖，下面沿脉疏生毛；叶柄极短或近无；托叶2深裂，披针形，长约2 mm。头状花序具长梗，直径15~22 mm，花冠裂片上部有黑点。蒴果长约4 mm。花果期5~12月。

生于溪边、河边、沙滩等湿润地区。产于广东、广西、福建、江苏、浙江、湖南、江西和陕西（秦岭南坡）等省区。

图Ⅱ-98.1　细叶水团花

2. 香果树

落叶大乔木。叶对生，具长梗，宽椭圆形或宽卵形，长达 20 cm，先端急尖或骤渐尖，无毛，或仅下面中、侧脉及脉腋有淡黄色柔毛；托叶大，三角状卵形，早落。聚伞圆锥花序；花黄色，5 数；花萼裂片先端平截，部分花的 1 片萼裂片扩大成叶状，色白而宿存；花冠漏斗状，长约 2 cm。蒴果近纺锤形，长 3~5 cm。花期 6~8 月，果期 8~11 月。

生于海拔 430~1 630 m 处的山谷林中，喜湿润而肥沃的土壤。产于陕西、甘肃、江苏、安徽、浙江、江西、福建、河南、湖北、湖南、广西、四川、贵州、云南东北部至中部。

3. 栀（zhī）子（图Ⅱ-98.2）

灌木。叶对生或轮生，常椭圆状倒卵形或矩圆状倒卵形，长 5~14 cm，高 2~7 cm，先端短渐尖，全缘，仅下面脉腋有簇毛；托叶鞘状。花单生，白色，芳香；花萼长 2~3 cm，裂片 5~7 片，条状披针形；花冠高脚碟状，冠筒长 3~4 cm。果实黄色，卵形至长椭圆形，长 2~4 cm，有翅棱。花期 3~7 月，果期 5 月至翌年 2 月。

喜温暖湿润气候，适宜生长在疏松、肥沃、排水良好、轻黏性酸性土壤中。生于海拔 10~1 500 m 处的旷野、丘陵、山谷、山坡、溪边的灌丛或林中。产于山东、江苏、安徽、浙江、江西、福建、台湾、湖北、湖南、广东、香港、广西、海南、四川、贵州和云南等省区，河北、陕西和甘肃有栽培。

图Ⅱ-98.2　栀子

图Ⅱ-98.3　薄皮木

4. 薄皮木（图Ⅱ-98.3）

灌木，高 0.2~1 m；小枝纤细，灰色至淡褐色，被微柔毛，表皮薄，常片状剥落。叶纸质，披针形或长圆形，有时椭圆形或近卵形，长 0.7~2.5 cm，宽 0.3~1 cm，顶端渐尖。花无梗，常 3~7 朵簇生枝顶；小苞片透明，卵形，1/2~2/3 合生；萼裂片边缘密生缘毛；花冠淡紫红色，漏斗状，长 11~14（~20）mm，冠管狭长，下部常弯曲。蒴果长 5~6 mm。花期 6~8 月，果期 10 月。

生于山坡、路边等向阳处，亦见于灌丛中。产于我国华北地区，尤以河北最常见。

5. 白马骨

多分枝灌木，通常高达 1 m。叶对生，常聚生于小枝上部，卵形至披针形，长 1~3（~4）cm，宽 3~15 mm，全缘，先端急尖或钝，基部渐狭；托叶膜质，先端具锥状裂片。花簇生枝顶，白色，近无梗；花萼裂片 5 片，披针形，长于萼筒；花冠长 5~7 mm，5 裂。核果球形，具 2 分核。花期 4~6 月。

生于荒地或草坪。产于河南、江苏、安徽、浙江、江西、福建、台湾、湖北、广东、香港、广西等省区。

6. 六月雪

小灌木，高 60~90 cm，有臭气。叶革质，卵形至倒披针形，长 6~22 mm，宽 3~6 mm，顶端短尖至长尖，边全缘，无毛；叶柄短。花单生或数朵丛生于小枝顶部或腋生，有被毛、边缘浅波状的苞片；萼檐裂片细小，锥形，被毛；花冠淡红色或白色，长 6~12 mm，裂片扩展，顶端 3 裂。花期 5~7 月。

生于河溪边或丘陵的杂木林内。产于河南、江苏、安徽、江西、浙江、福建、广东、香港、广西、四川、云南等省区。

7. 鸡矢藤（图Ⅱ-98.4）

缠绕藤本，恶臭；茎无毛或近无毛。叶对生，卵形、卵状长圆形至披针形，长 5~9（~15）cm，宽 1~5（~9）cm，顶端急尖至短渐尖，全缘，两面仅沿脉疏生短柔毛；叶柄长 1.5~7 cm。聚伞圆锥花序；花萼 5 裂；花冠淡紫色，筒状，长 10~15 mm，先端裂片 5 片，宽三角形，长 1~2 mm。浆果黄色，球形，直径 5~7 mm。花期 5~7 月。

生于海拔 200~2 000 m 的山坡、林中、林缘、沟谷边灌丛中或缠绕在灌木上。产于陕西、甘肃、山东、江苏、安徽、江西、浙江、福建、台湾、河南、湖南、广东、香港、海南、广西、四川、贵州、云南等省区。

变种：毛鸡矢藤

本变种与原变种（鸡矢藤）的区别是：小枝和叶两面密被柔毛；花序常被小柔毛；花冠外面常有海绵状白毛。

生境同鸡矢藤。产于河南、江西、广东、香港、海南、广西、云南等省区。

图Ⅱ-98.4　鸡矢藤

图Ⅱ-98.5　茜草

8. 茜草（图Ⅱ-98.5）

草质攀缘藤木；小枝四棱形，和叶柄均具倒生皮刺。叶通常 4 片轮生，硬纸质，卵形至卵状披针形，长 2~6（~9）cm，宽 1~4 cm，顶端渐尖，全缘，边缘具倒刺，两面被刺状糙毛，基出脉 3~5 条，叶柄长 1~8 cm。聚伞圆锥花序；萼筒近球形；花冠黄白色至白色，辐状，裂片 5 片。果近球形，黑色，直径约 5 mm。花期 8~9 月，果期 10~11 月。

常生于疏林、林缘、灌丛或草地上。产于东北、华北、西北地区和四川（北部）及西藏（昌都地区）等地。

9. 披针叶茜草

多年生草本，攀缘状或披散状，长达 1 m。叶 4 片轮生，革质，叶柄长 1~9 cm，被倒向小刺状糙毛；叶片披针形或卵状披针形，长 2~9 cm，宽 0.5~2（~3）cm，先端渐尖，基部浅心形至近圆形，全缘，基出脉 3 条。聚伞花序排成大而疏散的圆锥花序；花萼筒近球形；花冠辐状，黄绿色，檐部 5 片裂片宽三角形。果实球形，直径 4~5 mm，成熟后黑色。花期 5~6 月，果期 8~9 月。

生于海拔 600~1 820 m 的山沟、山坡林下、河滩草地与农田边。产于陕西、河南、甘肃等省。

10. 东南茜草

多年生草质藤本。茎、枝四棱形，棱上有倒生钩状皮刺。叶 4 枚轮生，通常一对较大，另一对较小，叶片纸质，心形至阔卵状心形，有时近圆心形，长 0.1~5 cm，宽 1~4.5 cm，顶端短尖或骤尖，基部心形，边缘和叶背面的基出脉上通常有短皮刺，两面粗糙；基出脉通常 5~7 条。聚伞圆锥花序；萼筒近球形，干时黑色；花冠白色，长 1.3~1.4 cm。浆果近球形，直径 5~7 mm，有时臂状，宽达 9 mm，成熟时黑色。花期 5~6 月，果期 8~9 月。

常生林缘、灌丛或村边园篱等处。产于陕西南部、江苏、安徽、浙江、江西、福建、台湾、河南、湖北、湖南、广东、广西、四川东部和东北部。

11. 四叶葎

多年生柔弱草本；茎四棱，丛生，高达 40 cm，疏生皮刺。叶 4 片轮生，卵状长圆形或披针状长圆形，长 5~25 mm，宽 2~10 mm，先端急尖，基部楔形，1 脉，两面具短刺毛。聚伞花序；花黄绿色或淡绿色，直径约 2 mm，裂片 4 片，长圆形。果黑色，近球形，直径 1~2 mm，常双生。花期 4~9 月，果期 5 月至翌年 1 月。

生于山地、丘陵、旷野、田间、沟边的林中、灌丛或草地，海拔 50~2 520 m。产于黑龙江、辽宁、内蒙古、河北、山西、陕西、宁夏、甘肃、山东、江苏、安徽、浙江、江西、福建、台湾、河南、湖北、湖南、广东、广西、四川、贵州、云南等省区。

变种：狭叶四叶葎（图Ⅱ-98.6）

本变种与原变种（四叶葎）的区别在于：叶狭披针形或线状披针形，长 1~3 cm，宽 1~6 mm。花期 6~7 月，果期 8~10 月。

生于山地、溪旁的林下、灌丛或草地，海拔 320~2 200 m。产于河北、山西、陕西、甘肃、山东、江苏、安徽、浙江、江西、福建、河南、湖北、湖南、广西、四川、贵州等省区。

图Ⅱ-98.6 狭叶四叶葎

12. 猪殃殃（变种）

蔓生或攀缘状柔弱矮小草本；茎四棱形，沿棱和叶下面脉及叶缘均有倒生小刺毛。叶常 6~8 片轮生，线状倒披针形，长 1~3 cm，宽 2~4 mm，全缘，上面被白色细刺毛。聚伞花序常单花；花小，黄绿色，4 数，花萼和果被钩毛，果梗直伸。花期 3~7 月，果期 4~9 月。

生于海拔 350~4 300 m 的山坡、旷野、沟边、湖边、林缘、草地。产于辽宁、河北、山西、陕西、甘肃、青海、新疆、山东、江苏、安徽、浙江、江西、福建、台湾、湖北、湖南、广东、四川、云南、西藏等省区。

13. 六叶葎（亚种）

一年生草本，高 10~60 cm；茎直立，柔弱，四棱形，具疏短毛或无毛。叶片薄，纸质或膜质，生于茎中部以上的常 6 枚轮生，生于茎下部的常 4~5 枚轮生，长圆状倒卵形、倒披针形、卵形或椭圆形，长 1~3.2 cm，宽 4~13 cm，顶端钝圆而具凸尖。聚伞花序；苞片常成对，披针形；花冠白色或黄绿色，裂片卵形。果近球形，单生或双生，密被钩毛。花期 4~8 月，果期 5~9 月。

生于山坡、沟边、河滩、草地的草丛或灌丛中及林下，海拔 920~3 800 m。产于黑龙江、河北、山西、陕西、甘肃、江苏、安徽、浙江、江西、河南、湖北、湖南、四川、贵州、云南、西藏等省区。

14. 麦仁珠

一年生草本，茎四棱形，棱上有倒生的刺。叶坚纸质，6~8 枚轮生，带状倒披针形，长 1~3.2 cm，宽 2~6 cm，顶端锐尖，基部渐狭，两面光滑无毛，在下面中脉和边缘均有倒生的小刺，1 脉，在下面凸起，无柄。聚伞花序；花小，4 数；花冠白色，辐状，直径 1~1.5 cm。果实近球形，单生或双生，有小瘤状凸起，果柄弓形下弯。花期 4~6 月，果期 5 月至翌年 3 月。

生于山坡草地、旷野、河滩、沟边，海拔 450~3 980 m。产于山西、陕西、甘肃、新疆、江苏、安徽、江西、河南、湖北、四川、贵州、西藏等省区。

15. 显脉拉拉藤

多年生草本，高 20~60 cm。茎四棱形，通常无毛。叶较薄，4 枚轮生，披针形或卵状披针形至卵形，长 2~8 cm，宽 0.4~2 cm，顶端渐尖或长渐尖，两面被极疏的糙伏毛或无毛，3 条脉，在两面稍凸起或在上面平。聚伞圆锥花序；花冠白色或紫红色，裂片 4 片，卵形，顶端渐尖，3 条脉，无毛。果实无毛，直径 2.5 mm，近球形，双生或单生。花期 6~7 月，果期 8~9 月。

生于山坡林下、水旁岩石、空旷草地，海拔 550~2 100 m。产于辽宁、山西、陕西、宁夏、甘肃、新疆、河南、湖北、湖南、四川等省区。

九九、忍冬科

灌木，稀为小乔木或草本。单叶或羽状复叶，对生，常无托叶。花两性，萼 4 或 5 裂；花冠管状或辐状，4 或 5 裂，稀 2 裂；雄蕊与花冠裂片同数而互生；子房下位，常 3 室，每室胚珠多数。多为浆果或核果，稀蒴果或瘦果。

1. 接骨草（图Ⅱ-99.1）

多年生高大草本，高 1~2 m；嫩枝具棱，髓部白色。羽状复叶的托叶叶状或有时退化成蓝色的腺体；小叶 2~3 对，互生或对生，狭卵形，长 6~13 cm，宽 2~3 cm，先端长渐尖，基部钝圆，边缘具细锯齿。复伞形花序顶生，大而疏散，总花梗基部托以叶状总苞片；具杯形不孕性花；花冠白色，仅基部联合。果实红色，近圆形，直径 3~4 mm，卵形，长 2.5 mm，表面有小疣状突起。花期 4~5 月，果熟期 8~9 月。

生于海拔 300~2 600 m 的山坡、林下、沟边和草丛中，亦有栽种。产于陕西、甘肃、江苏、安徽、浙江、江西、福建、台湾、河南、湖北、湖南、广东、广西、四川、贵州、云南、西藏等省区。

图Ⅱ-99.1 接骨草

图Ⅱ-99.2 接骨木

2. 接骨木（图Ⅱ-99.2）

落叶灌木或小乔木，枝具明显皮孔，髓浅褐色。羽状复叶对生；小叶 5~7（~9）枚，椭圆形至矩圆状披针形，长 5~12 cm，先端渐尖，基部不对称，边缘有锯齿，无毛。圆锥花序；花白色或淡黄色，长约 2 mm。浆果状核果近球形，直径 3~5 mm，红色。花期一般 4~5 月，果熟期 9~10 月。

生于海拔 540~1 600 m 的山坡、灌丛、沟边、路旁、宅边等地。产于黑龙江、吉林、辽宁、河北、山西、陕西、甘肃、山东、江苏、安徽、浙江、福建、河南、湖北、湖南、广东、广西、四川、贵州及云南等省区。

3. 日本珊瑚树（变种）法国冬青

常绿大灌木。叶对生，革质，光亮，椭圆形、椭圆状长圆形或长圆状倒卵形，长 7~13（15）cm，宽 3~3.5 cm，边缘具不明显的浅波状钝齿，两面无毛，下面脉腋有小窝孔。聚伞圆锥花序，宽 4~13 cm；花冠白色，有时微红色，辐状。核果卵球形，长约 8 mm，直径 5~6 mm，初为红色，后变黑色。花期 5~6 月，果熟期 9~10 月。

产于浙江（普陀、舟山）和台湾。各地常见栽培。

4. 绣球荚蒾

落叶或半常绿灌木，高达 4 m。叶纸质，卵形至椭圆形或卵状矩圆形，长 5~11 cm，顶端钝或稍尖，基部圆或有时微心形，边缘有小齿，下面被簇状短毛，侧脉 5~6 对；叶柄长 10~15 mm。聚伞花序直径 8~15 cm，全部由大型不孕花组成，总花梗长 1~2 cm，第一级辐射枝 5 条；花冠白色，辐状，直径 1.5~4 cm。花期 4~5 月。

园艺种，江苏、浙江、江西和河北等省均见有栽培。

变型：琼花

落叶灌木；幼枝被垢屑状星状毛，冬芽无鳞片。叶卵形、椭圆形至卵状矩圆形，长 5~8 cm，先端钝或急尖，边缘有细锯齿，下面疏生星状毛，侧脉 5~6 对。复伞房花序，边围具白色大型不孕花；能孕花花冠辐状，长约 4 mm。核果椭圆形，长约 8 mm，初红后变黑。花期 4 月，果熟期 9~10 月。

喜光，略耐阴，喜温暖湿润气候。生于丘陵、山坡林下或灌丛中。产于江苏南部、安徽西部、浙江、江西西北部、湖北西部及湖南南部。庭园亦常有栽培。

5. 陕西荚蒾（图Ⅱ-99.3）

落叶灌木；冬芽无鳞片，冬芽、幼枝、叶柄、叶下面和花序密被星状毛；老枝灰黑色。叶对生，卵状椭圆形或宽卵形，长 3~6 cm，宽 2.5~4 cm，先端圆钝，边缘具浅齿，叶脉在近缘处网结或部分伸至齿端。伞房花序；萼筒长约 3 mm，无毛；花冠白色，辐状，长约 4 mm。核果长约 8 mm，初红色后变黑色。花期 5~7 月，果熟期 8~9 月。

生于山谷混交林和松林下或山坡灌丛中，海拔 700~2 200 m。产于河北、山西、陕西南部、甘肃东南部至南部、山东、江苏南部、河南、湖北和四川北部。

图Ⅱ-99.3　陕西荚蒾

6. 荚蒾

落叶灌木，冬芽具鳞片。叶对生，宽倒卵形至椭圆形，长 3~9 cm，宽 2~7 cm，先端骤尖或短渐尖，边缘具牙齿状锯齿，上面疏生柔毛，下面有腺点及叉状或簇状毛，脉上更密；叶柄长（5）10~15 mm；无托叶。复伞房花序；萼筒长约 1 mm；花冠白色，辐状，长约 2.5 mm；外面被簇状短毛。核果椭圆状卵形，长 7~8 mm。花期 5~6 月，果熟期 9~11 月。

喜光，喜温暖湿润，微酸性肥沃土壤。生于山坡或山谷疏林下、林缘及山脚灌丛中，海拔 100~1 000 m。产于河北南部、陕西南部、江苏、安徽、浙江、江西、福建、台湾、河南南部、湖北、湖南、广东北部、广西北部、四川、贵州及云南。

7. 桦叶荚蒾

落叶灌木或小乔木，高可达 7 m。冬芽外面多少有毛。叶厚纸质或略带革质，干后变黑色，宽卵形至菱状卵形或宽倒卵形，长 3.5~8.5（~12）cm，顶端急短渐尖至渐尖，叶下面仅脉上散生伏毛；叶柄纤细，长 1~2（~3.5）cm，近基部常有 1 对钻形小托叶。复伞形聚伞花序，花序 1 级分枝常七出；总花梗初时通常长不到 1 cm，果时可达 3.5 cm；花冠白色，无毛，辐状。果实红色，近圆形，长约 6 mm。花期 6~7 月，果熟期 9~10 月。

生于山谷林中或山坡灌丛中，海拔 1 300~3 100 m。产于河南、陕西、甘肃、四川、贵州西部、云南北部和西藏东南部。

8. 黑果荚蒾

落叶灌木，高达 3.5 m。冬芽长约 6 mm，密被黄白色细短毛。叶纸质，倒卵形、圆状倒卵形或宽椭圆形，长 6~10（~12）cm，顶端常骤短渐尖，基部圆形、浅心形或宽楔形，边缘有小牙齿，叶下面中脉及侧脉有少数长伏毛。复伞形聚伞花序，花序 1 级分枝常五出；花冠白色，辐状，直径约 5 mm，无毛。果实由暗紫红色转为酱黑色，有光泽，椭圆状圆形，长 8~10 mm；核扁，多少呈浅杓状。花期 4~5 月，果熟期 9~10 月。

生于山地林中或山谷溪涧旁灌丛中，海拔约 1 000 m。产于江苏南部、安徽南部和西部、浙江东部和西北部、江西及河南。

9. 鸡树条（变种） 天目琼花

落叶灌木；叶卵形至圆形，常掌状 3 分裂和具三出脉，裂片具不规则的齿，下面被黄色柔毛；叶柄顶端有 2~4 个腺体；托叶钻形。复伞房花序，有大型不育的边花；花冠乳白色，辐状，长约 3 mm。核果红色。

生于溪谷边疏林下或灌丛中，海拔 1 000~1 650 m。产于黑龙江、吉林、辽宁、河北北部、山西、陕西南部、甘肃南部，河南西部、山东、安徽南部和西部、浙江西北部、江西、湖北和四川。

10. 蝟（wèi）实（图Ⅱ-99.4）

灌木，幼枝红褐色，被柔毛。叶对生，椭圆形或卵状矩圆形，长 3~8 cm，宽 1.5~2.5 cm，先端渐尖，全缘或有少数圆齿，两面散生短柔毛。伞房状聚伞圆锥花序，每聚伞花序 2 花并生，其萼筒下部合生，萼筒密被开展长柔毛；花冠粉红色至紫色，长 1.5~2.5 cm，直径 1~1.5 cm，裂片内面具黄斑。果实密被黄灰色刺状刚毛。花期 5~6 月，果熟期 8~9 月。

图Ⅱ-99.4 蝟实

蝟实为我国特有种。生于海拔 350~1 340 m 的山坡、路边和灌丛中。产于山西、陕西、甘肃、河南、湖北及安徽等省。

11. 糯米条

落叶多分枝灌木，高达 2 m。叶有时 3 枚轮生，圆卵形至椭圆状卵形，顶端急尖或长渐尖，基部圆形或心形，长 2~5 cm，宽 1~3.5 cm。聚伞花序生于小枝上部叶腋，由多数花序集合成一圆锥状花簇；花芳香，具 3 对小苞片；小苞片矩圆形或披针形，具睫毛；萼檐 5 裂，果期变红色；花冠白色至红色，漏斗状，5 裂，长 1~1.2 cm。果实具宿存而略增大的萼裂片。

我国长江以南各省区广泛分布，在浙江、江西、福建、台湾、湖北、湖南、广东、广西、四川、贵州和云南海拔 170~1 500 m 的山地常见；长江以北仅在公园、庭园及植物园和温室中栽培。

12. 蓪（tōng）梗花 短枝六道木

落叶灌木。幼枝红褐色，被短柔毛，老枝树皮条裂脱落。叶圆卵形、狭卵圆形、菱形、狭矩圆形至披针形，长 1.5~4 cm，宽 5~15 mm，顶端渐尖或长渐尖，基部楔形或钝形，边缘具稀疏锯齿，二叶柄基部不扩大亦不联合。花生于侧生短枝顶端叶腋，由未伸长的带叶花枝构成聚伞花序状；萼筒细长，萼檐2裂；花冠红色，狭钟形，5裂。果实长圆柱形，冠以2片宿存萼裂片。花期5~6月，果熟期8~9月。

生于海拔520~1 640 m的沟边、灌丛、山坡林下或林缘。产于陕西、甘肃、河南、广西、四川、贵州和云南等省区。

13. 六道木

灌木，幼枝具倒向刺状刚毛，枝节部肿大。叶对生，矩圆形至矩圆状披针形，长2~6 cm，先端急尖至渐尖，基部钝或渐狭，全缘至羽状浅裂；叶柄基部扩大并联合。花2朵并生，无总梗，花梗长5~10 mm；花冠白色、淡黄色或带红色，花冠筒长约7 mm，裂片4片，长约2 mm。核果长约8 mm，冠以宿存而增大的4萼片。早春开花，8~9月结果。

生于海拔1 000~2 000 m的山坡灌丛、林下及沟边。分布于我国黄河以北的辽宁、河北、山西、河南等地。

14. 二翅六道木

落叶灌木，高1~2 m。叶卵形至椭圆状卵形，长3~8 cm，宽1.5~3.5 cm，顶端渐尖或长渐尖，基部钝圆或阔楔形至楔形，边缘具疏锯齿及睫毛，叶下面中脉及侧脉基部密生白色柔毛。聚伞花序；花大，长2.5~5 cm；苞片红色，披针形；萼裂片2枚，长1~1.5 cm；花冠浅紫红色，漏斗状，长3~4 cm，裂片5片，略呈二唇形，筒基部具浅囊。果实长0.6~1.5 cm，冠以2枚宿存而略增大的萼裂片。花期5~6月，果熟期8~10月。

生于海拔950~1 000 m的路边灌丛、溪边林下等处。产于陕西、河南、湖北、湖南、四川、贵州和云南。

15. 锦带花

落叶灌木，幼枝稍四方形，有2列短柔毛。叶对生，椭圆形至倒卵状椭圆形，长5~10 cm，宽3~7 cm，边缘有锯齿，两面被短柔毛。花单生或呈聚伞花序状，辐射对称；萼筒长12~15 mm，萼裂至中部或稍下，裂片披针形，长8~12 mm；花冠漏斗状钟形，鲜紫玫瑰色，长3~4 cm；种子近无翅。花期4~6月。

生于海拔100~1 450 m的杂木林下或山顶灌木丛中。产于黑龙江、吉林、辽宁、内蒙古、山西、陕西、河南、山东北部、江苏北部等地。

16. 海仙花

多年生草本。叶片阔椭圆形、近圆形或倒卵形，长（2.5~）4~10（~13）cm，宽1.2~5 cm，先端圆钝，基部狭窄，下延，边缘具近于整齐的三角形小牙齿；叶柄具阔翅。花葶直立，具伞形花序2~6轮，每轮具3~10朵花；花萼杯状，长约5 cm，分裂至基部，裂片条形；花冠淡红色。蒴果等长于或稍长于花萼，种子稍具翅。花期5~7月，果期9~10月。

广泛栽培。

17. 忍冬 二花，金银花（图Ⅱ-99.5）

缠绕木质藤本；幼枝密生柔毛和腺毛。叶对生，长圆状卵形、卵状椭圆形或卵状披针形，长3~8 cm，宽1.5~4 cm，全缘，幼时两面有毛，后上面变无毛。花双生于腋生的总花梗顶端；苞叶卵形，长达3 cm；花两侧对生；萼筒无毛；花冠长3~4 cm，初时为白色，后变黄色，筒部与二唇形檐部近等长，上唇4裂片直立，下唇反曲。浆果球形，黑色。花期4~6月（秋季亦常开花），果熟期10~11月。

图Ⅱ-99.5 忍冬

生于山坡灌丛或疏林中、乱石堆、山脚、路旁及村庄篱笆边，海拔最高达 1 500 m，也常栽培。除黑龙江、内蒙古、宁夏、青海、新疆、海南和西藏无自然生长外，全国其他各省均有分布。

18. 毛药忍冬

落叶灌木，除萼筒外几全体被短柔毛。冬芽顶渐尖，外鳞片 2~3 对，披针形，具短缘毛。叶纸质，倒卵形至倒披针形、矩圆形或椭圆形，长（1~）1.5~3.5（~4.5）cm；叶柄短，长 1~3 mm，有短柔毛。总花梗单生于幼枝下方叶腋，长 5~20 mm；小苞片 2 片或无；相邻两萼筒 1/2 至全部合生，长 2~2.5 mm；花冠黄白色、淡粉红色或紫色，筒状或筒状漏斗形，长 10~13 cm，基部稍一侧肿大或具浅囊；花药有短糙毛。果实红色，圆形，直径 5~6 mm。花期 6 月中旬至 8 月上旬，果熟期 8~9 月。

生于山坡、山谷或山顶的灌丛或林中，海拔 800~2 800 m。产于河北、山西、陕西、宁夏、甘肃、河南及四川等省区。

19. 苦糖果（亚种）（图Ⅱ-99.6）

落叶灌木；小枝和叶柄有时具短糙毛。叶卵形、椭圆形或卵状披针形，呈披针形或近卵形者较少，通常两面被刚伏毛及短腺毛或至少下面中脉被刚伏毛，有时中脉下部或基部两侧夹杂短糙毛。花柱下部疏生糙毛。花期 1 月下旬至 4 月上旬，果熟期 5~6 月。

生于向阳山坡林中、灌丛中或溪涧旁，海拔 100~2 000 m。产于陕西和甘肃的南部、山东北部、安徽南部和西部、浙江、江西、河南、湖北、湖南、四川及贵州等地。

图Ⅱ-99.6　苦糖果

20. 金花忍冬

落叶灌木，高达 4 m。冬芽卵状披针形，鳞片 5~6 对，有白色长睫毛。叶纸质，菱状卵形、菱状披针形、倒卵形或卵状披针形，长 4~8（~12）cm，顶端渐尖或急尾尖，基部楔形至圆形，有直缘毛；叶柄长 4~7 mm。总花梗细；相邻两萼筒分离，长 2~2.5 mm，常无毛而具腺；花冠先白色后变黄色，长（0.8~）1~1.5（~2）cm，唇形，筒基部有 1 深囊或有时囊不明显。果实红色，圆形，直径约 5 mm。花期 5~6 月，果熟期 7~9 月。

生于沟谷、林下或林缘灌丛中，海拔 250~2 000 m，在四川、甘肃和青海可达 3 000 m。产于黑龙江、吉林、辽宁、内蒙古、河北、山西、陕西、宁夏、甘肃、青海、山东、江西、河南、湖北及四川等省区。

21. 金银忍冬（图Ⅱ-99.7）

落叶灌木，幼枝具微毛，小枝中空。叶对生，卵状椭圆形至卵状披针形，长 5~8 cm，先端渐尖，全缘，两面脉上有毛；叶柄长 3~5 mm。总花梗腋生，短于叶柄，有腺毛；并生二花的萼筒分离，小苞片多少合生；花冠初为白色，后变黄色，长 10~20 mm，冠筒长为唇瓣的 2~3 倍。浆果红色，直径 5~6 mm。花期 5~6 月，果熟期 8~10 月。

生于林中或林缘溪流附近的灌木丛中，海拔达 1 800 m。产于东北地区、河北、山西、陕西、甘肃、山东、江苏、安徽、浙江、河南、湖北、湖南、四川、贵州、云南及西藏等地。

图Ⅱ-99.7　金银忍冬

一〇〇、败酱科

草本，有时灌木状。叶基生或在茎上对生，常多少分裂，无托叶。聚伞花序或头状花序；花小，两性或单性，稍两侧对称；苞片发达，果期增大；萼常4或5裂，有时裂片多数呈羽毛状；花冠管状，基部常囊状或有距，先端（3）5裂；雄蕊1~4枚；子房下位，3室，仅1室发育，胚珠1颗，花柱1个。瘦果，宿存苞片常翅状，芒状或冠毛状；种子具胚乳。

1. 败酱　苦菜（江西、湖北）

多年生草本，高30~100（~200）cm。基生叶丛生，花时枯落；茎生叶对生，宽卵形至披针形，长5~15 cm，常羽状深裂或全裂具2~3（~5）对侧裂片，顶生裂片卵形、椭圆形或椭圆状披针形，先端渐尖，具粗锯齿，上部叶渐小，无柄。伞房状聚伞圆锥花序，花序梗上方一侧被开展白色粗糙毛；总苞线形，甚小；苞片小；花冠钟形，直径2~4 mm，黄色。瘦果长圆形，长3~4 mm，具3棱。花期7~9月。

常生于海拔（50~）400~2 100（~2 600）m的山坡林下、林缘和灌丛中以及路边、田埂边的草丛中。分布很广，除宁夏、青海、新疆、西藏和海南外，全国其他各地均有分布。

2. 糙叶败酱（亚种）

多年生草本；茎高达60 cm，密被短糙毛。茎生叶对生，狭卵形或矩圆状披针形，长4~10 cm，宽1~2 cm，羽状深裂至全裂，裂片1~3对；中央裂片倒披针形，侧生裂片镰状条形，全缘，两面被糙毛；叶柄长1~2 cm。伞房状聚伞圆锥花序；苞叶多对，条形；花黄色，直径5~7 mm。翅状果苞宽大，长达8 mm，宽6~8 mm，具2条主脉，极少有3条。花果期7~9月。

生于草原带、森林草原带的石质丘陵坡地石缝或较干燥的阳坡草丛中，海拔（250~）500~1 700（~2 340）m。产于黑龙江、吉林、辽宁、内蒙古、河北、山西、山东、河南、陕西、宁夏南部、甘肃南部和青海。

3. 墓头回　异叶败酱

多年生草本，高达60 cm。茎生叶对生，羽状深裂，裂片1~3对；中央裂片卵形、卵状披针形或近菱形，先端长渐尖，边缘具大圆齿或圆齿状浅裂片；叶柄长达1 cm。伞房状聚伞圆锥花序，花序梗被短糙毛；苞叶条形，3裂或不分裂；花黄色，长5~7 mm，直径5~6 mm。瘦果的翅状苞片大，矩圆形至宽椭圆形，长达12 mm。花期7~9月，果期8~10月。

生于海拔（300~）800~2 100（~2 600）m的山地岩缝中、草丛中、路边、沙质坡或土坡上。产于辽宁东部和西部、内蒙古南部、河北、山西、山东、河南、陕西、宁夏南部、甘肃南部、青海东部、安徽和浙江。

4. 少蕊败酱

多年生草本，高达1.5 m；全株被灰色粗毛，后渐脱落。茎生叶对生，长圆状椭圆形，长4~10 cm，宽2~4 cm，不分裂或基部有1对小裂片，边缘具粗圆齿。伞房状聚伞圆锥花序；花淡黄色，直径1~2（~3）mm，雄蕊1~2（~3）；翅状果苞近圆形，直径约5 mm。花期7~9月，果熟期8~9月中旬（至10月上旬）。

生于海拔（150~）500~2 400（~3 100）m的山坡草丛、灌丛中、林下及林缘、田野溪旁、路边。产于辽宁、河北、山东、河南、陕西、甘肃、江苏、江西、台湾、湖北、湖南、广西、云南、贵州和四川等省区。

5. 攀倒甑（zèng）　白花败酱

多年生草本，高50~100（120）cm。茎密被白色倒生粗毛或仅沿二叶柄相连的侧面具纵列倒生短粗伏毛。基生叶丛生，叶片卵形、宽卵形或卵状披针形至长圆状披针形，长4~15 cm，宽2~10 cm；茎生叶对生，与基生叶同形；上部叶较窄小，常不分裂。由聚伞花序组成顶生圆锥花序或伞房花序，花序梗密被长粗糙毛或仅2纵列粗糙毛；花萼小，萼齿5个，长0.3~0.5 mm；花冠钟形，白色，5深裂；雄蕊

4 枚。瘦果倒卵形，与宿存增大苞片贴生。花期 8~10 月，果期 9~11 月。

生于海拔（50~）400~1 500（~2 000）m 的山地林下、林缘或灌丛中、草丛中。分布于日本，产于台湾、江苏、浙江、江西、安徽、河南、湖北、湖南、广东、广西、贵州和四川等省区。

6. 斑花败酱

二年生或多年生草本，高 45~150（~200）cm。茎密被倒生粗伏毛。单叶对生，卵形、椭圆形、卵状披针形或长圆状披针形，长 2.5~7（~8）cm，不分裂或稀基部具 1 片或 1~2 对耳状小裂片，先端钝或渐尖，基部楔形下延，边缘具不整齐粗钝齿或浅齿，具棕红色或褐色微腺点。聚伞花序组成顶生疏散伞房花序；花冠钟状，淡黄色，花冠直径 2.5~4 mm；雄蕊 4 枚，二强。瘦果倒卵状椭圆形，长 1.6~2 mm。翅状果苞干膜质，卵形或阔卵形。花期 7~10 月，果期 8~10 月。

生于海拔（100~）400~1 300（~1 600）m 的山坡草丛或疏林下、溪边、路旁。产于河南、陕西、安徽、江苏、浙江、江西、福建、湖北、湖南、广东、广西、贵州和四川等省区。

7. 缬（xié）草

多年生草本，高达 1.5 m。茎中空，具棱，被白色粗毛。叶对生，羽状全裂；裂片 3~5 对，披针形或条形，先端渐尖，基部下延，全缘或有疏齿。伞房状三出聚伞圆锥花序；苞片羽状条裂，长 10~20 mm，小苞片条形；花萼裂片 5~15 片，内卷；花冠淡紫红色或白色，筒状，长约 5 mm；雄蕊 3 枚。瘦果卵形，长约 4 mm，宿存的花萼裂片呈羽毛状。花期 5~7 月，果期 6~10 月。

生于山坡草地、林下、沟边，海拔 2 500 m 以下，在西藏可分布至海拔 4 000 m。产于我国东北至西南的广大地区。

一〇一、川续断科

草本。叶对生，稀轮生，全缘、具齿或羽状深裂。常有具总苞的头状花序；每花具合生的 2 片小苞片；花萼杯状或先端线状分裂；花冠 4 或 5 裂，两侧对称；雄蕊 4（2，3）枚，离生；子房下位，1 室，胚珠 1 颗，花柱 1 个。瘦果包藏于合生的小苞片内，冠以宿存的萼片。

1. 日本续断（图Ⅱ-101.1）

多年生草本，高 1 m 以上；茎具 4~6 棱，棱上具钩刺。茎生叶对生，倒卵状椭圆形，长 8~20 cm，宽 3~8 cm，羽状深裂，裂片 3~5 片；顶端裂片宽披针形或长椭圆形，长达 12 cm，先端渐尖，边缘有疏齿，两面被短毛和刺毛。头状花序顶生，圆球形，直径 1.5~3.2 cm，总花梗长 10~25 cm；总苞片狭线形，长 10~15 mm；小总苞囊状，果期四棱柱状，先端具 8 齿；花萼浅皿状；花冠白色或黄色，裂片 4 片，不等大。瘦果长圆楔形。花期 8~9 月，果期 9~11 月。

生于山坡、路旁和草坡。产于南北各省区。

图Ⅱ-101.1　日本续

图Ⅱ-101.2　华北蓝盆花

2. 华北蓝盆花（图Ⅱ-101.2）

多年生草本，高达50 cm。基生叶丛生，狭卵形或卵状披针形，边缘具圆齿或圆齿状浅裂片；具长柄。茎生叶对生，羽状分裂，下部叶裂片，长3~7 cm，宽5~15 mm，上部叶裂片条状披针形。头状花序呈三出聚伞状排列，直径3~5 cm；总苞片和苞片均狭披针形；花萼裂片5片，刺毛状；花冠蓝紫色，筒状，5片裂片不等大；子房下位，包藏在杯状小总苞内；果期小总苞呈方柱状。花期7~8月，果熟期8~9月。

生于海拔300~1 500 m山坡草地或荒坡上。产于黑龙江、吉林、辽宁、内蒙古、河北、河南、山西、陕西、甘肃东部、宁夏南部。

一〇二、葫芦科

草质藤本，具卷须；茎有5棱。叶互生，单叶常分裂，有时复叶；无托叶。花常单性，辐射对称；萼片5片，宿存；花冠5裂，或具5枚分离的花瓣；雄蕊5枚，或两两结合而为3数；子房下位，3个心皮，侧膜胎座发达，几乎充满子房室，胚珠多数，花柱1个。常为瓠果。

1. 盒子草

柔弱草本。叶形变异大，心状戟形、心状狭卵形或披针状三角形，不分裂或3~5裂或仅在基部分裂，边缘波状或具小圆齿或具疏齿，两面具疏散疣状凸起，长3~12 cm，宽2~8 cm。卷须细，2歧。雄花总状，小花序基部具长6 mm的叶状3裂总苞片，雄蕊5枚。雌花单生，双生或雌雄同序；雌花梗具关节，子房卵状，有疣状凸起。果实绿色，卵形，阔卵形，长圆状椭圆形，疏生暗绿色鳞片状凸起。花期7~9月，果期9~11月。

多生于水边草丛中。产于辽宁、河北、河南、山东、江苏、浙江、安徽、湖南、四川、西藏南部、云南西部、广西、江西、福建、台湾等地。

2. 斑赤瓟（bó）（图Ⅱ-102.1）

草质藤本。叶片宽卵状心形，长7~13 cm，宽5~10 cm，先端短渐尖，基部心形，弯缺张开，半圆形，边缘有胼胝质小齿或有不等大的三角形小锯齿。卷须单一。雌雄异株。雄花序总状，一般仅具3~6（~8）朵花。雄花花冠黄色，裂片卵形，上部和边缘多暗黄色的疣状腺点，具5条脉；雄蕊5枚。雌花单生，子房长圆形或狭纺锤形，密被灰黄色柔毛。果实纺锤形，橘红色，长5~7 cm，径2~2.8 cm，果皮较平滑。花期5~8月，果期10月。

生于海拔570~1 800 m的沟谷和林下。产于湖北和河南等地。

图Ⅱ-102.1 斑赤瓟

图Ⅱ-102.2 赤瓟

3. 赤瓟（图Ⅱ–102. 2）

草质藤本，卷须不分叉。茎叶均被长柔毛状硬毛。单叶，宽卵状心形，长 5～10 cm，先端急尖，最基部一对侧脉沿叶基湾缺边缘外展，边缘具小尖齿；叶柄长 2～6 cm。花单性异株，雄花单生或聚生于短枝呈假总状，黄色，雄蕊 5 枚；雌花子房长圆形，被长柔毛。瓠果长 4～5 cm，具 10 条不明显的纵纹。花期 6～8 月，果期 8～10 月。

常生于海拔 300～1 800 m 的山坡、河谷及林缘湿处。产于黑龙江、吉林、辽宁、河北、河南的太行山和伏牛山、山西、山东、陕西、甘肃和宁夏等地。

4. 南赤瓟（图Ⅱ–102. 3）

全体密生柔毛状硬毛。茎草质攀缘状。叶片卵状心形，宽卵状心形或近圆心形，长 5～15 cm，宽 4～12 cm，先端渐尖或锐尖，边缘具胼胝状小尖头的细锯齿，基部弯缺开放或有时闭合。卷须稍粗壮，2 分叉。雌雄异株。雄花为总状花序；花冠黄色，雄蕊 5 枚。雌花单生，子房狭长圆形，密被淡黄色的长柔毛状硬毛。果实长圆形，干后红色或红褐色，长 4～5 cm，径 3～3. 5 cm，有时密生毛及不甚明显的纵纹。春、夏开花，秋季果成熟。

常生于海拔 900～1 700 m 的沟边、林缘或山坡灌丛中。产于我国秦岭及长江中下游以南各省区。

图Ⅱ–102.3　南赤瓟

5. 马瓟儿（mǎbāor）

草质藤本。茎细弱，卷须丝状，不分叉。单叶，三角形、三角状卵形或心形，长 2～6 cm，先端急尖或短渐尖，基部常具外展的 2 宽短裂片而成戟形，边缘疏生短齿牙。花单性同株；雄花单生或簇生，萼裂片钻形，花冠白色，裂片长 2～2. 5 mm，雄蕊 3 枚，雌花常单生。果实长 10～15 mm。

常生于海拔 500～1 600 m 的林中阴湿处以及路旁、田边及灌丛中。分布于四川、湖北、安徽、江苏、浙江、福建、江西、湖南、广东、广西、贵州和云南等省区。

6. 苦瓜（图Ⅱ–102. 4）

一年生攀缘状草本。卷须纤细，长达 20 cm，不分叉。叶片卵状肾形或近圆形，膜质，长、宽均为 4～12 cm，5～7 深裂，裂片卵状长圆形，边缘具粗齿或有不规则小裂片，叶脉掌状。雌雄同株。雄花：单生叶腋；花冠黄色，裂片倒卵形，先端钝，急尖或微凹，长 1. 5～2 cm。雌花：单生，长 10～12 cm，基部常具 1 片苞片。果实纺锤形或圆柱形，多瘤皱，长 10～20 cm，成熟后橙黄色，由顶端 3 瓣裂。花果期 5～10 月。

我国南北均普遍栽培。

图Ⅱ–102.4　苦瓜

7. 丝瓜

一年生攀缘藤。卷须通常 2～4 分叉。叶片三角形或近圆形，长、宽为 10～20 cm，通常掌状 5～7 裂，裂片三角形，中间的较长，长 8～12 cm，顶端急尖或渐尖，边缘有锯齿，基部深心形，脉掌状。雌雄同株。雄花：通常 15～20 朵花组成总状或聚伞花序，花冠黄色，辐状，开展时直径 5～9 cm，雄蕊 5 枚。雌花：单生。果实圆柱状，直或稍弯，长 15～30 cm，表面平滑，未熟时肉质，成熟后干燥，里面呈网状纤维。花果期夏、秋季。

我国南、北各地普遍栽培。云南南部有野生，但果较短小。

8. 冬瓜

一年生蔓生或架生草本。叶片肾状近圆形，宽 15~30 cm，5~7 浅裂或有时中裂，裂片宽三角形或卵形，先端急尖，边缘有小齿，基部深心形，弯缺张开，近圆形，深、宽均为 2.5~3.5 cm，叶两面粗糙。卷须 2~3 分叉，被粗硬毛和长柔毛。雌雄同株；花单生。雄花花萼筒宽钟形，裂片反折；花冠白色，辐状，雌花梗长不及 5 cm，密生黄褐色硬毛和长柔毛。果实长圆柱状或近球状，大型，有硬毛和白霜，长 25~60 cm，径 10~25 cm。花果期夏、秋季。

我国各地有栽培。云南南部（西双版纳）有野生者，果圆较小。

9. 西瓜（图Ⅱ-102.5）

一年生蔓生藤本。卷须较粗壮，2 分叉；叶片三角状卵形，带白绿色，长 8~20 cm，宽 5~15 cm，3 深裂，中裂片较长，倒卵形、长圆状披针形或披针形，顶端急尖或渐尖，裂片又羽状或二重羽状浅裂或深裂，边缘波状或有疏齿，叶片基部心形，有时形成半圆形的弯缺，弯缺宽 1~2 cm，深 0.5~0.8 cm。雌雄同株。雌、雄花均单生于叶腋。雄花花冠淡黄色，雄蕊 3 枚；雌花子房卵形，密被长柔毛。果实大型，近于球形或椭圆形，肉质，多汁，果皮光滑，色泽及纹饰各式。花果期夏季。

图Ⅱ-102.5　西瓜

我国各地栽培。

10. 黄瓜

一年生蔓生或攀缘草本。卷须细，不分叉，具白色柔毛。叶片宽卵状心形，膜质，长、宽均 7~20 cm，两面甚粗糙，被糙硬毛，3~5 个角或浅裂，裂片三角形，有齿。雌雄同株。雄花：常数朵在叶腋簇生；花冠黄白色，雄蕊 3 枚。雌花：单生或稀簇生，子房纺锤形，粗糙，有小刺状突起。果实长圆形或圆柱形，长 10~30（~50）cm，熟时黄绿色，表面粗糙，有具刺尖的瘤状突起。花果期夏季。

我国各地普遍栽培。

11. 甜瓜

一年生匍匐或攀缘草本。卷须纤细，单一，被微柔毛。叶片近圆形或肾形，长、宽均为 8~15 cm，上面粗糙，被白色糙硬毛，背面沿脉密被糙硬毛，边缘不分裂或 3~7 浅裂，具掌状脉。花单性，雌雄同株。雄花数朵簇生于叶腋，花冠黄色，长 2 cm；雌花单生，子房长椭圆形，密被长柔毛和长糙硬毛。果实的形状、颜色因品种而异，通常为球形或长椭圆形，果皮平滑，无刺状突起，果肉白色、黄色或绿色，有香甜味。花果期夏季。

全国各地广泛栽培。

12. 小马泡

一年生匍匐草本。叶片肾形或近圆形，长、宽均为 6~11 cm，常 5 浅裂，裂片钝圆，边缘稍反卷，中间裂片较大，侧裂片较小，基部心形，弯缺半圆形，深 1 cm，宽 2~2.5 cm，两面粗糙，有腺点。卷须纤细，不分歧。花两性，在叶腋内单生或双生；花梗和花萼被白色的短柔毛；花萼淡黄绿色，筒杯状；花冠黄色，钟状，径 2.2~2.3 cm。果实椭圆形，长 3~3.5 cm，径 2~3 cm。花期 5~7 月，果期 7~9 月。

生于田边路旁。产于山东、安徽和江苏等地。

13. 葫芦

一年生攀缘草本。叶片卵状心形或肾状卵形，长、宽均为 10~35 cm，不分裂或 3~5 裂，具 5~7 掌状脉，先端锐尖，边缘有不规则的齿，基部心形，弯缺开张，半圆形或近圆形。卷须 2 分叉。雌雄同株，雌、雄花均单生。雄花花萼筒漏斗状，长约 2 cm，花冠白色，雄蕊 3 枚。雌花子房中间缢细，密生黏质长柔毛。果实初为绿色，后变白色至带黄色，形状变异较大。花期夏季，果期秋季。

我国各地均有栽培。

14. 栝（guā）楼（图Ⅱ-102.6）

多年生攀缘草本。卷须2~5分叉；茎长达10余m。茎中部叶近圆形，直径5~15 cm，掌状浅裂至深裂；裂片3~5（~7）片，常再浅裂；基部心形。花单性异株。雄花单生或组成总状花序；苞片长15~20 mm；花托筒状，长约3.5 cm，萼片披针形，长约15 mm；花冠白色，裂片倒卵形，先端流苏状细裂；雄蕊3枚。瓠果近球形，黄褐色，直径7~10 cm。花期5~8月，果期8~10月。

生于海拔200~1 800 m的山坡林下、灌丛中、草地和村旁田边。产于辽宁、华北、华东、中南、陕西、甘肃、四川、贵州和云南。

图Ⅱ-102.6　栝楼

15. 笋瓜

一年生粗壮蔓生藤本。叶片肾形或圆肾形，长15~25 cm，近全缘或仅具细锯齿，顶端钝圆，基部心形。卷须粗壮，通常多歧。雌雄同株。雄花单生，花萼筒钟形，裂片线状披针形，密被白色短刚毛；花冠筒状，5中裂，裂片卵圆形，边缘皱褶状，向外反折。雌花单生；子房卵圆形。果梗短，圆柱状，瓜蒂不扩大或稍膨大；瓠果的形状和颜色因品种而异。

原产印度；我国南、北各地普遍栽培。

16. 南瓜　倭瓜、番瓜

一年生蔓生草本。叶片宽卵形或卵圆形，有5角或5浅裂，稀钝，长12~25 cm，宽20~30 cm，侧裂片较小，中间裂片较大，三角形，上面密被黄白色刚毛和茸毛，常有白斑。卷须稍粗壮，3~5歧。雌雄同株。雄花单生；花冠黄色，钟状，5中裂，裂片边缘反卷，具皱褶，雄蕊3枚。雌花单生。果梗粗壮，瓜蒂扩大成喇叭状；瓠果形状多样，因品种而异，外面常有数条纵沟或无。

现南北各地广泛种植。

17. 绞股蓝（图Ⅱ-102.7）

草质藤本；茎纤细柔弱，卷须分叉，稀不分叉。叶互生，鸟足状复叶；小叶（3）5~7枚，卵状矩圆形或矩圆状披针形，长4~14 cm，宽1.5~3 cm，先端急尖或短渐尖，基部楔形，边缘有锯齿；叶柄长2~4 cm。花单性异株；圆锥花序腋生；花萼裂片三角形，长约0.5 mm；花冠裂片线状披针形，长2~3 mm；雄蕊5枚。瓠果球形，直径5~8 mm，黑色。花期3~11月，果期4~12月。

生于海拔300~3 200 m的山谷密林中、山坡疏林、灌丛中或路旁草丛中。产于陕西南部、河南南部和长江以南各省区。

图Ⅱ-102.7　绞股蓝

一〇三、桔梗科

直立或缠绕草本，常具乳汁。单叶对生、互生，稀轮生，无托叶。聚伞花序呈总状或为聚伞圆锥花序；花两性；常辐射对称，稀两侧对称；萼裂片3~10枚，常为5片，宿存；花冠钟状或管状，或为二唇形，裂片4~5片；雄蕊4~5枚；子房下位或半下位，稀上位，常4~5室，胚珠多数。蒴果或浆果。

1. 蓝花参

多年生草本；茎多分枝，常斜升，高8~35 cm。叶互生，条形、披针形、狭倒披针形至匙形，长8~24 mm，宽2~6 mm，全缘或浅波状。花单1至数朵顶生，花梗细长；萼裂片5片，狭三角形，长2~3.5 mm；花冠蓝色，宽钟状，长达5 mm，5裂至中部；子房下位，3室。蒴果倒圆锥形，先端3瓣裂。花果期2~5月。

生于低海拔的田边、路边和荒地中，有时生于山坡或沟边，在云南可达海拔2 800 m的地方。产于长江流域以南各省区。

2. 羊乳

草质缠绕藤本，有白色乳汁。根常肥大呈纺锤状而有少数细小侧根。茎长约1 m，叶在主茎上的互生，披针形或菱状狭卵形，细小，长0.8~1.4 cm，宽3~7 mm；在小枝顶端通常2~4叶簇生，而近于对生或轮生状。花单生或对生于小枝顶端；花萼贴生至子房中部，筒部半球状；花冠阔钟状，浅裂，裂片三角状，反卷，长0.5~1 cm，黄绿色或乳白色内有紫色斑。蒴果下部半球状，上部有喙。花果期7~8月。

生于山地灌木林下沟边阴湿地区或阔叶林内。产于东北、华北、华东和中南各省区。

3. 党参

草质缠绕藤本，有白色乳汁。根胡萝卜状。茎长约1.5 m，叶互生，卵形或狭卵形，长1.5~6.5 cm，宽0.6~5 cm，边缘具波状钝齿，两面生短伏毛。花1~3朵顶生；花萼裂片5片，狭矩圆形或矩圆状披针形，长16~18 mm，花冠淡黄绿色，宽钟状，长1.8~2.4 cm，5浅裂，子房半下位。蒴果3瓣裂，具宿存花萼。花果期7~10月。

本种分布广，产于各山区或栽培。

4. 桔梗 铃铛花（图Ⅱ-103.1）

多年生草本，无毛，具白色乳汁；茎高达1 m。单叶，近无柄，3枚轮生或对生，卵形至披针形，长2~7 cm，宽0.5~3.2 cm，先端急尖，边缘具尖锯齿，下面被白粉。花单1至数朵顶生；萼裂片5片，三角形；花冠蓝紫色，宽钟形，长2.5~4.5 cm，直径4~6.5 cm，5浅裂；子房下位，5室。蒴果倒卵圆形，先端5瓣裂。花期7~9月。

生于海拔2 000 m以下的向阳处草丛、灌丛中，少生于林下。产于东北、华北、华东、华中地区以及广东、广西、贵州、云南东南部、四川、陕西。

图Ⅱ-103.1 桔梗

图Ⅱ-103.2 紫斑风铃草

5. 紫斑风铃草（图Ⅱ-103.2）

多年生直立草本，高达50 cm。叶互生，茎下部叶柄长2~4 cm；叶片卵形，长约7 cm，先端急尖，边缘具不规则浅锯齿。花1~3朵顶生，下垂；萼筒长约4 mm，裂片披针形，长13~16 mm；花冠淡紫色或白色，钟状，具紫色斑点，长约 3.5 cm；子房下位，柱头裂片反卷。蒴果基部 3 孔裂。花果期 7~8 月。

生于山地灌木林下沟边阴湿地区或阔叶林内。产于东北、华北、华东和中南地区各省区。

6. 轮叶沙参 南沙参、四叶沙参

多年生草本，有白色乳汁。根胡萝卜状。茎高达 90 cm。茎生叶 4~6 枚轮生，近无柄，卵形、椭圆状卵形或狭倒卵形，长达 6 cm，宽达 2.5 cm，边缘有锯齿，圆锥花序，分枝轮生；萼裂片钻形，花冠蓝色，口部收缩呈坛状，长 6~8 mm，子房下位，花盘长 2~4 mm；花柱长为花冠的近 2 倍。花期 7~9 月。

生于草地和灌丛中。产于东北地区、内蒙古东部及河北、山西、山东、河南、广东、广西、云南、四川、贵州等省区。

7. 丝裂沙参

茎单生，高 50 cm 至 1 m 余。叶互生，卵形，卵状披针形，顶端渐尖，全缘或有锯齿，长 3~19 cm，宽 0.5~4.5 cm。花序具长分枝，互生，常组成大而疏散的圆锥花序，花序梗和花梗常纤细如丝。花萼筒部球状，裂片毛发状，长 1.2~4 cm，下部有时有 1 至数个瘤状小齿；花冠细，近于筒状或筒状钟形，长 11~18 mm，白色、淡蓝色或淡紫色。蒴果多为球状，长 4~9 mm，直径 4~5 mm。花期 7~8 月。

生于海拔 1 400~2 800 m 的林下、林缘或草地中。产于湖北西部及河南、陕西、四川、贵州等省区。

8. 心叶沙参

多年生草本，茎高约 50 cm，具白色乳汁。植株具横走的茎基分枝，其上有互生的膜质鳞片。茎生叶互生，具长 2~4 cm 的长柄，仅有时顶端数片叶具短柄，叶片心圆形，心形或卵状心形，基部凹入达 3~5 mm，不沿叶柄下延，顶端急尖或短渐尖，长 3~7 cm，宽 2~6 cm。花序具短的分枝，集成狭圆锥花序；花冠钟状，紫色，长 13~15 mm，裂片卵状三角形。幼果椭圆状。花期 7~8 月。

生于海拔高达 2 100 m 的潮湿处岩石缝中。产于河南等地。

9. 杏叶沙参

多年生草本，有白色乳汁。叶片卵圆形，卵形至卵状披针形，基部常楔状渐尖，或近于平截形而突然变窄，沿叶柄下延或近无柄，长 3~10（~15）cm，宽 2~4 cm。花序分枝长，几乎平展或弓曲向上，常组成大而疏散的圆锥花序；花萼裂片卵形至长卵形，宽 1.5~4 mm；花冠钟状，蓝色、紫色或蓝紫色，长 1.5~2 cm，裂片三角状卵形；花盘常有毛，花柱与花冠近等长。蒴果球状椭圆形，或近于卵状，长 6~8 mm。花期 7~9 月。

生于海拔 2 000 m 以下的山坡草地和林缘草地。产于贵州、广西、广东、江西西部、湖南、湖北、四川、陕西、河南西部、山西南部、河北南部。

10. 沙参

多年生草本，有白色乳汁。根胡萝卜状；茎高达 80 cm。茎生叶互生，近无柄，狭卵形、菱状狭卵形或矩圆状狭卵形，长 3~9 cm，宽 1.2~4 cm。先端急尖或短渐尖，基部宽楔形或楔形，边缘有不整齐锯齿。花序不分枝或分枝极短，花梗长不足 10 mm；花萼裂片长钻形，长 6~14 mm；花冠紫蓝色，钟状，长 15~23 mm，花盘长 1~1.8 mm。花期 8~10 月。

生于低山草丛中和岩石缝中。产于江苏、安徽浙江、江西、湖南和河南等省。

11. 石沙参

多年生草本。茎常不分枝，高 20~100 cm。基生叶叶片心状肾形，边缘具不规则粗锯齿，基部沿叶柄下延；茎生叶完全无柄，卵形至披针形，边缘具疏离而三角形的尖锯齿或几乎为刺状的齿，无毛或疏生短毛，长 2~10 cm，宽 0.5~2.5 cm。花序常不分枝而成假总状花序；花冠紫色或深蓝色，钟状，喉部常稍稍收缢，长 14~22 mm。蒴果卵状椭圆形，长约 8 mm，直径约 5 mm。花期 8~10 月。

生于海拔 2 000 m 以下的阳坡开阔草地。产于辽宁、河北、山东、江苏、安徽、河南、山西、甘肃及陕西北部、宁夏南部、内蒙古东南部。

12. 半边莲（图Ⅱ-103. 3）

多年生草本，有白色乳汁，无毛。茎匍匐性，分枝直立，高 6~15 cm。叶近无柄，狭披针形或条形，长 8~25 mm，宽 2~5 mm，全缘或有波状小齿。花单生，具长梗；萼裂片 5 片，狭三角形，长 3~6 mm，花冠粉白色，单唇形，长约 12 mm，裂片 5 片；子房下位，2 室。花果期 5~10 月。

生于水田边、沟边及潮湿草地上。产于长江中、下游及其以南各省区。

图Ⅱ-103.3　半边莲

一〇四、菊科

直立草本或灌木，或为藤本，稀乔木。单叶或复叶。头状花序具总苞，花序托凸、宽扁或短柱状，花全为管状花或舌状花，或仅边花为舌状花；花萼退化为鳞片状，刺芒状或毛状冠毛，或无冠毛；舌状花花冠漏斗状、二唇形或舌状，管状花花冠管状，5 裂；雄蕊 5 枚，花丝分离，花药侧面结合为管状包围花柱，或雌性舌状花无雄蕊；子房下位，1 室，胚珠 1 颗。瘦果；种子无胚乳。

1. 佩兰

多年生草本，高 40~100 cm。全部茎枝被稀疏短柔毛，花序轴和总花梗密被淡紫色节毛。中部茎叶较大，3 全裂或 3 深裂，总叶柄长 0. 7~1 cm；中裂片较大，长椭圆形或长椭圆状披针形或倒披针形，长 5~10 cm，宽 1. 5~2. 5 cm。全部茎叶两面光滑，无毛无腺点。头状花序多数在茎顶排成复伞房花序，花序径 3~6（~10）cm。花白色或带微红色，花冠长约 5 mm，外面无腺点。瘦果黑褐色，长椭圆形，5 棱，长 3~4 mm，无毛无腺点。花果期 7~11 月。

野生或栽培。野生罕见，栽培者多。野生者生于路边灌丛及山沟路旁。产于河南、山东、江苏、浙江、江西、湖北、湖南、云南、四川、贵州、广西、广东及陕西等省区。

2. 林泽兰　白鼓钉

多年生草本；茎高约 1 m，被细柔毛。叶对生，无柄或几无柄，条状披针形，长 5~12 cm，宽 1~2 cm，3 全裂或不裂，先端渐尖，基部楔形，边缘具缺刻状粗齿，基出 3 条脉，下面具黄色腺点，沿脉被节毛。头状花序含 5 朵筒状花，排为复伞房花序；总苞片先端急尖。瘦果黑褐色，长 3 mm，椭圆状，5 条棱，散生黄色腺点。花果期 5~12 月。

生于山谷阴处水湿地、林下湿地或草原上，海拔 200~2 600 m。除新疆外，遍布全国。

3. 多须公　华泽兰

多年生草本；茎高达 1. 5 m，上部和花序被细柔毛。叶对生，叶柄长 2~4 mm 或近无柄，叶片狭卵形至宽卵形，长 3. 5~10 cm，宽 2~5 cm，边缘有圆锯齿，下面被柔毛和腺点，羽状脉，先端渐尖，基部圆形。伞房或复伞房花序；头状花序具 5 朵筒状花，总苞片先端钝圆。花果期 6~11 月。

生于山谷、山坡林缘、林下、灌丛或山坡草地上，村舍旁及田间间或有之，海拔 800~1 900 m。产于我国东南及西南地区。

4. 白头婆　泽兰

多年生草本，高 50~200 cm。茎直立，通常不分枝，或仅上部有伞房状花序分枝。叶对生，有叶柄，柄长 1~2 cm；中部茎叶椭圆形或长椭圆形或卵状长椭圆形或披针形，长 6~20 cm，宽 2~6. 5 cm。头状花序在茎顶或枝端排成紧密的伞房花序。总苞钟状，长 5~6 mm，含 5 朵小花。花白色或带红紫色或粉红色，花冠长 5 mm，外面有较稠密的黄色腺点。瘦果淡黑褐色，椭圆状，长 3. 5 mm，5 条棱，被多数黄色腺点。花果期 6~11 月。

生于山坡草地、密疏林下、灌丛中、水湿地及河岸水旁，海拔 120~3 000 m。产于黑龙江、吉林、辽宁、山东、山西、陕西、河南、江苏、浙江、湖北、湖南、安徽、江西、广东、四川、云南、贵州等省区。

5. 一枝黄花

多年生草本，高（9）35~100 cm。中部茎叶椭圆形，长椭圆形、卵形或宽披针形，长 2~5 cm，宽 1~1.5（~2）cm，下部楔形渐窄，有具翅的柄。全部叶质地较厚，叶两面、沿脉及叶缘有短柔毛或下面无毛。头状花序较小，长 6~8 mm，宽 6~9 mm，多数在茎上部排列成紧密或疏松的长 6~25 cm 的总状花序或伞房圆锥花序。总苞片 4~6 层，披针形或披狭针形，顶端急尖或渐尖。舌状花黄色，舌片椭圆形，长 6 mm。瘦果长 3 mm，无毛。花果期 4~11 月。

生于阔叶林缘、林下、灌丛中及山坡草地上，海拔 565~2 850 m。江苏、浙江、安徽、江西、四川、贵州、湖南、湖北、广东、广西、云南及陕西、台湾等地广为分布。

6. 全叶马兰

多年生草本；茎高达 1.2 m，帚状分枝。叶稠密，互生，无柄，条状披针形或长圆形，有时倒披针形，长 1.5~4 cm，宽 3~6 mm，先端急尖，基部渐狭，全缘，两面被粉粒状密短毛。头状花序单生枝顶，直径 1~2 cm，总苞上部草质；舌状花淡紫色，舌片长 6~11 mm，宽 1~2 mm。筒状花长约 3 mm，瘦果长约 2 mm，冠毛长 0.3~0.5 mm。花期 6~10 月，果期 7~11 月。

生于山坡、林缘、灌丛、路旁。广泛分布于我国西部、中部、东部、北部及东北部。

7. 毡毛马兰

多年生草本，高约 70 cm，茎被密短粗毛。中部叶倒卵形、倒披针形或椭圆形，长 2.5~4 cm，宽 1.2~2 cm，基部渐狭，近无柄，从中部以上有 1~2 对浅齿或全缘；上部叶渐小，倒披针形或条形；全部叶两面被毡状密毛，下面沿脉及边缘被密糙毛。头状花序径 2~2.5 cm，单生于枝端且排成疏散的伞房状。舌状花 1 层，舌片浅紫色，长 11~12 mm。瘦果倒卵圆形，极扁；冠毛膜片状。

生于林缘、草坡、溪岸，常见。产于我国中部、东部及东南部（安徽、浙江、江苏、江西、福建、台湾等省）。

8. 马兰

多年生草本，高达 70 cm。叶互生，无柄，披针形或倒卵状长圆形，长 3~10 cm，基部渐狭，全缘或有齿，两面疏生微毛或近无毛。头状花序单生于枝顶，直径约 2.5 cm；总苞片倒卵状长圆形，上部草质，边缘膜质有睫毛；舌状花 1 层，淡紫色。瘦果极扁，长 1.5~2 mm，冠毛长 0.1~0.3 mm，花期 5~9 月，果期 8~10 月。

生于林缘、草地、溪边、路旁。产于四川、云南、贵州、陕西、河南、湖北、湖南、江西、广东、广西、福建、台湾、浙江、安徽、江苏、山东和辽宁等省区。

9. 山马兰

多年生草本，高达 1 m。叶互生，披针形或矩圆状披针形，长 3~4 cm，宽 4~9 mm，基部渐狭，全缘，疏具浅齿或有浅裂片。头状花序直径 2~2.5 cm。总苞片近革质，边缘膜质，先端圆钝；舌状花淡紫色。瘦果倒卵形。花果期 6~10 月。

生于山坡、草原、灌丛中。产于东北、华北地区及陕西、山东、河南及江苏等省。

10. 阿尔泰狗娃花（图Ⅱ-104.1）

多年生草本，高达 1 m。茎被向上伏毛和腺毛。叶互生，条形、矩圆状披针形、倒披针形或近匙形，长 2.5~6（~10）cm，宽 7~15 mm，基部渐狭，全缘，两面有短伏毛。头状花序单生枝顶，直径 2~3.5 cm，总苞片草质；舌状花舌片长 10~15 mm，浅蓝紫色；筒状花裂片 5 片，其中 1 片较长；全部小花具同型的冠毛。花果期 5~9 月。

图Ⅱ-104.1 阿尔泰狗娃花

生于草原、草甸、山地、戈壁滩地、河岸路旁等。广泛分布于四川以及西北、华北、东北各地。

11. 狗娃花

一年或二年生草本。茎高 30~50 cm。中部叶矩圆状披针形或条形，长 3~7 cm，宽 0.3~1.5 cm，常全缘，上部叶小，条形。头状花序径 3~5 cm，单生于枝端而排列成伞房状。总苞半球形，舌状花 30 余朵；舌片浅红色或白色，条状矩圆形，长 12~20 mm。瘦果倒卵形，有细边肋，被密毛。舌状花具白色膜片状短冠毛，管状花冠毛糙毛状。花期 7~9 月，果期 8~9 月。

生于荒地、路旁、林缘及草地。海拔达 2 400 m。广泛分布于我国北部、西北部及东北部地区，也见于四川东北及河南、湖北、安徽、江西北部、浙江及台湾等省。

12. 东风菜（图Ⅱ-104.2）

多年生草本，高达 1.5 m。叶互生，宽卵形或长圆状卵形，长 9~15 cm，宽 6~15 cm，先端短渐尖，基部心形或近截形，边缘具不整齐粗齿，两面疏被短糙状毛；叶柄长达 15 cm。头状花序直径 1.8~2.4 cm，集为顶生复伞房花序；总苞片 3 层；舌状花 1 层，白色。果实具 5 条厚肋，无毛；冠毛与筒状花等长。花期 6~10 月，果期 8~10 月。

生于山谷坡地、草地和灌丛中，极常见。广泛分布于我国东北部、北部、中部、东部至南部各省。

图Ⅱ-104.2　东风菜

图Ⅱ-104.3　钻叶紫菀

13. 钻叶紫菀（图Ⅱ-104.3）

多年生草本，高 25~80 cm，全株几光滑无毛。叶互生，无柄；中部叶线状披针形，长 6~10 cm，宽 0.5~1 cm，先端尖或钝，全缘，上部叶渐狭线形。头状花序顶生，排成圆锥花序；头状花序径 5~6 mm，总苞钟状；总苞片 3~4 层，外层较短，内层较长，线状钻形；舌状花细狭、小，粉红色；管状花多数，短于冠毛。瘦果略有毛。花期 9~11 月。

原产北美洲，现云南、贵州、浙江、江苏、江西、河南等地均有逸生。

14. 紫菀

多年生草本，高 40~50 cm。中部叶长圆形或长圆披针形，无柄，全缘或有浅齿，上部叶狭小。头状花序多数，径 2.5~4.5 cm，在茎和枝端排列成复伞房状。总苞半球形，长 7~9 mm，径 10~25 mm；总苞片 3 层，线形或线状披针形。舌状花 20 余朵，舌片蓝紫色；管状花长 6~7 mm 且稍有毛。瘦果倒卵状长圆形，紫褐色。冠毛污白色或带红色，长 6 mm。花期 7~9 月，果期 8~10 月。

生于低山阴坡湿地、山顶和低山草地及沼泽地，海拔 400~2 000 m。产于黑龙江、吉林、辽宁、内蒙古、山西、河北、河南、陕西及甘肃等省区。

15. 三脉紫菀（图Ⅱ-104.4）

多年生草本，茎高达 1 m，有柔毛或粗毛。茎中部叶长圆状披针形或狭披针形，长 5~15 cm，宽 1~5 cm，先端渐尖，基部楔形，边缘有粗锯齿，两面被短糙毛，离基三出脉。头状花序直径 1.5~2 cm，总苞片先端褐色或紫红色；舌状花紫色、浅红色或白色；冠毛毛状。花果期 7~12 月。

生于林下、林缘、灌丛及山谷湿地。海拔 100~3 350 m。广泛分布于我国东北部、北部、东部、南部至西部、西南部及西藏南部。

图Ⅱ-104.4　三脉紫菀

图Ⅱ-104.5　一年蓬

16. 一年蓬（图Ⅱ-104.5）

一年或二年生草本，高达 1 m。全株被上曲的短硬毛。基生叶矩圆形或宽卵形，长 4~17 cm，宽 1.5~4 cm，边缘具粗齿；茎生叶矩圆状披针形或披针形，长 1~9 cm，宽 0.5~2 cm。头状花序排列成伞房状或圆锥状；总苞片密被长节毛；舌状花 2 层，白色或淡蓝色，长 4~7 mm，冠毛由极短的膜质鳞片合生为环状，筒状花冠毛外层鳞片状，内层糙毛状，长约 2 mm。花期 6~9 月。

常生于路边旷野或山坡荒地。广泛分布于吉林、河北、河南、山东、江苏、安徽、江西、福建、湖南、湖北、四川和西藏等省区。

17. 小蓬草　加拿大蓬、小飞蓬（图Ⅱ-104.6）

一年生草本。茎高达 1.2 m，疏被长硬毛，上部多分枝。茎中部叶条状披针形或条形，长 1~6 cm，宽 2~5 mm，基部渐狭，全缘或具微齿，两面或仅上面被短硬毛，边缘有上弯的硬缘毛。头状花序直径 3~4 mm，集为大型圆锥花序；总苞片 2~3 层，条状披针形；舌状花细管状，长约 3 mm，先端小舌状；冠毛长约 2.5 mm。花期 5~9 月。

常生长于旷野、荒地、田边和路旁，为一种常见的杂草。原产北美洲，现我国南北各省区均有分布。

图Ⅱ-104.6　小蓬草

18. 香丝草　野塘蒿（图Ⅱ-104.7）

一年生或二年生草本，高 20~50 cm，植株灰绿色，中部以上常分枝，密被贴短毛，杂有开展的疏长毛。叶密集，中上部叶狭披针形或线形，长 3~7 cm，宽 0.3~0.5 cm，中部叶具齿，上部叶全缘，两面均密被贴糙毛。头状花序多数，径 8~10 mm，在茎端排列成总状或总状圆锥花序；总苞片 2~3 层；雌花多层，白色，花冠细管状，无舌片或顶端仅有 3~4 个细齿；两性花淡黄色，花冠管状。瘦果线状披针形，冠毛淡红褐色，长约 4 mm。花期 5~10 月。

常生于荒地、田边、路旁，为一种常见的杂草。原产南美洲，现广泛分布于我国中部、东部、南部至西南部各省区。

图Ⅱ-104.7 香丝草

图Ⅱ-104.8 薄雪火绒草

19. 薄雪火绒草 火艾（图Ⅱ-104.8）

多年生草本。具纤细根状茎。花茎丛生，直立，高达 50 cm，上部被白色绵毛。叶倒披针形至披针形，长 2.5~5.5 cm，宽 5~13 mm，边缘微波状，上面有蛛丝状毛，下面被灰白色茸毛。苞叶卵形或矩圆形，两面密被茸毛，多数密集形成直径达 4 cm 的苞叶群；头状花序径 3.5~4.5 mm，总苞密被茸毛。花期 6~9 月，果期 9~10 月。

生于山地灌丛、草坡和林下，海拔 1 000~2 000 m。产于甘肃、陕西、河南、山西、湖北、安徽，在秦岭、大巴山、金佛山、黄山等处常见。

20. 珠光香青 山萩（图Ⅱ-104.9）

多年生草本，高 30~60（~100）cm。中部叶开展，线形或线状披针形，长 5~9 cm，宽 0.3~1.2 cm，基部稍狭或急狭，多少抱茎，不下延，边缘平，全部叶上面被蛛丝状毛，下面被灰白色至红褐色厚绵毛，有单脉或三至五出脉。头状花序多数，在茎和枝端排列成复伞房状。总苞宽钟状或半球状，长 5~8 mm；总苞片 5~7 层，基部多少褐色，上部白色。花冠长 3~5 mm。冠毛较花冠稍长。花果期 8~11 月。

图Ⅱ-104.9 珠光香青

生于亚高山或低山草地、石砾地、山沟及路旁，海拔 300~3 400 m。产于四川、云南、西藏、甘肃、陕西、青海、河南、湖北、湖南及广西等省区。

21. 香青

多年生草本；茎高达 50 cm，节间长 2~20 mm。中部叶长圆形，倒披针状矩圆形至条形，长 2.5~9 cm，宽 2~15 mm，基部沿茎下延成翅，上面被蛛丝状毛，下面或两面被白绵毛且杂有腺毛。头状花序排列为复伞房状，总苞长 4~5 mm，冠毛较花冠稍长。花期 6~9 月，果期 8~10 月。

生于低山或亚高山灌丛、草地、山坡和溪岸，海拔 400~2 000 m。产于我国北部、中部、东部及南部。

22. 黄腺香青（图Ⅱ-104.10）

多年生草本，高 20~50 cm. 不分枝，被白色或灰白色蛛丝状绵毛，下部有密集、上部有渐疏的叶，中部叶稍小，多少开展，基部渐狭，沿茎下延成宽或狭翅；全部叶上面被具柄腺毛及易脱落的蛛丝状毛，下面被白色或灰白色蛛丝状毛及腺毛，或多少脱毛，有离基三或五出脉。头状花序，花多数或极多数，密集成复伞房状；花序梗纤细。总苞钟状长 5~6 mm；总苞片约 5 层。花冠长 3~3.5 mm。瘦果长达 1 mm，被微毛。花期 7~9 月，果期 9~10 月。

图Ⅱ-104.10 黄腺香青

生于林下、林缘、草地、河谷及石砾地，海拔400~3 600 m。产于青海、甘肃、陕西、山西、河南、四川、湖北、湖南、广东、广西、贵州、云南等省区。

23. 丝棉草

一年生草本，高10~40 cm。下部叶匙形，长3~6 cm，宽5~10 mm，基部稍狭，下延，顶端钝圆，两面被白色厚绵毛，有时上面较薄，具1条叶脉；上部叶匙状长圆形，长2~5 cm，宽2~7 mm，基部略抱茎。头状花序近无柄，在枝顶密集成伞房花序，花淡黄色；总苞片2~3层，黄白色、麦秆黄色或亮褐色，有光泽。瘦果圆柱形或倒卵状圆柱形，有乳头状突起。冠毛粗糙，污白色。花期5~9月。

生于耕地、路旁或山坡草丛中。产于甘肃、陕西、四川、湖北、河南、山东、江苏及广东等省。

24. 鼠曲草

一年生矮小草本，高10~40 cm，基部常有匍匐或斜升的分枝。叶无柄，匙形或匙状倒披针形，长5~7 cm，宽11~14 mm。头状花序直径2~3 mm，在枝顶密集成伞房花序，花黄色至淡黄色；总苞钟形，总苞片2~3层，金黄色，膜质，有光泽。瘦果倒卵形或倒卵状圆柱形，长约1.5 mm；冠毛基部联合。花期1~4月，果期8~11月。

生于低海拔干地或湿润草地上，尤以稻田最常见。产于我国台湾、华东、华南、华中、华北、西北及西南地区各省区。

25. 秋鼠曲草（图Ⅱ-104.11）

一年生粗壮草本，高达70 cm. 茎基部直径约5 mm，上部分枝；有沟纹，茎枝密被白色绵毛和腺毛。中部茎生叶条形或条状披针形，长4~5 cm，宽3~7 mm，基部耳状抱茎，全缘，下面密被白色绵毛。头状花序集成伞房状；总苞长约4 mm，宽6~7 mm；总苞片金黄色，干膜质。瘦果冠毛基部分离。花期8~12月。

生于空旷沙土地或山地路旁及山坡上，海拔200~800 m。产于我国台湾、华东、华南、华北、西北及西南各省区。

图Ⅱ-104.11　秋鼠曲草

图Ⅱ-104.12　线叶旋覆花

26. 线叶旋覆花（图Ⅱ-104.12）

多年生草本，高30~80 cm。叶线状披针形，有时椭圆状披针形，长5~15 cm，宽0.7~1.5 cm，下部渐狭成长柄，边缘常反卷，有不明显的小锯齿，上部叶渐狭小。头状花序径1.5~2.5 cm，在枝端单生或3~5个排列成伞房状。总苞片约4层，线状披针形，上部叶质，被腺和短柔毛，下部革质，但有时最外层叶状，较总苞稍长。舌状花较总苞长2倍；舌片黄色，长圆状线形，长达10 mm。花期7~9月，果期8~10月。

生于山坡、荒地、路旁、河岸，极常见，海拔150~500 m。广布于我国东北部、北部、中部和东部各省。

27. 旋覆花

一年或两年生草本；茎高达60 cm，被长伏毛。叶互生，无柄，狭椭圆形或长圆形，长3~10（~13）cm，宽7~25 mm，先端急尖或短渐尖，基部渐狭或具半抱茎的小耳，全缘或具疏齿。头状花序直径2.5~4 cm；总苞直径13~17 mm，总苞片草质，条状披针形，近等长，舌状花黄色。花期6~10月，果期9~11月。

生于山坡路旁、湿润草地、河岸和田埂上，海拔150~2 400 m。广布于我国北部、东北部、中部、东部各省，极常见，在四川、贵州、福建、广东也可见到。

28. 欧亚旋覆花 大花旋复花

多年生草本，高20~70 cm。中部叶长椭圆形，长5~13 cm，宽0.6~2.5 cm，基部宽大，无柄，心形或有耳，半抱茎，顶端尖或稍尖，有浅或疏齿。头状花序1~5个，生于茎端或枝端，径2.5~5 cm；花序梗长1~4 cm。总苞半球形，总苞片4~5层，外层线状披针形，常反折。舌状花舌片线形，黄色，长10~20 mm。管状花花冠上部稍宽大，有三角披针形裂片；冠毛1层，白色。花期7~9月，果期8~10月。

生于河流沿岸、湿润坡地、田埂和路旁。产于新疆、黑龙江、内蒙古，在华北、东北的一些地区也可见到。

29. 烟管头草

多年生草本。茎高达1 m，被白色长柔毛。下部叶匙状矩圆形，长9~20 cm，宽4~6 cm，基部楔形渐狭为翅柄，边缘有不规则锯齿，两面被白色长柔毛及腺点；茎中部以上叶渐小，矩圆形或矩圆状披针形。头状花序单生于茎枝端，直径10~20 mm，垂头；总苞片先端钝，外层叶状，草质；花黄色。花果期7~10月。

生于路边荒地及山坡、沟边等处。产于东北、华北、华中、华东、华南、西南地区各省及西北陕西、甘肃等地。

30. 天名精

多年生草本；茎高达1 m，上部多分枝，密被短柔毛，下部近无毛。下部叶宽椭圆形或椭圆形，长10~15 cm，宽5~8 cm，先端钝或急尖，基部渐狭为具宽翅的短柄，被短柔毛；茎上部叶渐小。头状花序腋生，近无梗，直径6~8 mm；苞片3层，外层较短，向内渐长；花冠无毛。瘦果有腺点。花果期7~10月。

生于村旁、路边荒地、溪边及林缘，垂直分布可达海拔2 000 m。产于华东、华南、华中、西南地区各省区及河北、陕西等地。

31. 和尚菜 腺梗菜（图Ⅱ-104.13）

多年生草本，具匍匐根状茎；茎高达1 m，被蛛丝状绒毛。下部茎叶肾形或圆形，长（3~）5~8 cm，宽（4）7~12 cm，下面密被蛛丝状毛，叶柄具翅，长达17 cm；中部叶较大。头状花序排为圆锥状；花序梗密被头状有柄腺毛；总苞片果期反曲；花白色。瘦果长6~8 mm，上部具头状有柄腺毛，无冠毛。花果期6~11月。

生于河岸、湖旁、峡谷、阴湿密林下；在干燥山坡亦有生长；从平原到海拔3 400 m的山地均可见。全国各地都有分布。

图Ⅱ-104.13 和尚菜

32. 苍耳 老苍子（图Ⅱ-104.14）

一年生草本，高达80 cm。全株被白色糙伏毛。叶三角状卵形或心形，长与宽均为5~10 cm，边缘具粗锯齿或不规则缺刻，有时3浅裂，基出3条脉。雄性的头状花序球形，密被柔毛；雌头状花序椭圆形，内层总苞片合生为囊状，成熟后果苞坚硬，具钩刺。花期7~8月，果期9~10月。

常生长于平原、丘陵、低山、荒野路边、田边，为一种常见的田间杂草。广泛分布于东北、华北、华东、华南、西北及西南地区各省区。

图Ⅱ-104.14　苍耳

33. 蒙古苍耳（图Ⅱ-104.15）

一年生草本，高达1 m以上。叶互生，具长柄，宽卵状三角形或心形，长5~9 cm，宽4~8 cm，3~5浅裂，顶端钝或尖，基部心形，边缘有不规则的粗锯齿，具三基出脉，叶柄长4~9 cm。具瘦果的总苞成熟时变坚硬，绿色，或黄褐色，连喙长18~20 mm，宽8~10 mm，两端稍缩小成宽楔形，顶端具1或2个锥状的喙，喙直而粗，锐尖，外面具较疏的总苞刺，刺长2~5.5 mm。瘦果2个，倒卵形。花期7~8月，果期8~9月。

生于干旱山坡或沙质荒地。产于黑龙江、辽宁、内蒙古及河北等省区。

图Ⅱ-104.15　蒙古苍耳

图Ⅱ-104.16　百日菊

34. 百日菊（图Ⅱ-104.16）

一年生草本，高30~100 cm，被糙毛或长硬毛。叶宽卵圆形或长圆状椭圆形，长5~10 cm，宽2.5~5 cm，基部稍心形抱茎，两面粗糙，基出三条脉。头状花序径5~6.5 cm，单生枝端。总苞宽钟状；总苞片多层，托片上端有延伸的附片；附片紫红色，流苏状三角形。舌状花深红色、玫瑰色、紫堇色或白色，舌片倒卵圆形，先端2~3枚齿裂或全缘。管状花黄色或橙色，长7~8 mm。花期6~9月，果期7~10月。

原产墨西哥，著名的观赏植物，有单瓣、重瓣、卷叶、皱叶和各种不同颜色的园艺品种。在我国各地栽培很广，有时成为野生。

35. 豨莶（xīxiān）　黏糊菜

一年生草本；茎高达1 m，二叉状分枝，被白色柔毛。茎中部以上叶对生，三角状卵形，长4~10 cm，宽2~6.5 cm，两面有毛，下面有腺点，边缘有不规则浅或粗齿，基部宽楔形，下延为翅柄。头状花序排为圆锥状；总苞片2层，背面被紫褐色头状有柄的腺毛；外层5片，线状匙形或匙形，长6~12 mm，星状开展；雌花舌状，黄色。瘦果无冠毛。花期4~9月，果期6~11月。

生于山野、荒草地、灌丛、林缘及林下，海拔110~2 700 m。产于陕西、甘肃、江苏、浙江、安徽、江西、湖南、四川、贵州、福建、广东、台湾、广西、云南等省区。

36. 腺梗豨莶　毛豨莶（图Ⅱ-104.17）

一年生草本，高30~110 cm，上部多分枝。中部叶卵圆形或卵形，开展，长3.5~12 cm，宽 1.8~6 cm，基部宽楔形，下延成具翼而长 1~3 cm 的柄，先端渐尖，边缘有尖头状规则或不规则的粗齿；上部叶渐小；全部叶基出三脉。头状花序直径为 18~22 mm，多数生于枝端，排列成松散的圆锥花序；花梗较长，密生紫褐色头状具柄腺毛和长柔毛；总苞宽钟状；总苞片 2 层，叶质，背面密生紫褐色头状具柄腺毛。花期 5~8 月，果期 6~10 月。

生于山坡、山谷林缘、灌丛林下的草坪中，河谷、溪边、河槽潮湿地、旷野、耕地边等处也常见，海拔 160~3 400 m。产于吉林、辽宁、河北、山西、河南、甘肃、陕西、江苏、浙江、安徽、江西、湖北、四川、贵州、云南及西藏等省区。

37. 鳢（lǐ）肠（图Ⅱ-104.18）

一年生草本。茎直立，斜升或平卧，高达 40 cm，被伏毛。叶对生，无柄，椭圆状披针形至条状披针形，长达 10 cm，宽 0.5~2 cm，全缘或有细齿，被糙伏毛。头状花序直径约 9 mm；总苞片 5~6 片，线形；舌状花白色，长约 2 mm；筒状花裂片 4 片。瘦果具瘤突，无冠毛。花期 6~9 月。

生于河边，田边或路旁。产于全国各省区。

图Ⅱ-104.17 腺梗豨莶

图Ⅱ-104.18 鳢肠

38. 向日葵（图Ⅱ-104.19）

一年生高大草本，无地下块茎。茎直立，高 1~3 m，粗壮。叶互生，心状卵圆形或卵圆形，顶端急尖或渐尖，有三基出脉，边缘有粗锯齿，有长柄。头状花序极大，径为 10~40 cm，单生于茎端或枝端，常下倾。总苞片多层，叶质，覆瓦状排列。舌状花多数，黄色，舌片开展，长圆状卵形或长圆形，不结实。管状花极多数，棕色或紫色，有披针形裂片，结果实。瘦果倒卵形或卵状长圆形，稍扁压，长 10~15 mm。花期 7~9 月，果期 8~9 月。

原产北美洲，我国各地广泛栽培。

图Ⅱ-104.19 向日葵

图Ⅱ-104.20 菊芋

39. 菊芋 洋姜（图Ⅱ-104.20）

多年生草本，具地下块茎。茎高达 3 m，上部分枝，被短糙毛或刚毛，下部叶对生，卵圆形或卵状椭圆形，长达 17 cm，宽达 9 cm，基部宽楔形下延为翅柄，边缘具粗锯齿；上部叶互生，长椭圆形或宽披针形。头状花序直径 5~9 cm，筒状花黄色。花期 8~9 月。

原产北美洲，我国各地广泛栽培。

40. 大花金鸡菊（图Ⅱ-104.21）

多年生草本，高 20~100 cm。叶对生；基部叶有长柄、披针形或匙形；下部叶羽状全裂，裂片长圆形；中部及上部叶 3~5 深裂，裂片线形或披针形，中裂片较大，两面及边缘有细毛。头状花序单生于枝端，径 4~5 cm，具长花序梗。托片线状钻形。舌状花 6~10 朵，舌片宽大，黄色，长 1.5~2.5 cm；管状花长 5 mm，两性。花期 5~9 月。

原产美洲的观赏植物，在我国各地常栽培，有时归化逸为野生。

图Ⅱ-104.21 大花金鸡菊

41. 两色金鸡菊

一年生草本，无毛，高 30~100 cm。叶对生，下部及中部叶有长柄，二回羽状全裂，裂片线形或线状披针形，全缘；上部叶无柄或下延成翅状柄，线形。头状花序多数，有细长花序梗，径 2~4 cm，排列成伞房或疏圆锥花序状。总苞半球形。舌状花黄色，舌片倒卵形，长 8~15 mm，管状花红褐色、狭钟形。瘦果长圆形或纺锤形，长 2.5~3 mm，两面光滑或有瘤状突起，顶端有 2 细芒。花期 5~9 月，果期 8~10 月。

原产北美洲的观赏植物，我国各地常见栽培。

42. 秋英 大波斯菊（图Ⅱ-104.22）

一年生或多年生草本，高 1~2 m。叶二回羽状深裂，裂片线形或丝状线形。头状花序单生，径 3~6 cm；花序梗长 6~18 cm。舌状花紫红色、粉红色或白色；舌片椭圆状倒卵形，长 2~3 cm，宽 1.2~1.8 cm，有 3~5 钝齿；管状花黄色，长 6~8 mm。瘦果黑紫色，长 8~12 mm，无毛，上端具长喙，有 2~3 枚尖刺。花期 6~8 月，果期 9~10 月。

此著名的观赏植物原产美洲墨西哥，在我国栽培甚广，在路旁、田埂、溪岸也常自生。云南、四川西部有大面积归化种，海拔可达 2 700 m。

图Ⅱ-104.22 秋英

图Ⅱ-104.23 狼把草

43. 黄秋英 硫黄菊

一年生草本，株高 60~100 cm，多分枝。叶对生，叶二至三回羽状深裂，裂片较宽，披针形至椭圆形，有短尖，叶缘粗糙。舌状花金黄色或橘黄色；瘦果有粗毛，连同喙长达 18~25 mm，喙纤弱。

花期 7~8 月。

原产墨西哥至巴西。在云南西南、南部常见归化，生于海拔 500~1 500 m 处。

44. 狼把草　（图Ⅱ-104.23）

一年生草本，高达 1.5 m。叶对生，无毛，叶柄具狭翅；中部叶常深裂，裂片 3~5 片；顶生裂片椭圆形或椭圆状披针形，长 5~11 cm，宽 1.5~3.2 cm，边缘有锯齿。头状花序直径 1~3 cm；总苞片多数，外层叶状，披针形，长 1~4 cm，花黄色，无舌状花。瘦果楔形，扁平，两侧具倒钩刺，顶端截形，通常具 2 枚芒刺。花果期 7~10 月。

生于路边荒野及水边湿地。产于东北、华北、华东、华中、西南地区及陕西、甘肃、新疆等省区。

45. 小花鬼针草

一年生草本，高达 70 cm。叶对生，二至三回羽状全裂；末回裂片条形或条状披针形，宽约 2 mm，全缘或有齿。头状花序直径 3~5 mm；总苞片 2~3 层，条状披针形，外层短小，内层渐长；无舌状花，筒状花黄色，花冠 4 裂。瘦果条形，先端渐狭，具 2 枚芒刺。花果期 7~10 月。

生于路边荒地、林下及水沟边。产于东北、华北、西南地区及山东、河南、陕西、甘肃等地。

46. 鬼针草

一年生草本，高 30~100 cm，茎钝四棱形。叶常为三出复叶，顶生小叶较大，长椭圆形或卵状长圆形，长 3.5~7 cm，先端渐尖，具长 1~2 cm 的柄，边缘有锯齿；上部叶小，3 裂或不分裂，条状披针形。头状花序直径 8~9 mm，有长 1~6 cm（果时长 3~10 cm）的花序梗。总苞片 7~8 片，条状匙形。无舌状花，盘花筒状，长约 4.5 mm，冠檐 5 齿裂。瘦果黑色，条形，先端渐狭，略扁，具棱，长 7~13 cm，宽约 1 mm，上部具稀疏瘤状突起及刚毛，顶端芒刺 3~4 枚，长 1.5~2.5 cm，具倒刺毛。花果期 6~10 月。

生于村旁、路边及荒地中。产于华东、华中、华南、西南地区各省区。

47. 婆婆针

一年生草本，高 30~120 cm。叶对生，二回羽状分裂，第一次分裂深达中肋，裂片再次羽状分裂，顶生裂片狭，先端渐尖，边缘有稀疏不规整的粗齿。头状花序直径 6~10 mm。总苞片 2~3 层，条形，外层短小，向内渐长。舌状花通常 1~3 朵，不育，舌片黄色，先端全缘或具 2~3 个齿；盘花筒状，黄色，长约 4.5 mm，冠檐 5 齿裂。瘦果条形，具 3~4 棱，长 12~18 cm，具瘤状突起及小刚毛，顶端芒刺 3~4 枚。花果期 6~10 月。

生于路边荒地、山坡及田间。产于东北、华北、华中、华东、华南、西南地区及陕西、甘肃等。

48. 金盏银盘

一年生草本，高 30~150 cm。叶为一至二回羽状复叶，顶生小叶卵形至长圆状卵形或卵状披针形，先端短尖，基部楔形，边缘具稍密且近于均匀的锯齿。头状花序直径 7~10 mm，总苞片 2~3 层，外层条形，内层苞片长椭圆形或长圆状披针形，背面褐色，有深色纵条纹。舌状花通常 3~5 朵，不育，舌片淡黄色，先端 3 齿裂；盘花筒状，长 4~5.5 mm，冠檐 5 齿裂。瘦果条形，黑色，具四棱，两端稍狭，顶端芒刺 3~4 枚。花果期 6~10 月。

生于路边、村旁及荒地中。产于华南、华东、华中、西南地区及河北、山西、辽宁等地。

49. 牛膝菊　辣子草（图Ⅱ-104.24）

一年生草本，高 10~80 cm。叶对生，卵形或长椭圆状卵形，长（1.5~）2.5~5.5 cm，宽（0.6~）1.2~3.5 cm，基部圆形、宽或狭楔形，顶端渐尖或钝，基出三脉或不明显五出脉，有 1~2 cm；全部茎叶两面粗涩，边缘浅或钝锯齿或波状浅锯齿。头状花序半球形，有长花梗，多数在茎枝顶端排成疏松的伞房花序，花序径约 3 cm。总苞半球形或宽钟状，总苞片 1~2 层，约 5 个，舌状花 4~5 朵，舌片白色，顶端 3 齿裂；管状花花冠长约 1 mm，黄色。瘦果长 1~1.5 mm，三棱或中央的瘦果 4~5 条棱，黑色或黑褐色，常压扁。花果期 7~10 月。

生于林下、河谷地、荒野、河边、田间、溪边或市郊路旁。产于四川、云南、贵州、西藏等省区。

图Ⅱ-104.24　牛膝菊

图Ⅱ-104.25　天人菊

50. 天人菊（图Ⅱ-104.25）

一年生草本，高 20~60 cm。下部叶匙形或倒披针形，长 5~10 cm，宽 1~2 cm，边缘波状钝齿、浅裂至琴状分裂，先端急尖，近无柄，上部叶长椭圆形，倒披针形或匙形，长 3~9 cm，全缘或上部有疏锯齿或中部以上 3 浅裂，基部无柄或心形半抱茎，叶两面被伏毛。头状花序径 5 cm。总苞片披针形，边缘有长缘毛，背面有腺点。舌状花黄色，基部带紫色，舌片宽楔形，长 1 cm，顶端 2~3 裂；管状花裂片三角形，顶端渐尖成芒状，被节毛。花果期 6~8 月。

庭园栽培，供观赏。

51. 毛华菊（图Ⅱ-104.26）

多年生草本，高达 60 cm，有匍匐根状茎。全部茎枝被稠密厚实的贴伏短柔毛，后变稀毛。中部茎叶卵形、宽卵形、卵状披针形或近圆形或匙形，长 3.5~7 cm，宽 2~4 cm，边缘自中部以上有浅波状疏钝锯齿，叶柄长 0.5~1 cm。全部叶下面灰白色，被稠密厚实贴伏的短柔毛。头状花序直径 2~3 cm，3~13 个在茎枝顶端排成疏松的伞房花序。总苞碟状，总苞片 4 层，中外层外面被稠密短柔毛，向内层毛稀疏。全部苞片边缘褐色膜质。舌状花白色，舌片长 1.2 cm。花果期 8~11 月。

生于低山山坡及丘陵地，海拔 340~1 500 m。产于河南西部、湖北西部及安徽西部等地。

52. 菊花（图Ⅱ-104.27）

多年生草本，高 60~150 cm。茎直立，分枝或不分枝，被柔毛。叶卵形至披针形，长 5~15 cm，羽状浅裂或半裂，叶裂片先端圆或钝，有短柄，叶下面被白色短柔毛。头状花序直径 2.5~20 cm，大小不一。总苞片多层，舌状花颜色各种。管状花黄色。花期 8~11 月。

喜阳光，忌荫蔽，较耐旱，怕涝。喜温暖湿润气候。各地广泛栽培。

图Ⅱ-104.26　毛华菊

图Ⅱ-104.27　菊花

53. 野菊

多年生草本，高达 1 m。叶互生，卵形或矩圆状卵形，长 6~7 cm，宽 2~4 cm，羽状浅裂至中裂，有时深裂，侧生裂片常为两对，裂片先端尖，边缘具缺刻状锯齿，两面均被毛。头状花序直径 2.5~4 cm，在茎端排成伞房状，舌状花黄色，舌片长 10~13 mm。花期 6~11 月。

生于山坡草地、灌丛、河边水湿地、滨海盐渍地、田边及路旁。广布于东北、华北、华中、华南及西南地区。

54. 甘菊（图Ⅱ-104.28）

多年生草本，高 0.3~1.5 m。中部茎叶卵形、宽卵形或椭圆状卵形，长 2~5 cm，宽 1.5~4.5 cm。二回羽状分裂，一回全裂或几全裂，二回为半裂或浅裂，两面绿色，被柔毛。中部茎叶叶柄长 0.5~1 cm，柄基有分裂的叶耳或无耳。头状花序直径 10~15（~20）mm，通常多数在茎枝顶端排成疏松或稍紧密的复伞房花序。总苞片约 5 层，全部苞片顶端圆形，边缘白色或浅褐色膜质。舌状花黄色，舌片椭圆形，长 5~7.5 mm。花果期 5~11 月。

图Ⅱ-104.28　甘菊

喜温暖湿润气候、阳光充足、忌遮阴。对土壤要求不严。生于山坡、岩石上、河谷、河岸、荒地及黄土丘陵地，海拔 630~2 800 m。产于吉林、辽宁、河北、山东、山西、陕西、甘肃、青海、新疆、江西、江苏、浙江、四川、湖北及云南等省区。

55. 委陵菊

多年生草本，高 30~70 cm。全部茎枝灰白色，被稠密厚实的贴伏的短柔毛。中部茎叶宽卵形，卵形、宽三角状卵形，长 1.5~3 cm，宽 2~3.5 cm。二回羽状分裂。一回为全裂，侧裂片 2 对；二回为半裂、深裂、浅裂。全部叶两面异色，上面绿色或灰绿色，下面灰白色，被稠密厚实的贴伏短柔毛，柄基有抱茎分裂的叶耳。头状花序直径 1.5~2 cm，多数在茎枝顶端排成伞房花序。总苞片 4 层，全部苞片外面被稠密短柔毛，边缘白色或褐色膜质。舌状花黄色，舌片长 8~10 mm，顶端 2~3 微齿。花期 8~10 月。

生于低山丘陵地。产于山西南部、陕西东部和西北部。

56. 石胡荽　球子草

一年生小草本，茎铺散，多分枝。叶无柄，互生，楔形或倒卵状楔形，长 7~15 mm，宽约 3.5 mm，先端钝，边缘具不规则疏齿。头状花序腋生，近无梗，直径约 3 mm，总苞片 2 层，花黄色或黄绿色，全为筒状花，花冠 4 裂，无冠毛。花果期 6~10 月。

生于路旁、荒野阴湿地。产于我国东北、华北、华中、华东、华南、西南地区。

57. 白莲蒿　铁杆蒿（山西、辽宁）

半灌木状草本，高达 1 m。中部叶卵形或矩圆形，长 4~7 cm，宽 3~5 cm，二回羽状分裂，叶轴有三角形栉齿；一回羽片矩圆形，羽状深裂或具齿，下面初时密被灰白色短伏柔毛，后变无毛；叶柄基部有假托叶；头状花序排为复总状，总苞近球形，直径约 3 mm；总苞片 3 层，背面绿色，边缘宽膜质。花果期 8~10 月。

生于中、低海拔地区的山坡、路旁、灌丛地及森林草原地区。除高寒地区外，几遍布全国。

变种：灰莲蒿　万年蒿（辽宁）

本变种与原变种（白莲蒿）的区别在于本变种叶面初时被灰白色短柔毛，后毛脱落，背面密被灰白色短柔毛。

生境与分布同白莲蒿。

58. 青蒿

一年生草本，高 30~150 cm。中部叶长圆形、长圆状卵形或椭圆形，长 5~15 cm，宽 2~5.5 cm，叶下面深绿色，无腺点；二回栉齿状羽状分裂，第一回全裂，每侧有裂片 4~6 片，每裂片具多枚长三角形的栉齿，两侧常有 1~3 个小裂齿或无裂齿，中轴与裂片羽轴常有小锯齿，叶柄长 0.5~1 cm。头状花序半球形或近半球形，直径 3.5~4 mm，具短梗，下垂，基部有线形的小苞叶，在分枝上排成穗状花序式的总状花序；总苞片 3~4 层；花淡黄色。花果期 6~9 月。

常零星散生于低海拔、湿润的河岸边沙地、山谷、林缘、路旁等，也见于滨海地区。产于吉林、辽宁、河北、陕西、山东、江苏、安徽、浙江、江西、福建、河南、湖北、湖南、广东、广西、四川、贵州、云南等省区。

59. 黄花蒿（图Ⅱ-104.29）

一年生草本，高达 1.5 m。中部叶卵形，长 4~7 cm，宽 2~5 cm，二至三回羽状深裂，叶轴具狭翅，裂片及小裂片长圆形或倒卵形，末回裂片宽不及2 mm，两面被微毛，下面黄绿色，具白色腺点。头状花序极多，排列为总状或复总状，直径 1.5~2.5 mm，总苞片无毛。花果期 8~11 月。

生境适应性强，东部、南部省区生长在路旁、荒地、山坡、林缘等处。遍及全国。

图Ⅱ-104.29 黄花蒿

60. 宽叶山蒿

多年生草本，高 50~120 cm。中部叶椭圆状倒卵形、长卵形或卵形，长 6~12 cm，宽 4~7 cm，先端尖，全缘或中部以上边缘具 2~3 枚浅裂齿或为深裂齿，并有少数疏或密的锯齿，叶基部常有小型分裂、半抱茎的假托叶。头状花序多数，长圆形或宽卵形，直径 3~4 mm，具短梗或近无梗；总苞片 3~4 层，被蛛丝状绒毛，边膜质；雌花 10~12 朵，花冠狭管状，檐部有 2~3 个裂齿；两性花 12~15 朵，花冠管状或高脚杯状。瘦果卵形或椭圆形，略扁。花果期 7~11 月。

多生于低海拔湿润地区的林缘、疏林下、路旁及荒地与沟谷等处。产于黑龙江、吉林、辽宁、内蒙古、河北、山西、山东、江苏、安徽、浙江、湖北、河南等省区。

61. 艾

多年生草本，高达 1.2 m，茎密被绒毛。中部叶宽卵状椭圆形，长 6~9 cm，宽 4~8 cm，二回羽状分裂；第一回羽状半裂，羽片 2 对，又羽状浅裂或具缺刻状齿上面被蛛丝状毛，散生白腺点，或腺点脱落后留下明显凹点，下面密被灰白绒毛。头状花序长约 3 mm，总苞片被绒毛，花带红色。花果期 7~10 月。

生于低海拔至中海拔地区的荒地、路旁、河边及山坡等地，也见于森林草原及草原地区，局部地区为植物群落的优势种。分布广，除极干旱与高寒地区外，几遍及全国。

62. 野艾蒿

多年生草本，高达 1.2 m；茎枝密被蛛丝状短柔毛。中部叶一至二回羽状全裂，长 6~9 cm，宽 4~6 cm，基部渐狭为短柄，有假托叶；裂片 3~7 片，条状披针形，长 3~6 cm，宽 6~7 mm，基部下延，上面被微毛和白腺点，下面密被灰白绒毛。总苞长约 4 mm，外面密被蛛丝状毛；花红褐色。花果期 8~10 月。

阳光充足的湿润环境为佳，耐寒，对土壤要求不严。多生于低或中海拔地区的路旁、林缘、山坡、草地、山谷、灌丛及河湖滨草地等。产于黑龙江、吉林、辽宁、内蒙古、河北、山西、陕西、甘肃、山东、江苏、安徽、江西、河南、湖北、湖南、广东、广西、四川、贵州、云南等省区。

63. 矮蒿　细叶艾（南方俗称）（图Ⅱ-104.30）

多年生草本，高 80~150 cm。茎上部极多分枝，分枝长 2~3（~5）cm；中部叶长卵形或椭圆状卵形，长 1.5~3 cm，宽 1.5~2.5 cm，一至二回羽状全裂，小裂片长 1.5~2.5 cm，宽 1~2 mm，下面密被蛛丝状毛。头状花序多数，卵形，无梗，直径 1~1.5 mm；总苞片 3 层，覆瓦状排列。雌花 1~3 朵，狭管状，檐部具 2 个齿裂或无齿裂，紫红色；两性花 2~5 朵，长管状，紫红色。花果期 8~10 月。

图Ⅱ-104.30　矮蒿

生于低海拔至中海拔地区的林缘、路旁、荒坡及疏林下。分布广，产于黑龙江、吉林、辽宁、内蒙古、河北、山西、陕西、甘肃、山东、江苏、浙江、安徽、江西、福建、台湾、河南、湖北、湖南、广东、广西、四川、云南、贵州等省区。

64. 蒙古蒿　（图Ⅱ-104.31）

多年生草本，茎高达 1.2 m，被蛛丝状毛。中部叶具短柄及假托叶；叶片宽卵圆形，长 6~10 cm，宽 4~6 cm，羽状近全裂；侧生裂片 2~3 片，条状披针形至条形，边缘具齿或浅裂，基部下延，上面近无毛，无腺点，下面密被灰白柔毛，头状花序无总梗，密集排为窄长复总状，总苞长约 3 mm，密被蛛丝状毛；花黄色。花果期 8~10 月。

多生于中或低海拔地区的山坡、灌丛、河湖岸边及路旁等，西北、华北地区还见于森林草原、草原和干河谷等地区。产于黑龙江、吉林、辽宁、内蒙古、河北、山西、陕西、宁夏、甘肃、青海、新疆、山东、江苏、安徽、江西、福建、台湾、河南、湖北、湖南、广东、四川及贵州等省区。

图Ⅱ-104.31　蒙古蒿

65. 阴地蒿　白蒿（黑龙江、湖北、四川）

多年生草本，高 80~130 cm。中部叶具柄，薄纸质，叶片卵形或长卵形，长 8~15 cm，宽 7~11 cm，二回羽状深裂，第一回全裂，全裂片再浅裂至深裂，下面被灰白色薄层绒毛。头状花序多数，近球形或宽卵形，直径 1.5~2.5 cm，组成的圆锥花序分枝多而开展；总苞片 3~4 层；雌花 4~7 朵，花冠狭管状；两性花 8~14 朵，花冠管状。花果期 9~10 月。

生于低海拔湿润地区的林下、林缘或灌丛下荫蔽处。产于黑龙江、吉林、辽宁、内蒙古、河北、山西、陕西、甘肃、青海、山东、江苏、浙江、安徽、江西、河南、湖北、湖南、四川、贵州，云南等省区。

66. 猪毛蒿

多年生草本或近一二年生草本，高 40~90（~130）cm。中部叶初时两面被短柔毛，后脱落，叶长圆形或长卵形，长 1~2 cm，宽 0.5~1.5 cm，一至二回羽状全裂，末回小裂片丝线形或为毛发状，长 4~8 mm，宽 0.2~0.3（~0.5）mm。头状花序近球形，直径 1~1.5（~2）mm，在分枝上偏向外侧生长，并排成复总状或复穗状花序，而在茎上再组成大型、开展的圆锥花序；总苞片 3~4 层；雌花 5~7 朵；两性花 4~10 朵。花果期 7~10 月。

遍及全国，东部、南部省区分布在中、低海拔地区的山坡、旷野、路旁等，西北省区分布在中、低海拔至 2 800 m 的地区。

67. 茵陈蒿（图Ⅱ-104.32）

图Ⅱ-104.32 茵陈蒿

半灌木状草本；茎高达 1 m，当年生枝端有叶丛，密被绒毛。茎基部叶二至三回羽状全裂，裂片较宽短，被短绢毛；中部叶宽卵形、近圆形或卵圆形，长 2~4 cm，一至二回羽状全裂，末回裂片狭线形或丝状，宽 0.3~1 mm，近无毛。头状花序具短梗，直径 1.5~2 mm，无毛。花果期 7~10 月。

68. 牡蒿（图Ⅱ-104.33）

生于低海拔地区河岸、海岸附近的湿润沙地、路旁及低山坡地区。产于辽宁、河北、陕西、山东、江苏、安徽、浙江、江西、福建、台湾、河南、湖北、湖南、广东、广西及四川等省区。

图Ⅱ-104.33 牡蒿

多年生草本，高达 1 m。中部叶匙形，长 2.5~4 cm，宽 0.5~1（~2）cm，先端平截或近圆形，常具细锯齿，基部楔形，不分裂或斜向浅裂至深裂；裂片 3~5 片，宽不足 5 mm，两面近无毛或有微毛；上部叶近条形，不分裂或 3 裂。头状花序排为复总状，总苞球形，径 1~2 mm，无毛。花果期 7~10 月。

常生于中、低海拔地区的林缘、林中空地、疏林下、旷野、灌丛、丘陵、山坡、路旁等。产于辽宁、河北、山西、陕西、甘肃、山东、江苏、安徽、浙江、江西、福建、台湾、河南、湖北、湖南、广东、广西、四川、贵州、云南及西藏等省区。

69. 南牡蒿

多年生草本，高 40~80 cm。叶纸质，基生叶与茎下部叶近圆形、宽卵形或倒卵形，一至二回大头羽状深裂，裂片倒卵形、近匙形或宽楔形，叶基部渐狭，宽楔形，叶柄长 1.5~3 cm；中部叶近圆形或宽卵形，长、宽 2~4 cm，一至二回羽状深裂或全裂，每侧有裂片 2~3 片，裂片椭圆形或近匙形，先端具 3 深裂或浅裂齿或全缘，叶基部宽楔形，近无柄。头状花序多数，直径 1.5~2.5 mm；总苞片 3~4 层；雌花 4~8 朵；两性花 6~10 朵，不孕育，花冠管状。花果期 6~11 月。

生于海拔 1 500 m 以下的林缘、路旁、草坡、灌丛、溪边、疏林内或林中空地。产于吉林、辽宁、内蒙古、河北、山西、陕西、山东、江苏、安徽、河南、湖北、湖南、四川、云南等省区。

70. 野茼蒿（图Ⅱ-104.34）

图Ⅱ-104.34 野茼蒿

直立草本，高 20~120 cm。叶椭圆形或长圆状椭圆形，长 7~12 cm，宽 4~5 cm，顶端渐尖，基部楔形，边缘有不规则锯齿或重锯齿，或有时基部羽状裂，两面无或近无毛；叶柄长 2~2.5 cm。头状花序数个在茎端排成伞房状，直径约 3 cm，总苞钟状，总苞片 1 层，线状披针形，具狭膜质边缘，顶端有簇状毛。小花全部管状，两性，花冠红褐色或橙红色，檐部 5 个齿裂。花期 7~12 月。

生于山坡路旁、水边、灌丛中，海拔 300~1 800 m。产于江西、福建、湖南、湖北、广东、广西、贵州、云南、四川、西藏等省区。

71. 兔儿伞（图Ⅱ-104.35）

多年生草本。具匍匐根状茎；茎高达 1 m，常棕褐色，无毛。基生叶 1 片，叶柄长达 16 cm，叶片圆形，直径达 30 cm，掌状深裂；裂片 7~9 片，再二至三回叉状分裂，小裂片条形，边缘具不规则锐齿。茎生叶 2 片，互生，较小。头状花序集成复伞房状，总苞片 1 层，5 片，矩圆状披针形，长 9~12 mm，花淡红色，冠毛灰白色或淡红褐色。花期 6~7 月，果期 8~10 月。

喜温暖、湿润及阳光充足的环境，耐半阴、耐寒、耐瘠。不择土壤，以疏松、肥沃的壤土为佳。生于山坡、荒地、林缘或路旁，海拔 500~1 800 m。产于东北、华北、华中地区和陕西、甘肃、贵州。

图Ⅱ-104.35　兔儿伞

图Ⅱ-104.36　两似蟹甲草

72. 两似蟹甲草（图Ⅱ-104.36）

多年生草本。茎高达 70 cm，无毛。叶互生，叶片多角形，长 15~20 cm，宽 15~20 cm，基部心形或截形；浅裂片 5~7 片，宽三角形，边缘具波状微尖齿，掌状 5~7 脉；茎中部叶柄长达 18 cm。头状花序集为宽圆锥花序，序轴被褐色短柔毛；头状花序近无梗，总苞圆柱形，总苞片 3 片，筒状花 3 朵，白色。花期 7~8 月，果期 9~10 月。

生于海拔 1 200~2 400 m 的山坡林下、林缘或灌丛、草坡阴湿处。产于河北、山西、河南、陕西等省。

73. 中华蟹甲草

多年生草本，高达 1 m。叶大型，薄纸质，全形肾形或宽卵状三角形，长 10~20 cm，宽 12~24 cm，通常 5~7 个掌状深裂，裂片披针形或椭圆状披针形，顶端渐尖，基部心形或近心形，边缘有硬缘毛。头状花序多数，在茎端或上部叶腋排成大型疏散的宽圆锥花序，长达 15~20 cm；花序轴被褐色短毛，基部有 2~3 片钻形小苞片。总苞片 7~8 片，线状披针形或线形。小花 10~14 朵，花冠黄色或淡紫色，长约 8 mm；冠毛红褐色。花期 7~8 月，果期 9 月。

生于山坡林下阴湿处或沟边林缘，海拔 970~2 000 m。产于河南、陕西等省。

74. 山尖子

多年生草本；茎高达 1.5 m，上部密被腺状短柔毛。中部叶三角状戟形，长 10~17 cm，宽 13~19 cm，基部戟形或微心形，下延于叶柄成狭翅，边缘具不规则的尖齿，下面密被柔毛。头状花序集为窄圆锥花序，总苞筒状，长 9~12 mm，径约 8 mm，总苞片 8 片，花 13~19 朵，淡白色，冠毛白色。花期 7~8 月，果期 9 月。

生于林下，林缘或草丛中。产于东北、华北等地区。

75. 千里光（图Ⅱ-104.37）

多年生蔓状草本；茎曲折，长达 2 m，多分枝。叶具短柄，叶片卵状披针形或三角形，长 5~12 cm，宽 2~4 cm，先端长渐尖，基部楔形或截形，边缘具齿或波状，或下部具 1~2 对深裂片。头状花序复伞房状排列，总花梗密被短毛；总苞长 5~7 mm，总苞片 1 层，舌状花黄色，舌片长 6~8 mm。花期 8 月至翌年 2 月。

适应性较强，耐干旱，又耐潮湿，对土壤条件要求不严。常生于森林、灌丛中，攀缘于灌木、岩石上或溪边，海拔 50~3 200 m。产于西藏、陕西、湖北、四川、贵州、云南、安徽、浙江、江西、福建、湖南、广东、广西、台湾等省区。

76. 狗舌草

多年生草本；茎高达 60 cm，密被白色蛛丝状毛。茎基部叶矩圆形或倒卵状矩圆形，长 3~7 cm，宽 1.5~3 cm，先端钝，基部渐狭成翅柄，边缘具浅齿或全缘，两面均密被蛛丝状毛；茎生叶条状披针形至条形，基部抱茎。头状花序伞房状排列，总苞筒状，长约 8 mm，总苞片 1 层，背面被蛛丝状毛，舌状花 1 层，黄色，冠毛白色。花期 2~8 月。

常生于草地山坡或山顶阳处，海拔 250~2 000 m。产于黑龙江、辽宁、吉林、内蒙古、河北、山西、山东、河南、陕西、甘肃、湖北、湖南、四川、贵州、江苏、浙江、安徽、江西、福建、广东及台湾等省区。

图Ⅱ-104.37　千里光

图Ⅱ-104.38　蒲儿根

77. 蒲儿根（图Ⅱ-104.38）

一年或二年生草本，高达 80 cm。茎下部及叶柄着生处被蛛丝状绵毛。叶近圆形，长宽均 3~6（~8）cm，基部心形，边缘具三角状牙齿，下面密被蛛丝状绵毛，上部叶三角状卵形。头状花序排列成复伞房状；总苞长 3~4 mm，径 4~5 mm，基部具外层小苞片，舌状花 1 层，黄色，舌片长约 5 mm。花期 1~12 月。

生于林缘、溪边、潮湿岩石边及草坡、田边，海拔 360~2 100 m。产于西藏、山西、陕西、甘肃、湖北、四川、贵州、云南、河南、浙江、福建、湖南、江苏、广东、香港、广西、江西等省区。

78. 窄头橐（tuó）吾（图Ⅱ-104.39）

多年生草本，高 40~170 cm。叶片心状戟形、肾状戟形或罕为箭形，长 2.5~16.5 cm，宽 6~32 cm，叶片基部两侧各有 1~2 个大牙齿，柄基有膨大的鞘。总状花序长达 90 cm；头状花序多数，辐射状；总苞狭筒形至宽筒形，长 8~12 mm，宽 2.5~4 mm，总苞片 5 片，2 层，长圆形。舌状花 1~3 朵，黄色，舌片线状长圆形或倒披针形，长 10~17 mm。花果期 7~12 月。

生于海拔 850~3 100 m 的山坡、水边、林中及岩石下。产于西藏东南部、云南西北部、四川、湖北西部、山西、河北、河南、山东、江苏、浙江、台湾等省区。

图Ⅱ-104.39　窄头橐吾

79. 狭苞橐吾

多年生草本；茎高达 80 cm，上部被蛛丝状毛。基部叶柄长达 40 cm，基部扩大成鞘状抱茎，叶片肾形或宽卵状心形，长 10~15 cm，宽 10~20 cm，先端圆形，具小突尖，边缘具细锯齿；上部叶渐小。头状花序排为长总状，苞片线状披针形，全缘；总苞钟形，长 8~11 mm，宽 4~5 mm，总苞片 6~8 片，舌状花 4~6 朵，黄色，舌片长约 12 mm。花果期 7~10 月。

生于海拔 120~3 400 m 的水边、山坡、林缘、林下及高山草原。产于云南西北和东北部、四川、贵州、湖北、湖南、河南伏牛山区、甘肃、陕西、华北及东北区。

80. 蹄叶橐吾

多年生草本，高 80~200 cm。基部叶肾形，长 10~30 cm，宽 13~40 cm，先端圆形，有时具尖头，边缘有整齐的锯齿，基部弯缺宽；茎中上部叶具短柄，鞘膨大，叶片肾形，长 4.5~5.5 cm，宽 5~6 cm。头状花序总状排列，长 25~75 cm；总苞钟形，长 7~20 mm，宽 5~14 mm，总苞片 8~9 片，2 层，卵形或卵状披针形，边缘具齿，舌状花 5~6（~9）朵，黄色，舌片长圆形，长 15~25 mm。花果期 7~10 月。

生于海拔 100~2 700 m 的水边、草甸子、山坡、灌丛中、林缘及林下。产于四川、湖北、贵州、湖南、河南、安徽、浙江、甘肃、陕西、华北地区及东北地区。

81. 金盏花

一年生草本，高 20~75 cm。茎生叶长圆状披针形或长圆状倒卵形，无柄，长 5~15 cm，宽 1~3 cm，顶端钝，边缘波状具不明显的细齿。头状花序单生茎枝端，直径 4~5 cm，总苞片 1~2 层，披针形或长圆状披针形。小花黄色或橙黄色，长于总苞的 2 倍，舌片宽达 4~5 mm。瘦果全部弯曲，淡黄色或淡褐色，外层的瘦果大半内弯，外面常具小针刺，顶端具喙，两侧具翅脊部规则的横褶皱。花期 4~9 月，果期 6~10 月。

喜生长于温和、凉爽的气候，怕热、耐寒。适于土壤肥沃适度的土质。我国各地广泛栽培，供观赏。

82. 华东蓝刺头

多年生草本，高 30~80 cm。全部茎枝被密厚的蛛丝状绵毛。基部叶及下部茎叶有长叶柄，全形椭圆形、长椭圆形、长卵形或卵状披针形，长 10~15 cm，宽 4~7 cm，羽状深裂；侧裂片 4~5（7）对，全部裂片边缘有均匀而细密的刺状缘毛。全部茎叶两面异色，上面绿色，下面白色或灰白色，被密厚的蛛丝状绵毛。复头状花序单生枝端或茎顶，直径约 4 cm。头状花序长 1.5~2 cm，总苞片 3 层，小花长 1 cm。花果期 7~10 月。

生于山坡草地。我国特有种，分布于辽宁、山东、河南、安徽、江苏、福建、台湾、广西等省区。

83. 驴欺口 蓝刺头（图Ⅱ-104.40）

图Ⅱ-104.40 驴欺口

多年生草本；茎高约 1 m，上部密被白绵毛，下部疏生蛛丝状毛。叶互生，基部叶长圆状倒卵形，长达 20 cm，宽约 5 cm，二回羽状分裂；裂片三角形，边缘具不规则或三角形刺齿，下面密被白色绵毛；上部叶渐小，长椭圆形至卵形。复头状花序球形，直径约 4 cm；花冠筒状，裂片 5 片，条形，淡蓝色。冠毛量杯状，长 1.2 mm，冠毛膜片线形，边缘糙毛状，中部以下结合。花果期 6~9 月。

生于山坡草地及山坡疏林下，海拔 120~2 200 m。分布于我国东北、内蒙古、甘肃（东部）、宁夏、河北、山西及陕西等省区。

84. 苍术（zhú）（图Ⅱ-104.41）

图Ⅱ-104.41 苍术

多年生草本，具块茎；茎高达 60 cm，坚实，近不分枝。叶互生，硬纸质，椭圆状倒卵形至长倒披针形，先端渐尖，基部渐狭，边缘具刺状锯齿；下部叶常 3 中裂至深裂，侧裂片椭圆形，较小；头状花序下有一轮羽状深裂的叶状苞片，裂片刺状。总苞圆柱形，直径 10~15 mm；花冠筒状，白色或稍带红色，长约 10 mm。瘦果被柔毛，冠毛长约 8 mm。花果期 6~10 月。

野生于山坡草地、林下、灌丛及岩缝隙中，广泛栽培，喜凉爽、温和、湿润的气候，耐寒力较强，怕强光和高温，适生于表土层疏松、肥沃、渗透性良好的暗棕壤土或沙壤土。分布于黑龙江、辽宁、吉林、内蒙古、河北、山西、甘肃、陕西、河南、江苏、浙江、江西、安徽、四川、湖南、湖北等省区。

85. 牛蒡（图Ⅱ-104.42）

图Ⅱ-104.42 牛蒡

二年生草本；茎粗壮，高达 2 m，带紫色，被微毛。叶卵形或心形，长达 50 cm，宽达 40 cm，先端圆钝，基部心形，全缘、波状或有细锯齿，下面密被灰白色绒毛。头状花序簇生或伞房状排列，直径 3~4 cm。总苞片狭披针形，长 1~2 cm，先端钩刺状；花冠全为筒状，淡紫色，5 齿裂。瘦果长约 5 mm，冠毛短刚毛状。花果期 6~9 月。

喜温暖气候条件，耐热又较耐寒，有较强的光照条件，适于土层深厚、疏松的沙土或壤土。生于山坡、山谷、林缘、林中、灌木丛中、河边潮湿地、村庄路旁或荒地，海拔 750~3 500 m。全国各地普遍分布。

86. 刺儿菜（图Ⅱ-104.43）

图Ⅱ-104.43 刺儿菜

多年生草本，具细长根状茎。茎高达 1 m，被蛛丝状毛。叶矩圆形，长 5~12 cm，宽 2~6 cm，先端钝，具刺尖，基部渐狭，边缘具细齿至缺刻状浅裂，齿尖具刺，两面无毛或下面疏被蛛丝状毛。头状花序单性，雄花序总苞长 13~18 mm，雌花序总苞长 16~23 mm，总苞片多层，紧贴，花紫红色。花果期 5~9 月。

适应性很强，任何气候条件下均能生长。生于平原、丘陵和山地的山坡、河旁或荒地、田间，海拔 170~2 650 m。除西藏、云南、广东、广西外，几遍全国各地。

87. 魁蓟（jì）（图Ⅱ-104.44）

多年生草本，高 40~100 cm，全部茎枝被多细胞长节毛。叶长椭圆形或倒披针状长椭圆形，长 10~25 cm，宽 4~7 cm，羽状深裂，侧裂片 8~12 对，全部侧裂片边缘三角形刺齿不等大，齿顶长针刺，针刺长（3~）5~6 mm。全部叶两面均绿色，被多细胞长节毛，下面沿脉的毛稍稠密。头状花序在茎枝顶端排成伞房花序。总苞钟状，直径达 4 cm。总苞片 8 层，全部总苞片近等长，中外层总苞片边缘及顶端具长针刺。小花紫色或红色。花果期 5~9 月。

生于山谷、山坡草地、林缘、河滩及石滩地，或岩石隙缝中或溪旁、河旁或路边潮湿地及田间，海拔 700~3 400 m。分布于宁夏、山西、河北、河南、陕西、甘肃及四川等省区。

图Ⅱ-104.44 魁蓟

图Ⅱ-104.45 蓟

88. 蓟（图Ⅱ-104.45）

多年生草本，高达 1.5 m，全部茎枝被稠密或稀疏的多细胞长节毛。基生叶卵形、长倒卵形、椭圆形或长椭圆形，长 8~20 cm，宽 2.5~8 cm，羽状深裂或几全裂，基部渐狭成翼柄，柄翼边缘有针刺及刺齿；侧裂片 6~12 对，边缘有稀疏大小不等小锯齿，齿顶针刺长可达 6 mm。全部茎叶两面均绿色，沿脉具稀疏节毛。总苞钟状，直径 3 cm。总苞片约 6 层，覆瓦状排列，全部苞片外面有微糙毛并沿中肋有黏腺。小花红色或紫色。花果期 4~11 月。

生于山坡林中、林缘、灌丛中、草地、荒地、田间、路旁或溪旁，海拔 400~2 100 m。广布于河北、山东、陕西、江苏、浙江、江西、湖南、湖北、四川、贵州、云南、广西、广东、福建和台湾等省区。

89. 牛口蓟　（图Ⅱ-104. 46）

多年生草本，高 0. 3 ~ 1. 5 m。叶卵形，披针形，长椭圆形或线状长椭圆形，长 5 ~ 14 cm，宽 1. 6 cm，羽状分裂，侧裂片再不等大的 2 齿裂。全部叶两面异色，上面绿色，下面灰白色，被密厚的绒毛。头状花序多数形成伞房花序。总苞卵球形，无毛。总苞片 7 层，覆瓦状排列，全部总苞片外面有黑色黏腺。小花粉红色或紫色，长 1. 8 cm，檐部不等 5 深裂。花果期 5 ~ 11 月。

生于山坡、山谷林下或灌木林下、草地、水边和路旁，海拔 700 ~ 3 400 m。分布于青海、甘肃、陕西、河南、山西、河北、安徽、湖北、湖南、四川、贵州、云南、广西和广东等省区。

图Ⅱ-104.46　牛口蓟

90. 泥胡菜　（图Ⅱ-104. 47）

两年生草本；茎高达 80 cm。密被白色蛛丝状毛。基生叶和茎下部叶倒披针状椭圆形或倒披针形，长 7 ~ 20 cm，羽状深裂；顶生裂片三角形，侧生裂片 7 ~ 8 对，长椭圆状倒披针形，下面密被白色蛛丝状毛。头状花序伞房状排列，总苞长 12 ~ 14 mm，总苞片背面具黏质龙骨状附片，花紫色。花果期 3 ~ 8 月。

生于山坡、山谷、平原、丘陵、林缘、林下、草地、荒地、田间、河边、路旁等处，海拔 50 ~ 3 280 m。除新疆、西藏外，遍布全国。

图Ⅱ-104.47　泥胡菜

91. 丝毛飞廉　（图Ⅱ-104. 48）

二年生草本，茎高达 1 m。具绿色翅，翅缘具齿状刺。叶椭圆状披针形，长 5 ~ 20 cm，宽 2 ~ 4. 5 cm，羽状深裂；裂片长 3 ~ 10 cm，边缘具刺，上面绿色，沿脉疏生多细胞长节毛，下面灰绿色或浅灰白色，被蛛丝状薄绵毛。头状花序数个聚生枝端，直径 1. 5 ~ 2. 5 cm。总苞长约 2 cm，宽 1. 5 ~ 3 cm，中层总苞片先端呈刺状外曲，花紫红色。花果期 4 ~ 10 月。

生于山坡草地、田间、荒地、河旁及林下，海拔 400 ~ 3 600 m。几遍全国各地。

92. 节毛飞廉

二年生或多年生植物，茎高达 1 m。全部茎枝被稀疏或下部稍稠密的多细胞长节毛，接头状花序下部的毛通常密厚。基部及下部茎叶长椭圆形或长倒披针形，长 6~29 cm，宽 2~7 cm，羽状分裂，侧裂片 6~12 对。全部茎叶两面同色，绿色，沿脉有稀疏的多细胞长节毛，基部渐狭，两侧沿茎下延成茎翼。头状花序 3~5 个集生或疏松排列于茎顶或枝端。总苞卵形或卵圆形，直径 1.5~2（~2.5）cm。总苞片多层，覆瓦状排列；小花红紫色。花果期 5~10 月。

图Ⅱ-104.48　丝毛飞廉

生于山坡、草地、林缘、灌丛中，或山谷、山沟、水边或田间，海拔 260 ~ 3 500 m。分布于甘肃、贵州、河北、河南、湖南、江苏、江西、内蒙古、宁夏、青海、山西、山东、陕西、四川、新疆、西藏和云南等省区。

93. 风毛菊

二年生草本。茎高达 1.5 m，具翅，上部分枝，被微毛和腺点。基生叶与茎下部叶有长柄，叶片矩圆形或椭圆形，长 20~30 cm，宽 7~10 cm，羽状深裂；顶生矩圆状披针形，侧裂片 6~8 对，狭矩圆形，两面有微毛和腺点。头状花序伞房状排列，总苞筒状，长 8~12 mm，宽 5~8 mm；中层与内层总苞片先端具圆形附片，附片紫色，膜质，有小齿。花紫色。

生于山坡、山谷、林下、山坡路旁、山坡灌丛、荒坡、水旁、田中，海拔 200~2 800 m。分布于北京、辽宁、河北、山西、内蒙古、陕西、甘肃、青海、河南、江西、湖北、湖南、安徽、山东、浙江、福建、广东、四川、云南、贵州、西藏等省区。

94. 狭翼风毛菊

多年生草本，高达 60 cm。茎直立，有狭翼，被稠密的柔毛。下部及中部茎叶卵形或椭圆形，长 10~16 cm，宽 3~6 cm，不裂，顶端急尖或渐尖，基部楔形渐狭成短翼柄或无柄，或大头羽状深裂，顶裂片卵形或椭圆形，侧裂片 1 对。头状花序小，多数，在茎枝顶端排列成伞房花序，总苞卵状长圆形；总苞片 5 层，外面被稀疏蛛丝毛，外、中层顶端有长 4 mm 的钻状渐尖。小花紫红色。花果期 7~9 月。

生于山城林下，海拔 1 450~2 300 m。分布于山西、河南等省。

95. 锈毛风毛菊

多年生草本；茎高达 1 m，密被锈褐色短柔毛。茎下部叶具长柄，叶片卵形或卵状心形，长 10~18 cm，宽 5~10 cm，先端短渐尖，基部心形，具圆耳，边缘有粗锯齿，两面被锈色糙伏毛；上部叶小，披针状卵形。头状花序伞房状排列，总苞倒锥状，长 10~15 mm；总苞片被锈色短毛和腺点，先端叶状，常具齿；花紫色，长 9~10 mm。花果期 8~10 月。

生于林缘、山谷、山坡、灌木林中及石崖下。分布于陕西、浙江、河南、安徽、湖北、湖南、四川、贵州等省。

96. 心叶风毛菊

多年生草本，高 40~150 cm。下部与中部茎叶有长柄，柄长 8~10 cm，叶片心形，长宽各 10~18 cm，顶端渐尖，基部深心形，边缘有粗齿，上部茎叶渐小，有短柄至无柄。头状花序数个或多数在茎枝顶端成疏松伞房花序或伞房圆锥花序状排列，有长花梗。总苞钟状，直径 0.8~1.5 cm；总苞片 5 层，中部以上有短附属物，附属物草质，渐尖，反折或直立。小花紫红色。花果期 8~10 月。

生于林缘、山谷、山坡、灌木林中及石崖下。分布于陕西、浙江、河南、安徽、湖北、湖南、四川、贵州等省。

97. 卢山风毛菊

多年生草本，高 40~100 cm。下部茎叶有长柄，柄长 16~17 cm，柄基扩大半抱茎，叶片三角状心形，长 10~15 cm，宽 6~12 cm，顶端渐尖，基部心形，圆耳状，边缘波状尖锯齿。头状花序多数排成伞房圆锥花序。总苞倒圆锥状，直径 1.2~1.5 cm；总苞片 5~6 层，顶端及边缘常带紫色，被蛛丝毛或脱毛，外层顶端有芒刺尖。小花紫色。花果期 7~10 月。

生于山坡草地、林下及山谷溪边，海拔 900~1 400 m。分布于河南、陕西、浙江、福建、安徽、湖北、湖南、江西、广东等省。

98. 麻花头

多年生草本；茎高达 60 cm，下面被软毛。基生叶及茎下部叶具长柄。叶片椭圆形或长椭圆形，长 8~12 cm，宽 3~5 cm，羽状深裂，两面近无毛。头状花序常单生枝端，具长梗，总苞卵形，上部稍缢缩。直径 15~20 mm；总苞片向内层渐长，先端具针刺，内层披针形，先端有膜质附属物；花淡紫色，长约 25 mm。花果期 6~9 月。

生于山坡林缘、草原、草甸、路旁或田间，海拔 1 100~1 590 m。分布于黑龙江、辽宁、吉林、内蒙古、山西、河北、河南、陕西等省区。

99. 山牛蒡

多年生草本，高 0.7~1.5 m，茎被蛛丝状毛。叶片心形，卵形，卵状三角形，不分裂，长 10~26 cm，宽 12~20 cm，边缘有三角形或斜三角形粗大锯齿，叶全部两面异色，上面绿色，下面灰白色，被密厚的绒毛。头状花序单生，下垂；总苞球形，直径 3~6 cm，总苞片先端具长直刺，密被蛛丝状毛；小花管状，紫红色，长 2.5 cm。花果期 6~10 月。

生于山坡林缘、林下或草甸，海拔 550~2 200 m。分布于黑龙江、吉林、辽宁、河北、内蒙古、河南、浙江、安徽、江西、湖北及四川等省区。

100. 漏芦　祁州漏芦（图Ⅱ-104.49）

多年生草本，高达 1 m。基生叶及下部茎叶全形椭圆形，长椭圆形，倒披针形，长 10~24 cm，宽 4~9 cm，羽状深裂或几全裂，侧裂片 5~12 对，叶柄长 6~20 cm。全部叶质地柔软，两面灰白色，被稠密的或稀疏的蛛丝毛及多细胞糙毛和黄色小腺点。头状花序单生茎顶。总苞宽钟状，大，直径 3.5~6 cm。总苞片约 9 层，覆瓦状排列，向内层渐长。全部苞片顶端有膜质附属物，附属物宽卵形或几圆形，浅褐色。小花管状，紫红色，长 3.1 cm。花果期 4~9 月。

图Ⅱ-104.49　漏芦

生于山坡丘陵地、松林下或桦木林下，海拔 390~2 700 m。分布于黑龙江、吉林、辽宁、河北、内蒙古、陕西、甘肃、青海、山西、河南、四川、山东等省区。

101. 红花

一年生草本，高达 1.5 m。全部茎枝白色或淡白色，光滑，无毛。中下部茎叶披针形、披状披针形或长椭圆形，长 7~15 cm，宽 2.5~6 cm，边缘具锯齿，齿顶有针刺，针刺长 1~1.5 mm。全部叶质地坚硬，革质，两面无毛无腺点，有光泽，基部无柄，半抱茎。头状花序多数，在茎枝顶端排成伞房花序，为苞叶所围绕，苞片椭圆形或卵状披针形，边缘有针刺，顶端有篦齿状针刺。总苞卵形，总苞片 4 层。小花红色、橘红色，两性。花果期 5~8 月。

喜温暖、干燥气候，抗寒性强，耐贫瘠。抗旱怕涝，宜在排水良好、中等肥沃的沙土壤上种植。现黑龙江、辽宁、吉林、河北、山西、内蒙古、陕西、甘肃、青海、山东、浙江、贵州、四川、西藏，新疆有栽培。

102. 瓜叶帚菊

亚灌木，高达 1.5 m。叶互生，卵形，长 5.5~10 cm，宽 3.5~6 cm，先端渐尖，基部阔楔形、圆形至截形，边缘有疏齿或微波状浅齿，基出脉 3 条或 5 条；叶柄长 5~8 mm。头状花序梗长 4~15 mm，总苞筒状，长约 15 mm，总苞片 6~7 层，外被长柔毛；花冠白色，长 10~11 mm，5 深裂。花果期 6~9 月。

生于山顶疏林下或山谷密林中，海拔 950~1 110 m。产于河南西部和四川东北部。

103. 蚂蚱腿子

落叶小灌木，高 60~80 cm。生于短枝上的叶椭圆形或近长圆形，生于长枝上的阔披针形或卵状披针形，长 2~6 cm，宽 1~2 cm，全缘；叶柄长 3~5 mm。头状花序近无梗或于果期有长达 8 mm 的短梗；总苞钟形或近圆筒形，直径 6~8 mm；总苞片 5 片，内层与外层的形状相似，大小几相等，长圆形或近长圆形，长 8~10 mm。花雌性和两性异株，先叶开放；雌花花冠紫红色，顶端 3 浅裂，两性花花冠白色，管状二唇形，5 裂，裂片极不等长。花期 5 月。

生于山坡或林缘路旁，海拔约 400 m。产于东北、华北各地区及陕西、湖北等省。

104. 大丁草

多年生草本，花葶、叶柄及叶下面密被白色蛛丝状绵；春型植株高 5~10 cm；秋型株高达 30 cm，叶较大。叶基生，宽卵形或倒披针状长椭圆形，长 2~15 cm，宽 1.5~5 cm，先端钝，提琴状羽状分裂，顶裂片宽卵形，边缘具不规则小牙齿或波状齿。头状花序单生，直径约 2 cm，仅春型植株有舌状花。花期春、秋二季。

生于山顶、山谷丛林、荒坡、沟边或风化的岩石上，海拔 650~2 580 m。我国东起台湾，北达黑龙江经内蒙古至宁夏，南抵广东、广西，西南至云南、贵州等省区广布。

105. 稻槎（chá）菜

一年生矮小草本，高 7~20 cm。自基部发出簇生分枝及莲座状叶丛；全部茎枝柔软。基生叶全形椭圆形、长椭圆状匙形或长匙形，长 3~7 cm，宽 1~2.5 cm，大头羽状全裂或几全裂，有长 1~4 cm 的叶柄；茎生叶少数，渐小，不裂。头状花序小，果期下垂或歪斜，少数（6~8 枚）排列成疏松的伞房状圆锥花序；总苞椭圆形或长圆形，长约 5 mm；总苞片 2 层。舌状小花黄色，两性。瘦果淡黄色，有 12 条粗细不等细纵肋，顶端两侧各有 1 根下垂的长钩刺，无冠毛。花果期 1~6 月。

生于田野、荒地及路边。分布于陕西、江苏、安徽、浙江、福建、江西、湖南、广东、广西、云南等省区。

106. 华北鸦葱 笔管草

多年生草本，高达 1.2 m，全部茎枝被白色绒毛。全部叶线形、宽线形或线状长椭圆形，宽 0.3~2 cm，边缘全缘，两面光滑无毛，三至五出脉，基生叶基部鞘状扩大，抱茎。头状花序在 2~5 个茎枝顶端排成伞房花序。总苞圆柱状；总苞片约 5 层。舌状小花黄色。瘦果圆柱状，长 2.1 cm，有多数高起的纵肋，向顶端渐细成喙状。冠毛污黄色，羽毛状。花果期 5~9 月。

生于山谷或山坡杂木林下或林缘、灌丛中，或生荒地、火烧迹或田间，海拔 250~2 500 m。分布于黑龙江、吉林、辽宁、内蒙古、河北、山西、陕西、山东、江苏、安徽、浙江、河南、湖北、贵州等省区。

107. 桃叶鸦葱

多年生草本，高 5~53 cm。茎基被稠密的纤维状撕裂的鞘状残遗物。基生叶宽卵形、宽披针形或线形，包括叶柄长可达 33 cm，顶端急尖、渐尖或钝或圆形，向基部渐狭成长或短柄，柄基鞘状扩大，两面光滑无毛，离基三至五出脉，边缘皱波状；茎生叶少数，鳞片状，披针形或钻状披针形，基部心形，半抱茎或贴茎。头状花序单生茎顶。总苞圆柱状，总苞片约 5 层。舌状小花黄色。瘦果圆柱状，肉红色。冠毛污黄色，长 2 cm。花果期 4~9 月。

适应性强，喜温和湿润环境，对土壤要求不严。生于山坡、丘陵地、沙丘、荒地或灌木林下，海拔 280~2 500 m。分布于北京、辽宁、内蒙古、河北、山西、陕西、宁夏、甘肃、山东、江苏、安徽、河南等省区。

108. 鸦葱（图Ⅱ-104.50）

多年生无毛草本，具乳汁，高 15~30 cm。基部具多数棕色纤维状残存叶柄。基生叶丛生，叶柄基部扩大成鞘；叶片披针形或线状披针形，长 7~23 cm，宽 3~20 mm，基部渐狭为柄，边缘略呈波状；茎生叶退化为鳞片状。头状花序单生茎顶，总苞钟状，长 1.5~2 cm，宽 6~20 mm，舌状花黄色。花果期 4~7 月。

生于山坡、草滩及河滩地，海拔 400~2 000 m。分布于北京、黑龙江、吉林、辽宁、内蒙古、河北、山西、陕西、宁夏、甘肃、山东、安徽、河南等省区。

图Ⅱ-104.50 鸦葱

109. 日本毛连菜（图Ⅱ-104.51）

多年生草本，具乳汁。茎高达 2 m，和叶均被钩状分叉的硬毛。叶披针形或倒披针形，长 4~17 cm，宽 5~25 mm，边缘有疏锯齿，基部渐狭为翅柄；上部叶无柄。头状花序在枝端疏伞房状排列，苞片条形；总苞筒状钟形，长 10~14 mm，宽 7~10 mm，总苞片 3 层，外被硬毛，舌状花黄色。瘦果红褐色，具横皱纹。花果期 6~10 月。

生于山坡草地、林缘、灌丛或林间荒地或田边、河边，海拔 650~3 650 m。产于黑龙江、吉林、辽宁、内蒙古、河北、山西、陕西、甘肃、青海、新疆、山东、安徽、河南、四川、贵州、云南、西藏等省区。

图Ⅱ-104.51　日本毛连菜

图Ⅱ-104.52　蒲公英

110. 蒲公英（图Ⅱ-104.52）

多年生草本，具乳汁。叶基生，倒披针形或长圆状倒披针形，长 5~15 cm，宽 1.5~3 cm，中、下部羽状分裂；侧裂片 4~5 对，三角形至矩圆形，边缘具齿，基部渐狭成叶柄。花葶上部密被蛛丝状毛；总苞片披针形，先端具小角状突起；外层上部边缘密被白色长缘毛，花黄色。瘦果上半部具小瘤，喙长 6~8 mm。花期 4~9 月，果期 5~10 月。

广泛生于中、低海拔地区的山坡草地、路边、田野、河滩。产于黑龙江、吉林、辽宁、内蒙古、河北、山西、陕西、甘肃、青海、山东、江苏、安徽、浙江、福建北部、台湾、河南、湖北、湖南、广东北部、四川、贵州、云南等省区。

111. 华蒲公英

多年生草本，具乳汁。叶倒卵状披针形或狭披针形，长 4~12 cm，宽 6~20 mm，边缘叶羽状浅裂或全缘，具波状齿，内层叶倒向羽状深裂。花葶 1 至数个，高 5~20 cm；头状花序直径为 20~25 mm；总苞小，长 8~12 mm，淡绿色；总苞片 3 层，先端淡紫色，无增厚，亦无角状突起；舌状花黄色，稀白色，边缘花舌片背面有紫色条纹，舌片长约 8 mm。瘦果上部有刺状突起，下部有稀疏的钝小瘤，喙长 3~4.5 mm。花果期 6~8 月。

生于海拔 300~2 900 m，稍潮湿的盐碱地或原野、砾石中。产于黑龙江、吉林、辽宁、内蒙古、河北、山西、陕西、甘肃、青海、河南、四川、云南等省区。

112. 苦苣菜

一年生草本，高达 1 m，具乳汁。叶长椭圆状矩圆形，长 10~18（~20）cm，宽 5~7（~10）cm，大头羽状全裂或半裂，裂片三角形或三角状矩圆形，先端渐尖，边缘具不规则刺状尖齿；叶基部抱茎的耳急尖至长渐尖。头状花序伞房状排列，舌状花黄色。瘦果两面各有 3 纵肋，肋间有横皱纹。花果期 5~12 月。

生于山坡或山谷林缘、林下或平地田间、空旷处或近水处，海拔 170~3 200 m。分布于辽宁、河北、山西、陕西、甘肃、青海、新疆、山东、江苏、安徽、浙江、江西、福建、台湾、河南、湖北、湖南、广西、四川、云南、贵州、西藏等省区。

113. 续断菊　花叶滇苦菜（图Ⅱ-104.53）

一年生草本，高 20~50 cm。叶片长椭圆形、倒卵形、匙状或匙状椭圆形，包括渐狭的翼柄长 7~13 cm，宽 2~5 cm，叶不分裂或羽状浅裂至中裂，基部抱茎的耳先端圆形。头状花序在茎枝顶端排列成稠密的伞房花序。总苞宽钟状，长约 1.5 cm，宽 1 cm；总苞片 3~4 层，覆瓦状排列。舌状小花黄色。瘦果倒披针形，褐色，纵肋间无横皱纹。花果期 5~10 月。

生于山坡、林缘或水边，海拔 500~3 650 m。分布于新疆、山东、江苏、安徽、浙江、江西、湖北、河南、四川、云南、西藏等省区。

114. 短裂苦苣菜

多年生草本，高 30~100 cm。全部茎枝和叶光滑无毛。叶片长椭圆形，长倒披针形、长披针形、线状长椭圆形，全长 5~23 cm，宽 1~10 cm，羽状分裂，侧裂片 2~4 对，全部叶裂片边缘有锯齿，顶端急尖、渐尖、钝或圆形。头状花序在茎枝顶端排成伞房状花序。总苞钟状，长 1.5~2 cm，宽约 1.5 cm；总苞片 3~4 层，向内层渐长，覆瓦状排列。舌状小花黄色。瘦果椭圆形，每面有 5 条高起的纵肋，肋间有横皱纹。花果期 6~10 月。

分布于黑龙江、吉林、辽宁、内蒙古、河北、山西、陕西、甘肃、青海、新疆、江苏、浙江、河南、四川、云南、西藏等省区。

图Ⅱ-104.53 续断菊

115. 乳苣 蒙山莴苣（图Ⅱ-104.54）

多年生草本，高 15~60 cm。叶长椭圆形或线状长椭圆形或线形，长 6~19 cm，宽 2~6 cm，基部渐狭成短柄，羽状浅裂或半裂或边缘有大锯齿，顶端钝或急尖，侧裂片 2~5 对。头状花序约含 20 朵小花，多数在茎枝顶端排成圆锥花序。总苞圆柱状或楔形，果期不为卵球形；总苞片 4 层，不成明显的覆瓦状排列。舌状小花紫色或紫蓝色。瘦果长圆状披针形，稍压扁，灰黑色，长 5 mm，每面有 5~7 条高起的纵肋，顶端渐尖成长 1 mm 的喙。花果期 6~9 月。

生于河滩、湖边、草甸、田边、固定沙丘或砾石地，海拔 1 200~4 300 m。分布于辽宁、内蒙古、河北、山西、陕西、甘肃、青海、新疆、河南、西藏等省区。

图Ⅱ-104.54 乳苣

图Ⅱ-104.55 高大翅果菊

116. 高大翅果菊 高莴苣（图Ⅱ-104.55）

多年生草本，高 80~200 cm。叶卵形、宽卵形、三角状卵形、椭圆形、长椭圆形或三角形，长 5~11 cm，宽 4~7.5 cm，顶裂急尖，基部渐狭成翼柄。头状花序多数，沿茎枝顶端排成狭圆锥花序或总状圆锥花序，果期卵球形，长 1.1 cm，宽 5 mm。总苞片 4 层，舌状小花约 20 朵，黄色。瘦果椭圆形或长椭圆形，压扁，黑褐色，边缘有宽厚翅，每面有 3 条高起的细脉纹，顶端急尖成长 0.5 mm 的粗喙。花果期 6~10 月。

生于山谷或山坡林缘、林下、灌丛中或路边。分布于吉林、陕西、甘肃、浙江、安徽、江西、福建、河南、湖北、湖南、广东、广西、四川、贵州、云南等省区。

117. 毛脉翅果菊 毛脉山莴苣

二年生草本，具乳汁；茎高达 1.5 m。淡红色，密被膜片状毛。叶形多变，边缘具不等大尖齿，下面脉上被膜片状毛；下部叶大头羽状全裂或深裂，侧裂片 1~3 对，叶柄长而具翅；中上部叶卵形或三角状卵形，常具1对侧裂片，叶柄具宽翅。头状花序排为圆锥状，舌状花9~10朵，黄色。瘦果每面具5~6条纵肋。花果期5~9月。

生于山坡林缘、灌丛中或潮湿处及田间，海拔380~2 240 m。分布于吉林、河北、山西、甘肃、山东、安徽、江西、福建、河南、四川等省。

118. 台湾翅果菊　台湾山莴苣（图Ⅱ-104. 56）

一年生草本，高0. 5~1. 5 m。叶椭圆形、长椭圆形、披针形或倒披针形，羽状深裂或几全裂，有长达5 cm的翼柄，柄基稍扩大抱茎，顶裂片先端近截形或凹入，中间伸出一尾状渐尖的窄裂片，侧裂片2~5对，全部裂片边缘有锯齿。头状花序多数，在茎枝顶端排成伞房状花序。总苞果期卵球形；总苞片4~5层。舌状小花约21朵，黄色。瘦果椭圆形，长4 mm，宽2 mm，压扁，棕黑色，边缘有宽翅，顶端急尖成长2. 8 mm的细丝状喙，每面有3~4条高起的细脉纹。花果期4~11月。

生于山坡草地及田间、路旁，海拔140~2 000 m。分布于陕西、江苏、安徽、浙江、江西、福建、台湾、河南、湖北、湖南、广东、广西、云南等省区。

图Ⅱ-104.56　台湾翅果菊

图Ⅱ-104.57　多裂翅果菊

119. 多裂翅果菊（图Ⅱ-104. 57）

多年生草本，高0. 6~2 m。叶倒披针形、椭圆形或长椭圆形，规则或不规则二回羽状深裂，长达30 cm，宽达17 cm，无柄，基部宽大，顶裂片狭线形，一回侧裂片5对或更多；向上的茎叶渐小。头状花序多数，在茎枝顶端排成圆锥花序。总苞果期卵球形；总苞片4~5层。舌状小花21朵，黄色。瘦果椭圆形，压扁，棕黑色，长5 mm，宽2 mm，边缘有宽翅，每面有1条高起的细脉纹，顶端急尖成长0. 5 mm的粗喙。花果期7~10月。

生于山谷、山坡林缘、灌丛、草地及荒地，海拔300~2 000 m。分布于北京、黑龙江、吉林、河北、陕西、山东、江苏、安徽、浙江、江西、福建、河南、湖南、广东、四川、云南等省。

120. 莴苣（图Ⅱ-104. 58）

一年或二年生草本，高25~100 cm。叶不分裂，倒披针形、椭圆形或椭圆状倒披针形，长6~15 cm，宽1. 5~6. 5 cm，无柄，基部心形或箭头状半抱茎，边缘波状或有细锯齿，向上的渐小。头状花序多数或极多数，在茎枝顶端排成圆锥花序。总苞果期卵球形；总苞片5层。舌状小花约15朵。

瘦果倒披针形，长 4 mm，宽 1.3 mm，压扁，浅褐色，每面有 6~7 条细脉纹，顶端急尖成细喙，喙细丝状，长约 4 mm。花果期 2~9 月。

全国各地栽培，亦有野生。

121. 福王草　盘果菊（图Ⅱ-104.59）

多年生草本，具乳汁，高 0.5~1.5 m。基生叶顶裂片不分裂。中部叶心形或卵状心形，长 8.5~14 cm，宽 6.5~12 cm，有长 8.5~14 cm 的叶柄，边缘全缘或有锯齿或不等大的三角状锯齿，齿顶及齿缘有小尖头，或大头羽状全裂，顶裂片卵状心形、心形、戟状心形或三角状戟形，长 5~15 cm，宽 6~15 cm。头状花序含 5 朵舌状小花，多数，沿茎枝排成疏松的圆锥状花序。总苞狭圆柱状；总苞片 3 层。舌状小花紫色、粉红色。瘦果线形或长椭圆状，顶端截形，无喙，向下渐收窄，有 5 条高起纵肋。花果期 8~10 月。

生于山谷、山坡林缘、林下、草地或水旁潮湿地，海拔 510~2 980 m。分布于吉林、辽宁、内蒙古、河北、山西、陕西、甘肃、山东、河南、湖北、四川、云南等省区。

图Ⅱ-104.58　莴苣

图Ⅱ-104.59　福王草

图Ⅱ-104.60　多裂福王草

122. 多裂福王草　大叶盘果菊（图Ⅱ-104.60）

多年生草本，具乳汁，高达 1.3 m。叶柄长 1~5 cm；中部叶长 8~12 cm，宽 7~11 cm，掌状羽裂，基部常有 1 对小的全裂片；顶裂片卵形，先端渐尖，3~5 浅裂，侧裂片 2~3 对，卵状披针形至披针形，裂片边缘有疏齿，两面疏生毛。头状花序在茎端组成圆锥花序，狭窄，长 12~14 mm，舌状花 4~5 朵，淡紫色。瘦果顶端截形，呈盘状。花果期 7~10 月。

生于山坡、山谷林下、草丛中或潮湿地，海拔 1 100~2 300 m。分布于北京、河北、山西、陕西、甘肃、河南、四川等省市。

123. 黄鹌菜

一年生草本，具乳汁，高达 1 m。基生叶倒披针形，长 8~14 cm，宽 1.3~3 cm，琴状或叶羽状半裂至深裂，侧裂片向下渐小，边缘具深波状齿；茎生叶通常 1~2 片。头状花序排为聚伞圆锥状，总梗细，长 2~10 mm，总苞长 4~7 mm；外层总苞片 5 片，极小，内层 8 片，舌状花黄色。瘦果纵肋 11~13 条，粗细不等。花果期 4~10 月。

生于山坡、山谷及山沟林缘、林下、林间草地及河边沼泽地、田间与荒地上。产于北京、陕西、甘肃、山东、江苏、安徽、浙江、江西、福建、河南、湖北、湖南、广东、广西、四川、云南、西藏等省区。

124. 卵裂黄鹌菜

一年生草本，高 50~150 cm。基生叶及中下部茎叶全形长倒披针形或长椭圆形，长达 27 cm，宽达 7 cm，羽状深裂或稍见大头羽状深裂，叶柄有极狭的翼，长 1.5~5 cm，顶裂片椭圆形，顶端急尖，边缘有少数较大锯齿，侧裂片 3~7 对。头状花序多数在茎枝顶端排成狭圆锥花序或伞房圆锥花序，含舌状小花 20 朵。总苞圆柱状，长 4~5.5 mm。总苞片 4 层，淡绿色。舌状小花黄色，瘦果褐色，纺锤形，有 11~13 条纵肋。花果期 4~11 月。

生于山坡草地、沟谷地、水边阴湿处、屋边草丛中。海拔 350~2 460 m。分布于陕西、甘肃、山东、江苏、浙江、福建、江西、安徽、湖北、湖南、广东、四川、云南、贵州等省。

125. 剪刀股　沙滩苦荬菜

多年生草本，高 12~35 cm。基生叶匙状倒披针形或舌形，长 3~11 cm，宽 1~2 cm，基部渐狭成具狭翼柄，边缘有锯齿至羽状分裂或大头羽状分裂，侧裂片 1~3 对，顶裂片椭圆形、长倒卵形或长椭圆形；茎生叶少数，与基生叶同形。头状花序 1~6 朵在茎枝顶端排成伞房花序。总苞钟状，长 14 mm，总苞片 2~3 层。舌状小花 24 朵，黄色。瘦果褐色，几纺锤形，有 10 条高起的尖翅肋，顶端急尖成细喙，喙长 2 mm，细丝状。花果期 3~5 月。

生于路边潮湿地及田边。分布于东北地区及浙江、福建、河南、广东等省。

126. 苦荬菜

一年生草本，高 10~80 cm。茎生叶最宽处在中部以上，倒卵状长圆形，长 5~15 cm，宽 1.5~2 cm，顶端急尖，基部箭头状半抱茎，全部叶两面无毛，边缘全缘。头状花序多数，在茎枝顶端排成伞房状花序，花序梗细。总苞圆柱状，长 5~7 mm，果期扩大成卵球形；总苞片 3 层。舌状小花黄色，10~25 朵。瘦果压扁，褐色，长椭圆形，长 2.5 mm，有 10 条高起的尖翅肋，顶端急尖成长 1.5 mm 细丝状喙。花果期 3~6 月。

生于山坡林缘、灌丛、草地、田野路旁，海拔 300~2 200 m。分布于陕西、江苏、浙江、福建、安徽、台湾、江西、湖南、广东、广西、贵州、四川、云南等省区。

127. 中华小苦荬　山苦荬

多年生草本，具乳汁，高达 30 cm。基生叶条状披针形或倒披针形，长 7~15 cm，宽 1~2 cm，基部渐狭成柄，全缘、具疏齿或不规则羽状分裂；茎生叶 1~2。头状花序排为稀疏伞房状聚伞花序；总苞长 7~9 mm，舌状花黄色、白色或微带紫色。花果期 1~10 月。

生于山坡路旁、田野、河边灌丛或岩石缝隙中。分布于黑龙江、河北、山西、陕西、山东、江苏、安徽、浙江、江西、福建、台湾、河南、四川、贵州、云南、西藏等省区。

128. 抱茎小苦荬

多年生草本，具乳汁，高达 50 cm。基生叶矩圆形，长 3.5~8 cm，宽 1~2 cm，先端急尖或钝，基部下延成柄，边缘有锯齿或不整齐羽状深裂；茎生叶较小，卵状矩圆形，基部耳状或戟形抱茎，全缘或羽状分裂。头状花序集为伞房状；总苞长 5~16 mm；外层总苞片 5 片，极小，内层 8 片；舌状花黄色。长 7~8 mm。

生于山坡或平原路旁、林下、河滩地、岩石上或庭院中，海拔 100~2 700 m。分布于辽宁、河北、山西、内蒙古、陕西、甘肃、山东、江苏、浙江、河南、湖北、四川、贵州等省区。

129. 细叶小苦荬

多年生草本，高 10~70 cm。基生叶长椭圆形、线状长椭圆形、线形或狭线形，长 4~15 cm，宽 0.4~1 cm，向两端渐狭，基部有长或短的狭翼柄；茎生叶少数，狭披针形、线状披针形，基部无柄。头状花序集为伞房状，含 6 朵舌状小花，花序梗极纤细。总苞极小，圆柱状，长 6 mm；总苞片 2 层，黄色。瘦果褐色，有细肋或细脉 10 条，向顶端渐成细丝状的喙，喙弯曲，长 1 mm。花果期 3~10 月。

生于山坡或山谷林缘、林下、田间、荒地或草甸，海拔 800~3 000 m。分布于陕西、甘肃、浙江、福建、江西、湖北、湖南、广西、广东、四川、贵州、云南、西藏等省区。

130. 黄瓜菜

一年或二年生草本，高 30~120 cm。中下部茎叶卵形，琴状卵形，椭圆形，或披针形，不分裂，长 3~10 cm，宽 1~5 cm，顶端急尖或钝，有宽翼柄，基部圆形，耳部圆耳状扩大抱茎，或无柄，向基部稍收窄而基部突然扩大圆耳状抱茎，边缘大锯齿或重锯齿或全缘；上部茎叶渐小，无柄，基部耳状扩大抱茎。头状花序集为伞房状，含 15 朵舌状小花。总苞圆柱状。舌状小花黄色。瘦果长椭圆形，有 10~11 条高起的钝肋，向上渐尖成粗喙，喙长 0.4 mm。花果期 5~11 月。

生于山坡林缘、林下、田边、岩石上或岩石缝隙中。分布于黑龙江、吉林、辽宁、河北、山西、甘肃、江苏、安徽、浙江、江西、河南、湖北、广东、四川、贵州等省。

131. 羽裂黄瓜菜（图Ⅱ-104.61）

一年生草本，高 50~100 cm。中下部茎叶全形椭圆形、长椭圆形或披针形，长 3~14 cm，宽 1~6.5 cm，羽状浅裂、半裂或深裂，有宽翼柄，柄基扩大圆耳状抱茎，侧裂片 2~4 对，长椭圆形或斜三角形，顶端急尖或圆形，边缘有锯齿、少锯齿、单齿或全缘而无齿，顶裂片三角状卵形或长椭圆形，边缘少锯齿或无齿，顶端圆形或急尖。头状花序集成伞房状，约含 12 朵舌状小花。总苞圆柱状，舌状小花黄色。瘦果有 10 条钝纵肋，向顶端渐尖成粗喙，喙长 0.4 mm。花果期 6~11 月。

图Ⅱ-104.61 羽裂黄瓜菜

生于山坡、河谷潮湿地及岩石间。分布于北京、吉林、河北、山西、山东、湖南、四川等省市。

132. 山柳菊

多年生草本，具乳汁；茎高达 1.2 m，被细毛。茎生叶矩圆状披针形或披针形，长 3~9 cm，宽 5~15 mm，全缘或具疏锯齿，边缘和下面沿脉具短毛。头状花序排成伞房状；总苞长 9~11 mm，总苞片 3 或 4 层，外层短，向内渐长；舌状花黄色，长 15~20 mm。瘦果圆柱形，先端截形，无喙。花果期 7~9 月。

生于山坡林缘、林下或草丛中、松林伐木迹地及河滩沙地。分布于北京、黑龙江、辽宁、内蒙古、河北、山西、陕西、甘肃、新疆、山东、江西、河南、湖北、湖南、四川、贵州、云南、西藏等省区。

一〇五、香蒲科

水生草本；叶条形，二列。长圆柱状肉穗花序托以线形苞叶；花小，极密，单性，小苞片毛状，无花被；雄蕊 3（1~7）枚，花药线形，药隔常延伸；子房 1 室，具柄，胚珠 1 颗，花柱 1 个，细长。瘦果纤细具长柄，柄生有长毛。

1. 香蒲 东方香蒲（图Ⅱ-105.1）

多年生沼生草本，高达 2 m。叶长条形，宽 5~10 mm，基部鞘状。穗状花序圆柱状，雄、雌花序彼此连接；雄花序在上方，长 3~5 cm，雄花有雄蕊 2~4 枚；雌花序长 6~15 cm，雌花无小苞片，具多数基生的白色丝状毛，毛与花柱近等长，柱头匙形。花期 5~6 月，果熟期 6~7 月。

图Ⅱ-105.1 香蒲

喜高温多湿气候，对土壤要求不严，淤泥层深厚肥沃的壤土为宜。生于湖泊、池塘、沟渠、沼泽及河流缓流带。分布于黑龙江、辽宁、吉林、内蒙古、河北、河南、山西、陕西、安徽、江苏、浙江、江西、广东、云南、台湾等省区。

2. 宽叶香蒲 毛蜡烛

多年生水生或沼生草本，高 1~2.5 m。根状茎乳黄色，先端白色；茎粗壮，直立。叶线形，长 45~95 cm；宽 0.5~1.5 cm，光滑无毛，上部扁平，背面中部以下逐渐隆起，下部横切面近新月形；叶鞘圆柱形，抱茎，具白色膜质边缘。雌、雄花序紧密相接，花期时雄花序长 3.5~12 cm，比雌花序粗壮，雌花柱头披针形，花基部的白色丝状毛明显短于花柱。小坚果披针形，无斑点；种子褐色，椭圆形。花期 5~6 月，果熟期 6~7 月。

生于池塘、沟渠、沼泽、湿地及河流浅水中。分布于黑龙江、辽宁、吉林、内蒙古、河北、河南、陕西、甘肃、新疆、浙江、四川、贵州、西藏等省区。

3. 小香蒲

多年生沼生或水生草本，植株高约 0.8 m 或更矮；通常只有鞘状叶，如有叶片，也不长于花序，宽仅 1~2 mm。雌、雄花序不连接，雄花序轴无毛，基部具 1 枚叶状苞片，花后脱落；雌花序叶状苞片明显宽于叶片；小坚果椭圆形，果皮膜质；种子黄褐色，椭圆形。花期 5~6 月，果熟期 6~7 月。

生于池塘、沟渠、沼泽、湿地及河流浅水中。分布于黑龙江、辽宁、吉林、内蒙古、河北、山东、山西、陕西、甘肃、新疆、湖北、四川等省区。

4. 水烛 香蒲（图Ⅱ-105.2）

多年生沼生草本，高达 3 m。叶狭条形，宽 5~8（10）mm，基部鞘状。穗状花序圆柱形，雄、雌花序不连接；雄花序在上，长 20~30 cm，序轴密生褐色扁柔毛，雄花有雄蕊 2~3 枚，花药长约 2 mm；雌花序长 10~30 cm，雌花具小苞片，柱头窄条形，与花柱近等宽。花期 5~6 月，果熟期 6~7 月。

生于河流、沼泽、沟渠、池塘浅水处。分布于东北、内蒙古、河北、山东、河南、陕西、甘肃、新疆、江苏、湖北、云南、台湾等省区。

图Ⅱ-105.2 水烛

一〇六、眼子菜科

水生草本；茎纤细，脆弱。叶互生或对生，叶柄基部具托叶鞘，穗状花序腋生，花两性；花被片 4 片，绿色，镊合状排列；雄蕊 4 枚，分别生于花被片柄上；心皮 4 个，1 室，胚珠 1 颗，花柱短或缺。果实核果状，包藏于叶鞘内。

1. 微齿眼子菜

多年生沉水草本。叶互生，无柄，条形，长 2~6 cm，宽 2~3 mm，边缘具微齿，叶脉 3~5 条，中脉显著，基部与托叶合生；托叶长 8~10 mm，抱茎。穗状花序长约 10 mm，总梗长 1~3 cm。坚果背有 3 条棱，先端具短喙。花期 6~8 月，果熟期 7~9 月。

生于湖泊、池塘、河流静水中。分布于东北、华北、华东、华中以及西南地区。

2. 小眼子菜 线叶眼子菜

多年生沉水草本。茎纤细，长 70~100 cm。叶线形，宽约 1 mm，全缘，基部与托叶离生，托叶边缘合生成管状抱茎。穗状花序生于枝端；花小，花被片 4 片，绿色，雌蕊 4 枚。小坚果斜倒卵形，略侧扁，长约 3 mm，背部中脊窄翅状，侧脊钝，有短喙。花期 5~6 月，果熟期 7~8 月。

生于池塘、湖泊、沼泽地、水田、沟渠等静水中。广布于我国南北各省。

3. 菹（zū）草（图Ⅱ-106.1）

多年生沉水草本。根状茎细长；茎多分枝，枝端常生芽苞。叶无柄，宽披针形至条状披针形，长 4~7 cm，宽 5~10 mm，边缘波状而有细锯齿，托叶膜质，长约 10 mm。穗状花序长 1~2 cm，花小而疏生；花被片、雄蕊、子房均 4 数。小坚果基部合生，先端具长 1~2 mm 的喙，背脊下部具齿牙。花期 4~7 月，果熟期 7~9 月。

生于池塘、水沟、稻田、灌渠及溪流中。广布于我国南北各省。

图Ⅱ-106.1 菹草

4. 竹叶眼子菜 马来眼子菜

多年生沉水草本。根茎发达，白色，节处有须根。叶具长柄，叶片条形至长椭圆形，先端钝圆而具小凸尖，基部钝圆或楔形，边缘浅波状，有细微锯齿；茎端无特化的芽苞；穗状花序顶生，具花多轮，密生；花序梗膨大，稍粗于茎；果完全离生，喙长不足 0.5 mm，背脊无齿。花期 6~7 月，果熟期 7~10 月。

生于沟塘、灌渠、河流静水中。广布我国南北各省。

5. 眼子菜

多年生水生草本。根状茎匍匐；茎长约 50 cm。浮水叶互生，卵状披针形，宽披针形或椭圆状披针形，长 5~10 cm，宽 2~4 cm，叶柄长 6~15 cm；沉水叶互生，披针形至条状披针形。穗状花序生于浮水叶腋，长 4~5 cm，具长梗；花黄绿色，雄蕊 2 枚，稀 1 或 3 枚。小坚果背部明显具 3 个锐脊。花期 5~7 月，果熟期 7~10 月。

生于池塘、水田、溪流静水中。广布于我国长江和黄河下游各省区。

6. 篦齿眼子菜 龙须眼子菜

多年生沉水草本。根茎发达，白色，直径 1~2 mm，具分枝，常于春末夏初至秋季之间在根茎及其分枝的顶端形成长 0.7~1 cm 白色卵形休眠芽。茎长 50~200 cm，近圆柱形，纤细，密生叉状分枝。叶线形，长 2~10 cm，宽 0.2~1 mm，全缘，顶端急尖；托叶与叶片基部合生形成叶鞘，先端分离部分长达 1 cm，白色膜质。穗状花序顶生；雌蕊 4 枚，通常仅 1~2 枚可发育为成熟果实。果实倒卵形，背部钝圆。花期 5~6 月，果熟期 7~10 月。

生于河沟、池塘、稻田中。分布于我国南北各省。

一〇七、茨藻科

沉水草本；茎纤细，分枝。单叶对生或轮生，线形具齿。花单生、腋生；雄花生于瓶状苞内，花被片 1 片，2 裂，雄蕊 1 枚；雌花无花被，子房 1 室，胚珠 1 颗，柱头（2）3（4）个。果实核果状，包藏于叶鞘内。

1. 角果藻

沉水草本。茎细弱，下部常匍生泥中，茎长 3~10 cm，直径 0.3 mm，分枝较多，常交织成团，易折断。叶互生至近对生，线形，无柄，长 2~10 cm，宽 0.3~0.5 mm，全缘，先端渐尖；叶脉 1 条；托叶呈鞘状，抱茎，膜质，无脉。花腋生；雄花仅 1 枚雄蕊，花药长约 1 mm，2 室，纵裂，药隔延伸至顶端，花丝细长，花粉球形；雌花花被杯状，半透明，常具 4 个离生心皮，子房椭圆形，花柱短粗，后伸长，宿存，柱头卵形或广卵形，边缘钝齿不明显；胚珠单一，悬垂。果实新月形；种子直生，有卷曲的子叶。花期 5~8 月，果熟期 8~10 月。

生于池沼、稻田、溪流浅水中。广布于我国南北各省。

2. 大茨藻　（图Ⅱ-107.1）

一年生沉水草本。茎长约70 cm，多分枝，疏生锐尖短刺。叶对生，条形至长椭圆状条形，长1.5~3 cm，宽1.5~3 mm，边缘具粗锯齿，基部叶鞘圆状，长约5 mm。花单性异株；雄花生于瓶状苞内，花被2裂，雄蕊1枚。果实椭圆形，长约5 mm。花期8~9月，果熟期9~10月。

生于池塘、湖泊、缓流河水中。分布于辽宁、内蒙古、河北、山西、新疆、河南、江苏、浙江、江西、湖北、湖南、台湾、云南等省区。

图Ⅱ-107.1　大茨藻

3. 小茨藻

一年生沉水草本，高10~20 cm。茎无刺，圆柱形；分枝下部3叶轮生，上部叶对生，条形，长1~2 cm，基部叶鞘截状圆形或短耳状，长约3 mm；花单性同株；果稍弯曲，长2~3 mm；柱头2~4裂，宿存；种皮坚硬，种脊明显。花期6~8月，果熟期7~9月。

生于池塘、湖泊、水沟、稻田中。分布于黑龙江、辽宁、吉林、内蒙古、河北、新疆、山东、河南、江苏、浙江、江西、福建、台湾、湖北、湖南、广东、海南、广西、云南等省区。亚洲、非洲、欧洲和美洲也有分布。

一〇八、泽泻科

水生或沼生草本，具根状茎。叶常基生，具鞘。圆锥花序；花常轮生于序轴上，两性，辐射对称；萼片3片；花瓣3个，白色；雄蕊6枚至多数；心皮离生，6个至多数，子房上位，胚珠1（2）枚。瘦果；种子无胚乳，胚马蹄形。

1. 野慈姑　慈姑

多年生水生草本，具纤匍枝。叶柄长达40 cm；叶片箭形，连同基部侧裂片长达40 cm，宽达13 cm，先端长渐尖。窄圆锥花序下部具2或3条分枝，分枝着生雌花；花轮生，花被片6片，内轮白色，心皮密集成球形。花期6~8月，果熟期9~10月。

适应性强，喜光，喜在水肥充足的沟渠及浅水中生长，宜肥沃的黏壤土。生于湖泊、池塘、沼泽、沟渠、水田、河流、溪水。分布于华北、东北、西北、华东、华南地区及四川、云南、贵州等省。

变种：慈姑

叶顶裂片广卵形，先端钝圆，与侧裂片间明显缢缩；地下纤匍枝顶端具长6~8 cm的球茎；花序高大，常具3轮分枝。栽培。

2. 矮慈姑

一年生，稀多年生沼生或沉水草本。匍匐茎细短，根状，末端的芽几乎不膨大。叶条形，光滑，无叶片与叶柄的区分，先端渐尖或稍钝，基部鞘状，通常具横脉；花茎直立，高出叶面；总状花序。瘦果两侧压扁，具翅。花期6~9月，果熟期8~10月。

生于沼泽、水田、沟溪浅水处。分布于陕西、山东、安徽、江苏、浙江、江西、福建、台湾、河南、湖北、湖南、广东、海南、广西、四川、贵州、云南等省区。

3. 东方泽泻　泽泻

多年生沼生草本。叶基生，叶柄长达50 cm，基部鞘状；叶片宽披针形、椭圆形或椭圆状卵形，长2.5~18 cm，宽1~9 cm，基部浅心形或近圆形，全缘，叶脉5~7条。花葶高达1 m，花轮生呈伞形花序状，再组成大型圆锥花序。花被片6片，外轮萼片状，内轮白色花瓣状，雄蕊6枚，离生心皮多数。瘦果侧扁，长1.5~2 mm。花期5~8月，果熟期8~9月。

喜光，喜温暖，生于湖泊、水塘、沟渠、沼泽中。分布于东北地区及内蒙古、河北、山西、陕西、宁夏、甘肃、青海、新疆、山东、河南、江苏、安徽、浙江、江西、福建、湖北、湖南、广东、广西、四川、贵州、云南等省区。

4. 窄叶泽泻

多年生水生或沼生草本。块茎直径 1~3 cm。叶全部基生；沉水叶条形，叶柄状；挺水叶披针形，稍呈镰状弯曲，长 6~45 cm，宽 1~5 cm，先端渐尖，基部楔形，或渐尖；花葶高 40~100 cm，直立；花序长 35~65 cm，具 3~6 轮分枝，每轮分枝 3~9 枚；花两性，花梗长 2~4.5 cm；外轮花被片长圆形；花丝长约 1 mm；心皮排列整齐，花柱长约 0.5 mm；瘦果倒卵形或近三角形；种子深紫色，矩圆形。花期 5~8 月，果熟期 8~10 月。

生于湖边、溪流、水塘、沼泽及积水湿地。分布于江苏、安徽、浙江、江西、湖北、湖南、四川等省。

一〇九、花蔺科

本科中国北部仅一种，科特征见花蔺（lián）。

花蔺

多年生水生草本，具粗壮横走根状茎。叶基生，条形，呈三棱状，长达 1 m 余，宽 3~10 mm，基部鞘状；花葶高达 1.5 m，伞形花序顶生，花梗长 4~10 cm；总苞片 3 片，披针形，长约 2 cm，宽约 5 mm；花直径 15~25 mm；外轮花被片 3 片，萼片状，带紫色，内轮 3 片花瓣状，淡红色；雄蕊 9 枚；心皮 6 个，轮生，柱头纵折状。蓇葖果。花期 5~7 月，果熟期 7~9 月。

喜温暖、湿润，在通风良好的环境中生长最佳。生于湖泊、水塘、沟渠、沼泽中。分布于黑龙江、辽宁、吉林、内蒙古、河北、山西、陕西、新疆、山东、河南、江苏、湖北等省区。

一一〇、水鳖科

浮水或沉水草本。单叶，基生或茎生。花单性，稀两性；单生或雄花 1 至数朵簇生于二裂的佛焰苞状的苞片内，或生于 2 对生的苞片内；萼片 3 片，绿色，镊合状排列；花瓣 3 枚；雄蕊 3 枚至多数；子房下位，1 室，胚珠多数，花柱 1 个，常 3 至 6 裂。浆果状果。

1. 水车前　龙舌草（图Ⅱ-110.1）

水生草本。浮水叶卵圆形或宽矩圆形，长 3~4 cm，宽约 1.5 cm，先端 2 裂，具 5~6 条皱波状纵翅；花单生苞内，直径约 1.5 cm；外轮花被片 3 片，绿色，长圆状披针形，长 6~12 cm，内轮 3 片倒卵形或圆形，白色，长约 16 mm；子房下位。果矩圆形，与苞片近等长。花期 7~10 月，果熟期 9~11 月。

生于湖泊、沟渠、池塘、水田及积水洼地。分布于东北地区及河北、河南、江苏、安徽、浙江、江西、福建、台湾、湖北、湖南、广东、海南、广西、四川、贵州、云南等省区。

图Ⅱ-110.1　水车前

图Ⅱ-110.2　水鳖

2. 水鳖　马尿花（图Ⅱ-110.2）

多年生浮水植物，具匍匐茎。叶具长柄，叶片圆心形，直径3~5 cm，全缘，下面略红紫色，具松软贮气组织。花单性；雄花2~3朵簇生，总花梗具2片苞叶；雌花单生；花被片6片，外轮草质，内轮3片白色。果肉质，卵圆形，直径约10 mm。花期8~9月，果熟期9~10月。

生于池塘、沼泽、水田、溪流、静水中。分布于东北地区及河北、陕西、江苏、山东、河南、安徽、浙江、江西、福建、台湾、湖南、湖北、广东、海南、广西、四川、云南等省区。

3. 黑藻　水王孙（图Ⅱ-110.3）

沉水草本，茎长达2 m，分枝。叶无柄，4~8片轮生，条形或条状矩圆形，长8~20 mm，宽1~2 mm，边缘有锯齿，两面有红色小斑点。花单性异株，单生，雄花从腋生的刺状苞片内伸出，雌花生于具2齿的筒状苞内，花梗特长，伸出水面；花被片6片；子房下位，花柱3个裂片流苏状。果实条形。花期5~8月，果熟期8~10月。

图Ⅱ-110.3　黑藻

喜阳光充足的环境。性喜温暖，耐寒，生于淡水中。分布于黑龙江、河北、陕西、河南、山东、江苏、安徽、浙江、江西、福建、台湾、湖北、湖南、广东、海南、广西、四川、贵州、云南等省区。

一一一、禾本科

草本或木本，秆节明显。叶在秆上二列互生，叶鞘常一侧裂开，叶片条形，稀披针形，平行脉。花序由小穗组成；小穗基部常具2片鳞片（颖片），小花二列生于小穗轴；每小花外方具1片苞片（外稃），内方有2片合生的小苞片（内稃）；花被片无，或退化为鳞片状（浆片）；雄蕊3或6枚，“丁”字形药；子房上位，1室，基生胚珠1枚，花柱短或无柱头2个，羽毛状。颖果，胚位于种子基部一侧。

案例：2008年6月19日17时许，河南省荥阳市贾峪镇岵山村村民张某松（男，62岁）在贾峪镇卫生院西侧草丛中捡柴时发现一具腐败的女性尸体，于是向公安机关报案。中心现场位于贾峪镇楚村三队李某桥家麦地北侧地边草丛内，尸体头西脚东仰面躺卧于草丛中。尸体北临一土坡，土坡上长满杂草和小树，其头部西北侧有一片草丛有趴伏痕迹，长度1.6 m、宽约0.5 m，尸体移走后，该处草地呈灰黑色爬满蛆虫。侦查人员在对案件进行现场勘查时，发现尸体臀部与内裤之间有草叶，经对该植物分析，发现此植物为禾本科植物，且现场大量存在，由此侦查员判断被害人在死亡之后遭到性侵，同时根据现场植物的倒伏状况，分析被害人自行来到案发现场的可能性大，因此在排查过程中，侦查人员把与被害人曾有暧昧关系人员列为重点排查对象，最终锁定和被害人有姘居关系的犯罪行为人闫某。

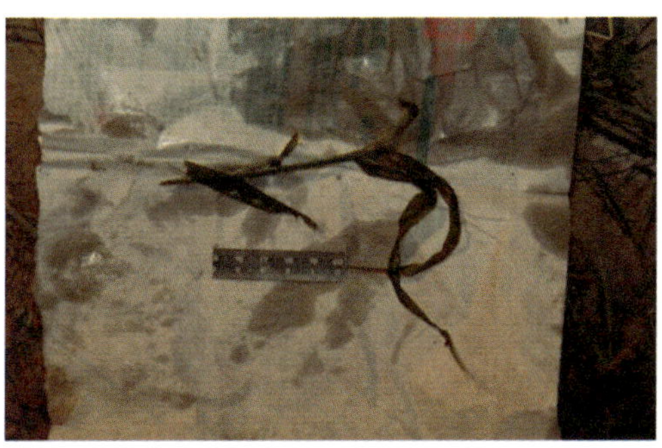

1. 阔叶箬（ruò）竹

秆高达 1 m，粗约 5 mm，节间长 5~20 cm，被微毛；分枝每节 1~3 枚。箨鞘背部具棕色小刺毛，箨舌平截，高 0.5~2 mm，箨片线形或窄披针形；叶耳无；叶片长椭圆形，长 10~40 cm，宽 1.5~5（~9）cm，次脉 6~12 对。笋期 5 月上、中旬。

较耐寒，喜湿耐旱，对土壤要求不严，喜光，耐半阴。常见栽培。生于山坡、山谷或疏林下。分布于山东、江苏、安徽、浙江、江西、福建、湖北、湖南、广东、四川等省。

2. 毛竹 江南竹

地下茎为单轴型。秆高 11~13（~25）m，粗 8~11（~20）cm，秆环平，箨环突起，无分枝的节间圆筒形，长 30~40 cm，幼秆节间密生柔毛。箨鞘背面密生棕紫色小刺毛和斑点。箨叶窄长。叶片窄披针形，长 4~11 cm，宽 5~14 mm，次脉 3~5 对，小横脉显著。笋期 4 月中旬至 5 月上旬。

阳性，喜温暖湿润气候，稍耐寒。分布于秦岭、汉水流域至长江流域以南及台湾。

3. 桂竹 刚竹（图Ⅱ-111.1）

秆高 8~22m，粗 3.5~7（~13）cm，节间绿色，长达 40 cm，秆环和箨环均明显隆起，幼秆节间无毛。箨鞘背面疏生淡褐色刺毛并有淡黑色斑块，箨叶带状。叶鞘无毛，叶耳不明显，唯鞘口有放射状张开的缝毛；叶片长椭圆状披针形，宽 10~25 mm。笋期 5 月中、下旬。

阳性，喜温暖湿润气候，稍耐寒，不耐黏重土壤。耐盐碱，适应性强。产于各地。多栽于村旁、河滩、山沟。分布于黄河流域及其以南各省。

图Ⅱ-111.1 桂竹

4. 淡竹 粉竹

秆高达 11m，粗约 4.7 cm，节间绿色，脱箨后有厚白粉，长 5~22（40）cm，秆环和箨环均中度隆起。箨鞘先端窄，截平，背面无毛，鲜明淡紫褐色；箨耳及缝毛不发达；箨舌暗紫褐色，顶端截平，边缘有纤毛；箨叶披针形或带状。叶鞘无叶耳；叶片宽 2~3 cm，幼时下面沿脉有小刺毛。笋期 4 月中、下旬。

耐寒耐旱性较强。垂直分布可达海拔 1 250 m，是黄河中下游栽培普遍的乡土竹种。分布于黄河流域至长江流域各省。

5. 水竹

株高 6 m 以上，直径达 3 cm，幼秆具白粉并疏生短柔毛；箨鞘背部深绿带紫色，无斑点，被白粉，无毛或疏生短毛，边缘具白色或淡褐色纤毛；箨耳小，但明显可见，淡紫色，卵形或长椭圆形，边缘有数条紫色缝毛，在小的箨鞘上则可无箨耳及鞘口缝毛或仅有数条细弱缝毛；箨舌低，微凹至筒呈拱形，边缘具白色短纤毛；无叶耳，鞘口缝毛直立，易断落；花枝呈紧密的头状，每佛焰苞腋内有假小穗 4~7 个，有时可少至 1 个；花柱长约 5 mm，柱头 3 个，有时 2 个，羽毛状。笋期 4 月中、下旬。

喜温暖湿润和通风透光，耐阴，忌烈日暴晒。不耐寒，对土壤要求不严，以肥沃稍黏的土质为宜。生于山谷溪旁或栽于村旁。分布于黄河流域及其以南各省。

6. 披碱草

多年生草本，高 70~140 cm。秆直立，基部膝曲。叶鞘光滑无毛，多长于节间；叶舌长约 1 mm，平截；叶片扁平，稀可内卷，长 15~25 cm，宽 5~12 mm，表面粗糙，背面光滑，有时成粉绿色。穗状花序直立，较紧密，长 14~18 cm，宽 5~10 mm；穗轴边缘具小纤毛，中部各节具 2 枚小穗而接近顶端和基部各节仅具 1 枚小穗；小穗含 3~5 朵花；颖披针形或线状披针形；外稃披针形，上部具 5 条明显脉，背部全面密被短糙毛，第一外稃长 9 mm，先端延伸成芒，成熟后向外开展；内稃与外稃等长，先端平截，脊上具纤毛。穗状花序宽 5~10 mm，每节生 1~2 个小穗；叶片宽 5~9 mm。花期

6~8 月，果熟期 8~10 月。

生于海拔 1 900 m 以上的山坡草地、路旁。分布于东北地区及河北、内蒙古、山西、河南、陕西、青海、四川、新疆、西藏等省区。

7. 赖草

具根状茎。秆 3~5 节，高达 1 m。叶舌截平，长 1~1.5 mm；叶宽 4~7 mm。穗状花序长 10~15（20）cm、宽 10~17 mm，穗轴节上及边缘被长柔毛；穗轴每节上小穗 2~3（1）个，小穗长 10~20 mm，含 4~7（~10）朵小花；颖短于小穗，线状披针形，边缘具纤毛；第一外稃长 8~10（~14）mm，先端渐尖，或具长 1~3 mm 的芒。花期 6~8 月，果熟期 8~10 月。

生于山坡草地、沙地。分布于新疆、甘肃、青海、陕西、四川、内蒙古、河北、河南、山西、黑龙江、辽宁、吉林等省区。

8. 黑麦草（图Ⅱ-111.2）

多年生草本，具细弱根茎。秆多数丛生，高 30~60 cm，具 3~4 节。中鞘疏松，通常短于节间；叶舌短小；叶片长 10~20 cm，宽 3~6 mm。穗状花序长 10~20 cm，宽 5~7 mm，穗轴节间长 5~6 mm；小穗含 7~11（~15）朵小花；小穗轴节间长约 1 mm，光滑无毛；颖短于小穗，通常较长于第一小花，具 5 条脉；外稃披针形，具 5 条脉，基部有明显基盘，通常无芒，或在上部小穗具短芒，第一外稃长 7 mm；内稃与外稃等长，脊上生短纤毛。花果期 5~7 月。

喜温暖湿润土壤，耐湿。原产于欧洲，为我国引进牧草，生于草甸草场，路旁湿地常见。

图Ⅱ-111.2　黑麦草

9. 大麦

一年生草本，高 50~100 cm。秆粗壮，直立，光滑无毛。叶鞘松弛抱茎，多无毛或基部具柔毛；两侧有披针形叶耳；叶舌膜质，长 1~2 mm；叶片长 9~20 cm，宽 6~20 mm，扁平。穗状花序长 3~8 cm，直径约 1.5 cm，小穗稠密，每节着生 3 枚发育小穗；小穗均无柄；颖线状披针形，外被短柔毛，先端常延伸为长 8~14 mm 的芒；外稃具 5 条脉，先端延伸成芒，芒长 8~15 cm，边棱具细刺；内稃与外稃几等长。花期 4~5 月，果熟期 5~6 月。

栽培。

10. 普通小麦（图Ⅱ-111.3）

秆直立，丛生，具 6~7 节。叶鞘松弛抱茎，下部者长于节间，上部者短于节间；叶舌膜质；叶片长披针形。穗状花序直立，长 5~10 cm，宽 1~1.5 cm；小穗含 3~9 朵小花，上部者不发育；颖卵圆形；外稃长圆状披针形，长 8~10 mm，顶端具芒或无芒；内稃与外稃几等长。颖果长约 6 mm。花果期 4~5 月。

图Ⅱ-111.3　普通小麦

栽培。

案例 1：

2016 年 2 月 17 日 19 时左右，河南省临颍县王岗镇岗李村村民李某恩 7 岁的女儿李某琪，在王岗镇一中校园内玩耍时走失，经调取相关视频资料发现小女孩在当日 20 时许被一陌生男子带走。通过调查访问，侦查员锁定同村一名前科劣迹人员夏某峰，在对夏某峰住处进行勘查时，发现其住处地下室床铺的被子里裹着一根新鲜麦苗，这与视频中嫌疑人带走小女孩时路过一处麦田的情况相吻合，从侧面印证了夏某峰作案的可能性，后经突审，犯罪嫌疑人夏某峰对强奸杀人的犯罪事实供认不讳。

案例 2：

2016 年 3 月 27 日 6 时许，河南省西华县黄桥乡黄桥村村民金某到南地看麦田，发现黄桥行政村与裴庄行政村界沟桥头有烟火，近距离观察系焚烧尸体所致，随后报警。现场勘查发现，被火焚烧的两具尸体头西北脚东南，呈仰卧状，男尸在南，女尸在北，并排放置。从水泥路向沟坡至桥下有明显拖拉痕迹，尸体上覆盖的基本燃尽。现场提取电子秤一个，带保鲜膜苹果四个（两个过火，两个完好），水果箱垫板两块（上均沾染血迹），沾染血迹的麦秸数根，路面上疑似血迹、足迹、死者血样等痕迹物证。次日下午，侦查员在西夏镇后朱村发现一辆摩托三轮车无人认领，疑似嫌疑人转移尸体时使用的交通工具。技术人员及时对三轮车进行勘验，除了发现在三轮车上附着有血迹外，还发现车斗内存有少量麦秸，后经检验比对，与中心现场焚烧物和遗留麦秸属于同一物质，这在证据衔接方面起到了补充印证作用。

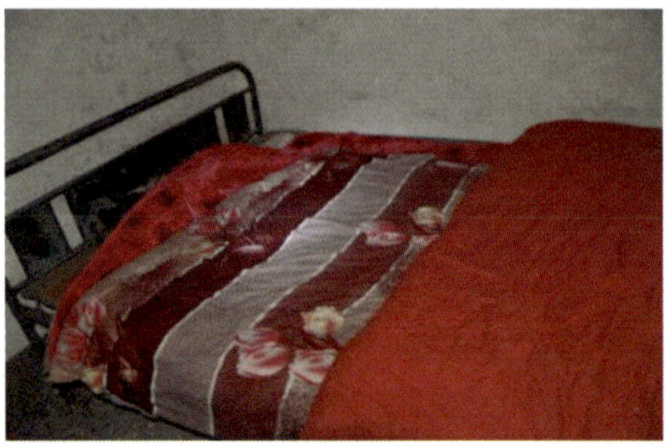

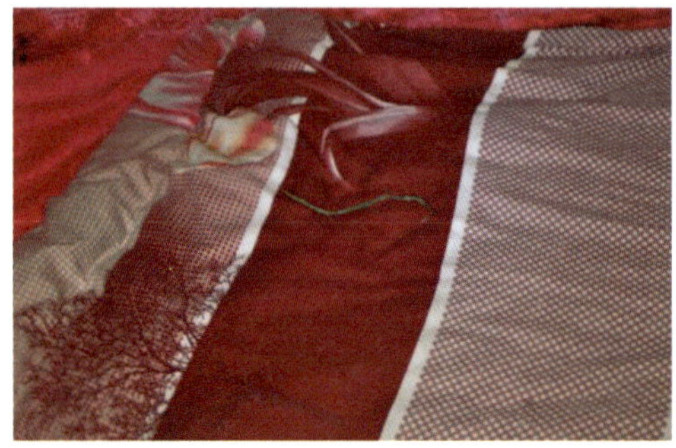

11. 鹅观草

多年生，秆高达 1 m。叶鞘边缘常具纤毛；叶舌平截，长约 0.5 mm；叶片宽 3~13 mm。穗状花序长 7~20 cm，下垂；小穗长 1.5~2.5 cm；颖卵状披针形，渐尖以至具短芒，3~5 脉，边缘膜质，外颖长 4~6 mm，内颖长 5~9 mm；外稃边缘宽膜质，5 脉，第 1 外稃长 8~12 mm，芒长 20~40 mm，内稃脊上显著具翼，翼缘密生细纤毛。花期 5~6 月，果熟期 6~7 月。

生于海拔 300~1 500 m 的山坡和湿润草地。除青海、西藏外，分布几遍全国。

12. 东瀛（yíng）鹅观草 日本鹅观草

多年生，高 60~90 cm。叶鞘无毛，稀可基部叶鞘边缘具纤毛。叶舌先端平截，长约 0.5 mm；叶片长 10~25 cm，宽 4~8 mm；颖和外稃具狭膜质边，内稃脊上疏生粗短纤毛，无翼，外稃背部无毛。颖果长 5~6 mm。花期 5~6 月，果熟期 6~8 月。

生于海拔 1 500 m 以下的山坡路边或草地。分布于山东、河南、湖北、江苏、安徽、陕西等省。

13. 纤毛鹅观草

多年生，秆高达 80 cm，常被白粉。叶片宽 3~10 mm，无毛。穗状花序下垂，长 10~20 cm；小穗长 15~22 mm，含 7~10 朵花；颖椭圆状披针形，长 7~9 mm，5~7 条脉，边脉及边缘具纤毛；外稃背部生柔毛，边缘具长纤毛；芒长 10~20 mm，反曲，内稃长为外稃的 2/3，脊上具短纤毛。花期 4~5 月，果熟期 5~6 月。

生于平原及浅山丘陵的路旁、荒地、山坡灌丛、林缘。广布于我国南北各省。

14. 溚草

多年生，秆高 25~45 cm，花序下方密生绒毛。叶片宽 1~2 mm，被短柔毛或上面无毛。穗形圆锥花序直立，有光泽，长 4~12 cm，宽 5~20 mm，主轴和分枝均有毛；小穗长 4~5 mm，含 2~3（~5）朵花；颖长 2.5~4.5 mm，边缘宽膜质，无芒，第 1 外稃长约 4 mm；内稃透明膜质，先端 2 裂。花期 5~8 月，果熟期 7~9 月。

生于山坡草地、路旁。分布于东北、华北、西北、华东、华中及西南地区。

15. 三毛草

多年生草本，高 30~100 cm。须根细弱较稠密。秆直立或基部膝曲，光滑无毛，具 2~5 节。叶鞘松弛，无毛，常短于节间；叶舌膜质；叶片扁平，长 5~15 cm，宽 3~6 mm，常无毛。圆锥花序疏展，长圆形，有光泽；第一内稃长为外稃的 1/3～1/2，背部外拱为弧形；花序分枝每节多枚。花期 5～6 月，果熟期 6～7 月。

生于海拔 500～2 000 m 的山坡林荫下及潮湿草地。分布于甘肃、陕西、西藏、河南、江苏、安徽、浙江、福建、江西、湖北、湖南、四川、贵州、云南、广东、广西等省区。朝鲜及日本也产。

16. 野燕麦　燕麦草（图Ⅱ-111.4）

一年生草本，秆高达 1.5 m。叶片宽 4～12 mm。圆锥花序开展，长 15～25 cm；小穗下垂，长 18～25 mm；含 2～3 朵花，小穗轴易脱节，小穗柄弯曲。颖几等长，长于第 1 花，9 脉；外稃质地坚硬，下半部与小穗轴均被硬毛，第 1 外稃长 10～20 mm，芒自中部稍下处伸出，长 20～40 mm，膝曲。花期 4～5 月，果熟期 5～6 月。

生于麦田及荒芜田野。广布于我国南北各省。

图Ⅱ-111.4　野燕麦

17. 湖北野青茅

多年生草本，高约 60 cm。秆直立，平滑，具 2 节，稀具 3 节。叶鞘无毛，稍糙涩；叶舌干膜质，长 1～3 mm，顶端钝圆；叶片常纵卷，长 20～40 cm，宽 3～6 mm，表面生微毛，背面无毛。圆锥花序密集，稍弯垂；小穗长 3～4 mm；两颖近等长或第二颖稍短，披针形，第一颖边缘具纤毛，有 1 条脉，第二颖具 3 条脉，脉上粗糙；外稃长约 3 mm，顶端具细齿，背上部粗糙，基盘两侧的柔毛长为稃体的 1/4；内稃稍短于外稃；花药长约 2 mm。花果期 8～9 月。

生于海拔 1 200 m 以下的山坡、林缘。分布于河南、湖北、湖南、安徽、福建、江西、陕西等省。

18. 野青茅

多年生草本，秆高达 60 cm。叶片宽 2～7 mm。圆锥花序紧缩，长 5～15 cm，宽 1～1.5 cm；小穗长 5～6 mm，1 朵花；颖近等长或第一颖稍长；外稃长 4～5 mm，基盘两侧的毛长为稃体的 1/5～1/3，芒自背面近基部伸出，长约 7 mm，近中部膝曲。小穗轴及其上的毛长为稃体的 2/3 或近等长。花期 6～8 月，果熟期 7～9 月。

生于海拔 500～2 000 m 的山坡草地、林缘、灌丛、山谷、溪旁、河流草丛。分布于东北、华北、华中及陕西、甘肃、四川、云南、贵州等省。

19. 拂子茅（图Ⅱ-111.5）

多年生，高 45～100 cm。叶鞘平滑或稍粗糙，短于或基部者长于节间；圆锥花序紧密呈穗状，基部间断不连续；外稃之芒自背面近中部伸出；内稃长约为外稃的 2/3，顶端细齿裂；花期 5～6 月，果熟期 7～8 月。

生于潮湿的河岸、沟渠旁。广布于全国各省。

图Ⅱ-111.5　拂子茅

图Ⅱ-111.6　假苇拂子茅

20. 假苇拂子茅（图Ⅱ-111.6）

多年生，秆高达 1 m。叶片宽 1.5~5 mm。圆锥花序疏松开展，长 12~20 cm；小穗长 5~7 mm，1 朵花，脱节于颖上；外颖较内颖长 1/4~1/3，均长于外稃；外稃长 2~4 mm，透明膜质，3 脉，基盘的毛与小穗等长或稍短，芒自顶端或稍下处伸出，长 1~3 mm。花期 7~8 月，果熟期 8~9 月。

生于山沟、溪旁、河岸等潮湿处。广布于我国东北、华北、西北及四川、云南、贵州、湖北等省。

21. 巨序剪股颖（图Ⅱ-111.7）

多年生草本，具粗壮根状茎。秆高达 1.5 m，5~6 节，下部膝曲或斜升。叶舌长 5~6（~11）mm；叶片宽 3~8 mm。大型圆锥花序疏展，长达 30 cm；小穗长 2~2.5 mm，1 朵花；颖近等长，1 条脉，背面无毛；外稃长 1.8~2 mm，无芒，基盘两侧具微毛，内稃长为外稃的 2/3~3/4。花期 6~7 月，果熟期 7~8 月。

生于低海拔潮湿处、山坡、山谷或草地。分布于黑龙江、辽宁、吉林、河北、内蒙古、山西、山东、河南、陕西、甘肃、青海、新疆、江苏、江西、安徽、西藏、云南等省区。

图Ⅱ-111.7　巨序剪股颖

图Ⅱ-111.8　棒头草

22. 棒头草（图Ⅱ-111.8）

一年生草本，高 10~75 cm。秆丛生，基部膝曲。叶鞘光滑无毛，多短于或下部者长于节间；叶舌常 2 裂或顶端具不整齐的裂齿；叶片扁平，长 2.5~15 cm，宽 3~4 mm；圆锥花序穗状，长圆形或卵形，较疏松；颖片之芒短于或稍长于小穗。

生于海拔 1 900 m 以下的的山坡、河滩、渠边、田边等潮湿处。分布于我国南北各省。

23. 长芒棒头草

一年生草本，秆高 20~50 cm。叶片宽 3~9 mm。圆锥花序穗状，长 2~10 cm，宽 5~20 mm；小穗长 2~2.5 mm，1 朵花，小穗柄具关节，脱节于颖下；颖近等长，脊与边缘具纤毛，先端 2 浅裂，裂口处生芒，芒长为小穗的 3~4 倍；外稃长为小穗之半，具短芒。花期 4~6 月，果熟期 5~7 月。

生于海拔 1 500 m 以下的山区、平原，多生于河滩、渠边等潮湿处。广布于我国南北各省。

24. 菵（wǎng）草

一年生草本，秆高达 90 cm，2~4 节。叶舌长 3~8 mm；叶片宽 3~10 mm。圆锥花序长 10~30 cm，狭窄；分枝直立或斜升。小穗扁平、圆形，常 1 朵花，长约 3 mm，呈 2 行列于穗轴一侧；颖灰绿色，具淡色横纹，等长。花期 4~5 月，果熟期 5~6 月。

生于湿地、溪旁及浅流中。全国广布，世界广布。

25. 鬼蜡烛（图Ⅱ-111.9）

一年生草本，秆高达 50 cm。叶片宽 2~6 mm。圆锥花序圆柱形，长 2~10 cm，宽 4~8 mm，绿色；小穗倒三角形，1 朵花，脱节于颖之上；颖等大，长 2~3 mm，3 条脉，脉间有深沟，先端具尖头；外稃卵形，稍长于内稃，长 1.3~2 mm，贴生短毛，无芒。花期 4~7 月，果熟期 5~8 月。

生于山坡、道旁、田间及池沼旁。分布于长江流域及山西、陕西、甘肃等省。欧亚大陆温带也有分布。

图Ⅱ-111.9　鬼蜡烛

图Ⅱ-111.10　看麦娘

26. 看麦娘（图Ⅱ-111.10）

二年生草本，秆高达 45 cm。叶片宽 2~5 mm。圆锥花序狭圆柱状，淡绿色，长 2~7 cm，宽 3~6 mm；小穗脱节于颖下，长 2~3 mm；1 朵花；颖相等，基部相互合生，3 条脉，脊上具纤毛；外稃等长或稍长于颖，下部边缘合生；芒自稃体下部 1/4 处伸出，长 2~3 mm，隐藏或稍伸出颖片，内稃缺；花药橙黄色，长 0.5~0.8 mm。花期 4~5 月，果熟期 5~6 月。

生于平原或浅山区麦田、地埂、潮湿地。广布于我国大部分省区。

图Ⅱ-111.11　日本看麦娘

27. 日本看麦娘（图Ⅱ-111.11）

一年生草本。叶鞘松弛；叶片长 3~12 cm，宽 3~7 mm，表面粗糙，背面光滑。圆锥花序圆柱状，长 3~10 cm，宽 4~10 mm；小穗长 5~6 mm，芒长 8~12 mm，显著外露；颖仅基部互相联合，具 3 条脉，脊上具纤毛；花药灰白色，长约 1 mm。花期 3~4 月，果熟期 4~5 月。

生于田间、地边、湿地，尤其稻茬麦田中常形成优势杂草。分布于广东、浙江、江苏、湖北、陕西、河南等省。

28. 长芒草　鼠茅

多年生草本，秆密集丛生，高达 60 cm，柔弱。叶片纵卷呈针状，长 3~15 cm。圆锥花序基部常被叶鞘所包，长 10~20 cm；分枝 2~4 枚簇生，上部疏生小穗；小穗 1 朵花；颖长 9~15 mm，顶端延伸为细短芒；外稃长 4.5~6 mm，基盘长而尖锐，背部生纵列的短柔毛；芒长达 5 cm，两回膝曲，下部扭转。花期 6~7 月，果熟期 7~8 月。

生于石质山坡、黄土丘陵、河谷阶地或路旁。分布于东北、华北、西北、西南，向东延伸至江苏、安徽。

29. 大叶直芒草（图Ⅱ-111.12）

多年生草本，秆高达 1 m，7~8 节。叶鞘糙涩或具微毛；叶片宽 10~18 mm。圆锥花序狭窄，长达 35 cm，分枝单生或成对，贴近主轴；小穗披针形，1 朵花；颖几相等，长 13~15 mm，草质，7~9 条脉；外稃坚硬，长 10~12 mm，背部疏生短毛，基盘短而钝圆，芒下部粗壮劲直，长 25~35 mm。花期 7~8 月，果熟期 8~9 月。

生于海拔 500~1 500 m 的山谷林下、山沟草丛中。分布于河北、陕西、河南、江苏、安徽、浙江、江西、湖北等省。

图Ⅱ-111.12　大叶直芒草

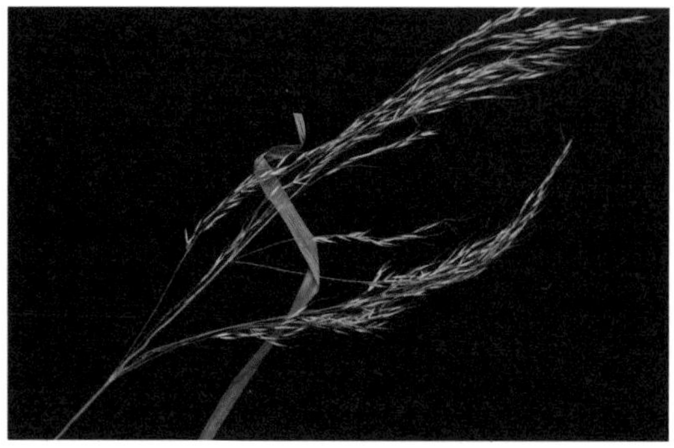

图Ⅱ-111.13　远东芨芨草

30. 远东芨芨草（图Ⅱ-111.13）

多年生草本，高达 1.5 m。秆直立，光滑，具 3~4 节，基部具鳞芽；圆锥花序开展；分枝水平伸展；小穗长 6~9 mm，芒一回膝曲；外稃基盘钝，长约 0.5 mm。花期 7~8 月，果熟期 8~9 月。

生于海拔 800~2 000 m 的山坡草地、山谷草丛、林缘、灌丛中。分布于黑龙江、吉林、辽宁及内蒙古、河北、河南、山西、甘肃、陕西等省区。

31. 芦苇　苇子（图Ⅱ-111.14）

多年生草本，具粗壮匍匐根状茎。秆高 1~3 m。叶片条形，宽 1~3.5 cm。圆锥花序长 10~40 cm，分枝斜上或微外展；小穗长 12~16 mm，含 4~7 朵花；第一小花常雄性，颖及外稃均 3 条脉，外稃无毛，但其基盘具长 6~12 mm 的丝状长柔毛。芦苇植株多高大、粗壮，通常为栽培。野生茎细弱。花期 7~9 月，果熟期 9~11 月。

海拔可达 1 800 m；生于池沼、河岸、溪流、湿地、沙滩。分布几遍全国和全世界温带地区。

图Ⅱ-111.14　芦苇

图Ⅱ-111.15　苇状羊茅

32. 苇状羊茅（图Ⅱ-111.15）

多年生草本。植株较粗壮，秆直立，平滑无毛，高 80~100 cm，径约 3 mm，基部可达 5 mm。叶鞘通常平滑无毛，稀基部粗糙；叶舌长 0.5~1 mm，平截，纸质；叶片扁平，边缘内卷，上面粗糙，下面平滑，长 10~30 cm，基生者长达 60 cm，宽 4~8 mm，基部具披针形且镰形弯曲而边缘无纤毛的叶耳。圆锥花序疏松开展，长 20~30 cm，分枝粗糙；小穗轴微粗糙；小穗绿色带紫色，成熟后呈麦秆黄色，长 10~13 mm，含 4~5 朵小花；颖片披针形，顶端尖或渐尖，边缘宽膜质，第一颖具 1 条脉，第二颖具 3 条脉；外稃背部上部及边缘粗糙，顶端无芒或具短尖，第一外稃长 8~9 mm；内稃稍短于外稃；颖果长约 3.5 mm。花期 7~9 月。

生于海拔 700~1 200 m 的河谷、灌丛、林缘等潮湿地。内蒙古、陕西、甘肃、青海、河南、江苏等地引种栽培。

33. 羊茅（图Ⅱ-111.16）

多年生，秆密集丛生，直立，高 15~35 cm，仅具鞘内分枝。叶片内卷呈针状，长 2~6 cm，分蘖叶片长达 20 cm。圆锥花序狭窄呈穗状，长 2.5~5 cm；小穗带紫色，长 4~6 mm，含小花 3~6 朵；外颖长 1.5~3 mm，内颖长 3~4 mm；外稃背部圆形，第一外稃长 3~4.5 mm，芒长为稃体的 1/4~1/3。花期 6~7 月。

生于海拔 2 000 m 以上的山坡或山脊向阳处。分布于河南及我国西北、西南各省区。

34. 早熟禾

一年生或越年生草本，秆柔弱丛生，高 5~25 cm。叶鞘下半部闭合，叶舌先端钝圆，长 1~2 mm；叶片柔软，宽 1~4 mm。圆锥花序开展，长 2~7 cm；小穗含小花 3~6 朵；颖边缘宽膜质，外颖长 1.5~2 mm，1 条脉，内颖长 2~3 mm，3 条脉；外稃边缘宽膜质，5 条脉，脊中下部及边缘中部以下具柔毛，基盘无绵毛，第一外稃长 3~4 mm，内稃脊上具长柔毛；花药长 0.5~1 mm。花期 4~5 月。

生于山坡草地、路旁或阴湿处。分布于我国大多数省区。

图Ⅱ-111.16 羊茅

图Ⅱ-111.17 白顶早熟禾

35. 白顶早熟禾（图Ⅱ-111.17）

一年或二年生草本，高 25~45 cm。秆丛生，具 3~4 节。叶鞘光滑，常完全闭合，顶生叶鞘短于叶片；叶舌膜质，长 0.5~1 mm；叶片长 7~15 cm，宽 2~6 mm，光滑或上面粗糙。圆锥花序长 8~18 cm，每节着生 2~5 个分枝；分枝细弱，基部主枝长 3~7.5 cm；小穗长 2.5~4 mm，含 2~4 朵小花；颖质薄，披针形，具狭膜质边缘，第一颖长 1.5~2 mm，具 1 条脉，第二颖长 2~2.5 mm，具 3 条脉；外稃先端具膜质，脊下部 1/2~2/3 以及边脉中部以上具有长柔毛，基盘具绵毛，第一外稃长 2~3 mm；内稃较外稃稍短，脊上具细长丝状毛；花药淡黄色，长 0.8~1 mm。颖果纺锤形，长约 1.5 mm，花期 5~6 月。

生于山谷或林缘阴湿处。分布于华东、华中、西南地区及河北、广西等省区。

36. 草地早熟禾

多年生草本，具细长根状茎；秆丛生，高达 80 cm。叶舌膜质，长 1~2 mm；叶片宽 2~4 mm。圆锥花序宽大，长 13~20 cm，分枝下部裸露；小穗长 4~6 mm，小花 3~5 朵；外颖 1 脉，内颖长 3~4 mm，3 条脉；外稃先端钝，脊和边缘中部以下有长柔毛，基盘密被白绵毛，第 1 外稃长 3~5 mm；花药长 1.2~2 mm。花期 5~6 月，果熟期 6~7 月。

生于山坡、路旁、草地。广布于我国东北地区以及山东、河南、江西、河北、山西、甘肃、四川、内蒙古等省区。

37. 硬质早熟禾（图Ⅱ-111.18）

多年生草本，秆细硬糙涩，丛生，高 30~60 cm。叶舌先端尖锐，膜质，长约 4 mm，叶片宽约 1 mm。圆锥花序紧缩为条形，长 3~10 cm，宽约 1 cm，分枝基部常生小穗。小穗长 5~7 mm，小花 4~6 朵；颖先端尖锐，长 2.5~3 mm，3 条脉，外稃脊下部 2/3 和边缘下部 1/2 有长柔毛，基盘具绵毛，第一外稃长约 3 mm，内稃等长于外稃；花药长 1～1.5 mm。花期 6～7 月。

生于草地、路旁或荒坡上。分布于我国东北、华北、西北地区及山东、江苏等省。

38. 耿氏硬草

一年生草本，秆直立或膝曲上升，3～5 节，顶节位于秆中部以下。叶鞘有脊，下部闭合；叶舌长 2～3.5 mm；叶片宽 3～4.5 mm。圆锥花序直立，宽 1～3 cm，分枝孪生，1 长 1 短；小穗 2～7 朵花，长 3.5～5.5 mm；外稃中脉粗壮隆起成脊，长约 3 mm。花期 4～5 月，果熟期 5～6 月。

生于沟渠或稻茬麦田、果园等，为稻茬麦田的优势杂草。分布于江苏、江西等省。

39. 碱茅

多年生草本，秆高 10～30 cm。叶片宽 2～4 mm。圆锥花序开展，长 5～15 cm，每节分枝 2～6 个，分枝细长，平展或下垂；小穗长 4～5 mm，小花 4～6 朵；颖与外稃先端钝，且有不整齐的细裂齿；外颖长约 1 mm，内颖长约 1.5 mm；外稃 5 脉，第一外稃长约 2 mm；花药长约 0.8 mm。花期 4～5 月，果熟期 5～6 月。

生于低洼潮湿地及微碱性土壤上。分布于华北各省。

40. 鹤甫碱茅

多年生草本，高 17～24 cm。秆丛生，直立或基部膝曲上升，直径 0.7～1.5 mm，具 2 节。叶鞘无毛，长于节间；叶舌膜质，长约 1.5 mm；叶片扁平或向内折叠，长 2.5～6 cm，宽 1～2 mm，上面及边缘粗糙，下面近于平滑。圆锥花序开展，长达 10 cm，宽 5 cm，每节具 2～4 个分枝；分枝细直而平展，中部以下裸露，基部主枝长达 5 cm；小穗长 3～4 mm，含 5～7 朵小花；外稃长不足 2 mm，花药长约 0.3 mm。花果期 4～6 月。

生于河岸及低洼湿地。分布于我国东北、华北地区各省。

图Ⅱ-111.18　硬质早熟禾

图Ⅱ-111.19　广序臭草

41. 广序臭草　日本臭草（图Ⅱ-111.19）

多年生草本，秆高达 1.5 m。叶鞘几全闭合，长于叶间，叶舌长约 0.5 mm；叶片条形，宽 3～15 mm。圆锥花序长达 35 cm，广阔而开展；小穗柄弯曲具关节，先端被微毛；小穗绿色，线状披针形，长 5～7 mm，含孕性小花 2 朵，不孕小花 1 朵；颖不等长，外颖 1 脉，内颖 3 或 5 脉，外稃 7 脉，第一外稃长 4.5～5 mm。花期 7～9 月，果熟期 8～10 月。

生于海拔 1 500 m 以下的山沟或山坡林下阴湿处。分布于我国华东、华北、华南各省。

图Ⅱ-111.20　臭草

42. 臭草（图Ⅱ-111.20）

多年生草本，秆高达 70 cm。叶鞘闭合，叶舌长 1～3 mm，叶片宽 2～7 mm，圆锥花序窄狭，长 8～16 cm，小穗柄弯曲而具关节，上端被微毛；小穗长 5～7 mm，含 2～4 朵孕性小花，数朵不孕小花在小穗顶端聚集成小球形；颖近等长，具 3 或 5 脉；外稃 7 脉，背部生小颗粒而粗糙。花期 5~7 月，果熟期 6~8 月。

生于海拔 1 000 m 左右的山坡林缘及平原荒地。分布于我国华北及西北地区各省。

43. 甜茅（图Ⅱ-111.21）

多年生草本，高 40~70 cm。秆基部常平卧，节上生根。叶鞘闭合至中部或中部以上；叶舌长 5~10 mm；叶片薄软，长 5~12 cm，宽 2~6 mm。圆锥花序简化几呈总状花序，狭条形，长 15~30 cm；小穗条形，几呈圆柱形，长 3.5~4.5 cm；颖薄，边缘膜质，具 1 条脉；外稃 7 条脉平行，顶端不汇合，第一外稃长约 8 mm；内稃显著长于外稃，脊有狭翼。花期 7~8 月。

图Ⅱ-111.21　甜茅

图Ⅱ-111.22　疏花雀麦

生于水旁。分布于长江中下游各省。

44. 疏花雀麦（图Ⅱ-111.22）

多年生草本，高 60~120 cm；秆具 6~7 节，被细毛，节具柔毛；叶鞘闭合几达顶端，通常密被倒生柔毛；叶舌长约 1 mm；叶片长 20~45 cm，宽 5~8 mm，上面具白色柔毛，下面通常无毛；圆锥花序开展，每节具 2~4 枚分枝；外颖 1 条脉；外稃芒长 5~10 mm，7 条脉。花期 6~7 月；果熟期 7~8 月。

生于海拔 1 800 m 以下的山坡、林下和山谷湿润处。分布于西南、华东、华中地区及陕西等地。

45. 雀麦

一年生草本，秆高达 1 m。叶鞘闭合，密被长柔毛；叶片宽 2~8 mm，两面或仅上面被柔毛。圆锥花序开展，下垂，长达 30 cm。小穗长 17~24 mm，宽约 5 mm，小花 7~14 朵；外颖长 5~6 mm，3 或 5 条脉，内颖长 7~9 mm，7~9 条脉；外稃 7~9 条脉，先端具 2 个微齿，齿下方约 2 mm 处生芒，芒长 5~10 mm，第一外稃长 8~10 mm，子房上端具毛。花期 4~5 月，果熟期 5~6 月。

生于海拔 1 000 m 以下的山坡、路旁、荒园、田边。分布于东北地区及长江、黄河流域。

46. 乱草　碎米知风草（图Ⅱ-111.23）

一年生草本，高 30~100 cm。秆丛生，具 3~4 节。叶鞘疏松抱茎；叶舌膜质，边缘呈纤毛状；叶片条形，宽 3~5 mm。圆锥花序长超过植株长度之半；分枝细，簇生或近于轮生，腋间无毛；小穗卵圆形，成熟后紫色，长 1.5~2 mm，含 4~8 朵小花；小穗轴逐节断落；颖近于相等，卵圆形，先端钝，长 0.5~0.8 mm；外稃卵圆形，先端钝，长 0.8~1 mm，具 3 条脉，侧脉明显；内稃与外稃几相等，脊上稍粗糙或近光滑；花药长约 0.2 mm。颖果红棕色，长约 0.5 mm。花期 7~9 月，果熟期 8~10 月。

图Ⅱ-111.23　乱草

生于山沟溪旁、田边、路旁。分布于河南、长江以南及西南各省。

47. 大画眉草　星星草

一年生草本，植物体叶鞘脉上、叶缘、小枝、花序、小穗柄及颖和稃脊上具腺体；秆高达

90 cm。叶舌为一圈成束短毛；叶片条形，宽 3~6 mm，无毛。圆锥花序分枝单生，腋间有柔毛；小穗宽 2~3 mm，5 至多朵花；颖近等长，1 条脉或内颖 3 条脉；外稃 3 脉，第一外稃长约 2.5 mm。花期 7~9 月，果熟期 8~10 月。

生于秋田、地埂、路旁、荒园、山坡草地。分布于我国南北各省。

48. 小画眉草

一年生草本。叶鞘具有腺点；圆锥花序开展而松散，分枝单生，花序分枝腋间无毛；小穗柄具腺点，小穗宽 1.5~2 mm，第一外稃长约 2 mm；叶舌为一圈柔毛。花期 6~8 月，果熟期 7~9 月。

生于秋田、地埂、路旁、荒园、山坡草地。广布于全国及全世界温带地区。

49. 秋画眉草（图Ⅱ-111.24）

一年生草本，高 15~40 cm。秆单生或丛生，直立或基部膝曲，具 2~4 节，自下部第 2 节、第 3 节处分枝。叶鞘压扁，无毛或鞘口具长柔毛；叶舌为一圈纤毛；叶片长 5~15 cm，宽 1~2.5 mm，最上部者有时走出花序之上，通常内卷或对折，表面粗糙或有时疏生柔毛，背面光滑。圆锥花序开展或较紧缩，长 5~15 cm，密生小穗，分枝直立或上升，基部者常为数枝簇生，上部者则可单生，枝腋间无毛或下部者具长柔毛；小穗长 4~6 mm，宽约 1.2 mm，含 4~8 朵小花，灰绿色或草黄色；颖先端尖或稍钝，具 1 条脉，第一颖长约 1 mm，第二颖长约 1.5 mm，光滑或脊上稍粗糙；外稃长圆形，先端尖或稍钝，光滑或脊上粗糙，侧脉明显或于结实时稍突起，第一外稃长 2~2.2 mm；内稃较外稃迟落或宿存，长约 1.5 mm，脊上粗糙；花药长约 0.3 mm。颖果长圆球形。花期 7~9 月，果熟期 8~10 月。

图Ⅱ-111.24　秋画眉草

生于山坡草地、路旁、荒地。分布于河北、河南、安徽、山东、江苏等省。

50. 画眉草

一年生草本，无腺体，秆高达 60 cm。叶舌为一圈纤毛；叶片条状披针形，宽 2~3 mm。圆锥花序长 15~25 cm，分枝近轮生，枝腋具长柔毛；小穗暗绿色或带紫色，长 2~7 mm，宽约 1 mm，小花 3~14 朵；外颖无脉，长不足 1 mm，内颖长约 1.5 mm，1 条脉；外稃长 1.5~2 mm，3 条脉，侧脉不明显。花期 6~9 月，果熟期 7~10 月。

生于秋田、荒园、路旁。广布于全国各地。

51. 知风草（图Ⅱ-111.25）

多年生草本，秆高达 75 cm。叶鞘甚压扁，中脉具腺体；叶舌退化为短毛，叶片条形，宽 4~6 mm。圆锥花序开展，基部常隐藏于叶鞘内，花序分枝及小穗柄有腺体；小穗紫黑色，长 5~10 mm，含 7~12 朵花，外稃 3 条脉，长约 3 mm。花期 7~9 月，果熟期 8~10 月。

生于海拔 800 m 以上的山坡路旁、荒地、林缘。分布于华北、华东、华中、华南及西南各省。

图Ⅱ-111.25　知风草

52. 北京隐子草

多年生，秆高达 80 cm，基部具鳞芽，上部叶鞘内隐生小穗。叶舌极短，边缘裂成细毛状；叶片条形或条状披针形，宽 3~8 mm，易自叶鞘脱落。圆锥花序开展，长 6.5~11 cm。小穗长 8~14 mm，含 3~7 朵花；颖不等长；外稃有黑紫色斑纹，5 条脉，先端 2 微齿间生长 1~2 mm 的短芒。花期 8~9 月，果熟期 9~10 月。

生于海拔 800 m 以下的浅山、丘陵及山坡、路旁。分布于华北地区及河南、陕西等省。

53. 朝阳隐子草　朝阳青茅（图Ⅱ-111.26）

多年生草本，秆高达60 cm，直径0.5~1 mm。叶鞘疏生疣毛，上部叶鞘内有隐藏小穗，叶舌边缘具短纤毛；叶片披针形或条状披针形，长3~6 cm，宽3~5 mm，易自叶鞘脱落。圆锥花序开展，长4~6.5 cm；小穗长5~7 mm，含2~4朵花；颖1条脉；外稃带紫色，背部有青色斑纹，第一外稃长4~5 mm，芒长2~5 mm。花期8~9月，果熟期9~10月。

生于海拔800 m以下的山坡、路旁。分布于华东地区及湖北、四川、陕西等省。

图Ⅱ-111.26　朝阳隐子草

54. 双稃（fū）草

多年生草本，秆高达90 cm。叶舌膜质，长3~6 mm，叶片条形，宽1.5~3 mm，叶鞘具脊。圆锥花序长15~25 mm，由多数穗形总状花序组成；小穗生于穗轴一侧，长6~10 mm，含5~10朵花；颖膜质，1条脉；外稃3条脉，长4~5 mm，先端有（2）4个齿，齿间伸出长1 mm的短芒，基盘两侧及侧脉下部1/4均具柔毛。花期6~8月，果熟期7~9月。

多生于低洼湿处。分布于河北、山东、福建、台湾、湖北、安徽、江苏、浙江等省。

55. 千金子

一年生草本，秆高达90 cm，基部常膝曲。叶舌多撕裂，具小纤毛；叶片条状披针形，宽2~6 mm，与叶鞘均无毛。圆锥花序长达30 cm，由多数穗形总状花序组成，花序分枝长5~10 cm；小穗紫色，列于穗轴一侧，长2~4 mm，含3~7朵花；颖具1条脉，外颖长1~1.5 mm；外稃3脉，第一外稃长于内颖。花期8~10月，果熟期9~11月。

生于海拔1 000 m以下的河谷、潮湿地及秋田。分布于华东、华中、华南地区及四川、贵州等省。

56. 虮（jǐ）子草

一年生草本，高30~60 cm。叶鞘疏生，叶鞘和叶片均生具疣基的长柔毛；叶舌膜质，多撕裂。小穗2~4朵花，常1~2 mm；第一外稃短于内颖；圆锥花序长10~30 cm，花序分枝长2.5~6 cm。花药长约0.2 mm；颖果圆球形，长约0.5 mm。花期7~9月，果熟期8~10月。

生于海拔1 000 m以下的低山谷及平原路旁、秋田、园圃等。分布于华东、华中、华南地区及陕西、四川等省。

57. 牛筋草（图Ⅱ-111.27）

一年生草本，秆偃卧或斜生，高达90 cm。叶鞘侧扁，具脊；叶舌长约1 mm；叶片条形，宽3~7 mm。穗状花序2~7枚指状生于枝端，有时下方1或2枚远离，长3~9 cm；小穗密集穗轴一侧呈两行排列，长4~7 mm，含3~6朵花，外颖1条脉，内颖及外稃均3条脉。花期6~9月，果熟期7~10月。

生于秋田、路旁、草地。广布于我国南北各省。

图Ⅱ-111.27　牛筋草

图Ⅱ-111.28　虎尾草

58. 虎尾草（图Ⅱ-111.28）

一年生草本，秆高达50 cm。叶舌具微纤毛；叶片条状披针形，宽3~6 mm。穗状花序4~10余枚簇生茎顶；小穗密集列于穗轴一侧，长3~4 mm，含2朵花，第2朵小花不孕；颖1脉；外稃两侧扁，3条脉，边缘上部生柔毛，顶端以下生芒。花期6~10月，果熟期7~11月。

生于路旁、荒园、河岸沙地、土墙上以及秋田。遍布于我国南北各省。

59. 狗牙根（图Ⅱ-111.29）

多年生草本，具根状茎或匍匐茎，节上生根，长达1 m。叶舌短小，具小纤毛；叶片条形或条状披针形，宽1~3 mm。穗状花序3~6枚指状生于茎顶；小穗列于穗轴一侧，长2~2.5 mm，1朵花；颖近等长，长1.5~2 mm，1条脉成脊，短于外稃；外稃3条脉，无芒。花期5~10月，果熟期6~10月。

生于路旁、荒园、草地、河滩。广布于我国黄河以南各省区，向北至河北石家庄一带。

60. 鼠尾粟（图Ⅱ-111.30）

多年生，秆高达1 m。叶舌纤毛状；叶片狭条形，较硬，宽2~4 mm。圆锥花序紧缩呈线形，长达40 cm，宽5~12 mm，分枝直立，密生小穗；小穗灰绿带紫色，长约2 mm，1朵花；颖透明膜质，外颖无脉，内颖1条脉，长为小穗之半；外稃膜质，3条脉，无芒。花期8~9月，果熟期9~10月。

生于海拔800~1 200 m的山坡草地、路旁。分布于我国长江流域及其以南各省。

图Ⅱ-111.29　狗牙根

图Ⅱ-111.30　鼠尾粟

61. 乱子草（图Ⅱ-111.31）

多年生草本，具被鳞片的匍匐根状茎；秆高达70 cm，基部直立或斜升。叶舌长约1 mm；叶片狭披针形。宽4~9 mm。圆锥花序开展，长8~27 cm，每节生数分枝，分枝纤细柔弱；小穗披针形，长约3 mm，1朵花；颖透明膜质，卵形，先端钝，无脉，稀内颖1条脉，长为小花的1/4~1/3；外稃3条脉，有铅绿色斑纹，下部生柔毛，芒长8~16 mm。花期7~8月，果熟期8~9月。

生于山谷和河岸低湿处。分布于东北、华北、西北、华东、西南地区各省区。

图Ⅱ-111.31　乱子草

62. 日本乱子草

一年生草本。秆基部伏卧，节上易生根；无匍匐根状茎；叶鞘光滑无毛；叶舌先端截平或呈纤毛状；圆锥花序狭窄，稍弯垂；小穗披针形；颖长1.5~2.2 mm，1条脉；芒常为紫色，长5~9 mm；花序每节1分枝。花期7~9月，果熟期8~10月。

生于山谷、溪旁阴湿地。分布于华北、华东、华中及西南地区各省。

63. 显子草（图Ⅱ-111.32）

多年生草本，秆高 1~1.5 m。叶舌长 6~10 mm，两侧下延；叶片长披针形，宽 1~3 cm，常上下面反转。圆锥花序分枝长达 12 cm，多轮生，极开展；小穗长 3.5~4 mm，1 朵花。颖果倒卵球形。花期 5 月，果熟期 6 月。

生于海拔 1 500 m 以下阴湿山坡或山谷林下。分布于我国西南、华东及华中地区各山区。

图Ⅱ-111.32　显子草

64. 锋芒草

一年生草本，高 15~35 cm。叶舌具长约 1 mm 的柔毛；花序紧密呈穗状，小穗长 4~4.5 mm，常 3 个簇生，其中 1 个退化；内颖顶端具明显伸出刺外的小尖头。花期 6~8 月，果熟期 7~9 月。

生于荒丘、秋田、果园、路旁。分布于内蒙古、宁夏、河北、山西、陕西、甘肃等省区。

65. 野古草

多年生草本，高 70~100 cm。具横走根状茎，其上密被鳞片。叶鞘或仅边缘具纤毛或全部密生疣毛；叶舌干膜质；叶片长 15~30 cm，宽 5~14 mm，无毛至两面均密生疣毛。花序梗及秆上均光滑无毛，节上常具髯毛。花期 7~8 月，果熟期 9~10 月。

生于海拔 800~1 500 m 山坡草地。分布于除青海、新疆、西藏外的全国其他地方。

66. 柳叶箬（图Ⅱ-111.33）

多年生草本，秆高达 50 cm，基部常平卧，节部易生根。叶舌纤毛状；叶片条状披针形，宽 3~9 mm。圆锥花序疏松开展，长 5~13 cm，分枝单生，与小穗柄均具腺体；小穗近球形，径 2~2.5 mm，含 2 朵花，脱节于颖上；颖近相等，无毛；第 1 朵小花较狭而质软，第 2 朵小花革质；外稃边缘卷抱内稃。花期 7~10 月，果熟期 8~11 月。

生于河边、渠岸、池塘、水田及田野湿地。广布于我国南北各地。

图Ⅱ-111.33　柳叶箬

图Ⅱ-111.34　细柄黍

67. 细柄黍（shǔ）（图Ⅱ-111.34）

一年生草本，簇生或单生草本。秆直立或基部稍膝曲，高 20~60 cm。叶鞘松弛，无毛，压扁，下部的常长于节间；叶舌膜质，截形，长约 1 mm，顶端被睫毛；叶片线形，长 8~15 cm，宽 4~6 mm，质较柔软，顶端渐尖，基部圆钝，两面无毛。圆锥花序开展，长 10~20 cm，宽可达 15 cm，基部常为顶生叶鞘所包，花序分枝纤细；小穗卵状长圆形，长约 3 mm，顶端尖，无毛，有柄，柄长于小穗；第一颖宽卵形，顶端尖，长约为小穗的 1/3；第二颖长卵形，与小穗等长，顶端喙尖；第一外稃与第二颖同形，近等长，具 9~11 条脉，内稃薄膜质，具 2 个脊，几与外稃等长；第二外稃狭长圆形，革质，表面平滑，长约 2.2 mm。花果期 7~10 月。

生于丘陵灌丛或荒野路旁。产于我国东南部、西南部和西藏等地。

68. 糠稷（jì）（图Ⅱ-111. 35）

一年生草本，高 60~100 cm。秆直立或基部平卧并在节上生根。叶鞘无毛，或边缘具纤毛；叶舌短小，长约 0. 5 mm，具小纤毛；叶片长 5~15 cm，宽 3~10 mm，通常光滑或表面疏生柔毛。圆锥花序长达 30 cm，主轴直立，分枝细，斜向上升或水平开展，平滑无毛或微粗糙；小穗长 2~3 mm；第一颖几呈三角形，先端尖或稍钝，长为小穗的 1/3~1/2；第二颖与第一外稃同形等长，被细毛；第一小花内稃缺如。花期 8~9 月，果熟期 9~10 月。

生于水边、稻田或荒野潮湿处。分布于华南、西南、东北地区及江苏、浙江、湖北等省。

图Ⅱ-111.35 糠稷

图Ⅱ-111.36 求米草

69. 求米草（图Ⅱ-111. 36）

一年生草本，秆基部平卧或膝曲且节上生根，高达 50 cm。叶片披针形，先端尾状渐尖，基部者长达 10 mm；小穗少数至数枚簇生，长约 3. 5 mm；外颖 3 脉，长为小穗之半，顶生长约 10 mm 的芒，内颖 5 条脉，芒较短；第一外稃 7~9 条脉；第二外稃革质，边缘卷抱内稃。花期 7~10 月，果熟期 8~11 月。

生于浅山林下或阴湿山谷中。分布于我国南北各省。

70. 光头稗（图Ⅱ-111. 37）

一年生草本，高 15~40 cm；叶鞘具脊，无毛；叶舌缺如；叶片无毛，边缘稍粗糙；小穗卵圆形，长 2~2. 5 mm，无芒；圆锥花序狭窄，上举或紧贴主轴。花期 6~8 月，果熟期 8~10 月。

生于山谷道旁、田边、溪沟中。分布于华东、华南、西南地区各省。

71. 稗

一年生草本，秆斜升，高达 1. 3 m。叶片条形，宽 5~12 mm。圆锥花序开展，分枝柔弱外展，可再次分枝；小穗密生于穗轴一侧，卵形，长约 5 mm，有硬疣毛；颖 3~5 条脉；第一外稃 5~7 条脉，芒长 5~15 mm，第二外稃顶端有小尖头，边缘卷抱内稃。花期 7~8 月，果熟期 8~10 月。

生于沼泽、沟畔、河滩、稻田中。广布于我国南北各省。

图Ⅱ-111.37 光头稗

图Ⅱ-111.38 无芒稗

变种：无芒稗（图Ⅱ-111.38）

芒长不超过0.5 cm，花序分枝挺直。

72. 野黍（图Ⅱ-111.39）

一年生草本，秆高达1 m。叶片条状披针形，宽5~15 mm。总状花序长1.5~4 cm，数枚排列于主轴一侧，密被毛；小穗单生，成两行列于穗轴一侧，长约5 mm；外颖退化，内颖和第一外稃相似，均被白柔毛，第二外稃革质，以腹面对向穗轴，边缘卷抱内稃。花期7~9月，果熟期8~10月。

生于海拔1 000 m以下的田野、山谷或山坡近水潮湿处。分布于我国东北、华北、华东、西南地区等地。

图Ⅱ-111.39 野黍

73. 雀稗

多年生草本，秆高达55 cm。叶片条状披针形，宽4~8 mm，两面密生柔毛。总状花序3~6枚呈总状排列于主轴；小穗单生，近圆形，以2行稀疏列于穗轴一侧，长约3 mm；外颖缺，内颖与第一外稃相似且均有微柔毛；第二外稃薄革质，灰白色，边缘卷抱内稃。花期7~9月，果熟期8~10月。

生于低山及平原溪旁、河滩、水边等潮湿处。分布于华东、华中、西南地区各省。

74. 双穗雀稗（图Ⅱ-111.40）

多年生草本。植物有根状茎及匍匐茎；总状花序2枚对生于枝顶，小穗边缘或顶端具长1~2 mm的丝状柔毛。花期5~7月，果熟期7~9月。

生于水边、河滩湿地。分布于江苏、湖北、台湾、广东、广西、云南等省区。

图Ⅱ-111.40 双穗雀稗

75. 马唐

一年生草本，秆斜倚，高达1 m。叶条状披针形，宽3~10 mm。总状花序3~10枚指状排列或下部者近轮生，序轴扁平具翼，小穗孪生，披针形，长3~3.5 mm，为其宽的3~4倍；外颖微小，三角形，内颖长为小穗的1/2~3/4，边缘具纤毛；第一外稃5~7条脉，侧脉上部锯齿状粗糙，第二外稃边缘膜质，覆盖内稃。花期6~9月，果熟期7~10月。

生于山坡草地、田野路旁、荒园、秋田。分布于我国南北各省。

76. 毛马唐（图Ⅱ-111.41）

一年生草本，秆基部倾卧，着土后易生根，具分枝。叶鞘多短于节间，常具柔毛。第一外稃脉平滑，非锯齿状粗糙，其边缘和侧脉间具柔毛及疣基长硬毛，两种毛在果熟后广开展。花期6~9月，果熟期8~10月。

生于秋田、路旁、荒园。分布于东北地区及河北、山西、陕西、甘肃、四川、河南、安徽、江苏等省。世界亚热带和温带地区也产。

图Ⅱ-111.41 毛马唐

77. 升马唐

一年生草本。秆基部倾卧地面，节着生后易生根，高30~60 cm，光滑无毛。叶鞘松散抱茎，多短于节间，无毛或鞘口及基部疏生有疣基的柔毛；第一外稃脉间及边缘具柔毛与毛马唐不同。花期 7~9 月，果熟期 8~10 月。

生于秋田、荒野、果园、路旁。广布于我国南北各省。

78. 莩（fú）草

多年生草本，高 60~120 cm。具横走根状茎。秆直立，基部质地较硬，光滑。叶鞘无毛，边缘与鞘口具纤毛；叶舌长约 0.5 mm，具纤毛；叶片较薄，扁平，长 5~25 cm，宽 5~15 mm，先端渐尖，基部圆形，上面较粗糙。圆锥花序稀疏，长圆状披针形至线形，长 10~30 cm；小穗椭圆形，顶端尖，长约 3 mm；刚毛 1 条，长 4~10 mm，粗糙；第一颖长为小穗的 1/3~1/2，卵形，先端尖，具 3 或 5 条脉；第二颖长为小穗的 3/4，具 5 或 7 条脉，先端尖；第一外稃与小穗等长；内稃薄膜质，短小。花期 8~9 月，果熟期 9~10 月。

生于林下、溪旁水湿处。分布于华东、华中地区各省。

79. 狗尾草（图Ⅱ-111.42）

一年生草本，秆高达 60 cm。叶条状披针形，宽 4~20 mm。圆锥花序紧密呈柱状，长 2~10 cm；小穗长 2~25 mm，先端钝，3 至数枚簇生于缩短的分枝上，穗簇基部有 3~6 条刚毛状不孕小枝；外颖长为小穗的 1/3，内颖与第二外稃近等长；第二外稃成熟后背部稍隆起，边缘卷抱内稃。谷粒成熟后连同第一外稃一起脱落。花期 7~10 月，果熟期 8~11 月。

图Ⅱ-111.42 狗尾草

生于低山、荒野、秋田、路旁、果园。我国广布。

80. 金色狗尾草

多年生草本。花序主轴上每分枝单生 1 枚成熟小穗，其下刚毛状不孕小枝多数，金黄色或带褐色；小穗长 3~4 mm，内颖长为小穗之半，第二外稃背部有明显横皱纹。花期 6~9 月，果熟期 7~10 月。

生于山坡、道旁、田间、地埂、荒园。我国广布。

81. 粱 小米

一年生草本。秆高达 1 m。叶鞘无毛；叶舌具纤毛；叶片线状披针形，上面粗糙。圆锥花序紧密呈穗状，成熟时常下垂，长 10~40 cm，直径 1~5 cm，主轴密生柔毛，刚毛长于小穗；小穗椭圆形，长 2~3 mm；第一颖为长穗的 1/3~1/2，具 3 条脉；第二颖略短于至短于小穗的 1/4，具 5~9 条脉；第一外稃与小穗同长，具 5~7 条脉；内稃短小。果实等长于第一外稃，卵状或圆球形。

栽培。

82. 狼尾草（图Ⅱ-111.43）

多年生草本，秆高达 1 m，花序以下常密被柔毛。叶片宽 2~6 mm。穗状圆锥花序长 5~20 cm，主轴密被柔毛，分枝长 2~3 mm，密生柔毛，刚毛状不育小枝紫色，长 10~15 mm；小穗长 6~8 mm，常单生于刚毛状不育小枝丛中，成熟后与毛丛一起脱落；外颖微小，内颖长为小穗的 1/2~2/3；第一外稃与小穗等长，边缘卷包第二外稃。花期 5 ~7 月，果熟期 8~10 月。

生于山坡、沟边、田边、荒园等。广布于我国南北各省。

图Ⅱ-111.43 狼尾草

83. 菰（gū） 茭白（图Ⅱ-111.44）

多年水生草本，高达 2 m。秆基部节生不定根。叶舌长三角形，长 10~15 mm；叶片长达 1 m，宽 10~25 mm。圆锥花序长达 50 cm，稍开展，分枝斜升；雌小穗外稃长 15~25 mm，芒长 2~3 cm；雄小穗外稃长 10~14 mm，先端渐尖或有长约 1 mm 的芒尖。花果期 8 ~10 月。

生于湖沼，多为栽培。多分布于我国南方各地。

图Ⅱ-111.44　菰

图Ⅱ-111.45　稻

84. 稻（图Ⅱ-111.45）

一年生草本。叶鞘无毛；叶舌披针形，长 8～25 mm；叶耳脱落。圆锥花序疏松，小穗长卵形，长 6～8 mm；退化外稃锥刺状，长 3～4 mm。内稃 3 条脉，被细毛；鳞被 2 片，卵圆形，长约 1 mm。

全世界广为栽培。

85. 假稻（图Ⅱ-111.46）

多年生水生草本，秆下部伏卧，节生不定根，上部斜升，高 30～80 cm，节上密生倒硬毛。叶舌长 1～2 mm；叶片宽 4～7 mm。圆锥花序长 7～10 cm，分枝长 4～6 cm；小穗长 4～6 mm；外稃脊上生长刺毛；内稃 3 条脉，脊上也具硬刺毛。花果期夏秋季。

生于海拔 1 000 m 以下的水边、湿地。分布于我国华东、华中及四川、贵州、河北等省。

图Ⅱ-111.46　假稻

86. 芒

多年生草本，秆丛生，高达 2 m。叶条形，宽 6～10 mm。圆锥花序由多数总状花序排列为扇形，长达 40 cm，主轴长不超过花序的 1/2；总状花序长 10～30 cm，小穗孪生同形，均结实，柄不等长，长 5～7 mm，含 2 朵花，仅第二朵花结实，基盘的毛与小穗等长或稍短；外颖背部无毛，芒自第二外稃裂齿间伸出，膝曲。花期 7～9 月，果熟期 8～11 月。

多生于山坡、河滩、田边、沟岸。分布几遍全国。

87. 紫芒

多年生草本。秆无毛或在花序以下疏生柔毛。叶鞘均长于节间，仅鞘口具长柔毛；叶舌钝圆，先端具小纤毛；圆锥花序扇形，主轴仅延伸至中部以下；小穗外颖背部有柔毛。花期 7～9 月；果熟期 8～11 月。

生于山坡草地。分布于东北及华北各省。

88. 五节芒

多年生草本，高 2～4 m。秆高大，节下具白粉，无毛。叶鞘无毛或仅边缘疏生纤毛；叶舌长 1～3 mm。先端钝圆，具小纤毛；叶片线状披针形，长 25～60 cm 或更长，宽 1.5～3 cm；圆锥花序宽大稠密，长 30～50 cm，主轴显著延伸几达花序先端或至少长达花序的 2/3 以上，在分枝腋间具微毛；分枝细弱；小穗柄无毛，顶端膨大；小穗卵状披针形，基盘具较小穗、稍长的丝状柔毛；外稃均呈长圆状披针形，稍短于颖，边缘具小纤毛，先端钝圆而第二外稃具 2 个微齿，芒自齿间伸出，长 5～11 mm，不显著地膝曲；内稃极微小。花期 6～8 月，果熟期 8～10 月。

生于山脚湿地或林下。分布于河南、安徽、江苏及华南各省。

89. 荻（图Ⅱ-111.47）

具粗壮被鳞片的长根状茎。秆高1.2~1.8 m。叶舌长0.5~1 mm，具小纤毛；叶片线形，长达60 cm，宽4~12 mm。圆锥花序扇形，长20~30 cm。小穗窄披针形，长5~6 mm；基盘生白色丝状毛，长超过小穗；外颖两侧及上部均有长于颖的白丝状柔毛；外稃无芒或具长不足2 mm的芒尖。花期8~9月，果熟期9~10月。

多生于海拔1 000 m以下的山坡草地和河岸湿地。分布于黑龙江、吉林、辽宁、河北、山西、河南、山东、甘肃及陕西等省。

图Ⅱ-111.47　荻

图Ⅱ-111.48　白茅

90. 白茅（图Ⅱ-111.48）

多年生，具长根状茎。秆高达65 cm。叶条状披针形或条形，宽2~8 mm。圆锥花序穗状，长5~20 cm，被白色丝状毛，总状花序短而密生于主轴；小穗孪生，柄不等长，同型均结实，长3~4 mm，含2朵花，仅第二朵花结实，无芒，基部密生长为小穗3~5倍的丝状毛。花期4~5月，果熟期5~6月。

生于山坡草地、田边、果园、沟岸。分布几遍全国。

91. 竹叶茅

一年生草本。秆光滑，下部匍卧地面，节上生根且具微毛，并具分枝。叶鞘边缘具纤毛；叶舌平截；叶片两面无毛，边缘粗糙，中脉呈白色。总状花序2~5枚；穗轴节间长4.5~11 mm，边缘粗糙而无纤毛；第一颖披针形，第二颖舟形，具3条脉；雄蕊2枚；花药长1 mm；有柄小穗与无柄小穗相似。花期8~9月，果熟期9~10月。

生于阴湿山谷或沟边；分布于我国西南、华中、华东地区各省。

92. 柔枝莠竹

一年生草本，秆纤细，下部平卧，节上生根；上部叶鞘内常隐生小穗。叶片条状披针形，宽5~10 mm。总状花序2~6枚交互排列于秆先端，穗轴逐节断落，节间有纤毛；小穗孪生，无芒，同形均结实，一有柄一无柄；无柄小穗长4~5 mm，2朵花，第一朵小花仅有内稃；外颖背部具1浅沟，顶端2个细齿，上部两侧脊上有小纤毛。花期8~9月，果熟期9~10月。

生于海拔1 000 m以下的阴湿草地、山谷沟旁。分布于华南、西南、华中、华北地区及山西省。

93. 莠竹

一年生草本。小穗较大，长5~6 mm，第二外稃具长芒，芒伸出小穗之外，长达9 mm，中部膝曲，下部扭转，以及花序有时可带紫色。

生于阴湿草地和山谷沟旁。分布于华南、西南、华东地区以及陕西、山西、吉林等省。

94. 大油芒（图Ⅱ-111.49）

多年生草本，具质地坚硬密被鳞状苞片之长根状茎。秆高达1.1 m，常不分枝。叶片宽条形，宽6~14 mm。圆锥花序长15~20 cm，分枝下部裸露，穗轴2~4节，逐节断落；小穗孪生，1具有柄，1无柄，同型均结实，含2朵花，仅第二朵花结实；外颖遍布柔毛；芒自第二外稃2深裂齿间伸出，中部膝曲。花期 8~9 月，果熟期 9~10 月。

生于山坡草丛、路旁。分布于东北、华北、华东及西北地区各省。

图Ⅱ-111.49　大油芒

图Ⅱ-111.50　油芒

95. 油芒（图Ⅱ-111.50）

圆锥花序广而开展，分枝上的穗轴 6~10 节，不逐节断落，孪生小穗均具柄，1 具长柄，1 具短柄，成熟后自柄上脱落，而穗轴并不逐节断落。花期 8~9 月，果熟期 9~10 月。

生于山坡、山谷草地。分布于我国华东、西南、华南地区及河南、湖北、湖南、陕西等省。

96. 竹蔗

多年生草本。秆高约 3 m，在花序以下具白色丝状毛。叶鞘长于节间，无毛，鞘口有毛；叶舌膜质，长 2 mm；叶片宽达 50 mm，扁平，两面无毛，具白色肥厚中脉。花序长达 60 cm，主轴具白色丝状毛；穗轴节间长 7~12 mm，边缘疏生长纤毛；无柄小穗披针形，长 4.5~5.5 mm，基盘具长于小穗 2~3 倍的丝状毛；颖上部为膜质，边缘具小纤毛；第一颖具 2 个脊，有 4 条脉；第二颖舟形，具 3 条脉；第一外稃长圆状披针形，具 1 条脉；第二外稃极狭呈线形，长 3 mm；内稃披针形，长约 2 mm；雄蕊 3 枚，花药长 15 mm；有柄小穗与无柄小穗相似；小穗柄长 3~4 mm，无毛。

栽培。

97. 斑茅

多年生草本。秆丛生，高 2~4 m 或 4 m 以上，直径达 2 cm。叶鞘均长于节间，无毛或生疣毛；叶舌长 1~2 mm；叶片长达 150 cm，宽 2~2.5 cm，两面无毛或上面基部密生柔毛，边缘小刺状粗糙。圆锥花序长 30~60 cm，主轴无毛；穗轴节间长 3~6 mm，顶端稍膨大，具长丝状纤毛；无柄小穗披针形，长 3.5~4 mm，基盘具远较小穗为短之柔毛；第一颖具 2 个脊，背部具长柔毛；第二颖舟形，上部边缘具小纤毛，背部无毛或具长柔毛；第一外稃长圆状披针形；第二外稃披针形，稍短于或等长天颖；内稃长于外稃之半；花药长 1.8 mm；有柄与无柄小穗相似。花期 6~8 月，果熟期 8~9 月。

多栽培于田边、地头。分布于华南、西南及浙江、安徽、河南、陕西等省。

98. 蔗茅

一年生草本。秆强壮，高 1~2.5 m，在花序以下密被白色丝状毛。叶鞘鞘口具丝状毛，鞘节具髯毛；叶舌长 1~2 mm；叶片宽 5~12 mm。圆锥花序狭窄，长 20~30 cm，分枝长 2~3 cm，穗轴节间及小穗柄均具长丝状纤毛；小穗长 2.5~3.5 mm，基盘丝状毛长为小穗的 3 倍；第二外稃芒长 10~14 mm。花期 8~9 月，果熟期 9~10 月。

生于海拔 1 500 m 以下的山坡、河岸。分布于云南、贵州、四川、湖北等省。

99. 牛鞭草（图Ⅱ-111.51）

多年生草本，具长根状茎，秆高达 1 m 余。叶片线形，先端长渐尖，长达 20 cm，宽 4~6 mm。总状花序长达 10 cm；小穗孪生，其中 1 具柄；无柄小穗嵌生于穗轴凹穴中，长 6~8 mm；外颖革质，背部扁平，内颖与穗轴贴生；外稃透明膜质，无芒；有柄小穗渐尖，不育。花期 6~8 月，果熟期 8~9 月。

生于河滩、溪旁潮湿草地。分布于华中、华北及东北地区各省。

图Ⅱ-111.51 牛鞭草

100. 假碱草

多年生草本，具横走匍匐茎，秆抽穗时高 10~30 cm。叶鞘压扁，鞘口具短毛；叶片长 3~9 cm，宽 2~4 mm。总状花序 1 枚顶生，长 4~6 cm，宽约 2 mm；有柄小穗退化，仅存柄状痕迹，无柄小穗长约 4 mm，无芒。花期 7~9 月，果熟期 8~10 月。

生于潮湿草地及山脚道旁。分布于河南南部及长江流域以南各省。

101. 荩（jìn）草

一年生草本，秆细弱，基部斜升或平卧且节上生根，高达 45 cm。叶片卵状披针形，宽 8~15 mm，基部心形抱茎，下部边缘有纤毛。总状花序 2~10 枚指状排列，穗轴节间无毛；小穗孪生于各节，有柄小穗退化仅存穗柄；无柄小穗长 4~4.5 mm，芒长而伸出小穗之外，雄蕊 2 枚，花药长 0.5~1 mm。花期 8~9 月，果熟期 9~10 月。

生于海拔 1 000 m 以下的山坡草地、沟边、荒园等。广布全国各地。

102. 茅叶荩草（图Ⅱ-111.52）

多年生草本。无柄小穗长 6~7 mm，外颖边脉有锯齿状疣基钩毛；雄蕊 3 枚，花药长 2.5~3 mm；有柄小穗雄性，无芒。

生于海拔 1 000 m 以下的山坡和旷野阴湿地。分布于我国华东、华北、华中、西南地区及陕西等省。

图Ⅱ-111.52 茅叶荩草

图Ⅱ-111.53 高粱

103. 高粱（图Ⅱ-111.53）

一年生草本。秆高 3~4 m，直径约 2 cm。叶鞘无毛或被白粉；叶舌硬膜质，先端圆，边缘生纤毛；叶片长达 50 cm，宽约 4 cm。圆锥花序长达 30 cm，分枝轮生；无柄小穗卵状椭圆形，长 5~6 mm，成熟时下部硬革质而光滑无毛，上部及边缘具短柔毛。颖果倒卵形，成熟后露于颖外，有柄小穗雄性。

栽培。

104. 散穗高粱（图Ⅱ-111.54）

一年生草本。圆锥花序主轴较短，但分枝开展而较疏松，其下部分枝与主轴等长或过之，着生于主轴顶端的分枝较密集，近伞形或伞房状排列，弯曲，微下垂；每一总状花序下部 3~10 cm 裸露，上部着生小穗。颖果成熟时为乳白色、暗黄色、红色至暗棕色。花果期 6~10 月。

主产于我国东北，南部各省亦有少量栽培。

图Ⅱ-111.54 散穗高粱

图Ⅱ-111.55 白羊草

105. 白羊草（图Ⅱ-111.55）

多年生草本，秆高达 80 cm。叶片狭条形，宽 2~3 mm。总状花序 4 至多枚在秆顶近簇生，穗轴逐节断落，节间与小穗柄均具纵沟；小穗孪生，无柄小穗长 4~5 mm，外颖中部稍凹陷，芒自第二外稃顶端伸出，长 10~15 mm，膝曲；有柄小穗不孕，无芒。花期 7~9 月，果熟期 8~10 月。

生于海拔 1 000 m 以下的向阳山坡或河滩以及路旁等地。分布几遍全国。

106. 橘草（图Ⅱ-111.56）

多年生草本，有香气；秆高 60~90 cm，节上被白粉状小茸毛。秆基叶鞘破裂并向外反卷而内面红棕色。叶舌长 1~2.5 mm；叶片宽 3~4 mm。伪圆锥花序稀疏狭窄；总状花序孪生，长 1.5~2 cm，佛焰苞长 17~25 mm，穗轴节间长 2~3 mm，边缘生长 1~2 mm 柔毛；无柄小穗长 5~6 mm，芒长 8~10 mm。花期 8~9 月，果熟期 9~10 月。

生于山坡草地。分布于华北、华东、华中、华南及西南地区各省。

图Ⅱ-111.56 桔草

107. 黄茅

多年生草本，秆高达 90 cm。叶条形，2~5 mm。总状花序单生，自狭长的鞘苞内伸出，长 3~7 cm；小穗成对并覆瓦状排列，花序下部的 3~10 对和上部各节的有柄小穗均不孕；结实的无柄小穗圆柱形，长达 8 mm；外颖革质，边缘内卷；芒由第二外稃特化而成，长达 10 cm，多数芒在花序上扭缠一起。花期 7~9 月，果熟期 8~10 月。

生于海拔 1 200 m 以下的山坡草地。分布于我国华南、西南、华中及陕西、浙江等省。

108. 黄背草（图Ⅱ-111.57）

多年生草本，秆高约 1 m。叶片条形，宽 4~5 mm。伪圆锥花序狭窄，长达 40 cm，其总状花序分枝长 15~17 mm，具长 2~3 mm 的总梗，托以长 2.5~3 cm 的佛焰苞状总苞；每总状花序生 7 枚小穗，下方近轮生的 4 枚均不孕，顶生的 3 枚中有柄小穗不孕；无柄小穗纺锤状圆柱形，长 8~10 mm，外颖革质，边缘内卷，芒一或二回膝曲。花期 7~9 月，果熟期 9~10 月。

生于海拔 1 200 m 以下的干燥山坡草地。分布于除新疆、青海、内蒙古等省区外全国各地。

109. 玉蜀黍 玉米（图Ⅱ-111.58）

一年生草本。植株高 1~4 m，不分枝，基部各节具气生根，入土以成支柱。叶鞘具横脉；叶片宽大，边缘呈波状皱褶，具强壮中脉；雄花序顶生，为开展圆锥花序；雌花序腋生，肉穗花序，包以数层鞘状苞片。颖果略呈扁球形，成熟后超出颖片和稃片之外。

栽培。

图Ⅱ-111.57　黄背草

图Ⅱ-111.58　玉蜀黍

110. 薏苡

一年生或多年生草本，秆高达 1.5 m。叶片条状披针形，宽 15~30 mm。总状花序成束腋生；小穗单性；雄小穗排列于总状花序上部，自珐琅质呈球形或卵形的总苞中抽出；雌小穗生于总状花序基部的总苞内，2~3 枚生于一节上，仅 1 枚结实。花期 7~9 月，果熟期 9~10 月。

原产亚洲热带。广布于全世界温暖地区。

一一二、莎草科

草本；秆常实心，多三棱形，稀圆柱形。叶在秆上三列着生，叶鞘通常闭合包秆，叶片条形。长侧枝聚伞花序由小穗组成；小穗基部具数枚或多数无花苞片（鳞片）；小花螺旋状或二列于小穗轴，基部外方有 1 片苞片（鳞片），花被片无或退化为下位刚毛，雄蕊 1~3 枚，子房上位，由 2 或 3 个心皮合生而成，胚珠 1 颗，花柱 1 个，细长，柱头 2~3 裂。坚果双凸镜形或三棱形；胚嵌入胚乳中。

1. 荆三棱

多年生沼生草本；匍匐根状茎长而粗壮，先端膨大为球状块茎；秆高达 1.5 m，三棱形。叶片条形，宽 5~10 mm。叶状苞片 3~4 片，长于花序；长侧枝聚伞花序有 3~4 个辐射枝；小穗锈褐色，长 1~2 cm，直径 5~8 mm，多花；鳞片具矩圆形，长约 7 mm；下位刚毛 6 条，具倒刺，与果近等长或稍长，柱头 3 个。坚果三棱状倒卵形，长 3~3.5 mm。花果期 6~9 月。

生于水边湿地、浅水中。分布于东北、华北、中南、华东及西南地区。

2. 扁秆藨（biāo）草

多年生草本。具根状茎和块茎；秆三棱柱形，基部膨大。叶基生和秆生，条形，宽 2~5 mm，基部具长叶鞘。叶状苞片 1~3 片，长于花序；长侧枝聚伞花序短缩成头状，有 1~6 枚小穗；小穗长 10~16 mm，褐锈色，具多数花；鳞片长圆形，长 6~8 mm；下位刚毛 4~6 条，有倒刺，长为小坚果的 1/2 或 2/3；雄蕊 3 枚；花柱长，柱头 2 个。小坚果长 3~3.5 mm。花果期 7~9 月。

生于沟边、河谷、滩地、田边。分布于我国陕西、内蒙古、河北、河南、山东、山西、甘肃、湖北、江苏、浙江、云南等省区。

3. 华东藨草

根状茎丛生。秆有节。叶条形，基生和秆生，宽 5~10 mm；叶鞘长达 20 cm。叶状苞片 1~4 片，比花序长；长侧枝聚伞花序顶生或侧生，顶生的具多数辐射枝；每个辐射枝有 5~10 枚小穗；小穗长 5~9 mm，具多数花；鳞片覆瓦状排列，长约 7 mm，被短柔毛，仅 1 条中脉，顶端具长 2~3 mm 的芒；下位刚毛 6 条，下部卷曲，远比小坚果长；小坚果扁三棱形。花果期 6~9 月。

生于水边湿地、阴湿草丛。分布于我国东北、华北、中南、华东地区及陕西等省。

4. 藨草（图Ⅱ-112.1）

多年生沼生草本，具粗壮匍匐根状茎。秆三棱形，高达90 cm。叶鞘膜质，仅最上部1枚具叶片；叶片长1.3~5.5 cm，宽约2 mm。苞片1片，为秆的延长，三棱形，长1.5~7 cm；长侧枝聚伞花序有辐射枝1~8条；小穗卵形或长圆形，长6~12 mm，鳞片黄棕色，先端微缺，长3~4 mm；下位刚毛3~5条，具倒刺；柱头2个。坚果平滑。花期6~9月，果期8~9月。

生于河滩、沟边、沼泽或林缘湿地。分布全国。

图Ⅱ-112.1　藨草

5. 萤蔺

多年生草本。根状茎短，秆圆柱形，丛生。无叶片，仅1~3个叶鞘。苞片1片；小穗3~15枚排成头状，长8~17 mm，具多数花，鳞片宽卵形，长3.5~4 mm，背部绿色，两侧具棕色条纹；下位刚毛5~6条，与小坚果等长，有倒刺；小坚果倒卵形，长2~2.5 mm，有不明显的横纹。花果期8~10月。

生于水田边、池塘、沟边及沼泽地。除内蒙古、新疆、西藏外，全国均有分布。

6. 荸荠

多年生水生草本，具细长匍匐根状茎和球茎。秆圆筒形，中空具横隔膜，高达60 cm，径1.5~3 mm。秆基部具叶鞘2~3个，鞘口斜，无叶片。小穗单1顶生，花多数；鳞片螺旋状排列，近革质，长6~7 mm；下位刚毛7条，有倒刺。坚果双凸状，花柱基三角形。花期5~7月，果熟期8~10月。

原产印度东部。多栽培，野生者生于水田、池塘边。

7. 牛毛毡

根状茎不膨大，无球茎；秆不具横隔，高2~12 cm，细如毛发；叶鳞片状，具微红色管状叶鞘。小穗卵形，淡紫色；花柱3个；坚果三棱形，表面有横线形网纹。花果期4~10月。

生于水田、沼泽、池塘及沟渠边。全国广布。

8. 球柱草

一年生草本；秆纤细，丛生，高6~25 cm。叶细条形，长4~8 cm，宽0.4~0.8 mm；叶鞘膜质，具白色缘毛。苞片2~3片，叶状，长1~1.5 mm；鳞片膜质，卵形，长1.5~2 mm，背面有龙骨状突起；柱头3个，无下位刚毛。坚果三棱形。花果期5~10月。

生于田边、河谷边、荒坡、路旁及林下。分布于河北省及华东、华南、西南地区。

9. 水虱草（图Ⅱ-112.2）

秆扁四棱形，基部叶鞘无叶片，叶鞘和叶片均侧扁；苞片刚毛状，小穗近球形；鳞片卵形，长约1 mm，栗色，有3条脉；雄蕊2枚；花柱三棱形，柱头3个。小坚果倒卵形或宽卵形，长约1 mm。花果期7~10月。

生于水田、沟渠及沼泽地。分布于河北、陕西及华东、中南、西南地区。

图Ⅱ-112.2　水虱草

10. 双穗飘拂草

秆丛生，高7~60 cm，基部有宿存叶鞘。叶基生，短于秆，宽约1 mm。苞片1片或无，条形，长7~17 mm；小穗1~2（~3）枚生于秆顶，长8~30 mm，宽4~8 mm；鳞片膜质，卵形，长5~7 mm，多脉；花柱扁，具缘毛，柱头2个。坚果双凸状，具柄。产于各地。花果期5~9月。

生于山坡、山谷、林缘湿地、沼泽及沟渠旁。分布于河北、山东、山西、河南、江苏、安徽、江西、浙江、福建、广东、广西、云南等省区。

11. 复序飘拂草

一年生草本。叶细条形，短于秆，宽 0.7~1.5 mm；叶鞘被长柔毛。小穗单生于辐射枝顶端，小穗因鳞片具龙骨突状棱角；叶鞘疏被白色长柔毛；坚果具横矩圆形网纹。花果期 5~9 月。

生于山谷、林缘湿地及沟渠旁。分布于河北、山东、山西、河南、湖北、江苏、安徽、江西、浙江、福建、广东、广西、云南等省区。

12. 两歧飘拂草（图Ⅱ-112.3）

一年生草本。秆丛生，高 15~25 cm。鞘基部近革质。苞片 3~4 片，叶状，通常 1~2 片；长侧枝聚伞花序复出，有 1~5 条辐射枝，花序具多数小穗；鳞片 3 条脉；坚果纵肋显著隆起。花果期 7~10 月。

生于山谷湿地、沼泽地或水田中。分布于河北、山东、山西、甘肃、河南、江苏、安徽、江西、浙江、福建、广东、广西、云南等省区。

13. 香附子　莎草（图Ⅱ-112.4）

多年生草本，具匍匐根状茎和椭圆形块茎。秆散生，锐三棱形，高达 50 cm。叶基生，短于秆，宽 2~5 mm。苞叶 2~3 片，长于花序；花序有辐射枝 3~6 条；小穗条形，3~10 枚总状排列，长 1~3 cm，宽约 1.5 mm，小穗轴具翅；鳞片覆瓦状排为二列，长约 3 mm，中间绿色，两侧暗血红色。坚果具三棱，长约为棱片的 1/3。花期 6~9 月，果熟期 8~11 月。

生于沟渠、水边、沼泽地。分布于全国南北各省（区）。

图Ⅱ-112.3　两歧飘拂草

图Ⅱ-112.4　香附子

14. 头状穗莎草　球穗莎草（河南）

多年生；秆粗壮，三棱形，高达 1 m。叶短于秆，宽 4~8 mm。苞片 3~4 片，叶状，长于花序；小穗极多数，在辐射枝先端集为复头状花序；小穗条形，长 5~10 mm，宽 1.5~2 mm，小穗轴具翅；鳞片长约 2 mm。坚果长为鳞片之半，具三棱。花果期 6~9 月。

生于沟渠边、潮湿地、稻田及河滩。分布于东北、华北地区及陕西、甘肃。

15. 碎米莎草（图Ⅱ-112.5）

一年生；秆丛生，扁三棱形，高达 40 cm。叶基生，短于秆，宽 2~5 mm。苞叶 3~5 片，叶状，下部者长于花序；花序辐射枝分枝；小穗直立或斜展，矩圆形，长 4~10 mm，宽约 2 mm，穗轴近无翅；鳞片黄色，背面具龙骨突，先端微凹，中间具不超出凹口的小尖头。坚果与鳞片近等长，有三棱。花期 6~8 月，果熟期 8~10 月。

生于田间、路旁、山坡、荒地。分布全国。

16. 小碎米莎草　**具芒碎米莎草**

叶短于秆或近等长，宽 2~5 mm，顶端边缘粗糙；叶鞘紫红色。苞片 4~8 片，叶状，下面 2~3 片长于花序；小穗较密生，小穗轴及穗状花序轴均有狭翅，鳞片先端钝而具明显凸尖。花期 7~9 月，果熟期 9~10 月。

生于田间、路旁、山坡。分布于我国的东北及河南、安徽、陕西、四川等省。

图Ⅱ-112.5 碎米莎草

17. 扁穗莎草

一年生草本，秆丛生，高 5~30 cm。叶基生，短于或近等长于秆，宽 1.5~3 mm。苞片 3~5 片，叶状，长于花序。小穗长 8~17 mm，宽约 4 mm，在辐射枝先端密集成近头状；鳞片卵形，长约 3 mm，背面有龙骨突脊，中间绿色，两侧苍白色。坚果长约为鳞片之半。花期 7~8 月，果熟期 8~10 月。

生于田间、路旁。分布于我国辽宁、河北、山东、山西、陕西、河南、湖北、湖南、甘肃、江苏、安徽、江西、浙江、福建、广东、广西、云南等省区。

18. 褐穗莎草

一年生草本。根须状，褐色。秆丛生，纤细，扁锐三棱形。叶基生，短于秆或与秆等长，宽 2~4 mm；叶鞘下部褐色或紫褐色。苞片 2~3 片，叶状，长于花序。长侧枝聚伞花序复出，辐射枝 3~5 条，最长达 3 cm；小穗披针形，长 3~6 mm，具 8~24 朵花，在辐射枝顶形成穗状花序；鳞片宽卵形，长约 1 mm，顶端钝，中间黄绿色，两侧深紫褐色或褐色，有 3 条脉；雄蕊 2 枚，花药长圆形；花柱极短，柱头 3 个。小坚果椭圆形，有 3 条棱，长约鳞片的 2/3，淡黄色。花期 6~8 月，果熟期 8~10 月。

生于田间、路旁。分布于吉林、内蒙古、新疆、辽宁、山西、山东、河北、河南、四川、湖北、陕西、湖南、甘肃、江苏、安徽、江西等省区。

19. 异型莎草（图Ⅱ-112.6）

秆丛生，扁三棱形。叶基生，条形，短于秆。苞片 2~3 片，叶状，长于花序；长侧枝聚伞花序简单；具 3~9 条辐射枝，最长约 2.5 cm；小穗多数，聚集成直径 5~15 mm 的头状花序；小穗条形或披针形，长 2~8 mm，有 8~28 朵花；小穗轴无翅；鳞片边缘膜质，中部红棕色，两侧深红色，边缘白色透明；雄蕊 1~2 枚。小坚果倒卵尖椭圆形。花果期 7~9 月。

生于水田、池塘边、河滩。分布于我国南北各省。

图Ⅱ-112.6 异型莎草

20. 旋鳞莎草

叶鞘紫红色。苞片叶状，3~6 片，远长于花序；长侧枝聚伞花序呈头状，卵形或球形，具多数小穗；小穗卵形或披针形，长 3~4 mm，有 10~20 朵花；鳞片螺旋状排列，膜质，矩圆状披针形，长约 2 mm，背面有龙骨突；雄蕊 2 枚，少有 1 枚，柱头 2 个，少为 3 个；小坚果狭长圆形，长约鳞片的 1/2。花果期 6~9 月。

生于水田、沟边或河滩浅水中。分布于吉林、辽宁、山西、山东、河北、河南、湖北、陕西、湖南、甘肃、江苏、安徽、江西、浙江、福建、广东、广西、云南等省区。

21. 水莎草

多年生草本，具长根状茎。秆散生，高达 1 m，粗壮，扁三棱形。叶片条形，宽 3~10 mm。苞片 3 片，叶状，甚长于花序。花序辐射状分枝；小穗平展，条状披针形，长 8~20 mm，宽约 3 mm，小穗轴具翅；鳞片二列，先端钝，长约 2.5 mm，中肋绿色，两侧红褐色；坚果平凸状，面向小穗轴，长为鳞片的 4/5。花期 7~8 月，果熟期 9~10 月。

生于沟渠边、池塘、河谷、沼泽地。全国广布。

22. 球穗扁莎草

基生叶宽 1~2 mm；鳞片两侧无纵向宽槽，长 1.5~2 mm，背面直。雄蕊 2 枚；柱头 2 个。小坚果倒卵形，长为鳞片的 1/3。花果期 6~9 月。

生于河滩、湿地、田边。分布于我国南北各地。

23. 红鳞扁莎草

一年生草本，秆丛生，高 7~40 cm。叶短于秆，宽 2~4 mm，边缘有细刺。苞片 3~4 片，叶状，长于花序。花序辐射枝极短缩至长约 4.5 cm；小穗密集呈短穗状排列，长 5~13 mm，宽 2.5~3 mm；鳞片长约 2.5 mm，背面上部内弯，中间黄绿色，两侧具宽纵沟槽，边缘暗褐红色；坚果双凸状，两侧扁，棱向小穗轴。花果期 7~9 月。

生于山谷、田边及河岸旁。全国广布。

24. 短叶水蜈蚣

多年生草本，具长匍匐根状茎。秆散生，高 7~20 cm，基部 4~5 叶鞘无叶片。叶片宽 2~4 mm。叶状苞片 3 片。小穗极多数，密集为头状花序；小穗扁，长约 3 mm，宽 0.8~1 mm，1 朵花；鳞片白色，具锈斑，背面龙骨突上具刺，先端延伸为外弯的短尖；柱头 2 个。坚果双凸状，长为鳞片之半。花期 5~7 月，果熟期 7~9 月。

生于路边、草地及河谷岸边。分布于我国河南、陕西、湖北、湖南、江苏、安徽、江西、浙江、福建、广东、广西、云南、四川、西藏、贵族等省区。

25. 湖瓜草

丛生矮小草本，秆纤细，高 10~20 cm，径约 0.7 mm。叶基生，狭线形，长为秆的 1/4~1/2，宽 0.7~1.5 mm。苞片叶状，小苞片鳞片状。穗状花序 2~3（4）簇生呈头状，长 3~5 mm，宽约 3 mm，具极多鳞片和小穗；小穗具 1 朵两性花。花果期 6~10 月。

生于海拔 500 m 以上的水边及沼泽地。全国广布。

26. 书带薹草

多年生草本。根状茎密丛生，秆高 30~50 cm，基部为褐色纤维状叶鞘所包。叶线形，宽 2~3 mm，长于秆，柔软；叶鞘腹面膜质部分具横纹。小穗 6~10 枚，长圆形至短圆柱形，长 8~15 mm，上部者稍接近。果囊椭圆状披针形，稍长于鳞片。花果期 5~7 月。

生于山谷水边或林下湿地。分布于河南、江苏、安徽、江西、浙江、福建、陕西、四川、甘肃等省。

27. 翼果薹草

多年生草本，全株密生锈色点线；秆丛生，高达 1 m，基部具褐色叶鞘。叶片宽 2~3 mm。穗状花序呈尖塔状圆柱形，长 3~8 cm，宽 1~1.5 cm；下部苞片叶状，长于花序，上部的刚毛状。小穗卵形，长 5~7 mm，雄雌顺序；雌花鳞片淡锈色，长约 2 mm。果囊褐棕色，长 3.5~4 mm，中部以上边缘具宽翅，翅缘具齿，先端急缩成喙。花果期 6~9 月。

生于沟谷水边或林下湿地。分布于东北、华北地区至湖北、湖南、江苏、安徽、江西、浙江、福建、四川、甘肃等省。

28. 细叶薹草　中亚薹草

多年生草本，具细长根状茎。秆高 5~15 cm，钝三棱形，具纵槽，基部生叶。叶长于或短于花序，叶片纤细，宽 1.5~2 mm，上部边缘粗糙。穗状花序单一，顶生，卵形或矩圆形，长 8~25 mm，直径 5~10 mm；小穗具少数花，紧密排成卵状，红褐色；苞片广卵形，背具 1 条脉，顶端锐尖；小穗两性，雄花在上，花药线形，长约 2.5 mm；雌花鳞片卵形，长 3~4 mm，顶端尖锐；膜质，背具 1~3 条脉，中部红褐色。果囊椭圆状卵形；小坚果椭圆状卵形，柱头 2 个。花果期 4~6 月。

生于农田、路边、山坡或林下。分布于东北、华北、西北地区。

29. 点叶薹草　华北薹草

多年生草本。根状茎丛生。秆高 30~60 cm，三棱柱形，纤细，基部为褐色纤维状叶鞘所包。叶条形，宽 3~4 mm，短于或等长于秆。小穗 3~4 枚，顶生小穗雌雄顺序，矩圆形，长 1.5~2 cm；侧生小穗雄性，矩圆形至圆柱形，长 2~3 cm，纤细；苞片叶状，长于花序，无苞鞘；雌花鳞片中间淡绿色，两侧紫褐色，具宽的白色膜质边缘，卵状披针形，长约 2.5 mm，顶端渐尖，脉 3 条。果囊椭圆状披针形；小坚果倒卵形，有 3 条棱，长约 1.5 mm。花果期 5~7 月。

生于林中、山坡、草地、沟谷水边。分布于东北、华北地区至陕西、四川。

30. 青绿薹草

多年生草本，秆丛生，高 10~30 cm，基部具淡褐色叶鞘。叶短于秆，宽 2~3 mm。小穗 2~4 个，顶生者雄性，长 5~10 mm，常近等高于其下方的雌小穗；雌小穗矩圆形或矩圆状卵形，长 6~15 mm，近无梗；苞片短叶状，仅基部 1 枚具短鞘；雌花鳞片矩圆状倒卵形或矩圆形，长 2~2.5 mm，绿白色，先端具长尖，果囊绿白色，上部密被短柔毛，脉 4~5 条。坚果具 3 条棱，顶端膨大呈环状。花果期 5~7 月。

生于山坡、林缘、草地。分布于东北、华北地区及湖北、陕西、湖南、甘肃、江苏、安徽、江西、浙江、福建、四川、贵州。

31. 类白鳞薹草

多年生草本。根状茎密丛生，木质。秆高 40~50 cm，三棱柱形，纤细，基部被栗褐色叶鞘所包。叶条形，宽 2~3 mm，短于秆，边缘粗糙。小穗 3~4 枚，稀疏，顶生的雄性，线形，淡褐色，具长总梗；侧生小穗雌性，线形，长 1.5~2.5 mm，疏生花；苞片叶状，具苞鞘；雌花鳞片中间绿色，两侧苍白色，卵状披针形，长约 3 mm，边缘具宽的白色透明膜质边缘，顶端圆，具芒尖。果囊倒卵状椭圆形，稍长于鳞片，淡绿色，有 3 条棱，脉明显，顶端渐狭成短喙，喙口具 2 个齿；小坚果倒卵形，有 3 条棱，长约 1.5 mm，花柱圆形，柱头 3 个。花果期 4~5 月。

生于山谷溪边、路边或石缝中，海拔 9 00~1 900 m。产于陕西、安徽。

32. 大披针薹草

多年生，秆纤细，高 10~30 cm。叶宽 1~2.5 mm。小穗 3~6 枚，具梗，疏离。雄小穗顶生，长 9~10 mm；雌小穗侧生，长 10~17 mm，疏生花，穗轴曲折；苞鞘淡绿色，边缘膜质，苞片针状；雌花鳞片披针形，长 5~6 mm，中间淡绿色，两侧紫褐色，具白色宽膜质边缘。果囊倒卵状椭圆形，长约 3 mm，密被短毛，脉明显隆起。花果期 4~6 月。

生于林中、山坡、草地、路边。分布于东北、华北及陕西、青海、四川、湖北、贵州、江苏、浙江。

33. 日本薹草

多年生草本，具匍匐根状茎；秆高达 50 cm，中部以下生叶。叶长于秆，宽 2.5~4 mm。小穗 2~4 个，具梗；顶生者雄性，长 2~4 cm；雌花序长 1~2.5 cm，密生多花；苞片叶状，无鞘；雌花鳞片紫红褐色，披针状卵形，长约 3 mm。果囊长约 4 mm。坚果具 3 条棱，长约 2 mm，棱面凹。花果期 4~8 月。

生于林下或阴坡潮湿处。分布于东北地区及河北、山东、山西、湖北、陕西、湖南、甘肃、云南、四川、浙江、福建、江西等省。

34. 签草　芒尖薹草

多年生草本，根状茎匍匐状，细长。秆高 40~70 cm。小穗 4~7 个；顶生者雄性，条状圆柱形，长 4~8 cm；侧生者雌性，圆柱形，长 3~6.5 cm，密生多花，穗梗极短；苞片叶状，长于花序，无苞鞘；雌花鳞片披针形或椭圆状披针形；果囊斜张或稍下弯，椭圆状披针形或卵状披针形，长约 4 mm；小坚果卵形，具 3 条棱，长约 2 mm；花柱基部膨大，柱头 3 个。花果期 5~7 月。

生于林下、溪边或阴坡潮湿处。分布于陕西、河南、安徽、湖北、湖南、江西、浙江、广东、广西等省区。

35. 扁秆薹草（图Ⅱ-112.7）

多年生草本，具细长的地下匍匐茎。秆丛生，高30~45 cm，扁三棱形。叶稍短于秆，宽5~10 mm，平张，较柔软，具两条明显的侧脉。苞片下面的2~3个叶状，长于小穗，上面的呈芒状，常短于小穗。小穗4~6个，最下面的1个小穗稍远离，其余的均聚集生于秆上端，顶生小穗为雄小穗，有时顶端具10余朵雌花，雄小穗狭圆柱形，长2.5~3.5 cm，具短的小穗柄；侧生小穗为雌小穗，圆柱形，长1.5~4.5 cm。小坚果稍松地包于果囊内，倒卵形或近椭圆形，三棱形，长约2 mm，棕色；花柱基部稍增粗，柱头3个。花果期4~8月。

图Ⅱ-112.7　扁秆薹草

生于林下、溪边或阴坡潮湿处。分布于东北至河南、陕西等省。

36. 异穗薹草

多年生草本，具长匍匐根状茎。秆纤细，高20~30 cm，具隔节。叶基生，短于秆，宽2~3 mm，基部具褐色叶鞘。小穗3~4个，长1~2 cm，接近，上部1或2个雄性；雌小穗矩圆形或矩圆状卵形，常靠近雄小穗，近无梗，密生花；苞片短叶状或刚毛状，短于小穗；雌花鳞片卵形或椭圆形，长4~5 mm，褐色或紫褐色，具宽的白色膜质边。果囊无脉，稍长于鳞片。花果期4~6月。

生于山坡、草地或河岸边。分布于东北、华北、西北地区等省。

37. 舌叶薹草

多年生草本。叶条形，排列稀疏，扁平，宽7~15 mm，叶鞘互不重叠。小穗5~8枚，雄性顶生，圆柱形；侧生的雌性，圆柱形，长3~4 cm，顶端具芒尖。果囊矩圆倒卵状椭圆形，长约4 mm，密被白色短毛；小坚果矩圆形，有3条棱，长约2.5 mm；花柱基部稍增大，柱头3个。花果期4~7月。

生于林下、山坡、田边或阴坡潮湿处。分布于华南、西南、华中地区及陕西、江苏、安徽、浙江。

38. 大理薹草

多年生草本。根状茎密丛生。秆高30~70 cm，三棱柱形，基部为褐色纤维状叶鞘所包。叶线形，宽3~5 mm，长于秆。小穗4~6个，顶生小穗雄性或雌雄顺序，条状圆柱形，长4~5 cm；侧生小穗雌性，条状圆柱形，长3~10 cm；苞片叶状，长于花序；雌花鳞片中间黄绿色，两侧棕色，有3条脉，狭披针形，长4~5 mm，顶端渐尖，具芒尖。果囊椭圆形，短于鳞片，长3~4 mm，淡绿色，无脉，顶端渐狭成短喙，喙口具2个齿；小坚果矩圆形，长约2 mm，花柱基部膨大，柱头2个，宿存。花果期3~6月。

生于疏林下、山坡、草地、沟谷水边或林下湿处。分布于云南、广西、江西、浙江、湖北、陕西、四川、甘肃等省区。

39. 褐果薹草　栗褐薹草

多年生草本。根状茎丛生。秆高30~90 cm。叶条形，宽2~3 mm，长于或短于秆，粗糙。小穗多数，疏远，单生或2~5枚并生；小穗梗直立；下部苞片叶状，具长苞鞘，上部刚毛状；雌花鳞片近圆形或宽卵形，长约3 mm，顶端渐尖，具短尖，中肋条粗糙。果囊近圆形或宽卵形，稍长于鳞片，长3.5 cm；小坚果卵形，长约2 mm，稍微呈凸状，花柱基部膨大，柱头2个。花果期4~6月。

生于林下、山坡、草地、路边。分布于华东地区及湖北、湖南、陕西、甘肃、四川等省区。

一一三、天南星科

多年生草本，具球茎或根状茎，常有乳汁。单叶或掌状复叶，网状脉，常基生，或在茎上互生。佛焰花序；花极小，密生于肉质花序轴，单性，稀两性，花被缺或退化为鳞片，雄蕊 1 枚至多数，子房上位，1 至数室。果实为浆果状。

1. 菖蒲

植物强香，根状茎粗壮，直径达 15 mm。叶剑形，长达 70 cm，宽 1~2（~3）cm，具中肋；基部叶鞘二列套折，具中肋；基部叶鞘二列套折，具膜质边缘。花葶基出，短于叶；佛焰苞叶状，长 30~45 cm，宽 5~10 mm；肉穗花序长 4~7 cm，直径 6~10 mm；花两性，花被片 6 片，雄蕊 6 枚。果红色，密集；果序直径达 16 mm。花期 6~9 月。

生于水边、沼泽草地。广布于我国南北各省区。

2. 石菖蒲

植株较小；叶宽 7~13 mm，无中肋；叶状佛焰苞长 13~20 cm；肉穗花序直径 3~4 mm，果期达 10 mm。花期 2~5 月，果熟期 5~6 月。

生于林下湿地或溪旁石上。分布于黄河以南各省区。

3. 芋　芋头

球茎卵形或长圆形。叶卵状盾形，长 20~60 cm；叶柄绿色，长达 90 cm。极稀开花，总花梗短于叶柄；佛焰苞长达 20 cm，下部筒状，长约 4 cm，上部披针形，内卷，黄色；肉穗花序下部生单 1 雌花，中部为不育部分，上部生雄花，顶端具 1 cm 长的钻形附属体。花期 8~9 月。

原产我国、印度和马来西亚半岛等热带地区。我国南方各省栽培较多。

4. 魔芋

球茎扁圆形，直径达 25 cm。叶 1 枚，具 3 枚小叶；小叶二歧分裂，裂片再羽状深裂；小裂片椭圆形至卵状椭圆形，长 2~8 cm，基部一侧下延于羽轴成狭翅；叶柄长达 80 cm，青绿色，有暗紫色或白色斑纹。花先叶开放，花葶高达 70 cm；佛焰苞长 20~30 cm，卵形，下部漏斗状筒形，外面绿色而有紫斑，里面黑紫色；肉穗花序长约为佛焰苞的 2 倍，雄雌顺序，顶端附属体圆柱形，长达 25 cm。花期 7~8 月。

分布于河南、陕西、甘肃、宁夏至江南各省区。

5. 独角莲

植物具球茎；叶宽卵状椭圆形，基部箭形，长 10~25 cm；花葶高 8~10 cm，佛焰苞长 10~15 cm；肉穗花序上部具长柱状附属体。

多栽培。生于海拔 1 500 m 以下的荒地、山坡、水沟旁、林缘等处。分布于吉林、辽宁、河北、山东、湖北、陕西、甘肃、四川至西藏南部。

6. 天南星

球茎扁球形，直径达 3 cm。假茎高 15~30 cm。叶 1 枚，叶柄长 10~15 cm；叶片鸟足状全裂；小叶 13~21 枚，倒卵状矩圆形、矩圆状倒披针形至披针形，长 5~10 cm，先端渐尖，中间小叶长为相邻小叶之半。佛焰苞绿色，下部筒长 4~5 cm，上部前曲；肉穗花序先端附属体“之”字形上升，先端渐细呈尾状。花期 4~5 月，果熟期 7~9 月。

生于 2 000 m 以下的林下、灌丛或草地。我国除西北、西藏外，大部分省区均有分布。

7. 一把伞南星

块茎扁球形，直径可达 6 cm。鳞叶绿白色、粉红色，有紫褐色斑纹。叶 1 枚；小叶 7~23 枚，辐射状排列。花期 5~7 月，果熟期 9 月。

生于海拔 1 000 m 左右的山坡、林缘、阴湿山沟中。分布于河北、山西、陕西、甘肃、河南、湖北、四川等省。

8. 灯台莲

叶裂片边缘具不规则的粗锯齿至细的齿状锯齿。花期5月，果熟期8~9月。

生于海拔1 500 m以下的林下或沟谷岩石上。分布于河南、江苏、安徽、浙江、江西、福建、湖北、湖南、广东、广西、陕西、四川、贵州等省区。

9. 半夏

球茎直径1~1.5 cm；叶基生，一年生者单叶，基部箭形或戟形；二三年生者叶3全裂。

生于林缘、田边、荒地、草坡、灌丛。分布于东北、华北及长江流域各省区。

10. 虎掌　狗牙半夏（图Ⅱ-113.1）

球茎直径1.5~3 cm。叶具长柄；叶片鸟足状全裂，裂片5~9片，椭圆状披针形或例卵状披针形，长6~15 cm，先端渐尖。花葶高10~40 cm；佛焰苞淡绿色，全长8~12 cm，下部筒状部分长3~4 cm，上部先端渐狭；肉穗花序下部的雌花部分长约1.5 cm，贴生于佛焰苞，顶端附属体长8~12 cm。

生于海拔1 000 m以下的林下、山谷、河谷、阴湿处。分布于河北、山西、山东、陕西、河南、江苏、上海、安徽、浙江、福建、湖南、湖北、广西、四川、云南、贵州等省区。

图Ⅱ-113.1　虎掌

一一四、浮萍科

浮水微小叶状体植物，扁平，无茎叶分化，或为颗粒状而无根。常出芽繁殖。花单性同株，1至数朵花生于叶状体边缘的囊状总苞内，无花被；雄花有雄蕊1枚；雌花心皮1个，胚珠1~7枚。果实坚果状。

1. 紫萍

浮水叶状体小草本。根5~11条束生，纤维状，根着生处一侧生具柄新芽。叶状体扁平，倒卵状圆形，长4~10 mm，单1或数个聚生，下面紫色。花单性，生于叶状体边缘缺刻内；袋状总苞内有1朵雌花和2朵雄花。果实圆形，边缘具翅。

生于池沼、水田、水沟、水塘。分布于我国南北各省区。

2. 浮萍　青萍

浮水叶状体小草本。根1条，长3~4 cm。叶状体倒卵形、椭圆形或近圆形，长1.5~6 mm，两面绿色。花单性，生叶状体边缘开裂处；囊状总苞内有1朵雌花和2朵雄花。果实无翅或具狭翅。

生于水田、池沼和其他静水水域中。产于各地。

3. 品藻

沉水或浮水草本；叶状体具细长柄，椭圆形或倒披针形，长8~10 mm，宽2~3 mm，常数代连在一起，呈“品”字形排列。

生于池沼或浅水中。广布我国南北各省。

一一五、鸭跖草科

草本，茎节明显，直立或铺散。单叶互生，具闭合叶鞘。聚伞花序或圆锥花序；花两性，通常蓝色；萼片3片；花瓣3个；离生，有时下部合生为管状；雄蕊6枚，花丝常被毛，有时部分雄蕊退化；子房上位，(2) 3室，每室胚珠1枚。蒴果；种子常具假种皮。

1. 杜若

多年生草本，根状茎细长横走。茎直立，粗壮，不分枝，被短柔毛。叶鞘无毛，无叶柄；叶片长椭圆形，先端长渐尖，基部楔形。蝎尾状聚伞花序，几个至多个组成圆锥花序；总花梗长15~30 cm；总苞片卵状披针形；花梗长约5 mm；萼片3枚，长约5 mm，宿存；花瓣白色，3个，分离，倒卵状匙形，长约3 mm；雄蕊6枚全育。果实球形，浆果状，蓝黑色，种子五面体形。花期5~6月，果熟期7~8月。

生于潮湿林下。分布四川、贵州以东的长江以南各省。

2. 竹叶子 猪耳草（图Ⅱ-115.1）

缠绕草本。叶具长柄；叶片卵状心形，长5~15 cm，宽3~15 cm，先端短尾尖。聚伞花序生于穿鞘而出的侧枝上，数个组成顶生圆锥状；下部聚伞花序具两性花，总苞片叶状，长2~6 cm；上部聚伞花序常具雄花，总苞片卵状披针形；花无梗，白色，能育雄蕊6枚，花丝密被绵毛。蒴果长约4 mm，顶端有长芒尖。花期7~9月，果熟期8~10月。

生于山坡草地、灌丛、林缘以及田边、荒地。分布于我国东北、华北、华中及浙江、甘肃、陕西等省区。

3. 鸭跖草 竹叶草（图Ⅱ-115.2）

一年生铺散草本，茎下部匍匐生根，仅叶鞘和茎上部被柔毛。叶片披针形或卵状披针形，长3~8 cm，先端渐尖。总苞佛焰苞状，宽心形，长达2 cm；聚伞花序略伸出总苞；萼片膜质，长约5 mm；花瓣深蓝色，长近10 mm；雄蕊6枚，其中能育雄蕊3枚，退化雄蕊顶端呈蝴蝶状。蒴果椭圆形，长5~7 mm。花期7~9月，果熟期8~10月。

生于山沟林缘、溪旁、稻田、地埂。分布于我国东北、华北、华中、华南、西南各省区。

图Ⅱ-115.1 竹叶子

图Ⅱ-115.2 鸭跖草

4. 饭包草 火柴头（图Ⅱ-115.3）

叶片阔卵形、卵状椭圆形至近圆形，先端圆钝，具明显叶柄；佛焰苞状总苞下部边缘合生，呈漏斗状。花期7~9月，果熟期8~10月。

生于山谷溪旁、田边、秋田。分布于河南、陕西、甘肃以及长江流域以南各省区。

5. 水竹叶

聚伞花序含1（~3）朵花，花梗长5~15 mm，能育雄蕊3枚，蒴果长5~7 mm，种子表面平滑。

生于水边、湿地。分布于山东及河南以南各省区。

6. 裸花水竹叶

茎柔弱，下部常匍匐生根，高 10~30 cm。叶鞘被长柔毛；叶片条状披针形，长 2~10 cm，宽 5~10 mm。聚伞圆锥花序顶生，总苞片条形至披针形；花梗细直，长 3~5 mm；萼片 3 片；花瓣 3 个，紫色；能育雄蕊 2 枚，花丝下部有须毛。蒴果长 3~4 mm，种子表面具窝孔。花期 7~9 月，果熟期 8~10 月。

生于溪旁、潮湿草丛、荒地及林中。分布于山东、河南以南、四川和云南以东各省区。

图Ⅱ-115.3 饭包草

7. 疣草

一年生草本，全体无毛。茎长而多分枝，匍匐生根，分枝常上升。叶无柄，狭披针形，长 4~8 cm，宽 5~10 mm。聚伞花序腋生或顶生，有花 1~3 朵；苞片披针形，长 0.5~2 cm，花梗长 0.5~1.5 cm；萼片 3 片，披针形，长 5~9 mm；花瓣蓝紫色或粉红色，倒卵圆形，比萼片长；能育雄蕊 3 枚，与萼片对生，不育雄蕊 3 枚，花丝生长须毛。蒴果长椭圆形，两端急尖，长 10 mm，宽 2~3 mm；种子稍扁，平滑。花期 8~9 月，果熟期 9~10 月。

生于山沟阴湿地或浅水旁。分布于我国东北、华东、华中、西南等省区。

一一六、雨久花科

水生草本；叶柄基部具鞘。穗状花序或总状花序由上部叶鞘抽出；花两性，两侧对称；花被片 6 片，花瓣状，离生或下部合生；雄蕊 3~6 枚；子房上位，3 室，胚珠多数。蒴果。

1. 雨久花（图Ⅱ-116.1）

水生草本，全株无毛；根状茎粗壮，生纤维状须根。茎高达 60 cm。叶卵状心形，长 5~10 cm，宽 4~8 cm，全缘，弧形脉；叶柄长达 30 cm，基部鞘状抱茎。总状花序顶生，花梗长 5~10 mm；花蓝色，直径约 2 cm，花被片 6 片，椭圆形，长约 1 cm。蒴果卵形，长 8~10 mm。产于各地。花期 7~9 月，果熟期 8~10 月。

生于池塘、溪流、湖边及稻田中。分布于我国东北、华北、华东及陕西等省区。

图Ⅱ-116.1 雨久花

2. 鸭舌草

植株高不超过 30 cm；叶卵形至卵状披针形，长 3~6 cm，宽 1.5~4 cm，基部圆形至微心形。花期 8~9 月，果熟期 9~10 月。

生于浅水池塘、溪流及稻田中。分布于河北、陕西、甘肃以及华东、华中、华南及西南各省区。

3. 凤眼莲 水葫芦（图Ⅱ-116.2）

浮水草本或根生于泥中，高达 50 cm；茎极短，具长匍匐枝。叶基生，宽卵形或菱形，长与宽均为 2.5~12 cm，先端圆钝，基部浅心形、圆形或截形，全缘，无毛，弧形脉；叶柄长短不等，中部膨大为囊状，基部鞘状抱茎。花葶具棱角，穗状花序；花紫色，直径 3~4 cm，花被筒长 15~17 mm，裂片 6 片，外面近基部生腺毛；雄蕊 6 枚，3 枚花丝具腺毛。蒴果卵形。栽培或逸生。花期 7~9 月，果熟期 8~10 月。

图Ⅱ-116.2 凤眼莲

原产美洲热带。引进栽培，现已成池塘、水稻田逸生或归化种恶性杂草。

一一七、灯心草科

多年生草本，具匍匐根状茎。叶扁平或圆柱状，线形，常具膜质闭合叶鞘，有时仅具叶鞘而叶片退化。聚伞花序；花两性，辐射对称，绿色或绿白色，具小苞片2片，花被片6片，两轮着生，雄蕊6（3）枚，子房上位，3或1室，胚珠常多数，花柱1个，柱头3个。蒴果。

1. 多花地杨梅

多年生草本；茎密集丛生，高达50 cm。叶条形，长5~10 cm，宽约4 mm，边缘具白色长柔毛。花序由5~12个小头状花序集成伞房状；头状花序梗不等长，具多花；苞片披针形，长约3 mm；花被片6片，披针形，长2.5~3 mm；雄蕊6枚，花药长约等于花丝2倍；柱头3个。蒴果与花被片近等长；种阜长占种子的1/3~1/2。花期7~8月，果熟期8~9月。

生于海拔1 800 m以上的山坡草地或林缘。广布于我国南北各省区。

2. 灯心草（图Ⅱ-117.1）

多年生草本，根状茎横走。茎簇生，高达1 m，直径1.5~4 mm，髓充实。叶仅具叶鞘，长达15 cm，叶片退化为针芒状。花序假侧生，花单生，组成聚伞状；总苞片似茎的延伸，直立，长5~20 cm；花长2~2.5 mm；花被片6片，条状披针形，边缘膜质，外轮稍长；雄蕊3枚。蒴果矩圆状，与花被片近等长或稍长。花期7~8月，果熟期8~10月。

生于池边、河岸、沟渠、稻田旁水湿地。分布于河南、陕西及长江流域以南各省区。

图Ⅱ-117.1　野灯心草

3. 野灯心草

茎较细弱，直径0.8~1.5 mm；花被片卵状披针形，两轮等长。花期6~8月，果熟期8~9月。

生于水边、浅水中。分布于河南、陕西、四川、云南及长江中下游各省区。

4. 小灯心草（图Ⅱ-117.2）

一年生小草本，须根系。茎高5~20 cm，基部常红褐色。叶基生兼茎生，叶片扁线形，长3~9 cm，宽约1 mm。花单生，组成二歧聚伞花序；总苞叶状，短于花序；苞片膜质，卵形；花被片6片，淡绿色，披针形，长4~6 mm，外轮3片较长，先端短尾尖；雄蕊6枚，长为花被之半。蒴果稍短于外轮花被片。花期6~7月，果熟期7~8月。

生于河岸、池沼旁水湿处。我国各地广布。

图Ⅱ-117.2　小灯心草

图Ⅱ-117.3　扁茎灯心草

5. 扁茎灯心草　细灯心草（图Ⅱ-117.3）

多年生，植株高 30 cm 以上；花被片近等长。花期 5~7 月，果熟期 7~8 月。

生于河岸、池沼边缘浅水处。分布于我国华北、西北、东北及长江流域各省区。

6. 翅茎灯心草

多年生草本。须根灰白色，细弱。茎扁压，两侧棱具狭翅；叶扁平，分隔不明显。叶鞘两侧扁，松弛抱茎，具膜质边缘，在与叶片交接处形成微小叶耳。花序由 6~20 个小头状花序构成呈复聚伞状花序；小头状花序有 4~7 朵花；总苞片叶片状；雄蕊 6 枚，花药长为花丝的 1/3。花期 5~6 月，果熟期 7~8 月。

生于浅水中及潮湿地。分布于我国陕西、四川及华东、华中、华南各省区。

7. 笄（jī）石菖　江南灯心草（图Ⅱ-117.4）

多年生草本；茎高 15~40 cm。叶有叶耳，叶片扁压，条形或近圆柱状，中空而具横隔。多数小头状花序排为聚伞状；每小头状花序 3~8 朵花；苞片披针形；花被片 6 片，淡绿色，条状披针形，等长，约 3.5 mm；雄蕊 3 枚，长为花被之半，花丝长为花药的 2 倍。蒴果三棱状圆锥形，与花被片等长或较长。花期 6~7 月，果熟期 7~8 月。

生于溪旁、水边、潮湿草地。分布于河南、陕西及长江以南各省区。

8. 星花灯心草

多年生草本。须根稠密细弱。秆高 20~30 cm，微扁平，上部两侧略具狭翅。叶片 4 枚，基生叶为鞘状，几全部抱茎；茎生叶长 7~10 cm，宽 2.5~3 mm，直立，具不明显的间隔，叶鞘边缘膜质。花序宽大，几与秆等长，2~3 次或多次分枝，具披针形而带芒尖的苞片；花序具小花 7~15 朵；小花下部具宽披针形的小苞；花被片披针形，长约 4.5 mm，几等长，具显著中脉，先端具刺状尖芒；雄蕊 3 枚；子房长三棱形，柱头 3 裂，裂片纤细。果实长圆柱状三棱形，长 4~5 mm；种子倒卵状椭圆形，褐色，有纤细纵纹，两端有小尖头。花期 6~7 月，果熟期 7~8 月。

生于山沟水旁、河滩。分布于河南、陕西、湖北、四川。

图Ⅱ-117.4　笄石菖

图Ⅱ-117.5　小花灯心草

9. 小花灯心草（图Ⅱ-117.5）

雄蕊 6 枚，花药与花丝近等长或稍短；叶近圆柱形，具显著分隔。花期 6~7 月，果熟期 8~9 月。

生于水边、河滩及湿地。分布于东北、华北、西北、华东地区及四川等省。

一一八、百合科

草本植物具根状茎、鳞茎或球茎，或为直立及攀缘状灌木。叶互生、对生或轮生，或叶全基生。花常两性，辐射对称；花被片 6（4）片，花瓣状；雄蕊 6 枚，稀 4 枚或多于 6 枚；子房上位，稀半下位，常 3 室，每室胚珠多数，花柱 1 个，柱头 3 个。蒴果或浆果。

1. 藜芦（图Ⅱ-118.1）

多年生草本，鳞茎圆柱形；株高达 1 m，基部残存撕裂成黑褐色网状纤维的叶鞘。叶无柄或近无柄，椭圆形或矩圆状披针形，长 12~25 cm，宽 4~18 cm。圆锥花序长达 50 cm，主轴及至花梗密被丛卷毛；花梗长 3~5 mm，主轴上的花两性，其余雄性；花被片 6 片，黑紫色，长 5~7 mm；雄蕊 6 枚，花药肾形，汇合为 1 室，横缝开裂。蒴果长 1.5~2 cm。花期 5~6 月，果熟期 8~9 月。

生于海拔 1 200 m 以上的山坡林下或草丛中。分布于东北地区及河北、山西、内蒙古、陕西、甘肃 、河南、湖北、四川、贵州等省区。

图Ⅱ-118.1　藜芦

图Ⅱ-118.2　油点草

2. 油点草（图Ⅱ-118.2）

茎上部疏生或密生短糙毛。二歧聚伞花序顶生或生于上部叶腋；花序轴和花梗有淡褐色短糙毛，并间生有细腺毛；花梗长 1.4~3 cm；苞片很小；花疏散；花绿白色或白色，开放后花被片自中下部向外反折。蒴果直立，长 2~3 cm。花期 7~9 月，果熟期 8~10 月。

生于海拔 1 500 m 以下的山地林下、草丛或岩石缝中。分布于河南、浙江、江西、福建、安徽、江苏、湖北、湖南、广东、广西、贵州等省区。

3. 黄花油点草（图Ⅱ-118.3）

多年生草本，茎高达 1 m。叶无柄，椭圆形或矩圆形，长 5~14 cm，先端短渐尖，上部叶基部略心形或心形抱茎，上面常具油污色斑块。聚伞花序，总花梗及花梗密生微毛和腺毛；花梗长 1.5~2.5 cm；花被片黄绿色，有紫褐色斑点，外轮基部具囊，开放后向上斜展或平展。蒴果矩圆形，具 3 条棱，长 2.5~3.5 cm。花期 7~8 月，果熟期 8~9 月。

生于海拔 500~2 000 m 的山坡林下、山谷、林缘、灌丛。分布于河北、甘肃、陕西、河南、云南、四川、贵州、湖南、湖北等省。

图Ⅱ-118.3　黄花油点草

4. 玉簪（zān）

根状茎粗壮。叶基生，卵形或卵心形，长 15~25 cm，宽 9~15.5 cm。叶柄长于叶片，花葶具 1 膜质苞叶，苞叶长 2.5~7 cm，宽 1.5~2 cm；总状花序，花梗长 1.2~2 cm，苞片长 2~3 cm；花白色，长 10 cm 以上，花被管细长，檐部直径 2.5~3.5 cm；雄蕊 6 枚，与花被近等长。蒴果圆柱形，长约 6 cm，直径约 1 cm。花期 8~10 月，果熟期 9~11 月。

各地栽培。

5. 紫萼

叶心形、卵形至卵圆形，基部心形或近截形，稀有楔形，侧脉 7~11 对。花紫色或紫红色，长

4~6.5 cm；苞叶长 1.5~2.5 cm，花梗长 6~8 mm。花期 6~7 月，果熟期 7~9 月。

生于山坡林下、草地、路旁。分布于河南、江苏、安徽、浙江、福建、江西、广东、广西、贵州、云南、四川、湖北、湖南、陕西南部。栽培供观赏。

6. 黄花菜 金针菜

多年生草本，具短根状茎和肉质膨大的块根。叶基生，两行排列，条形，长达 80 cm，宽 1.5~2.5 cm，下面中脉呈龙骨突状。花葶高达 1.2 m；聚伞圆锥状花序，下部苞片狭三角形，长渐尖；花淡黄色，长 10~15 cm；花被管长 3~5 cm，裂片 6 片，宽 1~2 cm。花期 6~7 月。

生于海拔 2 000 m 以下的山坡、山谷、荒地或林缘。分布于河北、山西、山东、河南、陕西、甘肃等省。

7. 萱草（图Ⅱ-118.4）

多年生草本。具短根状茎和肉质肥大块根。叶基生、排成两列，线形，长 40~80 cm，宽 1.5~3.5 cm，背面呈龙骨状突起。花葶粗壮，高 60~100 cm；花序半圆锥状，具 6~12 朵花；花梗短；花橘黄色或橘红色，长 7~12 cm；花被筒长不及 2.5 cm，裂片长圆形，开展，内轮 3 片较宽，宽达 2.5 cm。蒴果矩圆形，具数粒种子。花期 6~7 月。

产于各地，多栽培，各山区有野生；生于山沟湿润处。

图Ⅱ-118.4 萱草

8. 小萱草

草本，高 25~50 cm。具短的根状茎和肉质、肥大的纺锤状块根。叶基生，条形，长 30~60 cm，宽 1~2 cm，下面呈龙骨状突起。花葶常比叶短，不分枝或具 1~2 个很短的分枝，顶端密具 2~4 朵花；苞片大，膜质，卵形或矩圆状卵形，短渐尖，长约 2 cm；花橘黄色，花蕾时外面呈红色，开放时外轮裂片的背面仍带红色，无花梗或具极短的梗；花被长 5~7 cm，下部 1.5~2 cm 合生成花被筒；裂片 6 片，具平行脉，倒披针形；雄蕊伸出，上弯，比花被片短；花柱伸出，伸直或略下弯，略短于花被裂片。蒴果近球形。

生于低山区的山坡上。分布于东北、华北地区及陕西、甘肃。

9. 老鸦瓣

叶条形，长 10~20 cm，宽 5~9（~12）mm；花葶高 10~20 cm；花被片白色，具深紫脉纹，长 2~3 cm，柱头非鸡冠状。花果期 3~6 月。

生于海拔 1 000 m 以下的山坡草地、灌丛。分布于辽宁、山东、河南、江苏、安徽、浙江、江西、湖北、湖南和陕西等省。

10. 野百合

多年生草本，高 70~200 cm。鳞茎球形，直径 2~4.5 cm，鳞片披针形，长 1.8~4 cm，宽 8~14 mm，无节，白色。叶散生，通常自下向上渐小，披针形，窄披针形至线形，长 7~15 cm，宽 0.6~2 cm，先端渐尖，基部渐狭，具 5~7 条脉，全缘，两面无毛。花单生或几朵排列成近伞形；花梗长 3~10 cm，稍弯；苞片披针形，长 3~9 cm，宽 0.6~18 cm；花喇叭形，有香气，乳白色，外面稍带紫色，无斑点，花药长椭圆形，子房圆柱形。蒴果矩圆形，具多数种子。花期 5~6 月，果熟期 7~10 月。

生于海拔 300~2 000 m 的山坡、灌丛、林下、路旁、溪边或石缝中。分布于广东、广西、湖南、湖北、江西、河南、安徽、福建、浙江、四川、云南、贵州、陕西、甘肃等省区。

11. 百合

鳞茎球性，直径约 5 cm，鳞茎瓣广展。茎高达 1.5 m。叶倒披针形至倒卵形，长 7~10 cm，宽

2~2.5 cm，基部渐狭，全缘，3~5 脉。花 1~4 朵顶生，喇叭形；花被片 6 片，倒卵形，长 10~20 cm，宽 3~4.5 cm，常白色，背面带紫色，先端外弯；花丝中部以下密被柔毛，“丁”字着药。蒴果长约 5 cm，宽约 3 cm。

产于各山区或栽培。分布于河北、山西、陕西、河南、湖北、湖南、江西、安徽、浙江等省。

12. 渥丹

多年生草本。鳞茎卵状球形，鳞片宽披针形；叶散生，叶条形，长 5~7 cm，宽 2~7 mm；花钟形，红色，花被片长 3~4.5 cm，宽 6~7 mm，花被片先端不弯或稍外弯，花丝无毛。

生于海拔 400~2 000 m 的山坡草丛、路旁、灌木林下。分布于河北、山西、山东、河南、陕西、吉林等省。

13. 卷丹

鳞茎直径 4~8 cm；茎高达 1.5 m，和花序轴及花梗均具白色绵毛，茎上部叶腋具珠芽。叶无柄，矩圆状披针形至披针形，长 3~7.5 cm，宽 12~17 mm。总状花序，花梗长 6~8 cm，花橘红色，下垂；花被片 6 片，披针形或内轮披针形，长 5.7~10 cm，宽 1.3~2 cm，反卷，内面具紫黑色斑点，密被白色短毛。花期 7~8 月，果熟期 9~10 月。

野生或栽培；生于山坡灌木林下、草地、路旁或水边。分布于江苏、浙江、安徽、江西、湖南、湖北、广西、四川、青海、西藏、甘肃、陕西、山西、河南、河北、山东和吉林等省区。

14. 山丹

多年生草本，高 15~60 cm。鳞茎卵形或圆锥形，鳞片矩圆形或长卵形。茎有乳头状穿越，有时具紫色条纹。叶散生茎中部，叶宽 1~3 mm，1 条脉，苞片先端不增厚。花单生或数朵排成总状花序，鳞红色，通常无斑点，下垂；花被片反卷。蒴果矩圆形。花期 7~8 月，果熟期 8~10 月。

生于海拔 400~2 000 m 的山坡草地或林缘。分布于河南、河北、山西、陕西、宁夏、甘肃、内蒙古、黑龙江、吉林、辽宁等省区。

15. 大百合（图Ⅱ-118.5）

多年生草本；株高 1~2 m，茎直径 2~3 cm。鳞茎卵形，长 3.5~4 cm，直径 1.2~2 cm，干时淡褐色。茎直立，中空，无毛。叶纸质，基生叶卵状心形或近宽矩圆状心形，茎生叶卵状心形，下部叶长 15~20 cm，宽 12~15 cm，叶柄长 15~20 cm；向上叶渐小，靠近花序的几枚为舟形。花序 10~16 朵花，花无苞片。子房圆柱形；蒴果近球形，具短柄。花期 6~7 月，果熟期 9~10 月。

生于海拔 1 000 m 以上的林下阴湿处。分布于西藏、四川、陕西、河南、湖南、广西等省区。

图Ⅱ-118.5　大百合

16. 荞麦叶大百合

茎基四周具小鳞茎；茎高达 1.2 m，直径 1~2 cm。叶 5~6 枚在茎下部呈假轮生，茎上部 2 或 3 枚叶散生；叶片卵形或卵状心形，长 4~20 cm，宽 2.5~16 cm，网状脉；叶柄长达 20 cm。总状花序 1~5 朵花，苞片矩圆形，长 6~7 cm，宽 1~2 cm；花喇叭形，花被片 6 片，白色，长约 13 cm，宽 1.5~2 cm。蒴果长 4~6 cm，直径 3~3.5 cm，先端具喙。花期 7~8 月，果熟期 8~9 月。

生于海拔 1 200 m 以下的山坡林下阴湿处。分布于河南、湖北、湖南、江西、浙江、安徽、江苏等省。

17. 绵枣儿（图Ⅱ-118.6）

鳞茎卵球性，长 2~3.5 cm。叶基生，条形，长 10~40 cm，宽 3~10 mm。花葶连总状花序高 20~50 cm；花梗长 2~7 mm；苞片条形，膜质；花被片 6 片，粉红色至紫红色，矩圆形，长 2.7~4 mm，宽 1~2 mm；花丝基部扩大部分边缘有细乳头状突起。蒴果三棱状倒卵形，长 2~3（~5）mm。花期 7~10 月，果熟期 8~11 月。

生于海拔 1 500 m 以下的山坡、草地、路旁或林缘。分布于东北、华北、华中以及四川、云南、广东、江西、江苏、浙江、台湾等省区。

图Ⅱ-118.6 绵枣儿

图Ⅱ-118.7 韭

18. 韭 韭菜（图Ⅱ-118.7）

多年生草本。具倾斜横生根状茎。鳞茎簇生，近圆柱状；鳞茎外皮暗黄色至黄褐色，破裂成纤维状，呈网状或近网状。叶线形，扁平，实心，比花葶短，宽 1.5~8 mm，边缘平滑。花葶圆柱状，常具 2 条纵棱，高 25~60 cm，下部被叶鞘；总苞单侧开裂，或 2~3 裂，宿存；伞形花序半球状或近球状，具多而较稀疏的花；小花梗近等长，比花被片长 2~4 倍，基部具小苞片，且数枚小花梗的基部又为 1 枚共同的苞片所包围；花白色，花被花常具绿色或黄绿色的中脉，内轮的矩圆状倒卵形，稀为矩圆状卵形，长 4~8 mm，宽 2.1~3.5 mm，先端短尖或钝圆，外轮的常较窄，矩圆状卵形至矩圆状披针形；花丝等长；子房倒圆锥状球形，具 3 圆棱，外皮具细的疣状突起。蒴果略呈球形；3 浅裂。花期 7~8 月，果熟期 8~9 月。

广泛栽培，各山区有野生。原产亚洲东南部。

19. 野韭

具横生粗壮根状茎，略倾斜。鳞茎外皮暗黄色至黄褐色，破裂成纤维状、网状或近网状。叶三棱状条形，中空。花葶圆柱状，具纵棱，下部被叶鞘；总苞单侧开裂至 2 裂，宿存；伞形花序半球状或近球状，多花；花白色稀淡红色，花被片长 5~7 mm，花丝长为花被片之半，基部无齿片。子房倒圆锥状球形，具 3 条圆棱，外壁具细的疣状突起。

生于海拔 500~2 000 m 的向阳山坡、草地及灌丛中。分布于黑龙江、吉林、辽宁、河北、河南、山东、山西、内蒙古、陕西、宁夏、甘肃、青海和新疆等省区。

20. 山韭 岩葱

多年生草本。具粗壮横生根状茎。鳞茎单生或数枚聚生，近狭卵状圆柱形或近圆锥状，直径 0.5~2.5 cm；鳞茎外皮灰黑色至黑色，膜质，不破裂，内皮白色，有时带红色。叶狭线形至宽线形，肥厚，基部近半圆柱状，上部扁平，有时略呈镰状弯曲，短于或稍长于花葶，宽 2~10 mm，先端钝圆，叶缘和纵脉有时具极细的糙齿。花葶圆柱状，常具 2 纵棱，有时纵棱变成窄翅而使花葶成为二棱柱状，高 10~65 cm，直径 1~5 mm，下部被叶鞘；总苞 2 裂，宿存；伞形花序半球状至近球形，具多花；小花梗近等长，比花被片长 2~4 倍，稀更短，基部具小苞片，稀无小苞片；花紫红色或淡黄色，花被片长 3.2~6 mm，宽 1.6~2.5 mm，内轮的矩圆状卵形至卵形，先端钝圆并常具不规则的小齿，外轮的卵形，舟状，略短；花丝等长，比花被片略长或至其长的 1.5 倍，仅基部合生并与花被片贴生，内轮的扩大成披针状狭三角形，外轮的呈锥形；子房倒卵状球形至近球状，基部无凹陷的蜜穴，花柱伸出花被外。花期 7~8 月，果熟期 8~9 月。

生于海拔 2 000 m 以下的山坡路旁、草地、石缝等。分布于黑龙江、吉林、辽宁、河北、山西、内蒙古、甘肃、新疆等省区。

21. 多叶韭

鳞茎狭卵状柱形，外皮灰褐色，破裂成纤维网状。花葶圆柱形，宽 3~8 mm，与花葶近等长。总苞短于伞形花序；花梗长为花的 2~4 倍；花被片红色、淡紫色或紫色，长 3~5 mm；花丝长为花被片的 1.5~2 倍，内轮花丝基部具齿片；子房基部具 3 个有盖的凹穴。花期 8~9 月，果熟期 9~10 月。

生于海拔 1 400 m 以上的山坡、草地或林下。分布于四川、甘肃、陕西、湖北西部、安徽黄山。

22. 葱

草本。鳞茎单生，圆柱状，稀为基部膨大的卵状圆柱状，直径 1~2 cm，有时可达 4.5 cm，鳞茎外皮白色，稀淡红褐色，膜质至薄革质，不破裂。叶圆筒状，中空，向顶端渐狭，约与花葶等长，直径在 0.5 cm 以上。花葶圆柱状，向顶端渐狭，约在 1/3 以下被叶鞘；总苞膜质，2 裂；伞形花序球状；小花梗纤细，与花被片等长，或为其 2~3 倍；花白色，近卵形，先端渐尖，具反折的尖头；花丝为花被片长的 1.5~2 倍，锥形；子房倒卵状，腹缝线基部具不明显的蜜穴，花柱细长，伸出花被外。花期 4~5 月，果熟期 6~7 月。

各地广泛栽培。

23. 洋葱

通常单生，鳞茎粗大，近球状至扁球状，鳞茎外皮紫红色、褐红色、淡褐红色、黄色至淡黄色，纸质至薄革质，内皮肥厚，肉质，均不破裂。叶圆筒状，中空，中部以下最粗，向上渐狭，比花葶短，直径在 0.5 cm 以上。花葶粗壮，高达 1 m，中空的圆筒状，在中部以下膨大，向上渐狭，下部被叶鞘；总苞 2~3 裂；伞形花序球状，具多而密集的花；小花梗长约 2.5 cm；花粉白色，花被片具绿色中脉，矩圆状卵形，长 4~5 mm，宽约 2 mm；花丝等长，稍长于花被片，约在基部 1/5 处合生，合生部分下部 1/2 与花被片贴生，内轮花丝基部极为扩大，每侧各具 1 个齿，外轮呈锥形；子房近球状，腹缝线基部具有帘的凹陷蜜穴，花柱长约 4 mm。花期 5~6 月，果熟期 6~7 月。

原产亚洲西部。各地广泛栽培。

24. 蒜

草本。鳞茎球状至扁球状，通常由多数肉质、瓣状的小鳞茎紧密排列而成，外面被数层白色至带紫色的膜质鳞茎外皮。叶宽线形至披针形，扁平，先端长渐尖，比花葶短，宽可达 2.5 cm。花葶圆柱状，实心，高达 60 cm，中部以下被叶鞘；总苞具长 7~20 cm 的长喙，早落；伞形花序密具珠芽，间有数花；小花梗纤细；小苞片大，卵形，膜质，具短尖；花常为淡红色；花被片披针形至卵状披针形，长 3~4 mm，内轮的较短；花丝比花被片短，基部合生并与花被片贴生，内轮的基部扩大，每侧各具 1 齿，齿端呈长丝状，长超过花被片，外轮呈锥形；子房球状；花柱不伸出花被外。花期 5~6 月。

各地栽培。原产亚洲西部、欧洲。

25. 薤（xiè）白　小根蒜（图Ⅱ-118.8）

鳞茎近球形，直径 1~2 cm，外皮灰黑色。花葶高达 60 cm。叶 3~5 枚，条形或半圆柱形，长达 30 cm。总苞长为伞形花序之半；三星花序密生珠芽间有数花，或全为花；花有苞片；花被片红色至粉红色，长 4~5 mm；花丝长于花被。花期 5~6 月，果熟期 6~7 月。

图Ⅱ-118.8　薤白

产于各地。生于海拔 1 500 m 以下的山坡、丘陵、山谷以及平原麦田、荒地、果园。我国除新疆、青海外，南北各省均产。

26. 球序韭

鳞茎卵形或狭卵形；叶三棱状条形，背面具 1 纵棱；内轮花丝基部无齿。

藟头，叶具3~5条纵棱，中空；内轮花丝基部具齿或齿片。花期8~9月，果熟期9~10月。

生于海拔1 500 m以下的山坡、草地、林缘。分布于黑龙江、吉林、辽宁、山东、河南、河北、山西、陕西、湖北、江苏和台湾等省。

27. 吉祥草 假黄草（图Ⅱ-118.9）

匍匐茎粗2~3 mm。叶簇生，条形至披针形，长10~35 cm，宽0.5~3.5 cm，基部渐狭为柄。花茎长5~15 cm，穗状花序；花粉红色，芳香。花被裂片长5~7 mm。浆果球形，鲜红色，径6~10 mm。花期7~8月，果熟期8~9月。

生于海拔2 000 m以下的阴湿山坡、山谷或密林下。分布于河南、陕西南部、江苏、浙江、安徽、江西、湖北、湖南、四川、云南、贵州、广东、广西等省区。

图Ⅱ-118.9 吉祥草

28. 开口箭

根状茎直径10~15 mm。叶4~8基生，倒披针形至条形，宽1.5~5.5 cm。穗状花序侧生，多花；花短钟状，花被筒长2~2.5 mm，裂片长3~3.5 mm，黄色或黄绿色。浆果紫红色，径8~10 mm。花期5~6月，果熟期9~10月。

生于海拔1 000 m左右林下阴湿处或山谷溪旁。分布于河南、湖北、湖南、江西、福建、台湾、浙江、安徽、陕西南部、四川、云南、广东、广西等省区。

29. 鹿药（图Ⅱ-118.10）

根状茎圆柱状；茎高达60 cm，中部以上被粗伏毛。叶互生，（4~）5~7（~9）枚，卵状椭圆形至狭矩圆形，长6~13（~15）cm，宽3~7 cm，先端短渐尖；具短柄。圆锥花序被毛，长3~6 cm，花梗长2~6 mm；花白色，花被片6片，近离生，长约3 mm，宽约2 mm；花柱与子房近等长。浆果近球形，红色。花期6~8月，果熟期8~9月。

生于海拔800~2 000 m的林下阴湿处。分布于黑龙江、吉林、辽宁、河北、河南、山东、山西、陕西、甘肃、贵州、四川、湖北、湖南、安徽、江苏、浙江、江西和台湾等省。

图Ⅱ-118.10 鹿药

30. 管花鹿药

根状茎粗1~2 cm。茎中部以上有短硬毛或微硬毛，稀无毛。叶纸质，椭圆形、卵形或矩圆形；花淡黄色或带紫褐色，单生，通常排成总状花序，有时基部有1~2枚分枝或多枚分枝而成圆锥花序；花被高脚碟状，花被管长6~10 mm。花期5~7月，果熟期8~9月。

生于海拔1 000 m以上的林下、灌丛下、水旁湿地或林缘。分布于河南、山西南部、陕西、甘肃东南部、四川、云南西北部、湖北、湖南西部和西藏。

31. 万寿竹

多年生草本，高50~150 cm。根状茎横生，质地硬，呈结节状。根粗长，肉质。茎上部有较多的叉状分枝。叶纸质，披针形至狭椭圆状披针形，长5~12 cm，宽1~5 cm，先端渐尖至长渐尖，基部近圆形，有明显的3~7条脉，背面脉上和边缘有乳头状突起，叶柄短。伞形花序有花3~10朵，着生在与上部叶对生的短枝顶端；花梗长1~4 cm，稍粗糙；花紫色，花被片斜出，倒披针形，长1.5~2.8 cm，宽4~5 mm，先端尖，边缘有乳头状突起，基部有长2~3 mm的距；雄蕊内藏，花药长3~4 mm，花丝长8~11 mm；子房长约3 mm，花柱与柱头长为子房的3~4倍。浆果直径8~10 mm，具2~5粒种子；种子暗棕色。花期5~7月，果熟期8~10月。

生于海拔500~2 000 m的林下或灌丛中。分布于陕西、河南、湖北、四川、云南、贵州、广东、广西、湖南、安徽、福建、台湾等省区。

32. 宝铎草

根状茎横走，直径约5 mm；茎上部叉状分枝，高达80 cm。叶互生，椭圆形、卵形、矩圆形至披针形，长4~15 cm，先端骤尖或短渐尖，下面脉上和边缘生乳突。花黄色至白色，钟状，1~3朵顶生，花梗长1~2 cm；花被片6片，倒卵状披针形，长2~3 cm，基部具长1~2 mm的短距，雄蕊内藏，浆果椭圆形或球形，直径约10 mm，黑色。花期4~6月，果熟期6~10月。

生于海拔500~2 000 m的林下或灌丛中。分布于河北、山东、河南、陕西、浙江、江西、江苏、湖南、湖北、安徽、四川、云南、贵州等省。

33. 玉竹（图Ⅱ-118. 11）

根状茎圆柱形，茎5~14 mm。茎高20~50 cm。叶互生，椭圆形至卵状矩圆形，长5~12 cm。花序腋生，总花梗长10~15 mm，1~3朵花，无苞片；花被筒状，白色或先端黄绿色，长15~20 mm，裂片长约3 mm。浆果直径7~10 mm，蓝黑色。花期5~6月，果熟期7~9月。

图Ⅱ-118.11 玉竹

生于海拔400~2 000 m的林下或阴坡草地、灌丛中。分布于东北及河北、山西、内蒙古、甘肃、青海、山东、河南、湖北、湖南、安徽、江西、江苏、台湾等省区。

34. 轮叶黄精

叶大多3枚轮生，间有对生或互生，矩圆状披针形，先端平直；花柱与子房近等长；浆果熟时红色。花期5~6月，果熟期8~10月。

生于海拔1 300 m以上的林下或山坡草地。分布于河南、山西、陕西、甘肃、青海、四川、云南、西藏等省区。

35. 黄精 鸡头根

根状茎圆柱形，节间一头粗一头细，直径1~2 cm。茎高达1 m。叶4~6枚轮生，条状披针形，长8~15 cm，顶端弯成钩状或拳状。花序腋生，伞状，总梗长1~2 cm，2~4朵花；花梗长（3~）4~10 mm，苞片膜质，长3~5 mm；花被乳白色至淡黄色，长7~12 mm，筒状，裂片6片，花柱长约为子房的1. 5~2倍。浆果直径7~10 mm，黑色。花期5~6月，果熟期8~9月。

生于海拔500~2 000 m的林下、灌丛或山坡阴处。分布于黑龙江、吉林、辽宁、河北、山西、陕西、内蒙古、宁夏、甘肃、山东、河南、安徽、浙江等省区。

36. 卷叶黄精（图Ⅱ-118. 12）

多年生草本，高30~90 cm。根状茎肥厚，圆柱状，直径1~1. 5 cm，或根状茎连珠状，结节直径1~2 cm。叶通常3~6枚轮生，稀有下部散生，细线形至线状披针形，少有矩圆状披针形，长4~12 cm，宽2~15 mm，先端拳卷或弯曲成钩状，边常外卷。花序轮生，通常具2朵花，总花梗长3~10 mm；花梗长3~8 mm，俯垂；苞片透明膜质，无脉，长1~2 mm，位于花梗上或基部，或苞片不存在；花被淡紫色，长8~11 mm，花被筒中部稍缢狭，裂片长约2 mm；花丝长约0. 8 mm，花药长2~2. 5 mm；子房长约2. 5 mm，花柱长约2 mm。浆果红色或紫红色，直径8~9 mm，具4~9粒种子。花期5~7月，果熟期8~10月。

图Ⅱ-118.12 卷叶黄精

生于海拔1 800 m以上的林下、山坡、草地。分布于西藏、云南、四川、甘肃、青海、宁夏、陕西、河南等省区。

37. 湖北黄精

多年生草本，高达 1 m 以上。根状茎连珠状或姜块状，肥厚，直径 1~2.5 cm。茎直立或多少攀缘。叶轮生，每轮 3~6 片，叶形变化较大，椭圆形、矩圆状披针形、披针形至线形，长 5~15 cm，宽 4~35 mm，先端拳卷或钩状弯曲。花序具 2~6 朵花，近伞形，总花梗长 5~40 mm；花梗长 2~10 mm；苞片位于花梗基部，膜质或中间略带草质，长 1~6 mm，具 1 条脉；花被白色、淡黄绿色或淡紫色，长 6~9 mm，花被筒近喉部稍缢缩，裂片长约 1.5 mm；花丝长 0.7~1 mm，花药长 2~2.5 mm；花柱与子房近等长。浆果直径 6~7 mm，紫红色或黑色，具 2~4 粒种子。花期 6~7 月，果熟期 8~10 月。

生于海拔 500~2 000 m 的林下、山坡阴湿地。分布于甘肃东南部、陕西南部、四川、贵州东部、湖北、湖南西部、江西西北部及江苏。

38. 北重楼（图Ⅱ-118.13）

根状茎细长，近等粗，径 3~5 mm。茎高达 60 cm，不分枝。叶（5~）6~8 枚轮生，仅一轮，披针形，狭矩圆形或卵状披针形，长 7~13（~15）cm，宽 1.5~3.5 cm，先端渐尖，基部楔形，全缘，几无柄。花单一顶生；外轮花被片 4（5）片，绿色，叶状，长（2~）3~4 cm，内轮花枝片线形，长 1~2 cm；雄蕊 8 枚，药隔延伸 6~8（~10）mm 长；子房无棱。蒴果浆果状。花期 5~6 月，果熟期 7~9 月。

图Ⅱ-118.13　北重楼

生于海拔 1 000 m 以上的林下、山地草丛或阴湿地。分布于黑龙江、吉林、辽宁、内蒙古、河北、山西、陕西、甘肃、四川、河南、安徽、浙江等省区。朝鲜、日本和俄罗斯也产。

39. 华重楼

叶 5~8 枚轮生，通常 7 枚，倒卵状披针形，矩圆状披针形或倒披针形，基部通常楔形。内轮花被片狭条形，通常中部心个变宽，长 1.5~3.5 cm，宽 1~1.5 mm，长为外轮的 1/3 至近等长或稍超过；雄蕊 8~10 枚，花药长 1.2~2 cm，长为花丝的 3~4 倍，药隔突出部分长 1~2 mm。花期 5~7 月，果熟期 8~10 月。

生于林下、沟谷阴湿处。分布于河南、江苏、浙江、江西、福建、台湾、湖北、湖南、广东、广西、四川、贵州、云南等省区。

40. 羊齿天门冬　寸冬（图Ⅱ-118.14）

多年生直立草本，高 50~70 cm。根成簇，从基部开始或在距基部几厘米处呈纺锤状膨大，膨大部分长短不一，一般长 2~4 cm，宽 5~10 mm。茎近平滑，分枝通常有棱，有时稍具软骨质齿。叶状枝每 5~8 枚成簇，扁平，镰刀状，长 3~15 mm，宽 0.8~2 mm，有中脉；鳞片状叶基部无刺。花每 1~2 朵腋生，淡绿色，有时稍带紫色；花梗纤细，长 12~20 mm，关节位于近中部；雄花花被长约 2.5 mm，花丝不贴生于花被片上，花药卵形，长约 0.8 mm；雌花和雄花近等大或略小。浆果直径 5~6 mm，有 2~3 粒种子。花期 5~7 月，果熟期 8~9 月。

图Ⅱ-118.14　羊齿天门冬

生于海拔 800~2 000 m 的林下或山谷阴湿地方。分布于山西南部、陕西、甘肃、河南、湖北、湖南、浙江、四川、贵州、云南等地。

41. 天门冬 天冬

攀缘灌木状草本；块根纺锤状，粗 1~2 cm；茎长达 2 m；叶状枝常 3 枚成簇，扁平或略三棱形，镰状，长 0.5~8 cm，宽 1~2 mm；叶鳞片状，基部具硬刺。花常 2 朵腋生，单性异株，淡绿色，花梗长 2~6 mm；花被片长 2.5~3 mm。浆果球形，直径 6~7 mm。花期 5~6 月，果熟期 8~10 月。

生于海拔 1 800 m 以下的山坡、路旁、疏林下、山谷、荒地。分布于河北、山西、陕西、甘肃以及华东、华中、西南各省。

42. 石刁柏 露笋

植株柔弱，茎枝常弧曲或俯垂，高达 1 m。叶状枝 3~6 枚成簇，纤细而柔软，近圆柱形，长 5~30 mm，粗 0.3~0.5 mm。花 1~4 朵腋生，单性异株，黄绿色，花梗长 7~14 mm；雄花花被片 6 片，长 5~6 mm；雌花花被片长约 3 mm，浆果球形，径 7~8 mm，红色。花期 5~6 月，果熟期 9~10 月。

栽培。我国新疆西部有野生。

43. 龙须菜

茎直立，无硬刺；叶状枝基部近锐三棱形，宽 0.7~1 mm；根细长，粗 2~3 mm，不膨大。羊齿天门冬，花梗长 12~20 mm；叶状枝每 5~8 枚一簇。花期 5~6 月，果熟期 8~9 月。

生于海拔 400~2 000 m 的林下、灌丛或草地。分布于东北及河南、河北、山西、陕西、甘肃等省。

44. 长花天门冬

植株坚挺，茎与分枝平展；叶状枝刚硬，长 6~15 mm，花梗长 6~12（~15）mm；花淡紫色，雄花花被片长 6~7 mm。浆果熟时红色，通常有 4 粒种子。花期 5~6 月，果熟期 8~9 月。

生于海拔 1 500~2 000 m 的山坡、林下或灌丛中。分布于河北、山西、陕西、甘肃、青海、山东等省。

45. 山麦冬 土麦冬（图Ⅱ-118.15）

具地下根状茎和肉质块根。叶基生，条形，长 25~60 cm，宽 5~8 mm，中脉明显。花葶高 25~65 cm，总状花序长 6~15（~20）cm，花 3~5 朵簇生于苞腋内；苞片披针形，下部者长 4~5 mm，花梗长约 4 mm；直立，花被片 6 片，长 4~5 mm，淡蓝色或淡紫色；花药狭长圆形，长约 2 mm；子房上位。花期 5~7 月，果熟期 8~10 月。

生于海拔 300~1 500 m 的山坡、山谷林下、路旁或湿地。除东北、内蒙古、青海、新疆、西藏各省区外，广泛分布和栽培。

图Ⅱ-118.15 山麦冬

46. 阔叶山麦冬

多年生草本，植株无地下走茎，根细长，多分枝，有时局部膨大成纺锤形的小块根；叶密集成簇，革质，叶宽 8~22 mm；总状花序 3~8 朵簇生于苞片腋内；花药披针形，长 1.5~2 mm。子房近球形，花柱长约 2 mm，柱头 3 齿裂。花期 7~8 月，果熟期 9~10 月。

生于海拔 200~1 500 m 的山坡、山谷疏林或密林下或潮湿地方。分布于广东、广西、福建、江西、浙江、江苏、山东、湖北、湖南、四川、贵州、安徽、河南等省区。

47. 麦冬（图Ⅱ-118.16）

多年生草本。茎很短，叶基生成丛，禾叶状，长 10~50 cm，具 3~7 条脉；花单生或成对着生于苞片腋内；花柱短粗，基部宽阔，略呈长圆锥形；花被片几不展开；花葶通常比叶短得多，极少例外。花期 5~8 月；果熟期 8~9 月。

生于海拔 2 000 m 以下的山坡阴湿处、林下或溪旁。分布于广东、广西、福建、台湾、浙江、江苏、江西、湖南、湖北、四川、云南、贵州、陕西、河南、河北等省区。

图Ⅱ-118.16　麦冬

图Ⅱ-118.17　粉条儿菜

48. 粉条儿菜　金线吊白米（图Ⅱ-118.17）

多年生草本；花葶高 40~65 cm，密生柔毛，中下部具条状披针形苞片状叶；基生叶条形，长 10~25 cm，宽 3~4 mm。总状花序长 6~30 cm；苞片 2 片，狭条形，短于花；花被黄绿色，先端粉红色，外面被柔毛，长 6~7 mm，6 浅裂至中裂；子房半下位。蒴果倒卵形，密生柔毛。花期 5~6 月，果熟期 6~7 月。

生于海拔 400~2 000 m 的山坡、路旁、灌丛边或草地上。分布于河北、山西、陕西、甘肃、河南、湖北、湖南、广东、广西、江苏、浙江、安徽、江西、福建、台湾等省区。

49. 牛尾菜　草菝葜

草质藤本，茎长 1~2 m，中空，无刺。叶卵形、椭圆形至矩圆状披针形，长 7~15 cm，宽 2.5~11 cm，下面绿色，无毛；叶柄长 3~5（~10）cm。花被片 6 片，长 4~5 mm；花药条形，长约 1.5 mm。花期 6~7 月，果熟期 9~10 月。

多生于海拔 1 500 m 以下的林下、灌丛、山沟或山坡草地。我国除内蒙古、新疆、西藏、青海、宁夏以及四川、云南高山地区外，各省均产。

50. 托柄菝葜

攀缘灌木。茎长 0.5~3 m，疏生刺或近无刺。叶纸质，通常近椭圆形，长 4~20 cm，宽 2~10 cm，先端渐尖，基部心形，背面灰白色，具 3~5 条脉；叶柄长 3~15 mm，脱落点位于近顶端，有时具卷须，鞘与叶柄等长或稍长宽 3~5 mm，近半圆形或卵形，多少呈贝壳状。伞形花序，总花梗长 1~4 cm；花序托稍膨大，有时延长，具多数小苞片；花黄绿色；雄花外花被片长约 4 mm，宽约 1.8 mm，内花被片宽约 1 mm；雌花较雄花略小，具 3 枚退化雄蕊。浆果直径 6~8 mm，熟时黑色，具白粉。花期 4~5 月，果熟期 9~10 月。

生于海拔 500~2 000 m 的林下、灌丛中或山坡阴处。分布于甘肃、陕西、河南、安徽、江西、福建、湖南、湖北、四川、贵州、云南等省。

51. 黑果菝葜　金刚刺

叶柄脱落点在卷须着生点上方 2~3 mm 处；果熟时黑色。托柄菝葜叶柄几全长具翅状鞘，鞘近半圆形或卵形，一侧宽 3~5 m；叶基部心形；果熟时黑色。花期 4~5 月，果熟期 9~10 月。

生于海拔 1 500 m 以下的林下、灌丛中或山坡上。分布于甘肃、陕西、山西、四川、贵州、河南、湖北、湖南、江苏、浙江、安徽、江西、广东、广西等省区。

52. 鞘柄菝葜（bāqiā）

直立或披散灌木，高达 1 m，茎与枝无刺，叶柄无卷须。叶卵形或近圆形，长 1.5~6 cm，宽 1.2~5 cm，下面苍白，无毛；叶柄长 5~12 mm，向基部渐宽呈鞘状，叶片脱落点在顶端。伞形花序有数花，总梗长为叶柄的 3~5 倍；花绿黄色，长 2~3 mm。浆果球形，熟时黑色。花期 5~6 月，果熟期 9~10 月。

生于海拔 400~2 000 m 的林下、灌丛中或山坡阴处。分布于河北、山西、陕西、甘肃、四川、河南、湖北、安徽、浙江和台湾等省。

一一九、石蒜科

多年生草本，具鳞茎或根状茎。叶基生，条形或剑形。伞形花序，托以佛焰苞状总苞，或为圆锥花序，或花单生。花两性，辐射对称；花被片 6 片，花瓣状，两轮，离生或合生为管状；雄蕊 6 枚，与花被片（裂片）对生；子房下位，3 室，每室胚珠多数。蒴果。

1. 葱莲　玉帘（图Ⅱ-119.1）

鳞茎直径达 2.5 cm，有明显颈部。叶基生，线形，长约 30 cm，宽 2~4 mm。花单生花葶顶端；苞片佛焰苞状，先端 2 裂；花白色，外面常带红色；花被片 6 片，近分离，长约 5 cm，宽约 1 cm，近喉部有小鳞片；雄蕊 6 枚，长为花被之半。蒴果近球形。花期秋季。

图Ⅱ-119.1　葱莲

原产美洲。广泛栽培。

2. 石蒜

鳞茎宽椭圆形或近球形，外皮紫褐色，直径 1.4~3.5 cm。叶基生，条形，长 14~30 cm，宽约 5 mm。花葶叶前抽出，高约 30 cm，伞形花序 4~6 朵花；苞片膜质，棕褐色，披针形；花鳞红色，长约 7.5 cm；花被筒极短，喉部有鳞片；花被裂片边缘皱缩，反卷；雄蕊长为花被裂片的 2 倍；子房下位。蒴果。

生于阴湿山坡、山谷及溪旁石缝中。分布于山东、河南、安徽、江苏、浙江、江西、福建、湖北、湖南、广东、广西、陕西、四川、贵州、云南等省区。

3. 忽地笑

鳞茎卵形，直径约 5 cm。秋季出叶，叶剑形，长约 60 cm，最宽处达 2.5 cm，向基部渐狭；花葶高约 60 cm，总苞片 2 片；花黄色，雄蕊比花被长约 1/6；叶剑形，宽约 2 cm。花期 8~9 月，果熟期 10 月。

生于阴湿山坡、山谷、溪旁。分布于福建、台湾、湖北、湖南、广东、四川、云南、河南等省区。

4. 中国石蒜

鳞茎卵球形，直径约 4 cm。春季出叶；花黄色，雄蕊与花被近等长。花丝黄色；花柱上端玫瑰红色。花期 7~8 月，果熟期 9 月。

生于山坡阴湿处。分布于河南、江苏、浙江等省。

一二〇、薯蓣科

多年生缠绕草本，有块茎或块根。单叶或掌状复叶，互生或对生。穗状、总状或圆锥花序；花常单性异株，稀同株；花被片 6 片，二轮；雄蕊 6 枚，有时 3 枚退化；子房下位，3 室，每室胚珠 2 枚，花柱 3 个。具翅蒴果，或为浆果；种子具翅。

1. 穿龙薯蓣　穿山龙（图Ⅱ-120.1）

图Ⅱ-120.1　穿龙薯蓣

图Ⅱ-120.2　粉背薯蓣

草质缠绕藤本；根状茎横生。单叶互生，广卵形或三角状卵形，长 7~15 cm，宽 4~12 cm，先端渐尖，基部浅心形或截形，常 3~5（~7）掌状浅裂至中裂。花单性异株，长不超过 1 mm；雄花无柄，单生或数朵簇生；雌花序穗状。蒴果果翅长 1.5~2 cm，宽 6~10 mm；种子生于蒴果中轴基部，种翅向顶端延伸。花期 6~8 月，果熟期 8~10 月。

生于海拔 400~1 800 m 的灌丛和疏林下。分布于东北、华北及山东、安徽、浙江、江西、陕西、甘肃、宁夏、青海、四川等省区。

2. 粉背薯蓣（图Ⅱ-120.2）

缠绕草本。根状茎横生，竹节状，断面黄色。茎左旋，无毛，有时密生黄色短柔毛。单叶互生，叶片三角状心形，或卵状披针形，边缘波状或近全缘，下面灰白色，沿叶脉及叶缘有黄白色硬毛，有些植物叶片边缘呈半透明干膜质。花雌雄异株；雄花序穗状，有时花轴延长、分枝，呈圆锥状穗状花序；雄蕊 3 枚，与不发育 3 枚雄蕊互生，着生于花被筒上。蒴果大小变化较大，成熟后反曲，下垂，翅长超过宽；种子四周围有膜质状的翅，通常两两叠生于果实每室的中央。花期 5~8 月，果熟期 6~10 月。

生于山坡、山谷、溪旁、林缘或疏林中。分布于河南、安徽南部、浙江、福建、台湾北部、江西、湖北、湖南、广东北部、广西东北部。

3. 薯蓣　山药（图Ⅱ-120.3）

草质缠绕藤本；块茎略呈圆柱形，直生。茎下部叶互生，中部以上叶对生，稀 3 枚叶轮生，叶腋常有珠芽；叶片卵状三角形、宽卵形或戟形，常 3 浅裂至深裂，中间裂片椭圆形或披针形，侧裂片明显外展。雄花序穗状 2~4 条腋生，花被片外面被棕色毛。蒴果果翅半月形，长宽均约 1.5 cm；种子生于中轴胎座中部，周围具翅。花期 6~9 月，果熟期 7~11 月。

图Ⅱ-120.3　薯蓣

生于山坡、山谷林下、溪边、路旁以及灌丛中。分布于东北及河北、山东、河南、安徽、江苏、浙江、福建、台湾、湖北、湖南、广西、贵州、云南、四川、甘肃、陕西等省区。

4. 日本薯蓣

块茎长圆柱形，垂直生长，直径达 3 cm 左右。单叶，茎下部叶互生，中上部叶对生；叶三角状戟形，长椭圆状三角形至长卵形，无明显 3 裂。6 枚退化雄蕊与花被片对生。蒴果不反折，三棱状扁圆形或三棱状圆形。花期 5~10 月，果熟期 7~11 月。

生于向阳山坡、山谷、溪边路旁的杂木林下或草丛中。分布于华东、华中、华南及西南各省区。

一二一、鸢尾科

多年生草本，有根状茎、块茎或鳞茎。叶条形或剑形，基部鞘状二列嵌叠。聚伞花序，花大而艳丽，两性；花被片6片，二轮，下部合生为管状；雄蕊3枚；子房下位，1或3室，每室胚珠多数，花柱1个，分枝3枚，有时分枝扩大为花瓣状。蒴果。

1. 射干（图Ⅱ-121.1）

多年生草本，根状茎横走，结节状。茎高达1.2 cm。叶二列，嵌叠状排列，剑形，长达6 cm，宽达4 cm。二歧聚伞花序排为伞房状，苞片膜质；花橘黄色，长2~3 cm；花被片6片，基部合生为短筒；雄蕊3枚；花柱圆柱形，柱头3浅裂。蒴果倒卵形，长2.5~3.5 cm。花期6~8月，果熟期7~9月。

图Ⅱ-121.1　射干

生于海拔1 200 m以下的林缘、山坡草地或疏林中。分布于吉林、辽宁、河北、山西、山东、陕西、甘肃、河南、安徽、江苏、浙江、福建、台湾、湖北、湖南、江西、广东、广西、四川、云南、贵州、西藏等省区。

2. 野鸢尾　白射干

多年生草本。根状茎为不规则的块状，棕褐色或黑褐色；须根发达，粗而长，黄白色，分枝少。叶基生或在花茎基部互生，两面灰绿色，剑形，长15~35 cm，宽1.5~3 cm，顶端多弯曲呈镰刀形，渐尖或短渐尖，基部鞘状抱茎，无明显的中脉。花茎实心，高40~60 cm，上部呈二歧分枝，分枝处生有披针形的茎生叶，下部有1~2枚抱茎的茎生叶。花序生于分枝顶端；苞片4~5片，膜质，绿色，边缘白色，披针形，长1.5~2.3 cm，内包含有3~4朵花；花蓝紫色或浅蓝色，有棕褐色的斑纹，直径4~4.5 cm；花梗细，常超出苞片，长2~3.5 cm，花被管甚短，外花被裂片宽倒披针形，长3~3.5 cm，宽约1 cm。蒴果圆柱形或略弯曲，长3.5~5 cm，直径1~1.2 cm，果皮黄绿色，革质，成熟时自顶端向下开裂至1/3处；种子暗褐色，椭圆形，有窄翅。花期7~8月，果熟期8~9月。

生于向阳山坡、沙地。分布于东北及内蒙古、河北、山西、山东、河南、安徽、江苏、江西、陕西、甘肃、宁夏、青海等省区。

3. 马蔺

多年生草本，基部残存红褐色纤维状枯叶鞘。叶基生，坚韧、条形，宽4~6 mm。花葶高10~30 cm，花被裂片6片，外轮3片较大，匙形，中部有黄色条纹，内轮3片倒披针形；花柱分枝3枚，花瓣状。蒴果，长椭圆形，长4~6 cm，具尖喙。花果期5~8月。

生于海拔1 000 m以下的荒地、路旁、山坡、草地。分布于东北及内蒙古、河北、山西、山东、河南、安徽、江苏、湖北、湖南、陕西、甘肃、宁夏、青海、新疆、四川、西藏等省区。

4. 鸢尾（图Ⅱ-121.2）

花茎不分枝或具1~2个分枝；外轮花被裂片中部上面有鸡冠状突起和白色髯毛。花期4~5月，果熟期6~8月。

图Ⅱ-121.2　鸢尾

生于向阳山坡、林缘及水边湿地。分布于山西、河南、安徽、江苏、浙江、福建、湖北、湖南、江西、广西、陕西、甘肃、四川、贵州、云南、西藏等省区。

5. 小鸢尾

多年生矮小草本，植株基部淡绿色，围有3~5片鞘状叶及少量的老叶残留纤维。根状茎细长，坚韧，节处膨大；须根细弱，生于节处。叶狭条形，花期叶长5~20 cm，宽1~2.5 mm，果期长可达40 cm，宽达7 mm，顶端长渐尖，基部鞘状。花茎高 5~7 cm；苞片 2 片，草质，绿色，狭披针形；花淡蓝紫色，直径 3.5~4 cm；花梗长 0.6~1 cm；花被管长 2.5~3（5）cm，外花被裂片倒卵形，爪部楔形，中脉上有黄色的鸡冠状附属物，内花被裂片倒披针形；雄蕊长约 1 cm，花丝及花药均为白色；蒴果圆球形，顶端有短喙；果梗长 1~1.3 cm，苞片宿存于果实基部。花期 3~4 月，果期 5~7 月。

生于山坡、草地、林缘或疏林下。分布于河南、安徽、江苏、浙江、湖北、湖南等省。

一二二、兰科

陆生、腐生或附生草本，具根状茎或块茎，附生者常具假鳞茎及气生根。叶常互生或基生。花两性，两侧对称；萼片 3 片，花瓣状，中萼片常直立而与花瓣靠合成兜状；花瓣 3 枚，其中 1 枚常有特异形状，称唇瓣；雄蕊 1 或 2 枚，与雌蕊的花柱、柱头完全合生成合蕊柱；花粉粒常黏合为花粉块；子房下位，扭转，3 室，胚珠极多数。蒴果。

1. 扇叶杓兰　扇脉杓兰

植株高 35~55 cm。具横生根状茎。茎直立，密被长柔毛。叶 2 枚，近对生，扇形，宽 10~20 cm。花苞片叶状，菱形或卵状披针形，长 3~6 cm，多脉；花单生，较大；背萼片椭圆形，长约 5 cm，宽 1.7 cm，先端渐尖，合萼片卵状披针形，较背萼片宽，先端具 2 枚小齿；花瓣披针形；唇瓣长约 4.5 cm，基部收狭，具短爪；蒴果具喙，长约 5 cm，疏被向柔毛。花期 6 月，果期 7~8 月。

生于海拔 1 000 m 以上的山沟溪旁及杂木林下。分布于河南、浙江、安徽、江西、湖南、湖北、四川、贵州及陕西等省。

2. 毛杓兰

茎高 20~35 cm，密被长柔毛。叶 3~4 片，菱状椭圆形或宽椭圆形，长达 16 cm，宽 4~6.5 cm，边缘具细缘毛。苞片叶状，椭圆状披针形；花紫褐色；中萼片近卵形，长 4~5 cm，宽 2.5~3 cm，侧萼片椭圆形，较短；花瓣披针形，长约 5 cm，宽 10~15 mm，内面基部具长柔毛；唇瓣囊状。口径与花瓣长度相等，具紫色斑点。花期 3~6 月。

生于海拔 1 500 m 以上的林下或山坡草地。分布于河南、山西、陕西、甘肃、湖北、四川等省。

3. 金兰

地生草本，植株高达 45 cm，茎基部具 3~5 枚叶鞘。叶 5~7 枚，狭椭圆形至椭圆状披针形，基部渐狭抱茎。总状花序 5~10 朵花，苞片短于子房，花黄色，直立。萼片菱状椭圆形，长 13~15 mm；花瓣与萼片相似，但较短；唇瓣长 8~9 mm，前部近扁圆形，长约 5 mm，宽 8~9 mm，上面具 5~7 条纵褶片，基部具囊；子房条形。无毛。花期 5~6 月。

生于海拔 500~1 500 m 的林下。分布于河南、四川、陕西、湖南、湖北、江苏、安徽、浙江等省。

4. 银兰（图Ⅱ-122.1）

直立草本，高 15~30 cm。根状茎短，纤维根发达。茎细，无毛，基部具鞘。叶互生，3~4 片，通常 2 片，椭圆形或狭椭圆形，长 2~6 cm，宽 1~2.8 cm，先端急尖或渐尖，基部抱茎，无毛。花序总状，通常具 4~6 朵花，稀有超过 10 朵的；花序基部 1~2 片苞片呈叶状，较大，上部苞片较小，常披针形，长约 5 mm；花白色，直立，几与花序轴平行；萼片卵状披针形，长 8~10 mm，急尖或钝，具 5 条脉，侧萼片较背萼片宽；花瓣与萼片相似；唇瓣卵状心形，几与萼片等长，不裂或不明显的 3 浅裂，先端短渐尖，中央具 3 条纵褶片，基部有长 3 mm、宽 1 mm 的距，距基部两侧各具 1 个耳状侧裂片，侧裂片直立并紧靠蕊柱的两侧；囊明显伸出

图Ⅱ-122.1　银兰

侧萼片之外，圆锥状，长约 3 mm；蕊柱长约 2 mm；蕊喙不甚明显；子房线形，不扭转，无毛，具短柄。花期 5~6 月。

生于海拔 800~ 1 800 m 的林下。分布于河南、陕西、湖北、四川、广东、广西、江西、浙江等省区。

5. 火烧兰 小花火烧兰（图Ⅱ-122. 2）

植株高达 65 cm，茎下部有 3~4 枚叶鞘，上部具短柔毛。叶通常 2~3 枚，卵形或椭圆形，长 6~9 cm，宽 3~5 cm，基部抱茎。总状花序长达 15 cm，序轴被短绒毛；苞片叶状，卵状披针形，下部者长于花；花绿色或淡紫色；中萼片卵状披针形，长 6~8 mm；花瓣狭卵形，稍短于萼片；唇瓣长 6~8 mm，后部半球形，前部近菱形，基部常具 2 个胼胝体；子房密被短绒毛。花期 7 月。

生于海拔 1 000 m 以上的山坡林下或草坡上。分布于东北、华北、西北、西南地区各省区。

图Ⅱ-122.2 火烧兰

6. 斑叶兰（图Ⅱ-122. 3）

植株高 15~25 cm。茎上部直立，具长柔毛，下部匍匐伸长成根状茎，基部具叶 4~6 枚。叶互生，叶片卵形或卵状披针形，长 3~8 cm，宽 0. 8~2. 5 cm，先端急尖，基部楔形，上面绿色，具黄白色斑纹，下面淡绿色；叶柄长 4~10 mm，基部扩大呈鞘状抱茎。总状花序长 8~20 cm，疏生花数朵至 20 余朵，花序轴被柔毛；苞片披针形，长约 12 mm，宽 4 mm，外面被短柔毛，较子房稍长或近等长；中萼片长 7~9 mm；花瓣倒披针形；唇瓣囊内有毛，前部短于囊；蕊喙长 2. 5~4 mm。花期 8~9 月。

生于山坡林下。分布于河南、江苏、安徽、江西、福建、台湾、湖北、湖南、广东、广西、贵州、四川、云南、西藏、陕西南部及甘肃南部。

图Ⅱ-122.3 斑叶兰

7. 小斑叶兰

具长匍匐根状茎；茎高 10~25 cm，被白色腺毛。基生叶数枚，卵状椭圆形，上面有白色条纹和褐色斑点。总状花序，具花几朵至 10 余朵，序轴被腺毛；苞片披针形；花白色带绿色或粉红色；萼外被腺毛，中萼片长 3~4 mm，与花瓣靠合；唇瓣长 3~3. 5 mm，基部凹陷呈囊状，囊内无毛；子房疏生腺毛。花期 7~8 月。

生于海拔 1 500 m 以下的山坡上或岩石上。分布于东北、华北、华中及西南地区各省区。

8. 绶（shòu）草 盘龙参

植株高达 50 cm；茎基部簇生数条粗厚肉质根，近基部具 2~4 枚叶。叶条形，长 10~20 cm，宽 4~10 mm。穗状花序长 10~20 cm。花螺旋状排列，白色或淡红色；苞片卵形，长渐尖；中萼片条形，长约 5 mm，宽约 1. 3 mm，侧萼片和花瓣均与中萼片近等长；唇瓣近矩圆形，长约 4. 5 mm，宽约 2. 5 mm，基部浅囊状，中部以上表面皱波状并具长硬毛，边缘啮蚀状。花期 6~8 月。

生于海拔 1 500 m 以下的河谷、溪旁潮湿地。广布于全国各地。

9. 粗距舌喙兰

块根椭圆形或狭椭圆形。茎高 15~35 cm。叶 1（2）枚基生或近基生，卵形，宽 4~6 cm，先端急尖。总状花序长约 6 cm，2~15 朵花；花紫红或粉红色，偏向一侧；花被片长 6~7 mm，唇瓣长约 13 mm、宽 9~10 mm。花期 6 月。

生于海拔 1 000 m 以上草坡、路旁或石崖上。分布于山西、陕西、四川西部。

10. 舌唇兰

植株高 50~60 cm，具粗厚的纤维根。茎直立，具 3~6 枚叶；叶椭圆形，长 12~20 cm，宽 3.5~6.5 cm，先端急尖或渐尖，基部收狭成鞘而抱茎；无毛，上部叶渐小，逐渐过渡为苞片。总状花序长 13~21 cm；中萼片长约 7 mm；距长达 6 mm；蒴果淡绿色，具极短柄。花期 6~7 月。

生于海拔 800 m 以上的密林下阴湿地。分布于陕西、甘肃及长江流域各省。

11. 凹舌兰

块茎近掌状分裂。茎高 15~45 cm，基部具 2~3 枚叶鞘，中上部有 3~4 枚叶。叶椭圆形或椭圆状披针形，长 5~12 cm，宽 2~5 cm，基部长渐狭成鞘抱茎。总状花序，苞片条形或狭披针形，长于花；花绿色或黄绿色；萼片卵状椭圆形，长 6~12 mm，基部合生；花瓣条状披针形，长 5~9 mm，宽约 1 mm；唇瓣倒披针形，基部具囊状距，顶端 3 浅裂，中裂片较小。蒴果椭圆形，无毛。花期 7~8 月。

生于海拔 1 000 m 以上的林缘、林下湿地。分布于我国东北地区及内蒙古、河北、山西、陕西、甘肃、青海、四川、云南等省区。

12. 蜻蜓兰

植株高达 50 cm。叶 1~3 枚，倒卵形至椭圆形，长 6~15 cm，宽 3~7 cm，先端钝。总状花序狭长，多花；苞片狭披针形，常长于子房；花淡绿色；中萼片卵形，长 3.5~4 mm，宽 2.5~3 mm，侧萼片边缘外卷呈舟状，较中萼片狭长；花瓣斜卵状披针形，先端较狭；唇瓣卵状披针形，长 3.5~4 mm，基部小裂片三角状披针形；距与子房近等长。花期 7 月。

生于海拔 1 800 m 以上的路旁草丛或林下腐殖质土上。分布于我国东北、华北地区各省。

13. 小花蜻蜓兰

叶狭椭圆形或矩圆形，宽不超过 3 cm；唇瓣线形，基部小裂片半圆形；花瓣长圆形，先端圆。花期 7 月。

生于海拔 700~1 500 m 的山坡林下或草丛中。分布于我国东北及河北、陕西、新疆、河南、湖北、湖南、江苏、江西、四川等省区。

14. 角盘兰

块茎球形，直径 8 mm。茎高 6~35 cm，下部生 2（3）枚叶。叶椭圆状披针形或狭椭圆形，长 4~10 cm，宽 1~2.5 cm，基部渐狭抱茎。总状花序长达 15 cm；苞片条状披针形，长 2.5 mm；花瓣近菱形，向先端渐狭，较萼片稍长；唇瓣肉质，约与花瓣等长，近中部 3 裂，中裂片条形，长约 1.5 mm，侧裂片较之短得多。花期 6~7 月。

生于海拔 1 000 m 以上的山坡草地。分布于东北地区及河北、陕西、甘肃、河南以及长江流域各省区。

15. 细葶无柱兰（图Ⅱ-122.4）

块茎椭圆状，长达 2.5 cm，径约 1 cm。株高 7~26 cm，具 1 枚叶。叶矩圆形或椭圆状矩圆形，长 5~11 cm，宽 1.5~3.5 cm，基部鞘状抱茎。总状花序多花，花红紫色或粉红色；苞片卵形或卵状披针形，长 2~8 mm；花梗长 5~10 mm；萼片近靠合，长约 3 mm；花瓣较萼片稍大；唇瓣长 5~7 mm，3 裂；距纤细，长 2~3 mm。花期 6~7 月。

生于山坡林下阴处岩石上。分布于东北、华北、中南、西南地区各省。

图Ⅱ-122.4 细葶无柱兰

16. 手参

植株高达 60 cm；块茎椭圆形，长 1~2 cm，下部掌状分裂。叶 3~5 枚，狭椭圆形至椭圆状披针形，长 8~15 cm，宽 1~2 cm，基部鞘状抱茎。总状花序，花多而密；苞片披针形，先端近丝状，与花等长或较长；花粉红色；中萼片长 3.5~5 mm，侧萼片反折；花瓣斜卵状三角形，几与中萼片等长，边缘有细锯齿；唇瓣倒卵形，长 4~5 mm，前部 3 裂，中裂片稍大；距弯曲，长约 1 cm。花期 7~8 月。

生于海拔 1 900 m 以上的山坡林下或草地。分布于东北、华北、西北及西南地区各省。

17. 十字兰

植株高 25~70 cm。块根矩圆状，肉质。茎纤细，直立。叶散生，条状披针，禾叶状，长 5~23 cm，宽 3~9 mm，先端渐尖。总状花序，疏生 8~30 朵花；苞片卵形，骤尖，长于或短于子房；花白色或绿白色；背萼片长 5~7 mm，宽卵形，直立；侧萼片稍大，斜半卵形，反折；花瓣卵形，几与背萼片等长，前面延长成钩状的齿；唇瓣较大，基部狭，裂成“十”字形，中裂片不再裂，先端渐尖，和侧裂片等长，侧裂片顶端撕裂状，较中裂片宽；距长 15~30 mm，外弯，顶端膨大，较子房长；柱头的突起物前伸，在前部 2 深裂，平行；子房长 1.6 cm。花期 7~8 月。

生于海拔 1 500 m 以下的山坡、沟谷或林下阴湿草地上。分布于东北、华北、华东及湖南、江西、广东等省区。

18. 天麻　赤箭（图Ⅱ-122.5）

腐生草本，高达 1.5 cm；根状茎椭圆形或卵状椭圆形，肉质。茎黄褐色，具鞘状鳞片。总状花序；苞片膜质。披针形，长约 1 cm，花淡绿色；萼片和花瓣合生成斜筒，长约 1 cm，径 6~7 mm，先端 5 裂；唇瓣白色，长约 5 mm，3 裂，中裂片呈舌状，侧裂片耳状；合蕊柱长 5~6 mm。花期 5~7 月生于海拔 700~1 500 m 的山坡阔叶林下，灌丛下。分布于东北、华北、华东、华中及西南各省。

图Ⅱ-122.5　天麻

19. 白及

多年生草本，植株高 20~40 cm。假鳞茎块状，直径约 1 cm。叶 3~6 片，披针形至带状披针形，长 11~38 cm，宽 1.5~3 cm，无毛。花序总状，具 4~10 朵花，花序轴或多或少呈“之”字状曲折；苞片长圆状披针形，长约 2.5 cm，早落；花玫瑰红色；萼片和花瓣狭椭圆形，长约 2.5 cm；唇瓣倒卵状椭圆形，具 5 条纵褶片，从基部伸至近顶端，上部 3 裂；中裂片宽椭圆形，长约 8 mm，宽约 7 mm，先端钝，边缘皱波状；侧裂片耳状，向两侧伸展，明显伸出中裂片侧面之外；蕊柱长约 1.8 cm，具翅，稍弓曲。蒴果圆柱状，栗色，有 6 条纵棱。花期 4~5 月，果期 7~9 月。

生于海拔 1 500 m 以下的林下或山坡草丛中。分布于河南及长江流域各省。

20. 小白及（图Ⅱ-122.6）

植株高 15~50 cm。茎纤细或较粗壮，具 3~5 片叶。叶一般较狭，通常线状披针形、狭披针形至狭长圆形，长 6~20（~40）cm，宽 5~10（20~45）mm，先端渐尖，基部收狭成鞘并抱茎。总状花序具（1~）2~6 朵花；花序轴或多或少呈“之”字状曲折；花苞片长圆状披针形，长 1~1.3 cm，先端渐尖，开花时凋落；花较小，淡紫色或粉红色，罕白色；萼片和花瓣狭长圆形，长 15~21 mm，宽 4~6.5 mm，近等大；萼片先端近急尖；花瓣先端稍钝；蕊柱长 12~13 mm，柱状，具狭翅，稍弓曲。花期 4~5（~6）月。

图Ⅱ-122.6　小白及

产于南部山区。

21. 羊耳蒜

陆生草本，高 20 cm。假鳞茎为干膜质、白色的鞘所包。叶 2 枚，基生，卵形或卵状椭圆形，长 5~14 cm，宽 2.5~8.5 cm，具长 1~6 cm 的鞘状柄。花序总状，具数朵花，花序轴具翅；苞片极小，鳞片状，膜质；花淡黄色，径约 1 cm，唇瓣位于下方；背萼片线状披针形，长 9 mm，宽约 2 mm，基部下延；侧萼片长 7 mm；花瓣丝状，长 7 mm；唇瓣倒卵形，长 5~6 mm，宽 3~4 mm，不分裂，顶端具短尖；子房长 3~4 mm，基部逐渐收狭为子房柄；子房柄长 3~4 mm，扭转。蒴果倒卵形，长 1~1.5 cm，宽约 4 mm，无毛，柄长约 1 cm。花期 6 月，果熟期 7~8 月。

生于海拔 1 400 m 以上的林下阴湿地方。分布于东北、河南、山西、陕西、四川、贵州等省区。

22. 短梗山兰 小山兰

陆生植物。根状茎纤细。假鳞茎生于根状茎上，扁球形，干后淡黄色，略透明，具 1~2 个节环，被稀疏纤维，顶生 1 枚叶。叶片狭椭圆形或矩圆状披针形，长 3~15 cm，宽达 25 mm，顶端急尖，基部收窄为短柄。花葶顶生于假鳞茎上，直立，被 3 枚筒状鞘；总状花序长约为花茎的 1/3，具多数花；花苞片小，近于钻状；花黄褐色；背萼片狭矩圆形，长约 8 mm，宽 2 mm，顶端钝；侧萼片镰状矩圆形，与背萼片近等大；花瓣斜卵状矩圆形，比萼片略短；唇瓣 3 裂，侧裂片近三角形，顶端钝、略内弯，中裂片近肾形，顶端钝或微凹，前部边缘微波状，唇盘上面在基部具 2 条平等的褶片；合蕊柱纤细，在基部扩大。

生于海拔 1 800 m 以上的林下或岩石上。分布于陕西、湖北、四川、云南、西藏等省区。

23. 杜鹃兰 三七、田三七（图Ⅱ-122.7）

假鳞茎聚生，近球形，粗 1~3 cm，顶生 1（2）枚叶。叶长椭圆形，长达 45 cm，宽 4~8 cm，先端渐尖，基部渐狭为柄。花葶侧生于假鳞茎先端，常高出叶；总状花序，花偏生一侧，紫红色，苞片狭披针形；花被片顶端略开展，萼片和花瓣近相等，倒披针形，长约 3.5 cm，宽约 4 mm，唇瓣近匙形，基部浅囊状，先端 3 裂，侧裂片狭小，中裂片矩圆形，基部具 1 附属物。花期 6~7 月。

生于海拔 800~1 700 m 的沟谷和林下湿地。分布于河南、山西、陕西、甘肃、西藏以及长江流域和其以南各省。

图Ⅱ-122.7 杜鹃兰

图Ⅱ-122.8 独花兰

24. 独花兰（图Ⅱ-122.8）

假鳞茎广卵形，肉质，顶生 1 枚叶。叶具细长柄，叶片长 6.5~11 cm，宽 5~8 cm。花葶从假鳞茎顶伸出，高 10~18 cm，顶生 1 朵花，花淡紫色；萼片矩圆状披针形，长约 3.2 cm，宽约 8 mm，先端钝，具腺体；花瓣斜倒卵状披针形，长 2.8 cm，宽约 1.2 cm，有腺体；唇瓣宽椭圆形，基部圆形，3 裂，长约 2.5 cm，侧裂片斜卵状三角形，中裂片近肾形，边缘有皱波状圆齿，唇盘上有 5 枚附属物；距角状，长 2.2 cm。花期 4~5 月。

生于林下阴湿处。分布于河南、江苏、江西、湖北、湖南、四川、陕西南部。

25. 蕙兰　兰花、兰草（图Ⅱ-122.9）

草本。叶基生，狭条形，长达 8 cm，宽 7.5~15 mm，边缘具细锯齿。花葶高达 50 cm，具数叶鞘；总状花序具多花；苞片线状披针形，长 10~15 mm，宽 2~4 mm；花淡黄绿色；萼片狭披针形，长 3~4 cm，宽 6~8 mm；花瓣比萼片略小；唇瓣短于萼片，不明显 3 裂，具紫斑点，中裂片椭圆形，上面具透明乳突状毛，边缘有缘毛，唇盘有 2 片褶片。花期 4~5 月。

生于林下阴湿处。分布于河南、陕西、安徽、江西、台湾、湖北、四川、云南、浙江等省。

图Ⅱ-122.9　蕙兰

26. 弧距虾脊兰

植株高 48 cm。叶数枚，基生，披针形或狭椭圆状披针形，长 20~30 cm，中部宽 1.5~3.3 cm，基部收狭成柄，叶柄基部外面被鞘，鞘于后呈纤维状。花序总状，长 29 cm，花序轴被微柔毛；苞片线状披针形，长 1~2 cm，先端渐尖；花直径 2~3 cm，深黄色，内部带红褐色；背萼片线状披针形，长约 2 cm，宽约 4 mm，先端渐尖；花瓣线形，与萼片近等长，宽不及 2 mm；唇瓣长 1.5~2.5 cm，3 裂，中裂片菱形或菱状圆形，长 5~7 mm，先端钝或长渐尖，边缘波状；侧裂片斜卵形，先端有齿；基部管内密生绢毛；距长约 7 mm，稍弧曲；蕊柱长约 5 mm，顶端扩大，前面贴生于唇瓣爪上，柱头位于开口处；子房线形。花期 4~5 月。

生于海拔 1 000~1 800 m 的路旁岩石上。分布于河南、陕西、湖北、四川等省区。

27. 独蒜兰

假鳞茎狭卵形或长颈瓶状，长 1~2 cm，顶生 1 枚叶。叶椭圆状披针形，长 10~25 cm，宽 2~5 cm，基部渐狭成柄。花葶高 15~25 cm，顶生 1 朵花，花淡紫色或粉红色；萼片直立，狭披针形，长达 4 cm，宽 5~7 cm；花瓣与萼片近等长，几为条形；唇瓣基部楔形，先端不明显 3 裂，中裂片半圆形或近楔形，边缘具不整齐锯齿，内面具 3~5 条褶片。花期 6~7 月。果熟期 8~9 月。

生于海拔 500~1 200 m 的林下或沟谷阴湿山石上。分布于河南、陕西、甘肃、安徽、浙江、江西、福建、台湾、湖北、湖南、广东、广西、四川、贵州、云南、西藏等省区。

28. 马齿毛兰

假鳞茎密集排列，长圆形，长 1~3 cm，宽 5~10 mm，顶生 2~4 枚叶。叶长圆状披针形，长 4~10 cm，宽 6~11 mm。花序较叶短，1~2（~3）朵花；花序梗长约 2 cm；花序轴常被淡褐色长柔毛。花白色，但唇瓣黄色，萼片和花瓣长约 8 mm。

生于山谷岩石上。分布于广东、四川、云南等省。